HISTORIA GENERAL DEL CRISTIANISMO
DEL SIGLO I AL SIGLO XXI

HISTORIA GENERAL DEL CRISTIANISMO
DEL SIGLO I AL SIGLO XXI

JOHN FLETCHER
Y
ALFONSO ROPERO PH. D.

editorial clie

COLECCIÓN HISTORIA

EDITORIAL CLIE
Ferrocarril, 8
08232 VILADECAVALLS (Barcelona) ESPAÑA
E-mail: libros@clie.es
Internet: http:// www.clie.es

HISTORIA GENERAL DEL CRISTIANISMO
Del siglo I al XXI

Versión actualizada por Alfonso Ropero
© 2008 por Editorial CLIE

ISBN-13: 978-84-8267-519-0

Printed in USA

REL108020
Iglesia Cristiana
Historia
Referencia: 224630

ÍNDICE GENERAL ESQUEMÁTICO DE LA OBRA

Prefacio 27

PRIMER PERÍODO: LA IGLESIA ANTIGUA (años 33 al 767 d. C.) 29

1. LA IGLESIA Y SU HISTORIA 31
Complemento del ministerio de nuestro Señor Jesucristo 31
La predicación del día de Pentecostés 32
Vida práctica 32

2. ESCENA DE LOS TRABAJOS DE LOS APÓSTOLES 33
Pedro 33
Pedro en Roma 33
Pablo   34
Juan   34
Los demás apóstoles 34

3. ESTADO DE LAS CIVILIZACIONES GRIEGA Y ROMANA 35
El paganismo y el cristianismo 35
Los griegos 36
Sistemas filosóficos 36
Decaimiento de la filosofía griega 36
El Imperio Romano 37
Obstáculos 37
Degradación de la mujer y de la niñez 38
La esclavitud 38

4. ACTITUD DEL JUDAÍSMO CON LA RELIGIÓN CRISTIANA 39
Antecedentes judaicos 39
Los samaritanos 40
Otros cuerpos judaicos 40
La dispersión de los judíos 40
Judíos romanos 41
Colonias de judíos 41

5. EL PERÍODO DE LAS PERSECUCIONES 41
Hostilidad de los judíos para con el cristianismo 41
Las persecuciones 42
Bases de la hostilidad 42
Otras persecuciones 43
Últimos esfuerzos por destruir el cristianismo 43

6. EL CULTO CRISTIANO 44
Simplicidad de formas en el culto 44
Orden de los cultos 44
Los sacramentos 44
El día séptimo 45

7. LA VIDA DE LOS CRISTIANOS 45
El cuidado de los necesitados 45
La dignificación de la mujer 46
La esclavitud 46

8. ORGANIZACIÓN ECLESIÁSTICA 47
Apóstoles y profetas 47
Ministros permanentes 47

9. DESVIACIONES DOCTRINALES: EL EBIONISMO Y EL GNOSTICISMO 48
Los ebionitas 48
Los nazareos 49
El gnosticismo en general 49
El gnosticismo judaico 49
Gnósticos orientales y paganos 50
El gnosticismo independiente 50
La misión del gnosticismo 50

10. ATAQUE LITERARIO DE LOS PAGANOS CONTRA EL CRISTIANISMO 51
Desarrollo del cristianismo 51
Razones que tuvieron los paganos para alarmarse 52
Los escritores más temibles que atacaron al cristianismo 52
Cargos en contra del cristianismo 53
El triunfo del cristianismo 53

11. LOS DEFENSORES DEL CRISTIANISMO: LOS APOLOGISTAS CRISTIANOS 54
Clasificación de los apologistas cristianos 54
Apologistas griegos 54
Apologistas latinos 55
Línea de defensa 55
El triunfo de los apologistas 56

12. LAS ESCUELAS DE PENSAMIENTO CRISTIANAS 56
Cultura en la Iglesia primitiva 56
La escuela de Alejandría 57
La escuela de Antioquía 57
La escuela norteafricana 57
Tendencia general 58

13. CONSTANTINO LIBERTA LA IGLESIA 58
La conversión de Constantino 58
Táctica de Constantino 59
El peligro que amenazaba a la Iglesia 59

14. REACCIÓN BAJO JULIANO 60
Historia de Juliano anterior a su reinado 60
El reinado de Juliano 61
La oposición de Juliano 61
El carácter de Juliano. 61

15. LA REFORMA MONTANISTA 62
Medidas contra la relajación de la disciplina 62
Plan de Montano 63
Opiniones de Montano 63
La suerte posterior del montanismo 63

16. CONTROVERSIAS SOBRE LA NATURALEZA DIVINA DE JESÚS 64
Principio del arrianismo 64
El Concilio de Nicea 65
Historia posterior del arrianismo 65

17. CONTROVERSIAS POSTERIORES 66
El nestorianismo 67
Agustín de Hipona 67
El pelagianismo 68
Desarrollo de la controversia pelagiana 68
Otras controversias 69

18. CISMAS ECLESIÁSTICOS 70
El cisma de Felicísimo 70
El cisma Novaciano 70
El cisma Donatista 70
El cisma Melesiano 71

19. LA ESCRITURA Y LA TRADICIÓN 72
Canon del Antiguo Testamento 72
El Nuevo Testamento 72
Aceptación general del canon 73
La tradición 73

20. LOS TEXTOS APÓCRIFOS 74
Los escritos apócrifos 74
Los Oráculos Sibilinos 75
Narraciones apócrifas respecto del Señor Jesús 75
Las Constituciones Apostólicas 75

21. LA TEOLOGÍA DURANTE EL PRIMER PERÍODO 76
Conformidad general 76
La divinidad del Señor Jesús 76
La Trinidad: Un solo Dios y tres Personas distintas 77
Cristología: El Logos 77
Pneumatología: El Espíritu Santo 78
Cosmología: El universo y su creación. 78
Antropología: El hombre. 78
Eclesiología: Las doctrinas respecto de la Iglesia 79

Sacramentología: La Eucaristía o Cena del Señor. 79
Escatología: La vida futura 80
Influencia del Concilio de Nicea 80

22. EL GOBIERNO ECLESIÁSTICO Y LA PRIMACÍA ROMANA 81
Cambios en el gobierno eclesiástico 81
Las órdenes menores 81
Las órdenes mayores 82
El poder de los obispos 82
La autoridad metropolitana 83
El patriarcado 83
El obispo de Roma 84
Constantinopla 84

23. LAS FIESTAS SAGRADAS Y EL CULTO PÚBLICO 85
Fiestas semanales 85
Fiestas anuales 86
Los días de los mártires 86
Los templos 87
Las imágenes 87

24. EDUCACIÓN DE LOS CREYENTES Y DISCIPLINA ECLESIÁSTICA 88
La educación de la niñez 88
El catecumenado 88
Los apóstatas 89

25. LA VIDA Y LAS COSTUMBRES DE LOS CRISTIANOS 90
La caridad 90
Estímulo al estudio 90
La vida doméstica 91
Escritos epistolares 91
Viajes de los Padres 92

26. LA IGLESIA EN LAS CATACUMBAS 93
El sepelio romano y la cremación 94
Descubrimiento de las catacumbas 94
Antonio Bosio y otros descubridores 94
El caballero de Rossi 95
La Biblia en las catacumbas 95
La doctrina cristiana en las catacumbas 96
Emblemas triunfantes 96
Deducciones históricas 97

27. LA VIDA MONÁSTICA 98
El estado monacal en épocas anteriores al cristianismo 98
Muchos cristianos aceptan el estado monacal 99
Ejemplos notables 99
Pacomio y el origen de la vida en común 100
Benito de Nursia 100

28. LA ÉPOCA DE GREGORIO EL GRANDE 101
El obispo de Roma asume mayor autoridad 101
Gregorio el Grande 101

29. LA PROPAGACIÓN DEL CRISTIANISMO 102
La evangelización de las naciones 102
La luz del evangelio alumbra hacia el Oriente 103
La Iglesia en África 104
El continente Europeo 104
Roma 105
Alemania 105
Los evangelizadores de la Gran Bretaña 105

30. CONCLUSIONES AL PRIMER PERÍODO 106
Rápida propagación del cristianismo 106
Los misioneros cristianos eran amantes del saber 106
El venerable Beda 107
Los dogmas del cristianismo primitivo 107
Las supersticiones 107

SEGUNDO PERÍODO: LA IGLESIA EN LA EDAD MEDIA (años 768 al 1517 d. C.) 109

1. LA TRANSICIÓN MEDIEVAL 111
Importancia de la Edad Media 111
Los tres períodos de la Edad Media 111
La transición literaria 112
Progreso universal 112

2. EL REINADO DE CARLOMAGNO 112
Nuevo orden de cosas 112
Táctica de Carlomagno 113
Preparativos para el pacto Iglesia-Estado 113
Hermandad del Papa y el Emperador 114
Relaciones posteriores de Carlomagno y el Papa 114

3. LA IGLESIA Y EL ESTADO BAJO LOS ÚLTIMOS EMPERADORES CAROLINGIOS 115
Ejemplo de Carlomagno 115
Los sucesores de Carlomagno 115
Independencia del episcopado 116
Se extingue la dinastía carolingia 116

4. LAS FALSAS DECRETALES 117
Los papas apelan al pasado 117
Las falsas decretales atribuidas a Isidoro 117
Contenido de las decretales 118
Influencia de las decretales 119

5. EL ISLAM 119
Mahoma 119
Vida de Mahoma 120
El Corán 121
Conquistas de los musulmanes 121

6. LAS ESCUELAS DE PENSAMIENTO EN LA EPOCA DE CARLOMAGNO 122
Carlomagno protege la literatura 122
Seminarios teológicos 122
Escuelas públicas 122
Carlomagno cultiva la literatura nacional 123
Circulación de la Sagrada Escritura 123
Decadencia de las letras 123

7. DESARROLLO DE LA TEOLOGÍA 124
La controversia sobre el Espíritu Santo 124
El adopcionismo 124
Antropología y Soteriología 125
La Eucaristía o Cena del Señor 125
Controversia sobre las imágenes 125

8. EL GOBIERNO DE LOS PAPAS 126
Inestabilidad del papado 126
La cátedra de San Pedro en manos de mujeres degradadas. 127
Los alemanes aumentan su poder 127
Conflicto entre Enrique IV y Gregorio VII 128

9. LA REFORMA GREGORIANA 129
Decadencia de la moralidad 129
El matrimonio de los clérigos 130

10. VIDA Y COSTUMBRES DEL CLERO 131
Las penitencias 131
Reverencia a la virgen María 132
Las reliquias 132
Días de fiesta 132

11. LOS CULTOS BÍBLICOS 133
El sermón 133
La música sagrada 133
Iglesias, Catedrales y Capillas. 135
Las artes 135

12. LOS ESCRITORES DE LA ÉPOCA 136
Literatos de épocas anteriores a Carlomagno 136
Literatos de la corte de Carlomagno 137

13. NUEVAS MISIONES 138
Dinamarca 138
Suecia 138
Noruega 139
Islandia y Groenlandia 139
Bulgaria 139
Moravia 140
Rusia 140
Los Wendas 140
Polonia 140

Hungría 141
Finlandia 141

14. EL CISMA ENTRE ORIENTE Y OCCIDENTE 141
Discrepancias y diferencias de opinión 141
Divergencia en doctrina 142
La primacía romana 142
Las leyes injustas y los abusos eclesiásticos aumentan la discordia 142
El cisma 143
Esfuerzos para lograr una reconciliación 143

15. LA IGLESIA ANGLOSAJONA 143
Independencia de la Iglesia británica 144
Divergencias con Roma 144
Roma sale victoriosa 144
Alfredo el Grande 145

16. ARNALDO DE BRESCIA 145
Una nueva influencia 145
Arnaldo denuncia los excesos del clero 146
Arnaldo regresa a su patria 146
Martirio de Arnaldo 147
Influencia de Arnaldo 147

17. LOS VALDENSES Y LOS ALBIGENSES 148
Reacción moral de los laicos 148
Los valdenses 148
Valdenses y cátaros: Roma persigue a todos los reformistas 149
Simpatía del pueblo para con los reformistas 149

18. TOMÁS BECKET 149
Esteban de Blois y Enrique II 149
Tomás Becket 150
Muerte de Becket 151

19. LAS ÓRDENES MONÁSTICAS 151
El monasticismo oriental 151
Monasticismo occidental 152
Las órdenes mendicantes 152
Otras órdenes monásticas 153
Órdenes militares de caballeros 153

20. LOS MONASTERIOS COMO CENTROS DE CULTURA 154
Monte Casino 154

21. LAS ARTES CRISTIANAS 155
Las artes en los templos 155
Parálisis y renacimiento 155
Las artes plásticas 156

22. EL CULTO CRISTIANO ... 156
El sermón ... 157
Música sagrada ... 157
Himnología ... 158

23. LAS CRUZADAS ... 158
Pedro el Ermitaño ... 158
Varía la fortuna de las cruzadas ... 159
Se marca el alto al Islam ... 160
Los beneficios de las cruzadas ... 160

24. LA FILOSOFÍA ÁRABE ... 161
Los pensadores y escritores árabes ... 161
Averroes ... 161

25. LOS HOHENSTAUFEN EN ITALIA ... 162
Los Hohenstaufen ... 162
Caída de los Hohenstaufen ... 163

26. LA FILOSOFÍA JUDÍA ... 163
Exegetas judíos ... 164
Maimónides ... 164

27. LA FILOSOFÍA ESCOLÁSTICA ... 165
El misticismo ... 165
Nominalistas y realistas ... 165
Fulberto y otros escolásticos ... 166
Los tomistas y los escotistas ... 166
Raimundo Lulio ... 166
Decadencia del escolasticismo ... 167

28. PEDRO ABELARDO ... 168
Guillermo de Champeaux ... 168
Fama de Abelardo ... 168
Infortunios de Abelardo ... 169
Teología de Abelardo ... 169

29. LA LITERATURA EN LA EDAD MEDIA ... 170
La literatura y la religión ... 170
Historiadores ... 170
Dramas religiosos ... 170
Dante, Bocaccio y Petrarca ... 171

30. SURGEN LAS UNIVERSIDADES ... 171
Origen de las universidades ... 171

31. EL PAPADO SE DIVIDE ... 172
El cisma ... 172
"La cautividad de Babilonia" ... 173
El papado se divide ... 173
Concilios ... 173
Los resultados ... 174

32. CONCLUSIONES AL SEGUNDO PERÍODO 174
Estado de la Iglesia 174
Etapas del progreso 175
Los cristianos sajones y los latinos.. 175

TERCER PERÍODO: LA REFORMA (años 1517 al 1545 d. C.) 177

1. LOS HERALDOS DEL PROTESTANTISMO 179
La Reforma fue una crisis histórica 179
Los antecesores de la Reforma 179
Dos clases de reformadores 180
Pedro D'Ailly 181
Juan Charlier Gerson.. 181
Nicolás Clemanges 182
Fracasan los reformadores en Francia 182
Los místicos.. 182
La escena pasa a Alemania 183
Juan Ruysbroeck... 183
Enrique Suso 183
Juan Tauler 184
La escuela de San Víctor 185
Los Hermanos de la Vida Común 186
Los Amigos de Dios 186
Juan de Goch 187
Los primeros reformadores holandeses... 187

2. EL RENACIMIENTO DE LAS LETRAS EN ITALIA... 188
El renacimiento de las letras 188
La toma de Constantinopla 188
Renacimiento de los clásicos latinos... 189
Tendencia de las letras humanísticas 189
El renacimiento literario en otras partes... 190
Reuchlin, Erasmo y Moro 190

3. LOS CONCILIOS REFORMADORES 191
Varios Concilios 191
El papado doble 191
El Concilio de Constanza 192
El Concilio de Basilea.. 192

4. LA REFORMA EN ALEMANIA I (1483-1520) 193
Niñez de Lutero 193
En el hogar y en la escuela 193
En la Universidad 194
En Wíttemberg 194
Las 95 tesis 195
Lutero apela a los alemanes... 196
La Dieta de Worms 196

5. LA REFORMA EN ALEMANIA II (1520-1546) 198
Los amigos de la Reforma hacen que peligre 198
La guerra de los campesinos 199
Trabajos literarios de Lutero 199
Himnos y otras producciones 199
La personalidad de Lutero 200
La fe de Lutero 200
Organización de la Iglesia luterana alemana 201
Vida privada de Lutero 201

6. LA REFORMA EN ALEMANIA III. MELANCHTON Y OTROS REFORMADORES ALEMANES 202
Felipe Melanchton 202
La obra de Melanchton 202
Otros amigos de la Reforma 204
Von Hutten y Von Sickingen 205

7. LA REFORMA EN LA SUIZA ALEMANA 205
Condición política 205
Zuinglio 206
Ruptura de Zuinglio con Roma 206
Diferencias entre la Reforma en Suiza y la de Alemania 207
Los cantones orientales 208
Basilea 208

8. LA REFORMA EN LA SUIZA FRANCESA 208
Dos corrientes protestantes 208
Juan Calvino 209
Calvino en Basilea 210
Calvino regresa a Ginebra 210
Calvino y Farel 210
La iglesia de Ginebra 211
Destierro de los reformadores 211
Ginebra revoca el destierro 212
Influencia de Calvino 212
Teodoro de Beza 212
La segunda Confesión Helvética 213

9. LA REFORMA EN INGLATERRA I (1509-1553) 213
John Wyclif 213
Ataques en contra de Wyclif 214
Wyclif traduce la Biblia 214
Elementos de la Reforma 214
Enrique VIII adopta la Reforma 215
Colet y Moro 216
Thomas Cranmer 216
Se publica la Sagrada Escritura 217
Situación a la muerte de Enrique VIII 217

10. LA REFORMA EN INGLATERRA II (1553-1603) 218
Reacción bajo Eduardo VI 218
El reinado de María 218
Triunfo final de la Reforma 219

Los Independientes..219
Los Puritanos 220

11. LA REFORMA EN ESCOCIA..220
Los reformadores escoceses 220
María, reina de los escoceses 220
Juan Knox 221

12. LA REFORMA EN LOS PAÍSES BAJOS..222
Los Hermanos de la Vida Común 222
La Inquisición 223
Erasmo 223
Erasmo en Basilea 223
Disputa de Erasmo con Lutero 224

13. LA REFORMA EN FRANCIA..224
La efervescencia protestante en Francia...224
Medidas adversas a la Reforma 225
Actividad de los protestantes..225
Oposición a los hugonotes 226
Desarrollo del protestantismo en Francia 226
La noche de San Bartolomé 226
Los hugonotes se recuperan 227

14. LA REFORMA EN ITALIA 227
Savonarola prepara el terreno...227
Literatura protestante en Italia...228
La literatura escéptica 229
Propagación de las doctrinas evangélicas 229
La influencia femenina 230
Persecución del protestantismo 230
El Concilio de Trento 231
Protestantes italianos en el destierro..231

15. LA REFORMA EN ESPAÑA Y PORTUGAL 231
El despotismo en España..231
El misticismo español...232
Introducción del protestantismo en España...233
Casiodoro de Reina y la Biblia en castellano 234
La resistencia católica romana..235
Bartolomé de Carranza, Primado de Toledo..235
Causas del fracaso de la Reforma en España..236
Los "alumbrados" y los "cristianos nuevos" 236

16. LA REFORMA EN ESCANDINAVIA...238
Los Petersen 239
Dinamarca y Noruega 239

17. LA REFORMA EN LOS PAÍSES ESLAVOS 239
Preparativos para la Reforma 239
Polonia 240
La Reforma en Hungría y en Transilvania 240

18. CONCLUSIONES AL TERCER PERÍODO 241
Ventajas que trajo la Reforma 241

La Reforma benefició a los Estados Unidos de América 241
Promoción de las artes y de las letras 242
Aumento de la cultura 242

CUARTO PERÍODO: LA IGLESIA MODERNA (años 1558 al 1900 d. C.) 245

1. REACCIÓN DE LA IGLESIA CATÓLICA ROMANA A LA REFORMA 247
Protestantes y católicos 247
El Concilio de Trento 247
Florecen de nuevo antiguas órdenes monásticas 248
Institutos de frailes menores 248

2. LOS JESUITAS 248
La Compañía de Jesús 248
Oposición a los jesuitas 249
Las misiones de los jesuitas 249
Francisco Javier 250
Mateo Ricci 250
Los jesuitas en el Nuevo Mundo 251
Influencia de los jesuitas 251

3. LA IGLESIA ANGLICANA BAJO JAIME I Y CARLOS I 252
Jaime I y los puritanos 252
Contraste con Isabel 252
La esperanza de Inglaterra 253
La versión autorizada de la Biblia 253
Carlos I y la revolución 253
La Asamblea de Westminster 254

4. LOS PURITANOS INGLESES 254
Origen de los puritanos 254
Elementos de la influencia puritana 255
La controversia sobre los hábitos 255
Los puritanos como disidentes 256

5. LOS CUÁQUEROS O LA SOCIEDAD DE LOS AMIGOS 256
Origen de Los Amigos 256
Fox y sus adeptos 256
Enseñanzas de Los Amigos 257
William Penn y Los Amigos Emigrados 257
Influencia de Los Amigos 257

6. CROMWELL Y LA REPÚBLICA 257
Oliverio Cromwell 257
Carlos II aspira al trono 258
La política de Cromwell 258
John Milton 259

7. LA IGLESIA EN INGLATERRA DURANTE LA RESTAURACIÓN MONÁRQUICA 259
El reinado de Carlos II 259
El Decreto de Uniformidad 260
Reuniones públicas 260

Las consecuencias 260
Jaime II 261
Guillermo y María 261

8. EL DEÍSMO EN INGLATERRA 261
Orígenes del deísmo 261
Bacon y Locke 262
Principios fundamentales del deísmo 262
Escritores deístas 262
El deísmo en el continente 263
Escritores apologéticos 263
El deísmo en América 263

9. LA IGLESIA PROTESTANTE EN ALEMANIA 264
Las variaciones del protestantismo 264
El prurito de controvertir 264
Controversias especiales 264
Resultado de las controversias 265
Consecuencias de las controversias 265

10. EL MISTICISMO EN ALEMANIA 265
La reacción espiritual 265
Boehme y otros místicos 266
Arndt y Gerhard 266
Influencia del nuevo misticismo 266

11. LA GUERRA DE LOS TREINTA AÑOS 267
Disensiones entre los protestantes 267
La unidad católica romana 267
Aumentan los antagonismos 267
Gustavo Adolfo de Suecia 268
Resultados de la guerra 268

12. LA EMIGRACIÓN DE PROTESTANTES AL NUEVO MUNDO 269
El país de refugio 269
Las colonias de emigrados 269

13. JACOBO ARMINIO Y EL SÍNODO DE DORT 270
El escenario de las controversias 270
Jacobus Arminius 270
Los censurantes 270
Partidos rivales 270
El Sínodo de Dort 271

14. LA PERSECUCIÓN EN SALZBURGO 271
Estado de Alemania después de la paz de Westfalia 271
Los protestantes de Salzburgo 271
Los desterrados 272
La colonia de Georgia 272

15. JACOBO SPENER Y EL PIETISMO 272
Una nueva oportunidad 272
Jacobo Spener 273
Influencia de Spener en la vida religiosa en Europa 273

La Escuela de Spener 274
La Universidad de Halle 274
Origen de las misiones modernas 274
Decadencia del pietismo 275

16. LOS HERMANOS UNIDOS 275
Los husitas de Bohemia 275
Zinzendorf 276
Herrnhut 276
Las doctrinas moravas 276
Las misiones de los hermanos moravos 276

17. SWEDENBORG Y LA NUEVA IGLESIA 277
Emmanuel Swedenborg 277
El sistema de Swedenborg 278
Historia posterior de la Nueva Iglesia 278

18. EL RACIONALISMO EN ALEMANIA 278
Fuentes del racionalismo 279
El racionalismo se expande. 279
Actitud general del racionalismo 280

19. LA REACCIÓN EVANGÉLICA 280
Decadencia producida por el racionalismo 280
El racionalismo y la filosofía 281
Fichte, Schelling y Hegel 281
La nueva escuela evangélica 281

20. EL MISTICISMO FRANCÉS Y EL JANSENISMO FLAMENCO 282
El misticismo en la Iglesia Católica Romana 282
Los Quietistas franceses 282
El jansenismo 283
La Abadía de Puerto Real 283
La comunidad jansenista de Holanda 284

21. LA IMPIEDAD FRANCESA 284
Los incrédulos franceses 284
La Revolución Francesa 284
Napoleón Bonaparte y la Iglesia 285

22. EL PROTESTANTISMO FRANCÉS 285
Sufrimientos de los protestantes franceses 285
Los camisardos 286
La familia Calas 286
Voltaire y las medidas conciliativas 287

23. LA IGLESIA ORTODOXA EN RUSIA 287
Origen de la Iglesia Ortodoxa Rusa 287
Pedro el Grande (1689-1725) 288
Estadísticas de los monasterios rusos 288
La educación teológica 289
Las sectas en la Iglesia Ortodoxa 289
Estado de la Iglesia Ortodoxa rusa a finales del siglo XIX 289

24. WESLEY Y EL METODISMO 290
Las condiciones políticas y sociales de Inglaterra al aparecer el metodismo 290
Los hermanos Wesley 290
Juan Wesley entra en relación con los moravos 290
Organización de las sociedades metodistas 291
Desarrollo del metodismo 291
Fallecimiento de Wesley 292

25. EL MOVIMIENTO DE LOS TRATADISTAS 292
Los principales tratadistas 292
Sus principios 293
Los resultados 294

26. DIFERENTES ESCUELAS EN LA IGLESIA ANGLICANA 294
La Escuela filocatólica o Iglesia Alta 294
La causa de Gorham 295
La Escuela anglicana evangélica o Iglesia Baja 295
La Escuela Liberal o Iglesia Media 295
Los "ensayos" de 1860 y el pensamiento universalista 296
Historia posterior de estos escritores 297
Lux Mundi 297

27. LAS UNIVERSIDADES EN INGLATERRA 298
Influencia de las universidades inglesas 298
Cambridge 299
Reformas 299
La Universidad de Londres 299

28. ESCRITORES Y TEÓLOGOS ANGLICANOS 300
Guillermo Laud (1573-1664) 300
Guillermo Chíllingworth (1602-1644) 301
Jeremías Taylor (1613-1617) 301
Isaac Barrow (1630-1677) 302
Otros escritores 302

29. LITERATOS Y TEÓLOGOS PURITANOS Y PRESBITERIANOS 304
Tomás Cartwright (1535-1603) 304
Ricardo Baxter (1615-1691) 304
Tomás Goodwin (1600-1679) 305
John Owen (1616-1683) 305
John Goodwin (1593-1665) 306
John Howe (1630-1705) 306
John Bunyan (1628-1688) 307
Características de los dirigentes puritanos 308

30. PERÍODOS CRÍTICOS EN LA HISTORIA DE LA IGLESIA DE ESCOCIA 308
La guerra de los pactos 308
Esfuerzos por introducir el episcopado en Escocia 309
Escocia y Carlos I 309
Concluye la lucha 310

31. DISCREPANCIAS Y AVIVAMIENTOS EN LA IGLESIA DE ESCOCIA 311
La polémica de Erskine 311

El avivamiento..311
Roberto Haldane (1764-1842) 312
Jaime Alejandro Haldane (1768-1851)..312

32. EL GRAN CISMA DE LA IGLESIA DE ESCOCIA... 313
Las causas..313
Se consuma la ruptura...314
Agentes 314
Los resultados..315

33. LA IGLESIA CATÓLICA ROMANA I. SU DESARROLLO CULTURAL Y TEOLÓGICO... 315
Saber y cultura...315
Teología y crítica bíblica..316

34. LA IGLESIA CATÓLICA ROMANA II. EL CULTO DE MARÍA 317
El culto a María...317
Protestas en contra 317
La Inmaculada Concepción...318

35. LA IGLESIA CATÓLICA ROMANA III. EL PODER TEMPORAL DEL PAPA..... 319
Su desarrollo..319
El Reino unido de Italia...319

36. EL CATOLICISMO EN ALEMANIA 320
Bismark y el Papa..320
El papa León XIII..321

37. EL CATOLICISMO EN INGLATERRA 321
Persecución contra los católicos en Inglaterra..321
Primeras medidas de suavización 322
Se completa el proceso de libertad para los católicos romanos..322
Decadencia de la Iglesia católica romana en Inglaterra en el siglo XIX............................323

38. EL CONCILIO VATICANO I... 324
Las sesiones 324
Los resultados..324

39. LOS CATÓLICOS ANTIGUOS 325
La confesión de Hefele 325
Protestas de los católicos antiguos...326
Desarrollo de la Iglesia Católica Antigua..326

40. ALIANZAS PROTESTANTES 327
Fundación de la Alianza Evangélica..328
Bases doctrinales de la Alianza Evangélica..328
Las sesiones 328
La Conferencia de Washington..328
La Alianza Presbiteriana-Congregacional..329
La Alianza Bautista Mundial...329

41. LA ESCUELA DOMINICAL 329
Origen de la Escuela Dominical..329
Desarrollo 330
La Escuela de Chautauqua...330

42. LAS MISIONES PROTESTANTES A FINALES DEL SIGLO XIX 330
Las primeras misiones protestantes 330
Los primeros misioneros 331
El campo de la India 331
China 332
Birmania 332
Japón 332
Oriente Medio 333
Turquía y los Balcanes 333
Las misiones protestantes en África 334
El Congo 334

43. LAS SOCIEDADES PARA LA PREVENCIÓN DEL ALCOHOLISMO 335
La temperancia en la Gran Bretaña 335
La temperancia en el continente europeo 335

44. LA FILANTROPÍA EN INGLATERRA Y EN ALEMANIA 336
Abolición de la esclavitud 336
Reforma de las prisiones 336
El cuidado de los heridos 337
Las diaconisas 337
Protección del los huérfanos 338
Reforma del mercado laboral infantil 339
La Cruz Roja 340

45. LOS PREDICADORES INGLESES 342
Efectos del avivamiento metodista 342
Simeón y su Escuela 342
Predicadores y escritores ingleses 343

46. INFLUENCIA DE LA LITERATURA INGLESA 343
Lord Byron 343
Wordsworth y su Escuela 344

47. EL EJÉRCITO DE SALVACIÓN 345
Origen y desarrollo del Ejército de Salvación 345
Teología, métodos y resultados 346

48. LA VIDA RELIGIOSA EN EL CONTINENTE EUROPEO A FINALES DEL SIGLO XIX 346
Francia 346
Italia y España 347
Alemania 347
Suiza 347
Holanda 348
Escandinavia 348

QUINTO PERÍODO: LA IGLESIA CONTEMPORÁNEA - años 1901 al 2005 d. C. 349

1. EL CONVULSIONADO SIGLO XX 351
El señuelo del Progreso 351
Avances científicos 352
Incremento de la pobreza 353

Subversión y terror 353
Explosión demográfica y degradación del medio ambiente 354
Retos y desafíos 355

2. EL RETO DE LAS REVOLUCIONES SOCIALISTAS 356
Dinámica del cambio social contemporáneo 356
La cuestión social en el protestantismo 356
Socialistas y comunistas 357
Los papas y el socialismo 359
Socialistas cristianos. El caso británico 360
La Christian Social Union 362
El socialismo es una religión. El caso ruso 363
El Evangelio Social. El caso americano 364
Cooperativismo católico 365
Socialistas religiosos. El caso alemán 366
Movimiento Social Cristiano. El caso cubano 366
Cristianos por el Socialismo. El caso chileno 368

3. EL PROTESTANTISMO EN ESPAÑA 369
La imagen de España 369
Protestantismo y masonería 370
Juan Calderón 371
Primeras iglesias españolas 372
Dictadura y nacionalcatolicismo 374
Otras Iglesias 375

4. PROTESTANTISMO EN AMÉRICA LATINA 376
Victorianos y católicos 376
Protestantes y liberales 378
Encuentro con el indígena 380
Chimborazo 380
Los toba 381
La Misión Patagónica 382
Expulsiones en Chiapas 383
Los años heroicos 386
Primeras denominaciones protestantes en Latinoamérica 388
Anglicanos 388
Presbiterianos 388
Metodistas 388
Bautistas 389
Otros grupos y misiones interdenominacionales 391
Crisis, pobreza y nuevos grupos religiosos 392

5. LA IGLESIA CATÓLICA EN EL MUNDO CONTEMPORÁNEO 393
La crisis modernista 393
El desafío totalitario 395
Pío XII y el Holocausto judío 396
La Iglesia confesante evangélica 397
El *aggiornamento* o la renovación. Concilio Vaticano II 398
Continuación del Concilio. Pablo VI 400

6. JUAN PABLO II 401
Un largo y polémico pontificado 401
Conservadurismo y contradicciones 403

Desautorización de la teología de la liberación 406
Aborto y regulación de la natalidad 407
Acción ecuménica 408
El Papa del perdón 410

7. BENEDICTO XVI 412
Una vida al servicio de la Iglesia 412
Refuerzo de tradición 413
Viajes apostólicos y protesta islamita 414
Audiencia con Hans Küng 415

8. PRUEBA Y MARTIRIO DE LAS IGLESIAS ORTODOXAS 416
Desconocimiento de la ortodoxia por parte de los cristianos occidentales 416
La Iglesia en Rusia 417
La Revolución rusa 417
Separación entre la Iglesia Ortodoxa y el Estado 417
El fraude de la Nueva Iglesia Viva 418
La Iglesia Ortodoxa rusa durante la Segunda Guerra Mundial 418
La Perestroika y el renacimiento de la Iglesia en Rusia 419
Georgia y los Balcanes 419

9. LAS IGLESIAS EVANGÉLICAS FUNDAMENTALISTAS Y EL DISPENSACIONALISMO 420
La escena religiosa en Estados Unidos a principios del siglo XX 420
¿Qué es el Fundamentalismo Evangélico? 420
Precedentes y consecuencias 421
"The Fundamentals" 422
La Asociación Mundial de Cristianos Fundamentales 424
Controversias 424
El "separatismo" fundamentalista 424
Carl McIntire y el ICCC "International Council of Christian Churches" 425
El neo-evangelicalismo 425
El dispensacionalismo 426
La hermenéutica dispensacionalista 426

10. LA IRRUPCIÓN DEL ESPÍRITU 427
Los Pentecostales 427
Orígenes del pentecostalismo 427
Principios doctrinales 428
Neo-Pentecostalismo 429
El caso Dennis Bennet 429
Renovación Carismática Católica 430

11. PENTECOSTALISMO Y ACCIÓN SOCIAL EN LATINOAMÉRICA 431
Un grano de mostaza 431
Primera ola 432
Brasil 432
Chile 433
Segunda ola 434
Tercera ola 435
Conquista del temor 435
Espíritu y liberación 436
La labor social del pentecostalismo en Latinoamérica 437

12. LA IGLESIA DE FILADELFIA 439
La llamada del pueblo gitano 439
Los Aleluyas o Iglesia Evangélica de Filadelfia 439
Aspectos sociales y pedagógicos 440
El énfasis en los dones del Espíritu 441
George Borrow y los gitanos 441

13. EL DESPERTAR DE LA UNIDAD 441
Ecumenismo y misiones 441
Orígenes del ecumenismo 442
Movimientos pioneros 443
El Consejo Mundial de Iglesias 443
Ecumenismo católico 444
El Secretariado para la Unidad de los Cristianos 446
Oposición evangélica al ecumenismo 446
Ecumenismo en España 448
Ecumenismo en Latinoamérica 449
Iglesia y Sociedad (ISAL) 450
La Comisión Evangélica Latinoamericana de Educación Cristiana (CELADEC) 450
Comisión Pro Unidad Evangélica Latinoamericana (UNELAM) 452
Confraternidad Evangélica Latinoamericana (CONELA) 452

14. LIBERACIÓN Y BIBLIA 453
Guerrilla y fe cristiana 453
Teología de la revolución 454
De Medellín a Puebla 456
La reacción de la Iglesia Institucional 458

15. CIENCIA Y BIBLIA. LA CONTROVERSIA CREACIONISTA 459
El conflicto originado por Darwin 459
El creacionismo "científico" 462
El "Institute For Creation Research" 462
Darwin y la Iglesia Católica Romana 464
Teilhard de Chardin 464
La posición oficial del Magisterio de la Iglesia 464

16. EL SIGLO DE LOS MÁRTIRES 466
Asombro e incredulidad 466
Sangre ecuménica 467
La teología de la persecución 468
Entre cardos y espinas: la Iglesia cristiana en el mundo islámico 469
Situación en Asia 470
Un rayo de esperanza 471

APÉNDICES

APÉNDICE I. Concilios ecuménicos 475

APÉNDICE II. Historia de las versiones castellanas de la Biblia......................... 479

PERSONAJES Y TEMAS TRATADOS. BIBLIOGRAFÍA DE LECTURAS COMPLEMENTARIAS RECOMENDADAS PARA CONSULTA................................. 486

ÍNDICE DE NOMBRES Y MATERIAS 503

PREFACIO

Esta obra tiene por base una serie de historias compendiadas por John F. Hurst, que se dieron a la prensa entre los años 1884 y 1890. Juntas conformaban una historia completa del cristianismo que llegaba casi hasta finales del siglo XIX. La obra de Hurst alcanzó un éxito sorprendente, y tenemos buenas razones para creer que, a pesar del paso de los años, continúa ofreciendo una perspectiva útil a los estudiantes de historia eclesiástica, y a cualquier persona interesada en conocer el decurso del cristianismo a lo largo de los siglos, cuyos efectos e implicaciones se dejaron sentir en la política, en la cultura, en la economía y en la literatura, y no sólo en la religión, como el autor pone en evidencia con agudeza en cada capítulo. El lector más exigente puede recurrir a obras más extensas, pero eso en ningún modo le exime de adquirir una idea general, una impresión a vista de pájaro, de más de dos mil años de historia cristiana, que le permita conocer los hechos directrices que marcan y explican los pequeños detalles de la historia local o particular de las iglesias y de la evolución del pensamiento cristiano.

Pero es evidente que una historia que se detiene en el el umbral del siglo XX no es sólo una historia incompleta, sino obsoleta, con un mero valor de anticuario. Pues el siglo XX ha sido uno de los más fecundos y revolucionarios de todos los tiempos, no sólo en el campo eclesiástico y teológico, sino en todos los campos de la actividad humana. Estos últimos cien años de la historia reciente de la humanidad han significado un reto continuo a las estructuras de las Iglesias, a sus modos de pensar y vivir la fe, pues en ellos se han producido cambios transcendentales, gracias a los cuales la vida del hombre sobre el planeta ya no volverá a ser la misma. Ni su conciencia. Ni sus inquietudes. Y estamos sólo al comienzo, pues lo que está por venir anuncia la plena manifestación de esos desafíos que sólo acaban de asomar la cabeza.

A nivel interno, las Iglesias han experimentado cambios profundos, radicales. Ya nada puede ser como ayer. El ecumenismo, que cierra una brecha sangrante de siglos, o al menos ha introducido un modo de pensar ecuménico, libre, tolerante, frente a los anatematismos y las descalificaciones de antaño. La teología de la liberación y las cuestiones sociales, la causa del pobre y de los oprimidos; el resurgir de los fundamentalismos religiosos; la guerra y el terrorismo, con el nombre de Dios por medio; el fenómeno del ateísmo generalizado, contrarrestado por un renacer de la religiosidad a nivel mundial; el anhelo de seguridades en medio de una era de incertidumbre económica y política; el sorprendente y llamativo crecimiento del cristianismo pentecostal, que ha saltado barreras y cruzado todo tipo de fronteras confesionales y geográficas. Hay muchos acontecimientos y giros ideológicos que nos hubiera gustado estudiar en profundidad, pero que no ha sido posible en virtud de la naturaleza de esta obra, no obstante, los hemos anotado, siquiera levemente, confiando en ulteriores estudios, propios o ajenos. En todo hemos procedido convencidos del valor del conocimiento histórico para formar el espíritu y relativizar toda etapa presente a la luz de lo que ha pasado y de lo que se espera. Sin alarmismos ni falso optimismo, conociendo por la Revelación divina y habiendo aprendido suficientemente por la historia eclesial el carácter ambiguo de la acción humana.

Hemos incluido una lista de lecturas complementarias destinada a ayudar a los que quieren avanzar y profundizar en el conocimiento de los temas tratados aquí. No es exhaustiva, no tiene sentido hacerlo cuando no para de crecer, pero sí suficiente para proseguir uno mismo la investigación. Nos hemos limitado a las obras disponibles en castellano, entendiendo que esta obra se dirige en especial al pueblo culto, pero sin alardes de erudición ni de conocimiento de otra lengua que la propia. En las notas hemos reducido al mínimo la referencia a obras en otros idiomas, sólo cuando el caso lo exigía, por no existir nada en castellano al respecto.

En conjunto, las cuatro primeras partes de John F. Hurst, a las que se suma una quinta, redactada por quien esto suscribe, la presente obra pone en manos del lector un rico caudal de información ofrecido lo más ecuánime y objetivamente posible, sin renegar de nuestro criterio personal de selección y perspectiva, que obedece además a nuestra peculiar situación de españoles, con lo que esto significa de conveniencias e inconveniencias. Podrían haberse recogido más aspectos del amplio acontecer histórico, pero estamos seguros que no falta ninguno de los que han contribuido a formar nuestro horizonte eclesial moderno, ninguno de los que pueden darnos la clave de muchas situaciones presentes.

ALFONSO ROPERO, TH.M. PH.D.

HISTORIA GENERAL DEL CRISTIANISMO: PRIMER PERÍODO

LA IGLESIA ANTIGUA
Años 33 al 767 d. C.

Contenido:

1. La iglesia y su historia
2. Escena de los trabajos de los apóstoles
3. Estado de las civilizaciones griega y romana
4. Actitud del judaísmo con la religión cristiana
5. El período de las persecuciones
6. El culto cristiano
7. La vida de los cristianos
8. Organización eclesiástica
9. Desviaciones doctrinales: el ebionismo y el gnosticismo
10. Ataque literario de los paganos contra el cristianismo
11. Los defensores del cristianismo: los apologistas cristianos
12. Las escuelas de pensamiento cristianas
13. Constantino liberta la iglesia
14. Reacción bajo Juliano
15. La reforma montanista
16. Controversias sobre la naturaleza divina de Jesús
17. Controversias posteriores
18. Cismas eclesiásticos
19. La escritura y la tradición
20. Los textos apócrifos
21. La teología durante el primer período
22. El gobierno eclesiástico y la primacía romana
23. Las fiestas sagradas y el culto público
24. Educación de los creyentes y disciplina eclesiástica
25. La vida y las costumbres de los cristianos
26. La iglesia en las catacumbas
27. La vida monástica
28. La época de Gregorio el Grande
29. La propagación del cristianismo
30. Conclusiones al primer período

1

La iglesia y su historia

La Iglesia visible es la sociedad organizada de los que creen en el Señor Jesús y procuran seguir el ejemplo de su vida. La historia universal revela la presencia perenne de una Providencia que todo lo dirige: ni el apogeo de las ilaciones ni su caída se deben al capricho de las pasiones humanas. Cuando dijo Schiller que "la historia universal es el proceso del mundo", no hizo más que reconocer la vigilancia y la justicia eterna de Dios. Jamás han fluido sin interrupción las corrientes del mal, antes, cuando ha llegado la hora de que cesen en su obra, las ha detenido ese poder divino que da siempre el triunfo a la justicia. Y esa Providencia se ha dejado sentir de una manera todavía más patente en la historia de la Iglesia, puesto que, si bien las influencias espirituales han ocupado un lugar secundario en la historia profana, en la sagrada se han presentado abiertamente y a la vanguardia. A pesar de que la Iglesia ha obrado frecuentemente sin razón y se ha dividido en sus opiniones, la interposición divina la ha salvado de errores fatales y de la ruina más completa: aun en las épocas en que, aceptando supersticiones crasas, ha enseñado doctrinas falsas, Dios ha enviado siervos fieles que se han convertido en héroes de causas santas y en heraldos de mejores días. Debido a la influencia de algún opositor bueno y valiente, los campeones de las causas malas han fracasado siempre: para cada Arrio ha habido un Atanasio; frente a cada León X se ha puesto siempre un Lutero. El señalar, pues, las épocas en que la energía divina ha restringido todos los acontecimientos humanos, haciéndolos cooperar al progreso no interrumpido de los siervos de Dios, es la misión de quien se propone tratar de la historia eclesiástica; el trabajo del historiador de la Iglesia no consiste en desenredar una madeja, sino en seguir el hilo áureo de la presencia divina desde el principio de la era cristiana hasta nuestros días.

Complemento del ministerio de nuestro Señor Jesucristo.
Antes de consumar su pasión, nuestro Señor llevó a cabo tres obras admirables: anunció su Evangelio al género humano; dio al mundo el ejemplo de una vida sin mancilla, y, con su muerte voluntaria, obtuvo la redención universal. La resurrección y ascensión prueban la verdad de sus enseñanzas, y, más que pruebas, son la garantía doble que dio a sus discípulos, y a cuantos le han seguido después, de que todo aquél que en Él crea y le ame, ha de gozar constantemente de su presencia en esta vida y heredará después la celestial. Pocos momentos antes de ascender al cielo, mandó el Señor a sus discípulos que permanecieran en Jerusalén hasta que recibiesen el poder de lo alto: incluye este mandato la promesa de dones espirituales para el ministerio y enseña a la vez que, para lograr buen éxito en la predicación del Evangelio, la preparación especial, espiritual y completa ha sido, es y será siempre un requisito indispensable. Si el Espíritu Santo no hubiera descendido el día de Pentecostés, el cristianismo no habría tenido absolutamente ningún poder.

La predicación el día de Pentecostés.

Pentecostés era el día de la fiesta nacional de los judíos, instituida en memoria de la ley que Dios les dio en el monte Sinaí, y en el cual rendían gracias por las cosechas y frutos anuales de la tierra. Como quiera que la observancia de dicha fiesta traía a la memoria las reminiscencias de la teocracia y de la solicitud del magnánimo Creador, visitaban la ciudad de Jerusalén ese día, a fin de celebrar la fiesta, tanto los judíos esparcidos por la tierra, como los habitantes de Palestina. El primer Pentecostés de la era cristiana, que sucedió el quincuagésimo día después de la resurrección de nuestro Jesucristo y el décimo después de la ascensión, había en la ciudad santa judíos de todo el mundo conocido, y en ese día se cumplió la promesa de que había de descender el Espíritu Santo. Sobre las cabezas de los apóstoles aparecieron lenguas de fuego, y se repartió el don milagroso de las lenguas; en el lugar donde estaban los discípulos, se congregaron multitudes de judíos, y todos los que, cualquiera fuese la lengua que hablaban, entendieron lo que oyeron y, habiendo Pedro explicado el significado de lo que estaba pasando y dicho que el descendimiento del Espíritu Santo se debía al Señor Jesús, tres mil personas fueron añadidas al número de los creyentes.

Inmediatamente después de los sucesos admirables del día de Pentecostés, se efectuó la organización de la Iglesia, y poco a poco se dieron pasos para uniformar el gobierno eclesiástico. Antes de ese día, ya se había escogido un nuevo apóstol, Matías, para que ocupase el lugar que Judas el traidor había dejado vacante. Si bien es un hecho que se fundaron órdenes de ministros y de laicos a fin de promulgar el Evangelio, cuidar de los menesterosos y edificar a los fieles, también lo es que la organización que se efectuó fue general e indefinida. Además, como quiera que el número de los creyentes era corto, y éstos ocupaban un territorio pequeño, los arreglos que se hicieron para el gobierno fueron sumamente sencillos y se dejó para el futuro la legislación más detallada y cabal, según la sugirieran las necesidades de la Iglesia, el desarrollo de las sociedades en todos los países y nacionalidades, y las condiciones de éstas.

Vida práctica.

Tan sencilla como hermosa era la vida práctica que llevaban los cristianos. Era el conjunto de las virtudes que el divino Maestro había enseñado como esenciales a una vida pura y a la salvación final. Tan grande era la fe de aquellos cristianos y tan sincero su amor fraternal, que se distribuían entre sí, y por partes iguales, las posesiones terrenales. Esta comunidad de bienes no se debió a un mandato divino, sino que fue el resultado natural de la caridad tan ardiente que el amor de Jesús y la posesión del Espíritu Santo les inspiraban. La verdadera majestad de la Iglesia primitiva consistía en sus cualidades espontáneas. Los cristianos concentraban todos sus pensamientos en el Señor Jesucristo como su Salvador individual y en el sentimiento que tenían de su continua presencia, y para completar aquella obra, los movía el deseo ferviente y constante de propagar el Evangelio; el mundo entero les parecía pequeño y anhelaban extender sus enseñanzas hasta el horizonte más lejano. Los apóstoles pensaban constantemente en todos los hechos y en todas las palabras que habían presenciado y escuchado al estar en la compañía del divino Maestro, y lo mismo acontecía a todos los creyentes, aun a los menos ilustrados: todos y cada uno de ellos iban a predicar la nueva vida en Cristo lo mejor que podían, a fin de que el género humano participara de los beneficios de la redención en este siglo y de la bienaventuranza en el venidero. Por medio de los acontecimientos del día de Pentecostés, Dios manifestó muy a las claras que el Evangelio es para todos los hombres y, al permitir que aquellos miles de almas entendieran la predicación, cualquiera fuese su idioma, manifestó de una manera providencial que nuestra santa religión es para los hombres de todas clases y condiciones. Esos sucesos fueron la confirmación divina del mandato que Jesús dio a sus discípulos de ir a predicar y a enseñar el Evangelio por todo el mundo.

2

Escena de los trabajos de los apóstoles

La fuente principal de donde podemos sacar datos respecto de los diferentes campos en que trabajaron los apóstoles, es el libro de los Hechos. Las epístolas de Pablo y de sus colaboradores contienen muchos relatos que nos sirven para suplir lo que falta en dicho libro. Deben añadirse a estos escritos las relaciones suplementarias de ciertos escritores que vivieron en el segundo, tercer o cuarto siglo, aunque muchas de ellas no son sino vagas suposiciones o meras impresiones que corrían de boca en boca en la Iglesia primitiva.

Pedro.
Simón Pedro era, entre los cristianos, el representante del tipo judío, pero llegó a comprender, si bien muy paulatinamente, que la religión cristiana es para todos los hombres. Los acontecimientos del día de Pentecostés lo deberían de haber convencido, pero ni aun esa gran lección bastó para dominar su carácter tan intensamente judío. Después de haber llevado a cabo trabajos importantes en Palestina, que en el norte se extendieron hasta Antioquía, asistió al Concilio de Jerusalén. En aquella reunión, y llegado el momento supremo de la prueba, cambió sabiamente de parecer y colaboró con Pablo a derogar todas las ceremonias judaicas que se imponían como condiciones para entrar en la Iglesia. De allí en adelante quedaron rotos todos los lazos con el Judaísmo, y la Iglesia recibió en su gremio a judíos y a gentiles bajo los mismos términos y sin hacer entre ellos distinción alguna. Hay buenas razones para suponer que Pedro hizo un viaje por parte del territorio del Asia Menor, puesto que de su primera epístola averiguamos que había trabajado anteriormente en Ponto, Galacia, Capadocia, la provincia de Asia y en Bitinia. Añádase también que escribe de Babilonia; si esta Babilonia era la que estaba situada en las riberas del río Eufrates, como así lo creemos, fue indudablemente movido por el deseo de predicar a la gran población judía que se había establecido allí. Según parece, Pedro y Pablo hicieron arreglos, conforme a los cuales el primero había de circunscribir sus trabajos al oriente, mientras que el segundo pasaría al occidente.

Pedro en Roma.
No se puede probar científicamente que Pedro haya fundado la Iglesia en Roma, ni siquiera que hubiera estado en dicha ciudad. Los escritores más antiguos que hicieron las listas

de los primeros obispos de la metrópoli occidental, no hacen mención alguna de su nombre. Dionisio de Corinto fue el primero que la hizo, el año 170, diciendo que Pedro había muerto en Roma. Con todo, el testimonio posterior unánime de los escritores de la Iglesia de los primeros siglos, de que Pedro residió y murió en Roma, es digno de creerse, y las excavaciones en el subsuelo de la basílica de San Pedro en el Vaticano, con el hallazgo del famoso "trofeo de Gayo", parecen confirmarlo.

Pablo.

Por la majestad de su carácter, la magnitud de su genio, la profundidad de su saber y lo sublime de sus trabajos, Pablo destaca sobre los demás apóstoles: educado en las literaturas judía y pagana, después de su milagrosa conversión se hizo un apóstol capaz, en todo el sentido de la palabra, de luchar con el antagonismo combinado de los enemigos de su época. Habiéndose sentido llamado a trabajar entre los gentiles, hizo tres grandes viajes misioneros. El año 44 emprendió el primero, que incluyó a Chipre y luego Asia Menor, en donde visitó las ciudades de Pérgamo, Pisidia, Antioquía, Icono, Listar y Derbi. El año 48 empezó el segundo y, dirigiéndose hacia el norte, pasó por Siria, entró en el Asia Menor y visitó a Cilicio, Frigia y Galacia; cruzó después el mar Egeo y se internó en Macedonia; empezó su ministerio en Europa en la ciudad de Filipos, de donde partió hacia el sur para Grecia y llegó hasta la ciudad de Corinto; de allí se fue a Éfeso y regresó a Jerusalén. Emprendió su tercer viaje el año 52, cuando pasó otra vez al Asia Menor y visitó Galacia, Frigia y Troas en su camino a Macedonia e Ilírico; volvió a Troas y, pasando por las Islas Egeas, regresó a Jerusalén. De allí lo llevaron preso a Cesarea, donde permaneció dos años; habiendo apelado al César, fue llevado a Roma, ciudad en la cual estuvo desde el año 59 hasta el 61. En ese año fue puesto en libertad y se supone que emprendió otro viaje misionero, el cuarto, en el que visitó Creta, Macedonia, Corinto, Nicópolis, Dalmacia y el Asia Menor; fue arrestado por segunda vez y conducido a Roma, donde, el año 66, durante el reinado de Nerón, sufrió el martirio.

Juan.

Juan representa el elemento conciliador entre el judaísmo y el paganismo. Durante veinte años después del día de Pentecostés, residió y trabajó especialmente en Palestina; estuvo presente en el Concilio que se juntó en Jerusalén el año 50; pero desde esa fecha hasta el año 70 lo perdemos de vista por completo. Es probable que haya estado trabajando, durante ese período, en el valle que tiene por centro a Babilonia y que está limitado por los ríos Jidekel y Éufrates; de allí debe haber regresado a Jerusalén, de donde huyó cuando Tito la tomó: lo encontramos en Éfeso, y sabemos que su estancia en aquella ciudad fue interrumpida por su destierro a la isla de Patmos; murió en Éfeso por el año 94, teniendo como cien años de edad.

Los demás apóstoles.

Respecto de los trabajos de los otros apóstoles, lo que sabemos es, en gran parte, debido a las conjeturas sacadas de los escritos de Hegesipo, Eusebio y Nicéforo, quienes transmitieron las tradiciones orales que existían en las comunidades cristianas. Jacobo el Mayor sufrió el martirio en Jerusalén por el año 44; Jacobo, el hermano de nuestro Señor, predicó en Jerusalén, donde murió mártir al fin; se cree que Felipe trabajó en Frigia; Simón, el que se llama Celador, en Egipto y en la costa vecina de África; Tomás, en la India; Andrés, en Seitia, el Asia Menor, Tracia y Grecia; Matías, en Etiopía; Judas, Lebeo o Tadeo, en Persia, y Bartolomé, en Licaonia, Armenia y la India.

La incertidumbre respecto de cuáles fueron los campos donde trabajaron los demás apóstoles, es una de las maravillas de la Sagrada Escritura; al mismo tiempo no cabe duda que la dirección que tomó el cristianismo, al ir extendiéndose, fue hacia el occidente. Las narraciones de los trabajos de Pablo incluyen informes muy completos del establecimiento del Evangelio en las partes más pobladas del Imperio romano. De los trabajos de aquel apóstol dependían los intereses grandes y vitales de la nueva religión; Roma debía ser el punto de partida para la siembra de la verdad en los campos del norte y más hacia el Poniente; allí fue donde concluyeron de una manera triunfante la vida y los trabajos del apóstol de los gentiles. Pero su martirio apenas fue el principio de su obra; su ejemplo y sus escritos, que son inseparables el uno de los otros, han sido desde entonces los tesoros inestimables de la Iglesia. La corriente que la verdad está tomando en nuestros días es en dirección inversa a la antigua; procede de campos que entonces no sólo eran yermos, sino desconocidos, hacia el viejo oriente; la obra que los apóstoles apenas tuvieron tiempo de empezar en los países orientales, la acabarán los obreros enviados por el protestantismo entusiasta del occidente.

3

Estado de las civilizaciones griega y romana

El paganismo y el cristianismo.

Durante el primer período del cristianismo, la literatura de los paganos era ya una producción muy bella de la mente humana; las obras literarias de los griegos y de los romanos eran trabajos tan simétricos y tan bien acabados como los templos de sus dioses. A pesar de que fueron rudos sus principios, esa literatura se había desarrollado con tal lozanía y majestad, que despertó, y despierta aún en nuestros días, la admiración del mundo entero. Los adelantos que los antiguos de la edad clásica hicieron en literatura, filosofía, las artes y las leyes, son la herencia común del género humano. Cuando apareció el cristianismo con sus extrañas pretensiones, exigiendo que los hombres aceptaran sus doctrinas, tenía muy pocos atractivos exteriores que le asegurasen la simpatía humana: procedía del país más despreciado; su fundador había sufrido la muerte ignominiosa de la cruz; sus primeros apóstoles eran hombres de origen oscuro y, exceptuando a Pablo, ninguno de ellos había estudiado los autores clásicos. Parecía una locura el que una fe nueva, agobiada por desventajas tan multiformes, se aventurase a entrar en un campo tan hostil, donde la literatura y las tradiciones de muchos siglos habían echado profundas raíces. Además, el heroísmo de los primeros predicadores del Evangelio no vaciló ni por un solo momento ante el número y la pujanza del enemigo; basaban su fe en la promesa de que habían de tener buen éxito y trabajaron, por consiguiente, con la seguridad de que habían de triunfar sobre todos y cada uno de sus contrarios. Había motivo para preguntarse de parte de quiénes estaría la victoria, si de los desconocidos cristianos que no habían visto una sola batalla, o de los paganos que jamás habían sufrido la derrota.

Los griegos.

Destacan los griegos por su desarrollo intelectual sobre todas las naciones cultas. Mecida la mente griega en la antigua cuna pelásgica, había llegado a la plena virilidad ática. Como quiera que corría por sus venas la sangre de muchas tribus, había absorbido los elementos mejores y más fuertes de todas ellas. Para la poesía épica y dramática, produjo esa raza genios como Homero, Esquilo, Sófocles y Eurípides. Eran los griegos amantes del color y de la forma y se inspiraban en los paisajes bellos y salvajes y las costas accidentadas de sus islas. Apeles y Fidias fueron la encarnación de sus ideales. La lucha prolongada por conseguir la federación de sus estados produjo legisladores tan grandes como Solón y Licurgo. Eran de temperamento ferviente, puesto que vivían en una atmósfera de política exaltada, y produjeron oradores como Demóstenes, Esquino y Sócrates, con la lectura de cuyos escritos se ha deleitado gran número de estudiantes en edades posteriores.

Sistemas filosóficos.

Los griegos se aplicaron mucho al estudio de la filosofía y el desarrollo de sus sistemas es contemporáneo con su prosperidad nacional. La manera como Sócrates y Platón trataron las cuestiones del ser humano y su destino, revela un sentido moral muy profundo. La caída del imperio de Alejandro separa los dos grandes períodos de la filosofía griega. Durante el primero, que se extendió del año 600 al 324 antes de Jesucristo, y que puede considerarse como corto, aparecieron los fundadores de la escuela jónica, la primera pitagórica, la eleática, la atomística y la sofista, cuyo coronamiento fueron Sócrates, Platón y Aristóteles con sus sistemas. Del año 324 antes de Jesucristo al 530 de nuestra era, se extiende el segundo período, durante el cual florecieron y declinaron las escuelas de la decadencia, es decir: las de los estoicos, los epicúreos, los escépticos y la del neoplatonismo que fundó Plotino. Sobre los filósofos griegos descuella Pintón como el más espiritual: en muchos de los asuntos de que trató en su filosofía, tales como la unidad y la espiritualidad de Dios y la inmortalidad del alma, se acercó, aunque sin tener conciencia de ello, a las verdades de la revelación. Los maestros de la Iglesia primitiva consideraban el sistema de Platón como homogéneo al cristianismo. Y así dice Eusebio: "De todos los escritores griegos, Platón es el único que llegó al vestíbulo del templo de la verdad y se paro en el dintel". Justino Mártir, Clemente de Alejandría, Orígenes y San Agustín, en un período remoto, y Schleiermacher y Neander, en época reciente, se acercaron a Jesús guiados por Platón.

Decaimiento de la filosofía griega.

Los mejores sistemas en este grupo de escuelas decayeron juntamente con la supremacía política de la Confederación griega: los que vinieron después de haberse perdido la independencia nacional, fueron sistemas de desesperación; la filosofía griega que prevalecía cuando apareció el cristianismo, era escéptica. La mitología no tenía ya la grande influencia que había ejercido en la mente del pueblo, y la filosofía que los pensadores más profundos ofrecían como un substituto, no era suficiente para satisfacer los deseos insaciables de las almas que buscaban la salvación, ni para resolver los grandes problemas.

La fe y las ideas paganas fracasaron por completo al tratar de llenar las necesidades espirituales del hombre, puesto que el alma no puede alimentarse con los triunfos del arte, la literatura, la elocuencia o las leyes. Apareció el cristianismo con sus verdades sublimes y las ofreció al mundo. Pablo, al predicar el cristianismo desde la colina de Marte, pudo contemplar el pasado y ver en él los muchos sistemas muertos que genios griegos habían enseñado, al mismo tiempo que vislumbró en lo futuro las enseñanzas cristianas que los habían de suplantar. Si los que acostumbraban a enseñar en la Estoa y en la Academia habían sido grandes maestros, los mensajeros de Jesucristo lo son mucho más. Su sistema es el conjunto de las verdades eternas.

El Imperio Romano.

Cuando el cristianismo emprendió la gran obra de conquistar el mundo entero, el César romano gobernaba toda la tierra. Si bien la literatura y la religión griegas servían de modelo a las de otras naciones, los romanos ejercían en ellas una influencia muy grande en lo que se relacionaba con la vida práctica. Se esforzaban constantemente aquellos dominadores por decretar leyes, pues su anhelo de gobernar se había convertido en una verdadera pasión; tan pronto como conquistaban una tribu salvaje, convertían su territorio en una provincia o la hacían parte integrante del imperio. Así aconteció con Palestina, que perteneció a la gran nación y fue gobernada por presidentes romanos, a quienes se vigilaba muy escrupulosamente, no obstante la gran autoridad de que estaban investidos. Pablo, el predicador griego, gozó de sus privilegios de ciudadano romano e hizo valer sus derechos. A fin de poder mover fácilmente los ejércitos, se construyeron a toda costa caminos de un extremo al otro del inmenso territorio. Esas vías facilitaron mucho la diseminación del Evangelio, puesto que los apóstoles no sólo pudieron viajar fácilmente, sino que convirtieron los caminos, nuevamente construidos para los ejércitos, en vías para la marcha triunfante de los mensajeros del Evangelio de paz.

Obstáculos.

Las dificultades que se presentaron por todo el Imperio para el establecimiento de la Iglesia fueron verdaderamente formidables. El pueblo todo estaba opuesto a una religión espiritual que no apelaba a los sentidos, ni tenía para él atractivo alguno como objeto de adoración. Habiendo perdido su dominio la mitología, reinaba por todas partes la incredulidad respecto de las diversas religiones. Por otra parte, los emperadores consideraban la fe de sus antepasados como el gran baluarte del trono; puesto que el gobierno político y la fidelidad a las enseñanzas de la mitología prevaleciente se consideraban como inseparables. De aquí es que, tan pronto como descubrieron la índole antagónica del cristianismo y que atacaba el ritual complicado del templo, empezaron a hacerle una oposición muy cruel. El emperador, que era a la vez el Sumo Pontífice o sacerdote, tenía la obligación de sostener la religión oficial, los templos y los ritos paganos. Al paso que el cristianismo salía más a la luz, mayor era el rigor con que se procuraba destruirlo. Los cristianos, lejos de disimular su fe, se ausentaron de los templos declarando abiertamente que no creían ya en la mitología y que se oponían a ella como falsa.

Al aparecer el cristianismo, la corrupción moral del Imperio romano había llegado a su colmo; las costumbres morales más rígidas de la República habían desaparecido ante la licencia desenfrenada del Imperio; los excesos de aquella época eran tales, que los satíricos hubieron de escribir bajo la dirección de sus maestros, Juvenal y Persio, exponiendo sus paisanos al escarnio de todo el mundo.

Degradación de la mujer y de la niñez.

Tan completa era la degradación de la mujer que, aun en Atenas, las esposas no eran sino esclavas sin ningún derecho ante la ley. La condición de la mujer entre los turcos, nos da actualmente una idea muy clara de como la trataban los antiguos paganos. Se creía que sus dotes intelectuales eran de un grado inferior, pero que era más doble y traidora que el hombre. Tan sueltos eran los lazos del matrimonio, que apenas tenía éste el carácter de un contrato civil. Menospreciaban la niñez a tal grado, que los espartanos llegaron a considerar a los niños inválidos como una carga pesada que el Estado no debía soportar, puesto que dichos muchachos no llegarían nunca a ser útiles para el ejército. Los padres apreciaban a su prole únicamente cuando ésta era de varones. El hurto se consideraba como una virtud en los niños, siempre que éstos podían robar sin que los descubrieran. Ni Sócrates, ni Platón, ni Aristóteles introdujeron nunca el elemento de la religión en la educación de los niños: no se les enseñaba a reverenciar a sus progenitores. Júpiter, el hijo de Saturno, arrojó a su padre de los cielos, lo encerró en el Tártaro, tomó para sí una parte del universo y repartió lo que quedaba entre sus hermanos, Neptuno y Plutón.

La mitología pagana principia con esta descripción de ferocidad filial; no era de esperar, por consiguiente, que aquellos gentiles estimaran a la niñez en su justo valor. Todas las manifestaciones de amor paternal se debían exclusivamente a la admiración que causaban hechos heroicos. Cuando le avisaron a Jenofonte que su hijo había muerto en el campo de batalla, contestó: "Jamás he pedido a los dioses que concedieran a mi hijo el don de la inmortalidad; ni aun siquiera que le concediesen longevidad; puesto que yo ignoro si le convendrían o no estas mercedes: lo que sí les he pedido es que fuera íntegro en sus principios y buen patriota. Ahora veo que mi petición no ha sido en vano". Según el parecer de los paganos, los niños no eran sino máquinas para librar batallas en lo futuro. Pero vino el Señor Jesús y uno de los primeros cambios que introdujo en la sociedad fue el de elevar a la niñez a una condición igual a la del hombre; su declaración: "De los tales es el reino de los cielos", fue el golpe maestro con que refutó para siempre la opinión del mundo pagano respecto de los niños.

La esclavitud.

La esclavitud, que existía por todas partes, era una de las bases de la estructura política y social. Según Demetrio Palero, el año 309 antes de Jesucristo había en Ática veinte mil ciudadanos y cuatrocientos mil esclavos. En la opinión de los romanos éstos no eran seres racionales o personas, sino cosas. Semejantes a perros echados junto a sus perreras, los *os-*

tiarii, esclavos encadenados, cuidaban las puertas de las moradas de los ricos. Cuando moría asesinado un caballero y no podían encontrar al criminal, se daba por supuesto que éste era algún esclavo y, a fin de que no escapara sin castigo, se mandaba ejecutar a todos los esclavos de la casa con sus mujeres y sus hijos. Tácito refiere que cuando se asesinó a Pedanio Segundo, fueron condenados a la pena capital nada menos que cuatrocientos esclavos inocentes. Por todo el Imperio tenían esclavos y los muchos prisioneros que hacían en las guerras aumentaban continuamente el número de los que había en Roma.

4

Actitud del judaísmo con la religión cristiana

Antecedentes judaicos.

Los judíos se consideraban como los maestros y legisladores de la raza humana. De todas las naciones del mundo, el pueblo de Israel era el único que antiguamente creía en un solo Dios. Su historia es semejante a un capítulo de los anales humanos, lleno de triunfos y grande esplendor, pero que contiene a la vez las narraciones de muchas derrotas. Cuando salieron los israelitas de la servidumbre de Egipto y llegaron a Palestina, se regían por la forma de gobierno teocrática; mas, a fin de satisfacer las necesidades urgentes de aquella época, Dios escogió de entre su pueblo siervos que lo juzgasen. La teocracia degeneró en una monarquía, y ésta, des-pués de fallecido Salomón, se dividió en dos reinos: el de Israel y el de Judá, desapareciendo la unidad tanto en el gobierno como en la fe. Habiendo vencido los asirios a los israelitas y los babilonios a los judíos, ambas naciones fueron llevadas cautivas al valle del Tigris y del Éufrates. De las diez tribus que formaban el reino de Israel, solamente una parte muy pequeña volvió a su patria. Los cautivos del reino de Judá abandonaron sus tendencias politeístas, conservaron su identidad bajo Ciro y la dinastía persa, y regresaron finalmente a Palestina. Tan pronto como se dividió el reino de Alejandro Magno, quien había conquistado Palestina 332 años antes de Jesucristo, principiaron a reinar los Seleucos en Siria y los Ptolomeos en Egipto. Amedrentados los judíos por ambas dinastías, llevaron una vida abyecta y tímida, y se sometieron por último a los Seleucos; pero cuando éstos trataran de obligarlos a que aceptasen la religión griega, se rebelaron, determinados a mantener su fe incólume y a vencer a sus opresores. Matatías y sus tres hijos dirigieron la sublevación, y obtuvieron tan buen éxito por algún tiempo, que abrigaron la esperanza de restablecer el antiguo esplendor de la época de David. A la sazón se encontraba Pompeyo en Asia a la cabeza del ejército romano. Invitado por ambas partes contendientes a arbitrar la cuestión que mediaba entre ellas, fue a Palestina, sitió la ciudad de Jerusalén el año 63 antes de Jesucristo y, siguiendo la costumbre de los romanos, tomó posesión del país y lo añadió al gran Imperio. Así perdieron los judíos su libertad por completo. Las revoluciones posteriores sólo dieron por resultado el hacer el yugo romano aun más duro; grupos de emigrantes se dispersaron por la costa occidental del Mediterráneo.

Los samaritanos.

El gremio religioso de los samaritanos se componía de judíos de raza mestiza que habían regresado de Asiria y traído consigo los elementos del culto pagano que, durante su cautiverio, habían ido aceptando paulatinamente. Habiéndose establecido en el valle de Siquem, edificaron su templo en la cumbre del monte Gerizim. Existe aún esta secta y tiene como ciento cincuenta miembros; el lugar de su residencia es la ciudad de Nablús, situada en el valle que se dilata entre el mencionado monte y el Ebal; tienen un Sumo Sacerdote y poseen el venerando ejemplar del Pentateuco que, según se cree, es el más antiguo conocido.

Otros cuerpos judaicos.

De todas las clases judías, los fariseos constituían la más ilustrada; sus maestros estaban versados en la ley y representaban, por consiguiente, las esperanzas, los prejuicios y el ritualismo del pueblo. Trataron de dar impulso a un despertamiento nacional. Su organización como secta, data del año 144 antes de Jesucristo, y el fin que se propusieron fue el de restaurar la fe en su decadencia, a la prístina robustez mosaica. Se inclinaban a la interpretación alegórica y, como estaban muy apegados a las tradiciones orales que se habían ido acumulando, procuraban hacer de éstas un suplemento a la Sagrada Escritura. Según afirman varios escritores, Sadoc, que vivió 250 años antes de nuestra era, fue el fundador de la secta de los saduceos. Trataron éstos de restituir las doctrinas de Moisés, y rechazaban las tradiciones; pero aceptaban, por otra parte, varias de las enseñanzas de los paganos, y muy especialmente las de Epicúreo. Negaban la existencia de los ángeles, la resurrección, la inmortalidad del alma, y no creían en la intervención divina en los eventos humanos. Se organizaron los esenios como 150 años antes de Jesucristo. Su credo, que era judío, contenía una mezcla de errores persas; oraban inclinándose hacia el punto del espacio en que se veía el sol; afirmaban que la virtud y el vicio son inseparables de la materia; llevaban una vida monástica y practicaban la comunidad de bienes. Todas estas sectas estaban en su apogeo cuando el Señor empezó su ministerio. Los esenios procuraban evitar el contacto con el público; los fariseos y los saduceos eran prominentes en la sociedad y gozaban de grande influencia. Todos estos sectarios desaparecieron cuando la destrucción de Jerusalén por Tito, el año 70 de nuestra era.

La dispersión de los judíos.

Más que ningún otro pueblo, los israelitas han andado errantes por todo el mundo, como lo atestigua la historia; desde su cautiverio en Asiria y Babilonia hasta nuestros días, han estado empuñando el bordón del peregrino. Allá por el año 350 antes de nuestra era, se estableció una colonia de israelitas a la orilla del mar Caspio. Durante el reinado de Seleuco Nicanor, de 312 a 280 antes de Jesucristo, se trasladó a Siria una vasta población de judíos. En ese intervalo, tan lleno de ansiedades, entre el reinado de Alejandro Magno y el año 70 del Señor, emigraron en colonias a Mesopotamia, Asiria, Armenia, al Asia Menor, Creta, Chipre y las islas Egeas. En Lidia y en Frigia los colonos israelitas ascendían al número de dos mil familias, conservando, por lo general, su identidad nacional. La población judía más numerosa, fuera de Palestina, estaba en el África septentrional: en Egipto, Libia y Cirene. Su centro principal era Alejandría, en la que se establecieron multitudes de judíos aun durante el reinado de Alejandro, su fundador, que mandó nada menos de ocho mil samaritanos a Tebaida. Los judíos gozaban de grandes privilegios, y no sólo prosperaban en el comercio, sino que hubo entre ellos hombres de gran cultura. Filón, que trató de armonizar la teología judía con la filosofía griega, fue un judío de profundo saber y muy digno de alabanza. La versión de los setenta, o sea la traducción griega del Antiguo Testamento, fue un gran triunfo literario que se debe a la ilustración de los judíos.

Judíos romanos.
La primera colonia de judíos que se estableció en Roma la formaron los cautivos que llevó allí Pompeyo. Se les señaló un barrio en la ciudad, que se conoce con el nombre de *Il Ghetto,* y el cual han ocupado desde entonces. Julio César les concedió grandes privilegios: fueron declarados libertos *(libertini);* tenían sus sinagogas; observaban sus festividades y guardaban el sábado como día sagrado. A pesar de todo esto, los romanos de la clase ilustrada los veían siempre con el mayor desprecio, se burlaban de ellos y los hacían objeto de sus sátiras. Juvenal acostumbraba exponerlos al ludibrio público diciendo, entre otras cosas, que ofrecían sus oraciones exclusivamente a las nubes y al vacío de los cielos.

Colonias de judíos.
En la predicación del Evangelio, todos los apóstoles siguieron el mismo plan: iban primeramente a los judíos, y pasaban luego a las naciones circunvecinas. Pablo obtuvo con frecuencia un éxito admirable entre los de su raza; pero, por otra parte, sus enemigos más encarnizados eran judíos. El predicar a éstos en primer lugar, ofrecía grandes ventajas, puesto que estaban familiarizados con los anales sagrados anteriores al cristianismo; habían oído hablar de la vida maravillosa de Jesús y, en las visitas anuales que hacían a Jerusalén para asistir a las fiestas, habían tenido la oportunidad de pulsar la opinión pública respecto de la nueva religión. "Al judío primeramente" era la norma de aquel predicador incansable, pero luego añadía: "y también al griego".

5

El período de las persecuciones

Hostilidad de los judíos para con el cristianismo.
Debido a su abatimiento político, los judíos se exasperaron en contra de los cristianos. No existía absolutamente nada en común entre las sectas judaicas y la Iglesia naciente; antes,

por el contrario, el escepticismo de los saduceos y la pérdida completa de las esperanzas de los fariseos sirvieron para hacer el odio popular aun todavía mas intenso. El Concilio que se reunió en Jerusalén mandó encarcelar a Pedro y a Juan. Pocos días después, Esteban moría apedreado. El año 44 del Señor, durante el reinado de Herodes Agripa, se desató una persecución general que arrolló en su furia a Jacobo el Mayor y compelió a los cristianos a refugiarse en Pela, allende el Jordán. El año 132 de nuestra era, dirigió Barcoba una rebelión popular de los judíos en contra de la autoridad romana, mas los derrotó Julio Severo y quedó Jerusalén hecha un montón de ruinas. Movido por el deseo de anular el afecto que los cristianos tenían a ciertos lugares, con motivo de los recuerdos sagrados que éstos despertaban en la memoria, el emperador romano Adriano mandó construir un templo a Venus en el Calvario, y erigir una estatua a Júpiter sobre el santo sepulcro; pero sus afanes fueron estériles y no dieron más resultado que el de complacer a los judíos. Al ver éstos desvanecerse por completo sus esperanzas de obtener su independencia nacional, establecieron una escuela en Tiberias, y procuraron desde allí lograr por medio de la pluma lo que no habían podido llevar a cabo con la espada. Los escritos con los que se atacó al cristianismo durante los tres primeros siglos, se componían en general de afirmaciones inexactas respecto del Señor y de su doctrina.

Las persecuciones.
Tan rápido y vigoroso fue el desarrollo del cristianismo, que no sólo traspasó muy pronto los confines del judaísmo, sino que infundió temores de extenderse por todo el Imperio romano. Al principio consideraban a los cristianos en Roma simplemente como a una secta de los judíos; así es que, cuando éstos se rebelaron en aquella capital, a mediados del primer siglo, el emperador Claudio desterró a los unos y a los otros. Nerón personificó el odio que el pueblo tenía a la nueva religión, creyéndose que fue este emperador quien originó el terrible incendio de Roma que duró nueve días. No se contentó con culpar a los cristianos, sino que mostró su pretendida cólera de la manera más bárbara, llegando al extremo de impregnar los cuerpos de aquellos mártires con brea derretida y quemarlos vivos; a otros los mandó coser en las pieles de bestias feroces y echarlos a los perros para que éstos los hicieran trizas. La persecución duró hasta la muerte de ese monstruo. Domiciano, que reinó desde el año 81 de Cristo hasta el 96, también persiguió a los cristianos, pero de una manera menos cruel: se limitaba a desterrarlos después de confiscarles sus bienes.

Bases de la hostilidad.
Según el tenor de las Doce Tablas de la ley romana, estaban prohibidas las religiones extranjeras en todos los dominios del Imperio; mas, a fin de conciliar las provincias conquistadas, se había acostumbrado tolerar el culto de su religión. Pero tan pronto como apareció el cristianismo, se puso en vigor la ley antigua. Los cultos diferentes que celebraban los cristianos fueron declarados expresiones antagónicas al Imperio; los acusaron, diciendo que no obedecían las leyes y que estaban ansiosos de tomar parte en la primera insurrección que hubiese. No sólo los acusaban de tener prácticas inmorales en sus servicios religiosos, sino que los hacían responsables de todas las calamidades públicas, tales como temblores, inunda-

ciones, epidemias y de las derrotas del ejército. Andaba en labios del pueblo este dicho: "*Deus non pluit; due ad christianos*": "Puesto que no permiten los dioses que llueva, capitaneadnos en contra de los cristianos". Tertuliano nos ha dejado el siguiente relato histórico de la costumbre romana de culpar a los cristianos por todas las calamidades posibles: "Si el Tíber sale de madre, si el Nilo no riega los campos, si las nubes dejan de llover, si hay temblores, si hay hambre o tempestades, el pueblo grita siempre: Echad los cristianos a los leones".

Otras persecuciones.

Trajano, cuyo reinado duró desde el año 98 de Cristo hasta el 117, continuó la política que habían seguido sus antecesores en el trono y persiguió a los cristianos; mas lo hizo con menos crueldad que aquellos. Dio orden al procónsul Plinio de Bitinia de que no persiguiera a los cristianos, pero que, dado el caso de que los acusaran ante él, les diese la oportunidad de renegar su religión, y que si rehusaban hacerlo, los sacrificara a los dioses. La persecución durante el reinado de Trajano se extendió hasta Palestina y Siria. Bajo Adriano, que reinó desde el año 117 de Cristo al 138, y Antonino Pío, del 138 al 161, el odio popular en contra de los cristianos aumentó considerablemente. No vieron a la Iglesia con ojos favorables estos emperadores, pero por otra parte, su actitud fue menos hostil que la de algunos de sus predecesores. Marco Aurelio, que ocupó el trono desde el año 161 del Señor al 180, era un hombre pensador y moderado. Siendo estoico de convicción, no tenía reverencia a la religión nacional ni mostró, por otra parte, la menor simpatía por los cristianos. Se sentía irritado al ver la devoción que éstos tenían a Jesús y lo decididos que estaban siempre a sufrir por amor de Él; toleró, por consiguiente, persecuciones tales como la de Esmirna, en la cual sufrió el martirio Policarpo, y las de Lyón y Viena en Galia.

Después del reinado de este emperador, hubo un intervalo de paz; pero tan pronto como ascendió al trono Séptimo Severo, que reinó desde el año 193 de Cristo al 211, empezaron otra vez a ensañarse cruelmente contra los cristianos, se extendió la persecución y se multiplicaron los martirios. Alejandro Severo, que en materia de religión era ecléctico, consideraba a Jesús como uno de los dioses; mandó hacer su busto y lo colocó junto a los de Abraham, Orfeo y Apolonio de Tiana. No tomó parte activa en la persecución de los cristianos. Decio tuvo un reinado corto, desde el año 249 del Señor al 251; mas aprovechó el tiempo con usura. Hizo cuanto pudo por exterminar a los discípulos de Jesús. La persecución que inauguró se hizo tan general y fue tan cruel como la de Nerón.

Últimos esfuerzos por destruir el cristianismo.

Una vez muerto el emperador Decio, hubo un intervalo de paz; pero éste fue sumamente corto, puesto que concluyó tan pronto como ascendió al trono Valerio, el cual reinó desde el año 253 del Señor al 260, y fue hostil a los cristianos. Bajo Aureliano, Diocleciano, Galerio y Maximino las persecuciones se desataron con más o menos furia. Las complicaciones políticas que se presentaron eran muy serias; hubieron de hacerse cambios muy frecuentes en la sucesión imperial, y se adoptaron uno tras otro métodos nuevos de aniquilar a los cristianos. A pesar de todo esto, la Iglesia siguió aumentando el número de sus miembros y desarrollando su vigor agresivo. Del año 64 del Señor al 313, en el que Constantino mandó publicar el edicto de tolerancia de la religión cristiana, los años de persecución fueron unos setenta. Durante esas persecuciones, se adoptaron cuantos métodos de tortura y muerte violenta se pudieron concebir. Los cristianos no estaban seguros ni aun en su misma patria; así es que emigraron por millares, llevando su religión y sus costumbres a los lugares donde se refugiaban y en los que organizaban sociedades que, a su vez, se convertían en otros tantos centros de gran propagación del Evangelio. El cristianismo había vencido en el terreno de la vida política; estaba pues libre de la persecución de los monarcas romanos.

6

El culto cristiano

Simplicidad de formas en el culto.

Al principio, los cristianos estaban muy apegados al templo de Jerusalén y acostumbraban reunirse, por lo tanto, en uno de sus locales. No creían necesario el edificar santuarios por separado ni lo habrían podido llevar a cabo, aun cuando lo hubieran preferido, por la sencilla razón de que los recursos con que contaban eran muy limitados. Andando el tiempo, la hostilidad de los judíos arreció tanto que ya no sólo no pudieron congregarse en el templo, sino ni aun en uno de los aposentos circunvecinos; antes hubieron de refugiarse en casas particulares, en las que separaban una habitación para santuario. Había en dichos oratorios una plataforma, *cathedra,* para el orador o lector, y una mesa, *ara,* para la celebración de la Cena del Señor.

Orden de los cultos.

Los cultos consistían principalmente en lecturas del Antiguo Testamento, de las epístolas de los apóstoles y finalmente del Evangelio. El ministro explicaba muy detenidamente lo que iba leyendo. No había llegado aún la época en que se empezaron a elegir pasajes cortos de la Sagrada Escritura como textos para homilías bien preparadas; las explicaciones tenían siempre por objeto el inculcar en los congregantes un conocimiento más íntimo de la Palabra de Dios. Uno de los hermanos llevaba la dirección del canto de salmos e himnos en el que tomaba parte toda la congregación. El salterio de David y las profecías en forma rítmica formaban la base de las antífonas favoritas. Se hacían también algunas oraciones, al fin de las cuales la congregación decía *Amén.* Concluía el culto con la celebración de la Santa Cena. Hasta el año 150 de Cristo, se acostumbraba celebrar juntamente con la Eucaristía el ágape o fiesta fraternal; mas, por causa de ciertos abusos, se han celebrado por separado desde esa fecha. Después de la oración, se daba el ósculo de paz, y luego la bendición apostólica.

Los sacramentos.

Había en la Iglesia primitiva dos sacramentos, a saber: el Bautismo y la Santa Cena. Después que el Concilio de Jerusalén abolió la ceremonia judaica, iniciativa que se tenía como esencial para ser admitido en el gremio de la Iglesia, se consideró el Bautismo como la única condición visible de dicha admisión. Desde la época de los apóstoles se viene usando la forma bautismal: "En el nombre del Padre, y del Hijo, y del Espíritu Santo". No cabe duda de que en la era que siguió inmediatamente a la de los apóstoles, la manera de administrar el Bautismo, respecto de la cual ha habido tantas discusiones, era casi universalmente por inmersión. Este hecho está plenamente comprobado con las *enseñanzas de los apóstoles,* uno de los documentos más antiguos que hemos alcanzado de la literatura posterior a la edad apostólica. Por otra parte, es igualmente indisputable el otro hecho de que, cuando la inmersión no era practicable, se permitía el rociamiento o la aspersión. A juzgar por varias de las pinturas hechas en antiguos frescos, este último método de bautizar era muy usual. Cuando muchos años después la Iglesia entró en el pleno goce de su libertad, restableció el método que, según la opinión de muchos, es el apostólico y el que está más acorde con el genio del cristianismo y el simbolismo de sus ordenanzas.

El día séptimo.

Los judíos que se convirtieron al cristianismo, siguieron guardando el sábado, o día séptimo; pero se celebraba también el domingo, o primer día de la semana, en conmemoración de la resurrección de nuestro Señor. Poco a poco se hizo más general la observancia del domingo, hasta que, por último, dejó de guardarse el día séptimo. Los miembros de la Iglesia que se habían convertido del judaísmo, se inclinaban a guardar las fiestas de esa religión; pero al fin dejaron de observarlas, con excepción de la Pascua y el día de Pentecostés, que los cristianos gentiles también observaron, puesto que conmemoran dos grandes acontecimientos en la historia del cristianismo, a saber: la resurrección de nuestro Señor y el descendimiento del Espíritu Santo.

7

La vida de los cristianos

En todas y cada una de sus manifestaciones, la vida cristiana era diametralmente opuesta a la de los paganos, ya fueran griegos o romanos. El cristianismo hizo desaparecer todas las distinciones sociales y de nacionalidad: tan pronto como ingresaba un individuo en el gremio de la Iglesia, se encontraba rodeado de hermanos. "Aquellos cristianos", dice Bunsen, "no tenían nacionalidad ni reconocían Estado alguno; su verdadera patria era el cielo; el amor fraternal, de hecho y no de palabras, convertía la congregación de aquellos creyentes en el tipo del gobierno cristiano y en el modelo de todas las edades futuras".

El cuidado de los necesitados.

Que desde su origen la Iglesia procuró aliviar las necesidades de los pobres y dolientes, lo demuestra muy a las claras el hecho de que Pablo recogía limosnas de los cristianos griegos en el Asia Menor para los menesterosos de Jerusalén. De la lectura de cualquiera de sus cartas se ve desde luego que se acordaba siempre de los pobres de cada congregación, y no se olvidaba nunca de aquellos grupos de creyentes que padecían en silencio. Cuando, poco después, las persecuciones se extendieron con gran violencia, la simpatía apostólica se manifestó en todo su fervor. Los paganos abandonaban a los necesitados, puesto que su religión no influía en el corazón. Los cristianos buscaban a los menesterosos y los auxiliaban a manos llenas. Durante la epidemia que, a mediados del tercer siglo, asoló el norte de África, los paganos abandonaron a los enfermos y moribundos y llegaron hasta a despojar a los muertos. Los cristianos compartieron lo que tenían con los afligidos, dieron sepultura a los cadáveres que había tirados por las calles, y cuidaron a los enfermos con la mayor solicitud y ternura.

La dignificación de la mujer.

La preeminencia que el cristianismo ha dado a la mujer desde un principio, ha sido una mejora muy importante. Isabel, Ana y María, la madre de Jesús, fueron las primeras que gozaron de la dignidad y el lugar que nuestra santa religión señala a la mujer. Por su devoción al Evangelio y la sabiduría que demostraron al esparcirlo, las mujeres que Pablo menciona en sus epístolas, fueron dechados de la Iglesia primitiva. Durante las persecuciones las mujeres ofrecían el espectáculo sublime de estar siempre dispuestas a ser sacrificadas, muriendo poseídas de la serenidad y de la mayor calma. Al sufrir el martirio con tanto valor, Perpetua y Felicitas se convirtieron en los tipos del heroísmo femenil de toda la cristiandad. No solamente alcanzó un gran triunfo nuestra santa religión al dilatarse extensamente por todas partes, sino que llevó a cabo una obra mucho más difícil todavía, y fue la de reconstruir por completo la vida social. El paganismo era semejante a un sepulcro blanqueado: su esplendor estaba solamente en lo exterior; no podía crear hogares felices por la sencilla razón de que degradaba a la mujer y no consideraba a los niños como una bendición del cielo. Y, dondequiera que los cristianos se establecían, formaban familias felices y dichosas.

La esclavitud.

No se hizo esfuerzo alguno por emancipar a los esclavos; antes se les inculcaba el deber de la obediencia. Si bien espiritualmente eran libres e iguales a sus señores, sus privilegios religiosos no los elevaban sobre su condición. Ignacio, que sufrió el martirio allá por el año 115, les aconsejaba que sirvieran a sus amos con más celo, para que recibieran después mayor galardón. Antes de Crisóstomo, el cual vivió en el siglo IV, no hubo ninguna discusión sobre los males de la esclavitud, ni se hizo sugestión alguna de manumitir paulatinamente a los esclavos; por otra parte, la condición de éstos mejoró mucho debido a la índole humanitaria del cristianismo. Pablo dice: "No hay siervo, ni libre". Desde el momento en que un esclavo se convertía a la nueva religión, se le consideraba como hermano de sus señores, puesto que, al irse esparciendo el cristianismo, se manifestó la tendencia de hacer que los opresores y los oprimidos se reunieran en el mismo lugar y se tratasen como hermanos e iguales. La súplica que Pablo hizo a Filemón de que volviese a recibir en su casa al esclavo Onésimo y lo tratara con benignidad, nos da una idea del poder que tiene el cristianismo de suavizar, y aun destruir, los rigores de la esclavitud.

8

Organización eclesiástica

La constitución de la Iglesia primitiva se debió en parte a la dirección divina; pero esa organización no fue definitiva, sino que estaba en bosquejo. El orden de los apóstoles fue fundamental y original, pero, a la vez, temporal. Quiso Dios que el apostolado fuera el medio poderoso de introducir su Evangelio en el mundo; pero también que cesara tan pronto como hubiese llevado a cabo su misión. Este orden sirvió de base para el establecimiento de las órdenes permanentes del presbiterado y el diaconado. La Iglesia quedó en libertad de usar su criterio según las circunstancias que se presentaran al extenderse el Evangelio.

Apóstoles y profetas.
Los apóstoles eran ministros temporáneos; para ser apóstol era necesario haber visto al Señor Jesús en cuerpo y alma, o después que se levantó de entre los muertos. La obra especial de los apóstoles fue la de anunciar el Evangelio y organizar iglesias. A éstos seguían los profetas que, bajo la inspiración del Espíritu Santo, se dedicaban a la obra especial de enseñar revelaciones; no se ocupaban exclusivamente en predecir lo futuro, sino en declarar la voluntad de Dios especialmente respecto de la elección de los que habían de ejercer el ministerio de la Iglesia. Los profetas no eran necesariamente apóstoles, pero éstos sí eran profetas. Pablo, Agabo, Simeón, Barnabás, Manahén, Judas el Evangelista y Silas eran profetas. En tercer lugar había evangelistas que, además de predicar, sin estar a cargo de territorios determinados, ayudaban a los apóstoles en su obra. Sus trabajos eran preparatorios, es decir, que predicaban a las iglesias nuevas hasta que éstas se organizaban y quedaban establecidas. Felipe, Timoteo, Tito, Silas o Silvano, Lucas, Juan, Marcos, Clemente y Epafras pertenecían a esta clase.

Ministros permanentes.
Los obispos o presbíteros eran los ministros permanentes de más alto rango. La palabra obispo, que viene del griego *episcopos,* era un vocablo muy usual entre los griegos y los romanos, y significaba un superintendente oficial. Las congregaciones del occidente, que se componían de conversos del paganismo, y estaban familiarizadas con el sentido de este término, lo usaban siempre que se referían al pastor en jefe o superintendente. Los conversos del judaísmo siguieron, como era muy natural, el modelo de la sinagoga y, como el pastor mas anciano era el *presbíteros,* el jefe o superintendente de la sinagoga, aplicaron este término al pastor en jefe de la Iglesia cristiana. En el principio los obispos y los presbíteros desempeñaban los mismos deberes; en ambos casos el ministro era la cabeza espiritual de la congregación o sociedad; pero, andando el tiempo, y cuando el número de iglesias aumentó y el oficio de superintendente imponía más trabajo, el vocablo que se usaba en el occidente suplantó al que había prevalecido en oriente, y se empezó a usar exclusivamente la palabra obispo. En el primer período de la iglesia, cuando ésta estaba en toda su pureza, el orden de obispos no era superior al de presbíteros. El deber de los unos y de los otros

se sintetizaba en aquellas palabras: "Apacentad la grey de Dios... teniendo cuidado de ella" (1 Pedro 5: 2).

El diaconado era a la vez un orden y un oficio: sus deberes se mencionan detalladamente en la Sagrada Escritura (Hechos 6:1-8). Ayudaban a los apóstoles, cuidaban de los pobres y de los enfermos, tomaban parte en la administración de la Santa Cena y predicaban. Había también un oficio especial, el de diaconisas, establecido con el fin de que éstas cuidaran de los enfermos y de los ancianos desvalidos, de las mujeres pobres y de los huérfanos a los cuales también instruían.

9

Desviaciones doctrinales
El ebionismo y el gnosticismo

El cristianismo continuó haciendo grandes progresos en todos los campos donde se había establecido. Habiendo descubierto en la religión cristiana tantas doctrinas que se recomiendan a sí mismas a la aprobación universal, algunos de los pensadores más avanzados entre los judíos y los paganos decidieron conciliar dichas enseñanzas con sus respectivos métodos de fe y de filosofía. Este nuevo plan fue mucho más peligroso para el cristianismo que la oposición abierta. Algunos individuos que pertenecían al gremio cristiano vigorizaron dicho plan en ambos casos, contestando a la propuesta aduladora; pero lo hicieron personalmente y no como representantes de la Iglesia.

Los ebionitas.

A pesar de que el Concilio de Jerusalén había establecido el gran principio paulino de que los conversos al cristianismo quedaban libres de la ley mosaica, cierto número de cristianos insistieron en no aceptar dicho fallo. Jerusalén era el centro donde se reunían, y se dividieron en dos escuelas: la de los que veían en el cristianismo el cumplimiento de todo lo bueno que había pronosticado el judaísmo, y la de los radicales que se negaban a considerar la nueva fe como el apogeo del judaísmo. De la mezcla de estas dos escuelas resultó el ebionismo, según el cual, la ley mosaica estaba aún en todo su vigor. La observancia de dicha ley era esencial a la salvación; el cristianismo no había venido a invalidar la ley, sino a cumplirla; Cristo, el profeta que había de librar a Israel, no era sino un mero hombre engendrado como todos los demás; el Espíritu divino entró en el instante de su bautismo; Jesús era un buen judío cuya piedad lo autorizaba a llamarse el Mesías; había hecho milagros y suplido la ley con sus mandamientos.

Los ebionitas rechazaban los escritos de Pablo, por no considerarlos suficientemente judaicos. Tenían comunidades en el Asia Menor, en Chipre y en Roma, y no desaparecieron hasta principios del siglo cuarto.

Los nazareos.

Los nazareos se acercaron a las verdades del cristianismo más que los ebionitas. Además de aceptar los escritos de Pablo, enseñaban que nuestro Señor Jesucristo es el Hijo de Dios, y que fue engendrado por obra del Espíritu Santo. Desaparecieron en el siglo IV. Los elcesaítas tenían las mismas tendencias judaicas, pero mezcladas con un elemento oriental más pronunciado. Guardaban el sábado; continuaron la costumbre de ofrecer sacrificios; enseñaban que la sal y el aceite son emblemas de la comunión espiritual, y oraban mirando hacia el sol.

El gnosticismo en general.

El gnosticismo era una combinación de la filosofía neoplatónica y la teosofía oriental, las cuales habían tratado de apropiarse ciertos elementos del cristianismo. Más que ningún otro, Filón, un judío sabio de Alejandría que nació unos veinte años antes de nuestra era, contribuyó a la conciliación de dichos sistemas, puesto que trató de identificar el judaísmo con el platonismo. Consideraba a Dios y al mundo como un dualismo finito a la vez que infinito; a la par que negaba que Dios puede asumir una forma corpórea, creía en su poder de revelarse al alma; el *Logos* o Verbo, es una emanación divina que el Espíritu Santo, la sabiduría de Dios, repartió directamente a los primeros hombres y comunica a todas las almas que se han esforzado y se esfuerzan por asemejarse a Dios. Basándose en estas ideas fundamentales de Filón, el gran sistema gnóstico se desarrolló en escuelas especiales, todas las que contenían imitaciones forzadas de los dogmas cristianos.

El gnosticismo judaico.

Cerinto, que vivió en el segundo siglo, fue el primer representante de la expresión judaica de tan extraña filosofía, y enseñaba que el judaísmo había preparado al mundo para recibir el cristianismo; que Jesús fue el hijo natural de José y de María; que en su bautismo y con la santidad de su vida, había alcanzado el estado de pureza; que su muerte no fue un servicio mediatorio; que vendrá otra vez y ha de establecer un gran reino terrenal. Basílides, que enseñó en Alejandría hacia el año 130 del Señor, afirmaba que el universo es un dualismo compuesto de la divinidad y la materia; que entre éstas existe una gran multitud de emanaciones divinas; que la emanación que gobernaba a los israelitas los enseñó por medio de Moisés y de los profetas; que la verdad, empero, es universal y participan de ella los griegos y los persas; que la emanación más alta fue otorgada a Jesús en su bautismo. Tuvo Basílides la circunspección de no aceptar ninguna de las opiniones exageradas que constituían el nervio de las escuelas gnósticas. Valentino, otro gnóstico, enseñó en Alejandría por el año 138 d. C., y se fue después a Roma. Al principio era cristiano, pero al fin se separó de la Iglesia. Tomó sus ideas principales de Platón. Su doctrina fundamental era la emanación. El Ser Supremo vive en el silencio y la soledad, pero para ser perfecto debe amar; para amar debe existir un objeto del amor; empezó, por consiguiente, a emanar; las sucesivas emanaciones son inteligencias que proceden de Él; el hombre, el Verbo y la Iglesia son emanaciones divinas; la redención del género humano se consumó por medio del *Logos,* o Verbo; la crucifixión acentúa el poder divino que quita los pecados del mundo. Fue el fundador de la escuela más numerosa de los gnósticos, y entre sus principales discípulos se cuentan Heráclito, Ptolomeo y Berdesano.

Gnósticos orientales y paganos.

Los ofitas, así llamados porque adoraban a la serpiente, fueron los primeros entre esta clase de gnósticos, y ya en tiempo de Jesucristo existía una secta pequeña de ellos en Egipto. Aceptaron después un tipo pervertido del cristianismo, conservando, al mismo tiempo, gran parte de la teosofía oriental. El *Pleroma,* o la plenitud de esencia, o sea, el espíritu más elevado, se desarrolla o convierte en inteligencias secundarias; desde la cuarta de éstas, fluctúa un reflejo de luz que, al penetrar en la materia, se convierte en el mundo-alma; el hombre es creado pero, a fin de contrarrestar su elevación de espíritu, se prepara la serpiente; ésta es el tipo de la suma sabiduría y, como tal, se hace digna de adoración. Al caer el hombre, tiene por primera vez la conciencia de su albedrío y dominio. Había entre los ofitas dos escuelas menores: la de los camitas y la de los sethios. Para formar su sistema, Carpócrates se arreó con los despojos del budismo y del neoplatonismo. Consideraba todas las religiones como iguales y para él no había diferencia entre Orfeo, Pitágoras, Platón y Jesucristo. Degeneró su secta en el libertinaje más atroz. Manes y los maniqueos son los tipos del gnosticismo oriental más exagerado. Aquél fundó su sistema, en el que predomina el fatalismo, en la fe de Zoroastro, y añadió elementos del cristianismo y del budismo. Esta secta existió hasta fines del siglo III cuando Diocleciano dio un edicto suprimiéndola. Los ofitas daban al hombre una importancia sumamente exagerada.

El gnosticismo independiente.

Sostenía Saturnino, que falleció por el año 174 d. C., que en un principio el Padre Supremo creó, por medio de potestades y arcángeles intermedios, otros siete ángeles que son los creadores y conservadores del mundo material. Entre éstos se encuentra el Dios de los judíos que creó al hombre, pero lo creó lleno de debilidades. A fin de ayudarlo a obtener su desarrollo completo, vino el Salvador del género humano. Taciano era natural de Asiria, pero emigró a Roma, donde falleció el año 174 de nuestra era. Su doctrina principal consistía en tratar de probar que se debe abolir el matrimonio. Los encratitas y los hudopastrianos pertenecían al número de sus discípulos. Ya por ese tiempo se veía claramente que todas las escuelas gnósticas empezaban a declinar. Marción, que vivió por el año 150 después de Cristo, y sus discípulos fueron los representantes del movimiento de reforma. A la par que procuraron evitar los escollos con que habían tropezado sus predecesores, se inclinaban hacia las doctrinas del cristianismo; reconocían a Pablo como el único y verdadero apóstol; aceptaban solamente un Evangelio, el cual no era otra cosa sino una versión falseada del de Lucas, y rechazaban por completo la tradición y las enseñanzas esotéricas, es decir, reservadas para un corto número de los discípulos. Se dice que en los últimos años de su vida Marción se arrepintió de sus fantasías gnósticas, y que pidió que se le admitiera otra vez en el gremio de la Iglesia. No cabe duda de que, de todos los gnósticos de sus tiempos, él fue quien se acercó más al modelo del verdadero cristiano.

La misión del gnosticismo.

La misión que el gnosticismo tuvo en su época fue la de prestar a la Iglesia varios servicios: enseñó a los paganos algunas de las verdades fundamentales del cristianismo; separó los elementos en que se basaba la estructura de la filosofía pagana; demostró con sus esfuerzos estériles la imposibilidad de identificar sistemas heterogéneos y conciliarlos con el cristianismo; estimuló las investigaciones teológicas y el escudriñamiento de la Sagrada Escritura, siendo Basílides y Heráclito los primeros que comentaron sobre los Evangelios completos; ayudó a dar más autoridad a los obispos, y enseñó a los fieles a tener mayor veneración a los ritos y a las doctrinas que habían recibido de los apóstoles. Los gnósticos tenían un orgullo desenfrenado y pretendían saberlo todo; estudiaban el cristianismo como habrían estudiado cualquier otro sistema religioso, y se propusieron pesar nuestra santa religión en su pequeña balanza; sujetaron la fe al criterio de la razón, y no daban la menor importancia a la vida espiritual. El peligro que corrían los cristianos era el de aceptar alguno de los sistemas gnósticos; pero afortunadamente no tardaron sus maestros en señalar lo peligroso de dichos sistemas, y no se dio nunca el caso de que grandes números desertaran de nuestras filas. La pretensión que tenían los gnósticos de que aceptaban solamente lo mejor, y no el todo, del cristianismo, hizo que los creyentes los vieran por lo general como sospechosos. Si bien es cierto que Marción se acercó más que ningún otro gnóstico al tipo del verdadero cristiano, la respuesta que recibió de Policarpo, cierto día que se encontraron en una de las calles de Roma, nos da una idea de como trataban los cristianos de aquellos tiempos a los herejes. Marción detuvo a Policarpo y le preguntó:

- ¿Te acuerdas de mí, Policarpo?
- Ciertamente, le respondió su antiguo amigo. Tú eres el primogénito de Satanás.

10

Ataque literario de los paganos contra el cristianismo

Desarrollo del cristianismo.

Que la nueva religión estaba dispuesta a ejercer una influencia muy grande en la mente de los gentiles, lo demostró muy a las claras el esfuerzo literario que hicieron éstos por destruir las bases fundamentales de aquélla. Los hombres cultos de entre los romanos vieron muy claramente, a principios del siglo II, la necesidad que había de algo más que la oposición imperial para poder contrarrestar los progresos de la nueva fe. Cada una de las persecuciones daba idéntico resultado: hacía la religión cristiana más sólida y agresiva, y la dejaba más llena de esperanzas que nunca. Durante la segunda y tercera centuria, persiguieron los paganos a los discípulos de Jesús con la espada y con la pluma; los que usaban de la fuerza, por una parte, esperaban alcanzar la victoria con la ayuda de los literatos; y éstos, por la otra, creían obtener igual éxito auxiliados por aquéllos. Los cristianos no ofrecieron la menor resistencia a la persecución imperial, sino que continuaron con mayor empeño su obra de predicar el Evangelio; a los ataques literarios de los gentiles contestaron con una lógica tan clara e irresistible, y apelaron a los hechos de una manera tan elocuente, que la fuerza de sus argumentos hizo estremecer el edificio todo del paganismo.

Razones que tuvieron los paganos para alarmarse.

Percibieron desde luego los escritores griegos y latinos ciertas singularidades de las doctrinas del cristianismo que naturalmente les causaron alarma; tenían que habérselas con un fenómeno enteramente nuevo. Discernieron, pues, los siguientes hechos. Primero, que la nueva religión tenía por cimiento ciertos escritos tan antiguos como las primeras alboradas de la historia, los cuales culminaban en la vida del fundador y en la exposición de sus doctrinas. Segundo, que el cristianismo se asentaba sobre una base histórica. Tercero, que trataba sobre temas fundamentales de la moral. Cuarto, que los que profesaban dichas doctrinas no se cansaban nunca de ellas. Quinto, que sus enseñanzas engendraban la pureza de vida y el heroísmo. Sexto, que la cosmogonía, o sistema de la creación, es más racional y consecuente según las Escrituras de los cristianos, que según Hesíodo. Séptimo, que el carácter de Jesús era inmaculado. Y octavo, que su muerte había inspirado tal celo en sus discípulos, que nada, absolutamente nada, podía domeñarlo. El problema que se les presentaba a los escritores griegos y latinos de cómo se podría vencer dicho sistema, era de muy difícil solución; sin embargo, llenos de sobrada confianza en sí mismos, no vacilaron un momento en emprender la obra de demolición. Tal fue la sabiduría que mostraron los cristianos en sus métodos de defensa y la intrepidez con que siguieron trabajando, que dieron al mundo una gran sorpresa: sus escritos forman una de las maravillas de la literatura.

La actitud hostil que los historiadores de aquellos tiempos guardaban hacia el cristianismo, se deja ver en las meras alusiones que hacen a la nueva religión. Tácito compendia todo el asunto diciendo que Jesús fundó una nueva secta; que fue crucificado por sentencia que dio Poncio Pilato; que su sistema era un conjunto de supersticiones mortíferas y que los cristianos eran nocivos a la raza humana. Antonino dice que según las enseñanzas de la nueva religión, el alma debe estar preparada a separarse del cuerpo por medio de una repulsa voluntaria de los males de la existencia. Juvenal se mofa de los cristianos y dice que adoraban los cielos. Arriano informa a sus lectores de que Epicteto había protestado en contra de la ausencia del temor ante el peligro que caracterizaba a los galileos, y de la doctrina de que Dios es el Creador de todas las cosas. Luciano fue tan severo al tratar de la religión cristiana como lo había sido con las demás: las consideraba todas como igualmente inútiles y superfluas. Afirmaba además, que Jesús había practicado el arte de la magia: parodió la historia de Jonás, el milagro que el Señor hizo de andar en la superficie del mar, y la descripción que de la nueva Jerusalén escribió San Juan. Los literatos del Imperio romano consideraban el cristianismo como un conjunto de supersticiones míseras que no valían la pena de estudiar seriamente. Al calificar Tácito la nueva religión de *exitiabilis superstitio,* superstición perniciosa, no hizo otra cosa sino expresar la opinión general de todos aquellos literatos tan orgullosos y soberbios.

Los escritores más temibles que atacaron al cristianismo.

Los escritores más hábiles en atacar la nueva religión fueron Celso, Porfirio y Hieróclito. El primero de éstos, que vivió por el año 150, creía en una divinidad suprema; en una providencia que todo lo gobierna y en la inmortalidad del alma; opiniones que derivó de la filosofía platónica, pero cuya semejanza fundamental a las verdades del cristianismo perdió de vista por completo al examinarlo. Muy exagerado fue el antagonismo que desplegó en contra de la nueva religión; además de atacar los libros del Antiguo Testamento, ejercitó su ingenio especialmente al esforzarse por encontrar faltas en el carácter y la vida de Jesús. Porfirio, que nació por el año 233, procuró demostrar que habían existido entre los paganos hombres de carácter aún más admirable que el de Jesucristo, y que en la historia del Evangelio abundan las contradicciones. Se endereza su *Tratado Verídico* en contra de los cristianos a señalar la semejanza que existe entre la magia de Apolonio de Tiana y la de Jesús, y concluye por darle la palma al primero.

Los escritores menos prominentes siguieron el ejemplo de los más notables y se valieron de la sátira, la poesía, la invención poética y todas las formas literarias a fin de ridiculizar nuestra santa religión.

Cargos en contra del cristianismo.

Los pretextos principales de hostilidad eran los siguientes:
1. Las pretendidas contradicciones en los libros de la Sagrada Escritura.
2. Lo inútiles que eran los cristianos a la sociedad contemporánea.
3. Lo absurdo del sistema cristiano considerado filosóficamente.
4. La pretensión de que Jesús era Dios y hombre al mismo tiempo.
5. La inmoralidad de los cristianos.

Del hecho de que celebraban éstos sus reuniones en secreto, dedujeron luego los paganos que eran inmorales, pero nadie dio crédito a semejante acusación, puesto que, lejos de haber inmoralidad entre los creyentes, la pureza de su vida contrastaba muy claramente con la corrupción de los paganos. Que éstos adunasen las reuniones secretas con la inmoralidad era, por otra parte, muy natural, estando, como estaban, familiarizados con la disolución nefanda y salvaje que se practicaba en las fiestas eleusianas y en otros ritos secretos. Ésta y otras acusaciones resumió Tertuliano en una sola sentencia que puso en labios del mundo pagano en contra de los cristianos: "¡No tenéis el derecho de vivir!".

El triunfo del cristianismo.

El único resultado que aquellos escritores podían esperar de su ataque literario era el evitar que la Iglesia continuara ganando tantos adictos, y tan cierto es esto que se dirigían exclusivamente a la mente pagana y no trataron nunca de perturbar la fe que los cristianos tenían en su religión; eran demasiado sagaces para soñar en la posibilidad de semejante empresa. Además, los discípulos estaban tan firmemente unidos, que nadie se hacía la ilusión de poder dividirlos en sus opiniones. El ataque literario de los paganos no causó ninguna deserción seria de las filas de los cristianos, antes, por el contrario, el número de los creyentes siguió aumentando diariamente. No alcanzaron tampoco el fin principal que se propusieron, puesto que la obra destructora de la disgregación ya había empezado en el paganismo y, al paso que aquellos escritores se lisonjeaban con la creencia de que iban a obtener un gran triunfo literario, hicieron el fiasco más completo: y era que las paredes del edificio pagano ya estaban desmoronándose; era inútil apuntalarlas, puesto que estaban por desplomarse. Los literatos paganos se esforzaron por llevar a cabo lo irrealizable; aun el ataque de Celso, hecho como fue tan a tiempo, debe su preservación a la pluma de un escritor cristiano, Orígenes.

11

Los defensores del cristianismo: los apologistas cristianos

Clasificación de los apologistas cristianos.

Pasemos ahora a tratar de un asunto más simpático: la *apología* cristiana. La palabra apología viene del término griego "apología", y significa un discurso de palabra o por escrito en defensa de un individuo o creencia; a sus autores se les da el nombre de apologistas. Las apologías que se publicaron en tiempos de la Iglesia primitiva no sólo contenían argumentos en pro del cristianismo, sino que sirvieron a sus autores para acosar al enemigo en su propio campo. Según la región donde vivieron y el idioma en que escribían, los apologistas se dividen en dos clases: la de los griegos y la de los latinos. Se distinguen, además, los primeros de los segundos, en que vivieron casi todos en el siglo II, y mostraron en sus escritos que habían profundizado en la filosofía griega; algunos de ellos habían estudiado en las escuelas helénicas y no ingresaron en el gremio de la Iglesia, sino hasta después de haber llegado a la mitad de su vida. Trataron de probar que en el cristianismo florecía lo mejor de todos y cada uno de los sistemas de religión, y se concretaron especialmente al método de defensa. No así los latinos, que eran agresivos, y quienes, habiendo vivido la mayoría de ellos en el siglo III, acostumbraban argüir mucho más; escribían con mejor método y mayor claridad, y libraron batallas en el campamento mismo del enemigo con tanta energía, como la de los soldados romanos cuando peleaban en el extranjero. El fin que se propusieron fue el de conquistar todo el mundo para el cristianismo y hacer que éste tuviera un dominio perpetuo.

Apologistas griegos.

Los apologistas griegos más prominentes fueron: Ariosto, Cuadrato, Arístides, Justino, Milcíades, Melitón, Ireneo, Atenágoras, Taciano, Clemente de Alejandría, Hipólito y Orígenes. En el *Diálogo entre Papisco y Jasón,* Ariosto trató de probar que el Cristianismo es la verdadera religión y que todas las profecías del Antiguo Testamento respecto al Mesías, se cumplieron en Jesús. El año 131, dirigió Cuadrato una apología al emperador Adriano, amonestándolo a que tomara en consideración la verdad de la religión cristiana y pusiera coto a las persecuciones en contra de los cristianos. Probó Arístides que en el cristianismo fulguran los mejores sistemas del mundo clásico y que es, por consiguiente, el que debe reemplazar a todos los demás. Justino escribió dos apologías, la una el año 136 y la otra el 162, en las cuales mostró que los cristianos no eran la causa de las calamidades públicas, antes se tenían por buenos ciudadanos romanos; que abundaban las falsedades y las contradicciones en la filosofía y la mitología pagana, y que el único manantial de la verdad se encuentra en la Sagrada Escritura. Atenágoras, en la *Embajada de los cristianos,* se valió de un método filosófico para defender las enseñanzas de la religión cristiana.

Taciano, que falleció hacia el año 176, publicó un discurso dirigido a los griegos en el que sacó a la luz pública el origen ridículo de la religión y la ciencia griegas. En el *Pedagogo y la Estromata,* expuso Clemente la nulidad de todo el sistema pagano. Escribió Hipólito en contra de los paganos, de la filosofía platónica y de los judíos. Orígenes, que nació el año 185, publicó en contra de Celso una obra de ocho tomos, en la que señaló al mundo lo efímero de las creencias paganas.

Apologistas latinos.

Sobresale entre éstos Tertuliano, cuya *Apologética,* escrita por el año 200, es la composición de apología más espléndida que apareció en la Iglesia primitiva; mostró que no era permanente el daño que las persecuciones hacían a la Iglesia. En sus otros escritos trató de todos los puntos controvertidos entre los cristianos y los gentiles; no sólo defendió magistralmente el elemento sobrenatural del cristianismo, sino que le dio gran prominencia. Escribió Cipriano a mediados del siglo III, y atacó tan severa y hábilmente la idolatría de los paganos, que éstos no pudieron refutar sus argumentos. Arnobio, que escribió por el año 303, sobrepujó a todos los demás apologistas en el uso tan acertado que hizo de los milagros de Jesús, como un arma de ataque en contra del paganismo. El año 320 escribió Lactancio, el Cicerón cristiano, las *Instituciones Divinas;* más que a la solidez de los argumentos, este libro debió la grande influencia que ejerció a la belleza y gallardía de su estilo.

Línea de defensa.

A la acusación de que los cristianos no eran leales al Estado, se contestó mencionando los hechos de que eran súbditos fieles del emperador; que obedecían las leyes siempre que éstas no se oponían a los principios del cristianismo; que no conspiraban, ni habían conspirado nunca, en contra del gobierno; que entre ellos jamás había habido ladrones, asesinos ni traidores; antes, por el contrario, era público y notorio que la pureza de sus doctrinas engendraba la santidad de vida y costumbres. Tertuliano les decía: "Llevamos una vida irreprochable y la estáis viendo diariamente, puesto que vivimos entre vosotros". A la acusación de que los cristianos eran la causa de las calamidades públicas, contestó de esta manera: "Si esto es así, ¿por qué razón también a vosotros os afligen esas mismas desgracias? ¿Cómo explicáis el hecho de que vuestros dioses no os amparan en contra de dichos sufrimientos?". Los argumentos fundamentales que usaron los apologistas en sus escritos para probar que la religión cristiana es de origen divino, fueron la inspiración de la Sagrada Escritura, la santidad de las doctrinas y el carácter divino de Jesús. Cuando los escritores paganos negaban que Jesús había tenido el poder de hacer milagros, los apologistas contestaban: "Y vosotros, ¿no afirmáis que vuestro Esculapio cura a los rencos y a los lisiados, que Orfeo, Zeno y Cleanto conocieron al Logos, y que Platón, en la carta que dirigió a Hermeos y a Corisco, menciona a un hijo de Dios?". Los apologistas llamaban la atención al contraste tan grande que hacia la pureza de la moral cristiana con la sensualidad de los paganos, la cual no producía sino caricaturas de buenas costumbres. Con una pericia que no conocía ni sombra de temor, expusieron a los dioses paganos y exclamaban con Taciano: "¿Qué le ha pasado a vuestra Juno que ya no da a luz más dioses?". A lo cual añadía Arnobio: "Vuestros dioses dan rienda suelta a sus pasiones, y la prueba es que los unos son borrachos consuetudinarios, los otros son asesinos y multitud de ellos son disolutos".

El triunfo de los apologistas.

Una vez concluida esta lid, que duró nada menos que unos trescientos años, se vio muy claramente que los cristianos habían ganado la más completa victoria. Iniciaron los paganos el ataque animados por la esperanza de destruir las bases fundamentales del cristianismo; pero los apologistas no sólo expusieron a la luz pública la corrupción de las creencias griega y romana, y la debilidad de su decantada filosofía, sino que defendieron a la vez todas y cada una de las verdades de la religión cristiana; echaron por tierra la oposición y acumularon además un gran tesoro de argumentos, del cual se han valido con buen éxito los escritores cristianos de los siglos posteriores. Después de todo, el ataque literario de los paganos prestó al cristianismo, de una manera indirecta, servicios muy importantes: obligó a los cristianos a estudiar todos y cada uno de los principios fundamentales de su religión; compelió a los laicos a escudriñar la Sagrada Escritura; hizo que los miembros de la Iglesia en todas partes de la cristiandad pudieran dar razón de lo que creían. A fines del siglo V se había concluido el conflicto, siendo los apologistas los últimos que abandonaron el campo de batalla; el cristianismo se había establecido por todas partes y estaba haciendo una conquista universal; la afirmación de uno de los apologistas expresó la actitud que los fieles guardaban: "El mundo entero es la patria de los cristianos".

12

Las escuelas de pensamiento cristianas

Cultura en la Iglesia primitiva.

Desde tiempos muy remotos y bajo la dirección de los maestros más eminentes, los judíos habían tenido escuelas proféticas donde educaban a los jóvenes para el sacerdocio. Tan famosas se habían hecho las universidades griegas de Atenas, Tarso y Alejandría, que aun de la misma Roma iban estudiantes a perfeccionarse en los estudios que habían cursado en Italia. Los conversos a la nueva religión eran generalmente muy amantes del saber. A fin de combatir satisfactoriamente las ideas judaicas y paganas, precisaba que los ministros cristianos estuvieran bien preparados. Los predicadores de la Iglesia primitiva vivían en un ambiente contrario y necesitaban, para poder alcanzar buen éxito en su obra, estar familiarizados no solamente con las verdades que defendían, sino también con los falsos sistemas que habían de atacar. La vida de San Pablo es una prueba elocuente de esta verdad: todo el tenor de su carácter, sus trabajos y adquisiciones muestran muy claramente lo bien preparado que estaba. Timoteo y Tito eran dos de los muchos jóvenes que se convirtieron al cristianismo por influencia del apóstol; lo acompañaron en sus viajes de misiones y se prepararon debidamente para el ministerio. Se dice que durante este período de la historia eclesiástica, el venerable anciano San Juan estuvo a la cabeza de una escuela de teología establecida en Éfeso, a la que acudían jóvenes de todas partes de la cristiandad para escuchar de sus labios los recuerdos de la personalidad y las obras del Señor.

La escuela de Alejandría.

A mediados del siglo II, tenían ya los cristianos tres grandes escuelas, siendo la más importante de ellas la que establecieron en Alejandría. Era aquella ciudad el centro principal de la cultura filosófica del mundo, puesto que ya había desaparecido el prestigio literario del que en un tiempo gozó Atenas; nada menos que por dos siglos fluyeron hacia dicha capital las corrientes del pensamiento tanto del Oriente como del Occidente; debido al predominio del neoplatonismo, el nombre de Platón andaba en labios de todo el mundo; allí fue donde el cristianismo y el saber pagano se combatieron más de cerca y donde la escuela cristiana suplantó al fin a la Universidad pagana. Prevaleció al principio, en la escuela alejandrina, el método catequístico o socrático y duró su período más activo nada menos que dos siglos, es decir, desde el año 200 hasta el 400. Su fundador fue Pantaeno; éste y Clemente estuvieron a su cabeza en el segundo siglo; Orígenes, Heráclito y Dionisio, en el tercero; y Dídimo el Ciego, en el cuarto. Además de éstos, dignos son de mencionarse Gregorio el Taumaturgo, Pedro, Pánfilo y Eusebio que, si bien no perteneció a dicha Escuela, simpatizaba con sus tendencias. Las características teológicas que la distinguían fueron: cierta afinidad con lo mejor de la filosofía griega, el énfasis que dio a las percepciones intuitivas y a la vida subjetiva, y la tendencia a convertir en alegorías las narraciones del Antiguo Testamento. Orígenes fue un escritor brillante, pero no un guía seguro, puesto que creía en una serie indeterminada de creaciones, en la existencia de las almas antes de su nacimiento en este mundo, en una apostasía preadamítica y en la salvación universal.

Más que como plantel de educación, la escuela en el Asia Menor se hizo notable por ser la residencia de un grupo de escritores y maestros de teología: desde los tiempos de San Pablo, aquella región había sido el teatro de grande actividad teológica. Se inclinó dicha escuela en el siglo II hacia una forma literal y judaica del cristianismo, pero asumió en el tercero un carácter más liberal; se opuso al gnosticismo y suprimió el Montanismo. Policarpo, Papías, Melitón de Sardinia y Hegesipo fueron sus principales representantes en su primer período, e Ireneo, Hipólito y Julio el Africano, en el segundo.

La escuela de Antioquía.

El objeto principal que se propuso la escuela de Antioquía en Siria, cuyos fundadores fueron Doroteo y Luciano, fue el hacer estudios críticos de la Escritura a fin de definir las doctrinas teológicas. Al principio simpatizó con la escuela de Alejandría, pero, tan pronto como se suscitaron las controversias sobre algunas doctrinas de Orígenes y de Nestorio, se desvió de ella. Duró su período de mayor prosperidad del año 300 al 342, y tuvo por representantes a Teodoro, Eusebio de Emesa, Cirilo, Apolinario, Efraín, Diodoro, Juan Crisóstomo y Teodoro de Mopsuestia.

La escuela norteafricana.

Cartago fue la cuna de la escuela Norteafricana, a la cual, y no a Roma, debió el cristianismo latino su tipo prevaleciente. Cipriano, Tertuliano, Minucio Félix, Comodiano y Arnobio fueron los principales representantes de esta escuela, que se distinguió por el celo heroico con que trató de conservar la unidad de la Iglesia, por su aversión al gnosticismo, por la interpretación exacta y literal que daba a la Sagrada Escritura, por su oposición decidida a las especulaciones teológicas y por la energía que desplegó al desarrollar el elemento evangélico y práctico de la Iglesia. Su período de mayor prosperidad duró desde el año 200 hasta el 330.

Tendencia general.

El objeto común de estas escuelas fue el de imprimir cierta dirección al desarrollo de las doctrinas y la literatura de la Iglesia; eran como otras tantas ciudadelas erigidas en defensa de la Iglesia y como otros tantos cuarteles generales donde se echaban los planes de mayores conquistas: su influencia se dilató por toda la cristiandad y atraían a sus aulas a hombres de regiones muy distantes, los que, imbuidos de su índole, ora volvían a su patria como predicadores o maestros, ora se iban a esparcir el cristianismo por tierras lejanas. Semejantes a Orígenes, algunos de dichos maestros poseían una influencia admirable e infundían en las mentes de los jóvenes no sólo las doctrinas que predicaban, sino también la energía que los caracterizaba.

13

Constantino liberta la iglesia

Vamos ahora a considerar las relaciones exteriores de la Iglesia, y al llegar a este punto, desde luego se nos ocurre esta pregunta: ¿qué influencia ejerció en el cristianismo la protección del Imperio? El período de las persecuciones no había pasado aún por completo; sin embargo, la Iglesia no estaba desalentada, antes al contrario, maduraba nuevos proyectos para extender su propaganda. Se aproximaba un cambio en la política imperial, y se agitaban con todo su vigor los elementos que habían de librar a toda la cristiandad del odio y la persecución de sus enemigos. Se debió esta libertad a las victorias que ganó Constantino, quien, el año 306 de nuestra era, dejó el mando del ejército en Bretaña para suceder a su padre en el trono del Imperio romano; si bien, antes de asentarse en él, tuvo que vencer nada menos que a cinco competidores: tres en el Oriente y dos en el Occidente. Poco importaba que éstos fueran parientes próximos, puesto que en aquellos tiempos el parentesco no aseguraba la menor protección.

La conversión de Constantino.

Desde el principio de su reinado, manifestó Constantino sus simpatías para con los cristianos, tanto que, antes de librar en contra de Maxencio la batalla de Rubra Saxa, la cual había de decidir su fortuna y asegurarle el Imperio, declaró haber visto en el cielo el signo de la cruz y la inscripción: *"En touto nika, In hoc signo vinces"*. Interpretó, pues, esta aparición como un indicio seguro de que el cristianismo era la verdadera religión y, habiendo ganado la batalla y con ella el Imperio, declaró entonces que creía en las doctrinas del cristianismo. Si bien esta aparición revela lo bien dispuesto que estaba Constantino en favor de nuestra santa religión, no fue probablemente sino una invención sutil para obtener el apoyo de los cristianos. En todas las guerras que hizo después, llevó el lábaro o estandarte de la cruz. Siguió la política de procurar primeramente ganarse la simpatía de los cristianos, a fin de que éstos le prestaran su ayuda, y, en segundo lugar, extinguir, por medio de las concesiones que les hacía, la enemistad reinante entre la Iglesia y el Imperio con motivo de las medidas represivas que habían observado sus antecesores. El año 313 promulgó un edicto de tolerancia en favor del cristianismo, poniéndolo al nivel de las religiones lícitas del Imperio, y en el 323 declaró su protección aún más categóricamente, promulgando nuestra fe como la religión oficial en todos sus dominios. Entre los decretos más notables que promulgó en favor de la Iglesia, deben mencionarse los que establecen la observancia civil del domingo; la confiscación en el Oriente de los templos paganos que pasaron a ser propiedad de la Iglesia; la emancipación de los esclavos; la inmunidad de los deberes civiles y municipales en favor del clero, y el que sirvió para dar gran impulso a la educación cristiana de sus súbditos.

Táctica de Constantino.

A fin de sostener la autoridad imperial, se emplearon varios métodos, algunos de los cuales fueron buenos y otros nocivos. Los cristianos saludaron con alegría el advenimiento de la época en la que ya podían ir por todo el mundo sin el temor de ser perseguidos; mas, por otra parte, se dejó sentir una inquietud muy fundada, porque Constantino determinó todo lo concerniente al gobierno de la Iglesia y se creyó la autoridad suprema en materias de religión, como lo habían sido los emperadores durante el predominio del paganismo. Se consideraba como el gran sacerdote o sumo pontífice, y asumió la autoridad de arreglar desavenencias, decidir las cuestiones de la disciplina eclesiástica, convocar Concilios y nombrar los principales dignatarios. Retuvo, además, muchas de las instituciones paganas; permitió que el servicio de los templos del gentilismo fuera costeado con fondos del erario imperial; que se rindiera cierta veneración a las divinidades nacionales, y que se consultase, aun a los adivinos, respecto del resultado de las batallas. El carácter de Constantino era muy extraño: temía perder, por una parte, la simpatía de sus súbditos paganos y era demasiado sagaz, por otra, para dejar de comprender que la continuación de hostilidades en contra del cristianismo había de atraer un resultado fatal a su imperio. A la par que no tenía fe en el paganismo, carecía del valor moral necesario para suprimirlo; permitió, pues, que continuara tal como lo había encontrado, y se contentó con ayudar al cristianismo para que acabara con su contrario. De los muchos monarcas que han obtenido un gran éxito en sus planes, no cabe la menor duda de que Constantino fue el más maquiavélico de todos.

El peligro que amenazaba a la Iglesia.

La política que siguió Constantino puso a la Iglesia en gran peligro, el cual no consistía en la dirección de sus asuntos que asumió el emperador, sino en que la hizo parte integrante del Estado y convirtió a éste en el árbitro supremo de su vida interior y exterior. Hasta entonces, la Iglesia había sido un gran cuerpo moral unido por los lazos del amor y de las creencias; pero más tarde la absorbió el Estado y su organización se confundió con la estructura política. Lo que dice el escritor Freeman de que "la Iglesia conquistó al Estado", es un grande error: la adopción del cristianismo como la religión oficial del Imperio fue la conquista que el Estado hizo de la Iglesia. Se debilitaron todas las fuerzas morales de ésta y la servidumbre al Estado, en que entró desde tan temprana época, inició los grandes males de las doce centurias siguientes: la superstición, la compra de empleos, las controversias furiosas respecto de futilidades teológicas, la disolución moral del clero y la ignorancia de las masas. No fue Constantino, sino Pepino, el primero que confirió al papado el poder temporal; ni se equivocó Dante cuando asentó que la protección de Constantino había sido un gran mal para la Iglesia, puesto que preparó la vía para la donación que hizo Pepino. Muy acertadamente exclama el historiador Neander: "La historia del reinado de Constantino muestra claramente que siempre que el Estado procura establecer el cristianismo, valiéndose para ello de los medios mundanales que tiene a su disposición, lejos de favorecer la causa santa, la perjudica aun más que el poder temporal que le hace la oposición, sea cual fuere su fuerza". Si Constantino se hubiera limitado a eliminar las desventajas políticas con que luchaban los cristianos, y hubiese permitido que éstos desarrollaran su gobierno y vida espiritual bajo la dirección exclusiva de Dios, habría prestado a la Iglesia un servicio de gran importancia.

14

Reacción bajo Juliuno

Se dividieron el Imperio de Constantino sus tres hijos, ninguno de los cuales le igualó en la estrategia militar, ni en la dirección política del Imperio, aunque todos ellos continuaron protegiendo al cristianismo. Muy inciertos andaban los cristianos respecto de lo que sería de la Iglesia cuando los descendientes inmediatos de Constantino pasaran a mejor vida; la perspectiva no era muy halagüeña. Tan pronto como Juliano hubo ascendido al trono, se difundió por todas partes el temor de que iba a comenzar otra vez la persecución en contra de los cristianos. El emperador guardó silencio por algún tiempo, pero poco a poco empezó a manifestar un espíritu de refinada oposición a las doctrinas o instituciones de la religión cristiana.

Historia de Juliano anterior a su reinado.
Predispusieron sus antecedentes a Juliano, como era natural, en contra del cristianismo; era sobrino de Constantino y, con motivo de las sospechas infundadas que los hijos de éste abrigaban de que era un rival poderoso, lo tuvieron preso en Capadocia, donde, bajo la dirección del obispo arriano Eusebio, estudió lenguas y ciencias y se preparó para el servicio clerical de lector. Durante todo este período se consideró como una víctima de la persecución cristiana; tanto más cuanto que no recuperó su libertad sino hasta el día en que su hermano Galo subió al trono del Oriente. Fue a Constantinopla y se familiarizó con la filosofía pagana; además estudió y adoptó el arte de adivinación. Murió su mencionado hermano el año 354, y llevaron luego a Juliano prisionero a Milán. Una vez puesto en libertad, pasó a la ciudad de Atenas donde se hizo iniciar en los misterios eleusinos.

El reinado de Juliano.

Juliano comenzó su reinado el año 355 de nuestra era; al principio compartió el Imperio con Constancio, pero, habiendo fallecido éste, se reunió el ejército en las márgenes del Sena, el centro de la parte antigua de París, y aclamó a Juliano como el supremo magistrado del Imperio romano. En edad temprana manifestó su gran pericia como militar y empezó a tener buen éxito en las guerras, el cual fue motivo de grande sorpresa para sus contemporáneos que lo habían calificado como hombre estudioso y poco aficionado a la guerra. Los hijos de Constantino eran para él fieles representantes del cristianismo y, por tal motivo, no solamente lo rechazó, sino que cambió la política imperial respecto de él. Como fijara su residencia en Constantinopla, procedió luego a convertirla en ciudad pagana. El gran objeto que se propuso fue el abolir la religión cristiana y restaurar el paganismo a su primitiva grandeza, pero con todas las mejoras que pudieran derivarse del Oriente y otras fuentes. Si bien no dio ningún edicto formal en contra del Cristianismo, opuso a su desarrollo cuantos obstáculos pudo; acostumbraba decir que la filosofía le enseñaba el deber de la tolerancia con todas las creencias, pero ésta no era sino una pretensión hipócrita, puesto que aborrecía la religión de Jesús.

La oposición de Juliano.

Las medidas principales que tomó Juliano para suprimir el Cristianismo fueron las siguientes. Primera: procuró alentar el cisma y la discordia entre los cristianos. Segunda: mandó clausurar las escuelas cristianas y, como se figuraba que no podían existir los dogmas del cristianismo sin descansar en las bases clásicas, prohibió a los cristianos el estudio de los autores latinos y griegos. Tercera: rehabilitó por completo a los judíos y, a fin de probar que era falsa la profecía de nuestro Señor en san Mateo 23: 38 y 24: 2, se propuso reedificar el templo de Jerusalén, intento que se frustró por completo. Cuarta: mandó que asistiera el ejército al culto pagano. Quinta: privó al clero de sus inmunidades. Sexta: dejaba sin castigo a los súbditos paganos que cometían violencias en contra de los cristianos. Séptima: mandaba castigar a éstos por las faltas más triviales, sostenía el culto pagano e hizo reconstruir los templos a expensas del erario. Octava: publicó en defensa del gentilismo una obra que no existe ya.

Muy corto fue el reinado de Juliano, quien murió peleando con los persas el 363, puesto que no duró más que un año y ocho meses: corría en labios cristianos el aserto de que al morir exclamó: *"Tandem vicisti, Galiloea"*: "¡Venciste al fin, oh Galileo!"[1]

El carácter de Juliano.

El carácter de Juliano era una mezcla de elementos que rara vez se encuentran adunados en un individuo; en su proceder para con los cristianos fue un fanático; en los planes políticos era muy sagaz, como jefe del ejército no tenía igual; estaba familiarizado con todo el saber de su época y era sumamente vano y supersticioso; creía que el cristianismo iba a perecer y que él era el instrumento escogido por el destino para destruirlo. Tan grande era su vanidad, que creía superar a sus contemporáneos como literato, debilidad peculiar en

---

[1] *Historia Edesiástica por Teodoreto,* Tomo III, página 25. Esta leyenda no tiene fundamento alguno en la historia.

muchos escritores reales; a semejanza de Federico el Grande, jamás mostró su flaqueza a tal grado como cuando se proponía manejar la pluma. Heterogénea en extremo era la religión ecléctica que propuso: era una mezcla de especulaciones neoplatónicas, el arte de conjurar, las enseñanzas de moral de los mejores filósofos estoicos de Roma y los ensueños fantásticos de los adoradores persas del fuego, con algún elemento de la verdad bíblica, pero tan atenuada que no era suficiente para llenar el vacío de toda su filosofía. Adoraba a Mitra, el dios sol del Oriente, que tenía bajo su autoridad un gran número de divinidades tutelares procedentes del paganismo griego y del gnosticismo alejandrino. Al procurar la restauración del paganismo, siguió los métodos de la religión cristiana: restableció el sacerdocio a semejanza del ministerio cristiano; predicaban al pueblo los obispos paganos y comentaban la mitología pagana; introdujo en el gentilismo la constitución de la Iglesia, la penitencia, la excomunión, la absolución y la rehabilitación; torturó la salmodia cristiana y la acomodó a los ritos paganos, en la observancia de los cuales cantaban los coristas y respondían los congregantes según los mejores métodos eclesiásticos; estableció hospitales para los enfermos y asilos de huérfanos y desamparados y daba limosnas imitando la costumbre de los diáconos de la Iglesia. Pero todo esto fracasó por completo; ni el mismo emperador pudo mezclar el cristianismo con el paganismo. Juliano fue el postrer enemigo de nuestra santa religión que ocupó el trono del Imperio romano, y la historia registra su nombre bajo el dictado de Juliano el Apóstata, epíteto que no le cuadra, puesto que probablemente no fue nunca discípulo de Jesús. Dos de sus maestros, Mardonio y Ecebolio, abrigaban tendencias muy decididas hacia el paganismo, y es muy probable que desde sus tiernos años haya odiado la religión de sus perseguidores.

15

La reforma montanista

Medidas contra la relajación de la disciplina.

Durante las persecuciones de los tres primeros siglos recayeron en los errores del paganismo cierto numero de cristianos, algunos de los cuales se arrepintieron de su apostasía y manifestaron el deseo de volver a la Iglesia y ser recibidos como penitentes. Prevalecían respecto de dichos individuos, dos opiniones: la una laxa, según la cual podía la Iglesia rehabilitar a los lapsos exigiendo de ellos muy poco además de la promesa de ser fieles en lo futuro; y la otra severa, según la que habían de someterse los solicitantes a una prueba larga y, en ciertos casos, no se los debería admitir nunca. No se limitaron estas opiniones a la rehabilitación de apóstatas, sino que las hicieron extensivas a otros asuntos. Debido a la protección imperial, se estaban introduciendo en la Iglesia desórdenes de varias clases, en contra de los cuales muchos cristianos protestaron tanto en el Oriente como en el Occidente. Encarnó la opinión severa ya mencionada, Montano, un natural de Frigia.

Plan de Montano.

Montano empezó a darse a conocer por el año 156. Como a la generalidad de sus paisanos, le gustaba todo lo que maravilla y causa arrobamiento de espíritu. El culto antiguo nacional era el de la diosa Cibeles, a la que se honraba en aquel país más que en ninguna parte del mundo. Se consideraban como dones peculiares del sacerdocio la adivinación y la lucidez, o sea el poder atribuido a las personas magnetizadas, de ver los objetos distantes u ocultos; los desastres políticos hicieron más intensa la devoción del pueblo a Cibeles. Andando el tiempo, apareció el cristianismo entre aquellas gentes y se establecieron las Iglesias de Asia tales como las de Laodicea y Cobeas, a las que dirigió San Juan varias epístolas. No cambió la complexión de aquellos pueblos y abrazaron el cristianismo con la misma fe y energía con que habían creído en el paganismo. Exigían los montanistas que se volviera a la vida apostólica de la Iglesia: Montano había sido sacerdote cibeleo y cuando se convirtió a nuestra santa religión, manifestó una fe tan ardiente por su nueva creencia, como la que había tenido en su antigua religión. A la par que no quedó en él ni un átomo de idolatría, su temperamento permaneció intacto: era visionario y profeta. Se propuso regenerar la vida de todos los cristianos y, como vio que éstos se habían alejado de la sencillez y pureza de la era primitiva, decía ser él el instrumento escogido para llevar a cabo dicha reforma. Su puesto, por consiguiente, era el de un reformador. A pesar de ser Frigia una región demasiado oscura para producir un hombre de tan gran habilidad como Montano, apareció éste ante toda la cristiandad como el campeón de la fe pura y primitiva.

Opiniones de Montano.

Combinaba éste de una manera muy notable lo práctico con lo efímero. Sostenía que hay tres personas en la Divinidad: el Padre, el Hijo y el Espíritu Santo; y que por medio de la tercera persona, que es el Paracleto, Dios ha dado profecías al mundo; el fin de éste se acerca y luego ha de empezar el reino milenario de Jesucristo; la verdadera Iglesia es una Iglesia pura en la cual no debe permitirse nada que tenga la menor mancilla; existe un sacerdocio universal compuesto de los creyentes; siempre que alguien caiga en el pecado, debe hacer penitencia; mas todo aquel que habiéndose convertido al cristianismo, vuelva a sacrificar a los ídolos, debe quedar excluido de la Iglesia para siempre jamás.

El montanismo se extendió rápidamente y pronto se organizaron comunidades no solamente en Frigia, sino en muchas regiones: eran sociedades pequeñas dentro de la Iglesia, *ecclesioloe in ecclesia,* tales como las organizaciones pías que existían en el seno de la Iglesia protestante alemana, en el siglo XVII.

Hizo el Obispo Julián cuanto estuvo a su alcance por atraerse dichas sociedades, pero, como no pudo conseguirlo, hubo de adoptar medidas severas. Se reunieron dos Concilios y entrambos condenaron a los montanistas.

La suerte posterior del montanismo.

Al principio Roma favoreció el montanismo, pero después le hizo una oposición muy firme, puesto que la disciplina laxa de los cristianos del Occidente no estaba en armonía con dicho movimiento. Por otra parte, Galia, entre la cual y los cristianos de Asia Menor había existido lazos muy fuertes de cariño, simpatizó con él. En el norte de África las opiniones de Montano fueron recibidas con beneplácito, y obtuvieron gran prestigio debido a la influencia de Tertuliano, que alegaba la necesidad de restablecer la pureza y el rigor de la disciplina antigua, y quien eliminó del montanismo original algunas de sus fantasías. Prestó su nombre nueva influencia al sistema, pero, a pesar de tan gran ventaja, estaba condenado a desaparecer. Las sentencias de los Concilios; las especulaciones visionarias de Montano; la prominencia que diera éste al éxtasis; las visiones y el milenario, eran como piedras de molino atadas a su cuello. Como quiera que tendía a disminuir las prerrogativas episcopales y se oponía muy decididamente a toda centralización de la autoridad, los obispos lo consideraban como una piedra de tropiezo, y se perdieron de vista sus partes positivas en la oposición vigorosa que se le hizo y a la cual coadyuvaron por todas partes los emperadores romanos. Desapareció al fin aun de Frigia, y sólo quedaron de él algunos restos en cierta secta del norte de África, que llevaba el nombre de tertulianista. Justiniano dio dos edictos en contra del montanismo en los años 530 y 532, después de los cuales dicho sistema se hundió para siempre bajo las olas de otras discusiones de mayor importancia.

16

Controversias sobre la naturaleza divina de Jesús

Principio del arrianismo.

Alejandría, Palestina y Constantinopla, fueron el teatro principal de esta controversia tan importante sobre la naturaleza divina de nuestro Señor Jesucristo. Desde muy al principio de nuestra era, así los judíos como los paganos atacaron esta doctrina, creyendo que era vital al cristianismo. En el Evangelio de San Juan, esa apología inspirada, vemos los esfuerzos que hicieron por desvirtuar el carácter divino del Salvador. Las enseñanzas vagas de la Escuela de Antioquía, y las incongruencias de la teología de Orígenes, cooperaron más tarde a difundir opiniones menos elevadas respecto de la naturaleza divina de nuestro Señor Jesucristo. El tiempo que duró esta controversia puede dividirse en dos períodos: desde el año 318 hasta el 361, y de éste al 381. Arrio era un presbítero alejandrino que, habiendo aceptado las ideas teológicas de la Escuela de Antioquía, la cual acentuaba la unidad de la naturaleza divina, consideraba como sospechosa cualquier enseñanza que tendiese a destruirla.

Empezó esta controversia el año 318 en la ciudad de Alejandría. Defendía Alejandro, Obispo de Alejandría, el dogma de que Jesucristo es el Hijo eterno del Padre y consustancial con Él; contradijo Arrio esta doctrina, sosteniendo que hubo un tiempo en que el Hijo no existía; que habiendo tenido un principio, no podía ser consustancial con el Padre; que era una criatura y no el Creador; que estaba iluminado divinamente y era, por consiguiente, el Verbo; que está subordinado al Padre, así como el Espíritu Santo le está subordinado a Él. Como se ve, se definieron muy claramente los puntos de la controversia, que no traspasó por algún tiempo los confines de Alejandría, y los únicos participantes fueron el obispo y el mencionado presbítero. Habiendo convocado Alejandro un Sínodo, se reunió éste en Alejandría y degradó al presbítero arrio; mas, lejos de terminar la polémica, esta medida tan severa, tomada en contra de un hombre cuya vida era irreprochable, despertó naturalmente gran oposición, contribuyendo a que se extendieran por otros países las doctrinas arrianas. El emperador Constantino ordenó a los contrincantes que cesaran en sus disputas, pero éstos no le hicieron caso; antes siguieron en su contienda con mayor rencor que antes. Entonces el emperador envió como mensajero especial a la ciudad de Alejandría al obispo de Córdoba, Osio, quien investigó el asunto y, a su regreso, manifestó a Constantino que la controversia era muy trascendental y que las reales órdenes no bastarían a terminarla. El monarca se decidió entonces a convocar un Concilio.

El Concilio de Nicea.

La asamblea más importante de la Iglesia en los primeros siglos fue indudablemente el Concilio que se reunió en Nicea de Bitinia el año 325, con asistencia de representantes de todas partes de la cristiandad, inclusive la India, que envió a su obispo. Además de muchos clérigos de rango inferior, se juntaron como trescientos obispos y, habiendo llegado durante la sesión, Constantino presidió las deliberaciones. A la cabeza del partido ortodoxo estaba Atanasio. Después de discutir suficientemente el asunto, el Concilio condenó al presbítero arrio como hereje, y aprobó el famoso Credo llamado Niceno. Se desterró Arrio a Iliria, mas Constantino, a petición y bajo la influencia de varios obispos y muy especialmente de Constancia, viuda del emperador Licinio, lo invitó algún tiempo después a pasar a su corte. Mandó además a Atanasio que lo recibiera en el gremio de la Iglesia, bajo pena de degradación y destierro si no obedecía las reales órdenes; pero, habiendo contestado el obispo que no podía reconocer como cristianos a los que la Iglesia toda había condenado, desistió el emperador de su emporio. Andando el tiempo, los arrianos lo persuadieron de que Atanasio era enemigo de su política, y de que él era quien había impedido que se diera a la vela la flota egipcia cargada de comestibles para Constantinopla. El emperador lo desterró a Trévenis de Galia, el año 336.

Historia posterior del arrianismo.

Muy variada fue después la historia de las opiniones arrianas: Atanasio y Arrio fueron los representantes respectivos de la ortodoxia y la herejía. De los sucesores de Constantino, los unos simpatizaron con los arrianos, y los otros con los ortodoxos. Se convocó al fin un Concilio en Sardis, ciudad de Iliria, el año 843, y se confirmaron los decretos del de Nicea. Sin embargo, siguieron difundiéndose las opiniones arrianas en el Oriente, y la oposición en el Occidente fue disminuyendo al grado de ser meramente tácita y negativa. Tan pronto como Juliano hubo ascendido al trono, levantó el destierro de Atanasio, pero, pasado algún tiempo, volvió a desterrarlo. Ese monarca estaba siempre dispuesto a tomar cualquier medida que fomentara las desavenencias entre los cristianos. A pesar de que el Concilio de Constantinopla, que se celebró el año 381, también condenó a los arrianos como herejes, y de que dos años después el emperador Teodosio dio un edicto en contra de ellos, siguieron ganando terreno en las partes remotas del Imperio, tanto que algunas de las tribus más ignorantes aceptaron sus enseñanzas. Ulfilas, el obispo godo que tradujo los cuatro Evangelios en la lengua gótica de finales del siglo IV (esta versión es nada menos que el famoso *Codex Argenteus* que la

Universidad de Upsala en Suecia conserva con gran cuidado) era arriano. Los vándalos y los moros del norte de África también lo eran, pero, habiéndose rebelado durante el reinado de Justiniano, fueron conquistados. La herejía desapareció poco a poco de las grandes ciudades y de las comarcas circunvecinas, y los únicos arrianos que quedaban a fines del siglo VI, eran los lombardos de Italia.

La controversia arriana se hizo notable por su gran extensión y por el número y carácter de los individuos que en ella tomaron parte. Algunos se burlaron de esta discusión diciendo que no era sino un altercado respecto de cierta letra griega; pero en realidad afectaba la base fundamental del cristianismo, prestándole el gran servicio de patentizar su origen divino y evitando que se le redujera a ser una mera religión de cultura, un sistema filosófico sin poder alguno para la salvación. A la vez que muchos de los arrianos estaban enteramente acordes con la fe cristiana, no discernieron, ni pudieron discernir probablemente, las consecuencias lógicas de sus teorías.

17

Controversias posteriores

Las discusiones posteriores a lo que dejamos relatado en el capítulo anterior, se refirieron principalmente a la persona de nuestro Señor Jesucristo. La disputa arriana se dirigió exclusivamente a su naturaleza divina, pero esta doctrina suscitó directamente cuestiones que absorbieron por mucho tiempo la atención de la cristiandad entera, aun después que el arrianismo había dejado de dividir el mundo cristiano. Se referían las nuevas cuestiones a la persona de nuestro Señor Jesucristo en su existencia corporal: la singularidad característica de estas controversias colaterales, las cuales fueron como otras tantas corrientes que brotaran del mismo manantial arriano, es que se convirtieron en elementos permanentes en la Iglesia; puesto que a ellas deben su ser la Iglesia cóptica y la nestoriana, así como otras pequeñas subdivisiones del cristianismo oriental.

Creía Apolinar que la opinión prevaleciente en la Iglesia de que nuestro Señor Jesucristo tiene dos naturalezas, olía tanto a judaísmo como a gentilismo; sostenía, igualmente, que el Verbo divino adquirió primeramente una existencia personal en el hombre Jesús; que no era posible que existiese en Él la plenitud de la divinidad y de la humanidad, y que la naturaleza humana no es otra cosa sino el medio de revelar la divina. Al negar los atributos esenciales de la humanidad de nuestro Señor Jesucristo y al adunarla a la naturaleza divina, al grado de convertirse ambas en una esencia mixta, se expuso Apolinar a que lo acusaran de herejía. Los Sínodos de Roma, celebrados respectivamente el año 375 y el 378, el Concilio Constantinopolitano, que se reunió en 381, y los decretos imperiales promulgados en 388, 397 y 428 condenaron sus opiniones. Se separó de la Iglesia el año 375 y falleció en 390.

El nestorianismo.

La controversia nestoriana, que se propagó por un territorio muy extenso y que por su desarrollo y duración demostró mayor vitalidad entre todas las discusiones teológicas de su tiempo, tuvo también su origen en la fecunda y turbulenta Antioquía. Nestorio, que fue consagrado obispo de Constantinopla por el año 424, comprendió lo peligroso que era el arrianismo para la Iglesia y defendió la doctrina de la naturaleza divina de nuestro Señor Jesucristo, pero con tal celo y a tales extremos, que no hizo justicia a su humanidad; a la par que extremó sus opiniones más que Apolinar, se inclinaba hasta cierto grado al pelagianismo por no haber en este sistema ni la menor sombra de fatalismo, y por lo mucho que acentuaba el libre albedrío. Opinaba que nuestro Señor Jesucristo tiene dos naturalezas: la divina y la humana; que estas naturalezas no son, sin embargo, dos personas, sino una sola; que en nuestro Señor Jesucristo hay una perfecta unión entre el Dios perfecto, el Verbo y el hombre, tal unión se expresa con la palabra *sunapheia* que, interpretada, quiere decir: conjunción; que la naturaleza divina supera a la humana de tal manera, que la absorbe casi por completo; por último, que el Hijo de Dios no tuvo penas ni pruebas humanas. No consideraba Nestorio a nuestro Señor Jesucristo como el Dios hombre, sino como el que lleva a Dios; el cuerpo de nuestro Señor era simplemente el vehículo de la divinidad, el templo del Verbo. Llamaron mucho la atención estas ideas y con tanto entusiasmo y tal habilidad abogaron por ellas Nestorio y muchos que se le unieron, que se propagaron y extendieron con rapidez admirable de las playas del mar Egeo hasta los confines de la India. La condenaron, por otra parte, varios Concilios y el año 489 el emperador Zeno ordenó la clausura de la escuela nestoriana de Edesa con el fin de poner coto a la herejía; mas no lo consiguió por ser ésta un sistema que podía vivir sin el auxilio de la teología. En Kurdistán y en el valle del Tigris y del Éufrates, se encuentran aún hoy día adeptos y doctrinas del nestorianismo. Humboldt menciona el hecho de que los nestorianos han contribuido al progreso de las artes y las ciencias en el Oriente; no cabe duda que sus escuelas y hospitales han ejercido una influencia benéfica durante todos estos siglos.

Agustín de Hipona.

Nació Agustín en Tagaste, ciudad de Numidia, el año 354. En su juventud y bajo la influencia de su madre Mónica, que era una mujer de gran piedad, adoptó el cristianismo; se hizo mundano después y se desvió en gran manera, olvidándose de los principios que se le inculcaran y el ejemplo que recibiera en sus primeros años; a la edad de treinta y tres años se convirtió, empezando por llevar una vida pura, siendo bautizado por el venerable Ambrosio, obispo de Milán. Mónica tuvo siempre la esperanza de ver convertido a su hijo, a quien había acompañado en sus continuos viajes, teniendo al fin la satisfacción de verlo entrar de nuevo en el gremio de la Iglesia. El año 391 se ordenó de presbítero en África y en 398 fue elegido obispo de Hipona Regia, en Numidia. El año 430 pasó a mejor vida. Puede resumirse la teología de Agustín de la manera siguiente: Dios creó al hombre un ser puro y a su imagen y lo dotó del libre albedrío; el hombre fue tentado y cayó; en él pecó la humanidad entera; era capaz de ser restaurado, si bien no por sí mismo, sino por la gracia de Dios; no viene esta gracia porque el hombre cree, antes precede a la fe y es dada para que el alma crea; por medio de esta gracia se llega al estado del arrepentimiento, de éste se pasa a la conversión y luego a la perseverancia final. Ahora bien; como quiera que la gracia es el don gratuito de Dios y precede a todos los actos de la fe por parte del hombre, y la experiencia nos demuestra que no todas las almas se convierten y salvan, de aquí se sigue que Dios predestina, o elige *ab oeterno,* a las que por medio de su gracia han de obtener la salvación, *decretum absolutum,* y deja a las demás en su merecida condenación. Tenía este nuevo sistema muchas partes, las que defendió Agustín con gran entusiasmo, habilidad y lógica. La pureza de su vida y la belleza de su carácter dieron gran influencia a su teología.

El pelagianismo.

De la teología de Agustín procedió la controversia pelagiana que señaló la entrada del elemento anglosajón en el gran campo de la teología general de la Iglesia. Era Pelagio un monje bretón residente en Roma, que empezó a propagar su doctrina por el año 409, atacando por todos lados el sistema agustiniano. Negó que la depravación fuese innata en el hombre, afirmando que Adán fue creado mortal y que su caída no afectó en nada al género humano ni ejerció influencia alguna en su posteridad; que el corazón es como una superficie horizontal y que no se inclina al bien ni al mal; que el albedrío del hombre es enteramente libre para escoger entre la virtud y el vicio; que el objeto de la encarnación de nuestro Señor Jesucristo, no fue el de redimir a los hombres con su sacrificio cruento, sino ayudarlos con sus enseñanzas y ejemplo a obtener la vida eterna; que el bautismo es necesario para la salvación, y que los niños que mueren sin él, no gozan del mismo grado de gloria que aquellos que lo han recibido.

Desarrollo de la controversia pelagiana.

Durante su permanencia en Roma, consiguió Pelagio hacer que el sabio y perspicaz Celeste, aceptara sus opiniones, lo cual coadyuvó la circunstancia de que llevaban ambos una vida pura y de que tenían las mismas tendencias ascéticas. El año 411 fueron a África, donde permaneció Celeste y se ordenó de presbítero, al paso que Pelagio se trasladó a Palestina. Contra el sistema pelagiano se levantó el diácono Paulino y prestó gran apoyo al insigne Agustín. A pesar de los fuertes argumentos de Jerónimo en contra de dicha herejía, el Sínodo de Jerusalén, celebrado el año 415, se negó a condenarla e insinuó que aquella controversia concernía sólo a Occidente, y no era de interés especial para los cristianos de Oriente. Se interesó en la cuestión la Iglesia Africana, y en los Sínodos de Mileno y de Cartago, que se juntaron el año 416, condenó a los pelagianos; el jefe de éstos apeló al obispo de Roma, Inocencio I, pero éste murió antes de recibir la apelación. Su sucesor, Zósimo, simpatizó con la causa pelagiana, al extremo de que llegó a escribir en su defensa a los cristianos de África. Se reunió un nuevo Sínodo en Cartago el año 417 y confirmó las resoluciones que adoptó el anterior en contra de Pelagio; torció entonces en la discusión el emperador romano Honorio, y desterró de Roma a los pelagianos; abandonó Zósimo sus ideas pelagianas y escribió una circular en contra de ellos. Repentinamente cambió de lugar la controversia y asentó reales en Oriente, teniendo a Constantinopla como su centro. Se reunió el tercer Concilio Ecuménico en la ciudad de Éfeso el año 431 y condenó a Pelagio y a Celeste al mismo tiempo que a Nestorio. Pasado algún tiempo, asumió la controversia en el Oriente un carácter tan moderado, que se le dio el nombre de semipelagianismo; se atenuó el rigor del sistema agustiniano, por una parte, y del pelagianismo, por la otra, dando por resultado un sistema más moderado de la teología agustiniana que el Sínodo de Aranico (Orange) adoptó el año 529.

Otras controversias.

De estas grandes discusiones resultaron otras: en cada distrito prevalecían ciertas ideas y se distinguían las comunidades por la amistad que profesaban a tal o cual campeón y por la hostilidad tan decidida que mostraban a sus opositores. Abundaban las discusiones sobre meras sutilezas; dieron a la luz de nuevo los términos filosóficos de las escuelas griegas y los contendientes se los lanzaban a la cara constantemente; más aún, esos términos andaban en boca de todos y de pueblo en pueblo. De Galia e Italia hasta los confines del moderno Tíbet y de la India, se oía la palabra *Theotokos,* Dios nacido, término que usó Nestorio al exponer sus opiniones. Una sola letra del alfabeto dividió al mundo entero en dos partidos. El uno exclamaba: *Homoiausia,* esencia homogénea; a lo cual respondía el otro: *Homoousia,* esencia idéntica. Las siguientes palabras de Gregorio Nacianceno nos dan una idea del interés que todas las clases sociales tenían en estas discusiones: "La ciudad (de Constantinopla) está llena de gente la cual discute por todas partes cuestiones que no alcanza a comprender: los vendedores de ropa vieja, los cambistas y los tenderos arguyen sin cesar por las calles y en los mercados. Si le preguntáis a un comerciante cuantos óbolos pide por tal o cual mercancía, os contesta luego que hay una gran diferencia entre el Engendrado y el no Engendrado; si preguntáis a cómo está el pan, os responden: el Padre mayor es que el Hijo, y el Hijo está subordinado al Padre; a vuestra pregunta de si está listo el baño, responde el criado que el Hijo fue creado de la nada".

A los contemporáneos deben haberles parecido estas discusiones estériles y muy nocivas, pero, después de todo, fueron favorables al cristianismo. Ese es el criterio de las épocas que desarrollan controversias teológicas: parecen malas mientras duran; pero tan pronto como las juzgan generaciones posteriores, se ven los buenos resultados que producen. Las perturbaciones de la era apostólica y de los tres siglos subsiguientes, hicieron ver a los cristianos lo urgente que era el definir sus dogmas. Se reunieron, pues, en grandes Concilios, compararon opiniones los unos con los otros, y uno por uno formularon esos credos que han sido para todas las edades posteriores, símbolos de la fe. Empezaron las masas a escudriñar con el mayor celo la Sagrada Escritura y a ver hasta qué punto contiene dichas doctrinas; la mayor parte de los cristianos aprendieron a discernir entre la verdad y el error, y comprendieron el gran peligro que corrían en aquella época ruda si se propagaba éste. Eran aquellos tiempos de prueba; el horno estaba ardiendo con fuerza y todas y cada una de las doctrinas fundamentales del cristianismo pasaron por el crisol de ese fuego. Fuera de la Iglesia, los paganos habían atacado nuestra santa religión y procuraron destruirla; dentro de la Iglesia los cristianos examinaron por sí mismos, durante el período de las controversias, todo el conjunto de la verdad. Llegaron, pues, a discutir con tanta energía los unos con los otros como lo habían hecho con el enemigo común; el Concilio de Nicea, que se juntó el año 325 y decidió sobre la controversia acerca de la divinidad de nuestro Señor Jesucristo, y el Calcedonense, celebrado el 451 y el cual decidió que las dos naturalezas están unidas en Él, sin perturbar ni mezclarse la una con la otra, promulgaron verdades inmortales: aun durante la época de las controversias, la causa del cristianismo siguió progresando.

18

Cismas eclesiásticos

El cisma de Felicísimo.

Las divisiones que se originaron en la iglesia primitiva no fueron promovidas por tendencias teológicas o principios fundamentales, sino por cuestiones secundarias y de administración. Felicísimo fue el instigador del importante cisma que surgió el año 251, y que se oponía al sistema monárquico del episcopado que defendiera Cipriano, el obispo cartaginés. Cuando éste huyó de su ciudad, al desatarse la persecución bajo el emperador Decio, Felicísimo lo denunció por cobarde y promovió una fuerte agitación contra el obispo. Apoyado por sus compañeros del presbiterado, empezó a recibir en el gremio de la Iglesia a muchos que, habiendo caído otra vez en el gentilismo, solicitaban ser rehabilitados, exigiéndoles solamente un certificado de letra y puño de algún mártir o confesor. Denunció Cipriano este modo de proceder como contrario a las costumbres de la Iglesia; Felicísimo y sus parciales lo excomulgaron tan pronto como regresó a Cartago y eligieron de obispo a Fortunato. El revoltoso de Felicísimo se fue a Roma con el objeto de ganarse el apoyo y la simpatía de Cornelio, el obispo de aquella ciudad, más no lo consiguió. Este cisma, que se extendió desde Cartago hasta las playas del Atlántico, causó muchos pesares a Cipriano.

El cisma Novaciano.

Esta disensión, que comenzó en Roma el año 251, tuvo por jefe a Novato y reconoció como causa los métodos ilegales por medio de los que, después de muchas peripecias, llegó Calixto a dicha ciudad y fue elevado al episcopado. Consistían los abusos que cometió en dar la absolución a todos los que habían sido excomulgados, sin hacer la menor distinción entre las culpas por que habían sido sentenciados a dicha pena, y en permitir que contrajeran matrimonio los clérigos que habían enviudado no sólo la primera, sino aun la segunda vez. Después de la muerte de dicho obispo, el partido laxo continuó ejerciendo su influencia. Los métodos de Cornelio, que fue elegido el año 251, fueron semejantes a los de su predecesor: le hizo gran oposición el presbítero Novato, según el cual la Iglesia se compone de las almas puras exclusivamente, puesto que debe separarse el grano de la paja. El resultado de esta discrepancia fue un cisma formal que reconoció a Novato como su jefe, se extendió hacia Oriente, asentándose especialmente en Frigia. A la muerte de su iniciador, fue perdiendo fuerzas hasta que desapareció por completo.

El cisma Donatista.

Esta disensión tuvo la misma causa general que produjo los demás movimientos separatistas, pero con la diferencia de que presentó cuestiones más serias, asumió proporciones más grandes, se prolongó más tiempo, y estorbó el desarrollo y la organización de la Iglesia más que todos los cismas anteriores. Comenzó por discutir la influencia de la religión en la vida; pasó a poco a tratar de la disciplina eclesiástica y abordó luego la cuestión más delicada de las relaciones entre la Iglesia y el Estado. En el norte de África y durante las persecuciones, el deseo de sufrir el martirio llegó a convertirse en muchos casos en una monomanía, tanto que multitudes de cristianos creían que con la muerte voluntaria redimían todos sus errores pasados. La resignación serena fue reemplazada por el ciego fanatismo; se prestó veneración a los restos de los mártires, así como a los lugares donde habían sido martirizados; opinaban muchos creyentes que en ciertos puntos y en tales y cuales reliquias moraba la santidad, y estaba el manantial de toda clase de bendiciones. A tal punto de efervescencia llegó este asunto, que influyó de una manera caprichosa y fanática en las elecciones al obispado. Donato, uno de los obispos númidas, se encontraba en Cartago el año 311 y se opuso a la elección de Cecilio para obispo de esta ciudad, basando su oposición en que dicho candidato había sido consagrado por Félix *un traditor,* es decir, uno de los que habían hecho entrega de las Sagradas Escrituras en tiempos de persecución. Se puso Donato a la cabeza del partido de los cristianos más rígidos y no quiso hacer concesión alguna a sus correligionarios laxos. La Iglesia norteafricana tomó parte en la controversia, siguiendo a ésta la separación: se juntó entonces en Arlés (Francia) un Concilio que condenó a los donatistas, pero éstos tenían protectores decididos y sufrieron la persecución con firmeza. Constantino no favoreció nunca a los donatistas, aunque tampoco los persiguió; hizo como que ignoraba su existencia. Juliano los protegió al extremo de reintegrarlos en sus derechos, de manera que gozaron de paz por veinte años; durante ese período construyeron iglesias, organizaron sociedades, formularon un gran sistema eclesiástico, y enviaron a su obispo de diputado al Concilio de Nicea. Habiendo fallecido Donato, se dividió la secta en dos partidos: el de los radicales y el de los moderados; andando el tiempo, perdió el favor del pueblo y desapareció.

El cisma Melesiano.

Esta separación se origino del año 305 al 311: durante la persecución bajo Diocleciano, siendo Pedro el metropolitano de Alejandría, y Melesio obispo de Licópolis en Tebas, se aprovechó éste del encarcelamiento de aquél, para ordenar ministros fuera de su diócesis bajo el pretexto de que, debido a la ausencia de muchos de los obispos, la Iglesia estaba sufriendo por falta de sus servicios. Protestaron en contra de esta intrusión los obispos que estaban cautivos: sostuvo Melesio su opinión de una manera rígida y, según el decir de Epifanio, se puso a la cabeza del partido más rígido que había en la Iglesia. A pesar de que un Sínodo egipcio tomó acuerdos en contra de Melesio y lo condenó por haber asumido facultades que no tenía, se extendió el cisma por todo Egipto y encontró tanto apoyo en otras regiones que asistieron al Concilio Niceno nada menos "que veintinueve obispos" melesianos. Fueron reconocidas como válidas las órdenes de dichos prelados y continuaron éstos ejerciendo su oficio por mucho tiempo; pero el cisma fue condenado, si bien en términos muy moderados. Una vez disuelto el Concilio, continuó Melesio en su conducta cismática, pero sin alcanzar éxito alguno. Poco después de la mitad del siglo V, desaparecieron sus seguidores.

19

La Escritura y la tradición

Canon del Antiguo Testamento.

Desde muy al principio de su existencia, se dejó sentir en la Iglesia la necesidad de un Canon o catálogo de los libros sagrados. Los primeros que tuvieron la facultad decisiva respecto de cuáles eran los escritos canónicos, fueron los judíos, quienes se dividieron en dos clases: la de los más rígidos y literales que vivían en Palestina, y guardaban fielmente las tradiciones de sus mayores, y la de los más libres y tolerantes que residían en Alejandría, y permitían que el Canon incluyera libros dudosos. Siguieron los cristianos a los judíos de Palestina como mejores guías, y modelaron su Canon conforme al plan de los primeros. Se presentó con urgencia a la Iglesia primitiva la gran necesidad que había de saber a punto fijo qué libros formaban el Canon. Como quiera que los apologistas escuchaban voces hostiles que de todas partes exclamaban: "Estáis divididos respecto al catálogo de vuestros libros sagrados: decidnos cuántos y cuáles son", se dieron todos los pasos seguros y posibles para llegar a una decisión unánime. Se inclinaban algunos de los maestros cristianos a recibir libros dudosos. Así por ejemplo, Orígenes defendió la narrativa de Susana en contra de Julio el Africano, que la atacó como apócrifa; apeló con la misma energía en favor de los libros de Tobías y de Judit; Barnabás declaró que los cuatro libros de Esdras habían sido dados por inspiración divina; Tertuliano le daba idéntico valor al Libro de Enoc; Hermas elevó a la misma altura el Libro de Eldain y Modal, dos hombres que, según la tradición, se habían retirado al desierto y escrito allí una profecía. A fin de obtener con toda exactitud la opinión judaica respecto del verdadero Canon, Melitón, obispo de Sardis, hizo un viaje a la Tierra Santa el año 170. En el Comentario de la Sagrada Escritura que escribió, da el Canon del Antiguo Testamento; rechazó los libros de Ester, Nehemías y los apócrifos. Se puede muy bien asentar que a principios del segundo siglo ya estaban de acuerdo todos los cristianos respecto de los libros más importantes del Canon del Antiguo Testamento, los cuales son los mismos que las Iglesias evangélicas protestantes de nuestros días reconocen como divinamente inspirados.

El Nuevo Testamento.

Cuando se trató de fijar el Canon del Nuevo Testamento, hubo mayor vacilación e incertidumbre que nunca. La época primitiva de la Iglesia, fue un período de grande fertilidad literaria: autores cristianos se dieron a escribir muchos libros que los creyentes leían con avidez y guardaban con cariño, por contener doctrinas tan santas; después de todo no es extraño que los hayan estimado tanto como los escritos de Juan o de Pablo. La Epístola de Barnabás, la de Clemente a los Corintios, la de Policarpo a los Filipenses, el Pastor de Hermas, el Evangelio de los Hebreos y el Apocalipsis de Pedro eran escritos favoritos. El fragmento de la Muratori, que provino de la Iglesia Romana o de la Norteafricana, contiene esta primera lista de los libros canónicos: Los Evangelios, los Hechos de los Apóstoles, trece Epístolas de Pablo, la Primera Epístola de Juan y la Primera de Pedro. A una fecha tan temprana como el año 170, ya estos libros se habían aceptado como canónicos, pero en la inteligencia general de que, con el tiempo, se habrían de añadir otros. Había diferencia de pareceres respecto de varios escritos en distintos países y aun en las comunidades, así por ejemplo la segunda y tercera epístola de Juan, y el Apocalipsis, se leían casi en todas partes; pero no universalmente; la versión Peshita es la única que omite dichos escritos; la Epístola de Judas, fue aceptada por la gran mayoría de la Iglesia, pero la de Santiago, sólo los sirios la recibieron; éstos y los cristianos griegos aceptaron la epístola a los Hebreos, mas la rechazó por algún tiempo la Iglesia occidental; la segunda epístola de Pedro fue objeto de una discusión más larga que cualquiera otro de los escritos del Nuevo Testamento: Orígenes, y Eusebio se declararon en su contra, pero los demás maestros la defendieron con gran empeño.

Aceptación general del canon.

No quisieron los literatos cristianos aceptar con premura decisión alguna; se resistieron a recibir en su siglo lo que la erudición más sabia del siguiente se vería precisada a revocar; mas, a su debido tiempo, aceptaron un acuerdo general El año 393 y bajo la presidencia. de Agustín, se juntó el Sínodo de Hipona en el norte de África, y dio una lista de los libros inspirados, que es la misma de los veintisiete libros actuales del Nuevo Testamento. Aprobó, además los libros apócrifos del Antiguo Testamento. Con pocas excepciones individuales, la Iglesia antigua y la de la edad media también los aprobó. El Concilio Cartaginés adoptó en 397 la resolución del de Hipona; Inocencio, obispo de Roma, aprobó poco tiempo después las decisiones de dichos concilios. Desde aquella fecha, y durante los once siglos siguientes, mantuvo la Iglesia la misma opinión respecto de los libros canónicos de la Escritura, hasta que el Concilio de Trento, convocado en 1545 con el fin de promover los intereses de la Iglesia Católica Romana, en contra de la Reforma que acababa de aparecer en todo su vigor, dio a los libros apócrifos idéntico lugar que a los sagrados, confirmando así las resoluciones de los Concilios Hiponense y Cartaginés.

La tradición.

En aquella época en que no existían ejemplares de la Sagrada Escritura sino manuscritos, y el precio de éstos era sumamente alto, se da naturalmente una importancia muy grande a las reminiscencias individuales de los apóstoles y de aquellos que los sucedieron inmediatamente. La tradición, que había pasado de los padres a los hijos, abundaba en estas reminiscencias y probablemente no se alejó de la verdad histórica durante los dos o tres primeros siglos. No es de extrañarse, por consiguiente, que las narraciones en labios de los creyentes ancianos que éstos habían escuchado de sus mayores hacía ya muchos años, poseyeran gran interés y un valor permanente en las comunidades donde se repetían. A la verdad que tienen grande atractivo y deliciosa fragancia las palabras de Ireneo cuando le cuenta a Florentino lo que había escuchado durante su pubertad de los labios de aquel discípulo de Juan, el anciano Policarpo, quien le había relatado mucho de lo que el discípulo amado le había contado respecto de los milagros, las enseñanzas y la vida del Señor Jesús. Continúa Ireneo su relato: "Yo, Ireneo, escuchaba en aquel entonces con la mayor atención y escribí, no en pergamino, sino en mi corazón, lo que, por la gracia de Dios, puedo traer constantemente a la memoria".

La tradición posterior, tal cual se interpretó muchos siglos después y que formaba una parte importante de la fe de los cristianos, contenía tres elementos: el origen apostólico, la catolicidad y el ser transmitida por los obispos. La tradición primitiva era simplemente la verdad oral comunicada verbalmente de generación en generación. Orígenes e Ireneo le dieron una importancia más grande de la que le concedió la mayoría de los maestros: se consideraba como un tesoro de valor inestimable, puesto que contenía los eslabones áureos de la enseñanza oral de los apóstoles y compañeros de nuestro Señor.

Durante el primer período de la Iglesia, la única fuente de la fe y las enseñanzas cristianas era la tradición; al cerrarse el Canon del Nuevo Testamento, empezaron a tener tal prominencia los escritos apostólicos, que se hizo patente la probabilidad de que llegarían a ser la única regla de fe; pero los gnósticos y herejes quedaron en libertad de apelar, y apelaron, a la Sagrada Escritura. Este recurso puso de nuevo en relieve la importancia de la tradición como comprobante de lo que enseñaba la Escritura; los grandes Padres de los siglos II y III apelaban a menudo a la tradición y salían siempre triunfantes. Durante la controversia arriana, se usó mucho esta manera de argüir. Apelaron los católicos, para vencer a los arrianos, a la tradición exegética, y tal importancia se dio a ésta que se le concedió igual autoridad que a la Sagrada Escritura. No llegó nunca la Iglesia antigua a establecer el gran hecho de que la única regla de fe es la Palabra de Dios.

20

Los textos apócrifos

La tendencia de la Iglesia primitiva a crear obras de imaginación se manifestó muy claramente en el gran número de escritos apócrifos que aparecieron, y si bien al cerrarse el Canon del Nuevo Testamento se decidió la suerte de dichos documentos, algunos de ellos siguieron gozando de grande predilección en ciertos lugares. Entre las fuentes principales de donde manaron las obras apócrifas, se cuentan las herejías del ebionismo y el gnosticismo. A la vez que la gran mayoría de la Iglesia se ocupaba en combatir dichas herejías, los ebionitas y los gnósticos daban a la luz pública muchas de las mencionadas obras: aparentemente la Iglesia era responsable de ellas ante el mundo entero, pero, en realidad no eran sino creaciones ingeniosas de los herejes que se abrigaban en su seno.

Los escritos apócrifos.

No se limitaron los autores de éstos a una esfera especial del pensamiento, antes vagaron por todo el mundo de las ideas; estaban tan familiarizados con la época de los patriarcas como con eras posteriores, y escribían con la misma habilidad en nombre de Clemente el romano, en el de Pablo o Isaías. Cinco eran los asuntos predilectos, a saber: la historia del

Antiguo Testamento, la vida de Jesús, la biografía y los trabajos de los apóstoles, las epístolas, y el gobierno y la disciplina de la Iglesia.

De grande popularidad gozó el *Libro de Enoc,* creación del postrer siglo antes de Cristo, en el cual alguien hizo cambios durante la segunda centuria, con el fin de adaptarlo al nuevo estado de cosas; su contenido se ha conservado en una traducción del manuscrito etíope. El *Testimonio de los doce Patriarcas,* escrito por un cristiano judaico, contiene profecías y amonestaciones; pretende ser una obra en la que los doce hijos de Jacob dan a su linaje instrucciones respecto de sus deberes y predicen la encarnación de nuestro Señor Jesucristo, y la caída de Jerusalén. A la misma categoría de escritos proféticos, pertenecen el *Apocalipsis de Moisés,* la *Ascensión de Isaías al cielo,* el *Cuarto libro de Esdras* y las *Profecías de Histaspes.*

Los Oráculos Sibilinos.

En catorce libros se contenían los oráculos sibilinos, escritos a imitación de los romanos, que gozaron de gran popularidad; tenían por objeto el promover los intereses de nuestra santa religión, a la vez que pronosticar el segundo advenimiento de nuestro Señor Jesucristo, la destrucción de Roma, la venida de Nerón como anticristo y el triunfo final del cristianismo. Los apologistas cristianos apelaron a dichos oráculos muy frecuentemente, si bien unos con mayor confianza que otros. Pretende su autor en el texto, que fueron escritos por una de las nueras de Noé, lo cual, a la verdad, debe de haber dejado satisfecho el gusto exagerado que en aquellos tiempos se tenía por las cosas anticuadas.

Narraciones apócrifas respecto del Señor Jesús.

Abundaban las relaciones apócrifas respecto de nuestro Señor. *El primer evangelio de Santiago el Menor,* se compone de un relato detallado de la vida que el autor supuso llevó el niño Jesús, y de la biografía de María. *El Evangelio de la Natividad de santa María, La Historia de Joaquín y Ana y del nacimiento de María y del Salvador, La Historia de José el carpintero,* el *Evangelio del niño Salvador* y el *Evangelio de Tomás,* contienen un sinnúmero de leyendas que, si bien son nulas y de ningún valor, muestran cuán profundamente se concentraba la Iglesia en la persona y la vida de Jesús. *El Evangelio de Nicodemo,* los *Hechos de Piloto* y las *Epístolas de Lentelo* tratan de la pasión de nuestro Señor Jesucristo, y están llenos de pormenores legendarios. Forman parte de la correspondencia espuria de los apóstoles: la *Epístola de Barnabás,* la *Epístola a los Laodicenses,* una *Epístola a los Corintios,* escrita en lengua armenia, la *correspondencia de Pablo con Séneca, la Epístola de Ignacio a María, la Madre de Jesús,* y las *Cartas de la Virgen Santa* a los habitantes de Mesina, Florencia y otras ciudades. Son una parte muy pequeña de este departamento superabundante de la literatura cristiana espuria, el *Apocalipsis de Pedro,* la *Ascensión de Pablo,* el *Apocalipsis de Tomás,* el de Esteban y el *Segundo Apocalipsis de Juan.*

Las Constituciones Apostólicas.

Los documentos más importantes sobre el orden y la disciplina procedentes de la iglesia primitiva, son las *Constituciones Apostólicas,* que forman una colección de ocho libros de instrucción para los clérigos y los laicos, sobre deberes prácticos y el gobierno y los usos eclesiásticos. Pretenden haber sido escritas por los apóstoles, pero, en realidad aparecieron en épocas diferentes y datan, las más antiguas, del siglo III. Demuestra la evidencia interna de los primeros seis libros, que fueron escritos durante los últimos veinticinco años de dicha centuria, a la par que el tomo séptimo y el octavo indican haber tenido su origen en el siglo cuarto. Los *Cánones Apostólicos* son reglas sucintas para la disciplina y las leyes eclesiásticas; se publicaron en nombre de Clemente el romano como una obra auténtica de los apóstoles, pero en el siglo VI Hormisdas, obispo de Roma, los declaró apócrifos. El año 692 los rechazó el segundo Concilio Trullano, negándoles toda autoridad en la Iglesia oriental y jamás han sido reconocidos en el Occidente.

21

La teología durante el primer período

Conformidad general.

Tanto en el Oriente como en el Occidente y aun antes de que la verdad se definiera por primera vez, es decir, en el Concilio de Nicea celebrado el año 325, los cristianos estaban generalmente de acuerdo respecto de las doctrinas fundamentales de nuestra santa religión. Atrevidísimas fueron las discusiones sobre los grandes temas del cristianismo, y pasma verdaderamente la energía de aquellos primeros defensores de la verdad. La historia de su religión era sumamente corta; la persecución les preparaba las agonías del martirio, y sin embargo, escribieron sobre asuntos de la mayor importancia. Existía una diferencia muy marcada entre los cristianos griegos y los latinos. Poseían los primeros una mente especulativa y, estando familiarizados con la nomenclatura de Aristóteles y otros filósofos, tuvieron la audacia de introducirla en sus discusiones sobre la generación eterna del Verbo; fuese cual fuera el asunto, lo discutían con el mayor entusiasmo. No así los latinos, que eran más morigerados, argüían menos y eran más activos; no se limitaban a escudriñar sus innumerables manuscritos, antes meditaban sobre una organización más compacta de la Iglesia, para hacer de ella un cuerpo más firme de creyentes, una falange más sólida que llevase a cabo la conquista de todo el mundo. Tanto las especulaciones de los griegos como el carácter agresivo y práctico de los latinos, descansaban sobre la misma fe; a pesar de las diferencias que existían entre las escuelas de los unos y de los otros, casi no existía diversidad alguna entre sus enseñanzas teológicas.

La divinidad del Señor Jesús.

La base fundamental de todas las doctrinas era el carácter divino del Señor; los escritores cristianos hicieron una oposición muy enérgica al politeísmo griego, por una parte, y al dualismo oriental, por otra. Consideraban a Dios como el Creador y Conservador del universo. No se le negó durante el período de los padres ninguno de los atributos que se mencionan en la teología evangélica de nuestros días, y solamente al tratar de las relaciones que existen entre las tres personas de la Divinidad y de la revelación al mundo que de sí mismo hizo Dios, hubo variedad de opiniones, mas aun en ésta existía la unidad esencial. Al suponer

Tertuliano que Dios tiene cuerpo, se desvió de la opinión general; debió dicha suposición a lo defectuoso de la filosofía que aprendió de los paganos, según la cual la corporeidad es esencial a toda substancia o ser. Orígenes y la Escuela Alejandrina, dirigieron la Iglesia en su oposición a toda clase de descripciones corpóreas de la Divinidad. Los miembros de la Iglesia patrística exclamaban a una: "Creemos en la divinidad de nuestro Señor Jesucristo y no necesitamos tratar de probarla; puesto que, a la vez que está más allá de nuestro alcance, dicha prueba reside en nosotros mismos". Arnobio decía que tratar de probar la existencia de Dios, es un atrevimiento tan grande como el de los que pretenden negarla. Orígenes, Clemente de Alejandría y Atanasio estaban acordes en decir que los únicos medios que tenemos de conocer a Dios son la gracia y el *Logos*.

La Trinidad: Un solo Dios y tres Personas distintas.

Poco acertados fueron los métodos que los teólogos de aquellos tiempos siguieron para probar la unidad de la Divinidad y la trinidad de personas, puesto que, en lugar de adaptarse al lenguaje de la Sagrada Escritura, se valieron de la dialéctica de Aristóteles y de las doctrinas de las religiones antiguas de la India y de Persia, a fin de mostrar el paralelismo o la semejanza que existe entre ellas y nuestra fe. Y sin embargo, no sacrificaron absolutamente nada; no permitieron que la doctrina cristiana descendiera al nivel de las demás religiones. Teófilo de Antioquía fue el primero que hizo uso de la palabra *Triadría;* al paso que Tertuliano, introdujo en la nomenclatura cristiana el término *Trinidad*. A la par que todos los padres aceptaron el dogma de la trinidad de personas, tenían opiniones diferentes respecto de la igualdad de esencia; sin embargo, la creencia final y concluyente de la Iglesia, la expresó Justino con estas palabras: "Hay tres personas y son de la misma esencia; bajo la variedad admirable del universo, existe la unidad operativa de un solo Dios".

Cristología: El Logos.

De todos los estudios de la teología ninguno se desarrolló tan plenamente como éste; el *Logos* de Alejandría, se convirtió en el *Logos* de todo el mundo cristiano. Enseñaban algunos maestros que la encarnación de nuestro Señor Jesucristo fue una necesidad, puesto que la divinidad necesita revelarse, así como una joya tiene que resplandecer; pero esta manera de discutir acusaba un plan falto de lógica. El método de argüir que prevaleció era el siguiente: Dios, que es la esencia del amor y de la sabiduría, determinó la salvación de los hombres por el único medio posible de llevarla a cabo; para con Dios el bendecir es la cosa más natural, no es un ser introspectivo; siempre que es necesaria, su bondad es activa; le agradó al Padre revelarse y su voluntad absorbió toda necesidad; nuestro Señor Jesucristo fue engendrado por obra del Espíritu Santo; nació de la virgen María y llevó una vida humana inmaculada. Justino, Teófilo de Antioquía e Ignacio sostenían que el Hijo existe eterna e igualmente con el Padre y empezó a llevar una existencia personal y separada. Ireneo enseñaba que Jesús tiene una existencia individual y distinta como Hijo del Padre. Según Tertuliano, las personas de la santísima Trinidad son consubstanciales, pero constituyen una sucesión. Orígenes opinaba que la generación del *Logos* es eterna. El Concilio de Nicea, celebrado el año 325, trató de unificar estas diferentes opiniones, tanto más cuanto que los escritores cristianos habían corrido el peligro de ensalzar, por una parte, la humanidad de nuestro Señor con perjuicio de su divinidad; o de permitir, por otra, que la divinidad absorbiera la humanidad. La Iglesia reconoció por último, como uno de los dogmas de fe, la perfección de ambas naturalezas. La cristología final de este período de la historia eclesiástica se reduce a estas doctrinas: Jesucristo es coeterno y cooperativo con el Padre; permitió que el castigo del pecado cayera plenamente sobre Él; su muerte, que fue voluntaria, consumó nuestra redención; se levantó de entre los muertos, ascendió al cielo y es nuestro Sumo Sacerdote. Cuando llegue el cumplimiento del tiempo, vendrá a juzgar el mundo para premiar a los justos y castigar a los inicuos.

Pneumatología: El Espíritu Santo.

Las discusiones acerca del *Logos,* apartaron a un lado los debates respecto del Espíritu Santo. Sabían perfectamente los enemigos de nuestra santa religión, que la divinidad de nuestro Señor Jesucristo es la base del cristianismo, y que sin aquélla caería éste. Antes del siglo IV no hubo ninguna discusión concreta o general acerca de la doctrina del Espíritu Santo, y tan vagas eran las opiniones respecto de la tercera persona de la Santísima Trinidad, que algunos la identificaban con el Verbo y otros con la sabiduría. Tertuliano fue el primero que afirmó la existencia individual del Espíritu Santo, si bien subordinada al Padre y al Hijo. Orígenes siguió dicha opinión, pero de una manera indefinida respecto de su naturaleza. El Concilio general Constantinopolitano, que se juntó el año 381, afirmó de una manera oficial el dogma de la divinidad del Espíritu Santo, que la Iglesia ha mantenido desde entonces.

Cosmología: El universo y su creación.

Uno de los campos más fértiles de la especulación fue la cosmología, que es la ciencia de las leyes naturales, por las cuales se gobierna el mundo físico. Persia propuso esta cuestión a la mente occidental: "La materia ¿es eterna o no?". Y como el cristianismo contestara negativamente, la filosofía oriental decidió oponerse a la nueva religión. Sostenían los cristianos que, según las enseñanzas de sus libros sagrados, el Dios eterno es el único que puede crear la materia. La Iglesia entera habló por los labios de Tertuliano cuando éste dijo que Dios no tiene necesidad del mundo para su gloria, y que creó el universo para el hombre.

Antropología: El hombre

Se deleitaban los paganos en hacer reminiscencias de una edad de oro que ya había pasado; reflexionaban los cristianos sobre la historia del paraíso perdido, y vislumbraban en el porvenir una restauración completa; estudiaban al hombre en sus relaciones con lo futuro y enseñaban que el pecado de Adán afectó a todo el género humano. Teófilo de Antioquía y Tertuliano enseñaban que el hombre puede, a su albedrío y mediante el poder del Espíritu Santo, desarrollar sus facultades espirituales hasta lograr la perfección espiritual. Existían tres opiniones respecto a la unión del alma con el cuerpo, a saber: primera, que el alma existe antes de unirse con el cuerpo; segunda, que por medio de Adán las almas fueron transmitidas a todas las generaciones; tercera, que todas y cada una de las almas son creadas en el instante en que nacen los cuerpos. Cada una de estas opiniones tenía sus adeptos, pero sobre las dos primeras prevalecía la última.

Eclesiología: Las doctrinas respecto de la Iglesia.

La vida social del mundo es impura; en contraste con ella tenemos la Iglesia, que no es otra cosa sino la pureza organizada, una sociedad de los hijos de Dios, la esposa del Señor, el tipo de su reino eterno, el cuerpo vivo de los fieles. En este cuerpo pueden encontrarse incrédulos, pero, en su mayor parte la Iglesia está pura y Dios ha de preservarla limpia. El objeto que la Iglesia se propone es el fortificar las almas entre tanto que están cautivas en los cuerpos: es la depositaria de la verdad divina y, según Cipriano e Ireneo, Dios la ha dotado con el poder universal del Espíritu Santo.

Sacramentología: La Eucaristía o Cena del Señor.

Algunos de los maestros de aquel entonces enseñaban que en el Bautismo se verifica cierta unión sacramental del Espíritu Santo con el agua; tanto que, según Orígenes, este sacramento es el principio y la fuente de los dones del Espíritu Santo. Muchos de los Padres del primer período, y de los que vivieron después, creían en la regeneración bautismal. Gregorio Nacianceno llamaba al bautismo "el sacramento del nuevo nacimiento"; hablaba Cipriano del "agua regeneradora"; Agustín alude al "sacramento del nacimiento y la regeneración". Se inclinaban mucho los griegos a magnificar los dones espirituales, al paso que los latinos eran más cautos y daban mayor importancia al estado espiritual que guardaban los hombres antes de ser bautizados. La Iglesia en general creía no solamente en la regeneración bautismal, sino que tendía a dar a los efectos del Bautismo una importancia tan grande, que se estableció la costumbre de no pedir las aguas bautismales, hasta la hora de morir, por temor de perder la virtud inestimable de dicho sacramento. Es muy cierto que algunos escritores se fijaban en el estado moral de las almas, pero no cabe duda de que la gran mayoría exageraba los efectos del Bautismo. El hecho de bautizar a un adulto era la señal humana de la obra divina de la gracia en el alma. Se oponía Tertuliano al bautismo de los niños; Orígenes, además de aprobarlo, lo describe como una de las costumbres de su época; lo mismo hizo Cipriano, hablando de la Iglesia occidental; a mediados del siglo tercero, se reconoció como una costumbre universal. La Santa Cena del Señor, era una señal humana instituida divinamente para conmemorar la muerte de nuestro Señor Jesucristo; se usaban como símbolos pan común y vino mezclado con agua. Pasado el segundo siglo, solamente los que habían sido bautizados podían participar de la Santa Cena del Señor. Se encuentran durante el período patrístico algunos indicios de la doctrina de la transubstanciación como, por ejemplo, la teoría sugerida por el cerebro fértil de Ireneo, de que existe en los elementos, después de pronunciadas las palabras de la consagración, el poder admirable del cuerpo y la sangre de nuestro Señor Jesucristo. Según parece, Ambrosio, Crisóstomo y otros predicadores de aquellos tiempos, enseñaron con su lenguaje retórico y florido la doctrina de la transubstanciación, la cual tenía partidarios entre los laicos; sin embargo, muchos de los Padres hacían, más o menos marcada, la distinción que existe entre la señal exterior y lo que ésta significa. Se consideraban las palabras "Este es mi cuerpo" como una fórmula litúrgica, según la cual los elementos del pan y del vino representaban el cuerpo y la sangre de nuestro Señor Jesucristo, y no la transformación literal de la substancia.

Escatología: La vida futura.

Se complacía la Iglesia en meditar sobre una vida futura llena de paz y de felicidad; muchos esperaban presenciar el segundo advenimiento del Señor, y algunos de los maestros y literatos más competentes creían ver en el Nuevo Testamento señales de que el milenio estaba cercano. Sin embargo, la inmensidad del campo que había de cultivarse y la perspectiva de la gran cosecha que se había de recoger, hicieron desaparecer de la mente cristiana tales esperanzas. Se hallan en la teología de Alejandría los primeros preludios de las llamas del purgatorio y, según Orígenes, ese fuego que purifica las almas es el mismo que vendrá a destruir el mundo. La creencia general de la Iglesia, durante los tres primeros siglos, respecto de los muertos, era que pasan a un estado intermedio; después del siglo cuarto, prevaleció la opinión de que las almas de los cristianos imperfectos permanecen en el Hades y pasan por el crisol del sufrimiento hasta llegar a obtener su redención final; los espíritus de los justos pasan inmediatamente a la presencia de Dios. Consideraban esta vida como la única donde las almas pueden estar a prueba; Orígenes creía en la salvación final no solamente de los malos, sino aun del mismo Satanás. En este punto, lo mismo que en otros muchos, la Iglesia rehusó aprobar las fantasías y la conmiseración que sugería la mente del soñador africano.

Influencia del Concilio de Nicea.

La concordancia de las diferentes opiniones teológicas que prevalecían en diferentes partes de la cristiandad, fue una obra muy lenta, puesto que se hubo de luchar con grandes obstáculos; la diferencia de las razas, los climas y la educación que distinguían a unos pueblos de otros, era tan marcada que, antes de establecerse la mencionada conformidad de pensamientos, la diversidad de opiniones parecía ser un mal irremediable. Aún mucho tiempo después del Concilio niceno, continuó esa diversidad: un Concilio aprobaba el arrianismo y otro lo condenaba. Pero el Concilio de Nicea, llevó a cabo una obra grandiosa: fijó, fuera de toda duda, el dogma de la divinidad del Señor Jesús, como una de las doctrinas cardinales; enseñó al mundo cristiano la necesidad de tener escrito un símbolo de la fe universal que la Iglesia, reunida en Concilio, había de declarar, y que no se dejarían las doctrinas de nuestra santa religión a la merced o a los triunfos literarios de algún dialéctico astuto; que ningún emperador podía redactar ni decretar, con buen éxito, un credo cristiano; que la teología no es una ciencia que permanece inerte en el curso de los siglos, sin participar del desarrollo general del saber. No es probable que las controversias sobre cuestiones teológicas hayan hecho vacilar la fe de los cristianos, ni que los sofismas y las sutilezas de los contendientes que habían introducido su dialéctica pagana en el rebaño de Jesucristo, perturbaran las almas. Dichos individuos no ejercían la menor influencia en la definición de las doctrinas; la gran masa del pueblo sincero y ferviente, que ignoraba las reglas de la lógica, pero sabía los hechos mencionados en el Evangelio, fue la que mantuvo la Iglesia en la pureza de sus doctrinas. Si bien se discutían acaloradamente entre el pueblo las doctrinas más recónditas, la gran mayoría de los fieles permaneció fiel a la Iglesia ortodoxa. La teología de los cristianos fervientes, era firme y compacta: no los desconcertaba la jerga teológica respecto del *progreso* del *Logos* hacia la manifestación exterior, ni la cuestión de si el Espíritu Santo *procedía* solamente del Padre, o del Hijo también, o si los malos son los únicos que van al Hades. Sabían que Jesús nació en Belén, que el Espíritu Santo es el Consolador, y que el Salvador de los hombres no permitirá que sus mártires tengan que esperar mucho tiempo antes de verlo cara a cara.

Los decretos del Concilio niceno no se debieron a los teólogos, antes fueron la expresión de la fe de los cristianos esparcidos por todo el mundo; ni fueron Atanasio y Constantino los héroes de Nicea, sino los fieles humildes que apacentaban sus rebaños en las riberas del Éufrates, cultivaban sus lentejas en Tebas, cantaban salmos bajo sus rudos techos o a la entrada de los tupidos bosques de la Germania en los días de Trajano.

22

El gobierno eclesiástico y la primacía romana

Cambios en el gobierno eclesiástico.

Uno de los caracteres de la Iglesia primitiva fue la sencillez en su gobierno: pocos eran los oficios y no muchas las órdenes que aquellos cristianos derivaron de la Sagrada Escritura, y que ejercían sin ninguna ostentación ni ceremonia. Empero, la extensión de la Iglesia, que iba conquistando nuevas comarcas, el aumento de sus congregaciones, la necesidad que había de tratar de un modo especial a los lapsos y a otras clases de individuos y, por encima de todo esto, la unión de la Iglesia con el Estado, hicieron que el número de oficios o dignidades eclesiásticas aumentara de un modo alarmante. No cabe duda de que el sistema político de Roma influyó mucho en la mente de los cristianos, quienes, tomándolo por modelo, establecieron los centros metropolitanos y los confines de los sínodos, copiando así la forma imperial del gobierno de las provincias.

Bajo Constantino, la Iglesia se convirtió en un imperio menor dentro de los límites de otro mayor. Continuó la sencillez en el gobierno hasta fines del segundo siglo; desde entonces se acentuó la tendencia hacia una constitución más compleja; tendencia que se había dejado sentir durante las tres cuartas partes del siglo anterior a Constantino. Cuando éste hizo del cristianismo la religión del Estado, desaparecieron los obstáculos que encontraba el clero para aumentar las dignidades eclesiásticas, que se multiplicaron extraordinariamente.

Las órdenes menores.

La primera orden que se estableció fue la de los subdiáconos, quienes estaban subordinados a los diáconos y los ayudaban. Eran los acólitos auxiliares de los obispos, a los que prestaban muchos y variados servicios: en el culto de la comunión, por ejemplo, vertían el vino y el agua en la copa, y desempeñaban otros oficios secundarios. A principios del siglo III, se estableció la orden de los lectores, los cuales estaban encargados de la custodia de los libros sagrados, leían a la congregación las lecciones del día y eran, por lo general, candidatos para el ministerio. La orden de los catequistas era temporaria y especial; por cosa usual sus deberes se desempeñaban por presbíteros, diáconos y lectores: sólo cuando la congregación era grande, se valía de dichos catequistas para proponer los nombres de las personas que deseaban ingresar en la Iglesia. Los *herrneneutoe,* o intérpretes, interpretaban el discurso y las lecciones de la Sagrada Escritura en el idioma del pueblo, siempre que no era latín ni griego; tal era el caso, por ejemplo, en la Iglesia cartaginesa, cuyos miembros hablaban la lengua púnica. En las iglesias numerosas, había chantres y cantores que dirigían el canto de los himnos. El cargo oficial inferior era el de los *ostiarii,* o porteros, que señalaban sus asientos a los congregantes, cuidaban de que no se interrumpiera el orden y estaban encargados de los edificios consagrados. Ya a principios del siglo III, existían algunos de estos oficios; no se generalizaron los demás sino hasta mediados del mismo. Pertenecen a la centuria siguiente oficiales subordinados tales como: el *ecónomo,* o síndico; el *defensor,* o abogado; el *notarius,* o secretario, que llevaba o custodiaba los registros oficiales; los *parabolani,* o enfermeros y los *fossores,* o sepultureros.

Las órdenes mayores.

Los presbíteros y los diáconos, cuyos deberes continuaron siendo los mismos que desde un principio, desempeñaban el cargo ministerial de las órdenes mayores. En el año 95 de nuestra era, cuando Clemente romano escribió su *Epístola a los Corintios,* no existía diferencia alguna entre la dignidad de obispo y la de presbítero; los presbíteros eran los pastores de la grey, y ejercían además todas las funciones sagradas del ministerio; lo mismo se podía decir de los obispos en un principio, puesto que, durante los primeros siglos no eran sino presbíteros que tenían jurisdicciones más extensas, las cuales incluían el territorio donde estaban establecidas sus congregaciones. Al principio, la iglesia, o congregación, elegía al obispo o pastor, e invitaba a los obispos o pastores circunvecinos a que vinieran a consagrar al candidato a su nuevo oficio. Después, en el siglo III, dichos obispos vecinos hacían la elección del nuevo obispo, de conformidad con la manera de elegir a un apóstol; a mediados del mencionado siglo, la elección de un nuevo obispo era confirmada por todos los obispos o pastores de la provincia, que daban su voto en presencia de los seglares y mediante su consentimiento. El Concilio de Nicea concedió a los pastores de las provincias la prerrogativa de elegir a otros pastores sin que los laicos tomaran parte en la elección, modo de elegir que se hizo muy popular en el Occidente, pero que no prevaleció en el Oriente, donde los laicos continuaron ejerciendo su derecho de votar y de poner su veto. Algunas veces los obispos eran elegidos por aclamación de la multitud, como aconteció con Cipriano; en tales casos, los obispos, presbíteros y demás miembros del clero tenían que someterse a la voluntad del pueblo. Es un hecho histórico, que en tales casos la elección era generalmente acertada; el pueblo conocía bien a su candidato.

El poder de los obispos.

Andando el tiempo, se aumentaron las prerrogativas de los obispos. Al principio su poder era limitado, puesto que dependían en mucho de la cooperación de los presbíteros; tenían, por ejemplo, la facultad de nombrar ministros, pero no podían ordenarlos sin el consentimiento de los presbíteros; no tenían el derecho de fallar sobre cuestiones de doctrina, disciplina o administración general; convocaban al clero de la diócesis a que ventilara dichas cuestiones, que se decidían por mayoría de votos. Se gobernaban las congregaciones locales por medio de sus laicos, no siendo los presbíteros sino guías espirituales. La manera como los obispos llegaron a tener preponderancia es ésta: cuando la primera congregación arraigada en una ciudad crecía y prosperaba, naturalmente establecía en diferentes puntos otras congregaciones y éstas, a su vez, se desarrollaban y fundaban otras; con el tiempo había iglesias por todas partes, hasta por los suburbios. La congregación o iglesia madre, gozaba de gran prestigio y respeto; el obispo tenía su residencia cerca de ella; a cargo de cada una de las demás congregaciones había un presbítero, y el obispo era el superintendente de todas ellas; pero, las funciones espirituales de éste no eran superiores a las del presbítero más humilde de la diócesis. En algunos lugares las congregaciones eran más independientes que en otros: en Constantinopla, por ejemplo, los presbíteros de la iglesia madre, servían en turno las otras tres congregaciones. Las iglesias ricas de los suburbios tendían a hacerse independientes; con el tiempo formaban un grupo y elegían a su obispo, al que llamaban *chorepíscopos*, que, interpretado, quiere decir: obispo rural. Causa de mucho desorden fue este oficio; no se consideraba a los obispos rurales como iguales a los diocesanos; tanto que varios de los Sínodos provinciales del siglo IV los privaron del derecho de nombrar ministros. Por último, dos Concilios, el de Laodicea, celebrado el año 360, y el de Sárdica, que se juntó en 347, abolieron el oficio de obispos rurales, si bien éstos continuaron ejerciendo su oficio mucho tiempo después; los presbíteros asumieron paulatinamente sus funciones.

La autoridad metropolitana.

Muy íntimamente relacionada con las diócesis estaba la autoridad metropolitana. Esta palabra no aparece en la historia eclesiástica sino hasta después de haberse celebrado el Concilio de Nicea, pero la idea que expresa se había puesto en práctica desde la época en que empezó a desarrollarse la Iglesia. Se consideraba como la cuna de las iglesias de todo el territorio, la ciudad donde por primera vez se sembraba el Evangelio y de la cual se extendía éste por las otras regiones de la provincia. Andando el tiempo, se establecían lejos del centro otras iglesias que, al aumentar en número e importancia, formaban diócesis; pero no por esto prescindían de las relaciones con la autoridad central. En la ciudad de Roma, por ejemplo, se fundó la Iglesia italiana, pero con el curso de los años recibieron el Evangelio otras ciudades tales como: Túsculum, Tibur, Velitrm, Ostia y Portus; todas las que se convirtieron en diócesis con sus respectivos obispos. Ahora bien, los prelados residentes en las ciudades donde se anunciaba el Evangelio por primera vez, eran los metropolitanos a quienes se trataba con la mayor reverencia, puesto que se les consideraba como muy fieles a las doctrinas y a los usos de la Iglesia. Tenían los metropolitanos grandes facultades: podían, por ejemplo, convocar Sínodos provinciales; presidían éstos y hacían que se obedecieran sus decretos. Había seis metropolitanos: en Roma, Antioquía, Jerusalén, Alejandría, Éfeso y Corinto.

El patriarcado.

Era el patriarcado una dignidad superior a la de los obispos metropolitanos. Los obispados metropolitanos fueron reducidos a cuatro patriarcados generales que tuvieron su asiento en Boina, Alejandría, Antioquía y Constantinopla, imitando así la división política en cuatro prefecturas que hizo Constantino de todo el Imperio romano. Los patriarcas consagraban a los obispos metropolitanos lo mismo que a los diocesanos; convocaban los Sínodos de todo el patriarcado; dirigían generalmente todos los asuntos eclesiásticos, aun aquellos que se referían a la Corte Suprema de Apelaciones, y tenían además el derecho de enviar delegados a las cortes extranjeras. El patriarcado de Alejandría tenía seis provincias; el de Antioquía, quince; el de Constantinopla, veintiocho; y el de Jerusalén, tres.

El obispo de Roma.

Multitud de circunstancias coadyuvaron a dar la preeminencia al obispo de Roma: la Iglesia Romana se distinguía por su política conservadora; en medio de muchas herejías, permaneció firme y, después de la toma de Jerusalén, se creía que era la Iglesia apostólica más antigua; por todas partes era conocida la pureza de su fe, tanto que Pablo le dice en su carta: "Vuestra fe es predicada en todo el mundo". En hacer limosnas, en el entusiasmo por las misiones y en lo inmaculado de sus doctrinas, los cristianos de Roma no tenían iguales; la certeza de que Pablo había residido en Roma y la opinión creciente de que Pedro había estado allí, eran circunstancias importantes de la era apostólica que rodearon a la Iglesia Romana de gran santidad. Al llegar a la mitad el siglo II, ya se hablaba frecuentemente de la primacía de Roma, y al empezar el III, cuando se revisaron los reconocimientos, tomó dicha idea grandes proporciones. Por otra parte, tan pronto como se empezaron a hacer estas insinuaciones, se dejaron escuchar opiniones muy adversas. Cipriano se declaró por la igualdad de los obispos y la unidad de la Iglesia. "En hora buena", exclamó Orígenes, cuando supo la nueva pretensión de la Iglesia Romana de que había sido fundada por Pedro y que reclamaba, por consiguiente, la preeminencia; "pero si Pedro es el único sobre quien está edificada la Iglesia, ¿qué es de Juan y de los demás apóstoles? ¿Acaso sólo en contra de Pedro no han de prevalecer las puertas del infierno?" Por el mismo estilo se expresó Ireneo. Y sin embargo, la tendencia general era hacia la centralización romana; cada obispo de aquella Iglesia pretendía más que su predecesor: Zeferino insistió en que él debería ser el único árbitro en la disciplina de los penitentes; en la controversia sobre cuándo debería celebrarse la fiesta de la Pascua, Víctor asumió la misma prerrogativa, y Esteban reclamó igual derecho respecto del bautismo de los herejes. La oposición más decidida procedía de la Iglesia oriental bajo la dirección de Antioquía, pero, como no había suficiente unión en el Oriente, dicha oposición se consideraba como provincial, al paso que en las cosas espirituales Roma ganaba terreno diariamente. Pasado algún tiempo, ya no se hizo caso de las protestas del Oriente, tanto que cuando Firmiliano, el oscuro obispo de Cesarea Capadocia, se atrevió a censurar a Esteban el romano por el alarde que éste hacía de superioridad episcopal, no consiguió sino que se rieran de él en la metrópoli occidental.

Constantinopla.

Llamaban a Constantinopla la nueva Roma. Grandes ventajas se esperaban para la Iglesia cuando Constantino convirtió la oscura ciudad de Bizancio, que había estado subordinada a Heraclea de Tracia, en la gran capital y el centro de su autoridad imperial; pero el resultado dejó mucho que desear. Tan pronto como hubo fallecido el gran emperador, desapareció la pureza de costumbres y el palacio se convirtió en guarida de intrigantes y revolucionarios. La

Turquía de nuestros días, con sus conspiraciones y contra conjuraciones, con sus terribles vicios, no es otra cosa sino el reflejo de la corrupción que reinaba en el palacio de los sucesores de Constantino. En sus pendencias, los cortesanos hacían uso de términos teológicos para insultarse unos a otros; las discusiones de los cismáticos se trasladaron a las mansiones de la nobleza, sin perder por ello un ápice de su acritud. Como se ven hoy día en el Bósforo las tumultuosas aguas que fluyen del norte y del sur, así se veía en el siglo IV, junto a esas riberas tan hermosas como históricas, el conflicto de las ideas que agitaba la Iglesia toda del Oriente. Cada uno de los partidos esperaba obtener el triunfo sobre los demás, gracias al favoritismo imperial, y tan fuertes eran las agitaciones al rededor de la mitad oriental del Mediterráneo, que retardaron los trabajos misioneros, amenazaron la unidad de la Iglesia y aceleraron el decaimiento espiritual. Más firme era la fe de los cristianos en el Occidente, puesto que no tenían emperador a que atenerse. Siempre que una herejía llegaba a Roma, se la sofocaba sin el menor miramiento, la vida de la Iglesia Romana tenía el equilibrio del poder y de la fe en su ideal más sublime. Estaba dispuesta a escuchar cuanto llegaba a sus oídos, pero no se tomaba la molestia de ir en busca de ideas peregrinas: carecía de la habilidad necesaria para producir invenciones teológicas, y no tenía el deseo de ocuparse de ellas; estaba dispuesta a suspender su juicio, a fin de evitar los errores en que caían otras Iglesias, y se ocupaba de lo pasado tan sólo con el fin de recoger las tradiciones que le habían de servir en lo futuro para avanzar más atrevidamente

23

Las fiestas sagradas y el culto público

Fiestas semanales.

Debido al deseo de aumentar el número de las festividades que se observaban en la era apostólica, se fueron fijando gradualmente las fechas de los días festivos que forman el calendario cristiano; pero, antes de establecer la observancia de una nueva fiesta, había siempre discusiones acaloradas. Los cristianos que se habían convertido del judaísmo, no se olvidaban de su antiguo calendario y se oponían a que los cristianos que procedían de los gentiles, añadieran otras fiestas al año cristiano. La celebración de los cultos se hizo mucho más frecuente en el primer día de la semana que en el séptimo, pero los conversos del judaísmo continuaron observando, durante la primera generación, ambos el sábado y el domingo; prevaleció después la influencia de los gentiles cristianos. Sabemos por los escritos de Barnabás, Ignacio y Justino que, desde una época muy temprana, la observancia del domingo sustituyó a la del sábado. Que se dio el nombre de un dios sajón al primer día de la semana, Sunday, es un error muy antiguo para el cual no existe fundamento alguno. Por otra parte, es un hecho que en las mitologías más antiguas el domingo era el día del sol: Jorge Smith desenterró en Nínive una losa en la que se menciona el domingo como día de descanso. Era un día de regocijo, puesto que en él resucitó el Señor, era el día en que apareció la nueva luz, el día del sol. Los miércoles y los viernes eran también días de culto, pero no se consideraba éste tan importante como los dominicales; servía el culto de los miércoles para conmemorar el arresto de nuestro Señor que se hizo por orden del Sanedrín, y el de los viernes, para recordar su muerte. Dichos días de la semana, el cuarto y el sexto, se llamaban *estaciones,* término militar que se usaba para recordar a los cristianos que eran soldados, y que debían estar siempre prevenidos en contra de los enemigos de nuestro Señor Jesucristo[2].

Fiestas anuales.

La fiesta más importante de todo el año era la Pascua del cordero: conmemoraban en ella los judíos la misericordia de Jehová en preservar de la muerte a sus primogénitos en aquella terrible noche de la última plaga de Egipto, y los cristianos recordaban la muerte del Señor Jesucristo. Se refería la gran controversia llamada de la Pascua a la duración del ayuno que debía hacerse ante dicha festividad y, si bien no era cuestión más que de unas cuantas horas, la Iglesia se dividió. Contendían los cristianos del Occidente que había de observarse un período más largo y los del Oriente, que debería ser más corto. Se extendió la discusión desde Galia hasta el Ponto; se congregaron Sínodos, pero la disputa se hizo más acerba. A pesar de esto, prevaleció la opinión del Occidente, y de los que sostenían el parecer contrario, unos cesaron en su oposición y otros formaron una pequeña secta, llamada de los cuartodecimanos, que existió por corto tiempo en el Asia Menor y en el África proconsular. Víctor, obispo de Roma, no reconocía como cristianos a los que simpatizaban con la opinión oriental, antes los excomulgaba. La fiesta de Pentecostés se hizo más importante de lo que era antes de la venida de Jesucristo: los judíos la celebraban con acciones de gracias por la cosecha y en memoria de la ley que Dios les dio en el monte Sinaí; los cristianos la reverenciaban y le daban un lugar muy prominente en el calendario, porque en ella conmemoraban la venida del Espíritu Santo que sucedió después de la ascensión de nuestro Señor. A fines del siglo II se empezó a observar en el Oriente la festividad de la Epifanía, en conexión con la cual se conmemoraba de antemano la natividad de nuestro Señor; como por el año 386 se empezó a celebrar esta fiesta por separado, y desde entonces se viene observando con más o menos esplendor tanto en el Oriente como en el Occidente.

Los días de los mártires.

La reverencia que los cristianos naturalmente tenían a los mártires, los indujo a celebrar cultos especiales en el aniversario de su muerte; tuvieron la idea feliz de llamar la fecha de la muerte de un mártir, "el día de su natalicio". Se formaban procesiones para ir a visitar los lugares del martirio; en los sitios donde estaban sepultados los restos de los mártires se construían templos; se predicaban sermones conmemorativos en los días de los aniversarios, y se añadían al calendario festividades especiales. Esta tendencia natural e inocente de los primeros cuatro siglos, se convirtió después en una superstición que acarreó muchos males a la Iglesia. En los aniversarios de los mártires se celebraba la Santa Cena a fin de continuar

---

[2] Dice Tertuliano: *Statio de militaria nomen accepit, nam et militari Dei sumus* ("La estación ha tomado su nombre del procedimiento miliar, porque somos milicia de Dios"). *De Oratione,* cap. 19. CLIE, Terrassa 2001.

la comunión con ellos; se llamaba el sacramento una oblación y un sacrificio por los mártires *sacrificium pro martyribus*. Téngase presente, sin embargo, que durante el período patrístico estos aniversarios de los mártires no se observaban como actos oficiales de la Iglesia, sino que se celebraban debido a la fama y a los méritos de aquellos cristianos que, antes de renunciar a su fe en el Señor Jesucristo, preferían la muerte. El martirologio de la Iglesia Romana, la introducción general de las imágenes y el realismo en los cultos fueron todos innovaciones de una época más moderna y menos espiritual.

Los templos.

La primera mención que de los edificios construidos exclusivamente para el culto cristiano hace la historia, data de fines del siglo II. Tertuliano, que falleció por el año 230, habla de "ir a la iglesia", de entrar en "la casa de Dios" *(De Idol.* [cap. 7]; *De Cor.* [cap. 3]). Se construían los templos conforme al plano del templo y la sinagoga de los judíos, y los llamaban la casa del Señor, la casa de oración, la casa de la Iglesia. La arquitectura de los primeros templos que se edificaron era muy sencilla, y no había en ella el menor indicio del esplendor de las basílicas y las catedrales que se construyeron después. El interior del edificio consistía de tres partes: el vestíbulo, la nave y el coro. Se congregaban los fieles en la nave, donde estaba el púlpito, se leía la Sagrada Escritura y se predicaba. El coro, que ocupaban los ministros, los lectores y los cantores, correspondía al lugar santo de los santos en el templo de los judíos; su piso estaba más elevado que el de la nave, y lo separaba de ésta un enrejado con cortinas. Había en el centro del coro una mesa en la cual estaban tallados los símbolos de la crucifixión; más allá y junto a la pared semicircular, había sillas para el clero alto, y en el centro estaba la cátedra o asiento elevado para el obispo.

Las imágenes.

Aun antes del reinado de Constantino, desde el año 306 hasta el 337, ya había en los templos cuadros representando escenas de la Biblia. Que la Iglesia primitiva acostumbraba tener pinturas e imágenes simbólicas, lo prueban las reliquias que se encontraron en las catacumbas de Roma; sin embargo, hubo desde el principio una oposición muy decidida en contra de toda clase de imágenes de la Divinidad o de los santos. Clemente de Alejandría dio expresión a la opinión de aquellos cristianos cuando dijo: "La costumbre de contemplar diariamente la imagen del Ser Supremo es una profanación". No había llegado la época en que los artistas cristianos empezaron a pintar a nuestro Señor como un hombre sumamente bien parecido y hermoso; antes, al contrario, los teólogos de aquel tiempo lo describían como un individuo de rostro triste y feo, según la profecía[3], y se le antojó a Tertuliano que Jesús no habría sido despreciado entre los hombres ni muerto por ellos, si en su persona hubiera manifestado la gloria celestial. Opinaba Orígenes que todo su individuo era repulsivo, y la Iglesia oriental ha sido siempre y es del mismo parecer. Las mismas facciones tristes y austeras del rostro de nuestro Señor, que se descubrió entre las antiguas pinturas al fresco en Rávena (Italia), se ven hoy en los templos greco-rusos, como en medio del esplendor barbárico de la catedral de San Isaac en San Petersburgo, o en la iglesia más antigua de la Transfiguración en el Kremlin.

---

[3] Isaías 53 : 2, 3. Cf. Tertuliano, *Adv. Judeos,* cap. 14. CLIE, Terrassa 2001.

El Concilio de Elvira, que se juntó el año 305, prohibió el uso de toda clase de imágenes en los edificios consagrados; pero esta prohibición sólo tuvo efecto en España. Desde muy al principio, la Iglesia oriental favoreció el uso de las imágenes y ésta fue una de las causas que vinieron a efectuar la separación del Oriente y del Occidente.

24

Educación de los creyentes y disciplina eclesiástica

La educación de la niñez.

Desde muy al principio, la Iglesia procuró asegurar el crecimiento espiritual de sus miembros: tan pronto como se organizaba una congregación, empezaban a instruir con esmero a los niños en la religión. Los que se convirtieron el día de Pentecostés fueron recibidos inmediatamente en la comunión de los fieles; pero esta recepción no fue sino el principio de la obra: había que edificar los corazones. Se consideraba cada individuo como un templo que, si bien no estaba concluido, era capaz de asumir proporciones tan simétricas como bellas: había que edificar a los fieles y de aquí es que los instruían y preparaban con el mayor esmero. De las epístolas de Pablo se deduce fácilmente que los cristianos de su época educaban a sus hijos en los principios de la vida cristiana, y les inculcaban los conocimientos que tenían de la Sagrada Escritura. Al ser recibidos en la Iglesia, los conversos adultos tenían mucho que aprender, pues como quiera que venían del gremio del gentilismo, no sabían absolutamente nada de las verdades de la religión. Con razón se decía cuando una persona aceptaba el cristianismo o, en el lenguaje de aquel entonces, "se quitaba la toga" (la capa romana) "y se ponía el palio" (el manto griego), que su mente se quedaba como un libro en blanco.

El catecumenado.

Los catecúmenos tenían que someterse a una disciplina muy severa; el tiempo que debían estar a prueba no era fijo. Acostumbraban bautizar los apóstoles a los conversos tan pronto como éstos hacían su profesión de fe. Habiendo enseñado la experiencia que, al prolongar el tiempo de la prueba, no se perdía nada, la Iglesia, durante el período de los Padres, anduvo en esto con la mayor lentitud. Había tres clases de catecúmenos: la de los oyentes, la de los arrodillados y la de los solicitantes.

A los oyentes se les permitía estar presentes en el culto y oír el sermón y las lecciones, pero tenían que retirarse antes de las oraciones; los arrodillados podían quedarse a las oraciones, aun a la que se decía cuando había imposición de manos, y los solicitantes permanecían durante todo el culto y pedían ser bautizados el día señalado para administrar públicamente el sacramento del Bautismo, que por lo general caía en la Pascua de Resurrección. Tan pronto como se recibía la solicitud, se inscribían en el registro los nombres del candidato y sus fiadores; seguía después, durante veinte días, el examen o "escrutinio del candidato", quien, después de ser bautizado y recibido públicamente, participaba de la Santa Cena del Señor. Una vez pasado el último período de las persecuciones, se acortó el tiempo que los catecúmenos habían de estar a prueba; según las *Constituciones apostólicas,* dicho tiempo debía de ser de tres años; el Concilio de Elvira fijó el de dos, y el Sínodo de Agde lo redujo a ocho meses.

Los apóstatas.

La clase más difícil de manejar, de entre los penitentes, era la de los apóstatas: los cristianos de aquella época tenían que resistir a las múltiples tentaciones que se les presentaban de apostatar. En algunas partes, los apóstatas penitentes tenían que estar a prueba por años enteros antes de ser admitidos otra vez en el gremio de la Iglesia; en otros lugares, y cuando se daba el caso de que dichos penitentes mostraban estar dispuestos a sufrir el martirio, la prueba era muy corta. En la Iglesia de África, muchos apóstatas consiguieron que varios cristianos, en vísperas de sufrir el martirio, les dieran cartas de absolución, las cuales presentaban, pidiendo encarecidamente que, en virtud de ellas, se les recibiera otra vez en la comunión de la Iglesia. Cierto individuo, llamado Luciano, manifestó abiertamente que había hecho la paz con todos los apóstatas del África septentrional, y les había declarado que sus pecados quedaban absueltos. Cipriano sostenía públicamente, si bien en un tono muy moderado, que la Iglesia debía mantener la paz con sus mártires. Había dos clases de pecados: el mortal y el venial; se consideraba el martirio como el complemento de toda clase de penitencias. A fines del siglo III, aumentaron las clases de los penitentes tomando los nombres de lamentadores, oyentes, arrodillados y parados. Esta última clase era la de los más adelantados, puesto que se les permitía estar parados en cualquier parte de la nave y acercarse al coro; tomaban parte en las oraciones de la Iglesia, y presenciaban la celebración de la Santa Cena, si bien les estaba vedado el participar de ella. Durante todo el tiempo que los penitentes estaban a prueba, y mientras pasaban de una clase a otra, tenían que demostrar la sinceridad de su arrepentimiento no yendo a ninguna diversión, observando todos los días de ayuno público, contribuyendo con liberalidad al sostenimiento de los pobres y ayudando en el sepelio de los muertos. Cuando llegaba el día de la recepción de los penitentes, se les administraba la Cena del Señor, se ofrecía la oración de absolución y reconciliación y el obispo les imponía las manos.

El presbítero confesor estaba encargado de la dirección espiritual de los penitentes durante todo el tiempo que éstos estaban a prueba. Sus deberes consistían en ver que cumplieran con todo lo que de ellos se requería; en informar al obispo, de cuando en cuando, de los adelantos que hacían, y en procurar que se fijara la fecha de la reconciliación; sobre todo esto, y bajo el juramento de guardar el secreto, oía la confesión privada de los aspirantes y les imponía sus penitencias. Si bien fue el tipo del sacerdote confesor de tiempos posteriores, esta dignidad se estableció con el único fin de facilitar la disciplina de la Iglesia. La costumbre de exigir que los fieles se confiesen antes de recibir la comunión, no se introdujo sino hasta varios siglos después. Debido al escándalo que causó un diácono, y que una señora prominente en la sociedad de Constantinopla reveló en la confesión, el oficio de presbítero confesor, quedó abolido el año 390.

25

La vida y las costumbres de los cristianos

La caridad.

El espíritu caritativo de la Iglesia apostólica se desarrollo más aún en la época de los Padres y siempre que algunos cristianos de cualquier lugar estaban necesitados, recibían pruebas de las simpatías de todos los hermanos. Por ejemplo, habiendo caído cautivos unos cristianos de Numidia, esa Iglesia se afligió mucho por no tener los fondos necesarios para rescatarlos, y tan pronto como llegó la noticia a oídos de Cipriano, recogió en Cartago una buena suma que remitió con una carta muy cariñosa y fraternal. Dionisio de Corinto ensalzaba mucho a la Iglesia de Roma, porque desde su fundación había sido la protectora de los cristianos menesterosos y no había hecho distinción alguna entre ellos; la misma alabanza hizo Dionisio de Alejandría en una carta que le escribió a Esteban el obispo romano. Basilio de Capadocia escribió a los cristianos romanos dándoles las gracias por el dinero que le habían mandado para redimir a ciertos hermanos que unas tribus de bárbaros tenían cautivos. Muy a lo vivo describió Demetrio los sacrificios que hicieron los cristianos durante la epidemia que asoló a la ciudad de Alejandría. En todos los cultos, los fieles hacían donativos para el sostenimiento de la Iglesia; dichas dádivas consistían con frecuencia en mercaderías, frutos de la tierra u otros objetos, conforme a las circunstancias de los congregantes. En oriente, la contribución anual para la causa de la beneficencia, era una suma fija o los diezmos de lo que cada uno poseía; en occidente, no había regla; decían los grandes maestros que no debía señalarse ningún donativo, puesto que el Señor había enseñado que se debe dar todo lo que se pueda. En un libro llamado Matrícula, se llevaba cuenta detallada de todas las caridades que se hacían.

Estímulo al estudio.

Muy grandes fueron los incentivos al estudio que tuvieron los cristianos primitivos: la transición del gentilismo al cristianismo fue una revolución completa; el campo del saber cristiano era semejante a un nuevo mundo; prevalecían en las escuelas los ejercicios catequísticos, y el estudio de las ciencias estaba subordinado a la religión. Los cristianos no habían coleccionado aún sus grandes bibliotecas, mas se leían con avidez las obras que escribían los grandes pensadores que había entre ellos; cada una de las Iglesias nacionales, era un centro de saber. Las copias de la Sagrada Escritura que se hacían a mano eran sumamente costosas y, sin embargo, había muchas y cada una de las Iglesias poseía varias, además de los comentarios y otras obras. Dichos libros estaban a la disposición de los fieles en los intervalos de los cultos y en los días de trabajo. Había una pieza dedicada especialmente para los libros, la cual llamaban el *Phrontisterion,* o sea, "el taller del entendimiento". Una de las primeras cosas que hacían los conversos ricos era emplear copistas o escribientes para que transcribieran toda la Sagrada Escritura; tan pronto como quedaban concluidas dichas copias, las prestaban o regalaban a las congregaciones o sociedades particulares. Estas copias de la Sagrada Escritura se multiplicaron a tal grado, y eran tantas las familias que las poseían, aun en las épocas de las persecuciones, que los paganos se irritaron mucho. Cuando arreció la persecución de Diocleciano, se ordenó terminantemente a los cristianos que entregaran las copias de la Escritura que tenían. Que se encontraban aun en manos de los enemigos paganos, se deduce de las obras de Celso, Porfirio, Heráclito y de otros autores que indudablemente estaban familiarizados con partes de la Santa Biblia.

La vida doméstica.

Diametralmente opuesta a las costumbres paganas era la vida doméstica de los cristianos primitivos y no había nada, por consiguiente, que les trajera a la memoria la idolatría antigua. Los hogares típicos de los griegos y de los romanos estaban adornados profusamente con las estatuas, los bustos y monogramas de los dioses favoritos, pero esto acontecía cuando aquella gente había decaído de la primitiva austeridad romana, puesto que pasaron cerca de dos siglos desde la fundación de Roma antes de que algún ciudadano aceptara las supersticiones griega o egipcia y erigiera estatuas a los dioses; pero con el tiempo se efectuaron cambios muy tristes. Las excavaciones que se hicieron en Pompeya, y las muchas reliquias artísticas que se encontraron en las ruinas de Roma, muestran muy a las claras que el arte puro desapareció ante aquella idolatría tosca. El primer impulso que seguían los cristianos después de su conversión, era el de destruir y hacer desaparecer todas aquellas cosas sin pérdida de tiempo, arrancando hasta la menor traza que, en las puertas de las casas, en los patios y en los salones, había de Mercurio el Obediente, Apolo el Majestuoso, Ceres la Generosa y aun de Júpiter el Omnipotente. Pero no quedaron satisfechos con la destrucción completa de toda clase de simbolismos, antes los escritores cristianos, aun los de mayor circunspección, opinaban en favor de un simbolismo natural e idóneo que hiciera contraparte al simbolismo politeísta de los adversarios paganos. Clemente el Alejandrino insistía en que se usaran en los sellos de los anillos los símbolos cristianos, tales como la paloma, que es el emblema del Espíritu Santo; un pescado, que nos recuerda el llamamiento de los hijos de Zebedeo a ser pescadores de hombres; la nave, que representa la Iglesia navegando hacia el puerto; la lira, que es el tipo del regocijo cristiano, y el áncora o ancla, emblema sublime de la esperanza. No usaron nunca el crucifijo.

Escritos epistolares.

Todos y cada uno de aquellos grandes maestros, eran corresponsales industriosos. Pablo había dado el ejemplo y los evangelistas posteriores lo siguieron fielmente. Ya hacía tiempo que prevalecía en Roma la moda de escribir en forma epistolar: Cicerón, Séneca, Plinio y muchos otros autores, instruían al público en muchas materias, valiéndose para ello de cartas que dirigían a un individuo imaginario. Los Padres de la Iglesia siguieron este método de enseñanza que los apóstoles y los gentiles habían adoptado. Parte muy pequeña del legado que los escritores de aquel tiempo dejaron a la Iglesia de épocas posteriores, son las ochenta y seis entusiastas e interesantes cartas de Cipriano. Varios de los apologistas dedicaron sus obras a los emperadores romanos. Entre los comerciantes y operarios, había muchos cristianos que cambiaban de domicilio frecuentemente y seguían las rutas del comercio. Así como multitudes de ciudadanos americanos se han ido de la costa del Atlántico a las regiones lejanas del occidente, llevando consigo su índole religiosa, y han edificado templos, de igual modo los cristianos de los siglos III y IV se aprovechaban de las nuevas vías que abría el comercio, y donde quiera que iban a establecerse fundaban nuevas congregaciones. Como quiera que éstas se carteaban frecuentemente con las antiguas, los viajeros cristianos llevaban siempre cartas para las iglesias que estaban en el camino o en el lugar a donde iban. Escribían dichas epístolas en materias duraderas y consistentes, tales como el papiro o el pergamino, y los individuos o las congregaciones a quienes iban dirigidas, las consideraban como de su propiedad. Las cartas sinodales, que inmediatamente después de cada una de las sesiones de los Sínodos provinciales se redactaban y dirigían a otras provincias, nos dan una idea de las relaciones íntimas que existían entre las diferentes partes de la Iglesia. Siempre que, respecto de un cisma o de cualquier asunto especial, se aprobaba una resolución, la divulgaban por todas partes y con la mayor prontitud; cuando había elecciones de obispos, éstos comunicaban el hecho, sin la menor pérdida de tiempo, a sus colegas en toda la cristiandad.

Viajes de los Padres.

No solamente por medio de cartas, sino también debido a las visitas de los padres, que viajaban constantemente, las partes más lejanas de la Iglesia estaban en comunicación unas con otras. En aquella época viajaban los extranjeros al Oriente con mayor seguridad de la que tienen hoy día. Los cristianos siguieron el ejemplo de los escritores griegos y latinos que acostumbraban visitar un lugar antes de describirlo en sus obras: así es que hay en la Ilíada evidencias internas de que Homero visitó la ciudad de Troya; Heródoto viajó por muchos países y, a fin de estudiar y conocerlos bien, moraba con los sacerdotes del Nilo alto, o permanecía en el Asia Menor tratándose con los naturales; para poder describir fielmente a Jugurta, hizo Salustio una visita a África; Jerónimo permaneció mucho tiempo en la Tierra Santa, o fin de hacer concienzudamente sus estudios exegéticos; a Papías, el obispo de Hierópolis, se le ocurrió la idea feliz de visitar el mismo país para poder conversar con los habitantes más antiguos que con sus propios ojos hubieran visto al Señor Jesús, porque decía: "no creo sacar tanto provecho de los libros que existen sobre la vida y pasión de nuestro Salvador, como de las palabras de aquellos que lo vieron cara a cara, lo escucharon con sus propios oídos y viven aún". El fruto de aquel viaje fue la obra que escribió bajo el título de *Explicación de los discursos del Señor*. Por el año 158 d. C., siendo ya muy anciano, Policarpo visitó al obispo de Roma, Aniceto, con el objeto de arreglar con él las cuestiones del bautismo de los herejes y de la observancia de la Pascua de Resurrección. Asia Menor, Galia y Roma fueron los campos donde trabajó Ireneo; el viaje que Hegesipo emprendió de Oriente a Roma, le ayudó a descubrir muchos datos interesantes respecto de la historia de la Iglesia primitiva; uno de los documentos que se encontraron fue el catálogo que Maneto hizo de los reyes de Egipto. En nuestros días la ascensión a la cumbre del monte Ararat se considera como una empresa muy ardua, pero Julio la hizo en interés de la religión y estableció el hecho de que esa es la montaña sobre la que descansó el arca; visitó también el mar Muerto, e identificó los sitios donde en un tiempo estuvieron las ciudades de Sodoma y Gomorra. Clemente de Alejandría viajó diligentemente por tres continentes; según parece, Orígenes visitó todas las partes del mundo donde la Iglesia se había establecido, sin exceptuar Persia por lo lejana; con el objeto de estudiar íntimamente la vida monástica, Rufino se fue a vivir con los monjes del desierto de Nitria. Jerónimo era un viajero muy ilustrado que tomaba gran interés en la Sagrada Escritura; el deseo de aprender de viva voz la construcción idiomática del texto santo, lo llevó a vivir en Palestina, donde empleó como maestro de hebreo a un judío que le daba lecciones de noche para evitar que se ofendieran los cristianos; hizo un viaje a Cilicia, y permaneció allí por algún tiempo, a fin de estudiar la profundidad y sutileza de sentido de las cartas de Pablo. Nada más natural, por consiguiente, que, habiendo estudiado con tanto empeño, Jerónimo fuese el padre más sabio de la Iglesia latina; a su inagotable paciencia y gran saber, debe el mundo la versión *Vulgata*. Hablando del motivo que lo llevó a la Tierra Santa, dice: "Así como entiende mejor la historia de los griegos quien ha visitado la ciudad de Atenas, o el tercer libro de Virgilio el que ha navegado de Troya a Sicilia y de allí a la entrada del Tíber, de la misma manera entiende más claramente el sentido de la Sagrada Escritura el que con sus propios ojos ha visto Judea y ha escuchado las reminiscencias de las ciudades antiguas y los nombres de los lugares, ya sean los mismos que tenían en aquel tiempo, ya sean otros nuevos. Como quiera que me había propuesto traducir la Biblia con la ayuda de los judíos más sabios que pudiera encontrar, he vivido en varias partes de la Tierra Santa que es la cuna de todas las iglesias".

26

La iglesia en las catacumbas

Las catacumbas romanas son unas cavidades subterráneas, con frecuencia muy profundas, que los cristianos buscaban o hacían para enterrar a sus muertos. Los romanos respetaban a los difuntos y no molestaban nunca los cuerpos de los que habían profesado religiones diferentes de las suyas: dejaban a los cristianos, por consiguiente, en entera libertad de enterrar a sus cadáveres como mejor les pareciera. Los judíos que residían en Roma ya habían excavado catacumbas antes de nuestra era, pero probablemente éstas no eran sino unas pequeñas cuevas labradas en las faldas de los cerros, o cavidades hechas en la parte inferior de un declive, tal como sus padres habían acostumbrado hacerlo en Palestina desde tiempos inmemoriales. Con el tiempo, las catacumbas de los judíos vinieron a ser la entrada de los cementerios cristianos; algunas de aquéllas existen hoy día, como por ejemplo, la que está frente a la catacumba de San Sebastián y otra que hay, todavía más cerca de la ciudad de Roma, en la viña de Rondanini. Las galerías son muy semejantes a las de las catacumbas de los cristianos, pero no están tan adornadas ni son tan simétricas como éstas. El tipo judío está impreso en todas aquéllas por medio de la lámpara de siete brazos o de otros símbolos hebraicos.

El sepelio romano y la cremación.

Acostumbraban los romanos más antiguos dar sepultura a sus muertos, pero la idea persa, que alguien importó, de que el mal reside en la materia, los indujo a quemar los cadáveres y a conservar en pequeñas urnas las cenizas de las personas amadas; sin embargo, las familias más ilustres enterraban sus cadáveres, como lo prueba el sepulcro de los Escipiones, que fue encontrado fuera de la puerta Capena y está hoy intramuros de la ciudad de Roma. Las tumbas de los Nasos, que bordan la vía Fiaminia, como a cuatro millas italianas de la capital, son unas piezas labradas en la toba, que es una especie de piedra esponjosa y blanda, en las que hay, lo mismo que en las catacumbas, nichos horizontales para depositar los cuerpos. Una sola diferencia había entre los sepulcros gentiles y los cristianos: lo mismo que los palacios, las catacumbas paganas eran exclusivamente para las familias particulares; las catacumbas de los cristianos para todos los hermanos en la fe; los lazos de la vida no los podía romper la muerte, antes continuaban más estrechos; enterraban a ricos y a pobres en el mismo lugar, puesto que en esta vida habían trabajado juntos. Los sepulcros particulares de los romanos no se podían traspasar; quedaban exceptuados de la venta en las escrituras de las casas de campo y otras propiedades.

Descubrimiento de las catacumbas.

Cosa bien sabida, no sólo en Roma sino por toda la cristiandad, era que existían las catacumbas; durante las invasiones de los bárbaros, que duraron de la sexta a la octava centuria, fueron profanadas impíamente; pero todavía en los siglos XIV y XV las iban a visitar los peregrinos. En mayo de 1578, se hizo un nuevo descubrimiento que aconteció de esta manera: al estar varios labradores trabajando un campo a un lado de la vía Salaria, encontraron repentinamente una abertura misteriosa en la tierra; tan pronto como corrió la noticia vinieron varios peritos que, entrando por dicho agujero, encontraron pasadizos subterráneos, muchas pinturas al fresco, inscripciones en griego y en latín, y varios sarcófagos. Si hasta entonces los cementerios de los cristianos primitivos habían despertado poco interés, desde aquella fecha la Roma subterránea ha sido y es el depósito de grandes tesoros para el estudio de la ciencia cristiana. Al hablar de dichas catacumbas, dice Jerónimo que hallándose en Roma durante los primeros años de su juventud, contrajo la costumbre de ir con algunos de sus compañeros de escuela todos los domingos a visitar las sepulturas de los mártires, y penetrar por las cavidades de las criptas abiertas en lo profundo de la tierra, las cuales a uno y otro lado contienen en sus paredes innumerables cuerpos muertos, reinando en todo su recinto tan pavorosa oscuridad, que casi se realiza aquella frase del profeta: "Bajan vivos a lo profundo". Si arrastrando con trabajo los pies y palpando la negra densidad, se llega un poco más hacia el fondo, luego al punto ocurre aquel verso de Virgilio: "Lleno de terror está mi ánimo y aun el silencio mismo me horripila".

Antonio Bosio y otros descubridores.

El intrépido Colón de las catacumbas, el primero que descubrió los grandes tesoros que por trece siglos habían permanecido enterrados, fue Antonio Bosio, nacido el año 1575. Era un hombre enérgico e incansable y no había obstáculo, por grande que fuese, que no venciera. Una por una fue abriendo las catacumbas y, al descubrirlas, creó una ciencia nueva. Treinta años se ocupó en estas excavaciones y en preparar su gran obra, la *Roma Soterranea,* la cual no se publicó sino después que falleció el autor en 1629. Los primeros escritores que revelaron a los cristianos de la raza anglosajona la extensión y el valor histórico de esos cementerios primitivos, fueron Juan Evelyn, que hizo un viaje a Roma en 1645, y el obispo Búrnet, que permaneció en aquella capital nada menos de cuarenta años. De los grandes tesoros de reliquias que, desde aquella época hasta nuestros días, se han sacado de las catacumbas, unos están depositados en el Museo Vaticano, el de San Juan de Letrán, y en varios edificios romanos, y los otros se hallan en diferentes partes de Europa. La mejor colección de dichas reliquias que hay en el mundo, con excepción de la de Roma, se halla en el Museo cristiano de la Universidad de Berlín: el profesor Piper, tan conocido por su celo y habilidad, las recogió, lo mismo que otros objetos que arrojan mucha luz sobre la historia del cristianismo.

El caballero de Rossi.

El descendimiento a las catacumbas se hace por subterráneos cuyas aberturas están en el interior de capillas o templos edificados a propósito; los pasadizos varían en dimensiones, siendo unos más largos y anchos que otros. No se sabe a punto fijo a cuántas millas asciende la extensión total de dichos pasadizos, pues sobre esto hay diferencia de opiniones; el caballero de Rossi, que es indudablemente el explorador y escritor más hábil en este departamento, cree que dicha longitud es idéntica con la de la península italiana, al paso que Marchi opina que es una tercera parte más larga. Muy probablemente hay todavía catacumbas que no se han explorado; en el año 1848, el espléndido sepulcro de Praetextato fue descubierto, y en 1874 de Rossi encontró la catacumba de Santa Petronila, la cual contenía un tesoro de arte lapidario que, aunque corto, es de mucho valor. No se puede calcular, siquiera aproximadamente, el número de pinturas, esculturas e inscripciones que se han extraído de las catacumbas. En los sarcófagos que se ven en el Museo Lateranense, hay esculpidas nada menos que doscientas setenta y seis figuras tomadas todas de la Sagrada Escritura.

La Biblia en las catacumbas.

Continuaron los cristianos enterrando sus muertos en aquellos cementerios, hasta el año 410, poco más o menos, cuando los godos de occidente saquearon la ciudad de Roma. De esos sepulcros, columbramos la fe y las costumbres de aquellos fieles: estaban familiarizados con todos los libros del Antiguo Testamento, y así lo testifican las historias de éste que se hallan reproducidas en las paredes de las catacumbas, por medio de pinturas al fresco. Noé y el arca; el sacrificio de Isaac; Moisés quitándose las sandalias; la traslación de Elías; Daniel en la cueva de los leones; los tres hebreos en el horno, eran asuntos favoritos en aquella época de tribulaciones. Copiaban tantas escenas del Nuevo Testamento, que no hay una sola en la vida de nuestro Señor Jesucristo que no se haya encontrado pintada en aquellas paredes; aquellos artistas rudos pintaban con predilección los símbolos de una vida mejor, tales como la vid que siempre crece y el labrador esparciendo su semilla, y esculpían muchos textos sagrados. Uno de los rollos de pergamino, puesto fuera del canastillo en que se llevaban, o un manuscrito, sacado de la caja cilíndrica en que se guardaba, era un símbolo muy común.

Representaban a San Pablo con estos emblemas, refiriéndose indudablemente a sus epístolas. Una estatua, a cuyos pies yacían dos rollos de pergaminos, significaba que para el difunto no había diferencia alguna entre el Antiguo y el Nuevo Testamento, antes los aceptaba como la palabra inspirada de Dios.

La doctrina cristiana en las catacumbas.

Los símbolos de las catacumbas son la expresión clara de la ortodoxia y apología de nuestra santa religión; a cada paso ya se encuentra escrito el nombre de nuestro Señor Jesucristo, ya se ve una imagen de su persona. La sepultura más humilde, tenía esculpida cuando menos la figura de un pez, cuyo nombre en griego compone el monograma del Señor ICHTHYS, según las letras iniciales de los nombres y títulos de Jesús en griego: *Iesous Christos Theou Yios Soter*, "Jesús, Cristo, Hijo de Dios, Salvador". Es un hecho muy elocuente que en todos los pasadizos silenciosos de las catacumbas, no se haya encontrado una sola palabra ni pintura alguna que traiga a la memoria las tremendas controversias que afligieron a la Iglesia, y que no haya tampoco el menor indicio de ninguna fantasía herética. Es muy cierto que sí se encontraron algunas pinturas paganas, pero también lo es que aquellos cristianos las usaban solamente para enseñar con el mayor énfasis el reino del Mesías. Bosio encontró en la catacumba de Domitila dos imágenes del Señor representando a Orfeo, y de Rossi descubrió una tercera en la de Santa Calixta; aquéllas lo representan sentado entre dos árboles, con un gorro frigio y tocando la lira, con la cual parece embelezar y domar instantáneamente la multitud de bestias que se le aproximan; hay en la pintura palomas, pavos reales, caballos, corderos, serpientes, tortugas, un perro y una liebre, tendida a las patas de un león, que escuchan la melodía y se mezclan con gran contentamiento y paz tal cual si estuvieran en el Paraíso antes de la caída de Adán. Este cuadro es a la vez el emblema del reinado pacífico de nuestro Señor, y la expresión del deseo que los primitivos cristianos de Roma tenían, como lo indica la Teología alejandrina, de hacer que el paganismo contribuyera a dar lustre a su religión. En el dios que mata al minotauro, veían el tipo de David que vence al gigante Goliat. Iluminada en un vidrio, se encontró una imagen muy hermosa que data de fines del siglo IV, y que representa a nuestro Señor con una aureola y teniendo en la diestra un globo, el emblema de su soberanía universal; a sus pies está un canastillo, y en éste el rollo de los Evangelios. Enseñaban, por medio de símbolos, la igualdad de las tres Personas de la Santísima Trinidad, como se ve claramente por las muchas pruebas que de Rossi ha encontrado de la creencia firme que aquellos cristianos tenían en esta doctrina; en muchos de dichos emblemas combinaban el monograma de nuestro Señor Jesucristo con el triángulo.

Emblemas triunfantes.

Todas las imágenes de nuestro Señor, que aquellos cristianos pintaban, tienen la expresión placentera llena de esperanza y de triunfo; entre las muchas estatuas que se ven en el Museo Lateranense, sólo dos lo representan en los días de su pasión; las demás son del buen Pastor.

Durante las épocas de las crueles persecuciones, los cristianos primitivos enterraban en las catacumbas los cuerpos de los mártires: los deudos y los amigos de éstos no exhalaban nunca ni una sola exclamación de dolor. Como quiera que esperaban triunfar de la muerte y descansar, y sabían que los muertos gozan de paz, no hablaban nunca de la muerte, antes ponían siempre la inscripción *In pace* en las tumbas. Al rededor de éstas, erigían estatuas bellas, símbolos de paz y de gozo, y sólo después que hubo pasado la última persecución y se olvidaron los nombres de los perseguidores, empezaron a esculpir símbolos de tortura en las catacumbas de Roma. No escribieron los anales de los mártires por dos razones: primera, porque no quisieron dar lugar a comparaciones, siquiera fueran muy remotas, de los martirios de hombres con la pasión del "Varón de dolores"; y segunda, porque no querían conservar, ni aun en grabados en los lados de los sepulcros, la memoria de las agonías que los perseguidores habían causado. Para esos fieles primitivos, la muerte no tenía terrores, y los perseguidores no hicieron otra cosa sino acelerar el día de paz de los mártires. A juzgar por los emblemas esculpidos en las lápidas que se han sacado de todas las catacumbas, tales como la liebre sustentándose de uvas, la palmera frondosa, la vasija llena de flores, la torta de pan, y la paloma con un ramo de olivo en el pico, cualquiera creería que los cristianos primitivos vivían en palacios y que sus sirvientes eran reyes.

Deducciones históricas.

Sumamente valiosas son las deducciones históricas que podemos sacar de la epigrafía de las catacumbas: un epitafio que se encontró en el cementerio de Santa Domitila, y que data del primer siglo, muestra que el cristianismo entró muy pronto en el palacio imperial; el ruido de las cadenas de los esclavos no se oyó nunca en los hogares cristianos; a la vista del cristianismo, la esclavitud desapareció de una manera tan pronta y cabal que, de once mil epitafios que se han sacado de las catacumbas, solamente seis, dos de los cuales son dudosos, aluden a los esclavos, y eso de una manera breve y sencilla. En aquellos tiempos primitivos, un renglón, una noticia ligera, solían constituir todo un epitafio: éste era breve como el último aliento de los mártires. Así se encuentran, entre otros muchos, los siguientes: "A la madre más querida". "A la criatura más amorosa". "Que Dios te resucite". "Paz a tu espíritu". Pero a medida que las catacumbas dejaron de ser los lugares en que se congregaban los cristianos y continuaron usándose sólo como cementerios, el buen gusto literario de los epitafios degeneró notablemente. Una inscripción elocuente, que data del año 217 del Señor, y que desde aquella fecha se hizo muy popular, "Está con Dios", prueba muy a las claras que, según las creencias de aquellos fieles, las almas pasan por su prueba en esta vida y que no existe tal purgatorio en la otra. No hay en la colección de epitafios que hizo de Rossi, la cual contiene nada menos que mil trescientos setenta y cuatro, uno solo que sugiera la necesidad de orar por los difuntos. Ni en la epigrafía de las catacumbas ni en las inscripciones de otros sepulcros todavía más antiguos, se menciona el celibato de los ministros; antes al contrario, muestra que podían casarse una inscripción que se encontró en la Vía Ostia, y que estaba dedicada a la memoria de la esposa de un diácono o subdiácono. Dice así:

> *"Levitx conjunx Petronia forma pudoris*
> *His mea deponens sedibus ossa loco.*
> *Pascite vos lacrimis dulces cum conjuge natx"*[4].

Hablando de individuos en toda su virilidad y aun de edad madura, se usaba con frecuencia el término *puer,* que quiere decir muchacho, para indicar así que la juventud perpetua caracteriza a los bienaventurados. Cuando moría un padre de familia, la viuda y los huérfanos, al hacer recuerdos de él, lo llamaban el muchacho, puesto que había entrado a gozar de la juventud perenne. En los epitafios de las catacumbas vemos que aquellos cristianos ya no usaban los nombres hebraicos antiguos y que los habían cambiado por otros. Lo mismo sucedió en Inglaterra durante el abatimiento de los puritanos, o idéntica cosa encontramos en la historia de Nueva Inglaterra, a saber, que, en reconocimiento de las misericordias especiales de la Providencia y teniendo una fe firme en Dios, llenos de regocijo los padres dieron a sus hijos nombres tan hermosos como significativos. La epigrafía de aquellos cementerios subterráneos registra estos nombres: Diódoro, don de Dios; Fructuoso, que lleva fruto; Renovato, regenerado; Anastasia, resurrección; Irenea, pacífica; Sabatia, descanso, y Concordia, que es armonía. Todos los nombres y toda la fraseología de las catacumbas, entrañan el gozo y la esperanza.

27

La vida monástica

El estado monacal en épocas anteriores al cristianismo.

En todos los grandes países orientales la vida monástica ha dejado huellas de las cuales deducimos fácilmente que, antes de la fundación del cristianismo y previamente a las conquistas que Alejandro llevó a cabo en la India, la idea monástica ya había echado raíces en la mente de aquellos pueblos, tanto que, a fin de propagar sus doctrinas y retener a sus adeptos, muchos de los sacerdotes budistas y bracmanes aceptaban el estado monacal. La base fundamental del principio monástico era la creencia de que el mal es inseparable de la materia, y de que el trato con la sociedad distrae la mente de la contemplación religiosa, haciéndola indigna de ser el templo de un espíritu adorador; se creía, por consiguiente, que el único medio de salvación consistía en apartarse de los hombres y del mundo. Los cristianos debían admirar la naturaleza en toda su sencillez, y familiarizarse con sus elementos en todo su rigor; debían, además, negarse a sí mismos y crecer en la gracia, lo cual no se podía conseguir en medio de la sociedad. Tales eran los

---

[4] Yo, Petronila, esposa de un levita fui, modelo de pudor.
  Habiendo llegado mi hora, deposito aquí mis huesos.
  Esposo amado, hijos queridos, lloradme.

pensamientos que inspiraron esa vida monástica, que ejerció una influencia tan grande en la Iglesia primitiva, se extendió hasta la época de la Reforma, y prevalece aún en la Iglesia católica romana.

Muchos cristianos aceptan el estado monacal.

Los cristianos primitivos se encontraron con muchos nazareos en Palestina y no pocos terapeutas en Egipto, que llevaban la vida monástica; no es nada extraño que en aquella época, en que el mundo estaba tan corrompido, nuestros antepasados cristianos buscaran un refugio en el estado monacal. En muchos creyentes, las persecuciones aumentaron el deseo de hacerse monjes y, no siendo el destierro sino una vida solitaria, muchos cristianos se fueron de su motu proprio a regiones apartadas, donde vivían en grutas o cuevas, pasaban los días haciendo obras de caridad y gran parte de la noche en oraciones y vigilias, exponiéndose a sufrir los rigores de la naturaleza en su furia y tempestades. Al principio, la vida monástica consistía solamente en el aislamiento voluntario, sin que se pensara en fundar órdenes; era el esfuerzo que muchos individuos hacían por obtener la paz del espíritu, mas sin intentar la introducción de nuevas prácticas religiosas. En el segundo período de la vida monacal, se escogieron ciertas regiones donde los monjes vivían a corta distancia unos de otros, y en el tercero, se sancionó la organización regular de las órdenes religiosas, tales como la de los benedictinos y otras por el estilo. Los monjes hacían tres votos: el de fidelidad perpetua a la orden; el de obediencia al abad, o superior del monasterio, y el de castidad y pobreza. Varios de los Padres y escritores de la Iglesia aceptaron la vida monástica, pero no aprobaron la fundación de las órdenes; andando el tiempo, aumentó la tendencia a establecerlas y, a fin de robustecerla, se escudriñó el Antiguo Testamento; los nombres de Elías y otros profetas que se mencionan en la historia de los judíos, y el de Juan el Bautista, sirvieron de argumentos en pro de la fundación de dichas comunidades. El país predilecto era Egipto, al extremo de que, según Rufino, había tantos monjes en los desiertos como individuos en las ciudades; a lo que añade Montalambert: "El movimiento monástico fue semejante a una emigración de las ciudades a los desiertos; a un retroceso de la civilización a la sencillez primitiva; a un cambio del movimiento y la actividad al silencio y la inercia, a una conversión del pecado a la inocencia". Multitudes de hombres, mujeres y niños se dejaron arrastrar de esta corriente que, habiéndose desbordado, lo invadió todo en cien años con una fuerza irresistible.

Ejemplos notables.

El primer ermitaño cristiano fue Pablo de Tebas, en el Egipto alto, que vivió durante la persecución bajo Decio; a la edad de veintidós años se desterró a una cueva y permaneció en ella hasta el año 340. Antonio, que siguió el ejemplo de Pablo, vivió mucho tiempo y sumamente pobre en el desierto egipcio. Estos dos varones no solamente tuvieron imitadores en los países situados al rededor del extremo oriental del Mediterráneo, sino que las noticias de su vida y fama llegaron a las naciones más lejanas. El fundador de los santos de los pilares, que componían una clase especial de ermitaños, fue San Simeón: después de pasar diez años en un monasterio y de llevar por algo de tiempo la vida de anacoreta en una choza, se subió a una columna de setenta y dos pies de altura por cuatro de diámetro, sobre la cual se dice que vivió treinta años; murió en Telamesa, cerca de Antioquía, el año 459, y fue sepultado con toda la pompa eclesiástica y militar de aquellos tiempos.

Pacomio y el origen de la vida en común[5].

Hijo de padres paganos, Pacomio se convirtió al cristianismo a los veintiún años de edad, a raíz del Edicto de Milán. De inmediato se retiró al desierto y practicó la vida anacoreta en solitario, pero no tardó mucho tiempo en reunir en torno suyo multitud de solitarios y fundó con ellos el primer *cenobio,* del griego "vida en común", o monasterio, dando comienzo así a la vida propiamente monástica. Pacomio fue su primer organizador. Para ello escribió una regla a la que habían de someterse todos los monjes y en la que se determinaban los diferentes cargos y todas las prácticas propias de la vida de comunidad. Como característica fundamental señala tres votos que cada aspirante había de emitir: castidad, pobreza y obediencia, a los que añadió la oración, el trabajo, la penitencia y el silencio.

Pronto se hizo necesaria la fundación de otros monasterios que albergaron, en vida de Pacomio, más de siete mil monjes; al finalizar el siglo V se aproximaron a cincuenta mil. Al frente de cada monasterio había un abad y todos obedecían a un abad general llamado *archimandrita.*

Benito de Nursia[6].

La vida monástica llegó a Occidente y se desarrolló de un modo más lento, pero a partir del siglo VI superó a la de Oriente, y durante toda la Edad Media fue el monacato el instrumento más firme y eficaz de la cultura cristiana occidental.

Los primeros introductores de la vida monástica en Occidente fueron Atanasio, Jerónimo y Agustín, llegando a su total esplendor con Benito de Nursia, nacido en 480 en Nursia, en los montes Sabinos, no lejos de Roma. Pertenecía a una familia noble; estudió en Roma, donde recibió la instrucción propia de la nobleza, pero pronto se retiró a una cueva en Subiaco, a 50 kilómetros de Roma, donde pasó tres años de absoluta soledad entregado a las más ásperas mortificaciones de la vida anacoreta. Sin embargo, no encontró la paz que esperaba. Descubierto por unos pastores fue reclamado por multitud de discípulos que pedían su dirección y por familias nobles de Roma que le reclamaban para la de sus hijos.

Benito se fue a Cassium, cerca de Nápoles, donde cristianizó al pueblo y fundó el monasterio modelo de Monte Casino, que había de ser la casa madre de la Orden Benedictina. Pronto adquirió fama universal y de todas las naciones acudían a visitarle y consultarle, viéndose precisado a enviar a algunos de sus discípulos para la erección de nuevos monasterios. En España son célebres los monasterios de Silos, en Burgos, y Montserrat, en Barcelona.

Una de las razones que más contribuyeron a la rápida propagación de la Orden Benedictina fue la excelente regla escrita por Benito en Monte Casino. En ella se evita la excesiva

---

[5] Apartado añadido. A.R.
[6] Apartado añadido. A.R.

rigidez y tiene como lema "Ora et labora". El día se distribuye en muchas horas de rezo divino, la "obra de Dios", u Opus Dei; y el trabajo, que va desde la evangelización de los pueblos limítrofes, a la ocupación en diversas tareas y oficios. Muchos monjes son arquitectos, albañiles, canteros, carpinteros, herreros, tejedores, pastores. Toda la gente del entorno se benefician de sus labores y enseñanzas. Estudiosos de las Escrituras y de la ciencia de su época, hay algunos que se especializan en copiar la Biblia, textos litúrgicos y obras de historia, filosofía, medicina, matemáticas, astronomía y botánica, entre otras disciplinas. Gracias al trabajo de los monjes copistas que, además de escribir cada página, la iluminan e ilustran con preciosas miniaturas en color, puede expandirse el conocimiento de los textos sagrados y se conservan las obras de la antigüedad.

Benito recibía y aceptaba a hombres de toda clase y condición, jóvenes y mayores, ricos y pobres, sabios y analfabetos, libres y esclavos, a todos aceptada en la "milicia de Cristo". Gracias al trabajo de sus monjes, la Europa pagana va conociendo y practicando las enseñanzas del Evangelio. Inglaterra, Alemania, Suecia, Noruega, Dinamarca, Bohemia, Austria y también Hungría se convirtieron gracias al impulso de los benedictinos. Predicaban misiones y fundaban monasterios, generalmente en algún lugar desierto. Allí comenzaban a cantar, a practicar la liturgia, a distribuir limosna a los pobres que se presentaban, a derribar bosques, hacer plantaciones regulares y secar pantanos, etc. Gracias a su influencia se suavizan las costumbres y se eleva el nivel cultural en todos los estratos de la sociedad. Benito murió en el año 547. El Papa Pablo VI le proclamó Patrón de Europa en el año 1964.

28

La época de Gregorio el Grande

El obispo de Roma asume mayor autoridad.

El obispo de Roma continuó esforzándose por obtener la supremacía sobre toda la cristiandad. Las divisiones del Imperio oriental, la decadencia de la vida moral, la extensión universal de las controversias y, sobre todo, la gran habilidad de los obispos de Roma, concurrieron a robustecer las pretensiones de ese patriarcado sobre los demás. León I, que ejerció el obispado del año 430 al 461, era un hombre de mucho talento, que consiguió investirse de gran autoridad y prestigio. Pero el miembro más eminente del episcopado romano, fue Gregorio, llamado el Grande, que ocupó la silla episcopal del año 590 al 604, y bajo cuya dirección se robustecieron todos los departamentos del presbiterado y el episcopado: sus pretensiones, que supo ocultar con gran sagacidad, eran muy elevadas.

Gregorio el Grande.

Las cualidades que caracterizaban a ese obispo eran muy notables; tenia grandes habilidades, y todas las obras que emprendía le salían bien: en el desarrollo de la jerarquía de la Iglesia, en teología, en la literatura litúrgica, en el trabajo pastoral, en la organización de las órdenes monásticas, y en la obra de las misiones se distinguió siempre. Hizo, además, sentir su influencia en el vasto campo de la vida eclesiástica de su época. Nacido en Roma el año 540 de nuestra era, y siendo vástago de una de las familias patricias más antiguas, tuvo todas las ventajas que la riqueza y la educación proporcionan: sus padres deseaban educarlo para la política, pero él prefirió la carrera eclesiástica en la que hizo grandes adelantos; no se dejaba llevar de sus primeros impulsos, antes poseía en alto grado la virtud de la paciencia. Después de morir su padre, fundó nada menos que seis monasterios y se fue a vivir a uno de ellos; consagró su vida negándose a sí mismo; sirvió de diácono al obispo Pelagio, quien lo envió como delegado a la corte de Constantinopla; escribió un comentario sobre el libro de Job y prosiguió sus estudios con la mayor aplicación. Además de ser predicador elocuente, era escritor hábil, y publicó una obra titulada *Regula Pastoralis*, "Norma pastoral", que dedicó a sus ministros, y la cual abunda en instrucciones tan elevadas como espirituales. Poco tiempo después de su regreso a Roma, lo eligieron obispo en lugar de Pelagio que había fallecido; al principio no quería ejercer esta dignidad, pero accedió al fin, obligado aparentemente por los ruegos de sus electores. Al emperador le mostró siempre gran respeto y extremada consideración, probablemente con la intención de sacar ventajas de su pretendida humildad. Se llamaba *servís servorum Dei*, "siervo de los siervos de Dios". Trató de purificar la vida y las costumbres de los fieles, y dio vigor y fuerza a la disciplina monástica; fijó el período de dos años de noviciado, prohibió la admisión de jóvenes de menos de dieciocho años en los conventos, y dio órdenes a las autoridades eclesiásticas de que hicieran aprehender a todos los monjes que andaban vagando por el país y que los llevaran al monasterio más cercano para que sufrieran allí su merecido castigo. Era muy activo en la causa de las misiones: además de organizar la anglosajona y otras varias, envió mensajeros del Evangelio por toda Europa; tomó interés especial en la misión inglesa, y le mandaba al obispo Agustín instrucciones minuciosas para el trabajo. La autoridad de la sede romana aumentó más que nunca durante la época de Gregorio el Grande, y muy bien se puede afirmar que él fue quien creó el papado de la historia: a la par que supo conservar relaciones amistosas con el emperador, defendió constante y firmemente su autonomía eclesiástica.

29

La propagación del cristianismo

La evangelización de las naciones.

Continuó con el mayor fervor la obra de evangelizar a las naciones y, tanto durante los períodos de persecución como después que Constantino libertó la Iglesia de sus enemigos, el trabajo de las misiones se prosiguió con el mismo celo. El territorio misionero se dividía en tres campos: el de las clases pobres que vivían en las regiones centrales del Imperio; las poblaciones de ciertas provincias que, a pesar de estar remotas, eran posesiones permanentes, y las tribus que vivían a una distancia todavía mayor y que, siendo hostiles a Roma, estaban acechando la oportunidad de satisfacer su ambición y conquistar una parte del Imperio moribundo. Los potentados gentiles acostumbraban desterrar a los cristianos; pero, lejos de debilitar la Iglesia, éste y otros medios de persecución contribuyeron a extenderla por todas partes. No sólo en Roma, sino en los pueblos grandes de las provincias, continuó de una manera intensa y sin tregua el conflicto entre la literatura pagana y el Evangelio. Las doctrinas del Señor Jesús, sin embargo, siguieron ganando más terreno que las enseñanzas sutiles de los maestros paganos, y las palabras del poeta Wordsworth, en la descripción de la conquista que el misionero hizo de los druidas bretones, pueden aplicarse igualmente a los campos del trabajo misionero en los tres continentes.

El año 335 de nuestra era, Atanasio fue desterrado de Alejandría al norte de la Galia: la Iglesia en ese país se aprovechó del buen ejemplo de aquel héroe, y éste no sólo organizó los trabajos, sino que estableció una diócesis en la ciudad de Tréveris, que en aquel tiempo era la capital de la Galia. La Iglesia estaba llena de vigor y de continuo extendiéndose rápidamente y en todas direcciones: a la verdad que las persecuciones, lejos de sofocar el cristianismo, sirvieron para desarrollarlo, puesto que miles de cristianos, no pudiendo gozar de paz en los grandes centros de población, se iban a lugares remotos. Dirigiéndose al imperio romano, Tertuliano decía con entereza: "A pesar de que nuestra historia sólo data de ayer, nos encontramos esparcidos por todo el Imperio: en vuestras ciudades, vuestras islas, vuestros castillos, vuestros pueblos, vuestras asambleas, vuestros mismos campamentos, vuestras tribus, vuestras compañías de soldados, vuestros palacios y vuestro Senado; los únicos lugares que no hemos ocupado son vuestro foro y vuestros templos: esos os los dejamos".

La luz del Evangelio alumbra hacia Oriente.

El centro de donde partió la luz del Evangelio hacia oriente, iluminando las partes más remotas del Asia, y luego hacia occidente, a través del Asia Menor, fue la ciudad de Antioquía. La distancia que traspasó esa luz, de la playa del mar Egeo al poniente de la China, fue más larga que la marcha que hizo Alejandro el Grande. Jerusalén perdió su influencia y dejó de ser el centro del poder eclesiástico; su autoridad espiritual se dividió entonces entre Antioquía, en el norte, y Alejandría, en el sur. Desde época muy remota, Capadocia y toda la costa del mar Ponto Euxino (actualmente Mar Negro) al oriente del estrecho de Dardanelos y del Bósforo, fueron un campo misionero; en Colchis, Iberia y Georgia había muchos misioneros: Gregorio el Iluminador evangelizó Armenia a principios del siglo IV y estableció seminarios y monasterios; Leoncio, el arzobispo de Cesarea, lo consagró primado de Armenia; la traducción que de las Sagradas Escrituras se hizo en la lengua de aquel país, fue el principio de la rica literatura cristiana que posee esa Iglesia. Tales progresos hizo el Evangelio en Persia, que en el siglo III ya había una Iglesia floreciente en Cetesifa; esta ciudad se convirtió en el centro de las misiones que se establecieron más hacia el oriente. Se dice que un mago llamado Magupati o Mobed, se convirtió al cristianismo y que, en una obra que publicó, atacó las doctrinas de Zoroastro y defendió con buen éxito las enseñanzas sabias de nuestra santa religión; sufrió el martirio el año 300, mas no se interrumpió la obra, puesto que otros trabajadores la continuaron con igual fervor. La ciudad de Edesa, en Persia, era un centro importante de saber cristiano: los nestorianos que fueron desterrados del Imperio romano, se refugiaron en ella y echaron los cimientos de una literatura siria tan rica como influyente. La obra de las misiones continuó en oriente, por todos los caminos donde había poblaciones y viajeros; hay indicios muy claros de que se enviaron misioneros del valle del Tigris y del Éufrates al interior de la India. No obstante las persecuciones crueles que los cristianos de Persia sufrieron en el siglo IV, permanecieron fieles al Señor.

La Iglesia en África.

La Iglesia africana se desarrolló de una manera verdaderamente admirable; tenía por centro literario a la ciudad de Alejandría y de allí irradió la luz que evangelizó toda la isla que rodea el Nilo. Se fundaron misiones en varios puntos de ambas márgenes del río, y pronto llegaron hasta donde está la primera catarata en Filae y a los oasis de uno y otro lado. La ciudad de Cartago, que antiguamente era la capital púnica, estaba íntimamente relacionada con el cristianismo de occidente. Miles de cristianos iban desde lugares muy lejanos a esas dos ciudades, y muy especialmente a la de Alejandría, en las cuales se familiarizaban con la teología y las costumbres de la Iglesia, y llevaban después consigo los frutos de sus estudios y observaciones. Estos cristianos romanos y cartagineses consiguieron evangelizar toda África proconsular, incluyendo a Getulia, Mauritania y Numidia, cuyos confines occidentales bañan las aguas del Atlántico. El gran número de obispos que, en el tercer siglo, dependían del patriarcado de Cartago, muestra muy a las claras que el cristianismo no sólo se había propagado extensamente por toda África occidental, sino que ejercía gran influencia en los ánimos del pueblo. Al Sínodo de Labes, cerca de Cartago, que se reunió el año 240 o 242, asistieron nada menos que noventa obispos, y el número de los que firmaron los decretos del Concilio Cartaginés, celebrado el año 308, llegó a doscientos setenta. Abisinia debió su conversión a dos jóvenes, Frumencio y Nedesio, los únicos que sobrevivieron el degüello de una expedición científica conducida por Meropio, un filósofo sirio. Como a fines del siglo IV se tradujo el texto griego aceptado por la Iglesia Alejandrina al idioma antiguo de Abisinia; la Iglesia en dicho país ha cultivado siempre relaciones con Alejandría y se enorgullece en decir que "bebe de la fuente del patriarca de Alejandría". A pesar de su debilidad, el cristianismo abisinio se ha conservado, por medio de una sucesión no interrumpida de gobernantes cristianos, desde el siglo IV hasta el XIX y, con todos sus errores, se puede decir muy bien que es la Iglesia Valdense Suiza en África.

El continente Europeo.

El campo donde se concentró el interés de la obra misionera fue el continente europeo; los misioneros cristianos se encargaron de continuar la obra de Pablo, y predicaron las buenas nuevas del Evangelio por toda la Moesia hasta llegar al río Danubio. Había en Macedonia muchas iglesias, e Ilírica estaba dividida en dos diócesis; por el año 310, ya había tres obispos en Filipópolis de Tracia. La influencia que el cristianismo ejerció en los godos de Dacia, al norte del Danubio, fue de suma importancia, puesto que abrió campos nuevos para los trabajos misioneros y llevó el Evangelio a las numerosas tribus teutónicas que constituían la Alemania oriental de aquel entonces. En la lista de los miembros del Concilio niceno, se halla el nombre de Teófilo, uno de los obispos godos; pero no se debió a él la evangelización de sus compatriotas, sino a los esfuerzos de Ulfilas, súbdito godo que, habiéndose convertido al cristianismo, inventó el alfabeto gótico, hizo que sus conciudadanos entraran en relaciones con los literatos de Roma, y abrió las puertas de par en par, por decirlo así, para que la verdad de nuestra santa religión entrara y se difundiera por todo el territorio ostrogodo. La ciudad de Corinto, y no la famosa capital de Grecia, fue el centro de los trabajos eclesiásticos en esa nación; en Atenas, se asentó la diócesis y el tercer obispo residente en ella sufrió el martirio el año 179. La ciudad de Aquileya, situada en el extremo superior del mar Adriático, fue el punto de partida de los que evangelizaron a los pueblos que vivían al oriente de los Alpes.

Roma.

La obra de la evangelización de Italia se llevó a cabo con vigor y energía y pronto se establecieron varios episcopados en la península; el primer Sínodo provincial se congregó el año 303; pero antes de esa fecha ya se habían reunido nada menos que diecisiete Sínodos y Concilios menores, a los que asistieron todos los obispos italianos. Roma consideraba todo el territorio de España y de Francia como un campo de misiones en el cual era suprema la autoridad del obispo romano: a fines del siglo II, ya había congregaciones cristianas por toda España, y a principios del IV se habían establecido iglesias en todas las provincias galicanas. Se señalaron para residencias episcopales las ciudades de Viena el año 118; de Lúgdunum (Lyón) hacia el 179, y la de Tréveris durante la primera mitad del siglo V.

Alemania.

Los soldados del ejército romano fueron muy probablemente los primeros evangelizadores de Alemania, puesto que es un hecho histórico que donde quiera que se fundaban colonias, las cuales eran otros tantos centros donde imperaba la autoridad romana, el Evangelio se arraigaba. A fines del siglo III, se estableció una sede episcopal en la ciudad de Colonia; el Obispo Narciso introdujo nuestra santa religión en Raetia, y el cristianismo se fundó aun en las costas lejanas del mar del Norte. El apóstol de Escandinavia fue Angaro, nacido el año 801, cuyos triunfos admirables se relatan en el período medieval de la historia eclesiástica.

Los evangelizadores de la Gran Bretaña.

No cabe la menor duda de que el Evangelio se instaló en Inglaterra en una época muy temprana del cristianismo. Fue a mediados del siglo II, puesto que, habiendo César conquistado la Bretaña, se establecieron relaciones muy íntimas entre aquella nación e Italia. Al Concilio que se celebró en la ciudad de Arlés el año 314, asistieron y firmaron los decretos tres obispos bretones: Eborio de Eborácum (York), Restituto de Londínium (Londres) y Adelfio de Colonia Londiniénsium (Lincoln). Los nombres de las ciudades donde estaban situadas las sedes de estos tres prelados, nos muestran muy claramente que existía en toda Inglaterra una organización eclesiástica tan extensa como completa. Allá por el año 400, nació Sucato, Patricio, de padres cristianos de alto rango; tenía dieciséis años de edad, cuando los piratas se lo llevaron cautivo a Irlanda, donde lo dedicaron a cuidar rebaños. Sus confesiones, escritas en un estilo rudo, revelan desde luego su experiencia religiosa tan admirable; se consagró a evangelizar Irlanda y, debido a su influencia, se establecieron iglesias, se fundaron escuelas, se cultivaron las letras cristianas y se enviaron misioneros al continente. Acompañado de doce misioneros, Columbano salió para Francia el año 580, y emprendió un trabajo de evangelización muy bien organizado en todas las partes de la Galia donde no había otros trabajadores cristianos; se mantuvo por completo independiente del obispo de Roma, y no quiso someterse a su autoridad ni en el caso referente a la Pascua de Resurrección. Como le recordaran los que le rodeaban el prestigio de León el Grande, les contestó: "Muy bien puede ser, en este caso, que un perro vivo valga más que un león muerto". Galo trabajó como misionero en la Galia. Wilibrodo, un súbdito inglés, fue a educarse en una de las escuelas cristianas de Irlanda, y luego consagró su vida entera a la obra misionera entre los frisios de las costas del mar del Norte. Bonifacio, nacido cerca de Exeter, allá por el año 680, pasó gran parte de su vida en Alemania, adonde fue enviado como misionero.

30

Conclusiones al primer período

Rápida propagación del cristianismo.
La extensión rápida de nuestra santa religión fue el hecho más notable que caracterizó la transición de la Iglesia primitiva a la Edad Media. Las pretensiones del obispo de Roma, cuya autoridad se iba extendiendo, promovieron la obra de las misiones, puesto que, viendo los obispos que en occidente y en el norte podían ganar mayor terreno que en oriente, rivalizaban los unos con los otros en la buena obra de evangelizar a las naciones. La Iglesia de Roma enviaba gran número de misioneros y dignatarios a fundar misiones, a desarrollar la literatura y a inculcar en el ánimo de los pueblos las verdades del cristianismo. En muchos casos fracasó la obra; los misioneros murieron asesinados, y el antiguo gentilismo de las provincias triunfo sobre la nueva religión. Pero el empuje de la verdad religiosa fue cual avenida de un caudaloso río, demasiado fuerte para ponerle dique. Se lucieron nuevos esfuerzos, ante los cuales cayeron los antiguos ídolos, se derrumbaron los templos y, en su lugar, se construyeron capillas cristianas.

Los misioneros cristianos amantes del saber.
La disposición a crear una literatura es inherente al cristianismo. Los misioneros eran, por lo general, varones versados en teología y, tan pronto como llegaban a sus campos de trabajo, procuraban interesar a los conversos en la literatura siempre creciente de la religión cristiana. Desde muy al principio se abrieron en Fulda y Alemania escuelas, en las cuales se hacían copias manuscritas de la Sagrada Escritura, se editaban libros de instrucción elemental, y se coleccionaban pequeñas bibliotecas. Así se fueron formando los centros de erudición teológica que continuaron creciendo en todas épocas, puesto que ni las luchas tormentosas con las falsas religiones, ni las convulsiones de la Edad Media, bastaron para interrumpir el cultivo de las letras; los cristianos no cerraron sus escuelas ni dejaron secar sus plumas.

El venerable Beda.

Tipo de los literatos industriosos de su época, fue el venerable Beda. Nacido en Durham, Inglaterra, como por el año 673, vivió cien años y pasó la mayor parte de su vida en el monasterio de Wearmouth y Yarrow y llevó a cabo un gran trabajo literario. Escribió nada menos que cuarenta volúmenes: veinticinco, sobre asuntos bíblicos, y quince sobre historia y otras materias. Poco después de haber concluido su traducción anglosajona del Evangelio según San Juan, durmió lleno de paz y regocijo, cantando salmos en compañía de su discípulos.

Los dogmas del cristianismo primitivo.

Al cerrarse el primer período de la vida del cristianismo, los dogmas ya habían asumido una forma permanente. La Iglesia había formulado sus sistemas teológicos, y los credos andaban en labios cristianos desde los desiertos de África hasta las selvas de la Bretaña y las playas del mar del Norte. Es muy cierto que tenían sus defensores las principales herejías, pero éstas iban desapareciendo rápidamente y existían sólo en las provincias lejanas, especialmente en el Oriente; la gran mayoría de los cristianos, esparcidos por todo el mundo, se oponía a ellas. A principios de la Edad Media, se suscitaron otras controversias; pero eran enteramente especulativas, y apenas si se relacionaban con el arrianismo y otros grandes errores.

La tendencia de Roma de llamar a sí toda la autoridad eclesiástica siguió robusteciéndose, y se multiplicaron las dignidades y los oficios eclesiásticos. A fines del primer período, la Iglesia de Roma manifestó de una manera mucho más decidida que nunca, sus pretensiones a la primacía. Los verdaderos monarcas en el sur de Europa, durante los reinados de Constantino hasta Carlomagno, fueron los obispos de Roma. Las grandes riquezas que habían estado a disposición del Imperio, pasaron a las arcas de la Iglesia y sirvieron para construir grandes templos, organizar nuevas misiones, sostener al clero, cuyas filas engrosaban diariamente, fundar escuelas, y desarrollar la literatura eclesiástica.

Las supersticiones.

La superstición durante este período transitorio de la Iglesia fue muy grande: llegaron al extremo de atribuir un poder milagroso a las cenizas de los santos; los lugares donde éstos habían fallecido, se consideraban sagrados, y en ellos se levantaban suntuosos templos; el número de los santos del calendario aumentó considerablemente, y se estableció la costumbre de celebrar fiestas en memoria de todo aquel que había llevado una vida un poco elevada sobre el nivel común, y dado ejemplo de piedad, devoción y renuncia de sí mismo. Una de las causas que coadyuvaron al desarrollo de la superstición, fue la degradación moral en que yacía el pueblo. Cuando Constantino promulgó el cristianismo como la religión oficial en todos sus dominios, la Iglesia hubo de encargarse de la educación y desarrollo espiritual de muchos millones de súbditos del Imperio romano. Esta responsabilidad fue demasiado grande. Los habitantes de los grandes centros de población, estaban aún bajo el dominio de las tradiciones paganas y de las supersticiones groseras que habían emanado de los sistemas politeístos. La condición de los pueblos de provincias era peor todavía; la fe que habían heredado de sus antepasados, consistía en una aglomeración tosca de los ritos idólatras. No existía ni siquiera ese respeto a la sociedad que sirve de base para el desarrollo de la moral. No es nada extraño, por consiguiente, que esas multitudes heterogéneas y sin educación, que fueron forzadas repentinamente en el gremio de la Iglesia, se resistieran a dejar sus supersticiones, y aceptaran tan paulatinamente las costumbres de los cristianos.

Al entrar la Iglesia en el período tenebroso de la Edad Media, había motivo para preguntar: ¿No la destruirán por completo las inmensas riquezas que posee, la grande superstición que la domina, y el orgullo tan tremendo del clero? La obra de la Reforma es la respuesta más cabal a dicha pregunta. La Iglesia perdió mucho durante esa larga noche de tinieblas; pero al fin vino la luz del día. El poder inherente de purificarse es la prueba más clara del origen divino de la Iglesia, y la profecía evidente de que ha de conquistar al mundo entero.

HISTORIA GENERAL DEL CRISTIANISMO: SEGUNDO PERÍODO

LA IGLESIA EN LA EDAD MEDIA
Años 768 al 1517 d. C.

Contenido:

1. La transición medieval
2. El reinado de Carlomagno
3. La Iglesia y el Estado bajo los últimos emperadores carolingios
4. Las falsas decretales
5. El Islam
6. Las escuelas de pensamiento en la época de Carlomagno
7. Desarrollo de la teología
8. El gobierno de los papas
9. La Reforma Gregoriana
10. Vida y costumbres del clero
11. Los cultos públicos
12. Los escritores de la época
13. Nuevas misiones
14. El cisma entre Oriente y Occidente
15. La Iglesia anglosajona
16. Arnaldo de Brescia
17. Los valdenses y los albigenses
18. Tomás Becket
19. Las Órdenes Monásticas
20. Los monasterios como centros de cultura
21. Las artes cristianas
22. El culto cristiano
23. Las Cruzadas
24. La filosofía árabe
25. Los Hohenstaufen en Italia
26. La filosofía judía
27. La filosofía escolástica
28. Pedro Abelardo
29. La literatura en la Edad Media
30. Surgen las universidades
31. El papado se divide
32. Conclusiones al segundo período

1

La transición medieval

Importancia de la Edad Media.
La importancia de la Edad Media consiste en que fue una época de carácter transitorio. En el primer período de nuestra era se plantó la religión cristiana, se organizó el gobierno eclesiástico y se definieron los dogmas de la fe. En el período moderno se han aplicado los preceptos de dicha religión a las necesidades sociales, intelectuales y morales del género humano. Entre estas dos épocas vino la Edad Media. La misión trascendental de este período de la historia, fue el discernir si el cristianismo era capaz de satisfacer las necesidades de las nuevas naciones; el resistir el ataque de las escuelas filosóficas; distinguir y preservar todo lo mejor que había quedado de los tiempos antiguos, y transmitirlo a salvo a la generaciones posteriores; descubrir, sobre todo, si la religión cristiana podía sobreponerse a las debilidades e inconsecuencias de sus adeptos, y, por último, echar los cimientos de una vida nueva y espiritual haciendo que la Iglesia volviera sobre sus pasos y siguiese el ejemplo puro de la edad apostólica. La obra especial de la Iglesia medieval fue el guiar al género humano en su transición de las ideas limitadas de los paganos a la civilización y cultura protestante. A este propósito, dice Baur: "Toda esta época de la historia eclesiástica debe considerarse como un período de transición, al fin del cual todos los elementos, que se habían manifestado en diferentes partes del mundo, se concertaron y unieron, a fin de presentar a la Iglesia medieval en toda la plenitud de su influencia y grandeza universal".

Los tres períodos de la Edad Media.
El primer período de la Edad Media se extiende desde Carlomagno hasta el principio del papado de Gregorio VII, es decir: desde el año 768 de nuestra era hasta el 1073. Durante este tiempo se absorbieron y unificaron por completo las tribus tungras y septentrionales. El islamismo, que apareció, como quien dice, en los linderos del período antiguo y el medieval, ejerció una influencia opuesta al cristianismo. Tanto en la Iglesia como en el Estado, la supremacía papal llegó a su apogeo.

Empezó el segundo período con la ascensión de Gregorio VII al trono pontificio el año 1073, y duró hasta la traslación a Francia de la sede papal en 1305, año en que por primera vez se quebrantó el poder absoluto del papado y apareció el albor de la libertad de conciencia. Durante este período aumentó el número y prestigio de las órdenes monásticas; se introdujo el método de las ciencias especulativas en las discusiones teológicas; nació, y luego desapareció, el escolasticismo, ese sistema de filosofía cristiana, arábiga y judaica, en que domina la enseñanza de Aristóteles concertada con las respectivas doctrinas religiosas; y, por último, se organizaron las cruzadas.

Data el tercer período de la traslación a Francia de la sede romana hasta el principio de la Reforma, es decir: del año 1305 al 1517. La unidad papal se hizo pedazos. Se emprendió con gran vigor el estudio de las letras humanas que no sólo cambió el orden antiguo de las cosas, sino que coadyuvó al avivamiento de la religión y produjo una actividad intelectual de trascendencias incalculables.

La transición literaria.

Debilitadas por el conflicto con el cristianismo, las costumbres y condiciones de la vida pagana tuvieron que sucumbir, y empezó un orden de cosas enteramente nuevo. La propagación del Evangelio en las naciones incultas del norte, desarrolló una nueva índole literaria que no dejó en su antigua estancamiento ninguno de los departamentos del saber humano. La actividad intelectual y el entusiasmo por las letras fueron muy grandes. Se adoptaron, al empezar la Edad Media, nuevos métodos de escribir la historia. Las antiguas *Crónicas de los Francos* estaban escritas en monosílabos, y no mejoró ese estilo desaliñado y rudo durante los reinados de los sucesores de Tredegaro. Pero, del estilo tan castizo y pulido de los escritores se deduce que, desde principios del siglo IX, se familiarizaron con las obras clásicas del período greco romano.

Progreso universal.

Los científicos empezaron a hacer investigaciones, en parte originales, y en parte sugeridas por los conocimientos árabes que la invasión musulmana había introducido en España. No solamente preservaron los monjes las grandes obras de los padres, sino que salvaron, para las generaciones venideras, las producciones más valiosas de los maestros de la filosofía y el drama griegos, la historia y la poesía romanas, haciendo de ellas copias a mano con una paciencia admirable. La hidalga poesía de los siglos XII y XIII llegó a tomar formas muy bellas y a ser no sólo la base, sino la inspiración de muchas de las producciones de siglos posteriores. Asumió la arquitectura estilos nuevos y atrevidos que sugirieron la construcción de los edificios más famosos de la época moderna. Las artes plásticas se desarrollaron y empezaron a adornar las basílicas y los edificios cristianos. A Dante, a Petrarca y a Bocacio, que fueron a la vez las criaturas del modo de pensar medieval y los profetas de lo futuro, les debe la Italia contemporánea tanto como a Garibaldi y a Víctor Manuel. La tendencia hacia la unificación política se acentuaba más cada día. El amor a la libertad y el anhelo de obtenerla, que millones de hombres llevaban en sus corazones, nacieron en esa época llamada la Edad Media. Al echar sobre ella una mirada retrospectiva, no podemos menos de considerarla como de un valor inestimable. Las inmensas ventajas, intelectuales y políticas, de que gozamos en el siglo XIX, son los frutos legítimos de la semilla que se sembró, entre el siglo IX y el XVI, en el terreno feraz de la inteligencia humana.

2

El reinado de Carlomagno

Nuevo orden de cosas.

El primer monarca que consolidó el poder de las naciones transalpinas y que dio el golpe de gracia al bamboleante Imperio romano, fue Carlomagno. Durante su reinado empezó el predominio de las nuevas naciones godas del norte que tanto influyeron en la vida posterior

EL REINADO DE CARLOMAGNO

de Europa: desaparecieron las costumbres antiguas del período clásico, y empezó una vida política enteramente nueva. El año 768 falleció Pepino, y su hijo Carlomagno, a quien los alemanes llaman Karl der Grosser, ascendió al trono. Dividió el Imperio, tomando para sí la Austrasia, la Neustrasia y otras partes orientales de los dominios francos, y le dio a su hermano Carlomán el territorio occidental de dichas posesiones, o sea Francia, y gran parte de Alemania. Habiendo muerto Carlomán el año 771, Carlomagno agregó a su Imperio todos los dominios que pertenecían a los otros miembros de la familia, promulgándose soberano de todos, y sin guardar el menor respeto a los derechos de sus sobrinos. Muy bien preparado estaba el terreno para entrar en la nueva vida europea; la Iglesia y el Estado trabajaron acordes para dominar el mundo entero.

Táctica de Carlomagno.

Este emperador fue un hombre astuto por excelencia, como lo demuestra la táctica que siguió. Se consideraba como un soberano escogido de Dios, que descendía no sólo de Constantino y de César Augusto, sino también de Salomón y de David, y que era, por consiguiente, el fundador de una gran teocracia. Procuró no dar la menor ofensa al obispo de Roma, y lo trató siempre como al Sumo Sacerdote; si bien en el fondo de su corazón, se creía con derecho a ejercer las más altas funciones sacerdotales. Le guardó el mayor respeto y no infringió nunca sus derechos; al mismo tiempo, le hizo ver que a los reyes y conquistadores también les asisten prerrogativas y que, sin la cooperación de los potentados de la tierra, la Iglesia no puede progresar ni tener paz. Al Papa León III le guardó toda clase de consideraciones, en premio de las cuales recibía constantemente favores que aumentaron su influencia tanto con sus súbditos como en la Iglesia. Según el mote de Carlomagno, "La Iglesia enseña a los fieles; el emperador está obligado a defenderla y a procurar aumentar su gremio". Dirigiéndose a León III, definió sus mutuas relaciones con estas palabras: "Dios mediante, he de cumplir con el sagrado deber de proteger la santa Iglesia de Cristo en contra de los ataques de los gentiles y de las desolaciones de los incrédulos; la he de defender, además, aceptando todo aquello que es de fe. Vos, santo padre, debéis, por vuestra parte, levantar las manos al cielo, como lo hizo Moisés, e implorar sobre mí y el ejército la bendición de Dios". El Papa aceptó esta declaración de la manera más complaciente.

Preparativos para el pacto Iglesia-Estado.

Durante los movimientos políticos anteriores, se habían hecho los preparativos necesarios para este concordato entre el Papa y los emperadores. Roma estaba a la merced de los lombardos, enemigos tan atrevidos como feroces, que amenazaron saquear la ciudad santa y apropiarse sus grandes riquezas. El año 734, Gregorio III indujo al emperador franco, Carlos Martel, a que lo protegiera en contra de Luiprando, el rey de los lombardos. Cuando Pepino, padre de Carlomagno, trató de extirpar la dinastía merovingia, el Papa Zacarías dio su aprobación oficial a la deposición del rey Quilderico III, y usó su influencia para que Pepino subiera al trono y fundase la dinastía carolingia. De este favor no se olvidaron nunca el rey ni los súbditos francos. Pasado algún tiempo, el Papa Esteban II fue a Pepino en Francia y le hizo prometer que iría con su ejército a Italia a defenderlo en contra de Astolfo, el nuevo rey de los lombardos, que había invadido el exarcado griego (grupo de cinco ciudades cuyo territorio se extendía en la costa oriental desde Rímini hasta Ancona). No contento con esto, Astolfo sitió la ciudad de Roma. Cumplió su promesa Pepino y en 772 derrotó a los lombardos, tomó posesión del exarcado, y el año 774 nombró al Papa patricio de dicho territorio. La dignidad de patricio era la tercera en una provincia y era inferior solamente a la del emperador y la del cónsul. Así fue como el Papa obtuvo la potestad civil; no importó nada el que el mencionado territorio perteneciera al Imperio bizantino, y que se hicieran protestas en contra de tal innovación. Pepino le dio al Papa dicho territorio, y Esteban II lo aceptó. Tal fue el principio de ese poder temporal del papado, que duró nada menos de once siglos y que no se acabó sino hasta el año 1871 en que Garibaldi y Víctor Manuel entraron triunfantes en la ciudad de Roma.

Hermandad del Papa y el emperador.

Los últimos arreglos para consolidar los intereses papales e imperiales se hicieron durante el reinado de Carlomagno. Habiendo Desiderio, el nuevo rey lombardo, invadido el territorio del Papa y sitiado la ciudad de Roma, Adrián I apeló a Carlomagno implorando su protección. El emperador invadió Italia con un gran ejército y venció a los lombardos. No solamente confirmó la donación que su padre Pepino había hecho al Papa veinte años antes, sino que le dio más territorio. Pasó a Roma, donde el inteligente y sagaz León III lo recibió con la mayor pompa. En medio del solemne culto de la Pascua de Navidad del año 800, el Papa, descendiendo de su trono y acercándose a donde Carlomagno estaba arrodillado, le puso en la cabeza una corona de oro, y le dijo: "Carlos Augusto, emperador grande y pacífico, Dios, en cuyo nombre te corono, te preste larga vida y te dé la victoria sobre todos tus enemigos". El plan estuvo bien concebido y se llevó a cabo a las mil maravillas. La multitud y el ejército franco, que llenaban la basílica, prorrumpieron en gritos de aclamación; las numerosas campanas de la ciudad eterna anunciaron la hermandad del Papa y del emperador, y todos los habitantes parecían estar locos de contento. El significado de aquella ceremonia de la coronación era obvio; hasta ese momento no había confirmado la Iglesia la autoridad real de Carlomagno, lo que éste había deseado por mucho tiempo. Esa aprobación de su potestad imperial selló para siempre los labios de los descendientes de Carlomán, y le dio al emperador prestigio suficiente para vencer toda clase de oposición. En recompensa de servicio tan grande, el emperador concedió al Papa todavía más terrenos y, no satisfecho con esto, da al papado la soberanía temporal; cosa enteramente nueva en la historia.

Relaciones posteriores de Carlomagno y el Papa.

Estas fueron siempre muy fraternales, puesto que formaban parte de la política general que ambos determinaron seguir para provecho mutuo. Inmediatamente después de la mencionada coronación, trocó el emperador su traje del norte por la túnica, el manto y las sandalias de los romanos. Al salir de aquella capital, después de haber dado a León III, y recibido de él, el ósculo de paz; al desaparecer del otro lado de las colinas de la *campaña* entró Europa en una vida nueva. Este convenio, según el cual los emperadores del norte habían de sostener al papado, defendiéndolo en todas las emergencias que ocurriesen, y el papado, por su parte, había de dar al Imperio su bendición espiritual, parecía muy deseable; mas engendró grandes peligros para el futuro. Los dos poderes se hicieron esclavos el uno del otro: el papado necesitaba, para sostenerse, de la protección de las armas imperiales, y al Imperio amenazaban constantemente las disensiones encabezadas por los miembros de la dinastía, en caso de que el Papa se rehusara a tomar parte en la coronación del heredero al trono. Llegó el día en que ambas partes lamentaron amargamente la visita de Carlomagno a Roma y el hecho de que el Papa hubiera colocado sobre su cabeza la corona de los Césares.

3

La Iglesia y el Estado bajo los últimos emperadores carolingios

Ejemplo de Carlomagno.

Este monarca insistió siempre en retener el predominio imperial, y no cedió nunca al Papa el poder absoluto sobre la Iglesia. Sabía perfectamente que los antiguos emperadores romanos habían tenido autoridad en los asuntos religiosos del Estado, insistió, por lo tanto, en sus opiniones respecto a la responsabilidad teocrática. Si bien coadyuvó a sus planes el que el Papa lo coronara, dicha ceremonia, con todo y haber sido tan augusta, no limitó en manera alguna su autoridad real. Se consideraba como el señor feudal de Roma y, por consiguiente, del Papa romano. Que dio muy poca importancia a la coronación, lo demuestra muy a las claras el hecho de que, habiendo decidido que su hijo Luis compartiese con él el gobierno del Imperio, él mismo lo coronó con sus propias manos el año 813.

Los sucesores de Carlomagno.

No se distinguieron los descendientes carolingios por sus dotes intelectuales; antes su habilidad fue disminuyendo a un grado lamentable. Sin embargo, no cedieron nada a los papas, sino que insistieron en el ejercicio de sus derechos imperiales y de su autoridad soberana en todos los asuntos religiosos de Europa. Todos y cada uno de ellos siguieron el ejemplo de sus predecesores en el trono, y ejercieron la prerrogativa de elegir a los obispos. Tal era la simonía de aquellos tiempos que, cuando quedaba vacante una sede episcopal, las autoridades civiles la vendían con frecuencia al mejor postor. Nada valió que protestaran en contra de tal abuso el Concilio de Orleáns, que se reunió el año 549, y el de París, celebrado en 547; siguió el mal. El año 631, Dagoberto I nombró a un laico tesorero de la diócesis de Cahors. De todos los príncipes bárbaros, ni uno solo se sometió a la autoridad del Obispo de Roma. Bonifacio fue consagrado arzobispo por la imposición de manos reales. Carlos Martel dio de premio a varios oficiales del ejército las mejores sedes que había en el Imperio. El sueño de muchos de aquellos guerreros, cuya tez estaba tostada por los rayos del sol, era pasar los últimos años de su vida tranquilamente en alguna basílica, y llevar la cruz alta en la diestra llena de honrosas cicatrices. Continuó imperando la dinastía carolingia y, al mismo tiempo, continuaron aumentando las prerrogativas y la supremacía papales. Debido al prestigio de

Carlomagno y a los servicios que había prestado a la Iglesia, no se opuso el Papa a los nombramientos que aquel monarca hizo de obispos. Pero sus descendientes fueron gobernantes débiles que no podían alegar servicios semejantes, y a quienes los papas no tuvieron gran respeto.

Independencia del episcopado.

El fin que se propusieron los emperadores, elegir a los obispos, fue que estos derivasen su autoridad del poder civil, y no estuvieran bajo la potestad papal. Esto dio mucho en que pensar a los papas, los cuales vieron claramente la intención imperial de crear un episcopado independiente. Los obispos estaban en contacto diario con las masas del pueblo, y se rehusaron a obedecer las órdenes que se les mandaron de Roma. Vieron, pues, los papas que precisaba cambiar este orden de cosas y así es que, durante el imperio de los últimos soberanos carolingios, trabajaron porque las elecciones de obispos se hicieran en Roma, lo cual consiguieron en muchos casos. De esta manera robustecieron el papado y debilitaron el Imperio. No había nadie que se lo impidiera: ya no había un Carlomagno que se ciñera la corona imperial.

Bajo la dinastía carolingia, el gobierno general del Estado incluía el de la Iglesia. Durante los imperios de Pepino y Carlomagno, el mismo cuerpo legislativo dirigió los asuntos políticos y eclesiásticos. Es muy cierto que el clero tenía sus diputados, pero éstos sólo servían de adorno, así como los obispos anglicanos adornan hoy día el Parlamento. Dividió Carlomagno su Asamblea General Legislativa en tres departamentos: el de los obispos, el de los abades, y el de los duques. Atendían a los asuntos eclesiásticos el primer departamento y el segundo, y a los políticos el tercero. A primera vista, parecía que el pueblo gozaba de libertad política; pero, en realidad, el emperador era absoluto en su imperio. De los obispos y abades exigía que contribuyesen para el ejército un contingente de soldados en proporción a las rentas de que gozaban como dignatarios eclesiásticos. Prohibió a los clérigos, el año 801, que se dieran de alta en las filas del ejército.

Se extingue la dinastía carolingia.

Simultáneamente con el triunfo de la supremacía papal, ocurrió la extinción de la dinastía carolingia. Las relaciones agradables entre el papado y el Estado, que fueron de mutua y gran utilidad, duraron como cien años. Carlos el Gordo, apenas fue como una sombra del gran Pepino y de Carlomagno. El año 855 declararon los obispos neustrianos, ante Luis el Germán, que no se creían obligados a pagar homenaje, ni hacer juramento solemne de fidelidad a su soberano. Sínodos, concilios y papas clamaban deseando que volviera a establecerse el modo primitivo de elegir a los obispos. Los últimos descendientes de Carlomagno fueron gobernantes débiles que pasaron sus postreros días en el palacio de Laón, sin apercibirse de lo que pasaba. Mientras tanto, la Iglesia no sólo había recobrado sus antiguas prerrogativas, sino que gozaba de nuevos privilegios; tenía asido el nuevo territorio con tremendas garras, y no aflojaba sino cuando extendía la mano con el fin de apropiarse más. La soberbia donación de territorio que recibió de Pepino y de Carlomagno, la pagó con un lujo de orgullo y alarde de independencia que sorprendieron aun a los vecinos del Tíber.

4

Las falsas decretales

Los papas apelan al pasado.

Durante los períodos de efervescencia religiosa acostumbran los hombres, a fin de corroborar sus opiniones, apelar a la historia de épocas pasadas, y este aserto es aplicable tanto a los principios malos como a los buenos. No obstante la cordialidad fraternal que reinaba entre el emperador y el Papa, el deseo de que éste obtuviera la supremacía prevaleció por toda la cristiandad latina durante el primer período de la Edad Media; deseo lleno de calma y moderación, pero que, al mismo tiempo, estaba esperando que llegase la hora de presentarse en todo su vigor y fuerza. El papado le llevaba a la familia real una gran ventaja: el heredero de la corona podía muy bien ser un gobernante débil e inepto; mas, para ocupar la silla episcopal de Roma, se necesitaba ser un varón capaz y hábil. La ley canónica para la elección de obispos no era uniforme: el emperador nombraba a los metropolitanos, y se supone que el Papa elegía a todos los demás. Estas dos clases de prelados eran adversas la una a la otra. Debido a esta falsificación astuta y a la dirección hábil de la opinión pública, adquirió gran apoyo la influencia de los obispos y del Papa.

Las falsas decretales atribuidas a Isidoro.

Hubo en España, en el siglo VII, un arzobispo, Isidoro de Sevilla, que rindió a la Iglesia alemana el gran servicio de dar a conocer varias obras clásicas y patrísticas de gran importancia. Tenía la reputación de ser varón sapientísimo y de grandes virtudes; falleció el año 636. Valiéndose de la fama de este prelado y trayendo a la memoria los servicios que había prestado a la Iglesia, alguien le atribuyó ciertas decretales que fortalecían la potestad romana en perjuicio del poder político. La Iglesia entera fue víctima del engaño; mas no pudo haber decepción más grata al clero, puesto que duró el tiempo necesario para solidificar la potestad eclesiástica, hacer temblar a las autoridades civiles, y concluir los preparativos para que, una vez muerto el último emperador carolingio, Roma extendiera su cetro sobre todos los soberanos de la tierra.

Tenían las seudodecretales todas las características de una falsificación perfecta. Representaban ciertos escritos, y eran las mejores de su clase. Por ejemplo, la Iglesia en el Occidente había usado por lo general la colección de Cánones y Epístolas de Dionisio Exiguo. Isidoro de Sevilla había juntado ciertos cánones importantes que no se encontraban en dicha colección, contribuyendo así, de una manera muy eficaz, a la centralización en Roma de la potestad eclesiástica. ¿Como harían los papistas para continuar esta obra de llamar a sí toda la autoridad, cuando los emperadores carolingios estaban ganando tanto prestigio y amenazaban eclipsar al obispo de Roma, especialmente cuando éste tuvo que implorar la protección de las armas reales, en contra de los lombardos? Recurrieron a la mentira, y tomando el nombre de Isidoro, cuyos restos yacían en el sepulcro, lo usaron para reforzar la bamboleante causa. Afirmaron que dicho escritor había dejado cierto número de decretales, o sea, decretos de Concilios pasados, que jamás habían visto la luz pública, pero que afortunadamente, acababan de ser descubiertas. Pusieron a varios escribientes a sacar copias de dichas decretales, y las diseminaron por todas partes. Ningún compilador se había atrevido a citar a los escritores anteriores a Siricio, cuyo pontificado duró del año 384 al 398, pero este falsario no era nada tímido; antes, con gran descaro, sacó a la luz pública decretos de Concilios jamás celebrados, y cartas nunca escritas de Clemente y Anacleto, obispos de Roma, contemporáneos de los apóstoles, y de cerca de treinta de los Padres de la era apostólica.

Contenido de las decretales.

Bastaba fijarse en el contenido de las decretales, para ver, desde luego, que éstas eran falsas. Estaban divididas en tres partes: la primera contenía los cincuenta cánones apostólicos auténticos, y cincuenta y nueve escritos espurios atribuidos a los obispos romanos, desde Clemente I hasta Melquíades, o sea, desde fines del primer siglo hasta principios del cuarto. Menciónase en esta parte, y en interés del papado, la mencionada concesión de territorio que Constantino hizo al Papa; cosa que jamás ocurrió. La segunda parte se compone exclusivamente de cánones sinodales, todos auténticos. Incluye la tercera varias decretales genuinas, nada menos de treinta y cinco falsas que se pretendía habían sido escritas en diferentes épocas desde el Papa Silvestre I, fallecido en 335, hasta Gregorio II, que murió el año 731. Desde el principio hasta el fin, se ve que el objeto de las seudodecretales fue el hacer aparecer, con autoridades primitivas, que los obispos habían sido independientes de otras jerarquías. Enseñaban igualmente que la Iglesia tiene el deber de protegerse a sí misma y a sus ministros. Los obispos no deben ser sufragáneos al metropolitano, sino enteramente independientes de él. Por consiguiente, siempre que se abra un proceso en contra de un diocesano, no debe hacerse ante el metropolitano, ni mucho menos ante un tribunal seglar; sino exclusivamente ante el Papa. Los procesos en contra de los clérigos deben, asimismo, fulminarse ante los juzgados eclesiásticos. Quien insulta a un sacerdote, insulta a Dios, puesto que Dios ama a sus ministros como a las niñas de sus ojos. No debe darse oídos a los cargos proferidos en contra de un obispo, a no ser que los sostengan setenta y dos testigos; la corte que lo juzgue ha de componerse de doce obispos. Queda reservado al Papa el derecho de convocar sínodos y, sin su aprobación, los decretos no tienen fuerza alguna: son nulos y de ningún valor.

La mayoría de los historiadores contemporáneos han abandonado la opinión, sostenida en épocas pasadas, de que el objeto de las decretales fue el apuntalar el edificio bamboleante del papado. La opinión sobre este asunto está dividida hoy día, y prevalecen dos teorías. La primera es que el fin de aquella publicación fue el promulgar un código de disciplina y gobierno cristiano, cuya necesidad se había hecho apremiante en aquella época de desconfianza general en la sociedad y de confusión en los asuntos de la Iglesia. Según la segunda, que en nuestro humilde parecer es la mejor, el objeto que se propuso el autor de las decretales fue el hacer a los obispos independientes del Estado, de sus metropolitanos y de los sínodos provinciales. Se reconoció y magnificó la potestad del Papa, pero se hizo en provecho de los obispos. Hasta nuestros días no se ha descubierto quién fue el autor de las decretales. El latín bárbaro del siglo IX en que están escritas; las citas que el autor hace de obras posteriores a dichas decretales; los anacronismos torpes en que abundan; el hecho de que no existe el menor testimonio respecto a sus partes más antiguas, y los esfuerzos que en ellas se hacen por satisfacer prejuicios contemporáneos, son otras tantas pruebas de que no las escribió Isidoro. En toda la historia de la literatura, este es el único caso de que un embuste haya permanecido encubierto tanto tiempo, a pesar de las dudas que ha habido de él. Varía la fecha de su publicación del año 844 de nuestra era al 857. Probablemente fueron escritas en el Imperio franco romano; pero esto no se sabe a ciencia cierta. La teoría más plausible respecto del autor de esta colección es que el arzobispo Riculfo, cuya prelacía duró del año 786 al 814, llevó consigo de España una copia de la obra de Isidoro. El arzobispo Autcaro, después de añadir al texto y de hacer en él cambios, la publicó en Mainz. El copiante fue un monje benedictino, llamado Levita, quien probablemente no sospechó que estaba cooperando a perpetrar un fraude.

Influencia de las decretales.

Tal fue la influencia de las seudodecretales, que papas, concilios, sínodos, y otros eclesiásticos subalternos apelaban a ellas como a una autoridad suprema, y las citaban para decidir cuestiones que habían conmovido a toda la cristiandad. Después del año 864, los papas acostumbraban citarlas en sus edictos como si tuvieran fuerza de ley. Antes del siglo XII, nadie dudó que fueran genuinas El primero que expresó sus dudas fue Pedro Comestor. Pero no se probó el fraude sino hasta el siglo XVI, cuando los primeros historiadores protestantes, los autores de las Centurias de Magdeburg, descubrieron el famoso engaño. Desde entonces, los mejores autores católicoromanos no han creído en la autenticidad de las dichas decretales, y las llaman un fraude piadoso. Moehler dice que su autor debe haber sido un romántico. El Cardenal Newman da a dicha colección el nombre de "una falsificación".

5

El Islam

Mahoma.

El fundador del Islamismo nació en la Meca, ciudad de Arabia, por el año 570, d. de C. Era descendiente de la tribu Quarysh o coraix, cuyos miembros gobernaron la Meca y el territorio circunvecino, y bajo cuya protección estaba el Kaaba, que ya era templo antiguo y centro del culto nacional de Arabia. Habiendo perdido a sus padres en su niñez, lo recogió su abuelo. A la edad de veinte años empezó a mostrar su inclinación a la vida de guerrero, y mucho tiempo después, refiriéndose a su experiencia en el arte de la guerra, dijo: "Me acuerdo muy bien de la primera vez que tomé parte con mis tíos en una batalla, y de las muchas flechas que disparé al enemigo; de lo cual no me he arrepentido nunca". Fue pastor de rebaños por algún tiempo, y afirmaba que no había existido ningún profeta que no hubiera apacentado ovejas. En su juventud fue muy superior a sus contemporáneos, puesto que, lejos de llevar, como todos ellos, una vida desenfrenada, sus costumbres eran puras; era, además, un hombre muy reservado y, a una edad temprana, mostró el odio que profesaba a la idolatría de sus tiempos. Una viuda rica, llamada Khadija, lo hizo jefe de una caravana que mandó a Siria. A su regreso, Mahoma se casó con ella: tenía a la sazón veinticinco años de edad y la consorte había llegado a los cuarenta. Debido a la opulencia de su mujer, vivió con holganza, y tuvo el tiempo de meditar y la oportunidad de llevar a cabo sus planes de establecer una nueva religión.

Vida de Mahoma.

Pretendía "el profeta" que caía en rapsodias, durante las cuales recibía revelaciones. Una de las primeras personas que creyeron en él como en un profeta, fue su esposa; cuarenta o cincuenta individuos lo aceptaron como tal aun antes de que hiciera públicas sus pretendidas revelaciones. Llamó su religión Islamismo, que significa "el rendimiento del propio albedrío a la voluntad de Dios". Aborrecía los ídolos de todas clases, y amonestó a sus paisanos a que volvieran a la fe antigua de Abraham. Enseñaba las doctrinas cardinales del judaísmo: la resurrección del cuerpo, el juicio final, y los premios y los castigos que, en la otra vida, han de recibir los hombres por sus obras, buenas o malas, hechas en ésta. Se levantó gran oposición, y Mahoma, en compañía de quince de sus adeptos, cruzó el mar Rojo y desembarcó en Abisinia. Este fue el principio de la primera *hégira*[7], teniendo entonces Mahoma cuarenta y siete años. Regresó a los tres meses y, en un momento de debilidad, o tal vez con el fin de asegurar el buen éxito de su nueva fe, cedió a la idolatría popular y llegó a decir, hablando de los tres ídolos, Lata, Oza y Manata: "Estas son las tres diosas a quienes la divinidad ha exaltado, y cuya intercesión deben, por consiguiente, solicitar los hombres". Pero se arrepintió muy pronto de su flaqueza, y denunció con mayor vigor que nunca, toda clase de idolatría. Huyó por segunda vez a Abisinia, donde el rey cristiano Nego lo recibió cordialmente. Hasta entonces la religión musulmana no había sido antagónica al cristianismo, antes le profesaba amistad; pero, a debido tiempo, se acentuó la diferencia que había entre las dos religiones y, tan pronto como el islamismo empezó a hacer sus múltiples conquistas, se acabó la amistad. Sin embargo, se encuentran trazas en el Corán de que Mahoma estaba familiarizado con los sucesos principales de la vida de nuestro Señor Jesucristo: probablemente adquirió estos conocimientos durante los viajes que en su juventud hizo a Siria. Existe, además, la circunstancia de que en varias partes de Arabia, y probablemente en la ciudad de Meca, había cristianos de quienes debe haber aprendido las doctrinas de nuestra santa religión.

A los cincuenta y dos años de edad, Mahoma empezó a tener mayor éxito que nunca; su credo recibió mejor aceptación en los lugares lejanos que en su ciudad natal de la Meca. El año 622 después de Cristo, mudó su residencia a la ciudad de Medina, donde la nueva fe

---

[7] Esta palabra, que según el Diccionario de la Academia viene del árabe *hichra*, "hégira", significa "huida", relacionada con la huida de Mahoma de La Meca a Medina, a partir de la cual los musulmanes computan su era, que arranca desde el viernes 16 de Julio de 622. "No se introdujo el cómputo de las hégiras hasta diecisiete años después, en que lo adoptó el Califa Ornar, fijando el principio de él en el primer día de la luna nueva del mes de Moharram, porque en tal sazón quiso Mahoma que comenzara el año. Los de la hégira son lunares, y así tienen once días menos que los solares: de donde resulta haberse, en doce siglos, adelantado treinta y ocho años a la era cristiana la hégira de los árabes". N.T.

había adquirido gran fuerza, y ayudó a construir la gran mezquita tan famosa en la historia posterior del islamismo. Enemigas decididas eran las ciudades de la Meca y de Medina; ésta favorecía a Mahoma y aquélla se le oponía. Se enardecieron los ánimos a tal grado, que se libró una batalla en Bedr, la cual fue decisiva y dio la victoria a Mahoma. Si bien ese lugar no fue el campo donde se derramó la primera sangre, dicha batalla sí fue el principio de la historia sangrienta del islamismo. Continuó Mahoma venciendo a sus enemigos; una por una, fue conquistando a todas las tribus, hasta que llegó a infundir terror en toda Arabia. Envió embajadores a las cortes extranjeras, de las cuales recibió en cambio mensajes y regalos. Estaba haciendo preparativos para abrir una campaña en los confines de Siria, cuando, a la edad de sesenta y tres años, lo sorprendió la muerte.

El Corán.

Este es el nombre del libro en que se contienen las revelaciones que Mahoma pretendió haber recibido de una manera sobrenatural, y las cuales dejó como la ley de fe y práctica que sus adeptos deben seguir en todas las edades. En cierta ocasión, durante la última peregrinación en que tomó parte, les dijo a sus adeptos que aquel día había concluido de perfeccionar su religión. Desde aquella fecha hasta la presente el Corán no ha sufrido el menor cambio; antes ha sido, y es, la regla de fe y de las costumbres de los ciento setenta y tres millones de almas que constituyen la población musulmana. Dicho libro es una mezcla de leyendas, narraciones históricas, tradiciones patriarcales de los judíos, y enseñanzas sensuales. No solamente permite la poligamia, sino que anima a los partidarios del islamismo con promesas de goces materiales en el paraíso. A la vez que condena severamente la idolatría, proclama la unidad de Dios. Hay en las páginas del Corán una gran confusión cronológica. Muchos de sus preceptos morales sólo tuvieron por objeto el encubrir las debilidades de Mahoma. La ley que rige la poligamia es el capricho del marido, y el divorcio se practica con la misma facilidad. Se considera la esclavitud como una institución civil. Los musulmanes se creen obligados a pelear para extender su religión; la Iglesia y el Estado son una sola y misma institución; el fatalismo prevalece en todo ese sistema religioso.

Conquistas de los musulmanes.

Bajo Abú Bekr y los sucesores posteriores de Mahoma, la nueva fe se propagó con una rapidez admirable. El profeta conquistó Arabia; los califas, o príncipes sarracenos que lo sucedieron, subyugaron Egipto, toda el África septentrional, Siria, Persia, Asia Menor, norte de la India, España, el sur de Francia y las provincias danubianas. Con la victoria que ganó en Tours, el año 732 de nuestra era, Carlos Martel detuvo la marcha del islamismo en la Europa occidental. Las conquistas que los musulmanes hicieron en los países situados al rededor de la parte oriental del Mediterráneo, les fueron más fáciles, debido a las luchas de los potentados y las disensiones de los cristianos. No se detuvo el progreso del islamismo en Europa central sino hasta el año 1083, cuando Juan Sobieski, rey de Polonia, venció a los turcos en Viena con gran matanza.

6

Las escuelas de pensamiento en la época de Carlomagno

Carlomagno protege la literatura.

Los monarcas que precedieron inmediatamente a Carlomagno eran bárbaros de origen y no apreciaban, por consiguiente, los tesoros de la literatura clásica. No estimaban tampoco las muchas obras literarias que había en los países que conquistaron, ni aun la poesía épica de sus respectivas patrias. Teodorico era tan ignorante que no sabía ni firmar. Carlomagno introdujo un nuevo orden de cosas: fue el primer monarca de origen bárbaro que comprendió qué importante es para una nación la cultura y, a pesar de que no era un hombre culto, vio que de la educación de las masas dependía la prosperidad de todos sus dominios. Se rodeó, pues, de hombres sabios. Encargó a su consejero en todo lo concerniente a literatura, Alcuino de York, que estableciera escuelas y lo tuviera siempre al tanto de la educación de sus súbditos. El historiador Guizot llama a este Alcuino "el primer ministro intelectual de Carlomagno".

Además de Alcuino, había otros literatos en la corte del emperador. Clemente de Irlanda, Pedro de Pisa; Pablo el diácono, Eginardo, Pablo de Aquileya y Teodolfo fueron los paladines de aquella corte literaria.

Seminarios teológicos.

Habiendo conquistado los sarracenos las naciones donde estaban establecidas las universidades antiguas de la edad clásica, éstas desaparecieron; mas en su lugar se fundaron seminarios. La Iglesia se encargó entonces, en casi toda Europa, de dirigir la educación de la juventud. Los seminarios fueron desde un principio centros de saber teológico, pero, debido a los frecuentes asaltos y a las invasiones de los bárbaros, tuvieron que clausurarse. Carlomagno, que comprendió la importancia de dichas instituciones, no sólo las restauró, sino que añadió los cursos de estudio. Varios de estos seminarios teológicos se convirtieron, cuatro siglos después, en las grandes universidades de Europa.

Escuelas públicas.

El emperador mandó establecer escuelas públicas que estuvieran bajo la dirección de maestros laicos y fuesen para las masas del pueblo: comisionó asimismo a Teodolfo, obispo de Orleáns, para que fundara instituciones idénticas en todos los pueblos. Las materias que se cursaban en dichos planteles eran preparatorias para entrar en los Seminarios y en las Escuelas profesionales. Por primera vez se dio el caso en Europa de que la educación se impartiera gratis a todas las clases sociales. Estableció además en su palacio la Escuela palatina para los niños de la corte y, a fin de asegurar el buen éxito de la educación pública en todo el Imperio, dotó de escuelas a las regiones pobres. Se abrieron bibliotecas públicas, para las cuales se mandaron coleccionar manuscritos en Grecia, Italia e Inglaterra.

Se adoptó una constitución imperial, según la cual se arreglaron los estudios y todos los asuntos concernientes a las escuelas. El curso se dividió en dos partes: el *trivio,* que incluía las tres artes relativas a la elocuencia (la gramática, la retórica y la dialéctica), y el *cuatrivio,* que era el conjunto de las cuatro artes matemáticas (aritmética, música, geometría, y astronomía). En la enseñanza de todas estas materias, la teología ejercía una influencia decidida. La práctica de la música se limitaba al canto del servicio divino, y la de la astronomía a fijar la fecha de la Pascua de Resurrección.

El emperador tomó mucho empeño en que se establecieran las escuelas en lugares adecuados, y no cabe duda de que los escogió con gran tino, puesto que varias de dichas instituciones existen todavía. Estableció como cincuenta escuelas secundarias, las más en Alemania, Francia e Italia. Entre otros planteles estableció los de París, Tours, Corbie, Orleáns, Lyón, Tolosa, Clugny, Mainz, Treves, Cologne, Utrecht, Fulda, Paderborn y Hildelsheim.

Carlomagno cultiva la literatura nacional.

Procuró el emperador que se cultivara la literatura nacional. La población de su Imperio se componía de elementos heterogéneos. De las tribus que conquistó, algunas estaban bastante civilizadas, al grado de conocer algo de las obras clásicas; las más de ellas, sin embargo, eran enteramente salvajes. Mandó compilar gramáticas de todos los idiomas que hablaban sus súbditos teutones, y que se coleccionaran las baladas de los bardos alemanes. Insistió en que se predicara siempre en la lengua común, y en que las masas del pueblo aprendieran de memoria y en su propio idioma el Credo de los apóstoles y la oración dominical. A los que desobedecían este mandato, se les castigaba con ayunos y con azotes.

Circulación de la Sagrada Escritura.

A fin de que circularan las Santas Escrituras, los monjes se ocupaban asiduamente en hacer de ellas copias a mano y en distribuirlas en las escuelas. Un gran número de individuos y de familias poseían su copia de la Biblia. El desarrollo de la literatura teológica recibió un gran impulso. Los monjes manejaban la pluma sin cesar y con el tiempo, muchos de ellos llegaron a ser autores. La mayor parte de sus obras eran reproducciones de las de los Padres, pero, de cuando en cuando, un manuscrito original interrumpía con su aparición el silencio monótono de los claustros.

Decadencia de las letras.

El decaimiento de la literatura empezó inmediatamente después de la muerte de Carlomagno. La Iglesia se valió de esta circunstancia; los obispos y el clero asumieron por completo la dirección de la educación pública. Los reyezuelos de la dinastía carolingia eran demasiado débiles para contender con Roma, y ésta tomó posesión de los planteles de educación. Desde el siglo VI al VIII, la enseñanza había sido enteramente eclesiástica; bajo Carlomagno se desarrolló de una manera extraordinaria y extendió sus beneficios a las masas del pueblo. El Estado se encargó de la educación popular, y coadyuvó muy eficazmente al crecimiento de la Iglesia. Una vez fallecido Carlomagno, volvió el antiguo estado de cosas: el clero asumió la dirección de las escuelas, y cesó la gran obra de éstas. No sólo se limitaron los estudios preparatorios que en ellas se hacían para las carreras profesionales, sino que disminuyó la educación popular. El Estado quedó privado de la dirección de la enseñanza pública, y no la volvió a obtener sino hasta el siglo XVI cuando empezó la Reforma.

7

Desarrollo de la teología

La controversia sobre el Espíritu Santo.

En las discusiones trinitarias que hubo durante los primeros siglos del cristianismo, se encuentran los gérmenes de la controversia sobre la procesión del Espíritu Santo, llamada del *Filioque,* y que dividió a los cristianos griegos de los latinos. La Iglesia oriental insiste en creer que el Espíritu Santo procede únicamente del Padre. La Iglesia latina enseña que la tercera Persona de la Santísima Trinidad procede no solamente del Padre, sino también del Hijo, *Filioque* (y del Hijo). El defensor principal de esta verdad fue Agustín, que insistió en sacar la consecuencia lógica que se deduce de la trinidad de personas. Jesucristo es la segunda Persona de la Santísima Trinidad, por consiguiente, el Espíritu Santo, que es la tercera Persona, procede no sólo de la primera, sino de la segunda igualmente. Su argumento es tan sano como fuerte. Sin embargo, la Iglesia oriental adoptó gradualmente la otra teoría, según la cual el Espíritu Santo procede únicamente del Padre. El resultado de esta controversia, que llegó a ser muy acalorada, fue la separación de la Iglesia griega de la latina. Las consecuencias duraron aun después de la Edad Media, y han influido en la teología moderna de la Iglesia occidental. La enseñanza de ésta es la misma que prevalecía cuando se dividió Europa, con motivo de la mencionada controversia.

El adopcionismo.

A semejanza de la discusión anterior, esta herejía resultó también de las controversias teológicas de la época primitiva. El Concilio de Calcedonia, que se reunió el año 451, declaró que nuestro Señor Jesucristo es una Persona que tiene dos naturalezas: la divina y la humana. Tanto en el Oriente como en el Occidente, esta doctrina prevaleció en la Iglesia hasta el siglo VIII cuando Elipando, Arzobispo de Toledo, España, propuso una nueva interpretación. A la propagación de esta teoría coadyuvó Félix, el Obispo de Urgel. Enseñaban estos dos prelados que nuestro Señor Jesucristo en su naturaleza divina es verdaderamente el Hijo de Dios, pero que, en cuanto a su naturaleza humana, es el Hijo de Dios solamente en un sentido adoptivo. A Elipando y a Félix combatieron Eterio y Beato en defensa de la doctrina ortodoxa. Con motivo de esta controversia, hubo una gran conmoción en España, en la cual reinaban los gobernantes musulmanes, a quienes poco les daba que hubiera conflictos religiosos; se alegraron abiertamente al ver que los cristianos se estaban devorando los unos a los otros. La herejía de Félix traspasó la frontera de España, llegó a los dominios francos y llamó por último la atención de Carlomagno. El Sínodo de Narbona se reunió el año 788 y pasó algunas resoluciones sobre el asunto; pero no fueron claras. El año 792 el Sínodo de Regensboro condenó la teoría de Félix y éste, que se hallaba presente, se retractó de ella y se reconcilió con la Iglesia. Pero, a su regreso a España, se arrepintió de haberse retractado. El Concilio de Frankfurt, celebrado el año 794, confirmó la sentencia del Sínodo de Regensboro. Después de argüir por seis días con Alcuino, Félix se retractó por segunda vez el año 799; desde aquella fecha perdió la confianza de los partidarios de una y otra teoría. Elipando, que vivía en territorio ocupado por los moros, no renunció nunca el adopcionismo. Poco tiempo después de haber fallecido estos dos promovedores, desapareció su herejía.

Antropología y soteriología.

Revivió el interés en las doctrinas concernientes a la salvación del género humano, y especialmente en la que se refiere a la elección de los escogidos. Agustín declaró que Dios determina el número de los que han de ser salvos. Su enseñanza respecto de los inicuos era negativa; decía que Dios no decide nada respecto de aquellos a quienes no ha elegido. Gottschalk enseñaba que los malos están predestinados a la condenación, tanto como los buenos a la salvación. Su doctrina incluía una predestinación doble: *bipartita praedestinatio, electorum ad requiem, reproborum ad mortem* (predestinación doble, de los escogidos a la salvación y de los réprobos a la muerte eterna). Escoto Erígena combatió la enseñanza de Gottschalk haciendo ver que, según ella, Dios deja de ejercer su gracia salvadora, y quedan abolidas las funciones del albedrío humano.

La Eucaristía o Cena del Señor.

La Iglesia griega fue la primera en enseñar doctrinas que se aproximan al dogma de la transubstanciación, o sea, la conversión total del pan y del vino en el cuerpo y sangre de nuestro Señor Jesucristo. Pascasio Radberto fue el primero que formuló esta teoría en su obra titulada *Sacramento del cuerpo y sangre de Jesucristo,* de la cual publicó dos ediciones; una el año 831 y la otra en 844. Antes de estas fechas muchos escritores sobre los sacramentos ya habían sugerido esta doctrina, pero un gran número de teólogos sabios, a la cabeza de los cuales se puso Ratramno, la habían combatido vigorosamente. Todavía a mediados del siglo XI no era compulsorio el dogma de la transubstanciación, como lo prueba el hecho de que Berengaro de Tours predicaba la doctrina de que Dios está presente en las almas de los que participan debidamente de la Cena del Señor. Hasta entonces, nadie lo molestó con motivo de su opinión, pero poco tiempo después, sus superiores lo obligaron a repudiarla. A fines de dicha centuria, el dogma de la transubstanciación recibió tal aprobación oficial en Roma que toda la Iglesia lo aceptó.

Controversia sobre las imágenes.

La introducción de imágenes en los templos fue motivo de una gran controversia. Desde el siglo IV se empezó a notar la tendencia a rendir veneración a las imágenes. No solamente se dividieron en este asunto la Iglesia oriental y la occidental; sino que tanto en ésta como en aquélla había subdivisiones de controversistas. Los períodos de esta controversia en la Iglesia griega son los siguientes: primero, del año 726 al 754 de nuestra era; segundo, de 754 a 813; y tercero, del 813 al 843. En el Imperio franco había tres grupos que representaban otras tantas opiniones respecto del culto de las imágenes; estos partidos enviaron sus diputados al Sínodo que se reunió en París el año 825.

Una de las características de esta controversia tan notable fue el interés íntimo que despertó en todas partes de la cristiandad. La exaltación de los ánimos fue muy grande: los monjes se amotinaban; los soldados cometían violencias, y los iconoclastas, o sea destructores de imágenes, hacían fechorías. Después de muchos cambios de opinión que hubo en el Oriente sobre la adoración de las imágenes, éstas fueron colocadas otra vez en los templos con gran solemnidad el año 842. Desde esa fecha, la Iglesia griega ha continuado, y continúa enseñando que se les debe rendir culto. Parece extraño, pero a la vez que permite imágenes pintadas, prohíbe las de busto o estatuas.

El Sínodo parisiense, arriba mencionado, en armonía con las ideas prevalecientes en la Iglesia franca, condenó el culto de las imágenes; pero la opinión de Gregorio el Grande, fallecido en 604, que favorecía dicha adoración, porque, en su parecer, coadyuva a la educación de las masas del pueblo y desarrolla en ellas el espíritu de devoción, prevaleció al fin en toda la Iglesia católica romana.

8

El gobierno de los papas

Inestabilidad del papado.

El reinado de los papas no ha sido nunca uniforme, puesto que unos han sido varones sabios que supieron apreciar las necesidades de su época, al paso que otros se ocuparon exclusivamente de fortalecer su autoridad. Lo mismo se puede decir respecto de su carácter: por sus virtudes, algunos han merecido el respeto de toda la Iglesia; otros han sido todo lo contrario, según cuenta la historia. Los más se han inclinado al mal y han recurrido a medios depravados no sólo a fin de asegurar su elección, sino también después de su ascensión al trono. Se dice que entre el reinado de León IV, que fue elegido el año 855, y el de Benedicto III existió una mujer que reinó bajo el nombre de la papisa Juana, y que, con tal motivo, Juan XX se llamó Juan XXI. La primera mención de esa mujer se encuentra en las crónicas del siglo XIII. Los historiadores protestantes no están acordes en este asunto: unos opinan que hay pruebas irrecusables de que la elección de esa mujer fue un hecho, y otros dicen que no existen, que no hay necesidad de recurrir a esta falsa tradición, puesto que abundan los medios de probar la inmoralidad creciente de los papas. Nosotros no creemos que haya existido tal papisa, puesto que casi todos los historiadores de nuestra época consideran dicha narración como una mera fábula. El historiador protestante David Blondel fue el primero que, habiendo estudiado este asunto conforme a las reglas de la crítica, decidió el año 1649 que no merece crédito alguno. No cabe duda, por otra parte, que la degradación moral de aquellos tiempos era tan grande, que dicha violación de las costumbres eclesiásticas, o cualquiera otra, es muy creíble. Nicolás I, Adrián II y Juan VII tuvieron disputas con los emperadores francos respecto a la posesión de territorios. Las donaciones de éstos hechas al obispo de Roma, estaban produciendo sus frutos legítimos.

Se veía muy a las claras que los papas se ocupaban no solamente de los asuntos espirituales, sino también de la política.

La cátedra de San Pedro en manos de mujeres degradadas.

En ningún período de la historia de los papas llegó la corrupción a tal extremo como durante la época en que dominaron ciertas mujeres degradadas, es decir, del año 904 al 962 d. de C. El reino de Italia estaba dividido en dos partidos hostiles, y las familias nobles procuraban destruirse unas a otras. Teodora, dama romana, parienta de Adalberto II, de Toscana, en unión de sus dos hijas Marozia y Teodora, que participaban de su vida desarreglada, era el alma de un partido, por cuyas intrigas fueron elegidos sucesivamente ocho Papas en la primera mitad del siglo X. Hablando de aquellas cortesanas, dice historiador Amat: "Las tres muy ambiciosas y de singular belleza y travesura de ingenio; las cuales, prostituyéndose a algunos Papas y a los Marqueses de Turcia, dueños del castillo de San Angelo, gobernaban la ciudad de Roma y llenaban al mundo de los mayores escándalos". El Papa reinante era fuerte o débil, según el éxito de los nobles a quienes patrocinaba.

Sergio III fue deudor del Sacro Solio, adonde ascendió en 904, a su amante Marozia, de quien tuvo luego un hijo, y por Teodora, hermana de ésta. Estas dos mujeres llegaron a tener la potestad de decidir quien había de ser el Papa. Teodora la joven hizo que Juan, su amante, asumiera el papado con el nombre de Juan X. Muerta la madre, Juan procuró desprenderse de Teodora, pero ésta era demasiado fuerte para permitir que se le escapara aquel ingrato sucesor de San Pedro. Mandó asesinar en presencia del Papa al hermano de éste, Pedro; y el año 928 Marzoia, su hermana, asesinó al Papa Juan X en el castillo de San Angelo, colocando a su hijo Juan XI en la silla papal.

Los alemanes aumentan su poder.

Hemos llegado, en el curso de esta historia, a la época en que los emperadores alemanes empezaron a hacer una oposición decidida al poder papal. Enrique I principió por alegar su independencia del Papa. Éste necesitaba constantemente de la protección de las armas imperiales; pero, por otra parte, el emperador necesitaba que el Papa aprobara su ascensión al trono y que lo coronase, por la sencilla razón de que, si el pontífice declaraba que los súbditos de tal o cual monarca no estaban obligados a serle leales, desaparecía el poder de dicho soberano. Siempre que el Papa excomulgaba a un emperador, venían sobre éste multitud de calamidades. Los monarcas de Europa estaban siempre rodeados de parientes que tenían pretensiones al trono, y de entre estos pretendientes el que conseguía el patrocinio del Papa, estaba seguro de ganar el reino. Tan escandalosa fue la vida que llevaron algunos papas, que el pueblo no pudo tolerarlos. Por ejemplo: Benedicto IX, que era todavía muchacho cuando ascendió al trono, cometió tantos crímenes, que el pueblo lo arrojó de su palacio. En su lugar, eligieron a Silvestre. Benedicto trató de recuperar la silla papal, pero no lo consiguió, y al fin se la vendió a Gregorio VI. Estas complicaciones dieron por resultado que hubiera tres papas. Se invitó a Enrique III para que arbitrara entre ellos. Clemente II resultó electo, y en recompensa coronó a su protector emperador de Alemania y patricio de Roma.

Gregorio VII, que era hijo de un artesano y de la vida humilde de un monasterio, ascendió al papado. Tomó el nombre de Hildebrando. Pudo muy bien haber sido Papa en su juventud, pero prefirió hacerse de poder e influencia y magnificar el poder papal, para lo cual influyó en la elección de los mejores candidatos para el papado. Llegó a ser el elector de los papas. Habiendo fallecido Alejandro II el año 1073, Hildebrando fue elegido pontífice, a pesar de una gran oposición. Llegó el día en que pudo quitarse la máscara. Cuando supieron el resultado de la elección, las multitudes exclamaron: "Viva el Papa Hildebrando. San Pedro lo ha elegido".

Conflicto entre Enrique IV y Gregorio VII.

Una de las luchas más empeñadas y acres en la historia del poder temporal y espiritual, es la que hubo entre Gregorio VII y Enrique IV de Alemania. Cuando dicho Papa fue elegido, le mandó un mensaje a Enrique IV, pidiéndole, como era costumbre, su aprobación imperial; pero esta fue la última vez que se observó ese trámite. Gregorio decidió magnificar a toda costa la dignidad papal, y esto dio por resultado que empezara muy pronto la lucha con Enrique IV. El papa lo amenazó con la excomunión por haber oprimido a los sajones y por haber permitido que manos inicuas despojaran los vasos sagrados de las piedras preciosas que los adornaban, y que las cortesanas favoritas usaran dichas alhajas. Enrique resintió el insulto inmediatamente y con gran vehemencia. Toda Europa se interesó en el conflicto. El año 1076, Enrique convocó en la ciudad de Worms un sínodo que degradó al Papa de su dignidad por haber violado los derechos imperiales. Gregorio entonces anatematizó y excomulgó al emperador, y declaró que los súbditos de Enrique no estaban obligados a guardarle lealtad. La nobleza alemana, que le había perdido el respeto al emperador, manifestó abiertamente que, si el Papa no levantaba dicha excomunión antes de cierta fecha, elegirían a otro soberano.

Este conflicto dio por resultado que se dividiera toda la Iglesia occidental. Temeroso Enrique de que se le escapara el poder imperial, decidió someterse a la autoridad del Papa. Hizo un viaje a Italia el año 1077, y en la ciudad de Canosa se humilló ante Gregorio teniéndole el estribo mientras montaba a caballo. El Papa lo perdonó. Pero no se acabó el conflicto, puesto que Enrique se arrepintió de haberse humillado, y así se lo manifestó al pontífice. Se enviaron el uno al otro sentencias de degradación escritas en pergamino; el Papa excomulgó a Enrique, y éste degradó a aquél. La lucha asumió proporciones mayores y ya no bastaron documentos, sino que tomaron las armas y se derramó sangre. Se alistaron los ejércitos, se libraron batallas y los campos de Alemania e Italia se empaparon de sangre. El año 1084 Enrique tomó la ciudad de Roma y aprisionó al Papa en el castillo de San Angelo. No se rindió Gregorio, antes, cuando lo pusieron en libertad, se retiró a Salermo donde murió al año siguiente. Sus últimas palabras, que expresan la rectitud de sus intenciones, forman una inscripción que está grabada en su sepulcro y que dice: "Por haber amado la justicia y aborrecido la iniquidad, muero en el destierro". Con esta victoria, el emperador ganó la independencia política.

Después de estos sucesos, el papado avanzó unas veces y retrocedió otras. Ese conflicto tan largo entre el papado y el imperio creó un espíritu de independencia en los países situados al norte de los Alpes. El triunfo que Enrique ganó en su lucha con Gregorio, indujo a los soberanos de Europa a ejercer mayor autoridad en sus respectivos dominios y a mostrarse más independientes del Papa. El encanto que Roma ejercía en los países allende de los Alpes, se rompió para siempre y la excomunión perdió su gran terror. Ese conflicto tan acre que Enrique de Alemania tuvo con el Papa Gregorio VII, fue el germen de la Reforma. Es un hecho que Enrique IV hizo penitencia, pasando la noche descalzo en la nieve, a la puerta del palacio papal en Canosa, y que tuvo el estribo para que montara a caballo el augusto sucesor de San Pedro; pero también lo es que se arrepintió de todo esto, y que fue y tomó a Roma, degradó a Gregorio y lo aprisionó en el castillo situado en la margen del río Tíber. Durante seis siglos estuvo robusteciéndose en la mente de la nación alemana el deseo de sacudir el yugo de Roma, y los soberanos de ese país no olvidaron nunca el ejemplo que les dejó Enrique. La toma de Roma, la prisión y el destierro de Gregorio dieron mucho ánimo a los alemanes en todas sus luchas religiosas. Seiscientos años después de aquel conflicto, los electores sajones siguieron el ejemplo de Enrique, protegieron a Martín Lutero, y se pusieron de parte de la Reforma.

9

La Reforma Gregoriana

Decadencia de la moralidad.
Tan grande fue la decadencia de la moralidad en el siglo X que ni los apologistas más decididos del papado pretenden disculparla. Esta corrupción de costumbres aumentó tan pronto como se hubo extinguido la familia carolingia en 887, y otra dinastía empezó a reinar. Mientras tanto, el papado continuaba adquiriendo mayor influencia cada día. Al llegar el siglo X, los males que existían eran tan crasos que amenazaban destruir la Iglesia. Gregorio, que era el más perspicaz de sus contemporáneos, previó el peligro que corría la Iglesia al convertirse en una gran sociedad política y al usar medios vedados con tal de conseguir sus fines. Baronio, uno de los eulogistas más entusiastas que ha tenido Roma, al discurrir sobre este período de la historia eclesiástica, dice: "Jesucristo se hallaba en la nave de la Iglesia, pero estaba durmiendo". En aquella época la ciudad eterna, el gran centro de la cristiandad, presentaba un aspecto verdaderamente repugnante; los templos estaban abandonados, y los sacerdotes llevaban una vida de libertinos.

El Cardenal Newman, en sus *Ensayos Críticos e Históricos*[8], confiesa ingenuamente los hechos siguientes: cuando Hildebrando fue elegido Abad del monasterio de San Pablo en Roma, descubrió que los monjes no cumplían con la regla de asistir a los oficios divinos; que los templos estaban tan abandonados que los ganados y los rebaños entraban en ellos y los ensuciaban; que los frailes tenían criadas que los servían, dando por disculpa que no podían ir al mercado por estar los campos infestados de bandoleros. En Alemania no había

---
[8] Tomo II, pag. 255.

tal pretexto y, sin embargo, el estado de cosas era peor todavía. En Francia se palpaban las mismas pruebas de la decadencia espiritual, al grado que los oficios del ministerio se vendían casi como en pública subasta. Un arzobispo francés, a quien acusaron de simonía, trató de comprar a ciertos individuos para que no testificaran en su contra; pero al fin confesó su culpa. Cuarenta y cinco obispos y otros veintisiete dignatarios se presentaron inmediatamente y, siguiendo su ejemplo, confesaron los medios criminales de que se habían valido para obtener sus puestos. Hincmaro insistió en que las autoridades debían dar un decreto a fin de poner coto al abuso que cometían muchos ministros de empeñar los vestidos sacerdotales, los platos y las copas de plata que se usaban en la administración de la Santa Cena. Los nobles persuadían a sus hijos a que se ordenaran con el fin exclusivo de conseguirles puestos lucrativos. Otros llegaron al extremo de hacer que se ordenaran sus criados, a fin de tener en casa domésticos que pudieran rendir cualquier servicio ministerial. Estos sacerdotes criados servían la mesa, mezclaban el vino filtrado, sacaban los perros a la caza, cuidaban los caballos de las damas y hacían las funciones de capataces durante la labranza.

Mejor que cualquiera de sus contemporáneos, Hildebrando comprendió la necesidad urgente que había de reformar las costumbres y, tan pronto como empezó a ejercer el papado, procuró remediar estos graves males. El conocimiento íntimo que tenía de los hombres, tanto sacerdotes como laicos, y la gran experiencia que había adquirido no sólo en Roma, sino en muchas partes del mundo, le ayudaron mucho a estudiar y apreciar debidamente las necesidades de su época. Cuando se vio investido del poder papal, lo usó con gran vigor e hizo cuanto estuvo de su parte por destruir de raíz la simonía y otras costumbres depravadas que prevalecían en la cristiandad latina. Mandó investigar el carácter de los clérigos, y trató de inducirlos a que llevaran una vida elevada y moral. Estudió con empeño la disciplina eclesiástica, en todos y cada uno de sus departamentos, e introdujo cuantas mejoras pudo.

El matrimonio de los clérigos.

Por lo general los ministros eran hombres casados. Pero, desde mucho antes de esta época, la Iglesia Romana había decretado que los clérigos permaneciesen célibes. En la contestación que el Papa Nicolás I dio a los búlgaros el año 860, en las decisiones del Sínodo de Worms, en 868, en la carta que León VII dirigió en 938 a los galos y a los alemanes, en las actas de los Concilios de Mentz y Metz, reunidos en 888, en los decretos de Ausburgo, aprobados el año 952, en el discurso de Benedicto VIII y en los decretos de Pavía del año 1020, abundan expresiones que condenan severamente el matrimonio de los clérigos. No cabe duda de que durante los dos siglos anteriores a esta época la opinión oficial de la Iglesia había sido adversa al casamiento de los ministros. Una de las primeras cosas que Gregorio hizo, tan pronto como hubo ascendido al trono de los papas, fue el procurar que los sacerdotes permanecieran célibes; pero se encontró con una oposición muy fuerte. Especialmente en Alemania, los clérigos se opusieron de una manera muy decidida a los cánones que hacían forzoso el celibato de los ministros. El arzobispo de Rouen, Francia, trató de poner en vigor la nueva ley gregoriana, pero lo único que consiguió fue que lo apedrearan. Un gran número de sacerdotes en Normandía habían dejado como herencia a sus hijos las parroquias de que habían estado encargados.

El antagonismo en contra de los cánones gregorianos fue mucho más pronunciado en Roma que en ninguna otra parte. La corrupción era tal que en muchas de las iglesias se daban bacanales nocturnas. Había sacerdotes y aun cardenales que, por el vil lucro, celebraban misa a todas horas del día y de la noche. La inmoralidad del clero era universal. Los enemigos de los nuevos cánones no sólo se rebelaron en contra del celibato, sino que se opusieron con vehemencia a todas las medidas que el Papa tomaba para reformar y purificar las costumbres; su cólera era tan grande, que no la disimulaban ni aun en presencia de Gregorio. Sabían perfectamente que éste los velaba como con ojos de águila, y que era un hombre de grande energía; sin embargo, no vacilaron en amenazarlo. Hasta la hora de su muerte, el Papa perseveró trabajando con valor indomable por corregir los graves males que afligían a la Iglesia; consiguió muy poco, pero logró sembrar la semilla que, a su debido tiempo, produjo frutos abundantes.

Al llegar Gregorio a la edad de sesenta años tuvo una enfermedad tan grave, que estuvo a punto de morir; se alivió, sin embargo, y en su convalecencia exclamó: "El Señor nos conserva la vida para que continuemos nuestro trabajo, y sigamos teniendo grandes ansiedades; nos prolonga la existencia para que tengamos la pena diaria de ver que la nave de la Iglesia, que no podemos gobernar, está para irse a pique". En medio de su dolor, y a vista de la oposición tremenda que se levantó en Italia y al norte de los Alpes, dijo: "Vivo en medio de la muerte y como si fuera el juguete de la tempestad".

10

Vida y costumbres del clero

La vida que llevaba el clero alto era el presagio más triste del futuro de la Iglesia. Exceptuando a Gregorio, y a uno que otro Papa, el ejemplo de los pontífices no promovió la pureza de costumbres entre los obispos. Muchos de éstos debían su posición al dinero, o a las intrigas de la política y, por consiguiente, la influencia que ejercían en el pueblo estaba muy lejos de ser elevada o espiritual. Sincio, que fue elegido Papa el año 385, fue el primer pontífice que ordenó que los clérigos permanecieran célibes. León el Grande, que reinó del año 440 al 461, confirmó el decreto y mandó que los subdiáconos se sometieran también a él. Varios sínodos, celebrados después, aprobaron igualmente dicho mandato. Sin embargo, el primer Papa que hizo esta ley efectiva e inalterable, fue Gregorio VII; hasta su época, esta regla ascética se violaba constantemente en todos los países de la Europa occidental. El siglo décimo se distingue en la historia especialmente por la inmoralidad del clero.

Las penitencias.

En un principio los obispos recibían los montantes que en sus respectivas diócesis se imponían de penitencia; pero, con el tiempo, se privó a dichos prelados de este negocio lucrativo, y quedó en manos del Papa, quien nombraba agentes especiales para que se encargaran de él. Los obispos acostumbraban enviar delegados a Roma a conferir con el Papa respecto de casos especiales, y de las penitencias respectivas que debían imponerse; el Papa investía a dichos representantes con facultades especiales, aun la de dar la absolución papal a los que habían sido excomulgados por sus respectivos obispos. La tendencia de aquellos tiempos era dar más autoridad al Papa. Por otra parte, la nobleza estaba de parte de los obispos, puesto que esta era una cuestión entre las Iglesias nacionales y la supremacía de Roma. El Concilio de Pavía, celebrado el año 876, decidió que la excomunión papal tenía mayor fuerza que la de los obispos diocesanos. Continuó sin el menor disimulo el sistema papal de las penitencias; las ganancias, que eran enormes, aumentaron considerablemente el tesoro pontifical, y el comercio de las indulgencias siguió viento en popa hasta la época de Lutero.

Reverencia a la virgen María.

Una de las características de aquellos tiempos fue la reverencia extremada que se empezó a dar a la virgen María. El espíritu de hidalguía que apareció en esa época, hizo que se guardara mayor respeto a la mujer en toda Europa, y aumentó naturalmente la veneración religiosa que se tenía a la madre de Jesús. Algunos escritores eminentes empezaron a especular sobre si la virgen había sido concebida de una manera inmaculada, y concluyeron por llamarla Reina de los cielos y Madre de Dios. Por todas partes comenzaron a cantar sus alabanzas, y le atribuyeron el poder, los milagros y las virtudes sublimes de algunas de las divinidades paganas del norte, tales como la diosa Freya.

Las reliquias.

Mucho más que en las épocas anteriores, se empezaron a usar las reliquias. Cada uno de los peregrinos que volvían de Palestina, traía tantas, que habrían sido suficientes para decorar una iglesia. Esas reliquias evocaban muchos recuerdos, y las multitudes creían que estaban dotadas de gran poder. La capilla que conseguía atesorar una sola, se hacía famosa inmediatamente. Llevaban los enfermos a las iglesias para que el sacerdote los tocare con la reliquia, y aquellos creían sinceramente que sanarían. En ninguna época de la historia se han imaginado las gentes tantos milagros como durante esta era. Se trajeron a la memoria todos los santos que habían existido durante los siglos del cristianismo, y cada uno de ellos se convirtió en el protector especial en contra de tal o cual mal. Los países del Oriente surtieron a la cristiandad de las reliquias más valiosas, pero en Italia se manufacturaron muchas más. Tan afortunado fue el monasterio franco de Centula que mostraba, entre otros tesoros, una pequeña choza que había pertenecido a San Pedro; un pañuelo con que San Pablo se había sonado las narices; varios cabellos de la barba de Simón Pedro; algunos juguetes traídos de las tumbas de los niños que Herodes mandó matar en Belén; un poco de la leche de la Virgen, y parte de la madera que San Pedro no usó, pero que tuvo la intención de usar en los tres tabernáculos, cuya construcción sugirió al Maestro en el monte de la Transfiguración.

Días de fiesta.

El número de los días de fiesta aumentó considerablemente durante este período, y las funciones dedicadas a los santos se multiplicaron de una manera alarmante. Roma tenía buenas razones para aumentar el calendario. El primer día del año se cambió de la Pascua de Resurrección a la de Navidad; en Florencia y Pisa el año comenzaba el 25 de marzo y esta costumbre continuó hasta 1749. Dionisio Exiguo empezó en 556 a contar los días del año desde el primero de enero. Desde el siglo IV la Iglesia oriental ha celebrado una fiesta en honor de todos los santos. El Papa Bonifacio IV, que ocupó la silla pontifical del año 608 al 615, mandó arreglar el edificio llamado el Panteón para que sirviera de templo cristiano, y lo dedicó a la Virgen y a todos los santos. El día de la dedicación, que aconteció el 13 de mayo, se celebraba como la fiesta de Todos Santos. El origen del Día de Muertos, 2 de noviembre, hace patente la ignorancia y credulidad de aquellos tiempos. A su regreso de Tierra Santa, cierto peregrino contó que había estado en Silicia; que había visto que se abría la tierra y tenía cautivas en sus entrañas a muchas almas; que había escuchado los lamentos de aquellos espíritus y cómo le suplicaban que se apiadara de ellos, fuese al monasterio de Clugny a rogar a los monjes que se compadecieran de ellos y, con sus oraciones y limosnas, los libraran de sus tormentos. Desde aquel año, 998, Odilón, el Abad de Clugny, acostumbró orar por las almas de todos los muertos al día siguiente al de todos los santos; otros monasterios siguieron el ejemplo. En el siglo IX la fiesta de Todos Santos se generalizó.

11

Los cultos públicos

El sermón.

Durante el período en que hubo tanto entusiasmo por las misiones, se dio al sermón un lugar en el culto mucho más prominente que antes. Los misioneros tenían que enseñar a los conversos oralmente, a fin de instruirlos en los rudimentos de la doctrina cristiana. Viendo Carlomagno que los predicadores francos no tenían las aptitudes necesarias para hablar en público, mandó a Pedro el Diácono que preparase un homiliario, o sea, una colección de sermones de los santos Padres. Los ministros no debían aprender de memoria dichas homilías para predicarlas después, sino que las debían de tomar como modelos para escribir sus discursos. Este es el primer caso que menciona la historia de que la Iglesia haya autorizado el quebrantamiento literario del octavo mandamiento, o sea, el plagio. *El Libro de las Homilías* se preparó para usarse con especialidad los domingos y los días de fiesta; se continuó usando extensamente en la Iglesia católica apostólica romana aun después de la Reforma. Hasta la época de que venimos tratando, no había púlpitos en las iglesias; los ministros predicaban desde el escalón del altar mayor. Sin embargo se han encontrado en Inglaterra y otras partes de Europa, púlpitos de gran primor artístico construidos en los siglos XIII y XIV.

La música sagrada.

El arte de la música se cultivó en la Iglesia con mucho esmero. Las melodías ambrosianas sustituyeron al canto llano gregoriano. A fines del siglo IX, las congregaciones en Alemania acostumbraban cantar en su lengua ruda versículos cortos; sin embargo, fueron el principio de la himnología tan rica de los alemanes. Carlomagno se afanó porque sus súbditos cultivaran el arte divino y, a este fin, fundó escuelas de canto por todos sus dominios, especialmente en Metz, Soissons, París, Lyón y otras ciudades y lugares céntricos. El primer órgano que menciona la historia fue el que Coprónico, uno de los monarcas bizantinos, regaló a Pepino el año 757. Miguel I, emperador también de la misma raza, le mandó otro a Carlomagno, y este mandó que lo pusieran en la iglesia imperial de Aquisgrán. Los mencionados órganos, que estaban construidos de material muy fuerte, no tenían más que doce teclas y, para tocarlos y producir la melodía que se deseaba, el organista tenía que dar golpes fuertes con los puños. Carlomagno dio órdenes estrictas de que el pueblo tomara parte en el canto del culto público, y muy especialmente en la *Gloria* y en el *Santo, Santo, Santo;* pero muy pocos individuos obedecieron el mandato. Entre los poetas sagrados más notables que vivieron en los siglos VII, VIII y IX, se cuentan Pablo Wernefreid, Teodolfo de Orleáns, Alcuino y Rabano Mauro. Se cree, generalmente, que Roberto de Francia, fallecido en 1031, fue el autor del famoso himno que celebra el Día de Pentecostés titulado *Veni, Sancte Spiritus,* cuya letra dice:

Veni, Sancte Spiritus,	Ven, Espíritu Santo,
Et emitte coelitus	Y envía el fulgor
Lucis tute radium.	De tu luz celestial.
Veni, Pater pauperum,	Ven, Padre de los pobres,
Veni, Dator munerum,	Ven, Dador de bienes,
Veni, Lumen cordium.	Ven, ¡oh Luz del alma!
Consolator optime,	Eres el Consolador.
Dulcis hospes aniae.	Del alma grato huésped
Dulce refrigerium.	Y dulce refrigerio.
In labore requies,	En trabajos, descanso;
In aestu temperies,	En el estío, frescor;
In fletu solatium!	En el llanto, solaz.
O lux beatissima,	Oh luz beatísima,
Reple cordis intima	Llena íntimamente
Tuorum fidelium!	Las almas de los fieles.
Sine tuo numine	Sin tu influjo divino
Nihil est in homine,	No hay bien en el hombre,
Nihil est innoxium.	No hay nada santo.

Lava quod est sordidum,	Lava lo maculado;
Riga quod est aridum,	Riega lo árido;
Sana quod est sauciutn;	Sana lo enfermo;
Flecte quod est rigiduni,	Doblega lo rígido;
Fove quod est frigidum,	Anima lo resfriado;
Rege quod est devium!	Rige lo descarriado.
Da tuis fidelibus,	Da a los fieles
In te confidentibus,	Que en ti confían,
Sacrum septenarium!	El séptuplo don.
Da virtutis meriturn,	Premia la virtud;
Da salutis exitum,	En la muerte da salud;
Da perenne gaudium!	Y el gozo eterno.
Amen.	Amén.

Se creía que Carlomagno había escrito el otro himno más antiguo, *Veni, Creator Spiritus,* pero hoy día se sabe que Gregorio el Grande, que murió el año 601, fue su autor.

Iglesias, Catedrales y Capillas.

Habiendo aumentado considerablemente el número de santos y de reliquias, se multiplicaron las capillas, como era natural. Cada una de éstas se conocía por el nombre del santo a quien había sido dedicada. A pesar de que León el Grande, que falleció el año 461, había autorizado la confesión auricular como un acto legal, y no obstante el hecho de que dicha práctica era compulsoria en los siglos VIII y IX, hasta la época de que venimos tratando, no había confesionarios en las iglesias. La superstición que reinaba en aquel entonces era muy grande, pero no se había llegado a tal extremo. Hasta ese tiempo, se había acostumbrado edificar el bautisterio fuera del templo; desde entonces, empezaron a construirlo en el interior de los edificios sagrados. Comenzaron también a usar campanas y a construir los campanarios junto a las casas de oración; hasta entonces los habían edificado por separado. Durante toda la Edad Media, acostumbraron los eclesiásticos bautizar las campanas de la iglesias. El año 787 prohibió Carlomagno que se bautizaran las *clocoe,* las campanas chicas que tocaban en los días de trabajo; pero nadie hizo caso de esta orden. La costumbre de dar nombres a las campanas data del siglo X; el año 968, el Papa Juan XIII consagró la campana mayor de San Juan de Letrán, llamándola Juana.

Las artes.

Las artes cambiaron mucho en esa época, puesto que, habiendo abandonado los modelos clásicos, tuvieron que someterse a la influencia de las nuevas naciones septentrionales. Se empezó a usar el estilo bizantino, como se ve en los edificios suntuosos de Ravenna. Más allá de los Alpes, los arquitectos no seguían exclusivamente el estilo romano ni el bizantino. El arquitecto más famoso de sus tiempos fue Einhardo, el constructor imperial de la corte de Carlomagno. Los nichos de las reliquias, los candelabros y los múltiples adornos de los edificios sagrados eran obras de arte primorosas. El tesorero imperial pagaba siempre y sin la menor vacilación, los montantes necesarios para aumentar el esplendor del santuario y el lujo del ritual. Se gastaban cantidades fabulosas en hacer copias de la Sagrada Escritura, y las miniaturas que se pintaban en los libros de devoción eran sumamente costosas y a veces modelos de arte. Aun en las islas británicas se hicieron con empeño copias de los autores favoritos de la época de los santos Padres. Algunas de las producciones del arte cristiano primitivo, que se han conservado hasta nuestros días, fueron hechas en los monasterios irlandeses. Las abadías de San Galo y Santa Fulda en el continente, fueron las primeras que patrocinaron las artes. Tutilo, uno de los monjes de San Galo, fallecido el año 912, era pintor, arquitecto, escultor, poeta y literato; fue el Miguel Ángel de sus tiempos.

12

Los escritores de la época

El estudio de los autores clásicos griegos y latinos no se ha abandonado por completo en ningún período de la historia. Una de las características de aquella época fue que ninguno de los soberanos, desde Carlomagno hasta el último de la dinastía, se olvidó nunca de lo que su pueblo debía a los padres de la literatura, y esto a pesar de que muchos de dichos monarcas eran sumamente ignorantes. Hubo de cuando en cuando gobernantes bárbaros que se rodearon de literatos, y éstos no sólo daban a las cortes un tono elevado e intelectual, sino que promovían por todos los dominios el amor y la sed del saber. Ulfilas, uno de los soberanos godos y de los literatos más eruditos de su época, ejerció gran influencia, y muchos de los gobernantes y escritores de tiempos posteriores siguieron su ejemplo.

Literatos de épocas anteriores a Carlomagno.
Antes de la época de este emperador, hubo muchos literatos que, debido a los disturbios de aquellos tiempos, no ejercieron la influencia que debían. De dichos escritores, los más sabios eran eclesiásticos; por consiguiente, escribieron especialmente obras de teología. Boetio y Casiodoro, quienes gozaron del patrocinio de la corte ostrogoda, contribuyeron mucho a la preservación de las obras clásicas y de los santos Padres. Había en los monasterios de Irlanda y de Escocia muchos escritores que tenían fama por todo el mundo. Los países diferentes de la cristiandad estaban en comunicación constante con Roma, y de Italia recibían frecuentemente manuscritos de gran valor que durante muchos siglos ayudaron al estudio de los clásicos griegos y latinos, como de los santos Padres. Teodoro de Tarso, el Venerable Beda y el erudito Adriano fueron los padres de las letras entre los anglosajones. El protector más poderoso del saber en Inglaterra fue Alfredo el Grande. La guerra de las diferentes razas en ese reino había debilitado mucho el gusto por los estudios, y las depravaciones que cometían los piratas escandinavos habían empobrecido el país; pero ese rey sabio restauró las ciencias

al lugar elevado que habían tenido, y su ejemplo despertó en muchos el deseo de saber. Fundó monasterios, iglesias y escuelas, una de las cuales, andando el tiempo, se convirtió en la Universidad de Oxford. Invitó a literatos y sabios a que fueran a vivir a la Gran Bretaña, y él mismo se dedicó a los estudios; tradujo, si bien libremente, las obras de Boecio y de Orosio; parafraseó la *Historia Eclesiástica* del Venerable Beda, y vertió en su idioma e hizo circular entre el clero la famosa obra de Gregorio el Grande, intitulada *Norma Pastoral*.

Literatos de la corte de Carlomagno.

Los escritores de la corte de aquel gran soberano formaron una compañía brillante de literatos. El emperador indagaba constantemente dónde vivían los hombres sabios de su época y, sin fijar la atención en su procedencia ni en las opiniones que abrigaban, los inducía a que fueran a vivir a su corte. La lumbrera más grande del reino fue indudablemente Alcuino, un sabio anglosajón que, yendo de camino a Roma, fue presentado a Carlomagno. Esta presentación aconteció el año 781, y desde aquella fecha hasta el año 804, en que murió aquel hombre tan sabio y cuya alma estaba siempre tan tranquila, Carlomagno no lo dejó que se fuera de su corte. Le encomendó la dirección de todos los esfuerzos que se hicieron en sus grandes dominios en pro de la educación.

Lo envió de embajador a varias misiones diplomáticas sumamente importantes, y Alcuino las desempeñó de una manera tan hábil y satisfactoria, que el emperador le tenía plena confianza y le encargaba los deberes más difíciles y delicados. El año 796 le dio la Abadía de Tours, que Alcuino hizo un centro muy famoso de saber. Pablo el Diácono era natural de Lombardía, y había sido uno de la corte de su soberano, el rey Desiderio.

Después de conquistar a los lombardos, Carlomagno lo persuadió a que se fuera a vivir a su corte. Pero aquel sabio no estaba contento; la desgracia de su patria le acuciaba y, habiendo obtenido el permiso real, se retiró a su antiguo monasterio, Monte Casino, donde pasó tranquilamente sus últimos días. Pablo el Diácono fue el autor del poema *Juan el Bautista,* del cual Guido Arezzo tomó los nombres de las notas musicales.

"Ut queant laxis
Re-sonare fibri
Mi-ra gestorum
Fa-muli tuorum
Sol-ve pollutum
La-bii reatum
Sancte Joannes".

Limpia, oh San Juan,
Los labios manchados
Por el pecado;
Para que libres,
Puedan cantar
De tus hechos
Las maravillas.

Leidrado de Lyon, Teodoifo de Orleáns y Pablo de Aquileya fueron también lumbreras de la corte de Carlomagno.

13

Nuevas misiones

El desarrollo del cristianismo continuó sin interrupción; un gran número de misioneros salieron de los centros de Alemania y de Francia, y fueron a trabajar a las naciones europeas menos civilizadas. Bretaña y los países del continente se comunicaban constantemente. Muchos misioneros procedentes de la "Isla Santa", Irlanda e Inglaterra cruzaron el Canal de la Mancha, se internaron en Francia, y ayudaron a los predicadores continentales a fundar misiones entre los paganos que habitaban las partes más remotas de Europa. Los monjes llevaban una vida retirada en sus hermandades y mostraron un gran fervor y entusiasmo por las misiones; muchos de ellos dejaban los monasterios, cruzaban los bosques, ascendían a las montañas y pasaban la vida en medio de grandes peligros, con tal de vivir entre las tribus de bárbaros y de diseminar la religión cristiana. Muchos de dichos misioneros sufrieron una muerte violenta. De todos aquellos pueblos que abandonaron al fin la idolatría de sus antepasados, no hubo uno solo que no creyera al principio que los cristianos primitivos eran dignos de muerte. De cuando en cuando se daba el caso de que los jefes de las tribus eran los primeros que aceptaban el Evangelio; pero, por lo general, el cristianismo influía primeramente en los pobres, después en la clase media, y seguía paso a paso hasta que ascendía al trono, y luego era proclamado la religión del Estado.

Dinamarca.

Con la ayuda del emperador carolingio Luis de Débonnaire, Haroldo, rey de los dinamarqueses, derrotó a sus competidores y ganó el trono de sus padres. Él y su reina recibieron las aguas bautismales en la catedral de Mentz, si de corazón o por política, no se sabe; el hecho es que dichos soberanos protegieron siempre a los misioneros, e hicieron cuanto estuvo a su alcance por plantar en sus dominios la semilla santa del Evangelio. Anscario, uno de los monjes de Corbey, los acompañó cuando regresaron a Dinamarca, con el objeto de organizar la Iglesia en aquel país. El pueblo se opuso al establecimiento de la misión, rebelándose en contra de Haroldo, que tuvo que expatriarse. Anscario también se vio obligado a salir del país, pero, lejos de abandonar sus trabajos misioneros, se fue a Suecia, que era una nación aún más salvaje que Dinamarca.

Suecia.

El año 831, Anscario y otro monje llamado Witmaro se hicieron a la vela con dirección a Suecia, llevando regalos para el rey. Durante la travesía, los atacaron unos piratas y les quitaron cuanto llevaban: los mencionados presentes, sus copias de los libros sagrados y sus vestiduras sacerdotales. Poco faltó para que les quitaran la vida. Habiendo entrado en el lago Malar, desembarcaron en Birka, donde los habitantes los hospedaron de buen grado. El rey les dio la bienvenida y, al poco tiempo, Herigaro, uno de los consejeros reales, se convirtió al cristianismo. Descubrieron los misioneros que ya había algunos cristianos en el reino, si bien no habían organizado una iglesia. Permaneció Anscario en Suecia un año y medio, y luego se fue a visitar al emperador Luis, llevándole cartas muy cordiales del rey sueco, y le dio cuenta pormenorizada de sus trabajos misioneros y de todo lo que le había pasado. Luis estableció un arzobispado en la ciudad de Hamburgo, con el fin de seguir enviando misioneros a Escandinavia. Anscario fue a Roma, donde lo consagraron arzobispo, y le dieron la comisión de ir a anunciar las buenas nuevas a las naciones septentrionales. Habiendo asolado el ejército danés la ciudad de Hamburgo, la sede mencionada fue agregada a la de Bremen, y Anscario se fue a vivir allí. El año 855, hizo un segundo viaje a Suecia y, antes de su fallecimiento, acaecido diez años después, tuvo el gusto de ver nuestra santa religión firmemente establecida en toda la tierra escandinava. Su carácter era uno de los más bellos que existieron en la Edad Media; por su caridad, las fatigas que pasó, su valor en presencia del peligro, y aun de la muerte, y la sublime devoción a su trabajo, descolló sobre todos sus contemporáneos. 'Si yo fuera digno, dijo una vez, le pediría a Dios que obrara en mí el milagro de hacerme bueno".

Noruega.

Según los primeros informes que del establecimiento del Evangelio en Noruega nos da la historia, un joven marino fue el que lo introdujo allí. Es muy probable, por otra parte, que los piratas noruegos, que organizaban expediciones y navegaban cerca de la costa occidental de Europa, hayan escuchado la predicación de las doctrinas cristianas, y que los cautivos que llevaban a su país hayan enseñado allí nuestra santa religión. El año 1019, después de dominar una oposición muy fuerte, Olaf el Grueso, llamado San Olaf, rey de Noruega, consiguió organizar la iglesia de una manera permanente.

Islandia y Groenlandia.

Varios misioneros noruegos se encargaron de llevar el Evangelio a Islandia, la isla que se diseminó en el siglo X. Dichos misioneros eran predicadores itinerantes y, como no había en ese país una misión organizada, el pueblo elegía a los obispos. Olaf Trigoveso convocó a las masas a que se reunieran en asamblea pública, y ésta decidió aceptar el cristianismo como religión oficial. Sin embargo, los islandeses se reservaron el derecho de adorar en lo privado a los antiguos dioses nacionales, si a ello se sentían inclinados. De Islandia pasó el Evangelio a Groenlandia, donde se estableció un obispado poco tiempo después de haberse introducido nuestra santa religión en aquel otro país. Aun de estas regiones tan remotas, Roma tuvo buen cuidado de recoger donativos para sus cofres. Los cristianos groenlandeses pagaban sus diezmos al obispo romano en dientes de caballos marinos.

Bulgaria.

Cirilo y Metodio, dos monjes griegos, fueron los apóstoles del Evangelio en Bulgaria. Cirilo era teólogo, y Metodio, pintor; los cuadros famosos que éste pintó, representando el día del juicio, ayudaron tanto a la conversión de los búlgaros, como los argumentos de aquél. Habiendo conquistado este pueblo a las tribus del Danubio bajo, se estableció en su territorio, en Macedonia y en Epiro. Varios misioneros griegos, romanos y armenios se presentaron ante Bogorio, el príncipe búlgaro, y cada uno de ellos le rogó que aceptara la forma de cristianismo que representaba. El príncipe le escribió al Papa Nicolás, pidiéndole su parecer. Como era de esperarse, la Iglesia de Bulgaria se sometió a Roma durante el período de su desarrollo.

Moravia.

En el siglo IX esta nación era un reino grande y poderoso. El año 863, el rey Rostislavo le pidió al emperador de Grecia, Miguel, que le enviase hombres sabios para que vertieran la Sagrada Escritura en el idioma eslavo, y explicasen su contenido al pueblo. El emperador envió a Cirilo y a Metodio, quienes, después de componer el alfabeto eslavo, tradujeron los Evangelios, los Hechos de los Apóstoles, el Salterio y otras partes de la Santa Biblia. Los misioneros alemanes que había en el país, vieron estos trabajos de mal grado, creyendo que desmerecerían los suyos, y que la lengua alemana perdería la influencia que había adquirido. Los moravos sufrieron mucho tiempo, culminando sus desgracias en la derrota que sufrieron a manos de los magyares. Cuando se firmó la paz, los moravos no eran ya una nación independiente, sino una mera provincia del reino de Bohemia. El arzobispado de Praga se estableció el año 973.

Rusia.

Durante la visita que la princesa Olga hizo a Constantinopla el año 955, abrazó el cristianismo y procuró convertir a su hijo Swiatoslavo, pero no lo consiguió. Su nieto Vadlomiro estaba mejor dispuesto a recibir la verdad y, después de meditar por largo tiempo, y de enviar embajadores a diferentes países a estudiar sus respectivas religiones, aceptó la cristiana, organizó iglesias y ordenó que se instruyera al pueblo en la Sagrada Escritura en el idioma eslavo y en el uso de la liturgia.

Los Wendas.

Los Wendas, que estaban divididos en muchas tribus, vivían entre la Sanie y el Oder, y eran conocidos por su salvajismo y su devoción tenaz al culto idólatra. El emperador Otón I los conquistó, pero volvieron a hacerse independientes el año 983, y Gottschalk los unió en un reino en 1047. Trató de introducir el cristianismo entre su pueblo, pero murió asesinado y la nación volvió a la idolatría. La restauración de dicho país a la religión cristiana no se efectuó sino hasta el año 1168, en que Absalón, el Obispo de Roeskilde, destruyó, en medio de los regocijos del pueblo, el último ídolo wendiso.

Polonia.

Habiéndose hecho pedazos el reino de Moravia, algunos de sus súbditos se refugiaron en Polonia e introdujeron allí el Evangelio. El año 966, Miecislao, duque de Polonia, contrajo matrimonio con una princesa bohema. En esa misma fecha, se adoptó formalmente la religión cristiana, se abolieron los ídolos, y el reino entró en relaciones con la Iglesia Romana. Sin embargo, los rudos campesinos siguieron por mucho tiempo acariciando los recuerdos de sus ritos paganos.

Hungría.

Varios príncipes húngaros, que visitaron la ciudad de Constantinopla, fueron los primeros que propagaron el cristianismo en Hungría. Durante las guerras, los húngaros hicieron prisioneros a muchos esclavos alemanes, y éstos coadyuvaron mucho a establecer la religión cristiana en su patria adoptiva. El duque de Geysa, que gobernó del año 972 al 997, era hombre de un carácter muy extraño; ofrecía sacrificios a los dioses nacionales, por una parte, y mandaba construir templos para los cristianos, por la otra. Durante el reinado de su hijo Esteban, quien ocupó el trono del año 997 hasta 1038, el cristianismo se estableció en todo el país. Dicho monarca era un varón muy notable: no se contentó con desarrollar los elementos materiales de la nación, sino que estableció relaciones diplomáticas con Alemania, y viajaba además por todo el país, predicando, bautizando, construyendo templos y monasterios, fundando escuelas y organizando municipios. Cambió la constitución y de una confederación de tribus convirtió al país en un reino, en el cual, debido a sus grandes esfuerzos, se estableció la religión cristiana. Con razón le llamaron San Esteban de Hungría. El Papa le mandó una corona de oro y le dio el título de rey apostólico. Una de las pruebas más notables de la influencia que la cristiandad occidental ha ejercido en Hungría, es el hecho de que, desde la época de Esteban hasta el principio de este siglo, el latín ha sido el idioma oficial de la Iglesia, la corte, las escuelas y el gobierno. Los húngaros rudos de la generación que siguió a la de Esteban, hicieron grandes esfuerzos por restablecer la idolatría, pero no lo consiguieron.

Finlandia.

Erico el Santo, rey de Suecia, conquistó a los finlandeses el año 1157. En aquella época había en ese país bosques muy vastos y los habitantes vivían muy lejos del contacto con la vida europea; estaban muy adheridos, por consiguiente, a la idolatría de sus padres. Los campesinos ignorantes permanecieron bajo el dominio de los hechiceros, aun después que Erico empezó su obra de evangelización. Misioneros cristianos pasaron de Livonia y de los distritos alemanes situados en las costas bálticas, a Finlandia, donde trabajaron con empeño por la conversión del país. En 1211, los Hermanos de la espada, una orden religiosa muy fuerte, organizada con el objeto de hacer que los idólatras del norte se convirtieran, de grado o por fuerza, obligaron a los estonianos, pueblo que vivía a un lado del Báltico, a que aceptaran el cristianismo.

14

El cisma entre Oriente y Occidente

Discrepancias y diferencias de opinión.

Debido a las relaciones políticas, por una parte, y la diferencia de razas, por la otra, desde el principio hubo diversidad de opiniones entre la Iglesia oriental y la occidental. El traslado del gobierno romano a la ciudad de Bizancio, la Constantinopla moderna, hizo que los asuntos políticos predominaran sobre los religiosos. Al mismo tiempo, el desarrollo de la autoridad episcopal en Roma obtuvo la supremacía. La mente griega era especulativa, soñadora, caprichosa y, como tal, amante de vagar sin dirección fija por el mundo de las ideas doctrinales. Los cristianos latinos eran prácticos, constantes y conservadores; no aceptaban fácilmente ninguna doctrina nueva, pero cuando la recibían, era imposible conseguir que la abandonaran.

Divergencia en doctrina.

La divergencia doctrinal entre Oriente y Occidente, se dejó percibir primeramente en la variedad de las enseñanzas respecto del Espíritu Santo. El Concilio de Constantinopla decidió, el año 381, que el Espíritu Santo es de la misma esencia que el Hijo, y que ambos son consubstanciales con el Padre. La Iglesia occidental enseñó, especialmente bajo la dirección de Agustín, cuya mente era tan clara como lógica, que el Espíritu Santo procede del Padre y del Hijo. Acorde con esta opinión, el Concilio Toledano, celebrado el año 589, añadió el término *Filioque* al Símbolo de Constantinopla.

La primacía romana.

La primacía de Roma fue otra de las causas del antagonismo decidido que existió entre Oriente y Occidente. El Obispo de Roma sostenía que toda la Iglesia debía aceptar sus decisiones y, a pesar de haber tenido algunos retrasos temporales, el desarrollo de la primacía romana, que la Iglesia oriental veía con grandes sospechas, fue rápido. Dicha Iglesia sostenía que el Patriarca de Constantinopla tenía el mismo rango que el Obispo romano, pero éste, lejos de aceptar semejante pretensión, lo rechazó, lleno de indignación. Los concilios y sínodos celebrados en Oriente aprobaron resoluciones sin tomarse nunca la molestia de consultar la opinión del Obispo de Roma; pero, lo que se consideraba en el Bósforo como ortodoxo, corría el peligro de ser juzgado muy pronto en las riberas del Tíber, como heterodoxo. Había grandes motivos para el antagonismo más duro, y con el tiempo se acentuó más; tan grande era la animadversión algunas veces, que apenas se podía creer que los habitantes de Oriente y de Occidente profesaban la religión cristiana.

Las leyes injustas y los abusos eclesiásticos aumentan la discordia.

Las leyes y los usos eclesiásticos aumentaron las dificultades; la Iglesia griega aceptó ochenta y cinco de los cánones apostólicos, al paso que la latina sólo adoptó cincuenta. La controversia de si había de haber imágenes en los templos o no, fluctuó con más o menos violencia durante un período largo; la Iglesia griega las rechazó, y la romana las aceptó, dando así el mal ejemplo que estableció este abuso en toda la cristiandad occidental. La Iglesia latina decretó el celibato del clero, pero exceptuó a los obispos. La Iglesia griega permite el matrimonio de sus ministros con tal de que lo hayan contraído antes de ordenarse. La Iglesia latina permite que sus miembros coman carne de animales estrangulados, y que usen el símbolo de un cordero para representar a nuestro Señor Jesucristo. La Iglesia griega veda ambas cosas. El segundo Concilio Trullano, celebrado el año 692, acentuó tanto estas diferencias, que no sólo exalto más los ánimos, sino que los preparó para el cisma. Potio, Patriarca de Constantinopla, invitó a todos los patriarcas de Oriente a que se reunieran en Concilio, y así lo hicieron el año 867. Formuló los puntos de diferencia que existían entre los cristianos griegos y los latinos, e hizo un catálogo de las fantasías doctrinales y de otras clases, que los cristianos de Occidente habían difundido. Declararon que el Papa quedaba depuesto y comunicaron la noticia a la Iglesia occidental.

El cisma.

El cisma se consumó el año 1054. Constantino Mónaco, el emperador bizantino, se estaba preparando para una guerra, y le pidió al Papa romano que le prestara su apoyo moral. Esta conducta del emperador irritó mucho a Miguel Cerulario, Patriarca de Constantinopla, y a León de Ácrida, Metropolitano de Bulgaria. Dirigieron una carta a los obispos de la Iglesia latina, en la cual acusaban a ésta de enseñar grandes errores doctrinales, y la amonestaban a que los renunciase. Habiendo llegado la carta mencionada a manos de León IX, éste se molestó en extremo, y dio principio a una correspondencia sumamente acre entre Roma y Constantinopla. El Papa envió tres delegados a esta última ciudad, pero no se consiguió sino que aumentara el encono. La señal postrera del rompimiento y la conclusión final de las relaciones que existían entre las dos Iglesias, fue la excomunión pública de los delegados, que el patriarca mandó leer en la iglesia de Santa Sofía, y la retirada a Roma de dichos enviados.

Esfuerzos por lograr una reconciliación.

Se hicieron después esfuerzos por efectuar una reconciliación, pero con el tiempo, la diversidad de pareceres se acentuó más. Las diferencias doctrinales se hicieron más prominentes, al paso que el desarrollo constante de la autoridad papal impidió por completo toda reconciliación. Durante las cruzadas, en las que se unió toda la cristiandad, se hicieron grandes esfuerzos por restablecer la unidad de Oriente y Occidente, pero todos fueron en vano. El Concilio de Lyón, que se reunió en 1274, declaró que la conciliación se había llevado a cabo. Los delegados de Oriente aceptaron la confesión romana de fe, y reconocieron la primacía del Papa; los delegados romanos reconocieron el derecho que tiene la Iglesia griega de preservar todos sus usos y costumbres, y acordaron que el Credo Niceno debía continuarse usando sin adición ni comentario alguno. El emperador oriental, Miguel Palaeólogo, fue quien consiguió dicha conciliación, pero, luego que hubo fallecido y otro monarca le sucedió en el trono, el antiguo cisma apareció otra vez en todo su vigor. Hasta mediados del siglo XV, se continuaron haciendo esfuerzos por conciliar ambas partes, pero, con la caída del Imperio bizantino el año 1453, cesaron por completo.

15

La Iglesia anglosajona

Durante los primeros siglos de la era cristiana, hubo un conflicto impetuoso entre las tribus y las razas de Bretaña. La condición de ese pueblo en aquel entonces y la naturaleza de sus ocupaciones eran tales, que nadie habría podido vislumbrar el más leve indicio de la grande influencia que la raza sajona había de ejercer después en la civilización moderna y en la evangelización del mundo. El botín que ofrecía el país era suficiente para atraer a las tribus guerreras y a los piratas de la parte occidental del continente. Las razas nativas de Bretaña estaban en guerra unas con otras y la invasión, llevada a cabo principalmente por los escandinavos y los alemanes, hizo los conflictos más violentos todavía. Probablemente en ningún país han existido tribus tan numerosas, ni ha habido guerras de razas tan encarnizadas como en las Islas Británicas. La tendencia, sin embargo, era hacia la unificación. Habiendo Alfredo conquistado a los daneses, los obligó a moverse al territorio donde hoy está situada la ciudad de Londres. Guillermo, duque de Normandía y fundador de la dinastía actual, derrotó al último rey sajón, Haroldo, en la batalla de Hastings, librada el año 1066, siendo éste el gran acontecimiento histórico que unificó primeramente a la nación inglesa.

Independencia de la Iglesia británica.

No se sabe a punto fijo de qué manera se propagó el cristianismo en Bretaña, pero no cabe la menor duda de que echó raíces en muchas partes del país durante la dominación romana. En los primeros siglos de nuestra era, existían relaciones muy íntimas entre los cristianos de Bretaña y las Iglesias de Galia y de Roma. Pero, durante la gran invasión de 449, los sajones sofocaron el culto de la religión cristiana en la parte oriental del país y, por consiguiente, el cristianismo se cultivó especialmente en las costas occidentales. Las relaciones entre este número tan reducido de cristianos y las iglesias continentales se suspendieron por algún tiempo, y apenas había comunicación entre los unos y las otras. Mientras tanto, la iglesia británica se desarrolló de una manera independiente, continuó enseñando las doctrinas de los apóstoles, no estando de acuerdo con las de Roma. El año 596, la Iglesia Romana envió delegados a Bretaña con el fin de reanudar las antiguas relaciones de madre e hija, pero los cristianos británicos se opusieron decididamente a toda clase de propuestas.

Divergencias con Roma.

La divergencia de opiniones que separaba a la Iglesia británica de la romana, consistía más bien en usos eclesiásticos y cosas secundarias que en doctrinas fundamentales. Los clérigos británicos, por ejemplo, no se tonsuraban la corona, sino la parte frontal de la cabeza. La Iglesia de Bretaña no reconoció la primacía del Papa, ni aceptó la confesión auricular, el purgatorio, el ciclo de la Pascua de Resurrección, o sea, el período de diecinueve años, que Dionisio Exiguo adoptó, ni el carácter sacramental del matrimonio.

Roma sale victoriosa.

De los príncipes nativos dependía en gran parte que Bretaña ganase la victoria o que Roma se llevara la palma. Llegado el año 660, la religión cristiana ya se había establecido en todo el territorio de la heptarquía, o sea, el reino de los siete reyes, y todos los habitantes eran sumamente patriotas. Kent era la única provincia que se inclinaba a favorecer a Roma. Pero el rey de Northumbria, Oswy, persuadió a los reyes de toda la nación a que aceptaran la amistad y la protección de Roma, y esto, a pesar de que habían preferido tener una Iglesia nacional y enteramente independiente de la influencia del continente. Los diplomáticos que trabajaban por asegurar el predominio romano, obraron con la mayor sagacidad. En el Concilio de Whitby, que Oswy convocó el año 664, ambas partes tuvieron representantes hábiles. Wilfrido, varón de mucho talento, representó a Roma, y Colman, el Obispo de Lindisfarne, a Bretaña. Fácil cosa era el prever el resultado, puesto que el rey estaba decidido a afiliarse con Roma. El Concilio aprobó decretos de acuerdo con el real deseo, y Oswy hizo que se observaran fielmente dichas resoluciones. La alianza de los reyes británicos bajo la bandera romana, indujo a Escocia y a Irlanda a seguir su ejemplo. Escocia se sometió a Roma el año 700, e Irlanda en 704. Los monjes de Ione fueron los postreros en someterse, pero lo hicieron por fin el año 716, desapareciendo así los últimos restos de la Iglesia nacional Británica.

Alfredo el Grande.

Este monarca, que nació el año 849 y era rey de los sajones de Occidente, fue el instrumento más poderoso que coadyuvó al desarrollo del cristianismo durante el primer período de la Iglesia británica. Habiendo conquistado a los dinamarqueses, hizo la paz, pero con varias condiciones, siendo una de ellas que se habían de bautizar sus jefes. Era tan valiente en el campo de batalla, como sabio en el gobierno de sus súbditos; compendió las leyes sajonas en un código; alentó la actividad en el comercio, e hizo cuanto estuvo a su alcance por educar y elevar a su pueblo. Vio la necesidad que había de hacer que circularan libros buenos entre las masas, y compuso varias obras con el fin especial de contribuir al desarrollo intelectual de la nación. Deploraba la ignorancia de sus súbditos, llegando a decir que no había un solo individuo al norte del Támesis, que pudiera traducir una carta escrita en latín, o entender el ritual de la Iglesia. Fomentó la educación del clero; reedificó los monasterios que estaban en ruinas; estableció escuelas; reunió libros de todas partes, e invitó a hombres sabios de otros países a que fueran a establecerse en sus dominios, a fin de ayudarle en el desarrollo eclesiástico y en la educación de su pueblo. En las obras cristianas que escribió, procuró reproducir a los clásicos de nuestra santa religión, más bien que emitir pensamientos originales. Sus obras principales fueron traducciones de los *Consuelos de la Filosofía* por Boetio, y la *Norma Pastoral* por Gregorio. Según el parecer de los ingleses modernos, Alfredo continúa siendo el monarca ideal, "el mejor rey, el más sabio y el más grande que ha tenido la Gran Bretaña".

16

Arnaldo de Brescia

Una nueva influencia.

La disputa prolongada entre Enrique IV y el papado engendró en Italia una nueva influencia que llegó hasta los pueblos más lejanos y las villas más remotas. Las pretensiones del Papa al poder supremo alarmaron naturalmente a los hombres pensadores, que veían en dicha potestad un elemento peligroso para la vida espiritual de todo el mundo cristiano.

Más aún: al deseo de hacerse independientes, que apareció en todas las localidades, siguió un movimiento rápido de desintegración, especialmente en las ciudades italianas. Protestó el pueblo en contra de las pretensiones exageradas del poder eclesiástico, estimulándose las ciudades unas a otras en sus esfuerzos por libertarse de aquella sujeción. Las masas consideraban el poder que el clero tenía, no sólo en la capital sino en todo el reino de Italia, como un mal grave que debía destruirse, y mientras más pronto, mejor.

Arnaldo denuncia los excesos del clero.

Para que una aspiración popular se encarne en un individuo, sólo se necesita que pase un poco de tiempo. El deseo ferviente que muchos cristianos italianos abrigaban, de reducir las prerrogativas del clero y del papado al estado primitivo de pobreza voluntaria, y de una vida y gobierno enteramente espirituales, encontró su representante en Arnaldo de Brescia, nacido a fines del siglo XI. Estaba bien preparado para su obras, puesto que, no obstante ser italiano, había ido a París y se puso bajo la dirección de Abelardo, cuyas ideas había embebido. Era un orador muy elocuente, y guía favorito de las masas. Habiendo regresado a su patria, denunció abiertamente los excesos que cometían los sacerdotes y, de una manera indirecta, protestó en contra de las pretensiones atrevidas del Papa a la soberanía suprema en asuntos civiles. Cuando hablaba del papado, lo hacía con la mayor circunspección y sin tocar ningún punto teológico; pero proclamaba una guerra sin cuartel de la vida inmoral que el clero llevaba en todas partes. Según él, los sacerdotes no debían tener bienes de fortuna, sino vivir de las ofrendas gratuitas del pueblo. El valor y la intrepidez con que expuso los vicios prevalecientes en aquellos tiempos, le atrajo un gran número de parciales, entre los cuales se contaban muchos nobles y varones de cultura que lo consideraban como un jefe seguro y digno. A vista del movimiento que se levantaba en su contra, se alarmaron bien pronto las autoridades eclesiásticas; tanto, que el Papa Inocencio II no sólo le hizo la oposición a Arnaldo, sino que lo desterró de Italia. Tuvo, pues, el reformador, que huir a Francia y a Suiza, donde continuó insistiendo en la necesidad que había de una reforma universal y de que volviera la Iglesia a su sencillez primitiva.

Arnaldo regresa a su patria.

Arnaldo había llevado a cabo una gran obra en Roma y tenía de su parte la opinión pública. La idea que había predicado, de que urgía reformar las costumbres, se había robustecido durante su ausencia, dando por resultado que, bajo su influjo, el pueblo se sublevó en contra de la soberanía papal. Hizo un segundo viaje a Italia, fue a Roma y se puso a la cabeza de las masas. Era el guía espiritual de la ciudad y, en cierto sentido, el jefe de la política. Tuvo en la Ciudad Eterna la influencia de que Calvino gozó en Ginebra cuatrocientos años después: fue "el administrador de los asuntos civiles y eclesiásticos". La elocuencia de Arnaldo era irresistible y despertaba gran entusiasmo en las multitudes que se congregaban a escucharlo. "Se olvidó de su misión religiosa y, bajo la inspiración de los recuerdos de la antigua grandeza de Roma, se convirtió en un reformador político. Roma debía ser libre e independiente tanto del Papa como del emperador; no había de gobernarla ningún individuo, sino el Senado y el pueblo". Volvería entonces la antigua grandeza. Los ciudadanos se rebelaron en contra de la autoridad papal; establecieron el Senado; expulsaron de Roma al Sumo Pontífice; pasaron leyes, insistiendo en que éste viviera de las ofrendas voluntarias del pueblo, y en que se despojara del poder temporal; invitaron al emperador de Alemania a que pasara a Italia y volviese a establecer en las riberas del Tíber el antiguo señorío imperial. El Papa Lucio II marchó a la cabeza de un ejército en contra de Roma, pero, durante el sitio de la ciudad, murió de una pedrada que le dio el enemigo con un adoquín. Eugenio III, que lo sucedió en el trono, huyó a Francia, donde se puso bajo la dirección de Bernardo de Clairvaux. Rogerio, rey de los normandos, llevó a Eugenio a Roma, pero éste último se encontró después desamparado. Mientras tanto, Arnaldo seguía ejerciendo mucha influencia en los romanos, que lo estimaban mucho. El año 1154 falleció Eugenio. Un joven inglés, que de niño fue pordiosero y quién, después de estudiar para el sacerdocio, había recibido una por una todas las órdenes, y llegado a ser obispo de Albano, lo sucedió, tomando el nombre de Adrián IV. Éste inventó un nuevo método de oposición a Arnaldo: prohibió todos los cultos públicos en Roma y causó una gran impresión, puesto que el pueblo no podía decir que había traspasado los límites de su autoridad, ni que dicha prohibición estaba fuera del poder eclesiástico.

Martirio de Arnaldo.

El Papa empezó a recobrar su perdido influjo. Habiendo tenido que huir de Roma por segunda vez, Arnaldo cayó al fin en manos del emperador de Alemania, Federico Barbarroja, que lo entregó a sus enemigos italianos. Éstos no le tuvieron compasión, antes lo colgaron el año 1155 en la ciudad de Roma, teatro de sus triunfos más grandes. A fin de hacer su memoria todavía más execrable, quemaron sus restos y esparcieron sus cenizas en la corriente del Tíber. El enemigo más poderoso que tuvo durante los últimos años de su vida, fue Bernardo de Clairvaux, que no sólo se opuso a sus doctrinas y al tenor general de sus enseñanzas en materias civiles, sino que dirigió la política del Papa. Él fue el verdadero consejero de todos los pontífices que tuvieron que luchar, uno tras otro, con Arnaldo, y quien, debido a la influencia que tenía en las masas católicas, hizo probablemente más que todos esos papas por minar el influjo del reformador.

Influencia de Arnaldo.

Cualquiera diría, después de estudiar la historia de Arnaldo y su triste fin, que aquel fue simplemente un episodio revolucionario acaecido en la época turbulenta en que vivió; pero debemos ver las cosas desde un punto de vista más liberal. Consiguió hacer que disminuyera mucho la confianza que el pueblo tenía en el poder papal; probó que un individuo dotado de energía, que tuviera la simpatía y la cooperación de las masas, podía no sólo trastornar por algún tiempo la soberanía temporal de los papas, sino introducir también en la misma Roma una política nueva. Sus enemigos más encarnizados no pudieron nunca tildar su carácter en lo más mínimo. La pureza de su vida estaba en perfecta consonancia con el Evangelio que predicaba; sus méritos personales y los cambios temporarios que su influencia produjo, fueron los grandes elementos que continuaron trabajando aun mucho después de su martirio. En todos los esfuerzos que se hicieron posteriormente por purificar las costumbres, y durante la Reforma en Alemania y otros países, el nombre de

Arnaldo de Brescia fue un agente poderoso que ayudó a romper la antigua unión. Aún en nuestros días, tiene su valor histórico, puesto que en la lucha que el protestantismo de la Italia contemporánea está sosteniendo por dirigir el pensamiento del pueblo, ese nombre es la inspiración de todos los que están procurando que vengan nuevos y mejores días, desde los Alpes hasta Sicilia.

17

Los valdenses y los albigenses

Reacción moral de los laicos.

Leemos en la historia eclesiástica, que los laicos protestaron más de una vez, y de un modo firme e intrépido, en contra de la degradación moral del clero. La prueba más evidente de esto fue el levantamiento y la diseminación de los valdenses, quienes personificaron la protesta que muchos individuos hacían privadamente en contra de la corrupción de los sacerdotes. Tomaron su nombre los valdenses de Pedro Valdo, natural y vecino de la ciudad de Lyón, Francia, reformador valiente y audaz que apareció en la segunda mitad del siglo XII. Poseía muchos bienes de fortuna y, no teniendo nada que ver con el clero, dio a los pobres todo lo que tenía; hizo circular entre el pueblo libros de religión escritos en la lengua común, y expuso los vicios de sus contemporáneos.

Los valdenses.

Esta protesta enérgica de los laicos, atrajo sobre ellos muy pronto la hostilidad de Roma. Valdo y sus seguidores no tuvieron nunca la menor intención de separarse de la Iglesia, sino que, a semejanza de los pietistas alemanes del siglo XVIII, abrigaban la esperanza de hacer una reforma dentro de la Iglesia. Pero se encontraron con una oposición tremenda; el arzobispo de Lyón hizo expedir un decreto en contra de ellos, el Papa Alejandro III los trató en 1179 con la mayor dureza y crueldad y, cinco años después, Lucio III los excomulgó. A pesar de todo esto, su número aumentó rápidamente, si bien se vieron obligados a refugiarse en las montañas en la sierra del Piamonte, en Italia, donde vivieron comparativamente tranquilos. Establecieron sociedades también en Alemania y en las regiones montañosas de Francia, sufriendo persecuciones en todas partes fuera del Piamonte. En algunos lugares había individuos que aceptaban secretamente las enseñanzas valdenses y que se daban a conocer a sus correligionarios por medio de ciertas señas; no solamente llevaban una vida pura y devota, sino que, por medios que nadie pudo descubrir, procuraban reformar las costumbres de sus prójimos. Enseñaban que cualquier individuo puede ejercer las funciones del ministerio; predicaban en contra del purgatorio, de la adoración de las imágenes y de la absolución que dan los sacerdotes, sosteniendo que la verdadera Iglesia de Jesucristo cuenta en su seno un número de almas mucho mayor que la Iglesia papal.

Valdenses y cátaros: Roma persigue a todos los reformistas.

Coincidieron con los valdenses los cátaros que, habiendo aparecido a principios del siglo XI, predicaban abiertamente en contra de la corrupción de aquellos tiempos. Esta secta estaba muy saturada de maniqueísmo y no tenía nada de común con los valdenses, fuera de la oposición que hacían a la Iglesia Romana. No obstante los esfuerzos que Roma hizo por destruir a los cátaros, éstos se multiplicaron en Francia, Alemania y hasta en Inglaterra. Sus primeros mártires murieron en Orleáns el año 1022. Durante la época en que los valdenses obtuvieron gran desarrollo e influencia, no obstante la guerra sorda que les hacía Roma, los catáros consideraban su causa como idéntica con la de aquéllos. Al principio, Roma no hizo a los valdenses una oposición tan encarnizada como a los cátaros, pero, a debido tiempo, los consideró como igualmente nocivos y peligrosos. Poco después, declaró una guerra sin cuartel no sólo a estos herejes, sino a todos los reformadores que iban apareciendo. Raimundo Roger, vizconde de Beziers y de Albi, fue el representante de ese grupo de reformadores conocidos en la historia con el nombre general de albigenses. Simón de Montfort, uno de los delegados del Papa que hicieron la cruzada en contra de los reformadores, los venció en el campo de batalla. En premio de su hazaña, fue declarado señor del territorio conquistado.

Simpatía del pueblo para con los reformistas.

Una de las manifestaciones más hermosas del espíritu y de los lazos que unen a los cristianos de todas las naciones, fue la simpatía universal que los sufrimientos de estos reformadores despertaron en el continente. Había en muchos de los países europeos multitudes de almas que oraban por el avenimiento y desarrollo de mejores costumbres en toda la cristiandad. Veían con dolor y temor las persecuciones de los creyentes en Francia y en Piamonte, y creían firmemente que esos contemporáneos perseguidos saldrían victoriosos después de todo. Inglaterra mostró una simpatía muy profunda, procurando que los perseguidores la comprendieran. En época posterior, Milton dio expresión en versos sublimes e inmortales, a la protesta de la Gran Bretaña en contra de las persecuciones que los valdenses sufrieron, no solamente en tiempo de Valdo, sino muchas veces después.

18

Tomás Becket

Esteban de Blois y Enrique II.

La Iglesia en Inglaterra pasó, durante el siglo XII, por cambios muy importantes. El súbdito más eminente en aquellos tiempos era Tomás Becket, arzobispo de Canterbury y Canciller de Inglaterra. En la época de los reyes normandos más hábiles que sucedieron a Guillermo el Conquistador, la Iglesia inglesa estuvo enteramente bajo la dirección del trono, y los papas que anhelaban obtener la supremacía en aquel país, tuvieron que mirar y esperar.

Tan pronto como Esteban de Blois (1135-1154) hubo ascendido al trono, se vio claramente que no era capaz de gobernar, ni mucho menos de dominar la política vigorosa de los clérigos que deseaban aliarse a Roma, ignorando la soberanía de los reyes de Inglaterra. Se rompieron por completo las relaciones entre el clero y la corona, y aquél reconoció al Papa como la cabeza de la Iglesia inglesa. Habiendo heredado la corona Enrique II, trató de restaurar las antiguas relaciones, rompiendo al mismo tiempo el yugo romano. La Dieta de Clárendon, celebrada el año 1166, secundó sus propósitos, aprobando varias resoluciones importantes, según las cuales se había de proceder a la elección de obispos en la capilla real, previo el consentimiento del monarca; en todos los litigios y asuntos civiles, los sacerdotes eran responsables al rey; sin la venia real, ninguna causa judicial podía remitirse a una corte extranjera; los clérigos que intentaban salir del reino, tenían que obtener idéntico permiso; por último, los miembros del Concejo Real quedaban exceptuados de la excomunión. Estas resoluciones, que fueron otros tantos golpes asestados a la supremacía papal en Inglaterra, dieron principio a una lucha tremenda entre el rey y el Papa.

Tomás Becket.

Tomás Becket, que nació el año 1118, no estudió nunca teología, sino que, habiendo recibido una educación enteramente seglar, prefirió la vida militar y diplomática. Sin embargo, llegó a ser Arcediano de Canterbury y Provisor de Beverly. El Papa se empeñó en que Eustasio heredara el trono de Esteban su padre, pero Becket trabajó por evitarlo. En premio de este servicio, Enrique II lo nombró Canciller de Inglaterra el año 1155. Era el agente más sumiso que tenía el rey; dirigió en el extranjero la campaña de Tolosa, de la que salió victorioso el ejército inglés. Enviado otra vez a Francia, arregló el casamiento del hijo de Enrique con la hija del rey de los franceses. Siendo el amigo de mayor intimidad y confianza que tenía el rey, éste lo encargaba siempre de los asuntos más difíciles y delicados que él mismo no podía dirigir. El año 1162 fue nombrado arzobispo de Canterbury, llegando a ser, por consiguiente, el Primado de Inglaterra.

Encontramos, pues, a este individuo ocupando una posición nueva, sin tener más aptitud para desempeñar su oficio eclesiástico que cualquier otro militar o diplomático. Pero estimaba en todo su valor su nueva dignidad, y se puso inmediatamente del lado del Papa en el conflicto que éste tenía con el rey. Así como antes había sido un canciller fiel, creyó después que debía ser un eclesiástico intransigente; no cabe la menor duda que obraba en esto de buena fe. Apenas podía creer Enrique lo que estaba viendo. Del cortesano pulido y el diplomático lascivo, Becket se convirtió, tomando todas las apariencias de un santo: "se trasformó luego en el penitente grasiento que vestía cilicio, se alimentaba de hierbas, bebía agua nauseabunda y les lavaba diariamente los pies a trece pordioseros". Renunció su puesto de Canciller, o Secretario del rey, y se puso a la cabeza del partido papal. Empezó, pues, una lucha de titanes. De parte de Enrique, estaban la nobleza y los decretos de Clárendon. Becket tenía de partidarios a los agentes papales y a las masas sajonas. El gran problema, que hacía mucho tiempo se trataba de resolver, era: ¿cuál de estos dos partidos alcanzará el triunfo? Habiendo hecho penitencia por haber aprobado los decretos de la Dieta de Clárendon, Becket recibió la absolución papal. Durante el Concilio que se reunió en Northampton, el rey promovió juicio en contra de Becket, acusándolo de que, años antes, cuando era canciller, se había apropiado cuarenta mil marcos. Becket se rehusó a contestar cargos hechos por ofensas que había cometido antes de consagrarse al servicio de la Iglesia, apeló al Papa, y huyó a Francia.

Muerte de Becket.

Mientras Becket permaneció en Francia, su causa recibió gran impulso en Inglaterra, donde tenía un gran número de adherentes, y el Papa hizo cuanto estaba a su alcance por ayudarlo. Enrique prometió darle una audiencia, pero no se presentó; dio su consentimiento, sin embargo, para que el arzobispo volviera a su sede y ofreció pagar todas sus deudas y gastos de viaje. Regresó Becket a Canterbury, donde las masas le hicieron una gran ovación. Asustado, Enrique exclamó: "¿Es posible que entre los cobardes que comen a mis expensas, no haya uno que me libre de este sacerdote turbulento?". Cuatro caballeros salieron inmediatamente para Canterbury y, no pudiendo persuadir a Becket a que transigiera con el rey, lo mataron en la catedral. Esto aconteció el año 1170.

Las masas rindieron tributo a la memoria del arzobispo de una manera enteramente nueva en Inglaterra, y la indignación popular casi se desbordó en un levantamiento nacional. No se ha probado nunca que Enrique fuera el autor de semejante crimen; sin embargo, el pueblo lo consideró como un asesino. Debemos tomar en consideración el hecho de que, cuando dijo las palabras citadas, estaba muy encolerizado; no es justo, por consiguiente, suponer que quiso sugerir el asesinato de Becket, mucho menos que lo hubiera fraguado ni dirigido. Empero, el pueblo no arguye nunca de una manera lógica, sino que acepta luego las conclusiones que mejor le place, y así es que acusó a Enrique de aquella muerte. A fin de conciliar a las masas, el rey visitó el sepulcro del finado, e hizo penitencia por la hostilidad, real o imaginaria, de que se le acusaba. Dos años después, Becket fue canonizado como Santo Tomás de Canterbury. Con excepción de la ciudad de Roma, su tumba en la catedral fue desde entonces el lugar más frecuentado por los peregrinos cristianos. Se decía que acontecían milagros cerca de su sepulcro y que, en cierta ocasión, cien mil peregrinos habían adorado allí. La corte romana no sólo animaba mucho estas peregrinaciones, que ayudaban a robustecer la soberanía papal en las Islas Británicas, sino que concedió indulgencia plenaria a todos los peregrinos que visitaran el sepulcro del postrer santo inglés.

19

Las Órdenes Monásticas

El monasticismo oriental.

Al paso que avanzaba la Edad Media, empezó a declinar el monasticismo oriental que, en el primer período de la Iglesia, floreció por todas partes, y especialmente en el valle del Nilo. Habiendo abandonado los monjes la sencillez y pureza de vida que llevaban al principio, dejaron de ser ejemplos dignos de ser imitados por el pueblo. Según Eustasio el tesalonicense, la condición moral de las órdenes monásticas de la Iglesia de Oriente en el siglo XII era muy deplorable. Los monjes de aquella época eran tan ignorantes e hipócritas, que no merecían la confianza ni el sostenimiento de la Iglesia. Los monasterios más famosos del Oriente, eran los del monte Athos, que existen aún y merecen el respeto y la consideración de todo el mundo, por ser los depositarios de manuscritos muy valiosos e importantes, que los literatos cristianos de Occidente no conocen todavía.

Durante el siglo XII, aparecieron en el Oriente tipos extraños del monasticismo: había muchos imitadores de Simón el Estilita, y un gran número de anacoretas que pasaban la vida en las copas de los árboles y en las cuevas. A fin de hacer a los ojos de Dios más completa la negación de sí mismos, inventaron muchos medios de tortura, tales como el cilicio y otros. Si bien se discutían asuntos teológicos en algunos monasterios, los monjes estaban, por lo general, ociosos y sumergidos en la ignorancia. En los claustros del monte Athos prevaleció por algún tiempo el misticismo y el quietismo. A medida que el Imperio bizantino declinaba y Roma iba ganando mayor influencia, el monasticismo de Oriente perdió el influjo que había ejercido en la vida general de la Iglesia.

Monasticismo occidental.

El monasticismo en el Occidente se desarrolló gracias a la obra de Benito de Nursia, fundador de la Orden de los Benedictinos. Los monjes benedictinos y cluniacenses tenían un lugar prominente en la Iglesia latina, y recibían donaciones fabulosas. Tal era la influencia que llegaron a ejercer, que los nobles y los pudientes, sintiéndose atraídos hacia ellos, dejaban sus posesiones, hacían votos de pobreza, ayudaban a los religiosos en toda clase de tareas serviles y trabajaban de cocineros, pastores, carpinteros, y en todo aquello que la regla monástica exigía de los miembros más humildes. Pedro de Cluny, nacido en 1092 o 1094, e Hidelgardo de Bingen, que nació el año 1104, se distinguieron por su celo monástico. Bernardo de Clairvaux, nacido en 1091, fortaleció la orden de los benedictinos, favoreció el plan de volver a su cultivo las tierras que habían sido inundadas, y toda clase de mejoras materiales. En el siglo XIII, los benedictinos tenían mil trescientas abadías. Este desarrollo tan grande de una orden que principió de una manera tan humilde, se debió principalmente a la vida tan pura de Bernardo, y a las reformas que con tanta energía introdujo.

Las órdenes mendicantes.

En contra de las inmensas riquezas que estaban acumulando las abadías de la Iglesia latina, vino la reacción y se establecieron las órdenes de frailes mendigos. Los muchos nobles que aceptaron la vida monástica e ingresaron en los monasterios, introdujeron en ellos naturalmente costumbres muy diferentes de las que prevalecían al principio en aquellas comunidades. Las nuevas órdenes de mendicantes repudiaron las riquezas y determinaron vivir de la caridad pública.

Francisco de Asís, nacido el año 1182, fundó la orden de los Hermanos Menores, o sea, franciscanos. No sólo se distinguió por su celo y elocuencia popular, sino que fue un modelo de pobreza; sin dinero, zapatos ni bordón, andaba por los campos predicando a las multitudes las bienaventuranzas de los pobres. Al Papa Inocencio III le pidió permiso de fundar una nueva orden, y lo consiguió. El número de sus discípulos fue muy pequeño al principio, y no obtuvo ningún resultado; pero después de algún tiempo, le sorprendió repentinamente el buen éxito. El año 1219, su orden ya tenía cinco mil miembros, y en 1264 había en Europa nada menos de ocho mil conventos donde moraban doscientos mil monjes franciscanos. [Entre sus miembros ilustres hay que contar a San Buenaventura, San Antonio de Padua y Alejandro de Hales].

Domingo de Guzmán, nacido el año 1170, en la ciudad española de Caleruega, Burgos, diócesis de Osma. Fundó la orden de los dominicos, previo el consentimiento del Papa Honorio III. [Siendo canónigo de Osma, Inocencio III le encomendó la Cruzada de predicación contra los albigenses, acompañando a su obispo Diego de Osma. Al contemplar los estragos producidos por la herejía, resolvió dedicar su vida a la conversión de los herejes por medio de la *predicación*. Así es como nació la Orden de Predicadores]. Los miembros de esta orden se dedicaron al estudio de las ciencias y a la discusión de temas teológicos. Tuvieron una controversia muy exaltada con los franciscanos, sobre si la virgen María había nacido inmaculada o no, y sostuvieron que había heredado la naturaleza pecaminosa de Adán. El año 1230 fundaron en París una escuela de teología que llegó a ser famosa por la sabiduría de su facultad [hay que contar entre sus figuras más ilustres a Santo Tomás de Aquino].

Otras órdenes monásticas.

Además de las mencionadas, había otras órdenes que eran imitaciones pobres de las primeras. Entre ellas se contaban la de los carmelitas, la de los ermitaños agustinos y la de los siervos de la virgen María. Los beguinos y los begardos se establecieron en los Países Bajos. Lamberto de Bergue de Louvain, fue probablemente el que fundó la primera de estas órdenes por el año 1180. Habiendo degenerado ambas, al grado de aceptar fantasías teológicas, la Iglesia Romana las condenó y persiguió. El Concilio de Lyón redujo el número de las órdenes mendicantes de veintitrés a cuatro, siendo éstas la de los dominicos, la de los franciscanos, la de los carmelitas y la de los agustinos.

Órdenes militares de caballeros.

La vida monástica en la Iglesia y las necesidades físicas que las cruzadas produjeron, culminaron en las órdenes militares, es decir, asociaciones religioso-militares, mitad monje y mitad soldado, cuyos miembros, además de los votos comunes, hacían otro especial de *defender la religión con las armas*. En 1119 Hugo de Payens y Godofredo San Omer fundaron la Orden de los Caballeros del Temple. Balduino, rey de Jerusalén, separó una parte del santuario que estaba cerca del templo, y se la cedió para que vivieran en ella. Con su influjo y elocuencia, Bernardo de Clairvaux les prestó gran ayuda, llegando a conseguir, en 1128, que el Sínodo de Troyes aprobara su organización como comunidad religiosa. La orden de los Caballeros de San Juan se fundó con el fin de proteger a los menesterosos; pero, a semejanza de otras, se convirtió en una orden militar famosa. Dichas órdenes degeneraron de su condición tan elevada, de un modo verdaderamente lamentable: cuando llegaron a ser fuertes y el objeto del cariño y la admiración universales, empezaron a olvidarse de la caridad que practicaron y de la pobreza en que vivieron en un principio. Habiendo enriquecido, los caballeros se corrompieron y perdieron al fin el respeto de la Iglesia y las naciones. Una vez concluidas las cruzadas, los caballeros se establecieron en la isla de Chipre; el año 1309 tomaron la isla de Rodas, donde vivieron como los defensores armados de la fe; continuaron en posesión de su territorio hasta el año 1523, en que, después de uno de los sitios más terribles que registra la historia, los turcos los obligaron a retirarse. El valor con que han peleado con dichos enemigos, desde entonces hasta tiempos modernos, no tiene igual. En 1530, Carlos V les cedió la isla de Malta, que ocuparon hasta el año 1798 en que la tomó Napoleón el Grande. Hoy día es una posesión británica.

Los Hermanos de la Vida Común fundaron su orden durante el destierro de los papas en Francia, y los horrores de la muerte negra. Respondió la fundación de esta orden al deseo general que había en la Iglesia de una vida nueva espiritual; fue fundada por Gerardo Groot (1340 a 1384) y produjo caracteres tan elevados como Tomás de Kempis, monje de Agnesburgo, cerca de Zwolle, en los Países Bajos, y otros místicos eminentes.

20

Los monasterios como centros de cultura

Monte Casino.

Durante la Edad Media, el saber europeo encontró un abrigo seguro en los monasterios de la Iglesia latina. Ciertas órdenes se dedicaron especialmente al estudio de una ciencia, y otras al de otra; algunas se consagraron a la práctica del ascetismo y de las obras de caridad. Más que todos los monjes europeos, los del Monte Casino, en el Sur de Italia, se distinguieron por su saber. Se valieron de la magnífica biblioteca que tenían, para escribir obras que llamaron la atención de todos los sabios de Europa. Los papas no estimaron nunca a los frailes de Monte Casino, puesto que este monasterio fue siempre la cuna de ideas liberales, y de él procedían con frecuencia protestas en contra de las supersticiones, y apelaciones en pro de una educación más elevada, de una moral más pura y de la reforma papal. Estas apelaciones iban siempre sostenidas por argumentos que revelaban grande saber y erudición. Dicho monasterio conservó siempre la reputación de abrigar ideas liberales; sus monjes continuaron de generación en generación defendiendo su derecho de pensar. Se cree que su actitud ha contribuido, aun en tiempos modernos, al desarrollo de las aspiraciones que culminaron en la abolición del poder temporal del Papa, y en la unificación del reino italiano con la ciudad de Roma por su capital.

Los monjes se ocupaban, por lo general, en copiar las obras de los santos Padres. Este trabajo era muy laborioso, pero los monjes eran tan hábiles con la pluma, que sus copias nos causan admiración aun en nuestros días. Como quiera que de materias vegetales sabían hacer tinta, que hoy está tan negra como el día en que la usaron, y poseían muchos secretos, sacaban copias muy duraderas. Preparaban, además, el pergamino en que escribían y empastaban los libros tan bien, y de un modo tan artístico, que existen todavía. Superaron en la producción de obras doctrinales. Muchas de las ilustraciones en púrpura, plata y oro, son maravillas del arte, que nos pasman hoy día.

21

Las artes cristianas

Las artes en los templos.

En todos los centros de cultura de la Iglesia medieval, las artes cristianas fueron patronizadas. No se quedaron atrás los monasterios ni aun en el desarrollo intelectual de este gran campo. De entre los conventos situados al norte de Italia, se llevaron la palma los de San Galo, en Suiza, y Fulda, en Alemania. Durante algún tiempo, el primero de estos monasterios estuvo a la vanguardia, puesto que contaba entre sus monjes a Tutio, gran arquitecto, pintor, escultor y poeta: el Miguel Ángel de su época. Al paso que avanzaba la Edad Media, el mobiliario y los enseres de los edificios sagrados iban asumiendo formas más artísticas. Los adornos de los candelabros de bronce eran muy hermosos; los sitiales para el clero y los asientos para los cantores estaban tallados con gran gusto y variedad; los púlpitos eran obras primorosas de escultura en piedra o madera; la reja entre la nave y el altar mayor, era con frecuencia una obra exquisita y bella en metal calado. Adornaban las diferentes partes del santo edificio con toda la gracia de las artes de aquel tiempo.

Durante la primera parte de la Edad Media, los templos se edificaban conforme al modelo de la arquitectura clásica; en toda la cristiandad se encontraban basílicas. Con el tiempo, el arco y el techo ojivales prevalecieron y marcaron, en los países situados al norte de los Alpes, la transición final al magnífico estilo gótico. Los godos que gobernaban en Ravenna, usaban el estilo bizantino; en sus templos, que existen aún y abundan en mosaicos tan ricos como variados, se pueden estudiar, mejor que en cualquiera otra clase de construcciones eclesiásticas, los usos cristianos más primitivos.

Parálisis y renacimiento.

En cuanto concierne a las artes, el período más oscuro de la Edad Media, fue el siglo X; la *estagnación,* o paralización, era universal. A la par que cesó por algún tiempo la construcción de templos, se dejó sentir el deseo de abandonar el estilo romano de arquitectura y de adoptar el gótico. En el siglo XI se presentaron evidencias de un renacimiento; en los siglos XIII y XIV dicho avivamiento tomó grande pujanza, no sólo en la arquitectura, sino también en todas las artes. Se hicieron a un lado los modelos clásicos de arquitectura, y el estilo gótico prevaleció por todas partes. Los cristianos decidieron abandonar la arquitectura de los edificios griegos y romanos, y todo lo concerniente a ellos, llegando al grado de evitar hasta sus recuerdos. Para los cristianos de la última parte de la Edad Media, el templo debía ser un lugar de crecimiento lozano. Allí debían encontrarse trepadoras y hojas y flores en toda la exuberancia de los bosques germánicos. La gran ventana no debe ser de cristal transparente, sino de colores, teniendo todos los tintes del arco iris, a fin de que los rayos del sol, al tocar el suelo de la catedral, sugieran el paso de la luz por entre las ramas y las hojas de los árboles hasta caer sobre la tierra de la selva. La ventana debe ser una imitación de la naturaleza cuando ésta se halla en su modo más feliz. El rosetón, o sea, la ventana que en su forma imita la de una rosa, es uno de los detalles característicos del estilo gótico. A la imaginación poética y a la habilidad artística se debe la creación de este accesorio tan bello que se usó para dar mayor hermosura al templo santo de Dios. Las catedrales de Colonia, Estrasburgo, Spóyer y otros lugares fueron edificadas. La primera se construyó conforme a los diseños que había preparado Conrado de Hochstaden. Principiaron la obra en el siglo XIII y la concluyeron en parte a fines del XV; pero no quedó acabado ese edificio admirable sino hasta el siglo XX. Fue dedicado al culto divino el día 15 de Octubre de 1880, en presencia del emperador Guillermo I y de su corte protestante. El arzobispo católico de dicha ciudad estaba a la sazón en el destierro.

Erwin de Steinbach fue el arquitecto de la abadía de Estrasburgo; empezó la construcción de dicho edificio el año 1270, pero falleció sin tener el gusto de verlo concluido. Su hija Sabina tomó su lugar y prosiguió la obra; ésta, sin embargo, no se llevó a cabo sino hasta el siglo XV.

Al paso que se desarrollaba el gusto por la arquitectura gótica, en el siglo XI, la pintura en cristales empezó a usarse para adornar los templos. Fue introducida primeramente en el monasterio de Tegernsee, junto al lago del mismo nombre en las altas tierras de Baviera; después se usó en todos los edificios de estilo gótico.

Las artes plásticas.

Éstas revivieron simultáneamente con la arquitectura medieval. Nicolás de Pisa, fallecido en 1274, fue el maestro del arte de hacer adornos de oro y de cobre; era hombre de genio y concibió aplicaciones tan ricas y bellas de estos metales, que atrajo a un gran número al ejercicio de su arte. Se desarrolló la pintura especialmente en la ornamentación del interior de los templos. Los alemanes aprendieron este arte de los italianos, quienes, a su vez, lo habían derivado de los modelos traídos de Bizancio. Pero las pinturas italianas superaron a dichos modelos; éstos eran rígidos y sin gracia, al par que aquéllas eran delicadas y agradables a la vista. Ciunta de Pisa, Cimabue el Florentino y Guido de Siena fueron los primeros pintores italianos que eliminaron la aspereza del estilo bizantino, dando a las imágenes de Jesús y de María esa gracia y dulzura que culminaron en las obras maestras de la escuela rafaelina.

22

El culto cristiano

Las peregrinaciones a la Tierra Santa y el progreso de las cruzadas dieron mayor importancia a la construcción de templos. Las reliquias que los peregrinos y los cruzados traían consigo, despertaron en todo el mundo cristiano el deseo de edificar no sólo capillas hermosas, sino grandes catedrales, para depositar en ellas esos tesoros inestimables de la vida cristiana primitiva. Una vez concluida la construcción de dichos edificios, colocaban las imágenes y las adornaban con tal abundancia de plata, oro y piedras preciosas, que los adoradores se quedaban pasmados.

El sermón.

El desarrollo del monasticismo aumentó en gran manera la importancia de esta parte del culto público. A fin de establecer una orden nueva o de organizar una cruzada, era preciso apelar con elocuencia al pueblo. Los monjes, que tenían generalmente un conocimiento profundo del corazón humano, estaban familiarizados con los misterios de la oratoria popular. Muchos de ellos podían mover a sus auditorios con la mayor facilidad, ya se encontraran a la sombra de una gran selva, a la orilla de un lago o en la plaza del mercado. El fervor religioso de aquel tiempo, añadía mucho a los efectos de la retórica. Pedro el ermitaño, cuando predicaba a las masas con el fin de organizar una cruzada, apelaba, en primer lugar, a los motivos religiosos. Sus auditorios se componían de muchos miles de almas. Predicaba tanto que, algunas veces, falto de fuerzas, tenía que tenderse en el suelo; no cesaba por eso, sino que continuaba esforzándose y hablando a media voz. Esas sentencias que apenas podían escuchar los concurrentes, despertaban mayor entusiasmo por su causa, que lo que decía con voz atronadora. Aun en vida lo veneraron como a santo; la gente pía conservaba cabellos de su cabeza, considerándolos como cosa sagrada. Otro predicador célebre fue Bernardo, cuyas amonestaciones tan magnéticas las masas no se cansaban nunca de escuchar. Pero el predicador más afamado de la Edad Media, fue Bertoldo de Ratisbona, fallecido el año 1272. Su auditorio ascendía algunas veces al número de cien mil almas. Era cual una voz que clama en el desierto. Semejante a Tauler, de un período posterior, se declaró en pro de un avivamiento espiritual; denunció, con toda la vehemencia e indignación de un Lutero, las indulgencias y otros errores romanistas. Los sermones en los templos se predicaban generalmente en latín; pero las cruzadas, las apelaciones en pro de las órdenes monásticas y los discursos al aire libre se predicaban en la lengua del pueblo.

Música sagrada.

La Iglesia latina hizo a un lado los modelos orientales tanto en lo concerniente a la música sagrada, como a las artes. Los cantos gregorianos que la Iglesia había usado tanto tiempo, se abandonaron en el Occidente. Se introdujo una música más variada y difícil, dando a las melodías ambrosianas el lugar de otros modelos; los cantos a dos voces se hicieron comunes. Una después de otra, se introdujeron mejoras en la música; el canto coral de las catedrales se cultivó a tal grado, que llegó a eclipsar las demás partes de los ejercicios devocionales. A la vanguardia de los que cultivaron e hicieron adelantar la música sagrada entre los cristianos del Occidente, estuvieron Hucbaldo, que vivió como por el año 900, Regino (920), Odo, el Abad de Cluny y Guido de Arezo (1000-1050).

Himnología.

Al mismo tiempo que adelantó la melodía, aumentó en importancia la himnología. Muchos de los himnos griegos más antiguos, se reprodujeron no solamente en latín, sino también en las lenguas populares. Se manifestó igualmente la disposición a producir composiciones originales; a esta tendencia a escribir himnos sagrados, dieron impulso los cantores de baladas, cuyas rimas populares estaban entrelazadas con asuntos religiosos. Entre los mejores poetas cristianos que florecieron en la Edad Media, deben mencionarse a Roberto, rey de Francia, Abelardo, San Bernardo, Adán de San Víctor, Santo Tomás de Aquino, Buenaventura, Tomás de Celano y Jacoponio. Tomás de Celano escribió el famoso himno *Dies Irae:*

"Dies irae, dies illa,
Solvet saeculum in favilla,
Teste David cum Sibylla".

Jacoponio fue el autor del Stabat Mater:

"Stabat mater dolorosa	Estaba la madre dolorosa
Juxta crucem lacrymosa,	Y lacrimosa, junto a la cruz
Dum pendebat Filius:	Donde moría Jesús.
Cujus animani gementem	Contristada y afligida
Contristatam ac dolentem,	Y por el dolor traspasada,
Pertransivit gladius".	Su alma gemía.

23

Las Cruzadas

La toma de Palestina por las huestes musulmanas fue el origen de las cruzadas. Los peregrinos europeos profesaban un cariño muy íntimo a los lugares sagrados. Los sarracenos no quedaron satisfechos con ocupar dichos sitios, sino que perseguían a los cristianos que iban a visitarlos, profanaban los santuarios y metían en la cárcel a los venerables patriarcas de la Iglesia. Considerábanse afortunados, cuando escapaban con vida, los comerciantes cristianos que iban de Pisa, Amalfi, Génova y otros puertos importantes de Italia. Noticias de estos desacatos llegaron a Europa, dando por resultado la organización de expediciones militares, que llamaron cruzadas por llevar los soldados una cruz, en contra de los mahometanos.

Pedro el Ermitaño.

El apóstol de la primera cruzada fue Pedro el Ermitaño. Según se cree, el Papa Gregorio VII fue el primero que concibió la idea de mandar de Europa una expedición armada con el fin doble de castigar a los jefes sarracenos y de tomar el país para gobernarlo como a una nación cristiana. Sus sucesores, Víctor III y Urbano II, abrigaron íntimamente la misma esperanza. Para realizarla, faltaba solamente un caudillo popular; alguien que despertara el entusiasmo en los corazones de los cristianos de Europa. Este caudillo fue Pedro el Ermitaño, quien, después de militar bajo los condes de Boloña, dejó esa carrera, hizo un viaje a la Tierra Santa y presenció las indignidades que sufrían los peregrinos. Se llenó de gran entusiasmo y abogó en pro de la conquista de Palestina por los cristianos europeos. A Simeón, el Patriarca de Jerusalén, que se hallaba desamparado, puesto que el emperador de Oriente no podía hacer nada en defensa de los cristianos, le dijo: "Las naciones de Occidente tomarán las armas en vuestra defensa. Pedro cumplió su promesa; habiendo vuelto a Europa y viajado por todos los países germánicos, despertó en el pueblo una indignación frenética en contra de la fe del Islam. Presentaba un espectáculo sumamente extraordinario; era muy pequeño de estatura, no usaba sombrero ni calzado, y cruzó Europa central cabalgando en un jumento. Sus peroraciones eran irresistibles; el pueblo lo consideraba como la encarnación de una causa santa y, bajo su dirección, se organizó la primera cruzada.

Varía la fortuna de las cruzadas.

La fortuna voluble de las cruzadas presenta un cuadro histórico muy notable, puesto que encontramos en él una combinación admirable de buen éxito y de fracasos. Pedro el Ermitaño y Gualterio el Pordiosero fueron los organizadores humildes del gran movimiento. Se replegaron bajo su bandera varios jefes militares; los hijos de las mejores familias de Europa simpatizaron profundamente con los cristianos que deseaban poder arrodillarse junto al santo sepulcro en Jerusalén, y gobernar la nación en que Jesús vivió. La primera cruzada, que se compuso de seis ejércitos diferentes, contaba seiscientas mil plazas, y tuvo por jefes a Godofredo, Hugo el Grande, Raimundo de Tolosa, Tancredo y Roberto el Normando. Salió esta cruzada en 1096; a los dos años, los cruzados tomaron la ciudad de Jerusalén y aclamaron a Godofredo de Buillón rey de la Ciudad Santa.

Estando el reino de Jerusalén amenazado de peligro, se organizó, en mayor escala que la primera, la segunda cruzada, siendo San Bernardo el apóstol de ella, y los reyes sus caudillos. Luis VII de Francia y Conrado III de Alemania capitanearon un millón doscientos mil hombres en contra de los sarracenos, llevando el fin principal de tomar la ciudad de Damasco para robustecer el reino de Jerusalén. Esta cruzada fracasó al grado que sólo pequeños fragmentos de los ejércitos volvieron a Europa. Saladino, el gran jefe musulmán, conquistó la Ciudad Santa el año 1187. Los cristianos hicieron otro esfuerzo por salvarla y, a la vez, todo el país. Alemania, bajo Federico Barbarroja, Francia, bajo Felipe Augusto, o Inglaterra, bajo Ricardo Corazón de León, formaron una gran cruzada, que fracasó también por haberse dividido los que la mandaban; pero consiguieron que Saladino dejara en paz y no impusiera contribuciones a los cristianos que visitaban la Ciudad Santa. No tuvo buen éxito la cuarta cruzada, que mandaron los caballeros de San Juan. Muestra el extremo a que llegó en aquellos tiempos el fanatismo salvaje, la cruzada de los niños que se organizó el año 1212. Treinta mil niños, bajo la dirección de Esteban Vendome, un muchacho pastor de rebaños, se embarcaron en Marsella rumbo a Palestina. Se fueron a pique varias de las embarcaciones, y otras hubieron de anclar cerca de la costa de Egipto, donde los pobres niños fueron vendidos como esclavos. Alcanzó buen éxito la sexta cruzada que Federico II de Alemania organizó. Palestina fue cedida al emperador y se convirtió en una nación cristiana. En la séptima cruzada los cristianos perdieron todo lo que habían ganado con la anterior, puesto que los musulmanes consiguieron reconquistar el país. Se organizó la última cruzada bajo la dirección de Luis IX de Francia, llamado comúnmente San Luis, por su gran piedad y elevados principios morales. Habiendo fallecido este monarca, Eduardo I de Inglaterra se puso a la cabeza de la cruzada; pero esta fracasó enteramente. Quedaron los musulmanes en posesión completa de Palestina; se agotaron las fuerzas de Europa, y se perdió la causa.

Se marca el alto al Islam.

No consiguieron nuestros correligionarios el fin que se habían propuesto al organizar las cruzadas, pero sí obtuvieron, de una manera indirecta, resultados importantes. En primer lugar, hay razón para creer que, si no hubieran tenido que pelear en defensa de su territorio, los conquistadores musulmanes habrían invadido Europa en números muy grandes, y permanecido en ella. El valor de los cristianos, el entusiasmo indomable de que estaban poseídos, y los cruentos sacrificios que hicieron durante las cruzadas, mostraron a los musulmanes el temple del enemigo con quien tenían que habérselas. Descubrieron, pues, la gran diferencia que había entre los cristianos del norte y del occidente, y las poblaciones del Imperio del Oriente que habían conquistado de una manera tan fácil. Con todo el desperdicio de dinero y la pérdida de vidas, no cabe la menor duda que las cruzadas salvaron a Francia, a Alemania central, Escandinavia y aun a Bretaña, de la opresión de los sarracenos. Les marcaron el alto; los tuvieron a raya y les infundieron ese santo terror de los ejércitos cristianos, que no han podido olvidar.

Los beneficios de las cruzadas.

Los beneficios que las cruzadas hicieron a las naciones son múltiples. El antiguo sistema feudal, que autorizaba a un caballero a salir con sus partidarios y criados a dar batalla a sus vecinos, era un mal que hacía tiempo estaba minando el Imperio. Toda la Europa central y occidental estaba hecha trizas por ese sistema feudal y de pillaje. Las cruzadas lo abolieron, uniendo a los pueblos bajo el régimen del derecho común. Al volver de Palestina a su patria, el último cruzado descubrió que, en vez de ser el jefe de una tribu, era miembro de una gran comunidad. Se marcó un hasta aquí a la crueldad de los gobernantes. El pueblo dejó escuchar su voz, y los monarcas descubrieron que su autoridad tiene límites. Rompió sus trabas el comercio, extendiéndose por todas partes. Las naciones del Oriente lejano entraron en relaciones íntimas con las del Occidente, y varias ciencias nuevas, tales como la medicina y la astronomía, se introdujeron en Europa. Las cruzadas forman un campo de literatura que ha inspirado a muchos escritores en todas las épocas posteriores. Quien quiera comprender mejor su índole y los tiempos en que se organizaron, que lea las novelas *El Desposado, El Talismán* y *El Conde Roberto de París* por Sir Walter Scott. Las escenas pasan en aquellos tiempos atribulados.

24

La filosofía árabe

Los pensadores y escritores árabes.

Durante los siglos XI y XII se desarrolló de un modo extraordinario la literatura de los árabes; mas declinó simultáneamente con el siglo XIII. Existía un lazo fuerte de unión entre los judíos y los árabes, puesto que tanto éstos como aquéllos eran hostiles a la religión cristiana, y el monoteísmo del sistema judaico, forma una parte importante del credo musulmán. Tan pronto como los árabes hubieron conquistado España, se dedicaron a promover la educación. Las Universidades de Córdoba, Sevilla, Toledo y Salamanca, se convirtieron, bajo su dirección, en centros del pensamiento humano, llegando a influir no solamente en toda la península ibérica, sino hasta en los centros del saber europeos más remotos. La filosofía de Aristóteles tenía para los literatos árabes atractivos singulares; la entretejieron, pues, con sus especulaciones orientales y produjeron un sistema de dialéctica que los cristianos utilizaron luego. Atraídos igualmente por el sistema platónico, lograron interpretarlo con gran energía y habilidad.

Al-Gazel, un sabio árabe fallecido en Bagdad el año 1127, mostró muy a las claras el poder especulativo de la mente arábiga por sí sola, y sin la ayuda vivificadora del contacto con el pensamiento europeo. En su *Tehafot* o *Destrucción* de los filósofos, hizo muy patentes las contradicciones de los sistemas filosóficos; vindicó la creencia en lo sobrenatural y defendió la inspiración del Corán. Su libro fue una presentación hábil del credo musulmán y la defensa más plausible que de él se ha hecho.

Tofail, fallecido en Sevilla el año 1190, escribió una obra en la que se halla el trasplante español de las especulaciones arábigas. En su *Vida de un joven yokdano,* trata de probar que la verdadera filosofía no es el resultado de la educación ni de alguna influencia externa, sino de los esfuerzos que la mente hace por sí sola.

Averroes.

El filósofo árabe más notable de todos los que vivieron en España fue Averroes, que murió el año 1198, según unos historiadores, o el 1206, según otros. Combatió el *Tehafot* de Al-Gazel en su *Destrucción de la Destrucción*. Habiendo libertado a la especulación muslímica del círculo estrecho en que la tenía esclava el sistema musulmán, le dio una aplicación universal. A la par que enseñaba, por una parte, que la verdadera religión y la especulación lógica deben concertarse, puesto que la razón divina y la humana se adunan naturalmente, sostenía, por otra, que una proposición puede ser verdadera según la fe, y falsa según la razón, y viceversa. Tomás de Aquino le hizo una oposición fuerte y sus contemporáneos lo consideraban como un maestro peligroso, puesto que sus teorías conducían al escepticismo. Comentaba sobre la filosofía de Aristóteles, dándole un colorido neoplatónico. Su sistema era un conjunto de las mejores enseñanzas de Platón y de Aristóteles. Sobre las especulaciones de Averroes se basó principalmente la escolástica cristiana, esa filosofía en la que domina la enseñanza de los libros de Aristóteles, concertada con las doctrinas de nuestra santa religión[9].

25

Los Hohenstaufen en Italia

Los Hohenstaufen.

El reinado de los Hohenstaufen en Italia es uno de los episodios más interesantes en la historia de Europa. Federico I, conocido también con el nombre de Federico Barbarroja, era un gran genio. Desde la época de Carlo Magno no había habido un soberano alemán que tuviera tantos dones como él. A costa de grandes sumas y de mucha sangre, procuró restaurar el poder imperial sobre las ciudades lombardas, llevando por fin principal el sofocar en su cuna los esfuerzos que los italianos estaban haciendo por obtener su libertad. Los conflictos que, en defensa de sus derechos en Italia, tuvo con los papas, fueron muy violentos. Era un hombre de gran piedad y sacrificó su vida en defensa del santo sepulcro: se ahogó el año 1490 al cruzar el río Calicadno, en Cuida, a la cabeza de uno de los ejércitos de la tercera cruzada. Su hijo, Enrique VI, se casó con doña Constancia, heredera del trono normando de la Italia baja y de Sicilia, llamado comúnmente de las dos Sicilias. El cetro de la dinastía Hohenstaufen estaba próximo de regir toda Italia. Dicho monarca, que reinó de 1190 a 1197, trató dos veces de conquistar el reino que le pertenecía. Después de varias vicisitudes, su hijo Federico II fue coronado emperador en Aquisgrán el año 1215. Con motivo de sus grandes dotes naturales y conocimientos extraordinarios, le dieron el nombre de "La maravilla del mundo". Sus ideas liberales eran mucho más avanzadas que las de sus contemporáneos. Se ocupó de una manera muy asidua en los negocios de sus dominios sicilianos; había aconsejado que se estableciera allí una colonia de sarracenos. El ejército imperial en dichos dominios era pequeño, pero estaba dispuesto a defender la causa real. Cuando el soberano fue coronado en Aquisgrán, tomó el voto de los cruzados. Su consorte, Violante, heredera del trono hierosolimitano, se embarcó para Palestina el año 1220. Federico fue coronado rey de Jerusalén en la Ciudad Santa. Corría, mientras tanto, el peligro de perder sus posesiones en Italia, debido a la política vigorosa del Papa Gregorio IX, quien lo había excomulgado, aparentemente por haber demorado su partida para Palestina, pero en realidad, según creemos, con el fin de hacerlo perder simultáneamente su popularidad en las dos Sicilias y su reino. Pero fracasaron por completo los planes de Gregorio, y éste tuvo que reconocer a Federico como el soberano legítimo de las dos Sicilias. A pesar de este triunfo, el emperador tuvo que seguir luchando por años con los papas: éstos hicieron esfuerzos inauditos por destruir su influencia, no sólo entre los súbditos sicilianos, sino también en Alemania.

---

[9] Véase Alfonso Ropero Berzosa, *Introducción a la filosofía. Una perspectiva cristiana.* Parte IV-V. CLIE, Terrassa 1999.

Caída de los Hohenstaufen.

La caída de los Hohenstaufen en Sicilia era una cuestión de tiempo solamente. Una vez fallecido Federico, los sucesores perdieron la esperanza de heredar su trono. El Papa Inocencio IV declaró que Sicilia era en verdad parte integrante de los Estados de la Iglesia y tomó, por consiguiente, posesión de ella. Conrado IV dejó que Alemania se gobernara a sí misma, y trató de prevalecer otra vez en Sicilia, empero murió antes de poder conseguirlo. Su hijo Conradino apenas encontró apoyo en dicha isla, y de las posesiones de sus antecesores en Alemania, sólo heredó una pequeña parte. Manfredo, un hijo bastardo de Federico, tomó posesión de las dos Sicilias y las defendió en contra de las fuerzas e intrigas del Papa romano. Después, los papas, que se siguieron en sucesión rápida, no perdieron de vista a las mencionadas Sicilias. Viendo que éstas eran fieles a los Hohenstaufen, abandonaron al fin la lucha, pero vendieron sus pretendidos derechos primero a Inglaterra y después a Francia. El Papa Clemente IV ayudó a Carlos de Anjou a tomar posesión del reino siciliano. Después de librada la batalla de Benevento, el año 1266, en la que murió Manfredo, coronaron a Carlos. Habiendo venido de Suabia, Conradino apareció en la escena; después de sufrir la derrota en la batalla de Tagliacozo, fue tomado prisionero y ejecutado el año 1268.

Estos acontecimientos dieron fin a la soberanía que los alemanes habían ejercido en los países situados al sur de los Alpes. En cuanto concernía al reino de Italia, los papas quedaron tranquilos. Después de un conflicto tan severo, habían recobrado su poder. Pero la hostilidad que dicha lucha había engendrado en Alemania no desapareció, ni se olvidaron nunca de aquella derrota los monarcas alemanes; antes se aprovecharon, en siglos posteriores, de la oportunidad, e hicieron sentir al papado toda la fuerza que inspiraban aquellos recuerdos amargos. La soberanía alemana en Italia, por otra parte, habría retardado el progreso que ésta estaba haciendo para obtener su futura unificación; fue pues una gran ventaja para el reino italiano, el que dicho elemento hubiera quedado eliminado. Al hacer la oposición a los Hohenstaufen, el papado trabajó por una causa mucho más elevada que la que se había propuesto.

26

La filosofía judía

El desarrollo de la especulación judía fue contemporáneo con el de la literatura arábiga, puesto que se limitó a los siglos XI y XII. Dicha especulación no era sino el antiguo neoplatonismo de Alejandría que, habiendo resucitado, apareció otra vez muy vigoroso en España. No había en esa filosofía apego especial a las enseñanzas del Antiguo Testamento; era, más bien, el desarrollo de las teorías de Platón y de otros pensadores griegos, entrelazadas con la teología judía. El resultado fue una teología heterogénea, compuesta de la Sagrada Escritura y de los sistemas filosóficos, pero con una tendencia muy marcada hacia el islamismo. En verdad que Moisés, Platón o Mahoma no hubieran conocido sus teorías en los principios fundamentales de esta mezcla tan compleja.

Exegetas judíos.

Uno de los dos departamentos principales de la filosofía judaica, fue la exégesis gramatical, o interpretación de la Escritura. Los comentadores más prominentes fueron Salomón Bar Isaac, de Troyes; los tres Kimchi, de Narbona, Francia; y Abén Ezra, el toledano, que florecieron entre los años 1075 y 1232. No llevaron a cabo gran cosa dichos intérpretes ni sus émulos; pero su gusto por la crítica y la exactitud de los métodos que aplicaron a la interpretación de la Sagrada Escritura, ejercieron gran influencia en los literatos cristianos. No cabe duda que esta escuela de pensadores judíos, a pesar de estar situada muy lejos de los centros cristianos de cultura, influyó en el desarrollo posterior de las letras, y en el departamento general del interés por el examen filológico de las lenguas en las que se escribió la Biblia.

El otro departamento de la literatura judaica de la Edad Media, fue la especulación filosófica, a la cual eran muy parciales los escritores judíos. En el campo, que era muy grande, se hallaban todos los sistemas y todas las naciones. El cristianismo, la filosofía griega y el sistema musulmán se amalgamaron y confundieron allí. A dichos elementos debió su origen la Cábala, o sea, la tradición oral que entre los judíos explicaba y fijaba el sentido de la Sagrada Escritura, ya en lo moral y práctico, ya en lo místico y especulativo.

Jehudá-Leví, natural de Andalucía y fallecido el año 1153, prefería el judaísmo a todos los demás sistemas. Su libro *El Kurazi* está en diálogo e incluye los discursos que pasaron entre el rey Cuzar y un rabino llamado Isaac Sangar: es una vindicación de la religión judía, y una de las apologías más hábiles del judaísmo que se han publicado hasta hoy. Las varias traducciones que se hicieron de dicha obra, han circulado en tiempos modernos. Además de ser filósofo y literato, Jehudá-Leví fue el poeta judío más grande de aquellos tiempos, y suegro del gramático más hábil, Abén Ezra.

Maimónides.

El judío más sabio que vivió en la Edad Media fue Moisés-ben-Maimón, nacido en Córdoba el año 1135, y conocido generalmente con el nombre de Maimónides. Ocupa, entre los filósofos judíos, el lugar supremo que Averroes tuvo entre los árabes. Unió a estos dos hombres un lazo fuerte de simpatía, habiendo sido el musulmán maestro del judío. Éste no sólo llegó a dominar los sistemas de filosofía griega y árabe, sino que fue, además, un escritor industrioso y un pensador profundo, habiéndose familiarizado con muchas ramas del saber humano. Además de su amor a la filosofía, poseía vastos conocimientos en matemáticas, astronomía, medicina y en las tradiciones del Talmud. Rindió culto a la religión y era un hombre sincero y virtuoso. Entre las muchas obras que escribió en hebreo o en árabe, la más popular y la que ejerció mayor influencia fue su *Guía para los perplejos*. Este libro, que fue un esfuerzo bien preparado para reconciliar la teología judaica con la filosofía pagana, ha tenido un influjo poderoso en ese desarrollo liberal del judaísmo, tan acentuado en tiempos modernos[10].

---

[10] Véase Alfonso Ropero Berzosa, *Introducción a la filosofía. Una perspectiva cristiana*. Parte IV-V. CLIE, Terrassa 1999.

27

La filosofía escolástica

El escolasticismo derivó su nombre de las escuelas monásticas y católicas: era un sistema de filosofía emanado de ellas, que modificó el pensamiento europeo desde el siglo X hasta el XVI. Basado sobre las enseñanzas de Aristóteles, trataba de probar, por medio de la lógica, las verdades del cristianismo. Su historia varía: en un tiempo el escolasticismo era escéptico, negándose a recibir como verdad todo lo que no se podía patentizar con la dialéctica; se volvió después ortodoxo y defendió enérgicamente la creencia en lo sobrenatural. Alcanzó su nivel más alto en el siglo XIII.

El misticismo.

En el siglo XII y en competencia con el escolasticismo, apareció el misticismo llamando la atención y pidiendo la aprobación de los pensadores cristianos. Estos dos sistemas representaban tendencias opuestas: el escolasticismo declaraba que la inteligencia debe ser el juez de la verdad; el misticismo sostenía que los sentimientos son el árbitro entre lo verdadero y lo falso. El escolasticismo fue en la Edad Media lo que el racionalismo es en tiempos modernos; ambos dicen: "No se debe creer lo que no se puede probar". El misticismo tuvo en aquel período el mismo lugar que la filosofía de Schleiermacher ocupa en el presente siglo en la teología alemana, según la cual el corazón es el depositario de todas las verdades religiosas. A la par que el escolasticismo apenas influyó en el gran despertamiento espiritual que culminó en la Reforma, los místicos se cuentan entre los agentes poderosos que prepararon el camino para Martín Lutero.

Nominalistas y realistas.

Los nominalistas negaban toda realidad a los términos genéricos, tales como hombre, caballo etc., afirmando que son meras palabras y nada más que nombres; que no existen sino en la inteligencia y son solamente expresiones lógicas y convenientes: *nomina mera, voces nudae, flatus voci* (meros nombres, sonidos simples, el aliento de la voz). Hobbes, Bérkeley, Hume, Adán Smith, Stéwart y Hámilton son los partidarios modernos de este sistema. Los realistas miraban las ideas abstractas como seres reales; sostenían que tales términos como hombre, caballo y otros, tienen una existencia intrínseca además de las manifestaciones que de ellos recibimos por medio de los sentidos. Los nominalistas creían, por ejemplo, que la idea abstracta contenida en la palabra hombre, es "la humanidad tal cual existe en Sócrates, Platón, Fedo y otros individuos; que dicho término no es más que una invención de la inteligencia, que sirve para indicar las cualidades comunes que caracterizan a Sócrates, a Platón y a Fedo, dándoles el nombre genérico hombre, e incluyéndolos en una misma clase". Los realistas creían, por el contrario, que "antes de nacer Sócrates, Platón y otros individuos, el *Hombre*, como una idea abstracta, era ya una realidad esencial e inmutable, y que Sócrates, Platón y Fedo fueron hombres simplemente porque poseyeron esa virilidad ideal". Todo el sistema escolástico se dividió en estas dos clases: los nominalistas y los realistas.

Fulberto y otros escolásticos.

Fulberto, consagrado obispo de Chartres después de 1007, fue el primer escolástico que llamó la atención. Berengaro de Tours, uno de sus discípulos, dio principio a la controversia sobre la Eucaristía. Sostenía que los elementos cambian; que el cuerpo de nuestro Señor Jesucristo está presente, empero sólo en la forma, y no en la sustancia, del pan y del vino. El que participa debe tener fe, puesto que solamente por medio de ésta los elementos tienen efecto.

A Berengaro se opuso Lanfranc, cuyas opiniones condenó la Iglesia reunida en el Sínodo de Roma el año 1050. En su obra *¿Por qué Dios Hombre?* Anselmo enseña que nuestro Señor Jesucristo ofreció un sacrificio activo de propiciación por todos los pecados del mundo, pero no declara que el Redentor sufrió el castigo actual que los hombres merecen por sus pecados. Abelardo, que era más bien nominalista que realista, representaba el elemento crítico y escéptico en el escolasticismo. Pedro Lombardo llegó a efectuar un arreglo superficial entre el misticismo y el escolasticismo; empero los elementos de dichos sistemas eran demasiado antagónicos para ejercer una influencia poderosa o permanente.

Los tomistas y los escotistas.

Los tomistas y los escotistas formaron las dos escuelas que culminaron en el gran campo del escolasticismo. Tomás de Aquino, "el doctor angélico" de su época, enseñó en la Universidad de París y murió en el convento cisterciense situado en Fosca Nuova, cerca de Terracina, el año 1274. En su obra *Sumario de Teología* trató de presentar ésta como una ciencia completa. Sostenía que la revelación es necesaria; que, hasta cierto punto, el conocimiento de Dios es intuitivo en el hombre; que la redención no es necesaria absoluta, sino relativamente, y que el bautismo tiene el poder de regenerar las almas. Enseñaba que la verdadera Teología resulta de la concordancia de la religión con la filosofía. Su sistema representa el elemento ortodoxo en la filosofía escolástica.

Los escotistas derivaron su nombre de su fundador: Juan Dun Escoto, "el doctor sutil" de aquel entonces; falleció el año 1308. A la par que Tomás de Aquino representaba la teología agustiniana, y era el defensor de las doctrinas que la Iglesia enseñaba, Escoto siguió el ejemplo de Pelagio, representando entre los escolásticos la escuela del libre pensamiento. Sostenía que, con las facultades naturales, podemos conocer a la Santísima Trinidad; que fue la voluntad del Padre el que nuestro Señor Jesucristo redimiera al género humano; pero, que Dios no manda lo bueno y prohíbe lo malo porque aquello es bueno y esto es malo; lo primero es bueno porque Dios lo manda, y lo segundo es malo porque Dios lo veda. No hay nada que en sí mismo sea bueno o malo. Siguiendo el ejemplo de los semipelagianos, Juan Escoto da la preeminencia a los méritos humanos.

Raimundo Lulio.

Raimundo Lulio, fallecido el año 1315, a quien sus contemporáneos llamaban "el doctor iluminado", creía que el desarrollo del escolasticismo había de hacer daño a la causa de la verdad, y procuró introducir una reforma completa. Habiendo inventado un método de enseñar el Evangelio, lo llamó *Ars Magna,* el Gran Arte. Usaba ciertas letras para representar determinadas ideas; su plan era mecánico y llevaba el fin doble de enseñar las doctrinas y de probar las verdades de nuestra santa religión. Se esforzó por idear una ciencia universal que fuera un argumento irresistible en pro del cristianismo y adecuado a la vez a la mente pagana. No se fijó, sin embargo, en la futilidad del escolasticismo, ni consiguió que la Iglesia aprobara sus proyectos. Era hombre muy piadoso y llevó una vida inmaculada. Hablando de él, Neander dice que "amaba a Dios con el mayor fervor y entusiasmo; tenía un celo profundo por la causa de la fe, y se interesaba en la razón y en la ciencia". Lo consumía el anhelo de convertir a los musulmanes y gentiles. Aconteció que, al estar predicando en Bugia, un pueblo de Argel, los árabes lo echaron fuera y, habiéndolo apedreado, lo dejaron por muerto a orillas de la mar. No murió entonces, el capitán de un buque lo recogió; mas un día del mes de junio de 1315, "selló con su muerte el gran ideal de su vida: la conquista de Islam, no con la espada, sino con la predicación".[11]

Viendo que el escolasticismo no traía ninguna ventaja a la Iglesia, ciertos pensadores esclarecidos declararon que la religión se debía enseñar con la Sagrada Escritura, y no por medio de la dialéctica pagana. Itogerio Bacon de Oxford, fallecido el año 1294, insistía en que el único remedio de los subterfugios miserables de las especulaciones de aquellos tiempos, estaba en el estudio concienzudo de la palabra de Dios. Roberto, el fundador de la Sorbona de París, escribió abogando por el escudriñamiento íntimo de la Biblia. Hugo de San Caro, que pasó a mejor vida el año 1263, decía que la única solución de los problemas de sus tiempos estaba en el estudio de la sagrada Escritura. Con tal fin, escribió un *Comentario* y una *Concordancia* de los libros sagrados; él fue quien los dividió en capítulos y versículos.[12]

Decadencia del escolasticismo.

La lucha filosófica tan porfiada de aquellos tiempos no produjo grandes resultados. Tanto los nominalistas como los realistas habían procurado encontrar en la filosofía antigua algún fundamento sobre el que basar sus enseñanzas, mas lo único que hallaron fue arena. La atmósfera estaba cargada de exclamaciones belicosas; unas con otras las universidades peleaban con una índole tan hostil como la que animaba a los cruzados que iban a rescatar el santo sepulcro. Llenos de cólera, los escritores publicaban libros y folletos unos en contra de los otros, con una furia implacable. Ciudades y pueblos, sabios e ignorantes, cortesanos y campesinos, estaban divididos con motivo de las disputas acaloradas sobre ciertas definiciones teológicas. Desde las controversias teológicas del siglo IV, no se había visto en Europa semejante guerra de sílabas. Tal desperdicio de palabras ofrecía un solo consuelo: era una prueba de que la mente europea estaba despertando de su letargo. El escolasticismo era preferible a la inercia, y había llenado su cometido a debido tiempo. Con la energía que le caracterizaba, Lutero hizo a un lado la dialéctica aristotélica, preparó el campo y depositó en él las semillas de la doctrina evangélica[13].

---

[11] Véase Samuel M. Zwemer, *Raimundo Lulio. Primer misionero entre los musulmanes*. SLC, Grand Rapids 1977. Juan Saiz Barbera, *Raimundo Lulio. Genio de la filosofía y mística española*. EPESA, Madrid 1963. NE.

[12] Del pensamiento de Raimundo Lulio derivó la llamada *devotio moderna,* uno de cuyos más claros exponentes literarios es la obra anónima de un religioso catalán titulada *Spill de la vida religiosa,* muy conocida y apreciada en toda Europa en el siglo XVI, donde narra el viaje simbólico de un religioso a la perfección y que en cierto modo puede considerarse como un prototipo de la posterior obra inmortal del puritano John Bunyan *El Peregrino* en el siglo XVII- N. del E.

[13] Véase Alfonso Ropero Berzosa, *Introducción a la filosofía. Una perspectiva cristiana*. Parte IV-V. CLIE, Terrassa 1999.

28

Pedro Abelardo

Abelardo, que nació el año 1079 y falleció en 1142, es la figura más interesante de todos los jefes del gran movimiento escolástico. Desde una edad muy temprana, dio muestras del talento admirable por que se distinguió después y llamó profundamente la atención de toda Europa. Su primer intento fue hacer la carrera militar, pero cambió pronto de opinión y se dedicó al estudio de la teología, obteniendo tal éxito en dicha ciencia, que sorprendió tanto a sus maestros como a sus compañeros. Salió del hogar paterno, donde había estudiado bajo el famoso Róscelin de Compiegne, y se fue a París.

Guillermo de Champeaux

Estaba a la cabeza de la Abadía de San Víctor, que él mismo había fundado, y era el jefe del movimiento filosófico y teológico que se había reconcentrado en dicha ciudad. El mencionado Abad fue el primero que dio a las escuelas parisienses el carácter de Universidad, admitiendo lo mismo a los laicos que a los clérigos, tanto a los extranjeros como a los naturales de la escuela de la Iglesia, para que todos recibieran en ella la educación más completa. Con esta medida liberal dio el golpe de muerte a la educación exclusiva de los ricos y pudientes, y abrió el camino para la opinión pública que desde entonces ha reconocido el derecho que los pobres y los humildes tienen a los tesoros de la ciencia. Habiéndose puesto bajo la dirección de Guillermo, Abelardo hizo adelantos tan rápidos como admirables; pero, a los dos años de estudio, el joven discípulo manifestó opiniones tan diferentes de las de su maestro, que se separó de éste, y estableció, cerca de la famosa Abadía de San Víctor, la Abadía de Santa Genoveva. Quedaron desiertas las aulas de aquélla; las multitudes de estudiantes se fueron en pos del nuevo maestro.

Fama de Abelardo.

La elocuencia con que enseñaba, su conocimiento profundo de la lengua, la destreza lógica con que argüía y el magnetismo de su individuo, le atraían auditorios más grandes cada día. Las multitudes que venían de otros países no se interesaban en la ciudad de París ni en sus atractivos; Abelardo era el hombre cuya sabiduría y ejemplo buscaba presuroso un sinnúmero de estudiantes de todas partes de Francia, Inglaterra, España y aun de la misma Roma. El buen éxito de su enseñanza y el decaimiento simultáneo de la escuela de Guillermo, le valió la oposición de éste y de sus parciales. Huyendo de dicha persecución, se fue de París a Melun, donde empezó a enseñar con tan buen éxito como el que había tenido en la capital. De allí pasó a Corbeil, y enseñó como de costumbre. A fin de restaurar su quebrantada salud, se retiró a su ciudad natal, Palais, cerca de Nantes, donde descansó varios años. Volvió después a París, donde se dedicó desde entonces al estudio de la teología. De París se fue a Laon donde estudio bajo la dirección de Anselmo de Laon, uno de los discípulos del gran Anselmo. Viendo muy pronto que no podía contrarrestar las ideas atrevidas ni la gran elocuencia de Abelardo, dicho maestro hizo que lo expulsaran de Laon.

Habiendo regresado a París, Abelardo estableció otra escuela, cuyas aulas se llenaron de multitudes de estudiantes. Ocupó entonces el primer lugar en el mundo teológico de Europa. Sus discípulos lo estimaban mucho, y sus émulos aceptaban sus opiniones como conclusivas. Dicha escuela se convirtió en el centro de la educación, y acudían a ella todos los clérigos europeos que deseaban obtener una instrucción sólida y cabal. Hablando del buen éxito de aquel plantel, Guizot dice: "De esa famosa escuela salieron: un Papa, Celestino II, diecinueve cardenales, más de cincuenta obispos y arzobispos franceses, ingleses y alemanes, y un número mucho mayor de los individuos con quienes los papas, los obispos y los cardenales tuvieron que luchar, tales como Arnaldo de Brescia y otros". Se calcula que el número de estudiantes que se congregaban en aquel entonces a escuchar al maestro Abelardo, pasaba de cinco mil.

Infortunios de Abelardo.

El maestro había llegado a su apogeo. Uno de los canónigos de la catedral parisiense, llamado Fulberto, lo empleó como maestro particular de su esclarecida sobrina Eloísa. Manchándose con un crimen del cual sus peores enemigos no lo hubieran creído capaz, Abelardo la sedujo. El maestro y la discípula se casaron, pero en secreto, a petición de Eloísa, quien prefirió la deshonra antes de que su consorte perdiera las grandes oportunidades que se le presentaban. Abelardo hizo los votos de un monje e ingresó en el monasterio de San Dionisio. Eloísa tomó el velo de las monjas de Argenteuil. Él continuó enseñando y escribiendo, con el espíritu quebrantado, mas rodeado de un sinnúmero de admiradores. Con motivo de ciertas frases que se le deslizaron en su *Introducción al estudio de la teología*, lo acusaron de hereje durante las sesiones del Concilio de Soisons, celebrado el año 1121, obligándolo a echar al fuego sus libros. Volvió al convento de San Dionisio, pero se separó algún tiempo después y, en el nombre de la Santísima Trinidad, edificó un oratorio que llamó El Paracleto. Antes de morir, el año 1142, dio órdenes de que Eloísa se hiciera cargo de dicho oratorio.

Dio un golpe tremendo a la supremacía de los Padres de la Iglesia, con su libro *Sic et Nom*, Sí y No, en el cual mostró, con citas en columnas paralelas, las contradicciones irreconciliables en que aquellos habían caído. No concedió, por otra parte, absolutamente nada a los escritores incrédulos, y así es que las autoridades eclesiásticas no pudieron probar directamente nada en contra de su ortodoxia, y tuvieron que apelar a ilaciones que sacaron de sus enseñanzas.

Teología de Abelardo.

Al paso que creía en la unidad de Dios, sostenía que en las diversidades de sus relaciones, consisten las divinas personas. Afirmaba también que el hombre puede llegar a conocer a Dios por medio de la razón, pero no pretendió nunca que dicho conocimiento fuera completo, exacto o independiente de la revelación completa de la Escritura. Escribió los libros siguientes: *Cartas a Eloísa, Explicación del Padre Nuestro, Comentario sobre el Credo de los apóstoles, Exposición del Credo de San Atanasio, Libro de las herejías, Comentario sobre la epístola de los Romanos, Sermones, Introducción a la teología, Epítome de la doctrina Cristiana* y varios tomos de correspondencia. Su enseñanza tuvo el efecto general de promover métodos exactos y críticos de investigar la verdad[14].

---

[14] Véase Alfonso Ropero Berzosa, *Introducción a la filosofía. Una perspectiva cristiana*. Parte IV-V. CLIE, Terrassa 1999.

29

La literatura en la Edad Media

La literatura y la religión.

Carlomagno no permitió que se perdieran ni olvidaran las fábulas antiguas y populares de los francos; su ejemplo tuvo una influencia muy grande en el desarrollo del gusto literario de los pueblos. Rivalizaban unos con otros los poetas en trazar hasta su origen las leyendas y en reproducirlas en su propio estilo. La tendencia de aquellos tiempos era hacia lo maravilloso y excitante: al hilo de la narrativa pagana, se añadía muchas veces un carácter decididamente religioso. Durante los siglos XII y XIII, los poetas escribieron mucho valiéndose de asuntos religiosos. Wolfram de Eachenbach añadió a sus versos románticos la poesía religiosa; su *Parceval* contiene alusiones frecuentes a la eficacia del sacrificio vicario y a la excelencia de la vida cristiana. Los trovadores del sur de Francia elogiaban la Iglesia con entusiasmo. Gualterio de Vogelweide cantaba panegíricos a la Virgen. Godofredo de Estrasburgo celebraba el heroísmo de la pobreza que los monjes asumían voluntariamente, y disertaba sobre los anhelos que el alma siente por los goces celestiales.

Historiadores.

Además del gusto popular por las leyendas, había predilección por la historia, no obstante que el método de escribirla estaba muy lejos de ser ordenado o filosófico. Las mejores historias no pasaban de ser meras crónicas de los sucesos, escritas en un estilo muy sencillo. Desde su principio hasta finalizar, el siglo XIII se distinguió por su índole histórica. Arnaldo de Lubeck, fallecido el año 1212, empezó las *Crónicas de los Eslabones* y Alberto de Liege las concluyó en 1241. Otra historia importante y de mayor extensión fue la de Inglaterra, que escribió Mateo París, fallecido el año 1259. Martín Polonio y Guillermo de Naugis redactaron obras cronológicas de San Dionisio de Francia.

Dramas religiosos.

Se representaban piezas religiosas con el doble fin de divertir al pueblo y de instruirlo en las partes más dramáticas de la Sagrada Escritura; la pasión de nuestro Señor Jesucristo se representaba con tal realidad, que producía un efecto profundo en las masas. Grandes multitudes de todas partes, se apresuraban a presenciar en el campo abierto los detalles de la crucifixión. Cesaron estas representaciones, exceptuando solamente la tragedia de la Pasión, que todavía se da cada diez años en Ober-Amergau, un pueblo de Baviera. Dichas representaciones se daban también con el fin de exponer al ludibrio público las debilidades de los sacerdotes y aun de los obispos y papas. La fiesta de los inocentes se modeló conforme a las festividades paganas del mes de Diciembre.

Dante, Bocaccio y Petrarca.

Los tres poetas florentinos, Dante, Bocaccio y Petrarca, introdujeron un estilo más severo en la poesía, elevándola a una dignidad enteramente nueva en la Europa de la Edad Media. Los desacatos de los papas y las disputas teológicas conmovieron el alma de Dante que, mirando las necesidades del pueblo, se convirtió en su campeón. Viendo que la Iglesia había degenerado a una condición lastimosa, que sus enseñanzas yacían olvidadas, que su santo ministerio estaba en manos de hombres indignos; creyendo, además, en la justicia final de Dios, describió en su *Divina Comedia* los premios y castigos que los hombres han de recibir conforme a las obras hechas en el cuerpo. Debido a su defensa heroica de la causa de la justicia, tanto en la Iglesia como en el Estado, su vida entera fue una tragedia; de la oscuridad de aquellos tiempos, guió a sus paisanos a la belleza de lo futuro y, sin darse cuenta de ello, fue el verdadero profeta de esa mejora que vino con la Reforma.

30

Surgen las universidades

La decadencia de los planteles de educación fue muy notable después de la época de Alfredo y Carlomagno. Éste estableció cincuenta escuelas grandes en diversas partes de sus dominios. Aquél organizó la escuela de Oxford y a costa de muchos esfuerzos, la convirtió en el centro de la cultura anglosajona. Habiendo asegurado los servicios de los maestros más sabios, y obtenido los tesoros más ricos de la literatura que había en Europa, dio gran influencia a su plantel. Pero las escuelas decayeron mucho durante el siglo X; sin embargo, simultáneamente con el siglo XI, empezó un despertamiento intelectual que continuó hasta el XV.

Origen de las universidades.

Algunas de las escuelas monásticas ensancharon sus límites y se convirtieron en universidades. Tal fue el origen de las de París y Oxford. Pero la mayoría de las universidades tuvieron un principio enteramente independiente de la Iglesia y del Estado; fueron el resultado del deseo de aprender que tenían los pueblos[15]. [En el siglo XIII nacieron las *Escuelas Especiales,* que se agruparon formando una *Asociación.* Esta Asociación o *Corporación* de todos los maestros encargados de explicar las distintas disciplinas recibió el nombre de *Universitas.* Al frente de la misma actuaba un arcediano de la catedral, representante del Papa, autorizado para otorgar grados académicos, pronto sustituido por el Rector]. Aparecieron, entonces,

---

[15] Hay que matizar esta afirmación, teniendo en cuenta que entre 1200 y 1400 se fundaron en Europa 52 universidades, siendo 29 de ellas pontificias. Según orden de antigüedad, no en importancia, puesto que la de París fue la más destacada, las fechas de fundación parecen ser las siguientes: Palencia (1208-12), Oxford (1214), París (1215), Padua (1222), Nápoles (1224), Salamanca (1228), Toulouse (1229), Bolonia (1230) y Valladolid (1250). Véase Alberto Jiménez, *Historia de la Universidad Española* (Alianza Editorial, Madrid 1971). A.R.

grandes maestros en tal o cual ciudad, cuya fama atraía estudiantes de todas partes del país, y aun de naciones distantes. Un lazo común unía a los maestros y a los discípulos, y la frase *Universitas Magistrorum et Scholarum,* o sea, la comunidad de maestros y discípulos, fue el origen de la palabra "universidad". Las grandes escuelas se distinguieron, en un principio, por la predilección al estudio de tal o cual ciencia: en París y Oxford se estudiaba teología; en Boloña, leyes; y en Salermo, medicina.

Andando el tiempo, las universidades se dividieron en cuatro facultades: la de teología, la de leyes, la de medicina y la de filosofía. Esta división tuvo su origen en la Universidad de París: tres de las facultades excluyeron a las órdenes mendicantes y éstas establecieron entonces un departamento por separado. Esta división de la Universidad en facultades, dio por resultado que el número de estudiantes aumentara a tal grado, que llegaron a formar gran parte de la población. En algunas Universidades había de diez a veinte mil alumnos, que se dividían, no conforme a las materias que cursaban, sino según sus nacionalidades: los grupos se llamaban *Naciones*. En las universidades alemanas de nuestros días, y especialmente en las de provincia, donde algunas de las agrupaciones llevan los nombres de las tribus antiguas, se ven trazas de esta clasificación medieval.

31

El papado se divide

Al paso que Alemania se sometió a Roma e Inglaterra asumió una actitud humilde, Francia continuó independiente, insubordinada; más aún, fue la que asestó el primer golpe de la solidaridad del papado. La dignidad tradicional de la Iglesia galicana era una herencia preciosa de los reyes franceses, y si bien algunos de éstos no la apreciaron como debían, otros le dieron una prominencia que causó a Roma temores y zozobras. A esta última clase de soberanos perteneció Felipe IV de Francia, que reinó de 1285 a 1314, y quien sostenía ser el jefe de la Iglesia francesa, no permitiendo que nadie le disputara sus reales prerrogativas.

El cisma.

El Papa Bonifacio VIII, que ocupó la silla papal del año 1294 al 1303, habiendo decidido usar una política vigorosa en sus tratos con Francia, determinó humillarla y obligarla que obedeciera como lo hacían las demás naciones de Europa. Se encontró el Papa con un adversario de su propia talla, el rey Felipe IV. Estos dos contendientes se asemejaban mucho: el uno era tan ambicioso, egoísta y celoso de su independencia como el otro. A la sazón Francia estaba en guerra con Inglaterra, donde reinaba Eduardo I. Ambas naciones tenían sus aliados fuertes e interesados: del lado de Inglaterra estaban Adolfo de Nasau, rey de Alemania, y el conde de Flandes; se puso de parte de Francia el rey de Escocia. En este conflicto, Bonifacio vio la oportunidad de imitar el ejemplo del gran Gregorio y de actuar como árbitro. Habiendo impuesto Eduardo a sus súbditos contribuciones fuertes, con el fin de proseguir la guerra, Bonifacio dio, en 1296, una bula especial, *Clericis Laicos,* amenazando excomulgar a Felipe si hacía otro tanto.

Lleno de indignación, el rey contestó: "La Iglesia no se compone simplemente de clérigos, sino también de laicos; éstos tienen tanto derecho a gozar de libertad en la Iglesia, como aquéllos". Viendo el Papa que los franceses se habían puesto de parte de su rey, que sus amenazas no valían nada y que habían cesado las rentas que antes recibía de Francia, temió las consecuencias y decidió tomar medidas conciliativas. Trató, pues, de vencer a Felipe con la adulación, y, al efecto, canonizó a Luis IX, abuelo de dicho rey. Hubo una suspensión de hostilidades y ambos contrincantes se hicieron concesiones mutuas: Felipe aceptó el arbitraje de Bonifacio, pero como el de un amigo, y no como el del Papa. El fallo que éste dio en favor de Eduardo y en contra de Felipe, fue la señal del rompimiento entre el Papa y Francia: ésta aceptó el reto.

"La cautividad de Babilonia".

Bonifacio murió a una edad avanzada. Subió al trono papal un italiano, cuyo reinado fue muy corto. Ascendió entonces Bertrand de Got, que tomó el nombre de Clemente V; no obstante haber sido uno de los favoritos de Bonifacio, estaba en relaciones secretas con Felipe, habiéndose comprometido a sostener la política de éste en contra de la de Roma. De su *motu proprio* cambió la residencia de la sede papal a la ciudad de Aviñón, Francia, el año 1309[16]. El papado permaneció en Francia hasta el año 1377, un período de cerca de setenta años, que en la literatura romana se conoce con el nombre de "la Cautividad de Babilonia". Durante su residencia en Francia, el papado fue muy frívolo y se corrompió: era el mero juguete de la corte francesa. Gregorio XI lo restauró a Roma.

El papado se divide.

Habiendo fallecido Gregorio, Urbano VI fue elegido en su lugar el año 1378. Era parcial de los intereses romanos y, con esto, los electores franceses, después de declarar la elección nula y de ningún valor, eligieron de antipapa a Clemente VII, que reinó en Aviñón. Cosa extraña: hubo dos papas independientes el uno del otro: éste reinando en Francia, y aquél en Roma, y cada uno rodeado de una corte, de un colegio de cardenales y de un clero obediente, fulminando anatemas en contra del otro. Fue una vergüenza para toda Europa.

Concilios.

La lucha fue muy porfiada, y la inmoralidad iba en aumento. La única esperanza de corregir males tan graves estaba en llamar un Concilio General. Pero ambos papas se oponían a ello, fundando sus esperanzas de restablecer la paz y de restaurar el prestigio del papado en su propio gobierno. Muchos laicos y no pocos clérigos abrigaban el deseo de que viniera una reforma, y de que la Iglesia, reunida en Concilio, dejara escuchar su voz. Se decidió, pues, convocar un Concilio en Pavía el año 1423: con motivo de una epidemia, se cambió el lugar a Siena. El mencionado Concilio celebró solamente unas cuantas sesiones, pues era muy corto

---

[16] Varias autoridades creen que la residencia en Aviñón empezó el año 1305.

el número de representantes que lo formaban. Bajo el pretexto de que tan pocos delegados no podían representar a la cristiandad, el Papa lo disolvió. Siete años después, se decidió convocar otro Concilio que se reuniera en Basilea: su carácter fue muy elevado, y estaba en pro de la reforma. El Papa dio orden de disolverlo, pero muchos delegados permanecieron y llevaron a cabo sus trabajos. El Papa tuvo que reconocer la validez de sus decisiones, pero lo movió a Ferrara primero, y a Florencia después. Los delegados no reconocieron dichas mudanzas, antes continuaron sus sesiones. El Papa los excomulgó y el Concilio, a su vez, depuso al Papa, eligiendo en su lugar a Félix V. Esta medida fue fatal para el Concilio: cansados los delegados, se fueron a sus casas.

Los resultados.

Uno de los resultados que dieron todos estos trastornos, fue la restauración del papado a su antigua solidaridad. El vicio prevaleció como siempre; los últimos papas que reinaron antes de la Reforma, no fueron mejores que sus predecesores. Los decretos de los concilios reformadores quedaron abolidos, y la superstición reinó por doquiera. Los beneficios eclesiásticos se ofrecían al mejor postor, y las indulgencias se vendían en todas partes de Alemania. Las almas estaban abandonadas, y se figuraban los clérigos que la Iglesia se había fundado para su provecho y conveniencia. Pero llegó la hora en que una vida nueva debía empezar. Una voz tremenda se dejó escuchar en Wittenberg. Las costumbres antiguas habían concluido su misión; un orden nuevo de cosas había empezado, y Europa entera tuvo algo en que pensar, además de las sutilezas de los escolásticos y las contiendas de papas rivales.

32

Conclusiones al segundo período

Estado de la Iglesia.

Entre la condición que tenía la Iglesia al principio de la Edad Media y el estado en que se encontró al fin de dicho período, hubo un contraste muy grande. La religión cristiana había demostrado muy a las claras que podía adaptarse a las necesidades espirituales de los habitantes de Europa. El Oriente y el Occidente cambiaron lugares en el desarrollo del cristianismo. Agobiado con divisiones internas y pisoteado por los conquistadores sarracenos, el Oriente cayó en ese olvido que dura hasta nuestros días y del cual lo va sacando la Iglesia Ruso-griega, pero solamente en parte. Si la Iglesia griega hubiera permanecido fiel a sus doctrinas ortodoxas y preservado su unidad espiritual, los moros no se habrían esparcido por su vasto territorio. Al contrario, hay motivos para creer que Constantinopla, Jerusalén, Antioquía, Alejandría y otras ciudades cristianas habrían enviado misioneros del Evangelio hace muchos siglos, por toda la India, China, Japón y otros países orientales; éstos son hoy día campos vírgenes que el cristianismo del Occidente está tratando de rescatar del paganismo. Al concluir la Edad Media, la Iglesia del Occidente se hizo cargo de todos los trabajos e intereses de nuestra santa religión; ya no se consultó la opinión de los patriarcas del Oriente: Roma tuvo todo el poder hasta que una fuerza superior, la Reforma, apareció en Alemania.

Etapas del progreso.

Las épocas del progreso del cristianismo y del papado se definen muy claramente. Partiendo del siglo VIII hasta la mitad del XI, el Evangelio se estableció entre los pueblos alemanes, y éstos mostraron la habilidad que tenían para tomar una parte importante en el desarrollo universal del pensamiento y de la vida de los cristianos. Desde la mitad del siglo XI hasta el XIII, el papado creció y asumió proporciones enormes. No soñaron nunca Julio César ni Trajano con un imperio tan vasto como el que Gregorio VII y otros papas trataron de dominar.

Los cristianos sajones y los latinos.

A fines de la Edad Media, se vieron frente a frente los cristianos sajones y los latinos. Éstos representaban lo pasado; aquéllos, lo futuro y permanente. La fuerza que destruyó el estado de cosas romano, tan antiguo como fuerte, era de titanes. La pujanza sajona era irresistible: los alemanes del norte y los sajones e ingleses de Bretaña eran muy semejantes en su carácter. Wyclif y Lutero nacieron en el mismo ambiente de la verdad y la libertad teutónicas. La conquista que los normandos hicieron de la Bretaña, fue política; los conquistadores espirituales, en toda la historia posterior, fueron sajones. Todos los triunfos de la religión y de la libertad que se han alcanzado en tiempos modernos, en Inglaterra, se remontan al elemento teutónico de la raza inglesa. En el gran progreso que las naciones modernas han hecho, se ve muy a las claras que la raza sajona es superior a la latina en cuanto concierne a la elevación espiritual del individuo. La condición moral tan triste que guardan Italia, España, México, las repúblicas de Sur América, y las misiones establecidas por los jesuitas en la India y en otros países orientales, nos da una idea muy clara de lo que el mundo sería en nuestros días, si la raza sajona no hubiera dirigido los grandes asuntos del género humano. El árbol se conoce por sus frutos. Basta examinar el mapa del mundo, ver las conquistas que han hecho los cristianos sajones y compararlas con las de la raza latina, para decidir luego a quiénes pertenece la honra del gran progreso moderno.

HISTORIA GENERAL DEL CRISTIANISMO: TERCER PERÍODO

LA REFORMA
Años 1517 al 1545 d. C.

Contenido:

1. Los heraldos del Protestantismo
2. El renacimiento de las letras en Italia
3. Los Concilios Reformadores
4. La Reforma en Alemania I (1483-1520)
5. La Reforma en Alemania II (1520-1546)
6. La Reforma en Alemania III: Melanchton y otros reformadores alemanes
7. La Reforma en la Suiza alemana
8. La Reforma en la Suiza francesa
9. La Reforma en Inglaterra I (1509-1553)
10. La Reforma en Inglaterra II (1553-1603)
11. La Reforma en Escocia
12. La Reforma en los Países Bajos
13. La Reforma en Francia
14. La Reforma en Italia
15. La Reforma en España y Portugal
16. La Reforma en Escandinavia
17. La Reforma en los países eslavos
18. Conclusiones al tercer período

1

Los heraldos del Protestantismo

La Reforma fue una crisis histórica.

Semejante a todos los grandes cambios de la historia, la Reforma fue un movimiento muy paulatino y poco atractivo. Habiéndose demorado mucho en llamar la atención pública, carecía de campeones y tuvo que esperar a sus defensores; aparecieron éstos en la hora de la necesidad suprema, llenos del espíritu del heroísmo, de un genio organizador y de una paciencia en los sufrimientos verdaderamente admirable. No se presentó el protestantismo sino hasta los veinticinco primeros años del siglo XVI; mas durante el XIV había echado, como un roble nuevo y vigoroso, raíces profundas. La Reforma tenía dos cualidades: era nacional, por una parte, poseyendo toda la individualidad de un país y de una raza; y era cosmopolita, por la otra, mostrando la misma energía y siendo idéntica en todos los países y entre todas las razas, desde Noruega hasta los Alpes, y desde Transilvania hasta la bahía de Vizcaya. Fue el período crítico y decisivo de la historia: fue la gran revolución religiosa e intelectual que vino a marcar los linderos de la Edad Media y del período moderno. La necesidad del renacimiento era tan patente como apremiante, puesto que la superstición se había mezclado con las enseñanzas puras del Evangelio; las costumbres del clero, desde el Papa hasta los frailes más oscuros, estaban corrompidas; los oficios eclesiásticos más elevados se obtenían por medios ilícitos, y de intento se tenía al pueblo sumergido en la ignorancia. Protestaron enérgicamente los reformadores en contra de estos males que estaban arruinando las inteligencias y las almas, e invitaron a los pueblos a que se alistaran bajo su bandera. Fracasó por completo el plan que se propusieron al principio, de purificar la Iglesia interiormente y por medio de sus ministros; decidieron, pues, separarse del gremio, hacer una profesión nueva de fe, y establecer otra organización eclesiástica. Tal determinación tuvo buen éxito y engendró esa gran familia de iglesias protestantes y entusiastas que se encuentran en todas las naciones progresistas del mundo.

Los antecesores de la Reforma.

Los primeros siervos de Dios que trabajaron por la depuración de la religión y de las costumbres, eran varones tan poco conocidos que, no obstante haber trabajado de una manera tan noble, muchos de sus nombres se perdieron. Cuando salió de su retiro y se presentó a la luz pública, el protestantismo tenía la gran ventaja de haber edificado poco a poco bases muy sólidas. La historia ha conservado los nombres de algunos de los precursores de la Reforma. En cada uno de los países que tomaron parte en la protesta, hubo algunos trabajadores cuyos nombres son tan familiares como los de los principales reformadores. Fácil de comprender es el fracaso que hicieron los primeros campeones de la regeneración religiosa en Europa. Para que una revolución moral consiga su objeto, precisa que pasen varias generaciones; la obra que ha de durar siglos, requiere sacrificios más largos y cruentos que los que hicieron

La Reforma - Años 1517 al 1545 d. C.

unos cuantos héroes en pocas décadas. Los heraldos de la Reforma entraron por un camino nuevo; trabajaron constantemente sin tener un solo ejemplo que los animara y corriendo el peligro de perder la vida. Una palabra del arzobispo podía imponer silencio al protestante más valiente de la Gran Bretaña. Bastó pasar lista y tomar el voto de los delegados al Concilio de Constanza, para mandar a Juan Huss a la hoguera. Cuando se presentaron los verdaderos reformadores, especialmente en Alemania, el peligro de perder la vida no era ya tan grande, puesto que, en su tratamiento de los protestantes, Carlos V emuló la caridad que Julián el Apóstata tuvo para con los adictos a todas las religiones paganas del Imperio romano en su última época. El emperador de Alemania insistió abiertamente en que se usaran medidas moderadas para con los reformadores; se pusieron en juego, de consiguiente, todos los medios de represión, salvo el de la muerte.

En Holanda, por otra parte, no tuvo misericordia de los disidentes, sino que condenó a muchos de ellos a la pena capital. Cuando abdicó el trono en favor de su hijo Felipe II, le encargó que hiciera cuanto estaba a su alcance por desarraigar la nueva herejía. Las relaciones que tenía con Alemania eran diferentes de las que lo ligaban a Holanda. De aquel país era emperador solamente por elección, puesto que cada uno de los Estados de la Confederación tenía su gobernante, y los príncipes legítimos estaban a cargo de los asuntos civiles. De los Países Bajos era rey por herencia: de consiguiente, cuando se levantaron los holandeses en contra de las autoridades civiles, declarándose protestantes a la vez que republicanos, se rebelaron en contra de su autoridad personal. Condenó, pues, sin la menor vacilación, a los protestantes de dicho país; al paso que en Alemania ni siquiera pretendió tener semejante derecho.

La condición que guardaban las cosas en Inglaterra era más favorable todavía a la causa protestante; puesto que Enrique VIII había profesado la nueva fe, y defendía a sus súbditos en contra de los sacerdotes y del Papa cuando éstos pretendían intervenir en sus asuntos y manejarlos. Esta seguridad de los individuos, durante el progreso de la Reforma, hizo un contraste muy notable con los peligros que se habían corrido anteriormente. Los heraldos de la Reforma no estaban seguros de su vida ni una hora; no contaban con ningún protector, ni tenían organización alguna, si bien simpatizaban mutuamente. Uno por uno, todos aquellos individuos que deseaban tanto el advenimiento de mejores días, fueron el blanco de la sospecha, y, a debido tiempo, de la persecución más cruel. Por la menor ofensa, especialmente si ésta se cometía en contra de la Iglesia, se derramaba sangre; los métodos secretos de imponer silencio a los labios sinceros, ya hacía tiempo que habían llegado a la perfección del arte.

Dos clases de reformadores.

Al principio del movimiento, hubo dos clases de campeones. Los heraldos que clamaron en el desierto fueron campeones dignos de los reformadores cuya venida anunciaban. Obligados aquéllos a guardar silencio, fracasaron al parecer, pero en realidad enseñaron a sus sucesores, por medio de la experiencia, los peligros que debían evitar y cuáles eran los verdaderos elementos del buen éxito. Por ejemplo: durante el período más difícil y delicado de su carrera, es decir, en su trato con los príncipes de Sajonia, Lutero aprendió, al meditar sobre la imprudencia que Savonarola cometió al mezclarse en los asuntos de los Médicis y del gobierno temporal de Florencia, que un reformador no es nunca el dueño de sí mismo, que jamás puede ser un caudillo afortunado, a no ser que se consagre exclusivamente a la obra de la reforma religiosa, sin mezclarse absolutamente en los asuntos de la política. Lutero vio muy a las claras que en el momento en que un reformador abandona su trabajo, corre el peligro de sacrificar su misión y de hacer fiasco, puesto que se desvía del fin que se había propuesto.

Pedro d'Ailly.

Los reformadores parisienses esparcieron las primeras semillas del protestantismo en Francia. En las sesiones de los concilios reformatorios hablaron enérgicamente en pro del renacimiento universal. El teatro de sus labores, tan arduas como debatidas y no recompensadas, fue la Universidad de París donde enseñaban. Pedro d'Ailly, nacido en 1350 y muerto en 1425, contribuyó mucho a despertar el deseo de que el clero y las masas llevaran una vida enteramente nueva. Su ingenio se desarrolló a una edad temprana; eliminó la parte nula del escolasticismo que prevalecía en aquel entonces, y se valió de sus mejores elementos en la interpretación de la Sagrada Escritura. Presentó ante el Concilio de Constanza un plan para la reforma de la Iglesia, pero de nada valió. Nulificó su propia obra y manchó su nombre, que hasta entonces había conservado inmaculado, cuando votó por la condenación de Huss. No se separó nunca de la Iglesia Romana, sino que murió en su seno; pero detestando los males que no había podido remediar. La desconfianza en las autoridades papales que infundió, y el disgusto con la Iglesia que inculcó por medio de sus sermones, conferencias y escritos, constituyeron un gran servicio y llegaron a ser, a buen tiempo, un elemento peligroso para el romanismo en aquel país. D'Ailly era muy afecto al estudio de las ciencias, y a él le debió Cristóbal Colón la idea de un pasaje occidental para las Indias. La Iglesia lo estimaba mucho.

Juan Charlier Gerson

Nacido en 1363, fallecido en 1429, fue uno de los discípulos de Ailly; llegó a ser muy prominente en la Universidad de París; abandonó el escolasticismo y trató de conciliar el misticismo con nuestra santa religión. Insistía mucho en la necesidad que hay de una experiencia puramente religiosa; protestó en contra de la corrupción de la Iglesia y declaró que los dos papas rivales, el de Roma y el de Aviñón, debían ser depuestos a fin de que los fieles no tuvieran que obedecer al uno ni al otro. Llamaron mucho la atención, tanto por su elocuencia como por su interés en la Reforma, los sermones que predicó durante su pastorado de una iglesia en París. La oposición que le hiciera el duque de Borgoña le valió el destierro, del cual no volvió sino hasta el año 1419, durante la última década de su vida. Residió en Lyón y murió en el seno de la Iglesia católica romana. Fueron muy pocos los frutos que llegó a ver de sus labores reformadoras, pero falleció acariciando la esperanza de que otros llegaran a obtener el éxito que él no había logrado, a pesar de sus esfuerzos y sufrimientos. Poseía tanto las cualidades del romanista como las del reformador; su carácter, por consiguiente, era transitorio. Por ejemplo: no reconocía al papado ni a la Iglesia como la única norma de fe, sino la Sagrada Escritura a la cual se debe apelar finalmente; se oponía, por otra parte, a que los miembros de las iglesias rurales leyesen la Biblia en el idioma común, e insistía en que todo el mundo debe someterse por completo a la Iglesia.

Nicolás Clemanges.

Nicolás Clemanges, nacido en el año 1380 y fallecido en 1440, fue discípulo de d'Ailly y de Gerson y avanzó más que éstos en la senda de la Reforma. Enseñaba que la autoridad de los Concilios es superior a la de los papas; que el sumo pontífice estaba subordinado al Concilio de Constanza, y que la potestad de la Sagrada Escritura está aun sobre la de los Concilios. Abogó intrépidamente por la doctrina de la Iglesia invisible, sosteniendo que ésta no puede existir sin la presencia del Espíritu Santo, y defendió la independencia de la Iglesia galicana en contra del dominio absoluto del papado.

Fracasan los reformadores en Francia.

La obra de los teólogos parisienses fracasó por causas muy obvias. No llegaron a separarse de la Iglesia católica romana, ni a tomar medida alguna para establecer por separado una organización eclesiástica. Esta ha sido la causa principal del fracaso de los movimientos reformados que los católicos franceses han hecho desde el siglo XVI hasta nuestros días. Cuando llegó la hora suprema, los reformadores parisienses vacilaron en sublevarse en contra de la autoridad establecida; no tuvieron el valor necesario para separarse de una comunión indigna de su respeto y cariño. Además de esta equivocación fatal, otra de las causas porque fracasaron los reformadores parisienses, fue que no hicieron un ataque firme, perseverante y progresista; era, más bien, como una ráfaga de viento que sopló repetidas veces, pero que no derribó nada. Pasaron por alto algunos de los puntos más vulnerables del romanismo, y no mostraron gran simpatía, por otra parte, con los reformadores de otros países. Siendo hombres sabios y no teniendo, como los reformadores alemanes (quienes enseñaban también en una Universidad), gustos ni afinidades populares, se limitaron al círculo estrecho de los literatos, no llegando a tener sino un número muy pequeño de constituyentes, si bien eran éstos individuos de cultura. Esparcieron, por otra parte, las semillas del descontento popular con el orden de cosas establecido, y fueron los precursores reales y verdaderos de los valientes hugonotes.

Los místicos.

Aparecieron éstos en los siglos XIV y XV como una reacción espiritual en contra de la influencia suprema que la filosofía escolástica había alcanzado. Eran remotamente una escuela que se oponía a toda la inmoralidad y la opresión espiritual de aquellos tiempos. Viendo el mal que habían causado a la Iglesia las discusiones tan prolongadas como inútiles de los escolásticos, procuraron que la mente cristiana volviese a tener la conciencia de que depende de Dios; de que necesita una experiencia religiosa íntima; de que debe asumir una actitud contemplativa y estar siempre lista para recibir las comunicaciones del Espíritu Santo. A la par que daban poca importancia a la palabra escrita, los místicos magnificaban el valor de las impresiones espirituales que recibe la mente. Eran contemplativos y amantes de las rapsodias; estaban siempre listos para recibir revelaciones nuevas, y las intuiciones del entendimiento eran para ellos como una segunda Biblia. No creían que en el monasticismo estaba el remedio de la esterilidad espiritual de aquellos tiempos, ni que la mejor manera de fortalecer una nueva vida religiosa era el separarse de la Iglesia. Decidieron, pues, predicar al pueblo; despertarlo de su letargo; hacerlo palpar sus necesidades y llevar a cabo una reforma que, empezando en el centro, sanara todo el cuerpo de la Iglesia sin trastornar el orden ni el régimen que existían. Poco les importaba quien fuera el Papa reinante; si había papado o no lo había; lo consideraban como una obra de arte que sirve de adorno, como un santo de mármol en la capilla de una catedral, por ejemplo, pero que no forma parte de la arquitectura general del edificio. Lo único que preocupaba a los místicos era el estado que guardaban las almas, la vida religiosa de los individuos.

La escena pasa a Alemania.

El teatro principal y el país de los reformadores místicos más notables fue Alemania. El maestro Eckhart, que murió por el año 1329, pertenecía a la orden de los frailes dominicos y causó una impresión muy grande, abogando en sus escritos y con sus sermones por una vida religiosa más elevada. El tenor general de su predicación era que la doctrinas que contiene la Biblia son la única verdad; que el efecto natural de esta verdad es la purificación de los corazones, y que este limpiamiento se obtiene por medio del examen de conciencia. Dios mora en el alma. Contemplamos las cosas exteriores, en vez de mirar a lo interior. La pureza debe estar cimentada en el corazón, puesto que Dios no entra donde existen pensamientos impuros. Con motivo de sus predicaciones tan enérgicas, muchos miembros de la orden consideraron a Eckhart como a un hereje, e hicieron en su contra tres cargos: que acusaba de inmoralidad al clero, que hablaba muy decididamente en contra del culto a María y que negaba el poder que tiene el purgatorio de acrisolar las almas pecadoras.

Juan Ruysbroeck.

El año 1293 nació Juan Ruysbroeck. Era el prior del monasterio de Grünthal, cerca de Bruselas, y fue el fundador del misticismo alemán. Vio la corrupción universal de su época y que tanto los sacerdotes como las masas se dejaban llevar de la corriente del pecado. La causa principal de esa degradación era la Iglesia, que, siendo tan impura como débil, no podía resistir las tentaciones de la codicia y la lujuria: tan abatida estaba, que no pudo salvarse a sí misma. Aun el Papa, decía Ruysbroeck, dobla la rodilla ante el becerro de oro; la Iglesia ya no posee la facultad de curar; sólo Dios, morando en las almas, puede librar del pecado. Ruysbroeck era a la vez un místico contemplativo y un reformador práctico; tuvo influjo en todas las clases sociales y llegaba su voz tanto al palacio de los ricos como a la choza de los pobres.

Enrique Suso.

Enrique Suso nació en Suabia el año 1295. Tomando el nombre de la que le dio el ser, Suess, lo latinizó y cambió en Suso. Los primeros años de su vida de religioso los pasó en la contemplación y haciendo penitencias muy severas; vivía en la tristeza más profunda, creyendo que el único medio de complacer a Dios consistía en atormentar el cuerpo. Su ropa interior favorita era una camisa muy apretada con ciento cincuenta tachuelas que se introducían en la carne; la apreciaba más que un manto de púrpura. De este modo dio tormento a su alma y a su cuerpo durante dieciséis años. Tauler, a quien oyó en Colonia, influyó en su mente al grado de hacerlo cambiar; dejó de ser tan ascético y apreció más las cosas del mundo. Se llamaba "el siervo de la sabiduría eterna", y pagaba a ésta el homenaje de un amante. Le gustaba mucho la música y cuando se arropaba en ella, se creía en medio de ministros angélicos. Hablando de su obra *El Reloj de la Sabiduría*, dijo que la había compuesto en momentos de suprema felicidad, en los que se rendía por completo al poder de la inspiración sublime. Resumió toda su teología en las tesis siguientes: el hombre humilde debe *reformarse* de la criatura, *conformarse* a Jesucristo y *trasformarse* a la divinidad. Todas las enseñanzas de Suso tendían a la reforma religiosa. Su vida entera fue como un lamento prolongado por los males de su época, de los cuales hacía responsable a la Iglesia. Afirmaba que los papas habían abandonado el buen gobierno; que procuraban investir de poder a sus parientes, y que amaban el oro más que a la Iglesia de Dios; que los cardenales, obispos, abades, maestros, las órdenes monásticas y los sacerdotes seglares estaban corrompidos y relajados y eran, por lo tanto, indignos de los puestos honrosos que ocupaban. A vista de una generación tan depravada, creía que sólo un milagro y la misericordia de Dios podían llevar a cabo la reforma de las costumbres; temía que el milagro no viniese nunca. Sus amonestaciones eran más bien lamentos; fue el Jeremías del siglo XIV.

Juan Tauler.

Este heraldo que nació en 1290 y pasó a mejor vida en 1361, fue discípulo de Eckhart. Era más popular que su maestro, usaba un lenguaje muy sencillo y despertaba con frecuencia gran entusiasmo en su auditorio. En el fervor de su celo, en las simpatías que mostró por las masas, y en la firmeza de su creencia en la doctrina de la justificación por la fe, sobrepujó a todos los místicos de la Edad Media. En este particular, Lutero siguió su ejemplo. Era el predicador más elocuente de su tiempo, y ejercía tal poder con su palabra, que, muchas veces, el pueblo se sentía subyugado al extremo de perder muchos el conocimiento antes de que concluyera el sermón. Estrasburgo fue el teatro de sus trabajos ministeriales. Según él, las almas guardan una de estas tres condiciones: la natural, la de la gracia o la de la santificación. Cuando un alma llega a este último estado, que es el más elevado, se olvida enteramente de sí misma y entonces Dios la posee por completo, puesto que el alma humana es como la cera blanda, en la cual el Espíritu Santo imprime su imagen.

Tauler censuró las pretensiones sacerdotales de su época, abogando con energía por el derecho de pensar y de sentir que tiene todo individuo. Enseñaba que "los cristianos deben ejercer su sacerdocio", mostrando que el Señor Jesús mora en sus corazones. No obstante la amenaza de excomulgarlo, como habían excomulgado a muchos de sus predecesores cuyo lenguaje era demasiado severo con las costumbres de aquel entonces, continuó predicando en contra de las transgresiones prevalecientes de la Iglesia y no sufrió ninguna interrupción seria. Viendo mayor peligro en perseguirlo del que había en permitirle que hablara, las autoridades de Roma lo dejaron en paz. Cuando la muerte negra, esa plaga terrible, y el entredicho del Papa pesaban sobre la ciudad de Estrasburgo, Tauler llamó la atención de los habitantes, distrajo las mentes con su predicación y fue el único refrigerio que el público tuvo en aquellos días de sufrimiento y angustia. Enseñaba que Dios manda los trabajos en castigo de las transgresiones del pueblo, y que solamente el arrepentimiento y la pureza de vida pueden traer el alivio. Su obra principal fue la *Imitación de la Vida de pobreza de nuestro Señor Jesucristo*. Semejante al ingenio, la verdadera bondad existe en todas épocas. Tauler se acercó más que ningún otro místico, al ideal de un carácter perfecto, puesto que, además de haber merecido el profundo respeto de los cristianos celosos y fervientes de su época, se destaca en el mundo espiritual de las edades posteriores, como una figura muy noble y colosal. Fue ejemplo notable, en aquel período tenebroso, del poder que ciertos hombres tienen de elevar a sus contemporáneos y de alumbrar a generaciones venideras.

Al venir los reformadores, descubrieron luego en Tauler, quien había anunciado en compañía de otros su venida, un espíritu de la misma índole que la suya. Era como el hermano mayor de los héroes de Wittenberg y de Oxford. Algunos literatos creen que la *Teología Germánica* que publicó Martín Lutero, fue obra de Tauler. En el prefacio a dicho libro, dice el mencionado editor: "Esta obra fue escrita por un sacerdote alemán, el guardián de la Orden teutónica en la ciudad de Franckfurt". De estas palabras colegimos que Tauler no fue el autor de dicho libro. Sea de esto lo que fuere, lo cierto es que refleja la pureza de su espíritu y concuerda de una manera notable con sus enseñanzas, lo mismo que con las de los mejores místicos. Lutero estaba tan familiarizado con los escritos de Tauler, que lo conocía como un amigo conoce a otro. A Juan Lange le escribió: "Estudia mucho a Tauler", a su amigo Espalatín le dio este consejo: "Si quieres aprender en la lengua alemana la Teología sólida de antaño, lee los sermones de Juan Tauler; no he leído en latín ni en nuestra lengua, teología más sana ni tan conforme al Evangelio como esta".

La escuela de San Víctor.

Una de las maravillas de aquellos tiempos fue la escuela de San Víctor, que representó, en una forma organizada y compacta, las aspiraciones de algunos cristianos a pensar de un modo más puro, absorberse en las cosas espirituales y a rebelarse en contra de los males eclesiásticos que prevalecían. Ochenta años después de haber sido fundada, en el siglo XI, contaba treinta abadías y ochenta prioratos. Los miembros más notables de la orden fueron Hugo y Ricardo, quienes, siendo a la vez filósofos especulativos y místicos espirituales, trataron de conciliar el misticismo con el escolasticismo.

Éstos eran los dos términos que se usaban en aquel entonces en lugar de los nombres, antiguos y siempre nuevos, de la revelación y la ciencia. Hugo y Ricardo no vieron en éstas el menor antagonismo, antes creían que la una era el complemento de la otra. Hugo procuró, por medio de la lógica, solidar y esclarecer el modo de pensar espiritual. Desdeñando la uniformidad rígida del credo tradicional del romanismo, pedía libertad y fe, y en la fe, libertad. Afirmaba que las almas tienen una vista con la que miran y contemplan verdades nuevas, por medio de las cuales obtienen un estado de beatitud y una confianza en Dios llena de paz. Las facultades comunes y naturales del hombre no llegan a comprender lo profundo; mas el sentido espiritual alcanza lo lejano y puede concebir la verdad espiritual que está en los espacios distantes. Pero debemos guardarnos de las ilusiones, puesto que la fe, y no la imaginación, es la que nos revela lo verdadero.

Ricardo de San Víctor era natural de Escocia. Fue elegido prior de su abadía en 1162, si bien Ervisio era el abad y responsable del gobierno interior del convento. En el nivel tan bajo de la moralidad de los frailes, Ricardo vio el índice de la postración moral de sus tiempos y la necesidad de un renacimiento espiritual.

Consideraba como único remedio de aquellos males el misticismo, pero éste debía ser un sistema bien arreglado, firme, completo y que hiciera contraste con las fantasías desordenadas y absurdas de los cerebros entorpecidos. "Edificad vuestro misticismo sobre la base del escolasticismo lógico y tendréis el remedio que habéis menester para curar los vicios contemporáneos". Así discurría Ricardo, y con bastante sabiduría; mas cuando empezó a tratar de la verdad revelada, perdió luego su equilibrio, puesto que cambió toda la Escritura en una serie de alegorías y metáforas brillantes. Sobrepujó en sus fantasías a Orígenes y a la escuela Alejandrina, encontrando en la Sagrada Escritura un campo ilimitado de verdades. No hay en ella un solo pasaje ni una sola historia que no signifique mucho más de lo que la letra dice.

La meditación es el gran cimiento teológico; para llegar a la altura de la contemplación hay que subir seis escalones, siendo el último la penitencia. Una vez allí, el alma ha pasado los escalones del raciocinio y la imaginación, y se pierde en un éxtasis sublime. Aquella generación estaba corrompida, muerta, tirada de raíces, y sólo podía salvarla la moralidad pura, un modo de pensar más limpio y el renacimiento en la Iglesia de una vida noble, celosa y espiritual.

Los Hermanos de la Vida Común.

Formaron una sociedad de místicos que tenía por objeto la reforma de la Iglesia por medio del renacimiento o conversión de los corazones. Para ellos la regeneración de las almas era mucho más importante que la organización exterior de la Iglesia; enseñaban que cuando el corazón es recto, las formas exteriores asumen la mejor manera de ser. La vida entera debe hallar su centro en el amor de Dios, en virtud de lo cual se santifica el alma. Tomás de Kempis, cuya *Imitación de Jesucristo* ha sido y es un libro favorito tanto entre los romanistas como entre los protestantes, y ha tenido mayor circulación que cualquier otro, excepto la Biblia, pertenecía a esta hermandad. De dicha obra, que ha sido traducida en las lenguas principales del mundo, se han impreso más de trescientas ediciones.

Los Amigos de Dios.

Constituyeron una organización de laicos, que floreció en la última parte del siglo XIV. A la par que eran muy fieles a la Iglesia Romana, estaban alarmados a vista de los vicios del clero y de las masas. El mero hecho de que existía esta sociedad, es una prueba muy clara de que los cristianos sinceros que había entre los ministros del Evangelio así como entre los laicos, veían y comprendían la decadencia moral de sus tiempos. Aumentó el numero de los amigos y se esparcieron por la parte occidental del Imperio Alemán y casi por toda Suiza, contribuyendo muy eficazmente a preparar al pueblo para la venida de Lutero y sus coadjutores. Nicolás, un laico de la ciudad de Basilea, que se había convertido oyendo predicar a Tauler, trabajó en compañía de los amigos de Dios, llegando a ser su representante más conocido.

Se contaban entre los amigos a Conrado, el abad de Kaiserheim; las monjas de Unterlinden en Colmar y Basilea; las hermanas de Engeithal; los caballeros de Reinfeld, de Pfaffenheim y de Landsburgo, lo mismo que al comerciante opulento Rulmano Merswin. Los amigos de Dios enseñaban que el amor del Altísimo es la única ley universal; afirmaban que la Iglesia había cerrado las puertas para que no entrara en ella la verdad, y que la única esperanza de que las abriera otra vez, estaba en una vida espiritual más elevada. Tauler dio a los amigos de Dios el nombre de las columnas del cristianismo, las que se interpusieron, por un intervalo, entre los hombres y la nube de la ira divina.

Juan de Goch.

Uno de los países más adelantados donde se dejó sentir primeramente el espíritu de la Reforma fue Holanda. Las grandes fuentes de donde saltaron los manantiales del protestantismo fueron las Universidades; de ellas descendieron hasta las clases menos ilustradas. Juan Pupper, que nació por el año 1401, tomó el nombre de su lugar natal, que era una ciudad cerca de Cleves, y se llamó Juan de Goch. El año 1451 fundó en Mechlin el priorato de canonesas agustinas, y ejerció el oficio de confesor de dichas monjas veinticinco años consecutivos. Su genio combinaba, de una manera poco común, lo espiritual con lo práctico. Insistía en que la fe debe preceder a la razón, puesto que ésta sin aquélla es un guía ciego y peligroso; la filosofía escolástica es un mero juego lógico que se ha de combatir con una filosofía sana y teológica; ésta deriva su poder de la palabra escrita de Dios. La filosofía escolástica es falsa, por la sencilla razón de que no tiene su base en la Sagrada Escritura, sino en Aristóteles. Se ha compendiado su teología completa en las sentencias siguientes: "Venimos de Dios, existimos por la voluntad de Dios, y volveremos a Dios. Todo cuanto poseemos de Él lo derivamos. Es nuestro Padre; el que nos da y nos enseña todo lo bueno. Debemos, pues, consagrarle el amor más íntimo, y poner en Él nuestra suprema confianza. La verdadera libertad se funda en el amor, y éste es la mayor certeza que tenemos de la bienaventuranza futura". Todo el sistema de doctrinas de Juan Goch era reformado; era una protesta en contra de los métodos usuales de asentar doctrinas y de ridiculizar las buenas obras. Como hombre práctico, enristró su poderosa lanza en contra de las indulgencias y de la corrupción individual del clero.

Los primeros reformadores holandeses.

La misión de los primeros reformadores holandeses fue muy importante, puesto que, movidos del espíritu de la época, protestaron con valor y energía en contra de la inmoralidad prevaleciente. Querido lector, si preguntas: ¿cómo fue que Holanda recibió tan fácil y cordialmente las enseñanzas de Martín Lutero y Juan Calvino? Te contestaremos así: "Porque el terreno estaba bien preparado para recibir la semilla preciosa". Los primeros reformadores habían predicado la necesidad de una vida pura, y anunciado que estaba muy próximo el día de un orden de cosas nuevo y espiritual. No sabían donde rompería el alba, mas la nación entera anhelaba ver aparecer pronto sus albores. De aquí es que, cuando llegaron a ellos las voces solemnes de Wittenberg y de Ginebra, se regocijaron viendo cumplidas sus esperanzas. No los sorprendieron las nuevas verdades, puesto que ya las habían escuchado de los labios de sus propios profetas, y las creyeron firmemente.

2

El renacimiento de las letras en Italia

El renacimiento de las letras.

Al mismo tiempo que acontecieron los sucesos referidos en el capítulo anterior, hubo movimientos generales que, sin tener individuos prominentes que los representaran, estaban apresurando la venida de la Reforma; siendo el más importante, en la esfera intelectual, esa vuelta a la vida de la literatura, conocida bajo el nombre del Renacimiento de las letras humanas. Los estudios que se emprendieron eran puramente profanos y literarios, y se distinguieron de los temas teológicos que habían absorbido hasta entonces la atención de las universidades y de los círculos de hombres sabios en Europa. Se dio gran atención a los escritores clásicos griegos y latinos. En algunos países y aún en nuestros días, especialmente en las universidades de Inglaterra y de Escocia, se da el nombre de humanidades a la literatura y a las lenguas de Grecia y de Roma. El Renacimiento de las letras en Italia, incluyó, además, el estudio del hebreo. Los eventos políticos ayudaron, en gran parte, a producir esta revolución en el mundo intelectual. Los grandes poetas italianos del siglo XIV habían escrito sobre asuntos sugeridos por la lectura de los autores clásicos. Bocaccio se inspiró en la literatura griega; Dante y Petrarca bebieron en las fuentes romanas. Crisoloras, que enseñó literatura griega en Pavía y Florencia, y Juan de Rávena, instructor de literatura latina en Padua y Florencia, fueron maestros públicos que contribuyeron mucho al progreso de las letras no sólo en Italia, sino en los países situados al norte de los Alpes. Con el esfuerzo vano que hizo por asegurar la unión formal de las Iglesias católicas romana y griega, en presencia del emperador Juan VII, Paleólogo, y de Besarión, arzobispo de Nicea, quien presentó el plan para la unión de dichas Iglesias, separadas por tanto tiempo, el Concilio Florentino dio un impulso todavía más grande al estudio de la literatura griega. Los puntos de diferencia de opinión eran tan graves, que no fue posible efectuar dicha unión. Los católico-romanos insistieron en la supremacía papal, el punto más difícil, que los diputados griegos aceptaron, pero que la Iglesia Griega repudió luego. Estas tentativas, tan inútiles en cuanto se refirió a la reconciliación, fueron muy fértiles, por otra parte, puesto que inspiraron en Italia, y especialmente en Roma, un deseo ardiente de estudiar la literatura griega: no solamente el griego de los autores eclesiásticos, sino también las producciones de los escritores áticos más puros. Para los eclesiásticos literatos y estudiantes, Grecia se convirtió en un país encantado, cuyos tesoros se habían descubierto repentinamente para deleitar a la república de las letras.

La toma de Constantinopla.

La toma de Constantinopla por los turcos el año 1453 fue el movimiento más culminante de todos los que inspiraron el amor al estudio de los autores clásicos en Italia. Ejerció indudablemente mayor influencia que todos los demás elementos de adelanto. La huida de los cristianos griegos hacia occidente equivalió casi a una emigración nacional; grandes multitudes llegaron a Italia, se establecieron en la costa del Adriático, llenaron las ciudades del interior, y empezaron a influir en los asuntos espirituales y políticos de toda la península. En Roma, Florencia, Siena y todas las ciudades principales del reino, vivían maestros sabios que trajeron consigo los tesoros de Grecia; los enseñaban con tanta habilidad, que una multitud de italianos acudieron a ellos para familiarizarse rápidamente con esa literatura que hacía mil años había estado como perdida. Aun antes de la caída de Constantinopla, varios literatos habían pasado del Imperio Oriental a Italia. Jorge de Trapezio, Teodoro Gaza y Juan Agrípolo fueron a establecerse en aquel país entre 1420 y 1430; después de dicho acontecimiento, llegó un gran número, cuyos representantes eran varones de la talla de Constantino Lascaro, Demetrio Calcondilas y Manuel Moseofilo. No pasaron por alto ninguna parte del saber griego; antes se dedicaron a la poesía, la elocuencia, las artes y la filosofía. Cada departamento tenía sus representantes entusiastas. Besarión y Germitio Pietho tuvieron a muchos italianos absortos en el estudio de la filosofía platónica, y lo mismo hicieron muchos otros maestros en la esfera de la cultura griega.

Renacimiento de los clásicos latinos.

En competencia con el estudio de los autores griegos, vino el renacimiento de los clásicos latinos. Los italianos apreciaban mucho los triunfos de sus mayores que se habían inmortalizado, y no permitieron, naturalmente, que los griegos monopolizaran la atención de los estudiantes; formaron, pues, una gran escuela y trabajaron con entusiasmo por elevar otra vez en la estimación pública a los escritores de la era augusta. Fueron representantes de esta escuela: Gasperino, Guarino, Pogio, Lorenzo Valla, Nicolás Perotes, Cristóbal Laudino y Ángel Politiano. Los príncipes italianos alentaron el renacimiento de ambas literaturas, y los Médicis de Florencia reunieron en su rededor a los varones más ilustrados de Italia, patrocinando todos los departamentos de las ciencias clásicas y de las artes. Su corte fue el centro literario más espléndido que ha habido en tiempos modernos: en sus jardines se congregaban los hombres pensadores de nota a discurrir sobre los grandes temas de la ciencia, la literatura y las artes que ocupaban la mente europea. Muchos genios en su juventud, semejantes al gran Rafael, derivaron, de las tertulias que daban los Médicis, inspiración para las grandes obras que llevaron a cabo en las artes, la poesía y los estudios filológicos. Formaron, como quien dice, la lonja literaria del siglo.

Tendencia de las letras humanísticas.

El influjo que las letras humanísticas tuvieron en Italia fue puramente negativo en cuanto concernía a la religión; su índole general era no sólo indiferente, sino decididamente hostil a nuestra santa religión. Las cortes de los Médicis y del papa se interesaron simplemente en el renacimiento de los autores clásicos, y aprovecharon la oportunidad de poner punto final a las discusiones teológicas que hasta entonces habían absorbido la atención pública. Lejos de recurrir a la Sagrada Escritura, hicieron por convertir a los autores famosos de los tiempos gentiles en sustitutos de los escritores sagrados. La incredulidad fue la locura de aquellos tiempos. Aun los prelados ilustrados que ocupaban puestos importantes en la Iglesia, guardaban un silencio extraño respecto al origen divino de la religión cristiana. Se atribuyen a

La Reforma - Años 1517 al 1545 d. C.

León X estas palabras: "Los siglos pasados son testigos de lo inútil que nos ha sido a nosotros y a nuestro pueblo, la fábula de Jesús". Ya sea que el Papa haya dicho esto, ya sea una calumnia, no cabe la menor duda de que esta sentencia refleja el modo de pensar teológico de los humanistas y cortesanos italianos del siglo XV. Durante su permanencia en Roma, Erasmo escribió varias veces lamentando las palabras blasfemas que oía constantemente en labios de eclesiásticos notables.

El renacimiento literario en otras partes.

En cuanto atañía a la religión evangélica, la vuelta a la vida de las letras en otros países de Europa, fue muy diferente del renacimiento italiano. El gusto por las lenguas y las obras maestras de los clásicos se desarrolló muy pronto en el norte de los Alpes, convirtiéndose en un elemento teológico y religioso que coadyuvó a la venida de la Reforma. Se escudriñó la Sagrada Escritura con todo el nuevo interés que habían infundido los estudios filológicos. Panzer nos dice que, entre el año 1462 y el 1500, se imprimieron cien ediciones de la Vulgata. Sin embargo, la primera edición del Testamento Griego que se dio a la luz pública en 1516, no la debemos a un humanista escéptico, sino a Erasmo. Se estudió la lengua hebrea con mucho esmero, y un gran número de varones sabios se dedicaron a escudriñar los libros del Antiguo Testamento. Este estudio concienzudo de la Biblia sugirió naturalmente una comparación entre las doctrinas y la moral en ella contenidas, y las enseñanzas y la inmoralidad de la Iglesia.

La invención del arte de imprimir ayudó mucho a la nueva vida intelectual: las obras de los humanistas se multiplicaron por toda la Europa occidental. Heidelberg y Erfurt se convirtieron en los centros del saber en Alemania. Materno Pistorio, de Erfurt, fue el más notable de un grupo de poetas alemanes. Conrado Muth, de Gotha, que también se distinguió en la poesía, atacó el escolasticismo de sus días con una sátira irresistible. Rodolfo Agrícola, de Heidelberg, un sabio profundo que se dedicó especialmente a la crítica griega, era un carácter versátil; mereció el elogio que de él hizo Guizot: "Era buen pintor, buen escritor y un filólogo sabio". Falleció en 1485.

Reuchlin, Erasmo y Moro.

Juan Reuchlin, de Alemania, Erasmo, de Róterdam, y Tomás Moro, de Inglaterra, fueron campeones del renacimiento y desarrollo de las letras humanas. El primero se dedicó al estudio del hebreo, publicó una protesta enérgica en contra del abandono en que estaba esta lengua, e insistió en que se estudiara el Antiguo Testamento en el idioma original. Obra maestra fue su *Gramática Hebrea,* publicada el año 1606, y la cual continuó por mucho tiempo siendo libro de texto en toda Europa. Erasmo, que limitó sus estudios filológicos a la lengua griega, promovió más que ningún otro maestro, el estudio del Nuevo Testamento entre la primera generación de los protestantes europeos. Como quien coloca una pieza de artillería y apunta a un castillo viejo para demolerlo, así usó Erasmo el Nuevo Testamento para atacar la ignorancia, la superstición y la inmoralidad de su época. Su edición griega del Nuevo Testamento, que enriqueció con notas y paráfrasis, o traducciones libres y amplificativas, fue como un arsenal donde los reformadores encontraron armas y material de guerra. Tomás Moro, que era amigo de Erasmo, trabajó en el invierno de su vida por la causa de la Reforma.

El capítulo titulado "La religión de los utopistas", en su obra "Utopía", es una descripción exacta de la corrupción de aquellos tiempos y del deseo que prevalecía de nuevas enseñanzas y mejores costumbres.

3

Los Concilios Reformadores

Varios Concilios.

Al convocar los Concilios de Pisa, Constanza y Basilea, la Iglesia católica romana confesó abiertamente los males que existían en su seno, y la necesidad urgente que había de remediarlos. Con el siglo XIV empezó una controversia ruda entre la Iglesia y los gobernantes de las principales naciones, sobre la cuestión antigua de si la autoridad suprema residía en el Papa o en el rey. Personificaron esta lucha el Papa Bonifacio VIII y Felipe el Hermoso de Francia. Habiendo condenado aquél, en una bula publicada el año 1302, la declaración de éste de que los gobernantes civiles no estaban bajo la autoridad papal, el rey mandó aprehender al Papa con motivo de la vida escandalosa que llevaba. Bonifacio, a quien libertaron sus parciales italianos, falleció poco más tarde. El pontífice que lo sucedió, murió también. En 1305, un francés, el arzobispo de Burdeos, fue elegido Papa, y reinó bajo el nombre de Clemente V. Habiendo aceptado la política francesa, mudó la sede papal, el año 1309, de Roma a la ciudad de Aviñón, Francia. Este fue el principio del papado en Aviñón, que los romanistas llaman generalmente "la cautividad babilónica" por considerar dicha permanencia como una calamidad eclesiástica; duró cerca de setenta años, de 1309 hasta 1377. Caracterizó a todo este período una gran decadencia espiritual, puesto que en ninguna otra época fue tan tremenda la inmoralidad de los papas. Los gobernantes alemanes tuvieron, mientras tanto, un choque bien fuerte con ellos.

El papado doble.

Ludovico de Baviera fue uno de los gobernantes que se opusieron muy enérgicamente a las pretensiones del papado: estaba éste tan dividido en Roma, y aun en toda Italia, que el edificio papal amenazaba desplomarse. Una vez fallecido Gregorio XI, que en 1377 puso punto final al papado de Aviñón, los romanos eligieron a un Papa italiano, pero los franceses escogieron a otro compatriota suyo que residió en Aviñón; hubo, pues, dos papas: uno en Roma y otro en Francia, cada uno reclamando la suprema autoridad y rodeado de una corte y de un colegio de cardenales. Este cisma, que duró treinta años, tuvo una influencia tan grande y tan remota, que llegó a dividir a todo el mundo católico romano. El único remedio estaba en un Concilio General. Gerson y los teólogos parisienses consiguieron que se reuniera en Pisa el año 1409. A fin de que alegaran sus derechos y se les hiciera justicia, se mandó citar a los papas rivales; pero éstos, temerosos de perder sus tronos, no quisieron concurrir. El Concilio entonces eligió a otro Papa, Alejandro V; de manera que hubo tres papas rivales, cada uno de ellos elegido legalmente, pretendiendo ser el vicario infalible de nuestro Señor Jesucristo, y fulminando maldiciones en contra de sus rivales y sus adictos. Por haberse desviado de su primer propósito, a saber, la reforma de la Iglesia y la cura de sus disensiones, el Concilio de Pisa fracasó por completo.

El Concilio de Constanza.

Convocado en 1414 y disuelto en 1418, este Concilio se reunió con el fin doble de poner coto al escándalo de que hubiera tres papas, que continuaban reinando, y de introducir reformas en la Iglesia. Citó a los tres pontífices, pero Juan XXIII, sucesor de Alejandro, fue el único que acudió. Era un hombre disoluto y gran bribón de mucha astucia y sagacidad: abrigaba la esperanza de llevarse la palma e hizo que muchos italianos fueran elegidos diputados al Concilio; pero éste aprobó votar por naciones, dando a cada país un solo voto. Debido a la influencia de D'Ailly, se aprobó obligar a los tres papas a que abdicaran, y tener una nueva elección. Se hizo ésta el día 11 de noviembre de 1417, y resultó elegido Odo Colona, que se llamó Martín V. Es famoso este congreso por haber decretado que los Concilios Ecuménicos, constituidos legalmente, derivan su autoridad directamente de nuestro Señor Jesucristo y que, por consiguiente, todos deben someterse a ellos, aun el mismo Papa. A su fama añadió la infamia de haber sentenciado a Juan Huss a la muerte. Simpatizando con D'Ailly y Gerson, en sus esperanzas de introducir reformas en la Iglesia, Martín usó de una prudencia verdaderamente eclesiástica y prorrogó el Concilio.

El Concilio de Basilea.

Eugenio IV, el sucesor de Martín, convocó el Concilio de Basilea, que celebró sus sesiones del año 1431 al 1449. Habiendo aceptado como base de sus operaciones el programa de reformas del Concilio de Constanza, trató de producir una regeneración completa desde el Papa hasta los clérigos seglares. Alarmado el Pontífice por la persistencia y el rigor de la índole reformadora, disolvió el Concilio y convocó otro, primero en Ferrara y luego en Florencia. No obstante la ausencia del Papa y la reunión de un Concilio rival, continuó sus sesiones el de Basilea; depuso al mencionado pontífice y eligió a Félix V en su lugar. El Papa depuesto anatematizó, en cambio, al Concilio de Basilea. Las desventajas con que tuvieron que luchar los delegados a éste, eran demasiado grandes: no estaban unidos, y muchos de ellos aceptaron las ofertas de Roma. Dichos diputados desertaron, uno por uno, y el Concilio tuvo que suspender sus trabajos por falta de *quórum;* rindió, sin embargo, un gran servicio: habiéndose reunido cerca de Alemania, de la que lo dividía solamente el Rin, llamó la atención de todos los países más adelantados al norte de los Alpes. Los males que, en vano, había tratado de remediar, afligieron más que nunca a los corazones sinceros, pero engendraron, al mismo tiempo, el heroísmo necesario para marcar el alto a la degradación del género humano. En cuanto a los cambios que deseaban introducir, estos Concilios hicieron un fiasco completo; revelaron al mundo, por otra parte, el hecho de que ningún Concilio en lo futuro sería capaz de llevar a cabo reforma alguna. Quedaba una sola esperanza, y ésta consistía en los esfuerzos independientes de los reformadores. La conciencia individual se sintió compelida a combatir por el renacimiento de la verdad y de la virtud. El destino de los tiempos modernos dependió, en aquella hora, de un solo hombre.

4

La Reforma en Alemania I (1483-1520)

Todos los países teutónicos se habían estado preparando para la gran revolución religiosa; Alemania central se convirtió, a este punto de la historia, en el teatro de la Reforma. La mente popular estaba lista y faltaba solamente que apareciera un hombre de valor, habilidad y perseverancia que personificase a su generación. Este ideal universal de un caudillo que guiase al género humano por vías nuevas, a la vez que seguras, fue Martín Lutero.

Niñez de Lutero.

Nació Lutero en Eisleben, Sajonia, el día 12 de noviembre de 1483, y falleció en el mismo lugar, el 18 de Febrero de 1546. Su padre, un campesino de costumbres sencillas y recursos escasos, fue primero cortador de piedras de pizarra en Mohra, y trabajó después en las minas de Eisleben. Lutero se acordaba, años después, de la época en que su madre tenía que cargar sobre las espaldas la leña que necesitaban para los usos del hogar. Se mezclaron, en el hijo de este matrimonio, las cualidades alemanas del norte con las del sur; al criterio lleno de calma, buen sentido y valor inquebrantable del temperamento frío septentrional, añadía una disposición amable y alegre, un carácter social y lleno de simpatía, que le valió mucho en sus luchas posteriores. De niño le gustaba mucho tomar parte en los juegos que los muchachos tenían en las plazas públicas; amaba íntimamente a sus amigos, a la par que profesaba una antipatía muy acendrada a sus enemigos; tenía un humor tan original como gracioso, y decía chistes muy inocentes. Estuvo orgulloso toda su vida de sus antecesores humildes y de su pobre hogar. Su carácter parecía haber derivado el esplendor y la aspereza de las montañas cercanas de Harz, y la profundidad de las minas que había bajo el suelo de la choza paterna. Años después, cuando se sintió agobiado por la responsabilidad de su gran misión, y llegó a ser el amigo íntimo de príncipes y sabios, acostumbraba decir: "Soy el hijo de un campesino; mi padre, mis abuelos y mis antecesores fueron todos campesinos humildes".

En el hogar y en la escuela.

Lejos de permitir que gozara de algunos privilegios este niño de talento e ingenio, sus padres acostumbraban azotarlo con frecuencia y faltó poco para que lo echaran a perder: por la menor indiscreción, lo castigaban muy severamente. Su madre lo azotó tanto en cierta ocasión, con motivo de un disgusto respecto de una nuez, que le sacó la sangre. Cuando llegó a ser hombre y recordaba esta aspereza, vio que sus padres habían errado y decía: "La severidad de mis padres hizo que yo fuera un niño muy tímido; su rigidez y la vida estrecha que me hicieron llevar de joven, me indujeron a entrar en un convento y a tomar el hábito. Sus intenciones eran muy buenas, pero no sabían el arte de aplicar justamente los castigos". No obstante su severidad, los padres de Lutero reconocieron su talento; decidieron darle una buena educación y dedicarlo a las leyes. Lo mandaron, pues, en 1497, a Magdeburgo, a que cursara los estudios preparatorios para entrar en la Universidad; pero, no pudiendo, pasado algún tiempo, sufragar los gastos tan fuertes, lo llevaron Eisenac, donde vivió en casa de unos parientes y siguió yendo a la escuela sin ser causa de tantos sacrificios. En aquella época, en Turingia, acostumbraban, los muchachos pobres de escuela, cantar a las puertas de las casas y recibir limosnas. Habiéndose valido el niño Martín de ese recurso para obtener algunos socorros, una señora pudiente, llamada Úrsula Cota, quedó tan complacida cuando lo oyó cantar, que lo recogió; en esa casa, Martín tuvo la ventaja de estudiar bajo la dirección de un maestro muy hábil.

En la Universidad.

El año 1501 ingresó en la Universidad de Erfurt, uno de los centros del saber humanista de la Europa septentrional. Los conocimientos progresistas de aquellos tiempos lo cautivaron por completo, y desde entonces no descansó su mente ni su corazón. Con una energía verdaderamente admirable, estudió las ciencias, una después de otra, dominándolas todas, de una manera tan completa y con tal prontitud, que asombraba a sus maestros. Cuando concluyó su curso de filosofía, a cuyo estudio se había dedicado especialmente, y hubo recibido su grado de Maestro de Artes, se despidió del mundo y entró en el claustro de los monjes agustinos. Corría a la sazón el año 1505. No fue espontánea esta resolución, como parece a primera vista; sus confesiones posteriores dicen que ciertas circunstancias providenciales, tales como la muerte repentina de un amigo que, herido por un rayo, cayó a su lado, lo indujeron poco a poco a tomarla. Influyó mucho en su ánimo el hecho de haber encontrado un día, en la biblioteca de la Universidad, un ejemplar de la versión latina de la Sagrada Escritura. Lleno de sorpresa al considerar el tesoro que acababa de encontrar, no habiendo oído hasta entonces más que los cuatro versículos que se citan en la misa, leyó las páginas sagradas con interés creciente y deleite de su alma. Esa fue la hora suprema de su vida. Una vez en el convento, se sometió a una disciplina severa, se abstuvo de toda clase de comodidades, torturó su cuerpo y ayunó tanto, que faltó poco para que perdiera la vida. Se dedicó asiduamente a sus estudios, distinguiéndose en esto de sus compañeros que decían: "Si este hermano continúa estudiando tanto, llegará a gobernarnos". Profecía que se cumplió al pie de la letra.

En Wittenberg.

En 1508, el doctor Martín Lutero fue elegido profesor en la Universidad de Wittenberg. Durante su permanencia en Erfurt, había obtenido grandes conocimientos de la Sagrada Escritura, y palpado la diferencia que había entre la sencillez del Evangelio y las costumbres y prácticas de la Iglesia. Tenía muchas dudas, pero, no obstante, continuó llevando una vida ascética con la esperanza de recibir más luz. La Universidad de Wittenberg debió su fundación, en 1502, a Federico el Sabio, y, a semejanza de la de Erfurt, estaba llena de vida, y alimentando el nuevo saber de aquella época. Lutero encontró allí, por primera vez en su vida, un campo donde ejercer las facultades admirables que Dios le había dado. A la timidez natural del monje, adunaba el fuego y magnetismo de una inteligencia superior. Era tan corto, que se necesitaba mucha persuasión para conseguir que predicara. "Me vais a causar la muerte", le dijo una vez a Stáupiz, que había hecho que lo llamaran a Wittenberg; "no podré continuar predicando ni siquiera un trimestre".

La Reforma en Alemania I (1483-1520)

Hacía dos años que estaba en Wittenberg cuando hizo un viaje a Roma, oportunidad que causó a su mente ávida y a su fervor religioso un contentamiento indecible. Si bien tenía sus dudas respecto a las prácticas de la Iglesia, su mente no había concebido ninguna crítica metódica; era todavía el servidor obediente de su orden, la de San Agustín, y un creyente firme y cabal en la Iglesia católica romana. Cuando vio por primera vez la ciudad eterna, cayó de rodillas, y, con las manos levantadas hacia el cielo, exclamó: "Yo te saludo, Roma santa, tres veces santa, por la sangre de los mártires que en ti se ha derramado". Aumentaron muy poco el amor que tenía a la Iglesia, las escenas que vio; su índole, que lo impulsaba constantemente a la negación de sí mismo, protestó naturalmente en contra del orgullo y la ostentación que presenciaba. Un día estaba haciendo con otros peregrinos la penitencia de subir de rodillas la escala santa, o sea, la escalera de Pilatos, cuando se acordó súbitamente de aquellas palabras del texto sagrado: "El justo vivirá por la fe". Se paró, descendió los escalones, salió de Roma y volvió a su patria. Pero no repudió aún la autoridad de la Iglesia Romana; como dice Costlin: "La exhibición de los vicios clericales que vio en aquellos días, no produjo en su mente ninguna rebelión".

Las 95 tesis.

Continuó Lutero su vida devota de monje, pero con esta diferencia: que sintió el poder de una energía nueva; sin embargo, ni por sueños le pasó separarse de la Iglesia. Siguió dando sus conferencias sobre los libros de la Sagrada Escritura, y cautivando a sus oyentes con las opiniones tan nuevas como atrevidas que emitía. Durante los siete años siguientes, el curso de su vida continuó normalmente, sin cambio ni conmoción de ninguna clase. Mientras tanto, siguió captándose la confianza de los estudiantes, adquiriendo mayor fama y atrayendo a sus conferencias auditorios mayores que cualquier otro catedrático. Sus sermones, que se distinguían de la predicación común por su lenguaje sencillo y la exposición clara de la verdad, despertaron en Wittenberg y en otras partes de Alemania tal interés cual no se había manifestado desde la época de los místicos. Durante este período de tranquilidad de que gozó Lutero, se publicó en Alemania una indulgencia nueva, y se pusieron de venta en todos los lugares públicos del Imperio, boletos de perdón. Desde el año 1500 hasta el 1517, cinco indulgencias extraordinarias se publicaron y ofrecieron de venta a cualquier postor. Este comercio tuvo un éxito extraordinario; raudales de dinero fluían de todas partes, se decía que estas grandes cantidades eran para continuar la guerra santa en contra de los turcos, pero se sabía muy bien que daban un rodeo muy grande hasta llegar a Roma, y que caían en las arcas del Papa.

La venta de las indulgencias exasperó mucho a Lutero. Había sonado la hora de dar principio a su misión. Revisó toda la causa en contra de Roma, y acusó a la Iglesia presentando un sumario de cargos contenidos en sus noventa y cinco tesis o proposiciones. Atacaban éstas principalmente la venta de indulgencias, pero contenían, además, una protesta en contra de todos los otros abusos. Insistía Lutero en que, si bien era cierto que la Iglesia enseñaba la verdad, también había excrecencias que precisaba cortar. Clavó sus tesis en la puerta de la iglesia de Wittenberg el día 31 de octubre de 1517. Ese fue el principio de la tempestad que duró hasta el fallecimiento del reformador.

La Reforma - Años 1517 al 1545 d. C.

Habiendo llegado a Roma noticia de las tesis, el Papa hizo alusión a Lutero en una carta dirigida al Elector de Sajonia, como al "hijo de iniquidad". Cuando le ordenaron al reformador que se retractara, contestó: "No puedo revocar lo que he dicho". En vez de ir, cuando le mandaron que se presentara en Roma, escribió, en contestación, una carta respetuosa. En 1519 lo citaron a que disputara con Eck en Léipzig; acudió a la cita y atacó la supremacía del Papa y las doctrinas del purgatorio y de las indulgencias. El humanista Moscelano describe al joven fraile cuando apareció por primera vez ante el mundo, con estas palabras: "Era de estatura mediana; debido a las vigilias del estudio y a la ansiedad, su rostro y su cuerpo estaban tan macilentos, que parecía un esqueleto; su voz era clara; en su discurso mostró gran erudición y que estaba familiarizado con la Sagrada Escritura; su porte era digno y afable. A pesar de las amenazas de sus contrarios, estaba muy animado y poseído de calma y contento, como quien empieza, con la ayuda de Dios, una gran obra. En la controversia era firme y decidido, como lo debe ser todo buen teólogo".

Lutero apela a los alemanes.

Salió Lutero de Léipzig más resuelto que nunca a continuar su misión. No intentaba aún separarse de Roma, sino que estaba decidido a permanecer en la fe que había recibido de sus padres; pero tuvo que doblegarse ante la fuerza de sus convicciones y de ciertas circunstancias providenciales sobre las que tenía muy poco dominio. A la sazón le dio a Roma el golpe más tremendo de todos, atacándola por otro lado. Dirigió una apelación a los nobles y al pueblo de Alemania, en la cual propuso la clausura de los conventos de monjas, la abolición del entredicho y la excomunión, la independencia del poder temporal, y la omisión de la doctrina de la transubstanciación y otras enseñanzas falsas de Roma. Este programa equivalía a una rebelión, y por ello Roma respondió con la excomunión. Lutero exclamó: "Estoy dispuesto a respetar al Papa como Papa; pero quieren obligarme a que lo considere yo como a Dios". Fijó en la puerta de la iglesia un aviso, invitando al pueblo a salir con él por la puerta de Esler, en procesión solemne, a quemar la bula papal en presencia de los ciudadanos, profesores y estudiantes. La invitación fue aceptada y Lutero quemó la bula el día 10 de diciembre de 1520, a vista de la multitud. Después de la excomunión de Lutero, Roma siguió de mal en peor.

La Dieta de Worms.

El día 28 de junio de 1519, Carlos V fue elegido emperador de Alemania. Sus contemporáneos se preguntaban qué actitud tomaría hacia la Reforma. Si bien pertenecía a la casa de Ausburgo y era, por consiguiente, un católico romano muy rígido, era también diplomático y estaba decidido a no hacer nada que pusiera en peligro su influencia política. Meditó mucho sobre el asunto y, como quiera que su elección debía ser ratificada y varios asuntos de la Iglesia se habían de ventilar en la Dieta de Worms, convocada para el mes de abril de 1521, decidió permitir a Lutero que hablara antes de que principiaran las sesiones de dicha Dieta, para que ésta condenara después sus doctrinas. Citaron, pues, al monje, prometiéndole de antemano un salvoconducto. Antes de salir para la ciudad de Worms, Lutero le dirigió a Espalatín una carta en la que escribió, entre otras cosas: "Aun cuando estuviera yo seguro de que su majestad me ha de considerar como un enemigo del Imperio, a juzgar por las respuestas que he de dar cuando me llame a cuentas, no vacilaría yo un momento en presentarme ante él. Lejos de pensar en la huida o en dejar que peligre la verdad, estoy decidido a confesarla con la ayuda de Dios, aun a costa de mi vida. Estoy seguro, por otra parte, de que no descansarán mis enemigos sino hasta conseguir mi muerte". Sus amigos le hicieron recordar la suerte que había corrido Huss en el Concilio de Constanza, pero de nada les valió. Estaba decidido a ir a la ciudad de Worms, aun cuando hubiera en ella "tantos diablos como tejas en los techos de las casas". Durante el interrogatorio que le hizo el delegado papal, en presencia del emperador y de la Dieta, se usaron toda clase de argumentos y multiplicaron las amenazas. Pero todo fue en vano. Concluyó Lutero su discurso en defensa de sus tesis, con estas memorables palabras: "No puedo retractarme; heme aquí. Dios me ampare. Amén". Al discurrir Tomás Carlyle sobre la influencia histórica de esta ocasión, y la importancia de la actitud firme de Lutero, dice a la letra: "Fue el día más grande en la historia moderna del género, humano; en esa hora Lutero plantó las semillas del puritanismo inglés; de los Parlamentos de Inglaterra; de las américas y de la obra inconmensurable de estos dos siglos; de la Revolución Francesa, de Europa y de la influencia que en nuestros días está ejerciendo en todas partes. Si Lutero hubiese obrado de otro modo en ese momento solemne, qué diversa habría sido la historia moderna". El decreto que la Dieta pasó en contra de Lutero, dice así: "Este individuo, que no es un hombre, sino un demonio en forma humana y cogulla de fraile, representa a un grupo pernicioso de herejes que hace tiempo se están escondiendo y quienes sostienen herejías dignas de ser condenadas; más aún, ha inventado otras nuevas, bajo el pretexto de predicar la fe; las que se ha empeñado en hacer creer a muchos con el objeto de destruir la verdadera fe, y dar fin, con el nombre y bajo el disfraz de doctrina evangélica, a la paz que produce el Evangelio, al amor y al buen orden". Se pronunció la sentencia de excomunión, y excomunión mayor, en contra de él, y de todos los parciales y adictos a su herejía. Se amonestó al público a que, pasado el día 14 de mayo, se abstuviera de albergar o protegerlo, y se dio la orden de entregarlo al brazo secular donde quiera que lo encontraran.

Antes de que se publicara la excomunión, salió Lutero de Worms e iba de regreso para su ciudad, cuando, a instancias de Federico el Sabio, ciertos caballeros le salieron al encuentro y se lo llevaron al castillo de Wartburgo, situado en una montaña cerca de Eisenac, a fin de evitar que sus enemigos lo sorprendieran y le diesen tal vez muerte. Vivió allí bajo el apodo del "señor Jorge" que le dieron aquellos caballeros joviales. Durante los ocho meses que permaneció en su "Patmos", como llamaba a su retiro, manejó la pluma con gran diligencia, no dejando pasar un solo día sin escribir algo; tradujo, además, el Nuevo Testamento y varias partes del Viejo.

El mes de septiembre de 1522 se dio a la estampa el Nuevo Testamento, el cual, más que ninguna otra influencia, dio una vida permanente a la Reforma. Tan grande era la sed que el pueblo tenía de oír la palabra de Dios, que se publicaron, en diez años, dieciséis ediciones originales y cincuenta y cuatro expresiones. Esta traducción que Lutero hizo de los originales hebreo y griego, es muy clara y vigorosa; se considera como una versión bastante fiel. Se puede decir que, en cierto sentido, creó el idioma alemán, ayudándolo a convertirse en una lengua enérgica, profunda y elocuente.

5

La Reforma en Alemania II (1520-1546)

Los amigos de la Reforma hacen que peligre.

Como todos los grandes reformadores, Lutero sufrió grandes contrariedades. Tuvo que proteger la obra que había empezado, en contra de las opiniones erróneas de sus amigos. Carlstadt, uno de los adherentes más firmes de la causa protestante, opinaba que Lutero no era bastante radical, y declaraba que las enseñanzas de los reformadores estaban todavía muy impregnadas de romanismo. Habiéndose puesto a la cabeza de un grupo de fanáticos, los profetas de Zwickau, criticó muy rudamente al reformador. En diciembre de 1521, Lutero les escribió desde su "Patmos" particular como sigue: "Estáis obrando en este asunto, de una manera atolondrada y con demasiada precipitación y violencia. No apruebo vuestros métodos, y, a fin de que lo sepáis desde ahora, os digo que no he de prestaros ninguna ayuda. Os habéis metido en este laberinto sin consultar conmigo, y sin mí habréis de salir de él. Podéis estar seguros, amigos míos, que conozco muy bien al Diablo; él es quien se ha propuesto deshonrar a Dios". Aquellos fanáticos querían destruir cuanto les traía el romanismo a la memoria: las pinturas, los adornos y todo absolutamente, a excepción de las paredes de las iglesias. Deseaban hacer tal limpieza de Roma, que no quedara ni la menor traza del orden de cosas antiguas; determinaron acabar con todas las obras del arte cristiano, cuadros o esculturas, donde quiera que las encontraran. Se convirtieron en profetas y tenían visiones. Viendo Lutero desde su retiro el peligro que amenazaba a la causa protestante, se apesadumbró mucho; a pesar de que el duque Jorge lo estaba buscando por todas partes para aprehenderlo, no se echo atrás ni quiso permanecer por más tiempo en el castillo de Wartburgo. A la carta que su amigo, el elector, le dirigió, amonestándolo del peligro que corría de caer en manos del mencionado adversario, el reformador contestó: "Si las cosas van tan mal en Léipzig como en Wittenberg, os aseguro que allá voy aun cuando lluevan duques por nueve días, y aunque sean nueve veces más crueles que el duque Jorge". Le dijo al elector, con la mayor franqueza, que no deseaba su protección, puesto que de nada valía el auxilio de un gobernante de tan poca fe; que se acogía a Dios, bajo cuyo amparo iría a Wittenberg. Y así lo hizo.

Salió de Wartburgo el 3 de mayo de 1522, caminó sin escolta y llegó a salvo a Wittenberg. La condición que guardaban las cosas era alarmante: los profetas habían consternado a los reformadores. Melanchton era demasiado débil para poder soportar su osadía, y, lejos de dominarlos, temblaba por la causa protestante. Declararon aquellos profetas que habían recibido de Dios revelaciones especiales y órdenes de llevar la reforma más allá de las cosas religiosas; que iban a desconocer, por lo tanto, todas las autoridades civiles y a establecer un reino temporal. Llegó Lutero a Wittenberg, y su presencia infundió luego ánimo en sus amigos y a todos los protestantes. Obró con mucha sabiduría; predicó una semana entera en contra de aquellos fanáticos, pero lo hizo con sumo tacto, sin mencionar siquiera sus nombres. El resultado fue que salieron de la ciudad enteramente desconcertados.

La Reforma en Alemania II (1520-1546)

La guerra de los campesinos.

Hacía mucho tiempo que, oprimidos por los príncipes, los aldeanos se habían sublevado: en 1476, 1491, 1498 y 1503 se habían rebelado en contra de sus gobernantes, pero éstos los habían vencido y vuelto a dominar con medidas severas. Dichos campesinos vieron en la revolución religiosa otra oportunidad de rebelarse, y en 1513 formaron una Liga; en 1524 estalló la insurrección que, durante la primavera del año siguiente, se extendió por todo el país. La mayoría de los aldeanos era de protestantes quienes apelaban a la Sagrada Escritura al pedir la libertad de conciencia y protección en contra de los opresores civiles. Viéndose otra vez muy apurado, y habiendo estudiado el problema íntimamente, Lutero se puso del lado del orden y de la ley; dirigió, sin embargo, una apelación a los príncipes, haciéndoles ver que habían hecho mal en oprimir a los campesinos, y aconsejando la moderación al tratar con aquellos fanáticos. Quedaron vencidos los aldeanos y su jefe, Münzer, fue degollado.

Trabajos literarios de Lutero.

Pasada esta tormenta, Lutero se dedicó asiduamente a trabajos literarios. Vio la necesidad de consolidar su obra y de instruir a las masas que lo consideraban como su guía espiritual. La experiencia que adquirió al tratar con los fanáticos que seguían a Münzer, le hizo ver que los protestantes necesitaban una instrucción sana y juiciosa. Trabajó, pues, de una manera admirable, ya predicando, ya con la pluma. Debido a la generosidad de ciertos amigos, sus sermones y conferencias se daban a imprimir inmediatamente después que los pronunciaba. El lenguaje de dichos discursos era muy enérgico y, a veces, familiar, el pueblo los leía del principio al fin, sin dejar de entender una sola palabra. Su traducción de la Biblia, la más vigorosa y comprensiva que existe, se distribuyó por toda Alemania. Son suyas las palabras siguientes que contienen la regla que siguió al hacer dicha traslación: "El traductor que quiera rendir bien el sentido de la Sagrada Escritura, debe tener un corazón piadoso, sincero y reverente; debe ser un varón verdaderamente cristiano, sabio, diligente y de experiencia. Debe escuchar el lenguaje de las madres en el hogar; de los niños en medio de sus juegos; de los hombres comunes en las plazas del mercado y enseñar a todos la lengua alemana que deben hablar".

Anhelando usar en la traducción de la Sagrada Escritura un estilo tan claro que las masas pudieran entender, Lutero le pidió una vez a cierto carnicero que matara en su presencia varias ovejas, y que le dijese los nombres de todas las partes, a fin de trasladar bien los capítulos del libro del Levítico que se refieren a los sacrificios judaicos. Le rogó a su amigo Espalatín que le escribiera los nombres y una descripción detallada de todas las piedras preciosas que, según el capítulo XXI del Apocalipsis, forman los muros de la ciudad celestial.

Himnos y otras producciones.

Las obras literarias de Lutero se multiplicaron tan rápidamente, que dejó como ciento veinticinco escritos diferentes. En todos los hogares protestantes de Alemania se hallaban ejemplares de sus Catecismos Mayor y Menor, y los treinta himnos que compuso se cantaban con tanto placer en el palacio de los ricos como en la choza de los pobres. Escribía bajo el influjo de las circunstancias; meditaba y sentía muy profundamente y estaba siempre dispuesto a cantar, predicar o escribir según las necesidades que se presentaban o las inspiraciones que recibía. Como quiera que estaba dotado de una imaginación muy fecunda, sus obras abundan en figuras de retórica muy elocuentes. El Demonio no era para él un mito, sino un ser real a quien sus ojos habían visto con demasiada frecuencia y al que se dirigía a menudo llamándolo señor Diablo. Los comentarios de Lutero eran exposiciones prácticas de la Sagrada Escritura, en las que se ocupaba muy poco de las discusiones filológicas. Acostumbraba presentar en una introducción extensa, el argumento de un libro, usando un lenguaje tan sencillo que los más ignorantes podían entender el significado: sus interpretaciones eran declaraciones vivas y animadas de lo que el autor había querido dar a entender; daba luego sus ilaciones, pero apenas mencionaba su método de llegar a ellas.

La personalidad de Lutero.

Las cualidades personales de Lutero fueron muy notables. Era por naturaleza vehemente e impulsivo, y daba a las cosas el primer nombre que se le venía a la mente: había nacido para la guerra, pero estaba deseando siempre la paz. En medio del humo, del fuego y de los estragos de la batalla, estaba en su elemento, y sin embargo, era muy moderado el lenguaje que usaba en sus controversias. Como un amigo le llamase la atención a la dureza del lenguaje que usaba en sus denuncias del papado, respondió: "Al contrario, temo haber sido demasiado moderado; quisiera poder echar rayos por la boca y que cada palabra que hablo ¡fuera un trueno!". Un teólogo casuista le citó una vez la respuesta que San Agustín diese a la pregunta: "¿Dónde estaba Dios antes de crear el cielo?" diciendo: "Estaba en Sí mismo", y le preguntó luego qué contestación daría a la misma pregunta. Lutero le respondió: "Estaba Dios creando el infierno para los ociosos, presuntuosos, vanos y preguntones como tú". Tenía opiniones respecto de cierta clase de médicos. "¡Ay de aquél, decía, que se alimenta de drogas! Una vez que me enfermé en Esmacalda, los médicos me dieron tantas medicinas como si hubiera sido un buey. Estos infames son matasanos. Los médicos hábiles, circunspectos y de experiencia son grandes benefactores; los que no temen a Dios, son homicidas. En mi parecer, el ejercicio y el cambio de temperamento hacen más provecho que todos los purgantes y todas las sanguijuelas que recetan los facultativos. Cuando me siento indispuesto, yo mismo me curo con una dieta severa, acostándome temprano y dando descanso a la mente".

La fe de Lutero.

Tan ardiente era su fe como la de los cruzados en los momentos solemnes del conflicto. La hora suprema para él, era la de la oración y oraba como quien importuna; no aceptaba el silencio, ni mucho menos la negativa de Dios. Argüía con el Ser Supremo, mostrándole qué extraño sería a su naturaleza el no concederle sus peticiones. Se asía de la ropa del divino Maestro y no lo dejaba pasar; se colgaba, mejor dicho, con ambas manos del brazo divino y no lo soltaba hasta conseguir lo que pedía. Acostumbraba escribir en forma de catálogo, todas sus necesidades y presentarlas por orden, como peticiones que Dios no podía negar sino a costa de su honra. Cabalmente antes de presentarse ante la Dieta de Worms, alguien lo escuchó al hacer esta oración: "Omnipotente y eterno Dios, ¡qué terrible es este mundo! ¡Cómo quiere abrir sus quijadas para devorarme! ¡Y qué débil es la confianza que pongo en Ti! Dios mío, protégeme en contra de la sabiduría mundanal. Lleva a cabo la obra, puesto que no es mía, sino tuya. No tengo nada que me traiga aquí, ni he tenido controversia alguna con estos grandes de la tierra. Desearía pasar los días que me faltan de vida, tranquilo, feliz y lleno de calma. Pero la causa es tuya; es justa; es eterna. ¡Dios mío, ampárame, Tú que eres fiel y que no cambias nunca! No pongo mi confianza en ningún hombre. ¡Dios mío, Dios mío, ¿no me oyes? ¿Estás muerto? No; no estás muerto; mas te escondes. Dios mío, ¿dónde estás? Ven, ven. Yo sé que me has escogido para esta obra. ¡Levántate, pues, y ayúdame! Por amor de tu amado Hijo Jesucristo, que es mi defensor, mi escudo y mi fortaleza, ponte de mi lado. Estoy listo, dispuesto a ofrecer mi vida, tan obediente como un cordero, en testimonio de la verdad. Aun cuando el mundo estuviera lleno de diablos; aunque mi cuerpo fuera descoyuntado en el 'potro', despedazado y reducido a cenizas, mi alma es tuya: tu Sagrada Escritura me lo dice. Amén. ¡Dios mío, ampárame! Amén". Luego, hablando en soliloquio, dijo: "Amén, amén, es decir: sí, así será".

Organización de la Iglesia luterana alemana.

Tan pronto como Lutero percibió la gran necesidad de dirigir y edificar a las almas que lo seguían como a un guía espiritual, formó planes para establecer una organización eclesiástica. En 1527 entró en arreglos con Melanchton, a instancias del elector Juan, para hacer una visita general a todos los grupos de protestantes que había en el Imperio. Preparó también un *Epítome de Doctrina* y un *Orden de Cultos Públicos*. Se establecieron escuelas parroquiales, se mandó que los ministros catequizaran al pueblo, y se hicieron todos los arreglos necesarios para la organización eclesiástica. Durante la Dieta de Augsburgo, que se reunió en 1530, los protestantes alemanes aceptaron la Confesión de Augsburgo que Melanchton había escrito. En la Convención de Esmacalda, los protestantes firmaron el pacto que formó después la base de su unidad temporal y religiosa. La obra clásica de teología protestante fueron los *Loci Theologici* por Melanchton. Lutero no escribió ningún sistema de doctrina, sino que dejó esta parte de la obra al mencionado reformador, quien, además de ser su amigo más íntimo, era su complemento en muchos sentidos.

Vida privada de Lutero.

Muy ligada con su carrera pública estuvo la vida doméstica de Martín Lutero. Los trabajos que llevó a cabo en presencia de todo el mundo, debieron su inspiración a la vida tan pura y espiritual que llevaba en el hogar. En 1525 se casó con Catarina von Bora, una ex-monja del claustro de Nimptchen. Desde aquel día, la casa de Lutero se convirtió en el centro de la causa protestante y el lugar donde se reunían sus amigos. Sus niños eran los compañeros amorosos de su vida. En los intervalos de sus tareas asiduas, se ponía a cantar; lleno de inspiración, volvía luego a trabajar con la pluma. En la capilla del elector, había un director de música, llamado Waither. Habiéndole encargado que ayudase al reformador a preparar cánticos para el servicio divino, escribió: "He visto al doctor Lutero pasar horas enteras cantando: parece muchas veces transportado en espíritu y tan dichoso, que no se cansa de cantar. Posee conocimientos profundos de música, y, cuando ésta es buena, sabe alabarla a las mil maravillas". Lutero pensaba siempre en el bienestar de sus prójimos y en el mejor modo de instruir o consolarlos. Invitaba con frecuencia a los estudiantes a comer con él. Sus trabajos literarios y religiosos absorbieron su mente por completo y llegaron a fatigarlo mucho: quebrantada su salud por la vida de asceta que llevó durante los primeros años de su sacerdocio, no la recobró nunca por completo. Habiendo emprendido un viaje con el fin de reconciliar a los Condes de Mansfeld, quienes habían tenido un disgusto, murió cabalmente en el lugar de su nacimiento. Dio gracias a Dios por haberle revelado a su Hijo, y permitido el privilegio de dar testimonio de Él ante el mundo y el Papa, y luego entregó el alma.

6

La Reforma en Alemania III: Melanchton y otros reformadores alemanes

Felipe Melanchton.

En todas las clases sociales Lutero tenía amigos y colaboradores. Uno de éstos, Melanchton, rindió servicios muy importantes, ayudando no sólo en la obra, sino promoviendo en lo general la causa del protestantismo. Nació en Breten, en el sur de Alemania, el año 1467, y recibió su educación en las Universidades de Pforzheim, Heidelberg y Tubinga. Cuando apenas tenía diecisiete años, fue nombrado profesor en esta última Universidad, y empezó a llamar la atención por sus conocimientos profundos de la literatura clásica. Publicó una edición de las obras de Terencio y de otros autores, esclareciendo, con un método nuevo, los escritos griegos y latinos. Su fama traspasó los confines de Alemania. Refiriéndose a este joven de dieciocho años, Erasmo escribió lo que sigue: "A pesar de ser todavía muchacho, Felipe Melanchton promete mucho, puesto que los adelantos que está haciendo en ambas lenguas, son verdaderamente admirables. Sorprende con la rapidez de su invectiva, la pureza de su dicción, la fidelidad de su memoria, su vasta erudición, la modestia y gracia de sus modales. ¡Qué mente tan privilegiada!" El mismo maestro le escribió a Ecolampadio: "Tengo una opinión muy exaltada de Melanchton, quien da esperanzas muy grandes, tantas que lo creo designado por el Señor Jesucristo para sobrepujarnos a todos nosotros: va a eclipsar por completo a Erasmo". En 1518 fue elegido profesor en la Universidad de Wittenberg, y la misma semana empezó a dar sus conferencias públicas, dando una impresión muy grande. Lutero fue a escucharlo y quedó encantado. Empezó entonces una amistad que duró veintiocho años, hasta que la muerte vino a interrumpirla. No hay en la historia de la literatura ni de la teología un ejemplo más hermoso de cómo dos hombres, semejantes a Lutero y a Melanchton, pueden concertarse para llevar a cabo una obra tan grande. No existía la menor similitud entre sus mentes ni temperamentos, el lazo que los unió fue la causa de la Reforma, a la cual subordinaron todos sus dones de intereses.

La obra de Melanchton.

Habiendo aumentado el número de los estudiantes que asistían a sus clases, hasta llegar a dos mil quinientos, Melanchton procuró mejorar los métodos de estudio en la Universidad. Opinaba que la antigua filosofía escolástica era ridícula, y que contenía solamente términos, pero no ideas; urgía a sus discípulos, por lo tanto, a que fueran a los manantiales de la verdad, y ponía luego delante de ellos la Sagrada Escritura como la única fuente del saber verdadero. Siguiendo en los pasos de Lutero, y valiéndose de sus conocimientos de filología, de su lógica irresistible y de los descubrimientos admirables que había hecho de la verdad bíblica, atacó la doctrina de las indulgencias. La vida de Melanchton se identificó de tal manera con la de Lutero desde aquel entonces, que sería difícil separarlas en el curso de esta historia: vivían en el mismo lugar, Wittenberg, y consultaban diariamente, trabajando con el mayor empeño y con un celo infatigable, por el triunfo de la causa a que se habían consagrado. Durante el encierro del reformador en el castillo de Wartburgo, Melanchton se apesadumbró mucho. A fin de decidir cuáles eran los métodos de obtener otras victorias, necesitaba la ayuda del espíritu marcial, de la voluntad inquebrantable y de las intuiciones súbitas de Lutero. Escribió una vez algo por este estilo: "Necesito que alguien me dé buenos consejos. Nuestro Elías está lejos de nosotros y prisionero, si bien estamos esperando y anticipando su vuelta. ¿Qué más diré? Su ausencia es para mí muy dolorosa". Lutero extrañaba, por su parte, la calma de espíritu que caracterizaba a Melanchton; entre otras muchas expresiones de igual tenor, le escribió ésta desde su retiro: "Preferiría morir quemado en la hoguera, para gloria de Dios y consuelo mío y de mis hermanos, a continuar medio vivo en este encierro y siendo enteramente inútil. Pero, si perezco, no faltará el profeta del Señor; antes espero que, semejante a otro Eliseo, sucedas a Elías". Perdía algunas veces la paciencia con Melanchton por la debilidad y desaliento que éste mostraba. En contestación a una carta en que Melanchton describía; con matices muy tristes, el futuro del protestantismo, Lutero le escribió: "En hora buena que nos critiquen los enemigos cuanto quieran, pero, ¿a qué viene figurarse tantos males? ¿No sería mucho mejor abrigar esperanzas halagüeñas?" Acostumbraba hacer comparaciones personales entre Melanchton y San Pablo, diciendo: "Pablo debe haber tenido una presencia insignificante, la de un pobre hombrecito seco como el maestro Felipe". Durante su encierro en Wartburgo, el reformador anhelaba estar en la compañía del pobre hombrecito seco, más que en la de otros compatriotas suyos lozanos y robustos. Cuando hubo desconcertado a los fanáticos de Wittenberg y los hizo huir, escribió lleno de regocijo a un pariente suyo: "Estoy en casa de Amsdorf, en compañía de mi querido amigo Felipe Melanchton".

Verdaderamente admirable era la constancia con que Melanchton cumplía con sus deberes, rarísima vez se ausentaba de su cátedra. Un día del año 1520, en que se casó con Catarina Crapin, hija del alcalde, suspendió las reglas y fijo, en la tabla del directorio, este aviso a los estudiantes que esperaban oírlo discurrir sobre la Epístola a los Romanos:

"A studiis hodie tacit otia grata Philippus,
Nee nobis Pauli dogmata sacra leget".
Dice Felipe que hoy día podéis descansar,
Que sobre San Pablo no ha de conferenciar.

Durante años, Melanchton siguió enseñando día con día a las multitudes de estudiantes que de diferentes países iban a oírlo. Cuando tenía que ausentarse uno o dos días, en interés de la causa de la Reforma, volvía lleno de nuevo vigor a su cátedra, que era para él como un trono. Quería especialmente a los estudiantes de teología y trababa con ellos amistades muy estrechas. Un día que estaba muy débil, durante la última enfermedad, expresó el deseo de vestirse para ir a dar una conferencia en su aula. Pocos días antes de fallecer, el año 1560, escribió las razones por que al cristiano le conviene más morir que vivir, mencionándolo en una doble columna en la que destacaba:

LOS MALES QUE EVITA	**Y LAS BENDICIONES QUE OBTIENE**
Deja sus pecados.	Recibe la luz en toda su plenitud.
Ya no tiene que tomar parte en las controversias y está fuera del alcance de los teólogos encolerizados.	Ve a Dios cara a cara.
	Mira a Jesús.
	Comprenderá los misterios que no pudo entender en esta vida, a saber:
	Por qué Dios creó al hombre tal cual es, y la unión de las dos naturalezas, divina y humana, en el Señor Jesucristo.

Más que ningún otro individuo, Lutero supo apreciar el carácter y la obra de Melanchton. Hablando de los *Loci Theologici,* dijo: "Para el estudio de la teología es el mejor libro que existe, a excepción de la Biblia". Tratando de sus escritos en general, se expresó con estas palabras: "Aprecio los libros que ha escrito más que mis propias obras. Yo derrumbo árboles, desentierro raíces y destruyo abrojos. Viene él, trilla el terreno, planta y esparce la semilla y la riega. Hace sus labores lleno de regocijo".

Melanchton, que fue el teólogo por eminencia de la Reforma en Alemania, escribió los dos símbolos de fe de la Iglesia luterana: la *Confesión de Augsburgo,* en 1530, y la *Apología de la Confesión de Augsburgo,* sistemas de doctrina admirables. En 1551 presentó ante el Concilio de Trento la Confesión Sajona, o sea, una declaración de la fe protestante.

Otros amigos de la Reforma.

La amistad de Lutero y de Melanchton fue un factor que influyó poderosamente en el buen éxito de la Reforma y, a la vez, un ejemplo de la regla general, puesto que había muchas amistades tan firmes como ésta. Durante todo el período en que se plantó el protestantismo, sus amigos sacrificaron sus gustos personales y coordinaron sus capacidades de una manera verdaderamente admirable para obtener el fin que se proponían. Así como el buen éxito del movimiento dependía de los esfuerzos unidos de los reformadores, de uno de éstos necesitaba el auxilio de sus colaboradores. Hombres de tendencias opuestas e índoles diversas, armonizaron de una manera tan completa y providencial que no se ha visto en el mundo desde la era apostólica. Se aliaron todos los temperamentos y todas las clases de la sociedad y presentaron el cuadro bello del protestantismo lleno de vigor y lozanía. Lutero contaba entre los príncipes y grandes de Alemania a sus primeros y más fieles amigos, seis de los gobernantes favorecieron decididamente la revolución religiosa en pro de la libertad de conciencia, y siguieron a Lutero. Sus nombres eran Jorge, Mauricio, Federico el Sabio, Juan y Juan Federico, príncipes de Sajonia, y Felipe de Hesse. Todos estos nobles le tenían gran respeto y confianza al reformador: éste se mostró siempre muy digno y se captó su estimación no sólo defendiendo la verdad, sino hablándoles con la mayor franqueza.

Von Hutten y Von Sickingen.
Al hacer la lista de los príncipes que se pusieron al lado de la Reforma, no se deben olvidar los nombres de dos caballeros valientes, a saber: Ulrico von Hutten y Francisco von Sickingen, quienes ofrecieron a Lutero la protección de sus espadas y la hospitalidad de sus castillos. Les dio Lutero las gracias por ambas ofertas pero no las aceptó, diciendo que el conflicto en que se hallaba era enteramente espiritual. En el número de colaboradores que tuvo Lutero, se cuentan, además de Melanchton, a los literatos Justo Jonás, Jorge Rorer, Crucigero, Forster y Bugenhagen. La mayoría de estos individuos favorecieron la Reforma atraídos por los escritos de Lutero, sus conferencias o sus himnos; habiéndose puesto bajo su influjo personal, se convirtieron luego, de buena voluntad, en colaboradores suyos en sus departamentos especiales. Bugenhagen fue elegido pastor de la iglesia de Wittenberg, debido a la influencia de Lutero, y llegó a ser el gran organizador de la Iglesia protestante en el norte de Alemania. Jonás fue nombrado profesor en la Universidad: bajo el poder de su elocuencia, la ciudad de Halle decidió abrazar la causa del protestantismo. Lucas Cranach, el pintor alemán más famoso de sus tiempos, era amigo íntimo de Lutero. A su pincel debemos retratos fieles de los padres, de la familia y de muchos de los colaboradores y amigos del reformador. Cranach percibía luego lo grotesco y lo ridículo e ilustraba con estampas los abusos contemporáneos que Lutero denunciaba tan enérgicamente.

7

La Reforma en la Suiza alemana

Condición política.
Desde tiempos muy remotos Suiza había sido dividida en cantones o distritos. La condición política era muy favorable a la introducción de las ideas protestantes. Cada cantón era, hasta cierto punto, independiente de los demás, pero todos estaban unidos en una Confederación. A la par que la Iglesia Católica romana ejercía un dominio ilimitado por todo el país,

los habitantes de los cantones se habían reservado el derecho de aceptar la confesión de fe que más les satisficiera. Prevalecía el deseo de la libertad en todos los distritos; cuando recibieron las doctrinas protestantes del norte, los suizos vieron en ellas un sistema de religión muy homogéneo a las tradiciones y preferencias civiles de su nación. En su parecer, la libertad del estado era inseparable de la libertad de conciencia. En Zurich, la ciudad más populosa de Suiza oriental, las enseñanzas de los reformadores alemanes, y especialmente los escritos de Lutero, tuvieron una acogida muy buena. Las masas que hablaban el idioma alemán, leyeron con gran interés los primeros escritos protestantes que salieron de la prensa, y algunos de sus individuos entraron en correspondencia con los campeones de la revolución religiosa.

Zuinglio.

El jefe del nuevo movimiento de Reforma en Suiza fue Ulrico Zuinglio, nacido en Wildhaus en 1484. Cuando el niño hubo llegado a la edad de nueve años, sus padres, que deseaban consagrarlo al sacerdocio y que hicieron después muchos esfuerzos con tal fin, lo llevaron a Essen y lo pusieron bajo la tutela de un tío suyo que era el deán de aquella institución. En 1494 Zuinglio se fue a la ciudad de Basilea y entró en la escuela de San Teodoro, donde permaneció tres años. Pasó luego a la Universidad de Berna, bajo la dirección del famoso humanista Enrique Wolfin, y adquirió conocimientos profundos de los clásicos. Se mudó después a la ciudad de Viena, latinizó su nombre y se dio a conocer entre los estudiantes como Cogentius. En 1502 regresó a Basilea, donde además de proseguir sus estudios, enseñó en la escuela latina de San Martín. La protesta enérgica que, en contra de las indulgencias hizo Wytembach, un profesor recién llegado a la Universidad de Basilea, influyó en la mente de Zuinglio y fue como una semilla del protestantismo que continuó germinando en ella. En 1506 recibió las órdenes sacerdotales en la ciudad de Glaro, donde permaneció diez años. Continuó estudiando con gran empeño, pues estaba entusiasmado con las humanidades a pesar de considerarlas como medios simples de comprender mejor la Sagrada Escritura. Escribió por aquel tiempo lo que sigue: "Si Dios me lo permite, voy a dominar el griego, no para adquirir fama de sabio, sino para leer el Nuevo Testamento en la lengua original". En 1517 Zuinglio visitó la famosa abadía de Einsiedeln, que está situada en la cumbre de una montaña muy elevada al norte del lago Zurich, y adonde van anualmente, aún en nuestros días, miles de peregrinos. Hay en dicho santuario una imagen de la Virgen que, se dice, apareció milagrosamente. Viendo Zuinglio la idolatría ciega de aquellos adoradores, empezó a predicar en contra de la superstición.

Ruptura de Zuinglio con Roma.

El reformador suizo despertó una oposición muy violenta en la ciudad de Einsiedeln, que lo señaló desde entonces como un hereje. A pesar de esto, Pucci, el delegado papal, lo consideró y aduló mucho con la esperanza de captarse su buena voluntad. Zuinglio, que comprendió la doblez de aquel individuo, no se desvió de su camino; sin embargo salió de Einsiedeln, y en 1519 se estableció en Zurich, donde continuó ejerciendo su oficio de sacerdote en la catedral. Llamaron muy pronto la atención los sermones tan intrépidos y evangélicos que predicaba a las inmensas multitudes que acudían de todas partes del país. A la sazón empezaron a vender indulgencias en aquella ciudad: Zuinglio protestó en contra de tal abuso.

Zurich estaba lista a tomar parte en la revolución religiosa y esperaba solamente que apareciera un caudillo; cansados de las tinieblas del error, los literatos y los estudiantes anhelaban recibir la luz del Evangelio; las clases trabajadoras se hallaban abatidas por la opresión de los Ausburgos y del clero. El mencionado delegado había leído públicamente una bula. "Ojalá", dijo el reformador, "alguien tomara la carta del Papa y la colgase al cuello de su mensajero para que la llevara otra vez a quien se la dio. Cuando veis un lobo en el campo, alarmáis a los ciudadanos inmediatamente para que salgan y lo atrapen; pero veis a estos lobos que os están devorando en cuerpo y alma, y no os defendéis. ¡Qué bien hacen en usar capas y sombreros rojos! Si volteáis éstos, caerán al suelo muchos ducados; si exprimís aquéllas, chorreará la sangre de vuestros hijos, vuestros hermanos y vuestros amigos".

No pudiendo tolerar este lenguaje, la curia romana empezó a echar maldiciones en contra de Zuinglio; éste no hizo el menor caso, antes continuó predicando y las multitudes se apresuraban a oírlo. Tenía mucho valor, era circunspecto y, sobre todo, estaba empapado en la Sagrada Escritura. Entró en amistad con los reformadores y se puso a la cabeza del movimiento reformado en Suiza; denunció muy a las claras, las indulgencias, la mariolatría, el celibato de los sacerdotes y, en una palabra, todo el conjunto de las doctrinas pervertidas que Lutero estaba atacando en Alemania. Quedó abolida la misa en Zurich y todas las instituciones del romanismo cayeron por tierra. Los setenta y siete artículos que escribió Zuinglio, lo unificaron de tal manera con el protestantismo, que le habría sido imposible retroceder aun cuando hubiera querido. Trabajó mucho con la pluma y son obras maestras de polémica su *Introducción cristiana* y *La Religión verdadera y la falsa*.

Diferencias entre la Reforma en Suiza y la de Alemania.

Una de las características fundamentales de la Reforma suiza fue la sencillez en el orden de los cultos. Zuinglio le tenía al romanismo una repugnancia tan grande, que decidió reducirlo por completo; no permitía que hubiera en los templos pinturas, órganos, campanas ni nada en absoluto, que hiciera a los fieles acordarse del orden antiguo de las cosas, pues estaba poseído de un miedo exagerado de todos los elementos materiales que se habían usado en el servicio divino. Sus opiniones acerca de la Cena del Señor eran enteramente diferentes de las que enseñaba Lutero: no creía, como éste, en la doctrina de la consubstanciación, sino que veía simplemente en el pan y el vino, los símbolos del cuerpo y la sangre de nuestro Señor Jesucristo. Habiendo manifestado abiertamente sus opiniones diversas, los dos reformadores acordaron discutir públicamente el asunto. Acudieron, pues, a la cita en el castillo de Marburgo cierto día del mes de octubre de 1529; defendieron ambos sus teorías, pero no llegaron a ponerse de acuerdo. Lutero tomó un punzón y escribió sobre la mesa que tenía delante, con letras grandes, la sentencia: "Hoc est corpus meum" (este es mi cuerpo) y, apelando a estas palabras del Señor, insistió en su dogma de la consubstanciación: así concluyó la entrevista. Desde aquella fecha, los reformadores alemanes y los suizos no trataron más de armonizar sus opiniones respecto de la Santa Cena. Volvieron a sus respectivos campos de trabajo Lutero y Zuinglio y continuaron sus esfuerzos por la Reforma, sin acordarse que tenían opiniones teológicas diferentes respecto a dogmas que no son esenciales a la salvación. Bucero hizo cuanto pudo por conciliar esta diversidad de teorías, pero fracasó por completo.

En 1536 los protestantes de Suiza oriental aceptaron formalmente la Confesión Helvética como su regla de fe.

Los cantones orientales.

El conflicto religioso en los cantones orientales, llegó al extremo de apelar las armas. La ciudad de Zurich, que había sido incluida en el Obispado de Constanza, desconoció la autoridad episcopal, prohibió el uso del latín en sus cultos y quemó las reliquias que había honrado por tanto tiempo. Al paso que varios cantones orientales siguieron el ejemplo del de Zurich, otros permanecieron firmes en el romanismo; el resultado de esta división fue una guerra civil. Los distritos católicoromanos recibieron la ayuda del Papa, de Austria y aun de España; mientras que Francia e Inglaterra protegieron a los protestantes. A pesar de que el ejército quedó casi aniquilado y de que Zuinglio murió en la batalla de Capelo, cerca de Zurich, librada el 11 de octubre de 1531, los protestantes ganaron una victoria, puesto que el Tratado de Capelo les dio el derecho de celebrar sus cultos públicamente en los cantones donde vivían. El romanismo, por otra parte, quedó restablecido en los otros cinco distritos.

Basilea.

Se convirtió esta ciudad en el centro importante de la revolución religiosa en la Suiza alemana. El Concilio celebrado allí en el siglo XV había dejado en las mentes de los suizos grandes deseos de reformar sus costumbres; en la Universidad se reunían todos los hombres pensadores que anhelaban gozar de libertad en el estudio de las ciencias; Erasmo vivió en su claustro por algún tiempo, y trabajó con la energía que le caracterizaba en pro de la buena causa. Hedio, Capito y Roublin predicaron las nuevas doctrinas con entusiasmo y buen éxito. No obstante haber nacido en Alemania, Ecolampadio fue elegido pastor de la congregación de San Martín y se puso a la cabeza de los trabajos protestantes en dicha ciudad. La Reforma se extendió con una celeridad sorprendente por otras partes de la Suiza oriental; además de los cantones de Zurich y de Basilea, los de Gallen y Schaffausen renunciaron la fe católica romana e introdujeron el culto y las enseñanzas protestantes en todo su territorio.

8

La Reforma en la Suiza francesa

Dos corrientes protestantes.

Los reformadores alemanes ejercieron su influencia de una manera mucho más paulatina entre los suizos que hablaban el francés, que entre los que poseían el idioma alemán, puesto que era muy difícil enseñar doctrinas nuevas a un pueblo que no entendía la lengua de los maestros. Las corrientes de la verdad que fluyeron en la Suiza francesa fueron dos: una venía del Oriente, es decir, de la Suiza alemana, y la otra del Occidente, de Francia, y entraba por Ginebra, como por una puerta. Se encontraron ambas corrientes en Berna y convirtieron esa ciudad en el centro de los trabajos protestantes; de allí se diseminaron las nuevas doctrinas por todos los cantones franceses. Después de la batalla de Capelo, el movimiento de la Reforma se extendió muy rápidamente hasta llegar a Ginebra, donde se unió a las influencias que allí estaban germinando. El partido protestante que se organizó en aquella ciudad, estuvo muy firme desde el principio y no vaciló ni un momento, sino que llegó a obtener una victoria completa.

Hacía mucho tiempo que los duques de Saboya estaban tratando de dominar a Ginebra. En su hermoso poema, *El Prisionero de Chillón,* Byron conmemora esa lucha histórica, haciendo resaltar el período largo de persecución que aquellos protestantes sufrieron por causa de la conciencia.

En 1534 se celebró en Ginebra una convención religiosa. Guillermo Farel procuró introducir de palabra y con sus escritos, las nuevas doctrinas. En esa parte del país, lo mismo que en la oriental, el pueblo se gobernaba a sí mismo, habiendo resistido todos los esfuerzos que príncipes ambiciosos habían hecho por adquirir dominio sobre él. Había reuniones populares, en las que se discutían libremente las enseñanzas de Roma y del protestantismo; sin embargo, las doctrinas de los reformadores se difundieron al extremo de que la mayoría de los ciudadanos se declaró en su favor. Antonio Froment y Pedro Viret ayudaran de todo corazón a Farel en la causa que tanto amaban.

Juan Calvino.

Los grandes reformadores de aquella época tenían un conocimiento profundo de la naturaleza humana; tan pronto como se presentaba un colaborador, lo reconocían como guiados por un instinto muy seguro. Corría el mes de julio de 1536 y había caído la tarde, cuando un extranjero se presentó en la casa de Farel, manifestó las simpatías que abrigaba por la causa de la Reforma, y le pidió consejos. Estaba ya despidiéndose en el dintel de la puerta, cuando Farel, sintiéndose atraído hacia él, lo invitó a pasar allí algunos días. Aquel extraño era Juan Calvino, que nació en Noyón, Francia, el año 1509, y falleció en Ginebra en 1564. Recibió una educación sólida, obtuvo conocimientos profundos de los clásicos y luego estudió para jurisconsulto; tenía solamente veintidós años cuando escribió su primera obra, una edición correcta del ensayo de Séneca titulado *Clemencia*. Prosiguió sus estudios en París, Bourges y Orleáns. En esta última ciudad conoció, como por el año 1532, a un reformador alemán que le explicó más ampliamente que ningún otro individuo, las grandes doctrinas del protestantismo. Calvino se decidió entonces a estudiar teología y aceptó las enseñanzas de la Reforma. Sin embargo, su alma no tenía paz, ni daba descanso a su cuerpo: después de andar viajando por varios países, se detuvo por algún tiempo en Angouleme, donde un siglo después, corrían aún en labios de los habitantes, tradiciones agradables respecto de aquel extraño modesto que estudiaba tanto de día y de noche. Salió de allí sin saber a donde iba. En el prefacio a su Comentario sobre los Salmos, refiriéndose a este período de incertidumbre y agonía, dice: "Dios me hizo caminar por veredas tan tortuosas, que no podía yo descansar". Pasó el año 1534 visitando muchas ciudades y lugares, conversando con muchas personas de gran cultura, y haciendo cuanto estaba de su parte por difundir la verdad. Lo encontramos después en su lugar nativo, Noyón, ocupado en publicar una obrita intitulada *Psichopannichia,* en la que atacó la enseñanza de los anabaptistas franceses de que duermen las almas durante el intervalo entre la muerte y la resurrección; después, descansando unos días en París y luego, corriendo el peligro de ser encarcelado en compañía de los enemigos declarados del papado; por último, decidido a irse a un rincón escondido de Alemania, donde pudiera dedicarse tranquilamente al estudio de la teología.

Calvino en Basilea.

De todos los amigos de Calvino, uno solo lo acompañó; éste se llamaba Luis Tillet. Habiendo simpatizado, decidieron viajar juntos y compartir sus fortunas. Pasaron muchos trabajos los dos fugitivos antes de llegar a los confines de Francia; después de robarles su dinero, se les marchó el criado. En 1535 llegaron a Basilea sin tener blanca; pero los protestantes de aquella ciudad hospitalaria que, diez años antes, habían dado la bienvenida a Farel y, algún tiempo después, a Cop y a Couralt, acogieron con mucha cordialidad a nuestros caminantes. Durante su permanencia en aquella ciudad, Calvino se dedicó muy asiduamente al estudio de la Sagrada Escritura, sabiendo que ésta es la base sólida de la fe protestante. Recibió de Francia noticias tristes: muchos protestantes estaban en la cárcel y en peligro diario de perder la vida; lejos de estar unidos, no tenían un jefe; ni siquiera habían formado planes de ninguna clase. Calvino decidió entonces escribir un sistema de teología para el uso de aquellos correligionarios, y redactó la *Institución de la religión cristiana,* obra que publicó en 1536 y que fue libro de texto en las Iglesias reformadas del continente y de la Gran Bretaña.

Calvino regresa a Ginebra.

No quedó satisfecho Calvino con la obra que había escrito y que dio a la prensa bajo el seudónimo de "Martianus Lucanius". Había llevado una vida tan retirada y era tan modesto, que nadie sospechó que estaba escribiendo un libro ni que él era el autor de la institución; determinó salir de Basilea probablemente con el fin principal de evitar que descubrieran este secreto. Se fue a Italia en compañía de su amigo Tillet, y permaneció algún tiempo en Ferrara, donde gobernaba la duquesa protestante Renata, hija de Luis XII de Francia. Procurando no llamar la atención, regresó a su lugar nativo, Noyón, arregló los asuntos de familia que quedaban pendientes, y salió de allí para no volver nunca. Llevó consigo a su hermano Antón, que había aceptado las doctrinas evangélicas, y tomó el camino de Alemania con la intención de establecerse en Estrasburgo o, tal vez, en Basilea. Debido a la guerra de aquel año, 1536, el viaje era peligroso, y, no pudiendo continuarlo hasta llegar a la primera de aquellas ciudades, tuvo que dirigirse hacia el sur y pasar por Saboya. Una tarde, como a primero de julio, llegó a Ginebra con la intención de pasar allí la noche y continuar al día siguiente su viaje hacia el norte. Durante la entrevista corta que tuvo con Farel, impresionó a éste con sus modales y gran saber.

Calvino y Farel.

Habiendo Farel invitado a Calvino a que se estableciera en Ginebra y se hiciese cargo de la iglesia protestante que habían organizado allí, el reformador no quiso aceptar dicho cargo, alegando que era joven, falto de experiencia, tímido por naturaleza y que deseaba ir a vivir en un lugar apartado para continuar tranquilamente sus estudios. Rogó, pues, que lo dejaran en paz; pero las razones que dio sirvieron sólo para confirmar la opinión de Farel de que Calvino debía permanecer en Ginebra. Muy exaltado le dijo: "En contestación al pretexto de que tienes que estudiar, te digo que la maldición divina pesará sobre tu cabeza si te niegas a ayudar en esta obra santa y piensas en ti más que en el Señor Jesucristo". Esta amenaza tuvo un efecto mejor que las muchas súplicas. Calvino había intentado pasar una hora en la casa de Farel; después de la conversación mencionada, aceptó por varios días la hospitalidad de aquel hogar, y se puede muy bien decir que, con una interrupción corta, pasó el resto de su vida en aquella ciudad. El conocimiento de aquellos dos reformadores se convirtió en una de esas amistades íntimas que han sido tan comunes entre los cristianos, especialmente en los períodos de sufrimiento y angustia. Poco tiempo después, y como era muy natural, Calvino se puso a la cabeza del movimiento protestante que tenía su centro en Ginebra; se encargó de dirigir los asuntos civiles de la ciudad y, desde aquella hora hasta la de su muerte, se interesó mucho en el bienestar de sus conciudadanos. En vez de seguir una política definida, los reformadores ginebrinos estaban esperando, tal vez sin darse cuenta de ello, a un caudillo que los guiara; a este punto de su historia, lo encontraron en Calvino.

La Iglesia de Ginebra.

La obra de convertir los trabajos reformatorios en Ginebra en una Iglesia organizada y agresiva, habría sido una empresa demasiado ardua para cualquier individuo que no hubiera tenido el nervio ni la sabiduría de Calvino. Viendo que los ginebrinos necesitaban con urgencia el aceptar un símbolo de fe, hizo que a los tres meses tuvieran su Confesión. Esta constaba de veintiún artículos, que, si bien se publicaron bajo la responsabilidad de Farel, estaban redactados en el estilo correcto y con la energía de Calvino; el 10 de noviembre fueron presentados al ayuntamiento de la ciudad, que los discutió y aprobó. Luego se tomaron rápidamente varias medidas, una tras otra: se adoptó un sistema de educación popular; se proveyó la organización de la Iglesia en Ginebra; se estableció la disciplina; se presentó un plan para el sostenimiento propio y se mandó redactar un catecismo de doctrina. En conformidad con la nueva constitución eclesiástica, se dieron leyes civiles, algunas de las cuales eran sumamente estrechas y severas. Aquellos teólogos eran novicios en el arte de legislar, pero poseían, por otra parte, una inflexibilidad espartana.

Destierro de los reformadores.

Había en Ginebra un partido político llamado de los libertinos; viendo éstos que los reformadores llevaban una vida recta y temiendo que las enseñanzas de la Reforma pusieran un freno a las pasiones humanas, persiguieron a Farel y a Calvino con tal tenacidad, que llegaron a conseguir su destierro. Después de pasar siete semanas en Basilea, Farel se fue a Neuchatel y luego a Metz; en esta ciudad y en las cercanías de Gorze, trabajó con mucho celo por la causa del Evangelio. Calvino se fue a Estrasburgo, donde se había refugiado años antes cuando lo persiguieron en su patria. Ambos reformadores entraron luego en amistad muy íntima con los protestantes más prominentes de dicha ciudad: Bucero, Capito y Hedio, cuya sociedad apreciaron mucho. No abrigando esperanzas de que la autoridad de los protestantes llegara a prevalecer en Ginebra, Calvino decidió establecerse en Estrasburgo, tomó carta de naturaleza como vecino de aquella ciudad y, en 1540, contrajo matrimonio con Ideleta von Buren, señorita muy digna de su cariño y confianza. Lo nombraron pastor de la congregación de emigrados franceses y aceptó el cargo; se absorbió pronto en sus estudios y deberes pastorales.

Ginebra revoca el destierro.

Habiendo descubierto a debido tiempo que, sin la ayuda de los reformadores, no podían gobernar la ciudad, los ginebrinos comprendieron el mal que habían hecho en desterrarlos. Revocaron, pues, el destierro de Calvino, pero éste, con la nobleza de alma que lo caracterizaba, no quiso volver a Suiza si no concedían la misma libertad a su antiguo benefactor. Invitaron luego a Farel a que volviera, pero no se sabe a punto fijo si regresó o no[17]. Volvió Calvino, y los ciudadanos de Ginebra lo recibieron con gran regocijo; tomó entonces las riendas del gobierno y las llevó hasta la hora de su muerte. Desde aquel día, "perteneció a Ginebra y Ginebra le perteneció a él". Modificó la constitución de la Iglesia con el fin de fortalecerla en todos los puntos en que se había mostrado vulnerable; predicó el arrepentimiento y exhortó a todos los habitantes de la ciudad a que, abandonando los pecados que hacía tantos años estaban cometiendo, empezaran a servir a Dios. Viret le ayudó muy eficazmente: no faltaron reformadores hábiles y sabios. Se dieron leyes referentes al clero, a la Iglesia, a los cultos públicos y a las escuelas; durante la nueva administración de Calvino, no se olvidó ningún departamento del gobierno, antes se fundó una Universidad protestante y empezó la juventud a aprender las doctrinas evangélicas; en Lausana se abrió un seminario teológico bajo la dirección de Viret. En una palabra, se tomaron medidas agresivas para extender la obra de la Reforma por todos los cantones franceses.

Influencia de Calvino.

Poseyendo una mente muy privilegiada, siendo de un temple muy enérgico y capaz de gobernar con acierto un reino si hubiera heredado una corona, Juan Calvino sabía manejar a los hombres y lo hacía sin sacrificar él ninguno de sus principios, mas haciéndolos aceptar sus opiniones. Su teología llegó hasta el Imperio alemán, donde produjo la Iglesia reformada; se enseñó en la Universidad de Heidelberg; cundió hasta Holanda y fue la base de la confesión protestante que allí prevaleció; cruzó el canal, entró en Inglaterra y ejerció un influjo muy grande en la nueva Iglesia oficial; subió a Escocia y sirvió de cimiento a la Iglesia nacional escocesa; en 1620 se embarcó con los puritanos en el *Mayflower* y vino a este país, donde influyó mucho en los habitantes de las colonias de los estados y los territorios en que éstas se convirtieron.

Teodoro de Beza.

Nació el año 1519 y pasó a mejor vida en 1605; continuó la obra que Calvino había dejado por acabar; era noble de nacimiento, literato y poeta; tenía grandes dotes y se había

---

[17] Los historiadores Hagenbach y Kurtz dicen que no volvió a Ginebra.

dedicado a la jurisprudencia. En 1549 fue nombrado profesor de griego en la Academia de Lausana. Revisó los dramas sagrados de la Edad Media; con buen éxito compuso otro en el que contrastó, de una manera muy ingeniosa, el catolicismo con el protestantismo; ayudó a Calvino a escribir los Comentarios sobre las Epístolas de San Pablo y concluyó la versión métrica del Salterio. Ante una brillante asamblea de nobles y clérigos que, bajo la presidencia de Carlos IX, se reunió el 9 de septiembre de 1561 en la abadía de Poissy, cerca de París, hizo una defensa notable de las enseñanzas protestantes. Más que con todos estos servicios, ayudó a la causa de la Reforma con su versión latina del Nuevo Testamento, publicada en 1556, y la griega, que dio a la prensa en 1565, después de haberlas anotado copiosamente. Las últimas ediciones de su texto griego sirvieron de pauta a la antigua versión inglesa, hecha por orden del rey Jaime, y su traducción latina fue también muy útil.

La segunda Confesión Helvética.

En 1566 los protestantes de la Suiza francesa recibieron como su regla de fe la segunda Confesión Helvética, que estaba en armonía con la Confesión de Augsburgo, a excepción de dar mayor énfasis al dogma de la elección. Ejerció una influencia muy poderosa en la reforma religiosa de Francia, el protestantismo de Ginebra y de otras partes de la Suiza francesa, siendo diaria la comunicación entre ambos países. Los comerciantes y viajeros llevaban consigo a casi todas las provincias del sur de Francia, los libros, y especialmente los tratados salidos de las prensas ginebrinas, ayudando así a crear en Francia una opinión favorable al protestantismo y animando a los hugonotes que, a la sazón, empezaban sus trabajos. Ginebra, la ciudad de refugio adonde huyeron de Francia Calvino y otros fugitivos protestantes, se convirtió en la ciudad fuerte que por generaciones y aún en nuestros días, ha estado disparando sus piezas de artillería en contra de esa nación que, por causa de la religión, desterró a sus mejores hijos.

9

La Reforma en Inglaterra I (1509-1553)

John Wyclif.

Mucho antes que en otros países de Europa, en Inglaterra se hicieron esfuerzos por reformar la religión y las costumbres; a esa nación pertenece la honra de haber proclamado la necesidad de la regeneración religiosa de Europa. Personificó estos principios de Reforma Wyclif, nacido como por el año 1315; fue estudiante, y después profesor, en la Universidad de Oxford. Manifestó primeramente su oposición a las doctrinas del romanismo, protestando en contra de los frailes mendicantes que por todas partes del reino andaban extorsionando al pueblo y predicando en contra de todo aquello que tendía al progreso y la ilustración. Publicó en su contra varios folletos, y amonestó elocuentemente a sus paisanos a que se deshicieran de ellos. Rindió servicios tan aceptables a la Universidad, que lo nombraron guardián del Colegio Balliol: cuatro años después, en 1365, pasó a ser director del Colegio de Canterbury, llamado después el Colegio de Cristo.

Ataques en contra de Wyclif.

Lanham, el arzobispo de Canterbury, empezó muy pronto a trabajar para que expulsaran de la Universidad a Wyclif, y el Papa mandó al efecto una bula en 1370. Wyclif contestó con un folleto mostrando que la política papal estaba hostilizando a la nación. El rey Eduardo III, que ya se había declarado en contra del Papa, tomó bajo su amparo la causa de Wyclif y lo nombró capellán real y pastor de la iglesia de Lutterworth. Al paso que Wyclif veía con mayor claridad la corrupción de la Iglesia, la denunciaba sin la menor vacilación. Con el fin de encausarlo por herejía, lo citaron las autoridades, pero, habiendo concluido la reunión con una disputa muy acalorada que tuvieron el obispo de Londres y el duque de Lancaster, no se hizo nada en aquella sesión; en 1377 le hicieron diecinueve cargos de herejía y el Papa escribió en contra de él cinco bulas; por segunda vez lo encausaron, pero escapó el castigo, debido a la simpatía que el pueblo le tenía. En medio de un gran desorden se disolvió la corte que se había reunido en el palacio de Lambeth, habiendo mandado al acusado que dejara de predicar y escribir. Wyclif trabajó entonces con mayor celo que nunca; no dejaba pasar ningún abuso sin denunciarlo; antes pronunciaba anatemas en contra del Papa tan obstinado y los sacerdotes engañados. Al fin murió tranquilo en su hogar en Lutterworth. El Concilio de Constanza, que en 1415 sentenció a Huss, condenó las enseñanzas de Wyclif; en 1428 desenterraron sus cenizas y las esparcieron sobre la corriente del Avén.

Wyclif traduce la Biblia.

El servicio más importante que Wyclif prestó a la causa futura de la Reforma, fue su traducción del Nuevo Testamento, y después del Antiguo, a la lengua inglesa. Esta fue la primera vez que una parte considerable de la Sagrada Escritura se tradujo al idioma de las masas; fue una revelación al pueblo inglés. No tradujo los textos originales, sino la Vulgata latina, versión que adolece de muchos defectos, pero que despertó en las mentes el gran deseo de poseer una traducción mejor y la verdad en toda su plenitud. Entre Wyclif y los reformadores que vivieron durante el reinado de Enrique VIII, pasó un período cerca de doscientos años: la semilla que plantó aquel siervo del Altísimo no fue estéril, ni pasó un gran intervalo sin que algún espíritu intrépido levantara su voz para protestar en contra de los errores de aquel entonces. No había llegado la hora de concertar los esfuerzos en pro de la Reforma; los precursores tenían que llenar antes su misión.

Elementos de la Reforma.

Desde un principio la política fue una de las características principales de la Reforma en Inglaterra, que la distinguió de los movimientos reformados en otros países, con excepción de Holanda. El pueblo estaba listo para una revolución religiosa; el primero que rompió con Roma fue el rey Enrique VIII, cuya corte estaba en favor de la causa protestante, movida no por las necesidades espirituales, sino por el deseo de acentuar su independencia nacional. A la sazón, cruzaron el canal y pasaron a Inglaterra muchos protestantes del continente; varios sabios de entre ellos se establecieron en Oxford y Cambridge, donde dieron conferencias públicas y abogaron por la Reforma; entre otros pueden mencionarse a Ochino, Pedro Mártir, Martín Bucero, Pablo Flagio y Tremelio. El más grande de todos fue Erasmo, cuya edición del Nuevo Testamento Griego tuvo gran acogida en la Gran Bretaña; se estableció y enseñó en Cambridge.

Enrique VIII adopta la Reforma.

Enteramente personal fue el disgusto que Enrique VIII tuvo con Roma: quería tener dos mujeres, y Roma no le permitía más de una. Durante el reinado de su padre, Enrique VII, y a instancias de éste, que estaba movido por razones políticas, se casó con Catalina de Aragón, hija de los Reyes Católicos y viuda de su hermano mayor, Arturo, príncipe de Inglaterra. Habían pasado cerca de veinte años desde aquellas nupcias, cuando Enrique VIII quiso repudiar a su esposa y desheredar a su hija María, con el fin de casarse después con Ana Bolena. Pero la gran dificultad estaba en obtener el permiso del Papa: con esta embajada especial, envió al cardenal Thomas Wólsey a Roma. El Papa no sabía qué hacer: si daba la dispensa, ofendía al emperador Carlos V, quien había de considerar como un insulto el que Enrique repudiase a Catarina; si no la concedía, estaba seguro de ofender a Inglaterra. De los dos males, escogió el menor, y no la dio. Enrique VIII anunció públicamente que estaba decidido a hacer su voluntad; la revolución religiosa de Alemania le hizo ver que la rebelión en contra del papado era una de las tendencias de la época; sus súbditos anhelaban la reforma de dogmas y de costumbres. Determinó, pues, repudiar a su esposa, desconocer a su hija María, y hacer su reina a la Bolena. Causó esto una quiebra completa con Roma. El objeto verdadero que llevaba el rey era el de establecer una Iglesia católica romana nacional de la que esperaba constituirse en jefe; pero vio que era imposible llevar a cabo esta empresa, puesto que no podían existir dos catolicismos independientes, uno en las riberas del Tíber y otro en las márgenes del Támesis. Arrastrado por la corriente popular, tuvo al fin que unirse ostensiblemente con el nuevo protestantismo, a pesar de tener simpatías muy íntimas con el antiguo romanismo, puesto que era romanista de corazón, sólo que no llevaba el nombre ni aprobaba la supremacía del Papa. Despreciaba, por otro lado, las enseñanzas de Lutero, aun escribió con el objeto de refutarlas; tan lleno de supersticiones romanistas estaba su libro, publicado en contra del gran Reformador, que en Roma lo alabaron como si hubiera sido un ataque formidable en contra del protestantismo, y le valió a su real autor el título de "defensor de la fe" que le dio León X. Lutero no le hizo gran caso, antes continuó trabajando por la santa causa; en su contestación, mostró claramente que Enrique VIII sabía muy poco de la materia sobre que había escrito; después de refutar las posiciones de su real contrincante, concluyó con esta sentencia: "Necesitando Dios de un bobo, el rey se metió a teólogo".

Después de la ruptura con Roma, ni el rey ni el Parlamento siguieron una política definida y estable: un día los católicos, bajo la dirección del cardenal Pole, gozaban de la privanza del rey, y al siguiente, Tomás Cromwell y Cranmer tenían mayor influjo. Los miembros del Parlamento obedecían servilmente los caprichos de aquel tirano, y a cualquiera hora revocaban decretos con la misma facilidad con que los habían dado. Para probar que Inglaterra continuaba siendo católica romana durante el reinado de Enrique VIII, basta mencionar el hecho de que, a instancias suyas, el Parlamento decretó en 1537 los artículos de fe siguientes:

1. La transubstanciación, o sea, la presencia real de nuestro Señor Jesucristo en el pan y el vino en la Santa Cena.

2. Basta para comulgar uno de los elementos.

3. Es nulo el matrimonio de los sacerdotes.

4. Son obligatorios los votos del celibato.

5. Debe continuarse la costumbre de mandar decir misas.

6. Es necesaria la confesión auricular.

A pesar de todo esto, se debe tener presente que la nación británica fue dejando gradualmente todas las costumbres añejas del romanismo; que el antiguo orden de cosas estaba desapareciendo; que se distribuían públicamente muchos ejemplares de la Sagrada Escritura y que las doctrinas del protestantismo estaban ganando cada día más adeptos.

Colet y Moro.

John Colet, que nació en 1466 y murió en 1519, y Tomás Moro, que nació el año 1480 y pasó a mejor vida en 1535, ejercieron en la mente del pueblo una influencia muy grande y aceleraron con ella la revolución religiosa. Colet, que había estudiado los clásicos en Italia, inspiró en los estudiantes de Oxford un entusiasmo ferviente por la nueva literatura; introdujo la costumbre de hacer en el púlpito comentarios sobre pasajes de la Sagrada Escritura y de dar en la iglesia de San Pablo, tres veces a la semana, conferencias sobre asuntos teológicos; denunció muy enérgicamente la perversidad que prevalecía en la Iglesia, desde el Papa hasta el sacerdote más oscuro, y que él mismo había palpado en Roma. Esperaba con ansia que llegara el día de la redención de su querida patria y clamaba a voz en cuello: "Señor Jesús, lávanos no solamente los pies, sino las manos y la cabeza, porque sin ese limpiamiento, nuestra Iglesia desordenada desaparecerá". Era estudiante en la Universidad de Oxford Tomás Moro, que aprendió las humanidades y entró en amistad íntima con sus maestros Erasmo y Colet. En gran estima lo tenía el rey quien, años después, cuando cayó Wolsey, hizo que lo nombraran Canciller de Inglaterra. Estaba muy opuesto a las enseñanzas protestantes, y no aprobó nunca la supremacía que sobre la Iglesia había asumido Enrique VIII; desagradó a éste con su protesta en contra del divorcio de Catalina de Aragón y su negativa a presenciar la coronación de Ana Bolena. Habiéndose negado a jurar fidelidad a dicha reina, lo encarcelaron en la Torre de Londres y lo degollaron después. Era modelo de elocuencia y hombre de corazón puro, virtuoso, sincero y compasivo. Después de besar a su verdugo, le dijo: "Vas a prestarme un servicio muy grande, llénate de valor, hombre, y no vaciles en cumplir con tu deber; mira que tengo el cuello corto; da el golpe derecho y no sesgado, para que no me hagas sufrir".

Thomas Cranmer.

De todos los reformadores ingleses, el que ejerció mayor influencia fue Cranmer. No cabe la menor duda de que cometió un error al aprobar el divorcio de Enrique VIII, en recompensa de lo cual, éste le confirió la dignidad más elevada en la Iglesia de ser el arzobispado de

La Reforma en Inglaterra I (1509-1553)

Canterbury. Sin embargo, es un hecho que, al dar dicha aprobación, obró de acuerdo con sus convicciones, puesto que era varón desinteresado y de costumbres puras; y lo era aún después cuando, cediendo a las instancias del rey, mostró falta de criterio y resolución, llegando al extremo de pronunciar nulo el matrimonio con Ana Bolena. Murió Enrique VIII y el arzobispo fue nombrado uno de los regentes del reino. El joven Eduardo, que sucedió a su padre en el trono, era protestante; pero falleció a una edad temprana. Lo sucedió María, su hermana, que era una católica romana muy rígida, y quien llamó a la corte a un gran número de romanistas. Corrieron entonces gran peligro los reformadores. Cranmer, Latimner y Ridley fueron echados en la Torre; el primero de estos reformadores, en un momento de debilidad, firmó una retractación, mas la retiro luego. En 1556 los tres fueron condenados a la hoguera; poniendo la diestra que había firmado la retractación, pronunció Cranmer estas últimas palabras: "Esta es la mano indigna. Señor Jesús en tus manos encomiendo mi espíritu".

Se publica la Sagrada Escritura.

La causa más poderosa que produjo la reforma de las creencias y las costumbres inglesas, fue la publicación de la Biblia en la lengua común. Se introdujo en Inglaterra y, de una manera muy quieta, circuló por todo el reino la traducción que del Nuevo Testamento había hecho Tyndale, y que salió de las prensas de Worms en 1528. La versión de Miles Coverdale, que fue la primera edición completa de la Biblia en inglés, apareció en 1535: no llevaba en la portada el nombre del tipógrafo que la imprimió, ni del lugar donde salió a la luz pública; pero, a juzgar por la semejanza entre los tipos, no cabe duda que fue impresión de Cristóbal Froschóver, hecha en Zurich. Coverdale publicó también varios de los salmos en verso y con acompañamiento de música, no se sabe a punto fijo en qué fecha, pero probablemente antes de 1538. La Biblia de Matthew se publicó con la sanción real en 1537; la versión que hizo Cranmer mereció también la aprobación del rey, y fue un medio muy poderoso de ganar muchos adictos a la causa de la Reforma. Circularon otros escritos, además de la Sagrada Escritura, tales como formularios de doctrina y de cultos públicos, entre los que deben mencionarse: *Los diez artículos, El libro episcopal, El libro del rey* y *El primer libro real*. En 1547 se distribuyó en las parroquias la *Paráfrasis de la Biblia* que escribió Erasmo; el mismo año se publicó, previa a la real aprobación, el *Primer libro de homilías*. Salieron a la luz pública en 1549, el *Primer oficio de la comunión*, el *Catecismo* de Cranmer y el primer *Libro de oración común*. En 1552 se dio la orden de usar la segunda liturgia anglicana, y el año siguiente se aprobaron y prescribieron los *Cuarenta y dos artículos de la religión* y el *Catecismo mayor*.

Situación a la muerte de Enrique VIII.

Muy incierta era la condición que guardaba el protestantismo en Inglaterra cuando murió Enrique VIII; a pesar de mucho trabajo, no se había llegado a un orden de cosas estable. Por otra parte, las influencias protestantes estaban cundiendo entre las masas y prometían grandes resultados en lo futuro; habían rechazado la supremacía papal, del rey y los súbditos; éstos estaban ya familiarizados con la Sagrada Escritura, y muchos poseían ejemplares de ella en su propia lengua; se habían clausurado los monasterios y confiscado sus inmensas riquezas; se dio la orden de establecer cultos públicos y de predicar las doctrinas evangélicas por todo el reino; los formularios de religión eran obligatorios al pueblo, y se habían dado todos los beneficios eclesiásticos a ministros protestantes. Roma no se conformó con perder una nación tan hermosa como Inglaterra y esperó a que se presentara la oportunidad de restaurar en ella su autoridad; había, además, en aquel reino, un partido que estaba muy deseoso de restablecer el orden de cosas antiguo y de obtener así poder y riquezas.

10

La Reforma en Inglaterra II (1553-1603)

Reacción bajo Eduardo VI.

Habiendo fallecido el rey, hubo en Inglaterra gran incertidumbre respecto a la sucesión al trono, puesto que el futuro de la Reforma en las Islas Británicas dependía mucho del soberano. Enrique VIII tuvo tres hijos: de Catalina de Aragón, a María; de Ana Bolena, a Isabel, y de Juana Seymour, a Eduardo. Al principio no se sabía cuál de los tres sucedería a su padre: todos reinaron a debido tiempo, mas en aquella fecha no se sabía quién sería el primero en ceñirse la corona. María había perdido el derecho al trono por haber repudiado su padre a Catalina de Aragón; tenían a Isabel como hija ilegítima, por haber muerto condenada a la pena capital Ana Bolena; en contra de Eduardo no había tal objeción, puesto que su madre había muerto naturalmente y muy joven para que la desechara el rey. Los ingleses se dividieron en partidos siendo los amigos de Eduardo más sagaces y atrevidos que los parciales de María y los de Isabel; se llevaron la palma de la victoria y, en 1547, sentaron en el trono al príncipe, que apenas contaba diez años de edad. Formaron un protectorado para dirigir los asuntos del reino y guiar al monarca: su tío materno, Eduardo Seymour, duque de Somerset, Dudley, conde de Warwick, ambos protestantes, y el arzobispo Cranmer, que fue su consejero constante y fiel. La Reforma se extendió por toda Inglaterra, y se hicieron esfuerzos por inculcar en el pueblo las enseñanzas del protestantismo; se preparó un catecismo para instruir a las masas; se administró la Santa Cena con ambas especies; se abolió la misa, el celibato del clero, la adoración de las imágenes y la invocación a los santos. Lamentablemente estos triunfos de la Reforma se vieron empañados por una represión cruel, que llevó a la ejecución de muchos católico-romanos.

El reinado de María.

Habiendo fallecido Eduardo VI en 1553, se levantó luego una tormenta respecto a quién lo había de suceder, si la princesa protestante o la católica-romana; el partido de ésta última superaba al de su hermana, y triunfó. María, que había padecido por causa de sus creencias, no olvidó ni por un momento la injusticia de que había sido víctima su madre, Catalina de Aragón, y subió al trono con la resolución firme de restaurar el país a la fe de la que le diera el ser y de sus antepasados españoles. Al dar su corazón y su mano a Felipe II, entró en una alianza formal con España. Se hizo entonces cuanto fue posible por restablecer el orden de cosas antiguas; el Parlamento vaciló en secundar los reales deseos, pero, temerosos sus miembros de perder sus cabezas en manos del verdugo, se sometieron al fin. Se restauró a las cortes eclesiásticas el poder de castigar como y a cuantos clérigos les pareciera; esto dio el resultado de que dieciséis mil ministros quedaran privados de sus beneficios. Se decretó el celibato del clero y se abolió el voto de la supremacía real; se suprimió el uso de la lengua común en los cultos públicos y, en su lugar, se restauró el latín; todas las ceremonias que se habían usado antes del reinado de Enrique VIII, revivieron; los maestros protestantes fueron expulsados de las Universidades; se nombró una junta para que desarraigara las herejías, y en varias partes de Inglaterra se encendieron hogueras en las que perecieron más de doscientas personas. Habría llegado a millares el número de los quemados, si no se hubieran exilado al continente los principales reformadores, quienes se albergaron en Estrasburgo, Zurich, Ginebra y otras ciudades donde establecieron cultos públicos en inglés y esperaron el día propicio de volver a su patria.

Triunfo final de la Reforma.

Isabel sucedió a María en 1558. Además de estar dotada de una circunspección rara y de tener una voluntad firme, la nueva reina percibía con la mayor exactitud y presteza, el carácter de aquellos con quienes trataba. Era protestante de corazón y, tan pronto como hubo ascendido al trono, empezó a trabajar en pro de la obra de la Reforma que se había interrumpido en sus dominios. Con motivo de las pérdidas materiales que habían sufrido y viendo que el crédito de la nación iba disminuyendo tanto dentro de sus confines como en el extranjero, los ingleses estaban desesperados y dispuestos a aceptar cualquier cambio de cosas que viniera. Se había visto muy a las claras que el gobierno católico-romano era incapaz de hacer a la nación próspera y feliz. La reina reconoció inmediatamente el protestantismo como la fe nacional; el Parlamento y la Convención de 1563 adoptaron los *Artículos* y el *Segundo libro de homilías;* todos los beneficios eclesiásticos se dieron a ministros protestantes; volvieron del continente los desterrados y se pusieron a trabajar con ardor por la Reforma.

Los Independientes.

Un número crecido de súbditos opinaban que Enrique e Isabel no habían dejado por completo los errores del romanismo; consideraban las ceremonias elaboradas, la institución del episcopado, las vestiduras de los ministros y la indulgencia con los que profanaban el domingo, como reliquias nocivas de los malos tiempos; deseaban que desapareciera todo aquello que les recordaba la obra del anticristo. No quisieron aceptar el nuevo orden de cosas, sino que prefirieron organizar la sociedad de acuerdo con el ejemplo de la Iglesia en Ginebra. La reina determinó hacerlos obedecer y todos los que no se sometieron al orden de cosas establecido y se aliaban con el romanismo, por una parte, o con el puritanismo, por la otra, sufrieron el tormento y aun la muerte. Con el decreto de uniformidad, expedido en 1563, se dio el primer golpe a la unidad y principio a la separación de los protestantes ingleses. Dos mil ministros, entre ellos algunos de los más piadosos y sabios que había en el reino, fueron expulsados de sus iglesias y de sus hogares. En vano procuraron los lores Burleigh y Wálsingham que el gobierno y los independientes entraran en un convenio. En Wandsworth se organizó el primer presbiterio inglés y se dio el ejemplo que siguieron después todas las denominaciones separatistas en Inglaterra. No obstante estas divisiones internas del protestantismo inglés, la Reforma se llevó a cabo durante el reinado de Isabel; ese período largo le dio a Inglaterra no sólo la prosperidad material, sino también un protestantismo bien organizado y permanente.

Los Puritanos.

Uno de los acontecimientos más importantes de la Reforma en Inglaterra, y que se relaciona con la historia de la América del Norte, fue la organización y el desarrollo del movimiento de los puritanos. Roberto Brown, que nació como por el año 1550, estudió en la Universidad de Cambridge, aceptó las opiniones puritanas y abogó con entusiasmo por ellas. Sus seguidores, que tomaron su nombre, mostraron una hostilidad muy firme tanto a la Iglesia oficial como al romanismo; las cortes eclesiásticas los persiguieron más que el gobierno. No pudiendo hacer que circulara su literatura, ni celebrar cultos públicos en Inglaterra, se fueron a Amsterdam y luego a Leyden, donde organizaron y establecieron su Iglesia. En este último lugar, Juan Robinson fue su pastor. Decidieron, algún tiempo después, salir de Holanda y embarcarse para el nuevo mundo. Habiendo desembarcado en Plymouth, Massachusetts, el año 1620, fueron el factor principal en el desarrollo civil y religioso de las colonias y de los Estados Unidos. El origen y el desarrollo del movimiento puritano lo trataremos con mucha más amplitud en el apartado 4 del Cuarto Período.

11

La Reforma en Escocia

Los reformadores escoceses.

Tan firmes como las colinas escabrosas de Escocia, fueron sus reformadores. En el siglo XVI, ese país no era aún parte de la Gran Bretaña, sino un reino separado en el que habitaban tribus feroces y guerreras, y gobernaba la familia de los Estuardos, quienes eran romanistas decididos. A pesar de la liga de los gobernantes y los obispos, formada con el propósito de evitar que se introdujera el protestantismo en Escocia, las doctrinas evangélicas cruzaron el río Tweed y recibieron buena acogida en varias partes del país. El cardenal Beaton, que fue nombrado inquisidor general, hizo matar a los herejes, y llegó al extremo de mandar quemar vivo a Jorge Wíshart, uno de los predicadores más célebres y cristianos más devotos de sus tiempos. El primer caudillo protestante se llamaba Patricio Hamilton. Después de pasar algún tiempo en el continente, sin hacer caso del peligro que corría, volvió a Escocia a trabajar por la causa que tanto amaba; no le permitieron predicar ni enseñar mucho tiempo las doctrinas nuevas; le dieron tormento y con él la muerte, dejando así a sus correligionarios sin un jefe que los dirigiera.

María, reina de los escoceses.

Se cumplieron al pie de la letra las palabras proféticas de su padre, Jaime V de Escocia: "El reino vino con una niña (la hija de Roberto Bruce) y acabará con otra niña". Un protectorado gobernó la nación por diecinueve años, durante la minoría de edad de la reina: en ese período de tiempo, el protestantismo hizo grandes adelantos, puesto que, habiendo aceptado las enseñanzas calvinistas, los escoceses se afirmaron más en sus opiniones protestantes. Los ofendió mucho la reina en las fiestas de su coronación, habiéndose rodeado de sacerdotes y cortesanos franceses que dieron gran preeminencia al partido católico-romano durante los primeros días del reinado. Juan Knox expresó los sentimientos íntimos de la nación, cuando ofreció esta plegaria: "Purifica, oh Señor, el corazón de la reina y sálvala de la idolatría; líbrala de la esclavitud en que Satanás la ha tenido desde su niñez, y en la que permanece aún por no saber la verdad". No llevó María una vida irreprochable. En 1565 se casó con el conde Darnley; habiendo tenido un disgusto los consortes y estando la reina enamorada de un italiano llamado Rizzío, Darnley se puso a la cabeza de una conspiración y lo asesinó. Según la opinión general de los escoceses de aquella época, Darnley murió por orden de la reina estrangulado a manos de Bothwell y en la explosión de la casa donde yacía enfermo. Se agotó entonces la paciencia del pueblo escocés. La influencia que el romanismo había tenido en la vida y el gobierno de María, bastó para convertirlo al protestantismo. Estalló con gran fuerza la revolución y María tuvo que huir a Inglaterra, cuya reina la había invitado a pasar a sus dominios y quien la hospedó echándola en la cárcel. Como quiera que Isabel había sido declarada en un tiempo hija ilegítima, la reina María acarició las esperanzas de dirigir una revolución de los católicos ingleses en contra de su soberana, y de sentarse en el trono de Inglaterra. Pero Isabel era demasiado viva para permitir que madurara semejante designio: encausaron, pues, a María, reina de los escoceses y, en 1587, la ejecutaron. Isabel reinó entonces en Inglaterra y en Escocia. La venganza de María vino, sin embargo, después de su muerte, con la ascensión de su hijo Jaime VI de Escocia y I de Inglaterra.

Juan Knox.

Nacido en 1505, se anunció en Edimburgo el año 1542, como uno de los reformadores; fue el sucesor natural de Hamilton; continuó la obra que éste había dejado por acabar, e hizo sentir muy pronto el poder de su ingenio entre los protestantes de Escocia. En el curso de sus estudios percibió gradualmente la verdad; un día la vio en toda su plenitud y renunció públicamente los errores del romanismo, después no vaciló ni por un momento. Su heroísmo fue tan grande como el de Lutero, sentía las necesidades espirituales de su pueblo y hablaba sin ambages. Lo degradaron de su oficio de predicador de la iglesia de San Andrés, y lo mandaron a Francia, donde estuvo cerca de dos años condenado a trabajos forzados en las galeras. Tan pronto como se vio en libertad, regresó a Escocia y predicó con gran elocuencia las doctrinas del Evangelio. Cuando ascendió al trono María, el Reformador huyó a Alemania, se estableció en Frankfurt, entre los trescientos protestantes desterrados que había en aquella ciudad, y pastoreó a la colonia inglesa. Se fue después a Ginebra, donde aprendió de labios de Juan Calvino las doctrinas que éste predicaba. María mandó quemarlo en efigie; medida, por cierto, muy moderada, si se toma en cuenta quien la dio. En 1558 publicó su "Primer toque de la trompeta en contra del regimiento monstruoso de mujeres". A la sazón formaron una sociedad los protestantes escoceses y entraron en un pacto que los obligaba a defender, a toda costa, su libertad de conciencia. Vino la guerra civil y, una vez pasada ésta y restablecida la paz, María tuvo seis entrevistas con Juan Knox: conmovida por la elocuencia de éste, derramó lágrimas; esto no impidió que lo mandara encarcelar después, bajo el cargo de traición. El tribunal lo absolvió. Era un hombre de gran valor; sabía que su vida peligraba, pero no por eso dejó de predicar ni de enseñar constantemente las doctrinas protestantes. Antes de fallecer en Edimburgo, el año 1572, tuvo el gusto de ver el triunfo completo de la Reforma en Escocia; ese triunfo fue la victoria que, bajo la dirección de un hombre justo y valiente, ganó ese pueblo en contra de la reina, la corte y los nobles poderosos que se habían unido para domeñarlo. Los escoceses llevaron a cabo su reforma de una manera tan completa, que no se ha necesitado volver a reformar; con su propia sangre escribieron su protesta en contra de los errores, y su obra permanece hasta hoy día.

12

La Reforma en los Países Bajos

Los Hermanos de la Vida Común.

Al formar bajo el dominio español una confederación, los Países Bajos se sometieron al antiguo orden despótico de la monarquía y de la jerarquía eclesiástica. Carlos V, rey de España y emperador de Alemania, heredó ese país de su abuela María de Borgoña. El amor de la libertad había distinguido a los holandeses desde tiempos tan remotos como el período romano en el que Julio César tuvo que anexar Batavia a sus dominios, como una provincia aliada, más bien que vencida. Esta misma índole independiente existió en la Edad Media y se manifestó tanto en la vida religiosa como en la civil. Los Hermanos de la Vida Común, sociedad que se fundó en 1384, llevaban por fin principal la purificación de las costumbres, para obtener después una reforma completa. Los representantes principales de la orden fueron Gerardo Groot y Florentino Radewin; la casa de la hermandad estaba situada en Deventer y era el centro donde se reunían los ministros y laicos que se ocupaban en predicar y enseñar; de allí enviaban evangelistas por todo el país. En un tiempo había en las escuelas de Deventer y Herzogembusch mil doscientos alumnos. Al recibir la noticia de la protesta que en Wítemberg se acababa de hacer en contra del romanismo, toda la nación mostró deseos vivos de secundar la Reforma, puesto que ninguna potencia europea estaba tan bien preparada para la revolución religiosa, como los Países Bajos. Se leyeron con avidez los escritos de Martín Lutero; cantaban sus himnos en los diques, en las lanchas y, en una palabra, en todo el país. La Reforma asumió un carácter político, se prohibió al pueblo que aceptara el protestantismo, y se mandó ejecutar a los desobedientes. Hasta el día de su abdicación, Carlos V continuó las medidas crueles e inexorables que había tomado para sofocar la Reforma; aun en sus postreros momentos, allá en el lejano monasterio de Yuste, casi las últimas palabras que le dirigió a su hijo, Felipe II, fueron para urgirle que no tuviera piedad de los súbditos herejes. Tan rígida fue la oposición al protestantismo, que el pueblo se levantó en revolución. El duque de Alba, conocido por su crueldad proverbial, marchó a la cabeza del ejército español y obligó a los holandeses a someterse al dominio papal.

La Reforma en los Países Bajos

La Inquisición.

En los Países Bajos se hizo vigente el edicto cruel de Worms que prohibía terminantemente el ayudar de cualquier modo a los trabajos de la Reforma. Se estableció la inquisición y se prendieron sus hogueras por todo el país; el llamarse entonces protestante equivalía a entregar la vida; se calcula que perecieron como cien mil personas por haber aceptado las doctrinas nuevas. Después de la abdicación de Carlos V en favor de su hijo Felipe II, se practicaron crueldades tan grandes que, pasado el año 1555, ya no quedaban ni vestigios de la antigua libertad civil y religiosa. Los nobles protestantes formaron entonces la Liga de los pordioseros, obligándose a derribar el gobierno español y a establecer, en su lugar, el protestantismo y la independencia nacional. Aceptaron el nombre oprobioso de "pordioseros" que les dieran sus opresores; se vestían con suma modestia y, colgada de una cadena, llevaban una copa de madera en toque de su sencillez de vida y de que estaban dispuestos a sacrificar ésta por causa de la conciencia. El duque de Alba capitaneó por segunda vez el ejército español y venció a los pordioseros, pero no duró la paz mucho tiempo. Las siete provincias del norte formaron la Liga de Utrecht y con el tiempo, vencieron al ejército español. Con el fin de obtener la libertad nacional, Guillermo de Orange acaudilló una revolución; en 1584 lo sucedió su hijo Mauricio, que venció a los opresores.

Erasmo.

Entre los principales reformadores debe contarse a Erasmo de Róterdam, nacido en 1467 y fallecido en 1536, el varón más cosmopolita de sus tiempos y el eclesiástico más sabio que produjo Holanda. Más que ningún otro protestante de su época, diseminó los contenidos del Nuevo Testamento; influyó con sus escritos en todos los países que estaban despertando de su letargo a una vida nueva, y ayudó a la causa del protestantismo dándole el saber filológico más exacto y puro de los humanistas. Después de concluir sus estudios de una manera brillante en la Universidad de París, por la influencia del lord Mountjoy, uno de sus discípulos, se fue a Oxford en 1498, donde dio clases particulares por algún tiempo. Allí empezó esa amistad con Tomás Moro que sólo la muerte vino a interrumpir. Erasmo hizo otros estudios en Italia, recibiendo el grado de doctor en la ciudad de Turín; pasó algún tiempo en Bolonia y después en Venecia, donde publicó sus primeras obras. De camino a Inglaterra, adonde fue por invitación de Enrique VIII, escribió su *Elogio de la locura,* la sátira más famosa de sus tiempos, en la que hace que hable la locura alardeando de sus torpezas, y retrata muy a lo vivo la superstición, la ignorancia y la vida corrompida de los sacerdotes.

Erasmo en Basilea.

Habiendo vuelto al continente, Erasmo permaneció por largo tiempo en Basilea, donde trabó amistad con dos de los reformadores más notables, Ecolampadio y Beer; durante este período, fue varias veces a Inglaterra, trabajó muy asiduamente con la pluma y difundió el contenido del Nuevo Testamento. Sus obras principales fueron: los *Coloquios,* la edición del *Testamento griego,* la *Paráfrasis* y el *Elogio de la locura.* Era un literato profundo y versátil, y como tal, prestó una ayuda muy importante a la Reforma. Sus contemporáneos admiraban en él la erudición inmensa, la infatigable labor y la luz que iba dando a muchos monumentos de la antigüedad cristiana. Pero no tuvo el valor de separarse pública y ostensiblemente de Roma, ni llegó a concebir de una manera clara, los fundamentos teológicos, tan firmes y permanentes, sobre los que descansa el edificio del protestantismo. Le hizo la oposición a Lutero. Creía firmemente en la posibilidad de un convenio entre la Iglesia católica romana y los reformadores, mostrando así que no tenía suficiente penetración para ver que era imposible la concordancia de principios tan incompatibles.

Disputa de Erasmo con Lutero.
El trato poco fraternal de Erasmo con Lutero forma una excepción triste y discordante de las amistades tan largas e íntimas que unieron a los reformadores. La cordialidad que en un tiempo existió entre los dos se enfrió y cambió luego en aborrecimiento. Al principio Erasmo decía que Lutero tenía razón en su contienda con Roma, pero que era demasiado vehemente en sus denuncias del papado; después, mudó enteramente de opinión. Respecto del libre albedrío, sus enseñanzas eran muy diversas, puesto que Lutero había aceptado, casi por completo, la teoría de San Agustín. La vacilación de Erasmo en quebrar abiertamente con Roma, hizo que Lutero lo despreciara. Durante los últimos años de su vida, Erasmo consideró la Reforma como una gran calamidad y cesó de escribir a los reformadores. Los hombres de ingenio es muy difícil que se aprecien mutuamente, y prueba de ello son las palabras siguientes del reformador alemán: "Con la dentadura he quebrado muchas nueces huecas, y sólo lo he descubierto por el mal sabor a tierra que me han dejado en la boca. Erasmo y Carlstadt son nueces huecas; aquél es un gran tonto que hace muchas muecas, burlándose de todo y de todos, bien de papistas ya de protestantes, pero barajando las palabras de sentido doble con tal habilidad, que nadie puede llamarlo a cuentas ni sabe lo que quiere decir. Es una veleta que señala el viento que corre. Como quiera que cuida sólo de sí mismo y busca siempre sus comodidades, no será extraño que muera como un epicúreo, sin los auxilios divinos; en mi parecer, Erasmo de Rótterdam es el peor enemigo de Dios. Dejo esta opinión como mi último testamento". Este lenguaje fue muy duro, le hizo una injusticia muy grande a Erasmo y desdice de la índole generosa de Lutero; pero, por otra parte, lo provocó aquél con su enajenamiento tan pronunciado de las nuevas reformas. Erasmo prestó servicios muy importantes al protestantismo, minando con sus sátiras espléndidas la influencia sacerdotal, y promoviendo con su magnífica edición del Testamento griego, publicado en 1516, el estudio de la Sagrada Escritura.

13

La Reforma en Francia

La efervescencia protestante en Francia.
Al principio el protestantismo se desarrolló fácilmente en el reino de Francia; la condición que guardaba el país era tal, que no hubo oposición a las nuevas doctrinas, sino que las recibieron con gusto, especialmente en las ciudades situadas a lo largo del Sena y en las pro-

vincias del sur. La permanencia de los papas en Aviñón, por setenta años, había robustecido los deseos del pueblo de tener una Iglesia católica romana y nacional; sentía, a la vez, una hostilidad decidida en contra de Roma. Los reyes y los súbditos franceses habían acariciado, por mucho tiempo, la esperanza de establecer la Iglesia galicana, que hiciera contraste con la Iglesia papal; puesto que por todo el país se dejaba sentir el disgusto con el orden de cosas y el deseo ferviente de la libertad de conciencia y del despotismo de los príncipes de provincias. Las causas principales de este deseo de la Reforma fueron seis: la antigua influencia de los reformadores parisienses, poderosa aún en los círculos de particulares; el fervor religioso de los habitantes de las montañas Cevenas del sur; el ejemplo de los valdenses en los Alpes de Vadois; el influjo y ejemplo de los reformadores de Ginebra, que tenían por jefe a Juan Calvino; la gran obra que estaban haciendo los reformadores alemanes, cuyo centro de trabajos e influencia era Wittemberg y, por último, la índole literaria, o sea, la tendencia científica a investigar libremente, que radiaba desde la Universidad hasta las partes más remotas del reino.

Medidas adversas a la Reforma.

Los trabajos de los reformadores alemanes infundieron espanto en el romanismo de Francia; habiendo penetrado en el reino los escritos de Lutero, los protestantes franceses los tradujeron e hicieron circular por todas partes. La Sorbona mandó quemarlos públicamente el año 1521, y se amenazó con castigos muy severos a todos los súbditos franceses que los leyeran. Francisco I, que ascendió al trono en 1515, era un monarca muy voluble; unas veces estaba del lado de los protestantes; otras, del de los romanistas. En 1535 tuvo la amabilidad de invitar a Melanchton a que visitara París y diese conferencias públicas sobre asuntos de religión. El reformador alemán era demasiado astuto para dejarse atrapar, y declinó la invitación bajo el pretexto de que el elector de Sajonia no le permitía salir de Wittemberg. Cuál era la real intención, se deduce fácilmente del hecho de que, ese mismo año, Francisco mandó quemar vivos a más de veinte súbditos franceses por ser hugonotes.

Actividad de los protestantes.

El verdadero peligro que corrían los hugonotes estaba en la alianza tan estrecha que las autoridades papales habían hecho con la dinastía francesa; no obstante las apariencias exteriores, Francisco I era un enemigo acérrimo del protestantismo y decidió, a toda costa, sofocarlo en sus dominios. Sin embargo de esto, los protestantes franceses, conocidos en la historia con el nombre de hugonotes, resolvieron formar una organización para enseñar el Evangelio a sus paisanos; fundaron, por consiguiente, una iglesia en París el año 1553, e instalaron a su primer pastor. Principales entre las sociedades que organizaron por todo el reino, fueron las de Meaux, Angers y Poitiers; estas iglesias no estaban unidas: eran congregaciones aisladas de cristianos que estaban fatigados por la supremacía romana y simpatizaban mucho con la causa del protestantismo en otros países. A debido tiempo, los hugonotes, que estaban esparcidos por todo el reino, se unieron, convocaron un Sínodo General en París en 1559, y adoptaron la *Confesión galicana* como el credo de los protestantes franceses.

Oposición a los hugonotes.

Poseyendo un espíritu marcial, y habiendo recibido muchos de ellos una educación militar, los hugonotes cometieron un error grave: trataron de obtener por medios políticos y belicosos, el fin que se habían propuesto. La familia real se dividió; algunos de sus miembros estaban por los romanistas; otros, por los hugonotes. Los Guisas pertenecían al partido de los primeros, y los Borbones al de los segundos. La oposición quieta cambió súbitamente en una explosión tremenda; en 1561 se apeló a las armas y Francia se vio en las convulsiones de una guerra civil que duró treinta años. Mejor dicho, hubo tres guerras, y otras tantas veces se firmó la paz. El último tratado, que se celebró en San Germán en 1570, dio a los hugonotes libertad de conciencia y tolerancia de cultos, exceptuando a la ciudad donde residía la corte y a París. En 1560 Catalina de Médicis fue nombrada regente, por no tener a la sazón su hijo Carlos IX más de diez años de edad. En apariencias, era amiga de los hugonotes, pero, en realidad, estaba engañándolos astutamente y esperando la hora oportuna de destruirlos por completo.

Desarrollo del protestantismo en Francia.

Sumamente rápida fue la propagación de las doctrinas evangélicas en ese entonces. Además de aceptar la Confesión de Fe, redactada indudablemente por Calvino, el Sínodo General de 1559 organizó una Iglesia protestante con Sínodos provinciales en todo el reino, su sistema completo de disciplina y su orden litúrgico. Según Beza, el número de hugonotes que había en Francia cuando empezó la guerra, el año 1561, ascendía a cuatrocientos mil; la lista de iglesias que hizo el conde, y que se concluyó en un memorial presentado a la reina, incluía dos mil ciento cincuenta nombres; se encontraban principalmente en el sur y en el occidente. En Normandía también se habían fundado muchas congregaciones. En el norte, los hugonotes no eran tan numerosos.

La noche de San Bartolomé.

Catalina hizo arreglos para que, en apariencias, se efectuara una reconciliación de los católico-romanos con los hugonotes. El caudillo de éstos, Enrique de Navarra, tenía compromiso de casamiento con la hermana del rey Carlos; se celebraron grandes fiestas y la nación entera se regocijó al ver que católicos y protestantes iban a vivir en paz y armonía, ejerciendo todos el derecho de adorar a Dios conforme al dictado de sus conciencias. El 18 de agosto de 1572 se casaron Enrique y la princesa. En la noche del día 24, una de las campanas del palacio dio con su tañido la señal para la matanza general, crimen que se conoce en la historia con el nombre de la "Noche de San Bartolomé". Los caudillos hugonotes estaban en París, y se sabían perfectamente los lugares de su alojamiento. Asesinaron a sangre fría al almirante Coligny, guerrero intrépido y hugonote firme, y por una ventana arrojaron su cuerpo al patio. Durante siete días con sus noches, corrió por las calles la sangre de los protestantes; fuera de la capital, la matanza fue súbita y horrorosa; las aguas del Loire y del Ródano se tiñeron de la sangre y se pusieron espesas con los cadáveres de las innumerables víctimas . En centros de persecución se convirtieron las ciudades de Meaux, Orleáns, Bourges, Lyón, Rouen, Tolosa y Burdeos. Perecieron a fuego y espada por lo menos treinta mil hugonotes. El pretexto para esta matanza horrible fue que Coligny había concertado una conspiración secreta en contra del gobierno; de semejante atentado no hay, ni ha habido nunca, el menor vestigio. La noticia deleitó a Roma al extremo de que el Papa Gregorio mandó que repicaran todas las campanas de la ciudad, y que acuñaran una medalla para conmemorar su triunfo.

Los hugonotes se recuperan.

A pesar de tan tremenda persecución, no se rindieron los protestantes; habían perdido un número muy grande de sus correligionarios, sin embargo, estaban ansiosos de renovar el conflicto. Empezaron otra vez la lucha y, en 1576, se firmó el tratado de paz de Beaulieu que les garantizó, una vez más, la libertad de conciencia y la tolerancia de cultos. En 1589 Enrique de Navarra subió al trono y tomó el nombre de Enrique IV. Con su renuncia del protestantismo, compró la corona; pero, con el Edicto de Nantes, proclamado en 1598, concedió a los hugonotes la libertad completa de adorar en todos los lugares donde habían establecido cultos públicos, y los mismos derechos ante la ley que tenían los católico-romanos. Desde aquella fecha, el número de protestantes aumentó muy rápidamente: bajo la protección real, se congregaban en ciento cincuenta ciudades y lugares del reino, siendo las principales Burdeos, Poitiers y Mont-pellier. Llegado el año 1628, ya tenían seiscientas ochenta y ocho iglesias y en 1687, llegaban éstas a setecientas veinte. Hablando comparativamente, gozaron de paz cerca de cien años; se multiplicaron muy rápidamente, haciendo muchos adelantos en todos los departamentos de su obra. Tan pronto como Luís XIV hubo ascendido al trono, les hizo una oposición muy dura y se esforzó por desterrarlos de Francia. A la sazón había en el reino como dos millones de hugonotes; en una época, habían llegado a ser la tercera parte de la población. En veinticinco años, de 1660 a 1685, quinientos veinte templos protestantes fueron destruidos; el gobierno dio a los hugonotes permiso de salir del país y, en 1666, principió la emigración que continuó medio siglo. Durante ese período, se calcula que salieron de Francia cuando menos un millón de protestantes. Muchos permanecieron, sin embargo, y para darles el golpe de gracia, se revocó el Edicto de Nantes en 1685. Con este acto se privó a los hugonotes de sus derechos civiles y religiosos; de los mil pastores que les quedaban, cien fueron condenados a la muerte o a las galeras; seiscientos salieron del país, y los otros trescientos desaparecieron sin que nadie pudiera decir cómo ni cuándo. Durante el siglo siguiente, el protestantismo casi desapareció de Francia; al acabar el siglo XVIII, hubo un avivamiento comparativo del antiguo espíritu evangélico.

14

La Reforma en Italia

Savonarola prepara el terreno.

Los italianos aceptaron fácilmente las nuevas doctrinas, puesto que había preparado el terreno Jerónimo Savonarola, que nació en Ferrara el año 1452, y fue ejecutado en Florencia en 1498. Bien entrado el año 1484, empezó a predicar en la ciudad de Brescia una serie de sermones sobre el libro del Apocalipsis. En 1489 salió de dicha ciudad y se estableció en Florencia, donde tomó el hábito de los frailes dominicos en el convento de San Marcos. Abogaba con gran elocuencia por la reforma de la Iglesia; denunció, sin la menor vacilación, las corrupciones de Roma; pero cometió la gran equivocación de mezclarse en las cuestiones políticas de Florencia y sufrió no solamente con motivo de su protesta intrépida en contra de la inmoralidad de sus tiempos, sino por haberse atraído la enemistad de la familia de los Médicis, estando, a la sazón, Lorenzo y Pietro a la cabeza de la República florentina. Siendo testigo ocular de la vida tan pura y noble que llevaba el monje, las masas le tenían una confianza ilimitada y simpatizaban con sus opiniones. No pudiendo Pietro de Médicis resistirlo, pidió el auxilio del Papa Alejandro VI, quien estaba muy ansioso de imponer silencio a Savonarola. El valiente reformador que había trabajado solo y hablado sin ambages, cayó vencido por Roma. El poder de su elocuencia y el heroísmo de su vida sobrevivieron por mucho tiempo a su muerte; la Iglesia papal condenó su cuerpo al martirio, pero no pudo hacer que el pueblo olvidara su grandeza moral.

Literatura protestante en Italia.

Estalló en Venecia la revolución religiosa. No solamente circularon las obras de Martín Lutero y de sus colaboradores, sino que se imprimieron nuevas ediciones de ellas en diferentes imprentas situadas a lo largo del gran canal. Los editores evitaron hábilmente que sus publicaciones cayeran bajo la censura eclesiástica; por ejemplo, los *Lugares teológicos* de Melanchton, se tradujeron en italiano y publicaron con el nombre disfrazado y casi indistinguible, sí bien correcto y castizo, de *I Principii della Theologia de Ippofilo de Terra Nigra*. Siguiendo la costumbre de los literatos de sus tiempos, Melanchton había traducido su nombre alemán, Schwarzerd, en griego y obtenido el de Tierra Negra. Llegó a Roma una edición de esta obra y los teólogos la leyeron con entusiasmo cerca de un año; se agotaron los ejemplares y se mandó un pedido a Venecia. Habiendo descubierto que esta obra era del reformador alemán Melanchton, un fraile franciscano la expuso; pocos días después, las autoridades eclesiásticas en Roma vieron que el libro contenía herejías, y mandaron quemar cuantos ejemplares se pudieran encontrar. Chardon de la Rochette escribió: "Mi huésped, la buena señora Coleti, dice sus oraciones diarias ante una hermosa miniatura que representa a Lutero en el anverso, y a Melanchton el reverso". Las obras de Zuinglio circularon bajo el nombre de "Coricius Cogelius", y la paráfrasis que sobre los Salmos escribió Bucero, se conoció en Italia y en Francia como el comentario de "Aretius Felinus". Escribiendo Melanchton al príncipe Jorge de Anhalt, exclama, y con sobrada razón: "A pesar de las bulas que el Papa da en contra nuestra, ¡qué bibliotecas se han llevado de la última feria a Italia!".

En 1526 se declaró la guerra entre el imperio alemán e Italia, y el año siguiente el ejército imperial saqueó Roma; ocupó después, por mucho tiempo, la ciudad de Nápoles. En dicho ejército había un sinnúmero de protestantes que llevaron la Reforma al sur de los Alpes: las doctrinas evangélicas se difundieron entonces con los pueblos italianos. Hay pruebas irrecusables de que Melanchton entró en correspondencia con los reformadores venecianos en 1527, y de que Módena era una ciudad luterana.

La literatura escéptica.

En el siglo XVI, Italia fue la cuna de las letras humanas; pero, habiendo la nueva literatura mostrado una tendencia tan decidida a negar lo sobrenatural y, en los círculos de personas cultas, una indiferencia tan grande a todo lo que concierne a la religión, no obstante sus adelantos intelectuales, la nación se alejó mucho del Evangelio. Los poemas de Pontano, Sanazzaro y Marcelo no fueron sino alabanzas obscenas de los dioses de Grecia y de Roma. En sus sermones los sacerdotes introdujeron toda la mitología de los tiempos paganos, haciendo comparaciones entre Júpiter Máximo y Dios Padre; Apolo y Jesús; Diana y la virgen María. Mientras tanto, las masas yacían en la ignorancia más completa. Hablando Dante de los sacerdotes de su tiempo, dice:

> "En paños de pastor, lobos rapaces
> se ven de aquí por cuantos son los prados:
> ¿por qué, Dios defensor, en calma yaces?"
> Y en otro lugar exclama con mayor severidad:
> "Ora el predicador bromea, impostura
> y chistes usa; y como bien se ría,
> el capuchón se llena[18] y más no cura.
> Mas en sus pliegues pájaro[19] se enlía,
> que si el vulgo lo viese, comprendiera
> en cuales indulgencias se confía.
> Por eso la estulticia de manera
> crece en la tierra, que a cerrado puño
> se cree, sin prueba, en promisión cualquiera".[20]

Propagación de las doctrinas evangélicas.

Las doctrinas del protestantismo se difundieron con gran rapidez por toda Italia; en Calabria, o sea, el extremo sur de la península, donde vivían algunos descendientes de los valdenses, el pueblo manifestó gran interés en ellas y las recibió con regocijo. En todas las ciudades importantes del norte había discípulos de los reformadores alemanes. En Ferrara, Módena, Florencia, Boloña, Padita, Verona, Brescia, Milán, Lucen y Venecia, vivían muchos evangélicos que, además de leer cuantas obras protestantes salían a la luz pública y de conferenciar unos con los otros, le pedían a Dios fervientemente que bendijera su patria como había bendecido a los reformadores espirituales de Alemania. De todas las ciudades mencionadas, probablemente Lucca era la que contenía un número mayor de adeptos a la Reforma; Venecia, sin embargo, sobrepasó a todas en la distribución que se hizo de la Sagra-

---

[18] En aquel tiempo, no sólo los frailes, sino todos los ciudadanos, vestían capucha en sus trajes, aunque la de aquellos era mucho más grande. *Llena el capuchón,* se usa aquí por satisfacer su vanidad.

[19] El demonio.

[20] *La Divina Comedia* de Dante Alighieri, traducida al castellano por D. Juan de la Pezuela, Conde de Cheste, de la Real Academia Española, Tomo III, Canto XXIX.

da Escritura. Tres hijos de Florencia, Brucioli, Marmochini y Teófilo, hicieron otras tantas traducciones italianas de la Biblia; el pueblo prefirió la del primero. Entre los reformadores italianos más intrépidos, deben mencionarse a Bernardino Ochitio, Pedro Mártir Verniglio, Paleario, Paschali y Vergerio; más que los otros, los dos primeros estaban bajo la vigilancia de la policía y temerosos de ser echados en la prisión; salieron a tiempo del país.

[Dicho esto, no hay que olvidar la influencia del español Juan de Valdés, que fue uno de los introductores de la Reforma en Italia, desde el reino de Nápoles[21], donde encontró un ambiente muy español y culto y donde forma algunos discípulos, como la extraordinaria Vittoria Colonna (1490-1597), amiga de Miguel Ángel, a quien inspiró el *Juicio final* de la Capilla Sixtina que, como bien dicen los historiadores del arte, tiene más tonos luteranos que tridentinos].

La influencia femenina.

En ningún país de Europa dio la influencia de las señoras tanta vida y atractivo a la causa de la Reforma como en Italia. En la corte de Ferrara, la duquesa Renata, que era una evangélica muy firme, animaba mucho a los protestantes que, sin llamar la atención pública, acostumbraban reunirse en su palacio. Calvino le hizo una visita y después le escribió con regularidad hasta que la pobre señora fue sentenciada al destierro por su lealtad al protestantismo. Había otras señoras, más o menos decididas por la Reforma, quienes, en los círculos de la sociedad o con sus escritos, hacían cuanto estaba a su alcance por difundir las nuevas doctrinas. Entre las muchas señoras nobles que aceptaron heroicamente las enseñanzas venidas del norte, y que fueron las primeras en sufrir por su fe, deben mencionarse a Olimpia Morata, Isabel Mauricha, Lavinia de la Royere, Madona Madelena y Madona Cherbina, éstas dos miembros de la familia Orsini, la duquesa Julia Gonzaga, famosa por su saber, y la admirable Victoria Colonna.

Persecución del protestantismo.

Habiendo hecho algunos adelantos el protestantismo, llegó a llamar la atención de Roma; ésta lo consideraba como un elemento religioso que amenazaba destruir su dominio y dio órdenes, por lo tanto, de sofocarlo a la fuerza. Si bien la Reforma no tenía aún el vigor necesario para organizar una Iglesia o expedir un formulario de doctrinas, daba ya indicios de vida; más tarde Roma empezó la contra Reforma. En 1542 mandó establecer en Italia la inquisición española y nombró a Caraffa inquisidor general. No podía haber escogido a otro individuo más apto que éste para semejante obra: sin la menor demora, mandó ejecutar a los protestantes que encontraran en todas las ciudades e hizo quemar vivo a un gran humanista, llamado Antonio Paleario, que tenía convicciones religiosas muy profundas. En un tiempo se le atribuía el libro titulado *Beneficio de la muerte de Jesucristo,* que tuvo una circulación inmensa y que Roma mandó suprimir. Creían que todos los ejemplares habían sido destruidos, pero el año 1853, se encontró uno en Cambridge, Inglaterra; se imprimió la obra otra vez, y hoy día circula en Italia. El verdadero autor fue uno de los discípulos del reformador español Juan Valdés, y su

---

[21] Véase José C. Nieto, *Juan de Valdés y los orígenes de la Reforma en España e Italia*. FCE, México 1979.

publicación se debió a los protestantes napolitanos. Igual suerte corrió Paschali. El resultado de esta persecución fue que al concluir el siglo, apenas quedaban trazas del protestantismo.

El Concilio de Trento.

A fin de atajar los progresos que las nuevas doctrinas continuaban haciendo fuera de Italia, y palpando la necesidad de adoptar nuevos métodos, Roma decidió celebrar un Concilio. Convocó el de Trento en diciembre de 1545 y lo disolvió en 1547. En la primera sesión se revocó la regla establecida de resolver todas las cuestiones por mayoría de votos, aprobando en su lugar que ningún decreto fuera válido sin el previo consentimiento del Papa. Se introdujeron algunas reformas secundarias, según dos de las cuales los obispos habían de procurar que los maestros y predicadores fueran varones instruidos y competentes, y se debía censurar a los prelados que no cumplieran con sus deberes. Hasta aquí llegó la Reforma. Durante todas las sesiones del Concilio prevaleció un espíritu de oposición implacable al protestantismo.

Protestantes italianos en el destierro.

En aquellos tiempos Italia no era un reino unido, sino un conjunto de pequeños ducados o repúblicas, que a menudo estaban en guerra los unos con los otros. Esta falta de federación fue muy favorable a los evangélicos, un sinnúmero de los cuales logró pasar los Alpes y ponerse a salvo. Las ciudades y los pueblos grandes de Suiza dieron a los emigrados evangélicos italianos la bienvenida más cordial y trabajo con que ganar la vida. La población del cantón Grisons, situado en uno de los Alpes orientales, era de italianos casi en su totalidad; había allí vástagos de tres descendencias, la antigua recia, la italiana y la alemana; cuando los protestantes del sur fueron a vivir entre ellos, introdujeron su idioma y su religión. Un grupo de evangélicos que huyeron de Lungarno a Zurich, establecieron en esta ciudad una iglesia protestante. Por invitación de Cranmer, Pedro Mártir Vermiglio pasó a la Universidad de Oxford, donde enseñó. Ochino también fue a Inglaterra y predicó en la ciudad de Londres. Entre otros desterrados italianos que fueron a Basilea y se establecieron allí, se cuentan Paolo di Colli, Grataroli, Corrado, Teglio, Betti, Celso y Curio; todos estos eran varones de ingenio, algunos de ellos fueron escritores a quienes Roma consideraba como peligrosos por el amor a la Reforma que habían mostrado tanto en sus escritos como de palabra.

15

La Reforma en España y Portugal

El despotismo en España.

Estando España alejada de los centros intelectuales y activos de Europa, no podía tomar parte en ningún movimiento agresivo y trascendental; antes estaba, como ninguna otra nación europea, bajo el dominio más completo del despotismo eclesiástico. La unión de la Iglesia con el Estado no podía ser más íntima. Carlos V y su sucesor, Felipe II, reinaron guiados por la índole supersticiosa y opresora de la Edad Media; no pedían su parecer al Papa, mas tomaban todas las medidas extremas que agradaban siempre a Roma. De la estadística del clero se colige muy fácilmente que completo era el dominio de la jerarquía romana en España. En aquella época había cincuenta y ocho arzobispados, seiscientos ochenta y cuatro obispados, once mil cuatrocientos monasterios, veintitrés mil hermandades, cuarenta y seis mil frailes, trece mil ochocientas monjas, trescientos doce sacerdotes seglares y más de cuatrocientos mil eclesiásticos de otros grados. Figúrate, querido lector, cuán ardua debe haber sido la empresa de introducir las enseñanzas evangélicas en España, teniendo que combatir a tan numeroso ejército de fanáticos. Sin embargo, tal era la fuerza del movimiento protestante en el norte y en el oriente de Europa que, no obstante la gran distancia, encontró eco y simpatía en la Península Ibérica.

El misticismo español.

Por ese entonces ya se había difundido en todas las clases de la sociedad el misticismo español, fenómeno extraño, que anunció el avivamiento de la vida religiosa. Los descubrimientos del Nuevo Mundo produjeron en los españoles cierta actividad intelectual que los hacía notar con cuidado todos los movimientos nuevos en los otros países de Europa. Muchas personas cultas leían en secreto los escritos de Erasmo y aun los de Lutero, que habían cruzado los Pirineos[22]. El misticismo, esa aspiración popular a una moral más pura y a un gobierno eclesiástico más rígido, despertó el deseo de escudriñar dichos libros. Durante las guerras de treinta años y otras, los españoles que pelearon por Carlos V y los miembros de su corte, estuvieron aspirando el ambiente luterano; cuando regresaron a su patria, llevaron consigo las nuevas doctrinas. Entre dichos cortesanos deben mencionarse a Alfonso de Valdés [secretario del emperador Carlos] y al doctor Constantino Ponce de la Fuente [predicador de la corte]. Ayudaron de una manera muy eficaz a la causa de la Reforma, las traducciones que de la Sagrada Escritura se hicieron al español. En 1543, Francisco Enzinas [buen amigo de Melanchton], natural de Burgos, dio a imprimir en la ciudad de Amberes la primera de dichas traducciones: el Nuevo Testamento. Sabiendo que el emperador Carlos V patrocinaba el saber, nosotros diríamos, ciertos ramas del saber solamente, tuvo la candidez de dedicarle su versión[23]. En premio de su cortesía, estuvo en la cárcel de Bruselas un año y

---

[22] Véase Marcel Bataillon, *Erasmo y España*. FCE, México 1966; Id., *Erasmo y el erasmismo*. Crítica, Barcelona 2000.

[23] La dedicatoria es muy noble y discreta. Partiendo de aquellas palabras del *Deuteronomio:* "Copiará el rey el libro de esta Ley en un volumen, delante de los sacerdotes y de los levitas; le tendrá siempre junto a sí, y le leerá todos los días de su vida para no apartarse de sus preceptos a derecha ni izquierda, y dilatar su reinado y el de sus hijos en Israel"; después de referir las diversas opiniones sobre la lectura común de la Biblia, sin condenar ninguna, dice que ha hecho su traducción por tres razones. Primera. Porque ha visto que no hay poder humano bastante para impedir la difusión de las Escrituras. Segunda. Porque todas las demás naciones de Europa gozan ya de este beneficio, y tachan a los españoles de supersticiosos porque no hacen otro tanto. Así hay en Italia muchas versiones, "que las más de ellas han salido del reino de Nápoles, patrimonio de vuestra majestad, y en Francia tantas que no se pueden contar, y eso que nuestra lengua es la mejor de las vulgares, o a lo menos, ninguna hay mejor que ella". Tercera. Porque no se opone a la publicación ninguna ley real ni pontificia. Y aunque algunos pueden creer que estas versiones son peligrosas en tiempo de nuevas herejías, ha de responderse que éstas no nacen de la lectura de la Biblia, sino de las interpretaciones contrarias al sentir y doctrina de la Iglesia, "columna y firmamento de la verdad", y de la enseñanza de hombres malos que tuercen la divina palabra en provecho de sus nuevas y particulares opiniones, como sabemos por San Pedro que hacían en su tiempo los herejes con las cartas de San Pablo. NT.

dos meses, habiéndolo acusado de haber impreso con letras mayúsculas el siguiente pasaje: "¿Dónde, pues, está la jactancia? Es echada fuera. ¿Por cuál ley? ¿De las obras? No; sino por la ley de la fe" (Romanos 3:27). [Logró escapar y después se le encuentra enseñando griego en Zurich, Basilea y Estrasburgo][24].

Introducción del protestantismo en España[25].

Julián Hernández, natural de Villaverde, en tierra de Campos, al cual llamaban comúnmente Julianillo, era un hombre de pequeña estatura, pequeño y viajero, que había estado en diferentes partes del continente trabajando en las imprentas de Alemania y de los Países Bajos, en donde aprendió el oficio de cajista; es casi seguro que había colaborado en la impresión de los libros de los Reformadores, recibiendo durante dicho trabajo sus primeros conocimientos del Evangelio. Preocupado por la falta de Biblias y de buenos libros de doctrina que tenían sus hermanos españoles en la fe, llegó a Ginebra, se presentó al Dr. Juan Pérez, a quien sirvió, según opina Bejamín B. Wiffen, en calidad de amanuense y corrector de pruebas. Juan Pérez de Pineda era un escritor erudito y un activo propagandista de los ideales de la Reforma, nacido en Andalucía en la ciudad de Montilla. Sospechoso de herejía la Inquisición le prendió en el año 1551, pero varios de sus amigos, sobrecogidos, buscaron su salvación y refugio, escapando a Suiza, donde se encontró con Julianillo.

Viendo ambos hombres que no había ningún medio para enviar libros reformados a España, Julianillo resolvió llevar él mismo una gran cantidad de ejemplares «de la traslación de las Escrituras en español y de varios libros protestantes e introducirse con ellos en España», aunque la empresa era dificilísima y estaba llena de peligros. Metió los libros en dos pipas o barriles de vino y tomando la vía de Flandes, procedió con tal sagacidad y sangre fría que logró eludir en todos los puntos la vigilancia de los agentes de la Inquisición, llegando a depositar su preciosa carga en Sevilla, sana y salva, en casa de Don Juan Ponce de León (que murió quemado en el 24 de septiembre de 1559), siendo él quien se encargó de la distribución de los libros dentro y fuera de la ciudad.

Julianillo salió de viaje con el resto de los ejemplares, repartiéndolos por toda España, al mismo tiempo que vendía telas para ocultar su verdadera misión de colportor, cosa normal y peligrosísima de la época. Como no podían explicar en qué forma llegaban al país todos estos libros, las autoridades atribuían la acción a una intervención satánica. Finalmente, Julianillo fue preso cerca de Palma, y conducido a las cárceles del Santo Oficio de Sevilla. Cuando le tomaron declaración, no trató en manera alguna de ocultar sus opiniones, y aun se congratuló por haber sido el medio para introducir la luz de la divina verdad en la entenebrecida España. Sometido al tormento diversas veces con el fin de que declarase los nombres de sus correligionarios, todos los dolores físicos no fueron bastantes para arrancar de sus labios la más mínima expresión que pudiese comprometer a sus hermanos en la fe. Al fin, viendo que nada podían sacar de él con torturas, le condenaron a muerte junto con otros trece hermanos en la fe. Fue quemado vivo en un *Auto de Fe* celebrado en Sevilla el 22 de diciembre del año 1560.

---

[24] Véase Francisco de Enzinas, *Memorias*. Ediciones Clásicas, Madrid 1992.
[25] Apartado añadido. Véase José Flores, *Historia de la Biblia en España*. CLIE, Terrassa 1984.

La Reforma - Años 1517 al 1545 d. C.

Las persecuciones dimanadas de la introducción de las Escrituras duraron por espacio de 15 años, sintiéndose sus resultados en casi toda España, pero las ciudades que más a las claras abrazaron los principios de la Reforma, fueron Sevilla y Valladolid, en cuyas ciudades un puñado de nombres gloriosos han quedado escritos en la Historia de la Reforma en España.

Casiodoro de Reina y la Biblia en castellano[26].

En el pequeño pueblo de Santiponce, a pocos kilómetros de Sevilla, se encuentra el convento de los jerónimos de San Isidoro del Campo; allí llegó el incansable Julián Hernández con sus libros, cuya lectura introdujo un cambio espiritual dentro de aquellos claustros. El cambio produjo efectos en el exterior por la conversación sostenida con los monjes y por la circulación de libros, logrando la conversión del prior y muchos hermanos de la comunidad del Valle de Écija, entre ellos Casiodoro de Reina, más tarde célebre traductor de la Biblia. Las investigaciones del gobierno sobre las actividades de los protestantes fueron más amenazadoras en la primavera de 1557 y los monjes de San Isidoro se alarmaron profundamente. Veintidós fueron condenados por la Inquisición por luteranos; algunos fueron quemados vivos y los que lograron huir, fueron quemados en efigie, siendo éste el caso de Cipriano de Valera y Casiodoro de Reina, que lograron huir a Ginebra, la ciudad de Calvino. La colonia de emigrantes españoles que residía en Ginebra veía en Casiodoro su guía y líder espiritual, y esa posición de dirigente fue posible debido a la ausencia de Juan Pérez, que se hallaba en Frankfurt. Casiodoro se opuso a las corrientes radicales de la época y censuró a la justicia ginebrina por haber condenado a Miguel Servet al martirio en la hoguera. Reina era un hombre de tendencias conciliatorias, no muy populares en aquel siglo y, por fin, declarando que Ginebra se había convertido en una nueva Roma, se trasladó a Frankfurt en 1558. En 1559, durante el reinado de Isabel I de Inglaterra, marchó a Londres y se unió a la comunidad de refugiados franceses, pero pronto formó una iglesia de refugiados españoles, elaborando su declaración de fe, en base de la cual dicha comunidad fue reconocida oficialmente; en 1582 recibe la iglesia de Saint Mary Axe para adorar allí. Casiodoro fue nombrado pastor de la iglesia con un sueldo de 60 libras que le concedió la Reina Isabel. En Londres se dedicó más intensamente a la traducción de la Biblia, que publicó en Basilea en 1569, y es conocida como la *Biblia del Oso,* por el grabado de su portada. Sobre ella hizo una revisión otro reformado español, Cipriano de Valera, que fue impresa en Amsterdam en 1602. Esta Biblia, conocida por el nombre de los traductores, será el faro y la guía que forme las futuras comunidades protestantes españolas e hispanoamericanas. Conserva el exquisito sabor del vino añejo, ya que es producto del *Siglo de Oro* de las letras españolas[27]. Valera fue un escritor prolífico, ardía en un celo santo por llevar la Palabra de Dios a sus hermanos españoles y sentía mucha admiración hacia el gran reformador Juan Calvino, que patentizó traduciendo al castellano el Catecismo de Ginebra y la famosa *Institución de la religión cristiana.*

Otras obras de los reformadores españoles han quedado en ejemplares únicos, y en el siglo pasado el erudito español Luis Usoz y Rió las puso de nuevo en circulación con la im-

---

[26] Apartado añadido. Véase Gordon A. Kinder, *Casiodoro de Reina*. Tamesis Book Limited. Londres 1975; Justo L. González, *Luces bajo el almud*. Caribe 1977. Paul J. Hauben, *Del monasterio al ministerio: Tres herejes españoles y la Reforma*. Ed. Nacional, Madrid 1978.

[27] Véase el Apéndice al final sobre *Versiones de la Biblia* de J.M. Díaz Yanes. N. del E.

presión de una colección también hoy rarísima, que se encuentra en la Biblioteca Nacional de Madrid. Obedece al título general de *Reformistas Antiguos Españoles,* y contiene títulos tan interesantes para la historia religiosa de la cultura española, como: *Dos diálogos* (1528), por Juan y Alfonso de Valdés, sátira de las más bellas que produjese la prosa castellana del siglo XVI. Cervantes se inspira en ella, como puede verse comparando los consejos del rey a su hijo con los de Don Quijote a Sancho Panza (II parte, capítulo XLII). *Alfabeto cristiano* (1546), por Juan Valdés, "uno de los mejores prosistas de su tiempo"; *Historia de la muerte de Juan Días por determinación tomada en Roma* (1546), por Claudio Senarcleo, con prólogo de Martín Bucero; *Comentario sobre la Primera Carta de San Pablo a los Corintios; Comentario sobre la Epístola de San Pablo a los Romanos* (1856-1857), ambos escritos por Juan de Valdés; *Imagen del Anticristo* y *Carta a don Felipe II,* ambas, al parecer, obra de Juan Pérez (1558); *Artes de la Inquisición,* por R. G. Montes (1567); y *Carrascón* (1623), por Fernando de Tejada.

La resistencia católica romana.

Tan pronto como los españoles manifestaron de una manera pública y sistemática que simpatizaban con la Reforma, tomó Roma medidas violentas para resistir la propaganda; estableció la inquisición nombrando inquisidor general a Fernando Valdés, hombre de una voluntad indomable, exagerado en su celo por el romanismo y su hostilidad a la causa de la Reforma; mandó encender las hogueras para celebrar autos de fe en doce ciudades del reino y concedió indulgencia plenaria a todos los que presenciaran dichos castigos públicos. Al primer mártir notable, Carlos de Seso, siguieron Fray Domingo de Rojas, Arias Montano y Julianillo Hernández, seguidos de una gran multitud de víctimas. No perdonó la inquisición ni aun a las mujeres, ya fueran nobles de nacimiento, ya pertenecieran a las clases inferiores. María Gómez, María Bohorques y Leonor de Cisneros fueron tipos nobles de su sexo; llenas de regocijo, sufrieron el martirio por su fe. Los ingleses residentes en España que mostraron simpatías con el protestantismo, fueron también ejecutados.

A pesar de que el movimiento de la Reforma no hizo tanta impresión en Portugal como en España, hubo, sin embargo, síntomas que alarmaron a Roma. Nombró inquisidor general a Diego da Silva, y éste cumplió tan escrupulosamente con su cometido que, a poco tiempo, no quedaban rastros del protestantismo.

Bartolomé de Carranza, Primado de Toledo[28].

Uno de los procesos más famosos de la Inquisición española es el del arzobispo de Toledo, Bartolomé de Carranza (1503-1576), teólogo y religioso dominico español nacido en Miranda de Arga (Navarra). Estudió teología en la Universidad de Salamanca y pronto se convirtió en censor de la Inquisición en España. Enviado por el emperador Carlos V al Concilio de Trento (1543), defendió la necesidad de reformar la disciplina de la Iglesia católica, prohibiendo la acumulación de beneficios eclesiásticos y obligando a los obispos a residir en sus diócesis. Regresó a España en 1547, y en 1558 escribió un *Comentario sobre el Catecismo*

---

[28] Apartado añadido. A.R.

cristiano, por el que fue acusado de ser luterano[29]. En el proceso terciaron a favor o en contra las mentes más lúcidas de la España de entonces. Carranza tuvo grandes defensores, pero nada salvó al arzobispo de la cárcel porque el rey Felipe II quiso condenarlo a toda costa. Se atribuyó a Carranza la afirmación de que "Cristo satisfizo eficaz y plenamente por nuestros pecados", y ésta y muchas otras opiniones fueron descubiertas en los escritos del arzobispo. Domingo de Rojas admitió la influencia ejercida por aquéllas entre los protestantes de Valladolid, y Agustín Cazalla excusó sus propias ideas afirmando que así lo enseñaba el cardenal de Toledo. Tras muchos años de proceso, en el que su defensa corrió a cargo de Martín de Azpilcueta, fue declarado inocente, pero resultó condenado a abjurar de parte de su obra y fue suspendido de sus funciones. Falleció en un convento de Roma en que se hallaba recluido. La noticia corrió como la pólvora por Roma: obispos y prelados se arrodillaban frente a su cadáver y besaban sus manos. Sacerdotes, religiosos y pueblo de Roma desfilaron delante de sus restos; traían niños para que le tocasen, besaban sus pies y manos, tal era su fama de santo. Los injustamente prohibidos *Comentarios sobre el Catecismo cristiano,* del buen arzobispo, figuraron en todas las ediciones del Índice español, excepto en la última, de 1790. Hoy es un clásico católico.

Causas del fracaso de la Reforma en España.

Son obvias las causas del fracaso de la Reforma en España. Los que aceptaron el protestantismo eran, en su gran mayoría, literatos y pensadores: no había entre ellos un solo hombre popular, ni un buen predicador, ni un orador elocuente; eran varones eruditos, autores pacíficos que con su pluma esperaban alcanzar victorias para la Reforma. Como quiera que escribían en el estilo de los sabios, sus obras no llegaron nunca a circular entre el pueblo. Esa ley inmutable de que fracasa la Reforma siempre que se limita a las clases cultas y a la aristocracia, tuvo su cumplimiento en España. Apoyadas por Roma, las autoridades españolas trabajaron con todo empeño por resistir y suprimir el movimiento de la Reforma. Los derechos de la libertad de conciencia y del entendimiento humano corrieron la misma suerte. Quedaron prohibidas aun las conferencias sobre la filosofía moral que varios catedráticos acostumbraban dar en las universidades, por temor de que favorecieran implícitamente las enseñanzas del protestantismo.

Los "alumbrados" y los "cristianos nuevos"[30].

Previo a la Reforma protestante en España, hay que reseñar brevemente el interesante fenómeno de los "alumbrados", que aparece en el centro de España al mismo tiempo que la Reforma en el Norte. Los historiadores han visto diversas influencias en ello, como, por ejemplo, la tendencia de estos españoles, que generalmente eran *cristianos nuevos,* es decir, descendientes de *judeoconversos,* recientemente incorporados a la religión católica, cuya tradición de lectura bíblica les llevaba de un modo natural a predicar un cristianismo de renovación in-

---

[29] Véase J.A. Gil Sousa, *La eclesiología de Bartolomé Carranza de Miranda* (Publ. Universidad Pontificia de Salamanca, Salamanca 1986); y *Melanchton y Carranza. Préstamos y afinidades* (Publ. Univ. Pont. de Salamanca, Salamanca 1979).

[30] Apartado añadido. A.R.

terior, *renovatio ab imis,* frente a las práctica ascéticas y penitenciales de los *cristianos viejos*. Este movimiento de los alumbrados se confundirá bien pronto con el cristianismo evangélico y, como él, se alimentará de las lecturas clandestinas de la Biblia. Juan de Olmillo, Francisco de Ocaña, Isabel de la Cruz de Guadalajara, Francisca Hernández de Salamanca y Maria Cazalla de Pastrana, protegidos por el marqués de Villena, pertenecieron a este movimiento. El castillo de Escalona, en la provincia de Toledo, era el lugar de reunión y centro difusor. Todos fueron procesados y condenados por un edicto de la Inquisición del 23 de septiembre de 1525[31]. El reformista español Juan de Valdés frecuentó estas reuniones, pero logró escapar a su condena[32].

Esto nos da una pista para explicar la razón por la que el protestantismo no fue aceptado por el pueblo español, excepto por un pequeño número de intelectuales, representativos no tanto de los cristianos viejos, de *casta,* como se gustaba decir, sino de los cristianos nuevos, sospechosos siempre de criptojudaísmo.

La Inquisición, antes que un instrumento en manos del poder eclesial, fue una institución apoyada y defendida por el pueblo llano, que veía en todo atisbo de cultura e independencia espiritual un judío, un moro o un hereje. Hasta para fray Luis de Granada, la Inquisición es "baluarte de la Iglesia, pilar de la verdad, guardián de la fe, tesoro de religión, defensa contra los herejes, luz contra los engaños del enemigo, piedra de toque de la doctrina". La Inquisición no necesitaba pagar informadores, los hallaba voluntarios en todas partes en medio del pueblo llano, lleno de envidia por el progreso social de los "conversos" o cristianos nuevos, cultos y buenos trabajadores.

En este contexto hay que pensar en la orden de San Jerónimo, orden monacal típicamente de "conversos". Américo Castro los entronca con los *beguinos* y los *begardos* del siglo XIV. Se refiere a un tal Rodrigo el Lógico que, "aunque era un hombre muy docto, *nunca se quiso ordenar de orden sacro.* Su deleite y sus gustos todos eran la lección de la Santa Escritura. Estaba tejiendo canastillos, haciendo esportillas o harneros y tenía la Biblia delante". Vivía en una ermita cerca de Córdoba. Otro fray, Diego de Herrero, del monasterio de la Mejorada, "sabía todas las epístolas de san Pablo, como otro el Ave María; recitábalas para su provecho sin errar en una letra". Los conversos de procedencia hebrea se hallaban más a gusto en esta orden que enfatizaba el culto interior y el estudio de las Escrituras, así como el trabajo manual, que en aquellas mendicantes, alimentadas por una espiritualidad más popular y grosera. No tiene nada de extraño que de la culta orden jerónima surgiera el más apasionado defensor de los conversos frente a la casta de los cristianos viejos: fray Alonso de Oropesa, elegido general de la orden en 1457, hombre de meditación continua en la ley del Señor, ejemplo típico de que lo después vendrá a ser la espiritualidad reformada. Oropesa echó "de ver que cuando los religiosos se dieron a la lección de la Santa Escritura con más cuidado, florecieron en santidad mucho más que agora; y era una santidad maciza: en estos tiempos en que bullen tantos librillos, y se dan más a la lección de ellos no parece tanto fruto, porque aunque sean buenos y santos, son al fin arroyos y no se bebe el agua tan pura, ni tan clara, ni

---

[31] Véase Antonio Márquez, *Los alumbrados. Orígenes y filosofía (1525-1559).* Taurus, Madrrid 1980, 2ª ed. Serafín Vega González, *Tolerancia, ideología y disidencia.* Junta de Comunidades de Castilla-La Mancha, Toledo 1988.

[32] Véase José C. Nieto, *Juan de Valdés y los orígenes de la Reforma en España e Italia.* FCE, México 1979.

tienen dentro la fuerza que trae consigo la palabra divina, que toca en lo vivo del corazón". Precisamente los monjes del monasterio de San Isidoro del Campo, con su prior al frente, que se convirtieron al protestantismo, pertenecían a orden de los jerónimos, y llevaban en sus venas sangre judía[33].

El catolicismo español estaba fundido con el pueblo español y sus aspiraciones, por eso, salvo contadas excepciones, siempre ha preferido el catolicismo a cualquier cosa. No es un determinismo histórico fijo a perpetuidad, pero si un condicionante que obra a modo de muralla defensiva y que es parte del subconsciente colectivo de la nación. Sólo las grandes ciudades, y recientemente, vuelven a sus habitantes más porosos y dispuestos a una tolerancia y receptividad a las que, circunstancialmente, se negaron por siglos. Por eso, Menéndez Pelayo no estaba descaminado del todo al no tomar en cuenta los rigores de la Inquisición y de Felipe II como razones para explicar la causa del fracaso del protestantismo en la Península. "¿Cómo —se preguntaba— que el protestantismo, sostenido por escritores tan eminentes como Juan de Valdés; sabios helenistas, como Francisco de Encinas y Pedro Núñez Vela; doctos hebraizantes, como Antonio del Corro y Casiodoro de Reina; literatos llenos de amenidad y de talento, como el ignorado autor de *El Crotalón,* e infatigables propagandistas al modo de Julián Hernández y Cipriano de Valera? ¿Cómo una doctrina que tuvo eco en los palacios de dos magnates, en los campamentos, en las aulas de las universidades y en los monasterios, que no carecían de raíces y antecedentes, así sociales como religiosos; que llegó a constituir secretas congregaciones en Valladolid y Sevilla, desaparece en el transcurso de pocos años, sin dejar más huellas de su paso que algunos fugitivos en tierras extrañas?" (*Historia de los Heterodoxos españoles,* I, p. 54). Fue el pueblo el mejor y más fiel aliado del catolicismo de la contrarreforma, siguiendo un tradición secular de militancia emocional más que doctrinal, en la que pesaba mucho la defensa de sus intereses y prejuicios.

16

La Reforma en Escandinavia

Las tres naciones escandinavas, Suecia, Dinamarca y Noruega, estaban quejosas de sus gobiernos civiles y religiosos y dispuestas, por lo tanto, a recibir el protestantismo. Hacía mucho tiempo que los barones y los sacerdotes de acuerdo oprimían al pueblo; éste estaba agobiado, no habiéndose tomado, hacía siglos, ninguna medida para mejorar su situación. Por consiguiente, cuando le llegó la noticia de que había empezado la Reforma en Alemania, se llenó de regocijo y escuchó con ahínco a los primeros reformadores que aparecieron en sus países.

---

[33] Lo mismo ocurrió en la América recién descubierta por los españoles, según constanta Justo L. González: "Hay indicaciones de que muchos de los primeos colonizadores del norte de México eran criptojudíos, o al menos católicos de herencia judía, y de que fue entre estas personas que el protestantismo se abrió paso" (*Mapas para la historia futura de la Iglesia,* p. 43. Kairós, Buenos Aires 2001). Véase Manuel Hernández Gómez, *Entre la cruz y la hoguera. Sefarditas, conversos y anusim.* Ediciones Impre-Jal, Guadalajara, México 2003.

Los Petersen.

Los primeros reformadores suecos fueron Olaf y Lorenzo Petersen quienes, habiendo estudiado teología en Wittemberg y regresado a su patria, empezaron, pasado el año 1519, a predicar con gran celo las nuevas doctrinas. Gran parte del pueblo sueco no quería dejar sus antiguas creencias: mezcladas en ellas había trazas del viejo paganismo gótico; pero Gustavo Vasa, rey muy querido de sus súbditos, se convirtió al protestantismo y, en un gran concurso que hubo en Westnaes el año 1526, le dijo a su pueblo que intentaba abdicar el trono a no ser que aceptara las enseñanzas evangélicas. Entonces los suecos se declararon en favor de la Reforma, y las Dietas de Orebro, celebradas en 1529 y 1537, y la de Westnaes, reunida en 1544, aceptaron las doctrinas protestantes como la fe del reino. La Confesión de Augsburgo fue adoptada en 1593 y la Forma de Concordia, en 1663. A los que apostataban de la Iglesia estatal, que era luterana, al romanismo o a una de las sectas protestantes, los castigaban con el destierro y la confiscación de sus bienes. Esta ley estuvo vigente hasta el año 1877.

Dinamarca y Noruega.

Varios jóvenes naturales de estos países, que habían estudiado en Wittemberg, y aceptado el protestantismo, lo introdujeron en Dinamarca y Noruega. Cristiano II, rey de los dinamarqueses, aceptó públicamente las nuevas doctrinas y procuró que sus súbditos las recibieran también. Juan Tausen, uno de los discípulos de Martín Lutero, fue nombrado pastor de la iglesia de Copenhague. Los obispos católico-romanos fueron depuestos de sus sedes, y la propiedad de los monasterios fue confiscada en beneficio del tesoro nacional. En 1536 se adoptó públicamente el protestantismo en Copenhague, y la Dieta de Odense, que se reunió en 1539, ratificó dicho acto. En 1528 se introdujo y adoptó formalmente la Reforma en Noruega. En 1551 varios misioneros dinamarqueses llevaron las buenas nuevas del Evangelio a Islandia, donde se adoptó una constitución eclesiástica muy semejante a la de Dinamarca.

17

La Reforma en los países eslavos

Preparativos para la Reforma.

La influencia que Juan Huss había ejercido en esos países, los preparó de una manera muy eficaz para recibir las nuevas doctrinas. Juan Huss nació por el año 1369, y fue quemado vivo en Constanza en 1415. Enseñaba Filosofía y Teología en la Universidad de Praga cuando leyó los escritos de Wyclif, copia de los cuales le prestaron ciertos estudiantes que habían regresado de Inglaterra; pronto aceptó las doctrinas evangélicas. En 1402 fue nombrado predicador de la capilla Belemita, donde predicó en la lengua bohemia; fue después rector de la Universidad. Habiendo atacado todos los males graves que había en la Iglesia, despertó en su contra una oposición tremenda, pero se puso de su parte el rey de Bohemia. Nadie podía decir quien se llevaría la palma de la victoria en la larga lucha que tuvieron el Papa y

Juan Huss; el pueblo estaba del lado de éste, y el clero de parte de aquél. El Papa Juan XXIII convocó un Concilio General que se reunió en la ciudad de Constanza el año 1414. Acudió Juan Huss a la cita llevando consigo un salvoconducto; pero el rey que se lo había dado, violó su palabra, y el reformador fue quemado públicamente el 6 de julio de 1415 y sus cenizas fueron echadas en el lago de Constanza. Sin embargo, no pereció la causa con su martirio; sus adeptos formaron un partido político a la vez que religioso, y continuaron trabajando en varias partes del país; se retiraron después a las montañas rocallosas de Moravia, donde vivieron en paz. Los moravos que bajaron después de esas montañas a Herrnhut, en Sajonia, y quienes, bajo la dirección de Zinzendorf, se dieron a conocer como los Hermanos Unidos, son los descendientes de Juan Huss.

Polonia.

Los evangélicos que se habían desterrado de Bohemia, llevaron el protestantismo a Polonia que, en aquel tiempo, era un reino independiente y poderoso. En una época más avanzada y esclarecida, en 1768, tres potencias europeas, Prusia, Austria y Rusia, empezaron, y en 1795 acabaron, la obra nefanda de anexar y repartirse el territorio de dicho país. Los protestantes polacos diseminaron con buen éxito los escritos de Lutero, mas el rey Segismundo I se opuso a la propaganda de las doctrinas protestantes. Su heredero, Segismundo Augusto, favoreció la causa de la Reforma, pero el conflicto entre las confesiones luterana y calvinista, que no concluyó sino hasta que se reunió el Sínodo de Sendomir el año 1570, debilitó el movimiento. Los nobles protestantes formaron una Liga que, en 1573, consiguió que los católicos y los evangélicos entraran en un convenio. Sin embargo, la causa protestante no hizo grandes adelantos en el país; se desarrolló en Livonia y en otras provincias, pero en las del interior, vinieron a retardarla la lucha con los jesuitas y las revoluciones que Polonia hizo para preservar su independencia. Una colonia de italianos que estaban empapados en la literatura escéptica y predispuestos en contra de las doctrinas evangélicas, influyó mucho en la disgregación protestante.

La Reforma en Hungría y Transilvania.

Los trabajos de la propaganda evangélica empezaron muy pronto en Hungría y Transilvania, de donde iban a Wittemberg muchos estudiantes que se convertían en admiradores de Lutero y partidarios firmes de la causa protestante. Martín Cirineo, uno de dichos jóvenes, empezó a predicar las doctrinas de la Reforma el año 1524. Matías Devay, quien vivió algún tiempo en casa del reformador, volvió a Hungría lleno de entusiasmo por las nuevas doctrinas y ayudó mucho de palabra y con su pluma. Estableció la primera imprenta que hubo en el país; imprimió el primer volumen: éste contenía una gramática de la lengua húngara y, además, extractos del Catecismo Menor de Lutero en el idioma común. En 1541, Erdosy publicó el Nuevo Testamento en húngaro, libro que salió probablemente de la prensa mencionada. En 1545, el Sínodo de Erdod adoptó formalmente un símbolo de fe nacional, compuesto de doce artículos que, en substancia, concordaban con la Confesión de Augsburgo. Los comerciantes que iban anualmente a la feria de Léipzig y que oían predicar a Lutero, favorecieron mucho el protestantismo: a su regreso volvían trayendo libros protestantes y llenos de entusiasmo por las nuevas doctrinas. De Basilea, donde había gran fervor protestante, fueron varios predicadores que ayudaron en la buena causa de la propaganda. Al paso que los reyes Luís II, Fernando V y Juan Zalpoya se opusieron a la Reforma, Maximiliano I la favoreció. La paz de Viena, firmada en 1606, ayudó a la causa del Evangelio. Las enseñanzas luteranas y las calvinistas tuvieron en ella sus representantes. Los húngaros y los polacos que hablaban el alemán y que habían escuchado a los predicadores educados en Wittemberg, aceptaron la Confesión de Augsburgo; los que habían estado bajo la influencia de ministros suizos, prefirieron la Confesión Helvética.

18

Conclusiones al tercer período

Ventajas que trajo la Reforma.

Fácil cosa es encontrar en la historia los frutos de la revolución religiosa: tan pronto como estalló ésta, empezaron a gozar de alguna libertad las masas que, hasta entonces, habían estado bajo el despotismo civil y religioso, y cuya condición no habían mejorado los conflictos nacionales de aquellos tiempos. Las ciudades libres formaron una Confederación de centros poderosos que se extendió desde el mar del Norte hasta los Alpes, y produjeron una reacción en contra de las medidas despóticas de sus monarcas respectivos. Desgraciadamente, tan pronto como lograron su independencia, se volvieron tan represivas como lo habían sido las mencionadas autoridades. La Reforma despertó en las naciones la sed de la libertad y de una vida más elevada y pura; dondequiera que se desarrolló el protestantismo, las masas hicieron valer sus derechos y se acentuó, de una manera permanente, el respeto a los individuos y el decoro de la sociedad. Las naciones empezaron a respetar mutuamente sus derechos, y los monarcas descubrieron que sus súbditos ya no eran los juguetes ni los esclavos de su voluntad. En algunos países el deseo de la libertad se manifestó de una manera organizada y triunfó; se puede decir, por lo tanto, que la Reforma fue la madre de las repúblicas. Los esfuerzos que los protestantes de los Países Bajos hicieron por conseguir la libertad de conciencia, dieron por resultado el establecimiento de la República Holandesa. Al principio, los holandeses no pelearon por la independencia nacional, sino por la libertad en las creencias y la tolerancia de cultos; pero, una vez empezada la revolución religiosa, continuaron luchando hasta conseguir la libertad civil. Echaron bases más firmes de lo que creían y fundaron una nación grande, cuyos navíos cruzaban los mares llevando mercancías a todos los demás países; cuyos descubrimientos llegaron hasta las antípodas, y cuyas universidades fueron el orgullo y asombro de Europa.

La Reforma benefició a los Estados Unidos de América.

La unión de los Estados de Norte América debe su existencia, en gran parte, a esa lucha tremenda que hubo en Europa por la reforma de principios. Los alemanes que vinieron a este país con Guillermo Penn, estaban muy firmes en sus creencias luteranas y, con el fin de diseminarlas, fundaron sus congregaciones y escuelas. Los holandeses que se establecieron en la ciudad de Nueva York y sus alrededores, amaban con fervor el protestantismo, ese elemento de grandeza de la madre patria que sus antecesores habían asegurado sacrificando sus tesoros y derramando su sangre. Los suecos de Nueva Jersey y Delaware conservaban incólume el entusiasmo por las doctrinas evangélicas que habían sentido en Escandinavia. Los hugonotes, que se establecieron en muchos puntos de la costa, desde Massachusetts hasta Georgia, encontraron aquí el asilo que buscaban y que, por causa de sus creencias, su patria les había negado. Los peregrinos que vinieron el *Mayflower,* y quienes constituyeron el elemento más poderoso del desarrollo de las colonias del norte, emigraron de Gran Bretaña huyendo de la opresión. Todos estos representantes de lo mejor y más noble que había en Europa, se unieron en este país con el fin de establecer el Evangelio en el hemisferio occidental. Con razón dice el historiador Villers, hablando del gran beneficio que los Estados Unidos de América derivaron de la revolución religiosa: "Las repúblicas poderosas tienen su cimiento en la Reforma; los principios republicanos que ésta ha introducido en todas las naciones, son más eficaces que las armas; ha sido el manantial de grandes revoluciones en lo pasado, y lo será de otras innumerables que han de venir".

Promoción de las artes y de las letras.

Al promover la cultura de las letras, la Reforma hizo otro gran beneficio al mundo. Las universidades fueron la cuna del protestantismo; los literatos, sus primeros adeptos. Sin la menor pérdida de tiempo, los reformadores resistían todas las supersticiones y tendencias anormales que aparecieron en su época. La traducción de la Sagrada Escritura limpió, fijó y dio vigor a las lenguas europeas, como no lo había podido hacer ningún otro esfuerzo literario. No sólo preservó el idioma sajón la traducción de Wyclif, sino que influyó mucho en la versión autorizada que se hizo por orden del rey Jaime. Cuando Martín Lutero empezó sus trabajos en la literal lengua alemana no era sino un conjunto de dialectos rudos y groseros; en su traducción de la Santa Biblia, consiguió agrupar las expresiones idiomáticas mejores y más puras, fijando así, por primera vez, el idioma nacional.

Aumento de la cultura.

Uno de los resultados inmediatos de la Reforma fue el establecimiento de muchas universidades en Alemania. La de Leyden se fundó tan pronto como concluyó el sitio de dicha ciudad, y el ejército español salió de Holanda. Otro resultado que produjo la Reforma fue la predicación del Evangelio en la lengua del pueblo. En 1522, cuando Ecolampadio empezó a predicar en alemán, en los cultos que celebraba en el castillo de Francisco von Síckingen, aun los amigos del protestantismo consideraron peligrosa dicha innovación; Gaspar Hedio, por ejemplo, era de la opinión que el mencionado predicador estaba introduciendo cambios con mucha frecuencia. En 1515 León X dio una bula prohibiendo que se publicaran los libros que habían sido traducidos del hebreo, del griego o del árabe, y su mandato fue acatado; pero cuando la Reforma empezó a extenderse, las prensas se pusieron en movimiento. Los edictos papales pudieron contrarrestar el entusiasmo popular por el estudio fascinador de las lenguas. Debido a los esfuerzos de Martín Lutero, se fundaron en Alemania escuelas públicas que, si bien eran poco eficaces al principio, fueron muy útiles después; se establecieron también planteles de educación secundaria.

Los liceos alemanes, donde se enseñan los conocimientos superiores de la literatura y de las ciencias, deben su origen al período de la Reforma. Durante los siglos que han trascurrido desde dicha época hasta nuestros días, se han fundado en el Imperio alemán nada menos de veinte universidades, quince de las cuales son protestantes. Además de la de Leyden, Holanda tiene otras cinco que se consideran como resultados directos de su protestantismo. Dondequiera que la Reforma ha triunfado y se ha establecido de una manera permanente, la educación pública, la moralidad y la independencia civil han hecho progresos tan rápidos como firmes.

HISTORIA GENERAL DEL CRISTIANISMO: CUARTO PERÍODO

LA IGLESIA MODERNA
Años 1558 al 1900 d. C.

Contenido:

1. Reacción de la Iglesia Católica Romana a la Reforma
2. Los Jesuitas
3. La Iglesia Anglicana bajo Jaime I y Carlos I
4. Los puritanos ingleses
5. Los cuáqueros o la Sociedad de Los Amigos
6. Cromwell y la República
7. La Iglesia en Inglaterra durante la restauración monárquica
8. El deísmo en Inglaterra
9. La Iglesia Protestante en Alemania
10. El Misticismo en Alemania
11. La Guerra de los Treinta Años
12. Emigración de protestantes al Nuevo Mundo
13. Jacobo Arminio y el Sínodo de Dort
14. La persecución en Salzburgo
15. Jacobo Spener y el pietismo
16. Los hermanos unidos
17. Swedenborg y la nueva Iglesia
18. El racionalismo en Alemania
19. La reacción evangélica
20. El misticismo francés y el jansenismo flamenco
21. La impiedad francesa
22. El protestantismo francés
23. La Iglesia Ortodoxa en Rusia
24. Wesley y el metodismo
25. El movimiento de los tratadistas
26. Diferentes Escuelas en la Iglesia anglicana
27. Las universidades en Inglaterra
28. Escritores y teólogos anglicanos
29. Literatos y teólogos puritanos y presbiterianos
30. Períodos críticos en la historia de la Iglesia de Escocia
31. Discrepancias y avivamientos en la Iglesia de Escocia
32. El gran Cisma de la Iglesia de Escocia

33. La Iglesia Católica Romana I. Su desarrollo cultural y teológico
34. La Iglesia Católica Romana II. El culto de María
35. La Iglesia Católica Romana III. El poder temporal del Papa
36. El Catolicismo en Alemania
37. El Catolicismo en Inglaterra
38. El Concilio Vaticano I
39. Los católicos antiguos
40. Alianzas protestantes
41. La Escuela Dominical
42. Las misiones protestantes a finales del siglo XIX
43. Las sociedades para la prevención del alcohismo
44. La filantropía en Inglaterra y en Alemania
45. Los predicadores ingleses
46. Influencia de la literatura inglesa
47. El Ejército de Salvación
48. La vida religiosa en el continente europeo a finales del siglo XIX

1

Reacción de la Iglesia Católica Romana a la Reforma

Protestantes y católicos.

La expansión territorial del protestantismo y su rápida organización en varias denominaciones, todas las que aceptaron sus confesiones de fe, alarmaron mucho a Roma. Algunas de las naciones que hasta entonces habían parecido estar muy firmes en sus antiguas creencias, se volvieron decididamente protestantes, y nadie podía decir con seguridad hasta dónde o hasta cuándo pararía la revolución religiosa. La división de los protestantes alemanes en dos grandes comunidades, la Iglesia luterana y la reformada, no disminuyó la influencia de la Reforma en el centro de Europa. Como era natural, las Iglesias evangélicas que acababan de conquistar su libertad, se ocuparon exclusivamente en consolidar sus trabajos en sus propios territorios, y no se acordaron de enviar misioneros del Evangelio a los países paganos; si los protestantes del continente hubieran emprendido la evangelización de los países gentiles, con especialidad de las Indias orientales y de las de América, habrían llevado a cabo la gran obra que dejaron a sus sucesores y que éstos sólo empezaron en los siglos XVIII y XIX. Ojalá hubieran preparado el terreno de los grupos misioneros, dando así una prueba de su fe y heroísmo. En este particular, no cabe duda de que los católicos romanos obraron con mucha sabiduría.

El Concilio de Trento.

Creía la Iglesia Romana que el mejor medio de atajar la propaganda de las doctrinas protestantes, estaba en un Concilio General. Los concilios, por otra parte, eran reuniones peligrosas, y no se apelaba a ellos sino en casos de extrema necesidad, puesto que se dividían siempre en dos partidos: el conservador y el radical. Sin embargo, la situación era tan apremiante que, en 1545, Pablo III convocó el concilio que se reunió en Trento, ciudad situada en uno de los pasos alpinos occidentales entre Italia y Alemania. Constituyeron la mayoría los delegados italianos que eran partidarios decididos de Roma; los obispos españoles y los franceses apoyaban las medidas reformistas y declararon que la Iglesia debía cambiar su política para satisfacer las necesidades espirituales de aquellos tiempos. No pudiendo manejar el concilio, el Papa cambió su lugar a Bolonia en 1547, y lo disolvió dos años después. En 1562, Pío IV lo convocó otra vez en Trento y lo despidió en 1563.

Dicho concilio condenó todas las doctrinas protestantes; inspiró una actividad agresiva en todo el mundo, y reafirmó los dogmas del purgatorio, la invocación a los santos y la adoración de las imágenes y de las reliquias; suprimió, al mismo tiempo, algunos de los abusos más grandes; introdujo reformas en la venta de las indulgencias y en la disciplina de los conventos, y mandó que se diera a los candidatos para el sacerdocio una educación más sólida y completa. En estos y otros respectos, la Reforma produjo un efecto muy benéfico en la Iglesia católica romana, que decidió continuar sus trabajos aun en los países que ostensiblemente se habían declarado en favor del protestantismo.

Florecen de nuevo antiguas órdenes monásticas.

Los católicos romanos más piadosos creían que el restablecimiento de las órdenes monásticas fortalecería la Iglesia y ayudaría eficazmente a impedir la propaganda protestante. Mateo de Bassi, que fundó la orden de los capuchinos con el objeto principal de auxiliar a los pobres, revivió las reglas severas de los franciscanos. Bernardino Ochino, célebre reformador italiano, fue en un tiempo fraile capuchino. Santa Teresa, la doctora española, restableció la orden de las carmelitas que se dedicaban con especialidad a obras humanitarias y a la educación de la juventud. Juana de Barriere reorganizó la comunidad de los monjes cistercienses.

Institutos de frailes menores.

Las órdenes de frailes menores, lo mismo que las antiguas, se dedicaron a trabajar en sus respectivos países, sin ocuparse de las misiones. La regla de los teatinos, quienes se dedicaban a predicar, a la educación del clero y muy especialmente a ayudar a bien morir a los ajusticiados, fue fundada por el obispo de Teati, Juan Pedro Carrafa, después Papa con el nombre de Paulo IV. Las angélicas, orden de monjas fundada por la condesa Guastalla, consagraban su vida a la educación del bello sexo. Los sacerdotes del oratorio fundado por Felipe de Neri, eran, en su mayoría, varones sabios que se daban a los estudios bíblicos. Los barnabitas, congregación fundada por Antonio María Saccario, eran clérigos seglares que tomaron este nombre por haber dado principio a sus ejercicios en la Iglesia de San Bernabé de Milán. Ángela de Brescia fue la priora de las ursulinas, que establecieron planteles de educación para señoritas, y socorrían a los necesitados. Juan da Dio, un sacerdote portugués, fue el general de los Hermanos de la Merced, que atendían a los enfermos y auxiliaban a los pobres. Todas estas órdenes menores fueron organizadas durante la primera mitad del siglo XVI, y se extendieron pronto por toda Europa. No se olvidaban de ninguna clase de la humanidad doliente; visitaban lo mismo la choza de los pobres que el palacio de los ricos. El número de órdenes que se fundaron con los fines de enseñar a la niñez y socorrer a los necesitados, mostró qué grande era el poder que residía aún en la Iglesia. Lejos de disminuir esta energía, el gran movimiento de la Reforma la estimuló.

2

Los Jesuitas

La Compañía de Jesús.

En la gran crisis por que pasó la Iglesia Romana, el elemento más poderoso y trascendental de su reacción, fue la Compañía de Jesús, que debió su origen al deseo de resarcir las pérdidas del romanismo en Europa con la adquisición de fieles en tierras lejanas. Poco después, la orden decidió trabajar en todos los países del mundo, sin exceptuar a los que se habían vuelto protestantes. Ignacio de Loyola nació en España el año 1491; siguió la carrera militar, y de una batalla salió herido; durante su convalecencia, se entregó a la meditación y decidió fundar una nueva orden. Organizó en poco tiempo la Compañía de Jesús, de la cual fue el primer general. Los miembros de dicha comunidad, cuya fundación aprobó Pablo III en 1540, hacían tres votos: de pobreza, de castidad y de obediencia al Papa; se ocupaban de cuidar a los enfermos y de salvar almas. Se dividían en cuatro categorías: la de los profesos, la de los coadjutores, que no hacían la profesión solemne, la de los escolásticos y la de los novicios. Aceptaron como principios morales el probabilismo, según el cual, en la calificación de la bondad o malicia de las acciones humanas, se puede lícita y seguramente seguir la opinión probable, en contraposición de la más probable; la restricción mental, o sea, la coartación o excepción que interior y mentalmente se propone a la proposición que se profiere, con el fin de engañar; que el fin justifica los medios y que existe una gran diferencia entre la desobediencia teológica y la filosófica. Escritores hábiles entre los jesuitas, como Toletus, Vázquez, Suárez y Busembaum, defendieron este sistema. Como quiera que en materias de política opinaban que el poder de las naciones reside en el pueblo, y enseñaban ideas republicanas, estaban frecuentemente en pugna con los gobiernos de los países donde vivían.

Oposición a los jesuitas.

A principios del siglo XVIII la Compañía de Jesús llegó a su apogeo; varios gobernantes europeos, cuyo poder o sucesión parecían peligrar debido a las enseñanzas que en los pueblos infundían los jesuitas, empezaron la oposición a dicha orden; se unieron en contra de ella los soberanos y aun el papado. Benedicto IV empezó el ataque, y Clemente XIII suprimió la orden en Portugal primeramente: sus miembros fueron desterrados de dicho país en 1759; de Francia, en 1764; de España, en 1767; y de las Sicilias y de Parma, en 1767 y 1768. Alemania no suprimió la comunidad, pero sí coartó la conducta de sus miembros y amigos. Considerando la Compañía de Jesús como perjudicial a la Iglesia, Clemente XIV, en 1773, promulgó una bula aboliéndola, pero Pío VII la restauró en 1814 con el decreto *Sollicitudo omniun ecclesiarum*. La orden se estableció otra vez muy pronto en todo el mundo. El finado Pío IX tomó mucho interés en ella y le dio gran prestigio.

Las misiones de los Jesuitas.

Estos religiosos mostraron gran celo en la organización de misiones. El carácter militar de la orden y la política de entrar por los caminos que se abría el comercio, los llevó a todas partes. Se establecieron en Austria, Baviera, Polonia, las provincias Bálticas, Suecia y la Gran Bretaña. Estas misiones no fueron, sin embargo, tan notables como las de otros países. Los jesuitas trabajaron con interés especial en el territorio de la Iglesia del Oriente, que hacía mucho tiempo estaba tan abatida. En 1562, Pío IV autorizó a Cristóbal Rodrigo para que estableciera una misión entre los coptos de Egipto; varios misioneros fueron a predicar a los armenios; como quiera que los nestorianos estaban divididos y vacilantes en sus creencias, otros miembros de la Compañía se apresuraron a trabajar entre ellos; a pesar de que varios literatos siríacos se pusieron de parte de los jesuitas, y de los muchos esfuerzos que éstos hicieron, fracasó esta misión. Ocuparon también Abisinia, donde empezaron sus trabajos bajo Barretas en 1554, y adonde enviaron dos obispos y diez misioneros que habían recibido órdenes menores. Con motivo de la oposición de los reyes abisinios, esta misión tampoco tuvo buen éxito.

La Iglesia Moderna - Años 1558 al 1900 d. C.

Francisco Javier.

El comercio que los portugueses establecieron con el Asia occidental, ayudó a los jesuitas a fundar misiones importantes en esa parte del mundo. Francisco Javier desembarcó en Goa, India, el año 1542. Este puerto, en el sur, y Bassein, en el norte, llegaron a ser dos centros grandes de trabajos misioneros. En la costa occidental de la India se construyeron muchas iglesias, y miles de naturales recibieron las aguas del bautismo. Javier trabajó con mucho celo en el Japón, donde, en seis años, se bautizaron cuarenta mil creyentes[34]. Varios sucesores de dicho misionero pasaron a China y fundaron una misión importante. Las condiciones con que los misioneros jesuitas recibían en la Iglesia a los naturales, eran demasiado fáciles. Les pedían que renunciaran el gentilismo y en sus planteles les enseñaban con toda regularidad las doctrinas de su nueva fe, pero les permitían muchas prácticas idólatras. Dichos mensajeros alcanzaron muy buen éxito en las Islas Filipinas, pero fracasaron por completo en las Carolinas.

Mateo Ricci[35].

Para atraer el corazón de los chinos, orgullosos de su civilización milenaria, los misioneros necesitaban ir a ellos con cortesía y humildad, admirando su cultura, predicando el cristianismo, sí, pero sin intentar imponer la cultura de Occidente. El más creativo y polémico de los misioneros, fue el jesuita italiano Mateo Ricci, que llegó a Macao en 1582, a la edad de 30 años. Un año después obtenía el permiso para establecerse en Shiaochin, no lejos de Cantón, bajo las siguientes condiciones: "Ningún otro extranjero podrá unirse a vosotros; deberéis observar nuestras costumbres y usanzas; deberéis obedecer a nuestros magistrados y ser súbditos fieles del Hijo del Cielo". Ricci, y su compañero Ruggeri, se vistieron al estilo de monjes budistas y construyeron una casa al estilo europeo con un letrero que decía: "Gente venida de la tierra santa del poniente". La pequeña iglesia construida tenía el letrero: "Pagoda de la Flor de los Santos". La admiración por su ejemplar conducta y su sabiduría se extendió rápidamente. Ricci advirtió que los monjes budistas eran despreciados por las personas cultas, por ello abandonó el estilo de vestir budista y adoptó el de los hombres de letras, dejándose crecer la barba y usando la litera cuando iba a visitar a los amigos. Cambió incluso el nombre de la iglesia, denominándola "sala" en vez de "pagoda". A su alrededor se formó una pequeña comunidad cristiana a la que pertenecían incluso algunos intelectuales de fama. Comprendía, sin embargo, que era necesario un permiso formal del emperador para predicar el Evangelio abiertamente, y por lo mismo, comenzó a buscar la ocasión adecuada para ir hasta la capital, Pekín. En 1601 fue recibido en la corte imperial; el emperador concedió a Ricci el poder establecerse en la capital y abrir una iglesia, y ordenó que él y tres

---

[34] En 1557 el gobernador Hideiochi, persuadido por los sacerdotes sintoístas, promulgó un edicto de destierro de todos los misioneros, iniciándose una fiera persecución en la cual 26 japoneses murieron crucificados. Sin embargo, en 1640, se contaban 150.000 cristianos católicos secretos en el país. Durante doscientos cincuenta años la ley de Tokuawa, que imponía pena de muerte a todo extranjero que pusiera sus pies en el suelo del Japón, mantuvo a este país totalmente aislado del mundo, hasta el año 1853, en que las potencias europeas obligaron a los japoneses a abolir dicha ley. Inmediatamente entraron los misioneros protestantes. A.R.

[35] Añadimos este apartado para completar la visión de la actuación misionera de los jesuitas en Japón. A.R.

jesuitas más fuesen mantenidos a cargo del Estado. En ese mismo año fue bautizado Paolo Siu, futuro canciller y primer ministro del imperio. Ricci tradujo varias porciones de la Biblia, además de un catecismo, al mandarín, y publicó una obra sobre teodicea en ese mismo idioma. Las conversiones se multiplicaban tanto en la capital como en los otros cuatro centros. A su muerte, en 1610, dejaba en China una Iglesia organizada, con cinco centros misioneros, 2.000 cristianos y 16 misioneros, de los cuales la mitad eran nativos. Fue sepultado en Pekín en un terreno donado por el emperador y con los honores pertenecientes a un alto dignatario.

El método misionero de Ricci no coincidía del todo con las directrices de la jerarquía, lo que le ganó su condena de parte de Roma. La continuación de su obra se vio debilitada por la oposición de otros misioneros católicos, especialmente franciscanos y dominicos, que se oponían a las prácticas acomodaticias de Ricci y los suyos.

Los jesuitas en el Nuevo Mundo.

El rey Juan III de Portugal envió a Emmanuel da Nobrega y a otros cuatro jesuitas a fundar la misión del Brasil. En las provincias españolas de Sur América predicó Pedro Claver y bautizó en persona a trescientos mil negros[36]. En Paraguay las misiones tuvieron muy buen éxito, tribus enteras se convirtieron; multitudes de guaranís aceptaron la religión cristiana, habiéndose formado nada menos de treinta y dos pueblos con treinta o cuarenta mil familias de ellos. Después de haber llevado a cabo tan buena obra, los jesuitas pasaron hacia el norte y continuaron trabajando con la misma energía. En 1556, fundaron la misión de la Florida y en 1570, otra en la bahía Chesapeake. Abandonando los trabajos de la Florida, pasaron al territorio más atractivo de México, donde San Bruno empezó las misiones el año 1683[37]. A las posesiones francesas del Canadá fue un número muy grande de religiosos de la Compañía, quienes, siguiendo el curso del río San Lorenzo, extendieron hacia el occidente su línea de misiones hasta encontrarse con sus colaboradores, que, habiendo empezado sus trabajos en el golfo de México, donde desemboca el Mississippí, siguieron hacia el norte hasta el nacimiento de dicho río. Establecieron otra línea de misiones desde la república vecina a lo largo de la costa del Pacífico hasta llegar al río Colombia. Los pies de los infatigables jesuitas pisaron todas las tierras del mundo.

Influencia de los jesuitas.

Para los fines de la propaganda, el orden de los jesuitas es la organización eclesiástica de mayor influencia que tiene la Iglesia católica romana. Sus métodos varían según las circunstancias; para emprender cualquier trabajo, derivan su autoridad directamente del papa; no están sujetos, por consiguiente, a las restricciones de las diócesis, ni puede ningún obispo mezclarse en sus asuntos. La facultad de recobrar su influencia es un fenómeno que pasma a los estudiantes de historia; desterrados o en la cárcel ayer, los encontramos hoy trabajando

---

[36] Véase Mariano Picón-Salas, Pedro Claver. *El santo de los esclavos* (Revista de Occidente, Madrid 1969).

[37] Véase Alberto Armani, *Ciudad de Dios y Ciudad del Sol. El "Estado" jesuita de los guaraníes, 1609-1768* (FCE, México 1996); Walter Hanisch Espinola, *Historia de la Compañía de Jesús en Chile* (Ed. Fco. Aguirre, Buenos Aires 1974); Miguel Messmacher, *La búsqueda del signo de Dios. Ocupación jesuita de la Baja California* (FCE, México 1997).

de nuevo e influyentes en los salones de audiencia de reyes y emperadores. Las medidas de represión que en contra de ellos se tomaron en Alemania, bajo el gobierno de Bismark, después de que concluyó la guerra franco-prusiana en 1871, fueron revocadas a debido tiempo. El favor de que la Iglesia Romana goza actualmente en el imperio Alemán, se debe en gran parte a los esfuerzos esmerados e incansables de esta orden. Las relaciones cordiales que existen entre la corte imperial de Berlín y la del Vaticano, son una anomalía en la historia eclesiástica. Necesitándose una mayoría de votos para que el Parlamento alemán aprobara la compra de más armamento para la mencionada guerra, los miembros católicos romanos prometieron votar afirmativamente, con la condición de que el gobierno concediera otra vez a la Iglesia los privilegios de que había gozado en tiempos anteriores. Se hizo el convenio y ambas partes han cumplido sus promesas. Uno de los regalos más valiosos que recibió el actual Papa durante el jubileo con que celebró el aniversario de su ordenación, fue la tiara resplandeciente de piedras preciosas que un Hohenzollern protestante, el finado emperador Guillermo, le mandó al amigo de los jesuitas, al representante de la autoridad católica romana, y que en aquella ocasión memorable, coronó la cabeza de León XIII.

3

La Iglesia Anglicana bajo Jaime I y Carlos I

Jaime I y los puritanos.

Jaime VI de Escocia subió al trono de Inglaterra y reinó bajo el nombre de Jaime I, desde 1603 hasta 1625. La suerte del protestantismo inglés había dependido con tanta frecuencia del soberano, que tanto la Iglesia estatal como los cuerpos disidentes estaban inquietos, no sabiendo qué política seguiría el nuevo rey. Al principio se creía que siendo éste calvinista, no favorecería a los católicos romanos ni a la nueva Iglesia nacional, mas nadie podía predecir con certeza lo que haría Jaime o cualquier Estuardo. A pesar de todo el calvinismo que llevó de Escocia a Londres, no mostró ninguna simpatía con los puritanos ni los presbiterianos, antes trató de conciliar a los católicos ingleses con los del continente, y no vacilaba en ofender a los disidentes siempre que se le presentaba la oportunidad.

Contraste con Isabel.

Esta reina hizo cuanto estuvo a su alcance por ayudar a los protestantes que estaban luchando por difundir su religión en el continente; la ayuda que prestó a los holandeses que se estaban esforzando por sacudir el yugo español, es uno de los hechos más nobles y brillantes que registra la historia de Inglaterra. Jaime I, por otra parte, procuró ganarse la buena voluntad de la católica España, mostrándose dispuesto a hacer cualquier sacrificio equitativo con tal de asegurar los fines de su política corrompida. Se complació mucho, por una parte, en oprimir a los puritanos de su reino e introducir el gobierno episcopal en Escocia, y por la otra, en ayudar a los católicos romanos en el extranjero.

La Iglesia Anglicana bajo Jaime I y Carlos I

La esperanza de Inglaterra.

La nación fundó su esperanza única en el Parlamento, el cual protegía a los cuerpos disidentes en contra de los designios que, para perjudicarlos, formaba constantemente el rey. La mayoría de los miembros era de puritanos, que se distinguían por sus habilidades intelectuales y quienes estaban decididos a defender, a toda costa, las libertades del pueblo. No esperaban nada bueno de su soberano, y se contentaron con observar cautelosamente todos sus actos. Los presbiterianos habían hecho causa común con la Iglesia estatal a fin de asegurarle la corona, y no cabe la menor duda de que sin dicha ayuda no habría subido al trono; estaban dispuestos aun a someterse al gobierno episcopal, con tal que éste fue moderado, y, en aquellos días, tenían mucha fe en Jaime I; mas éste los engañó alevosamente, y tan pronto como pasó al territorio inglés, se olvidó de la lealtad que le habían tenido y no les guardó la menor consideración.

La versión autorizada de la Biblia.

El nombre del rey Jaime estará siempre anudado de una manera muy honrosa a la versión autorizada de la Biblia inglesa. Cuarenta y siete literatos, de cincuenta y cuatro que fueron nombrados en un principio, se dividieron en seis comisiones, dos de las cuales se reunieron respectivamente en Westminster, en Oxford y en Cambridge, en 1607, al empezar la revisión de la Biblia llamada "de los Obispos", que se había publicado en 1568. Concluyeron sus trabajos en 1610 y los sometieron a otra comisión de seis miembros, dos de cada una de las mencionadas comisiones. Después de revisada y uniformada, la versión se dio a la impresión el año 1611. Si bien en la portada de dicha Biblia hay una inscripción que, traducida en habla castellana, dice: "Para que se lea en las iglesias", no existe ningún documento que consigne la real autorización. Debido a sus méritos intrínsecos y no obstante una oposición muy tenaz, se hizo tan popular que llegó a reemplazar a la Biblia de Génova, la más apreciada, y desde entonces ha sido la versión de la raza inglesa. La pureza y sencillez de su estilo, la belleza, vigor y encanto de su dicción y su fidelidad a los textos originales, han hecho que las naciones que hablan el idioma inglés le profesen un amor muy grande.

Carlos I y la revolución.

Durante el reinado de Carlos I, que empezó el año 1625 y concluyó en 1649, vino la crisis causada por la opresión religiosa. La política que dicho monarca observó en su trato de los católicos romanos, fue poco mejor que la de su predecesor; nadie estaba seguro de lo que liaría el rey al día siguiente; su esposa era una católica francesa muy decidida e inspiraba la política que el gobierno debía seguir en sus relaciones exteriores. A medida que avanzaba en edad, el rey dictaba medidas que oprimían más la conciencia y coartaban la libertad política del pueblo. Con el fin de dominarlo absolutamente, mandó establecer el Tribunal Superior y la Cámara de justicia; opinaba públicamente que de nada servía el Parlamento. No se contentó con perseguir a los puritanos en el reino, sino que mostró su simpatía con los católicos franceses ayudando a Luís XIII, en 1625, a arrebatar la Rochela del dominio de los hugonotes. Cuando se reunía un Parlamento y no se sometía implícitamente a las reales órdenes, lo disolvía; entre los años 1625 y 1629, se convocaron tres, y como no quisieron obedecer sus mandatos, los despidió. La crueldad con que trató a los puritanos, las medidas arbitrarias que, sin consultar con el Parlamento, tomaba para reunir grandes sumas de dinero, la violencia con que obligó a los escoceses a usar la liturgia de la Iglesia estatal y la invasión de Inglaterra por el ejército escocés fueron las causas de una prolongada guerra civil. En la batalla de Marston Moor, librada en 1644, y en la que Oliverio Cromwell mandó el flanco izquierdo del ejército, los realistas quedaron vencidos. En el combate de Naseby, que el año siguiente dirigió el rey en persona, y durante el cual Cromwell estuvo a la cabeza del flanco izquierdo de las tropas escocesas, Carlos I sufrió una derrota completa. Después de enjuiciarlo, el Parlamento lo condenó a la pena capital el año 1649. Los fracasos sucesivos de las alianzas que la monarquía absoluta hizo con Roma, fueron otros tantos augurios de la fundación firme del protestantismo y de la libertad religiosa en Inglaterra.

La Asamblea de Westminster.

Uno de los acontecimientos más notables del reinado de Carlos I, fue la convocación de la Asamblea de Westminster, que, de su motu propio y no haciendo caso de los reales deseos, el Parlamento mandó que se reuniera. Era de presbiterianos la mayoría de esta asamblea que principió sus sesiones en 1643 y las continuó hasta 1647; tuvo por objeto definir en una fórmula las doctrinas presbiterianas y procurar que se aceptara un pacto, según el cual Inglaterra y Escocia habían de establecer la forma presbiteriana de gobierno eclesiástico. La asamblea aprobó la Confesión de Westminster, los Catecismos Mayor y Menor y el Libro de oración; el Parlamento ratificó estas resoluciones. Al definir las doctrinas evangélicas, los teólogos de Westminster rindieron servicios de tal importancia que han influido en toda la historia subsiguiente de la Iglesia; pero considerados como el elemento político que se esforzó por introducir en Inglaterra la forma presbiteriana de gobierno eclesiástico, fracasaron.

4

Los puritanos ingleses

Origen de los puritanos.

El verdadero origen de los puritanos y de los gremios religiosos que no se conformaron con los ritos de la Iglesia estatal, fue la sublevación de Inglaterra en contra de la autoridad de Roma. Durante el siglo XIV, las almas más piadosas de aquel reino, mostraron tendencias muy frecuentes a protestar en contra de las supersticiones y las prácticas ritualistas de la Iglesia; personificaron esta protesta Wyclif y los lolardos. Cuando las doctrinas de la Reforma se difundieron en el continente, dichos cristianos ingleses, temiendo que la nueva Iglesia protestante que Enrique VIII quería establecer en Inglaterra fuese poco mejor que la de Roma, organizaron una sociedad con el nombre de los Hermanos Cristianos. No dejaron ostensiblemente la comunión de la Iglesia estatal, pero asumieron una actitud de expectativa, reservándose el derecho de obrar conforme a las circunstancias; el centro principal donde prevalecían estos hermanos fue Cambridge; después, la ciudad de Oxford acogió también las mismas ideas.

Elementos de la influencia puritana.

Muy importante fue el influjo de los puritanos, puesto que, en gran parte, debió su origen al continente. Traducidos al inglés, los escritos de Lutero y de Melanchton eran leídos ávidamente; Calvino les prestó gran ayuda escribiendo con frecuencia y dirigiendo algunas de sus cartas intrépidas al rey, al protector Somerset y a Cranmer; los contenidos de sus epístolas eran, en manos de los puritanos, como material de guerra; Erasmo vivió por algún tiempo en Cambridge y, sin quererlo, influyó en favor de los mencionados protestantes. El prestigio de algunos de los reformadores del continente, hizo que los llamaran a enseñar en las dos grandes Universidades de Inglaterra. Pedro Mártir Vermiglio, de Italia, fue nombrado catedrático de Teología en Oxford; Martín Bucero, el suizo, enseñó en Cambridge, y Bernardino Ochino, el famoso predicador italiano, que (en frase de Carlos V) hacía llorar a las piedras, fue elegido canónigo de Canterbury. La permanencia de estos extranjeros en Inglaterra influyó de una manera indirecta en contra de las tendencias a la jerarquía y al ritualismo de la Iglesia estatal que Enrique VIII organizó después de arrebatarla del dominio romano, usando de su real poder. Eduardo VI ascendió al trono, creyendo que simplificaría los ritos de la Iglesia y reconocería los derechos de los puritanos, pero, después de un reinado corto, pasó a mejor vida. Lo sucedió María, que se esforzó por desarraigar del suelo inglés las enseñanzas protestantes, y los reformadores que escaparon con vida, fueron condenados al destierro. Isabel heredó el trono y siguió el ejemplo de Enrique VIII.

La controversia sobre los hábitos.

La vuelta a la madre patria de los protestantes ingleses fortaleció mucho el partido de los puritanos. El destierro los había llevado a Ginebra, Frankfurt y a otras ciudades del continente, donde, además de tratarse diariamente con los predicadores y los miembros de las Iglesias reformadas, estuvieron bajo la influencia de Juan Calvino. Hablando de ellos, Fuller dice: "A su vuelta no trajeron sino mucho saber y algo de experiencia". Tan pronto como llegaron a Inglaterra, principiaron una campaña vigorosa en contra del apego de la Iglesia estatal a los ritos y ceremonias que ellos creían excesivo; una de las cosas que atacaron con más energía, fueron las vestiduras o hábitos que usaban los ministros, disputa que tomó el nombre de la controversia sobre los hábitos. Los protestantes declararon que el obligarlos a usar cierta clase de vestiduras, era tanto como violar los derechos individuales y continuar las prácticas del romanismo. La controversia fue muy dura; el nombre que se le dio no le cuadra, puesto que los puritanos protestaron no sólo en contra de las vestiduras, sino de todo el conjunto de ceremonias y fórmulas exteriores. En 1662 se dio el Acta de Uniformidad[38], que coartó por completo los derechos de los puritanos; obligaba a todos los ministros a usar el *Libro de oración común* y a declarar públicamente que estaban de conformidad con sus contenidos. Bajo la misma obligación quedaron todos los directores y maestros de los planteles de educación. Dicho acto equivalió a un esfuerzo atrevido por eliminar del reino toda clase de disensión y suprimir la tolerancia de cultos; en consecuencia, más de dos mil ministros fueron expulsados de sus parroquias.

---

[38] Hubo tres Actas de Uniformidad, proclamadas en 1549, 1559 y 1662, que decretaron estatutos semejantes.

Los puritanos como disidentes.

Los ministros que perdieron sus beneficios eran conocidos, en muchos casos, con el nombre general de disidentes. En 1566, formaron un gremio separado y decidieron ostensiblemente abandonar las vestiduras y todo lo que les recordara las ceremonias de la Iglesia Anglicana. La reina y el Parlamento resistieron todas las medidas que tomaban los disidentes, llegando al extremo de suprimir una iglesia presbiteriana que se había organizado en Surrey, cerca de Londres, el año 1572; establecieron el Tribunal Superior de Empleos para resistir formalmente todos los esfuerzos puritanos; las reuniones de éstos eran interrumpidas; prohibieron la venta y distribución de sus libros y diariamente echaban en la cárcel a muchos individuos. Uno de los puritanos más fervorosos de aquellos tiempos se llamaba Roberto Brown, cuyo nombre dieron a sus adeptos; éstos fueron expulsados de Inglaterra, se establecieron en Holanda y formaron el núcleo de los peregrinos que, en 1620, desembarcaron en la costa de la Nueva Inglaterra.

5

Los Cuáqueros o la Sociedad de Los Amigos

Origen de Los Amigos.

El movimiento de los cuáqueros surgió del deseo de volver a la sencillez de la Iglesia primitiva, que hasta entonces había permanecido oculta. La lucha prolongada entre la Iglesia estatal y los grupos disidentes, estaba impidiendo el desarrollo espiritual de las almas. A semejanza de los puritanos y de los presbiterianos, Los Amigos trabajaron con el mismo fin, pero como todos los disidentes, no habían organizado ningún gremio religioso; cuidaron, por otra parte, de no mezclarse en la política. Su número aumentó rápidamente; mostraron un heroísmo muy grande y, fortalecidos por las persecuciones de que fueron el blanco, se llenaron de fe y de paciencia.

Fox y sus adeptos.

Jorge Fox, nacido en 1624, fundador de la Sociedad de Los Amigos, estaba plenamente convencido de que la Iglesia se había descarriado del buen camino, menospreciando la influencia del Espíritu Santo. Por todo el país anduvo predicando sus doctrinas a las grandes multitudes que se congregaban a escucharlo, y ganando adeptos en todas las clases de la sociedad. La vida tan apacible y tranquila de Los Amigos; su amor a las doctrinas fundamentales de nuestra santa religión y la paciencia heroica con que sufrían las persecuciones, aumentó su influjo a tal grado que se multiplicaron los predicadores cuáqueros en el continente, llegando hacia el oriente hasta Hungría. No se ocupaban en refutar las calumnias de sus enemigos; su gran y única empresa fue la reforma espiritual de toda Europa.

Enseñanzas de Los Amigos.

La mayor parte del sistema teológico de Los Amigos, se refiere a los oficios del Espíritu Santo. Contiene también otras doctrinas que consideraban de una importancia vital, tales como la soberanía de la Divinidad, la necesidad de orar sin cesar, el deber de meditar sobre las cosas celestiales, la certidumbre del juicio final, que deben reinar entre los hombres la paz y la buena voluntad, que no se deben tomar las armas, que no es lícito prestar ni recibir juramentos y que pueden predicar también las mujeres.

William Penn y Los Amigos emigrados.

La persecución de Los Amigos en Inglaterra fue tan violenta, que no perdonó ni aun a las mujeres; ninguna secta de disidentes sufrió como ésta y, por consiguiente, muchos de sus miembros tuvieron que expatriarse; los que no pudieron hacerlo fueron echados en la cárcel y maltratados. Los fortaleció mucho el acceso a su gremio de Guillermo Penn, el hijo de un almirante inglés, a quien, en pago de una deuda antigua, la corona hizo la concesión de un gran territorio en la América septentrional, el que tiene su nombre y es hoy el gran Estado de Pensilvania. En 1682 estableció allí una colonia; muchos de sus correligionarios ingleses y alemanes emigraron entonces a este país; pero, aun aquí, fueron perseguidos y sólo encontraron protección en Pensilvania.

Influencia de Los Amigos.

Estos no constituyeron una denominación numerosa; sin embargo, han ejercido un influjo muy grande en el desarrollo de la civilización cristiana. Los fundadores de esta sociedad defendieron muy intrépidamente los derechos de la conciencia, y sus sucesores han trabajado con anhelo por aliviar los padecimientos de sus semejantes y abolir la práctica de la injusticia; han sido los enemigos inexorables del comercio de esclavos. Los discursos que Penn y Mead pronunciaron ante el antiguo tribunal de Bailey, cuando fueron enjuiciados por andar predicando, a pesar de lo que prevenía la ley, son monumentos inmortales de la resistencia que dichos amigos hicieron a los procedimientos arbitrarios de las cortes judiciales, y a la infracción violenta del privilegio de ser juzgado por un jurado. A los esfuerzos de Los Amigos se deben las muchas reformas que se han hecho en el trato de los presos y de los dementes; ellos fueron los que originaron muchos movimientos cuyos resultados benéficos se han extendido mucho más allá de lo que esperaban.

6

Cromwell y la República

Oliverio Cromwell.

Pariente cercano de Tomás Cromwell, conde de Essex y primer ministro de Enrique VIII, nació el año 1599. Recibió su educación en el Colegio Sidney Sussex de la Universidad de Cambridge; cuando falleció su padre, se puso a labrar las tierras de su hacienda. En 1628 apareció por primera vez en la vida pública, habiendo sido elegido miembro del Parlamento. En el trato frecuente con los puritanos, había absorbido los principios de éstos y su aborrecimiento del romanismo. Era un hombre de aspecto tosco y fiero y se vestía de una manera rústica y descuidada. Felipe Harwick, hablando de él, dice: "Al principio lo traté con desprecio, pero debido al éxito brillante que obtuvo y al roce diario con personas cultas, llegó a ser, en mi opinión, hombre de buena presencia, de modales finos y de mucha dignidad". Otro contemporáneo suyo se refiere a él en este lenguaje pintoresco: "En medio de los peligros tremendos de la guerra, era un hombre de mucho ánimo; se movía en los lugares eminentes del campo, y en su semblante radiaba el fuego de la esperanza cuando ésta ya se había extinguido en los corazones de los demás".

Carlos II aspira al trono.

A pesar de la ejecución de Carlos I, el partido realista no se consideró vencido, ni todos los miembros del nuevo Parlamento estaban dispuestos a sostener a Cromwell. Si bien es cierto, por una parte, que las masas ofrecieron varias veces aclamarlo rey, y que otras tantas él rehusó la corona, también lo es, por la otra, que su autoridad democrática como protector de la República, peligraba diariamente. El príncipe Carlos II huyó al continente, yéndose a vivir a París con la reina madre. El Parlamento escocés permaneció fiel a la dinastía de los Estuardos; pero el pueblo amaba su libertad más que a los soberanos: con tal de abolir la forma republicana de gobierno, estaba dispuesto a que volviera a reinar Carlos, pero, al mismo tiempo, quería saber si éste intentaba portarse bien. En 1649 el Parlamento escocés lo proclamó rey con la condición de que había de procurar gobernar sabia y equitativamente. Los que, durante el reinado de Carlos I habían firmado el solemne Pacto nacional comprometiéndose a extirpar el papismo y la prelacía, los cismas y las herejías, exigieron al nuevo rey que suscribiera varios artículos confesando su arrepentimiento de no haber cumplido con dicho Pacto. Se sometió a las indignidades que le hicieron, por tal de ceñirse la corona. En 1651 el ejército de Cromwell derrotó a los realistas en Worcester, y Carlos huyó a Francia. Cromwell ejerció entonces la suprema autoridad; en 1653 llenó de soldados la Cámara Baja del Parlamento y disolvió éste diciendo: "Ya no hay Parlamento". El año siguiente fue proclamado con toda solemnidad Protector de la República.

La política de Cromwell.

Cambió por completo la situación política de Inglaterra. Si bien Cromwell era un puritano decidido, sus correligionarios no sabían a qué atenerse ni cuándo les llegaría el día del castigo. La nación consideraba el período del protectorado como un mero armisticio en la guerra entre los parlamentos y el partido realista; los seis años que pasaron entre la proclamación de Oliverio Cromwell como protector y la entrada en Londres de Carlos II como rey, o sea, del año 1654 al 1660, los ánimos estuvieron sumamente agitados. En la historia universal no hay un caso paralelo de la rapidez con que se sucedieron los acontecimientos en aquel período, ni de la prontitud con que dio fruto la semilla de la libertad. Las colonias de América estaban gozando por primera vez de la libertad religiosa; los protestantes del continente, que hacía tiempo no recibían el apoyo ni la simpatía de Inglaterra, volvieron a fijar en ella sus miradas; el nombre del gran Cromwell infundió respeto desde Calais hasta Constantinopla, y los monarcas católicos dejaron de perseguir a sus súbditos protestantes por temor de que, a la hora menos pensada, un ejército inglés invadiera sus reinos por orden del protector. Los soberanos de las naciones vecinas le rogaron que entrara en alianza con ellos; en contestación a la solicitud de España, le puso por condición que aboliera el tribunal de la inquisición. El estudiante imparcial de la historia puede asegurar que ningún gobernante ha sido juzgado tan injustamente por sus contemporáneos como lo fue Cromwell; asimismo, que ningún héroe ha obrado jamás con tanta rectitud, ni defendido con mayor éxito a todos los oprimidos en la Gran Bretaña como lo hizo él.

John Milton.

Milton sirvió cuatro o cinco años a Oliverio Cromwell como secretario particular, llevando la correspondencia en latín. El mundo de las letras conoce al autor de *El Paraíso Perdido*, como al poeta épico más grande que ha producido Inglaterra. Durante el período tempestuoso en que vivió, del 1608 al 1674, se distinguió como el defensor más hábil de la libertad del pueblo. La elocuencia con que defendió los derechos de la nación, fue tan eficaz como la espada con que peleó Cromwell; su *Areopagita*, o sea, su alegato en favor de la prensa libre, fue como el toque de las cornetas llamando al combate en defensa de la libertad civil y religiosa. Varias de sus obras en prosa son tan valiosas como ésta y, en tiempos posteriores, han influido en la raza sajona donde quiera que ésta se encuentra. Hablando de sus escritos en prosa, el historiador Macaulay dice: "Son semejantes a un magnífico lienzo de oro lleno de bordados primorosos". Cuando dio a la luz pública *El Paraíso Perdido*, sus amigos temían que no tuviera éxito. En 1667, habiendo llegado a la edad de cincuenta y nueve años, vendió el manuscrito de su obra inmortal a un librero llamado Samuel Simmons, por el precio de cinco libras esterlinas, con la condición de que doblara esta suma tan pronto como hubiera vendido mil trescientos ejemplares. Recibió las otras cinco libras, pero pasaron once años antes de que se vendieran tres mil ejemplares del libro. Cuando cayó la república y vino la restauración de la monarquía, Milton fue encausado por haber defendido el Protectorado, y fue echado en la cárcel; el decreto de amnistía general lo salvó de la pena capital. Lo afligieron muchas desgracias, siendo la mayor de ellas el quedarse enteramente ciego. Su ambición suprema fue ayudar a sus compatriotas en sus esfuerzos por asegurar la libertad. Falleció en 1674. Lo admiramos como al mejor poeta; el mundo llegará a considerarlo como el defensor más heroico de los derechos humanos que ha existido.

7

La Iglesia en Inglaterra durante la restauración monárquica

El reinado de Carlos II.

En 1660 volvió a Londres Carlos II, y el pueblo le dio la más cordial bienvenida. Con la ascensión al trono de este rey, reapareció la incertidumbre respecto a los asuntos de la religión.

La Iglesia Moderna - Años 1558 al 1900 d. C.

Muy grande fue el contraste entre la sencillez y seriedad del protectorado de Cromwell y el reinado de Carlos II. Éste contrajo matrimonio con Catarina de Braganza, hija del rey de Portugal. Siendo ésta una alianza católica romana, los ingleses temieron naturalmente que los reales consortes favorecieran el romanismo, temores que los hechos confirmaron muy pronto.

El Decreto de Uniformidad.

Los presbiterianos escoceses eran súbditos muy fieles que ejercieron su gran influencia para que Carlos II ascendiera al trono; al trabajar con este fin, no les pasó por la mente que su lealtad había de ser recompensada con la ingratitud del olvido, ya que no con latigazos. Pero estaban tratando con un Estuardo, es decir, con un traidor. Como el príncipe juramentado de la Iglesia Anglicana, estaba obligado a favorecerla, pero, a juzgar por sus obras, fue romanista de corazón durante la mayor parte de su reinado; al acercarse el fin de su vida, confesó que había sido recibido secretamente en el gremio de la Iglesia católica romana. Con el fin de condenar a los presbiterianos, los puso en la misma categoría que a los puritanos. En 1662 se dio el Decreto de Uniformidad, requiriendo a todos los pastores de las iglesias del reino que se ordenaran según el rito episcopal; que usaran el Libro de oración común; que prometieran sostener la Iglesia estatal y no apoyar más el Pacto nacional y que aceptaran públicamente el principio de que, bajo ninguna circunstancia, es lícito tomar las armas en contra de los soberanos. La coacción para ejecutar este decreto en cuanto se refiere a las órdenes, dio por resultado que dos mil predicadores dejaron inmediatamente sus cargos pastorales. Se hizo obligatoria en Inglaterra la forma episcopal del gobierno eclesiástico, y se impuso a Escocia el mismo yugo, no se dio tregua a la persecución de los presbiterianos. Se dio el decreto de la nula, prohibiendo a los ministros que no habían querido recibir la imposición de manos de un obispo, el residir a una distancia de menos de veinte millas de las parroquias que habían servido, o de tres millas de un distrito municipal.

Reuniones públicas.

En 1664 llegaron a su cúmulo estas medidas violentas; creyendo que, si se daba una ley prohibiendo las reuniones de oración que tenían los disidentes, todos los habitantes del reino se unirían a la Iglesia estatal, se publicó otro decreto según el cual no eran lícitas las reuniones de oración de más de cinco personas. Bajo el menor pretexto el gobierno echaba en la cárcel a los disidentes; prohibió a los ministros que no quisieron firmar el Decreto de Uniformidad, que se acercaran más de cinco millas a un distrito municipal o a una corporación y estableció un sistema de espionaje sumamente rígido y minucioso.

Las consecuencias.

La hostilidad de este reinado aumentó en intensidad; se dividieron los disidentes: algunos se inclinaban a cejar por tal de obtener alguna prerrogativa; bajo la dirección de los puritanos, los otros estaban decididos a no aceptar privilegios insignificantes y a ir a la cárcel antes que sujetarse a opresores tan corrompidos. El rey mostró muy a las claras que era indigno de la corona que se ceñía y de la nación que gobernaba; los individuos que componían su corte eran hombres corrompidos. En pago de la alianza que hizo con Luís XIV, prometió que

Inglaterra volvería a aceptar el romanismo y que sólo cuando fuera enteramente necesario, convocaría el Parlamento, ese cuerpo tan inconveniente para los monarcas absolutos. En la guerra con Holanda, perdió Inglaterra. Deshonrada ésta en el extranjero, llena de disensiones interiores, teniendo en la cárcel a unos, y llenos de temor a otros de sus mejores hijos, presentaba un espectáculo muy triste; su rey no era su protector, sino su peor enemigo.

Jaime II.

Carlos II trató de disimular la simpatía que en su corazón tenía a la iglesia católica romana, pero su hermano, Jaime II, después que ascendió al trono en 1685, lejos de disimular, declaró abiertamente que era romanista. La única característica de su reinado digna de alabanza, fue la política que siguió en las relaciones exteriores, especialmente la defensa que hizo de Inglaterra en contra de los franceses. Por otra parte, se esmeró en castigar a los disidentes con motivo de la actitud de oposición que éstos tomaron. Los miembros de la Iglesia anglicana no le tenían la menor fe; sabiendo perfectamente que no los estimaba, estaban listos a entregar todos los cargos pastorales en el país a los sacerdotes de la Iglesia católica romana. Con el objeto de sofocar por completo las disensiones en el Reino, estableció el Tribunal Superior, una especie de inquisición, y nombró presidente de él al infame lord Jeffreys, empalado para siempre por la pluma de Macaulay, cuyo nombre es no sólo el sinónimo de crueldad e injusticia, sino una mancha negra en la historia de Inglaterra. No hubo un solo hecho que mitigara la perversidad de su administración judicial; esta sirvió para apresurar la bien merecida ruina de Jaime II.

Guillermo y María.

A debido tiempo y como era muy natural, Jaime II se encontró aislado, habiendo perdido a todos sus adeptos; ninguna denominación protestante le profesaba el menor cariño personal, tenía respeto a su autoridad, ni creía que obraría nunca con justicia. En esta situación tan lamentable, la nación inglesa volvió sus miradas hacia Holanda, y las fijó en Guillermo, el príncipe de Orange, que había desposado a María, hija de Jaime II, quien era un protestante decidido y la personificación del amor que los holandeses tenían a la libertad y al protestantismo. Vino la revolución de 1688. En medio de los regocijos de un pueblo leal y libre, Guillermo y María aceptaron el trono que les ofreciera Inglaterra, y esta fue, por primera vez, una nación protestante. No cabe duda de que los soberanos que han reinado después, han sido fieles a la causa santa del Evangelio.

8

El deísmo en Inglaterra

Orígenes del deísmo.

Los rastros de la incredulidad en Inglaterra se remontan hasta el principio del siglo XIII. Al concluir la Edad Media, había en la Gran Bretaña una afinidad muy marcada con el libre pensamiento de Italia. En las márgenes del Támesis vivían humanistas hábiles versados en la literatura que los Médicis de Florencia y el papado patrocinaron tan cordialmente, y que elevó las obras clásicas de los griegos y de los latinos sobre la Sagrada Escritura y los escritos de teología. Las Universidades de Oxford y de Cambridge no dejaron pasar desapercibidas, sino que examinaron con esmero, las labores de los literatos italianos, hechas bajo la inspiración del amor a las letras clásicas. Cuando llegó la Reforma, los hombres pensadores hicieron a un lado sus trabajos para ocuparse exclusivamente en estudiar las nuevas doctrinas. La nación se dividió en dos grandes gremios: la Iglesia protestante de Inglaterra y la antigua Iglesia católica romana. Aquélla se subdividió en dos grupos numerosos: la Iglesia estatal y los independientes o disidentes. Una vez organizados estos cuerpos religiosos, empezaron sus trabajos con toda regularidad.

Bacon y Locke.

A pesar de que el nuevo sistema de Bacon y Locke es vigoroso en sus argumentos, ejerció una influencia perniciosa en las doctrinas evangélicas; su hostilidad, pero, fue más bien aparente que real y si se hubiera comprendido esto entonces, como se ha visto después, dicha filosofía habría sido como una fortaleza edificada para defensa del cristianismo. Por una parte, da una preeminencia muy notable a la naturaleza y a sus leyes y, por otra, casi se olvida de la influencia divina. Locke era un buen cristiano, pero con su teoría de las ideas contenida en su sistema que carece de todo elemento espiritual, estimuló en Inglaterra el estudio de los argumentos de Voltaire y Condillac, mereciendo así el nombre que la historia le ha dado, de precursor de Hume.

Principios fundamentales del deísmo.

La característica principal del deísmo inglés fue la ausencia de todo elemento místico y especulativo; reconoce a Dios como al Ser Supremo, existente por Sí mismo, pero no como inmanente, o que permanece, en la naturaleza ni en el gobierno del universo. Los principios fundamentales del deísmo son los siguientes: una vez establecido el orden natural del mundo, empezó a obrar todo aquello que era necesario para el desarrollo del género humano; no fue absolutamente necesario que viniera el cristianismo, puesto que todas las enseñanzas en él contenidas, han existido desde un principio; es una repetición de las primeras doctrinas que recibieron los hombres; lejos de ser la comunicación de la verdad divina, la revelación es superflua; no existe tal cambio como la regeneración moral del hombre; el grado más alto de su desarrollo es el resultado y progreso natural de sus dotes.

Escritores deístas.

Los escritores deístas que sobresalieron entre sus contemporáneos por su gran talento, su profunda y variada erudición y su conocida sinceridad, formaron un grupo notable. El primero de éste fue el lord Herbert de Cherbury, cristiano celoso, que decía haber recibido una revelación especial de lo alto, autorizándolo para que publicara su apología de la fe deísta. En los escritos de este autor encontramos los últimos vestigios de un elemento intensamente espiritual del deísmo inglés. Ninguno de los escritores de este grupo escribió en el estilo petulante y satírico de Voltaire y la escuela francesa. El período del deísmo empezó a mediados del siglo XVII y duró hasta fines del XVIII. Después de Herbert, aparecieron sucesivamente: Blount, Shaftesbury, Collins, Mandeville, Woolston, Tindall, Morgan, Chubb, Bolingbroke, Hume y Gibbon. De todos éstos, el que ejerció una influencia más perniciosa fue Hume, quien, en su obra intitulada *Ensayo*, atacó especialmente la creencia en los milagros. La *Historia de Inglaterra* que escribió y la que, conforme a sus palabras proféticas, leyó el público con la avidez con que lee los diarios, le dio gran celebridad y difundió por todo el país su opinión sobre los milagros.

El deísmo en el continente.

Muchos escritos deístas fueron traducidos en las lenguas continentales y circularon por todas partes. En Alemania fueron muy bien recibidos, debido al ambiente que la decadencia general de la religión había creado; en Inglaterra coadyuvaron muy eficazmente a preparar el terreno para la venida del racionalismo. Entre los deístas ingleses y sus hermanos de Francia había una simpatía muy profunda; muchas de las ideas que aquéllos emitieron en sus obras, eran oriundas de Francia, sólo que habían cambiado de aspecto al pasar por el filtro de la mente seria de los anglosajones.

Escritores apologéticos.

El número considerable de escritores hábiles que se propusieron difundir el deísmo; la persistencia metódica de sus ataques en contra de las doctrinas ortodoxas y la sanción que recibieron de parte de la aristocracia, dieron al deísmo vigor y buen éxito. Pero no durmió nunca la oposición evangélica; tan pronto como percibió lo peligroso que era este nuevo enemigo del cristianismo, se preparó para la defensa y, siguiendo luego las mismas tácticas del contrario, lo atacó por todos lados. El deísmo había asaltado los Evangelios, los apologistas probaron que son de origen divino; Hume procuró destruir la creencia en los milagros; con sus *Evidencias del cristianismo*, el doctor Paley procuró fortalecer la fe vacilante. Baxter, Boyle, Sherlock, Leland, Warburton, Larduer y otros apologistas refutaron los escritos de los deístas. El argumento más fuerte que se usó, y que dio el golpe de gracia a los mencionados heterodoxos, fue la *Antología de la religión natural y revelada*, por el doctor Butler, que salió a la luz pública en 1736. El movimiento metodista que influyó tanto en la vida espiritual de las almas como en las discusiones de asuntos teológicos, despertó una reacción fuerte y cabal en contra del deísmo. Las masas estaban saturadas de incredulidad, la que diariamente se volvía más crasa y semejante al escepticismo francés. La predicación de los Wesley, Whitfield y sus adeptos impresionó al pueblo de tal manera, que revivió el deseo de una vida espiritual.

El deísmo en América.

La América septentrional estaba siempre al tanto de todos los movimientos intelectuales de Francia o Inglaterra; los deístas europeos tenían, por consiguiente, amigos en este continente, que simpatizaban con sus doctrinas. En algunas poblaciones pequeñas se reproducían las obras deístas y despertaban interés, ya que no hacían prosélitos. Tomás Paine, el autor popular de los folletos que se publicaron abogando por la independencia de las colonias, era un deísta que reflejó el escepticismo atrevido y rudo de los franceses más bien que el deísmo circunspecto y sabio de Inglaterra.

9

La Iglesia Protestante en Alemania

Las variaciones del protestantismo.

En cuanto se referían aquellos protestantes de Alemania, los cargos que Bossuet y Balmes hicieron al protestantismo, tenían las apariencias de la verdad; pero, en sus obras respectivas, las *Variaciones del protestantismo* y *El protestantismo comparado con el catolicismo,* no hicieron cuenta del hecho trascendental de que es más efectivo el ataque de los hombres pensadores en contra de un gran sistema de supersticiones y doctrinas erróneas, cuando lo hacen por varios lados y combinando sus diversas opiniones. Con motivo de sus dotes intelectuales y de su experiencia espiritual tan distintas, los reformadores abrigaban diferentes opiniones fundamentales; en todo lo esencial reinaba la conformidad desde Ginebra, en el sur, hasta Estocolmo, en el norte, y desde Dresden, en el oriente, hasta Escocia, en el noroeste de Europa.

El prurito de controvertir.

El mal de las variaciones del protestantismo alemán no estaba en éste, sino en el prurito desgraciado de controvertir que tenían sus adeptos. Que Lutero y Zuinglio tuvieran pareceres muy distintos acerca de la Santa Cena, no era nada extraño ni perjudicial, puesto que sus discípulos que hubieran estudiado dicho sacramento de una manera perseverante y devota, habrían descubierto la verdad. Que la doctrina de la elección hubiera excitado los ánimos de los reformadores, era muy natural; pero no lo fue el que sus sucesores se olvidaran del espíritu de esa enseñanza y se enzarzaran en enconadas disputas por cualquier cosa. Las controversias que continuaron en el seno de los luteranos, fueron tan numerosas como triviales.

Controversias especiales.

Aun vivía Martín Lutero, cuando Juan Agrícola empezó la *controversia antinomiana,* sosteniendo que las leyes mosaicas fueron especialmente para los judíos. Poco antes de que falleciera el gran reformador, principió la *controversia adiaforista* sobre los usos católicos romanos que, en opinión de algunos, podían conservarse en la Iglesia, tales como los cirios, las fiestas, las togas y otras cosas. Giró también sobre ciertas concesiones en varias materias de doctrina. La *controversia sinergista* trató sobre la concernencia de la gracia divina con el libre albedrío en la salvación de las almas. Osiandro dio origen a la controversia que lleva su nombre y que versa sobre la relación de la justificación a la santificación, o sea, el efecto de la justicia de nuestro Señor Jesucristo en el alma justificada. La *controversia criptocalvina* trató de la interpretación que se debe dar a las palabras que el Señor usó en la institución de la Santa Cena. La más importante de todas estas controversias fue *la sincretista* que Jorge Calixto dirigió con el fin de que todos los controversistas se pusieran de acuerdo, aceptando como base el Credo de los apóstoles.

Resultado de las controversias.

Los protestantes que perdieron más con motivo de estas disensiones violentas, fueron los luteranos: las secciones en que se dividieron, fueron hostiles unas a otras; se perdió por aquel entonces, la oportunidad de hacer adelantos en contra del catolicismo romano, y parecía que el protestantismo alemán estaba haciendo esfuerzos inauditos por destruirse a sí mismo. La Iglesia reformada obró de una manera muy diferente; sus miembros trabajaron sistemáticamente y, siguiendo el curso del Rin, diseminaron sus doctrinas de ambos lados; enseñaron su teología en Holanda, y pasaron luego a Inglaterra de donde se embarcaron para el Nuevo Mundo.

Consecuencias de las controversias.

El período prolongado de las controversias tuvo el efecto natural de producir una gran decadencia espiritual. La lucha de términos teológicos y de palabras duró como cien años, o sea, hasta la conclusión de la guerra de los treinta años, en 1648. La Iglesia se había olvidado de su misión en el mundo; en vez de predicadores del Evangelio, controversistas ocupaban el púlpito y argüían como si el destino de la raza humana dependiera de las fórmulas verbales con que se definían las doctrinas. A la par que los protestantes se olvidaban de practicar el cristianismo, sudaban las prensas imprimiendo diatribas teológicas. Al concluir la guerra de los treinta años, en la que se sacrificaron millares de vidas y cuantiosas sumas de dinero, Alemania no estaba preparada para satisfacer las necesidades materiales y espirituales de la nación en aquel período tan crítico. Aún en nuestros días, la lentitud con que se va extendiendo la regeneración ortodoxa, es uno de los legados tristes de las controversias violentas de hace más de tres siglos, con que está luchando la Iglesia alemana.

10

El misticismo en Alemania

La reacción espiritual.

Aún durante el período de la Reforma había habido indicios de que estaba por reaparecer el antiguo misticismo que, en época anterior y de un modo tan sublime, habían ejemplificado con su índole y en sus vidas Juan Tauler y Enrique Suso. Pero la conmoción y agitación de la época en que empezó la revolución religiosa, interrumpieron y perturbaron las meditaciones y la calina de los místicos. Por más que el misticismo en su madurez se descarríe de los caminos seguros, empieza estimulado por los motivos más puros; en su niñez está siempre de parte de la verdad y de la sabiduría. El nuevo grupo de místicos que apareció durante el período de las polémicas, no sólo protesta enérgicamente en contra de la corrupción universal, sino que abogó por el avivamiento de la fe en lo invisible, por una confianza grande en el Espíritu que guía a las almas y por la vuelta de la Iglesia a una vida más pura

Boehme y otros místicos.

Jacobo Boehme, que nació en 1575 y falleció en 1624, era un hombre humilde, sajón de raza y zapatero de oficio. A pesar de que carecía de cultura, no habiéndose educado en la universidad, lo original de sus pensamientos, la pureza de su vida y la percepción tan clara de lo inútiles que eran las controversias de aquel entonces, le valieron el respeto de las personas de saber y de vida espiritual. Con motivo de la indignación que le causó el rencor teológico que se tenían los polémicos, llegó a menospreciar la letra. En su parecer, la diferencia que existe entre la inspiración de la Sagrada Escritura y las revelaciones especiales que Dios ha hecho a todos los hombres buenos en todas las épocas, es muy pequeña. El mejor libro que escribió fue *La Aurora,* en el que declaró que había recibido revelaciones divinas y escrito bajo el impulso de un poder irresistible. Hablando de estas comunicaciones, dice: "No he deseado saber nada de los misterios divinos, mucho menos he procurado comprenderlos; lo que he buscado es el corazón de mi Señor Jesucristo para en él esconderme de la cólera de Dios y el poder de Satanás". Schlegel dice que, comparado con Klópstock, Milton y aun con Dante, "Boehme los supera en la plenitud de sus emociones y la profundidad de sus pensamientos; en cuanto a la forma, no le arrebatan la palma, puesto que su estilo es tan poético y sublime como el de ellos".

Arndt y Gerhard.

Menos místico pero más práctico que Boehme, fue Juan Arndt, el autor de *El Verdadero cristianismo.* Los historiadores colocan a estos dos místicos en la misma categoría, y justamente, si se toma en consideración la influencia espiritual tan semejante que ejercieron. La mencionada obra es un esfuerzo intrépido y vigoroso por divertir la atención de toda la Iglesia Alemana de las polémicas y la teología especulativa de aquellos tiempos, a la fe genuina en nuestro Señor Jesucristo y al amor de una santa causa. Este libro, que hizo una impresión muy grande, no tiene absolutamente ningún colorido sectario; con excepción de la Biblia y de la *Imitación de Jesucristo,* ha tenido más circulación que ninguna otra obra en el continente. Poco tiempo después de su publicación, apareció también en los Estados Unidos de América; la llevaron juntamente con la Biblia los alemanes que, siguiendo a Guillermo Penn, fundaron y desarrollaron la colonia de Pennsilvania. Gerhard, el hijo espiritual de Arndt, hizo cuanto estuvo a su alcance por perpetuar la obra de éste; trató de definir los puntos de controversia entre los teólogos a fin de armonizar sus opiniones. Su obra principal fue la *Explicación exegética* de ciertos pasajes. Su profundo saber y su elevada piedad le granjearon el respeto de todas las clases de la sociedad. Juan Valentino Andrea, cuya arma más poderosa fue la sátira, trabajó en este mismo departamento; expuso al ludibrio público la alquimia, o sea, el arte que se proponía trasmutar en oro los demás metales, y hallar la piedra filosofal por medio de operaciones químicas, y de una manera indirecta mostró cuán ridículas eran las polémicas teológicas de sus tiempos.

Influencia del nuevo misticismo.

El nuevo movimiento místico no prometió dar resultados permanentes. Por otra parte, no se debe juzgar un fenómeno espiritual, sin tomar en consideración sus afinidades y relaciones. No cabe la menor duda de que la notable escuela de místicos que fundó Boehme, fue la precursora de la gran reforma pía. Es muy cierto que acentuaron demasiado ciertos puntos difíciles de la doctrina cristiana, que magnificaron mucho la visión interior del espíritu y que tenían una concepción vaga de algunas de las enseñanzas fundamentales de la revelación; pero lo es igualmente que desde el siglo XVI hasta el XVIII, fueron los mensajeros de la verdad espiritual, tal cual Lutero y Melanchton la habían visto y comprendido. Eran como otros tantos vasos toscos y anticuados; pero el tesoro que contenían era de un valor inestimable.

11

La Guerra de los Treinta Años

Disensiones entre los protestantes.

La Iglesia luterana hizo muy pocos adelantos en el sur de la Alemania central, mientras que la reformada se estableció no sólo en Suiza y en el sur de Alemania, sino también en Holanda. Los grandes campeones de la Reforma no tuvieron sucesores capaces de continuar la gran obra; la segunda generación protestante en el continente era de hombres que se fijaban en los puntos de diferencia, sin acordarse de los de unidad, o al menos de semejanza, que había entre sus creencias. Todos los antagonismos sutiles de la primera mitad del siglo XVI, se acentuaron más durante la segunda. Para la obra de la Reforma, se necesitaba toda la energía de sus adeptos; pero éstos la debilitaron con sus controversias sobre la elección, la consubstanciación y otras doctrinas. Aun los príncipes protestantes tomaron parte en aquellas disputas acaloradas. El príncipe palatino, o virrey, estaba tan firme en sus opiniones teológicas que persiguió a sus súbditos luteranos por no estar éstos de conformidad con él, al paso que el príncipe sajón hizo lo mismo a los habitantes de sus territorios que pertenecían a la Iglesia reformada. Todos los protestantes de Suecia que no quisieron aceptar la Confesión de Augsburgo, fueron condenados al destierro.

La unidad católica romana.

Contrastan de una manera muy notable las divisiones de los protestantes con la unidad de la Iglesia católica romana. Obligada ésta por el gran movimiento de la Reforma a ponerse a la defensiva, desde Roma dio a todo el orbe católico la orden de unirse y preservar una armonía perfecta, y el mandato se obedeció fielmente. Todo el gremio romanista, desde el Papa hasta el fraile mendicante más oscuro, presentó una falange sólida al protestantismo. Pero, no obstante las divisiones que había entre los jefes de la nueva generación protestante, y la unidad de los católicos romanos, aquéllos tenían bastante vigor y amenazaron tomar posesión de Alemania central y del sur. Una gran parte de Baviera era protestante; cambió después, y desde entonces ha sido una de las naciones decididamente católicas romanas.

Aumentan los antagonismos.

Aumentando diariamente la oposición de los católicos romanos a los protestantes, se previó claramente el resultado. En lo futuro no había de limitarse el combate a los libros, folletos, concilios y las universidades. Las discusiones invadieron el terreno de la política y los gobernantes vieron a la vez la oportunidad de ensanchar, y el peligro de perder sus territorios. Todas las cuestiones políticas asumieron un carácter religioso, tan lejos llegó el conflicto de las opiniones teológicas, que los soldados estaban listos a continuar la lucha con la espada hasta que los teólogos se cansaran de discutir de palabra o de manejar la pluma. Los católicos romanos procuraron tener influencia con todos los soberanos de Europa y, debido a la inercia y falta de perspicacia de los protestantes, lo consiguieron. El elector de Sajonia, por ejemplo, era, como dice Macaulay: "El jefe del partido protestante de Alemania; pero, en los días más críticos de la lucha entre la Reforma y el romanismo, se rebajó a ser el instrumento en manos de los papistas". El mismo historiador nos da la elocuente descripción que sigue, de la fidelidad con que los católicos romanos trabajaban por su causa: "Maximiliano de Baviera, que se educó en el colegio de los jesuitas, era un misionero entusiasta que usó bien su poder de príncipe. El emperador Fernando II dejó más de una vez que peligrara su trono, antes de cejar en lo mínimo al espíritu de la revolución religiosa. Por no renunciar su fe, Segismundo de Suecia perdió su corona. En una palabra, mientras que en todo el partido protestante no vemos sino languidez, el católico romano está lleno de entusiasmo y devoción".

Gustavo Adolfo de Suecia.

El soberano de Suecia fue el campeón de las fuerzas protestantes. Walenstein, el general más famoso del continente, acaudilló la liga católica romana. Aquél era un varón muy piadoso, que consideraba esa lucha como una guerra santa; sus soldados acostumbraban marchar al campo de batalla llenos de fe en que alcanzarían la victoria y cantando el himno marcial de Lutero:

"Ein' feste Burg ist unser Gott" (Castillo fuerte es nuestro Dios).

Gustavo murió en la batalla de Latzen, en el día de la victoria, el año 1632. Concluyó la guerra y los congresos que se reunieron en Münster y en Osnabrück el año 1648, firmaron la paz de Westfalia. Los católicos romanos ganaron territorio; los protestantes de la Alemania central aseguraron la libertad de conciencia. De Bohemia y Baviera desapareció por completo el protestantismo, en Hungría permaneció solamente la mitad de los protestantes que había al empezar la guerra; más tarde, en 1635, el Palatinado pasó al dominio de la dinastía católica romana de los Neuburgos.

Resultados de la guerra.

Ambos partidos pretendieron haberse llevado la palma de la victoria; no hubo particiones formales de territorios ni cambios de dinastías en los gobiernos; aquella fue una guerra de extirpación y el terreno donde se había exterminado una población, ya fuera de católicos romanos ya de protestantes, pertenecía a los vencedores. Los habitantes del sur continuaron en el gremio de la Iglesia católica romana; los del norte permanecieron fieles a las enseñanzas de la Reforma. Se concedieron a los soberanos protestantes los derechos de electores, y a las Iglesias luterana y reformada la tolerancia de cultos y el ejercicio de todos sus privilegios como corporaciones religiosas. Las fronteras de los países protestantes y las de los católicos romanos se fijaron de una manera tan exacta que hasta el día de hoy permanecen casi intactas.

12

La emigración de Protestantes al Nuevo Mundo

El país de refugio.

Los reformadores no llevaron a cabo su obra ni establecieron firmemente el protestantismo en ningún país de Europa, sin pasar antes por las pruebas de una persecución sangrienta. Varios de ellos fueron echados en las cárceles pero, por lo general, los perseguidores les quitaban la vida antes de que pudieran escapar con ella a otro país. Siempre que tenían la oportunidad, los protestantes que ya no podían sufrir la persecución política y religiosa que se les hacía en su patria, emigraban de ella. Los católicos romanos violaron los derechos sagrados de los individuos y, bajo el pretexto sutil del celo que tenían por su religión, acusaban a los protestantes de falta de lealtad a los soberanos y de respeto a las leyes. Estos cristianos reformados, viéndose tan oprimidos en Europa, generalmente abrigaban la esperanza de emigrar algún día al Nuevo Mundo y de encontrar allí un hogar tranquilo y feliz. Los españoles habían descubierto varios países en este continente y pasmado a Europa con sus informes respecto de los tesoros inmensos que habían encontrado. Las guerras entre España e Inglaterra hicieron a ésta una enemiga de aquélla en todos los mares; los capitanes de buques ingleses hacían viajes largos con el objeto exclusivo de encontrarse con los grandes bajeles españoles que cruzaban los mares con cargas de metales preciosos sacados de las minas de México y Sur América. Los protestantes, a quienes los monarcas y pueblos de Europa persiguieron tan cruelmente, veían en la América del Norte una tierra de promisión, un país de refugio, y acariciaban ideales más nobles y elevados que los que impulsaron a los conquistadores de la América española y a los sacerdotes que con ellos fueron.

Las colonias de emigrados.

Cuando la persecución arreció más que nunca en Inglaterra, emigraron a este continente multitudes de puritanos, presbiterianos, bautistas y amigos. De Francia salieron los hugonotes. Muchos suecos vinieron y en las riberas del río Delaware, fundaron una colonia con el nombre de la Nueva Suecia, que floreció y en la cual fue muy grande el influjo de la religión. Un sinnúmero de los holandeses que acababan de sacudir el yugo de los españoles, se estableció en las márgenes de los ríos Hudson, Passaic y Mohawk. Los católicos romanos que emigraron de Europa, se establecieron en el Canadá, en Maryland y la Florida, en México y Sur América. Las colonias fundadas en ésta, vinieron de España y de Portugal; las del Canadá, emigraron de Francia.

13

Jacobo Arminio y el Sínodo de Dort

El escenario de las controversias.

En Holanda se estudiaron y discutieron con grande interés las cuestiones religiosas; con tanta certeza descendía la corriente de ideas teológicas de Ginebra a los Países Bajos, como va el Rin de Basilea al mar. Las enseñanzas de Juan Calvino prevalecieron tanto entre los protestantes que vivían cerca de la boca de dicho río, como entre los que las escuchaban de sus labios a orillas del lago de Ginebra. Además, entre los holandeses aparecieron diferencias de opinión muy marcadas y, durante los últimos treinta años del siglo XVI, hubo indicios seguros de que se acercaba la tempestad.

Jacobo Arminio

Jacobo Arminio se puso a la cabeza de la reacción en contra de las doctrinas extremadas del calvinismo. Nació en 1560, estudió teología con Beza en Ginebra y volvió como predicador a la ciudad de Amsterdam. Fue elegido profesor en la Universidad de Leyden y, estando opuesto a la doctrina de la elección, y como acentuaba él, libre albedrío, entró luego en controversia con Gomaro, que era el representante de la teología calvinista. A poco tiempo se extendió la polémica por todo el país; los términos teológicos anclaban en labios de todo el mundo. Los holandeses, hombres por lo general pacíficos, discutían los asuntos de la religión con la misma facilidad con que empuñaban los remos de sus botes, observaban sus molinos de viento o fumaban sus pipas. El fallecimiento de ambos controversistas no calmó el ardor de las discusiones, que continuaron no sólo en la Universidad y en los hogares, sino en los círculos de los Estados generales, o sea, del gobierno.

Los censurantes.

Los apodos de arminianos y gomaristas no bastaron ya para significar los principios que defendían respectivamente los dos partidos, y éstos tomaron los nombres nuevos de censurantes y contracensurantes. Habiendo acusado de perturbadores de la paz pública a los arminianos, éstos presentaron una protesta en contra de los cinco artículos que los gomaristas habían sometido a los Estados Generales para su aprobación.

Después del fallecimiento de Arminio, Wytembogart y Episcopio se pusieron a la cabeza de los censurantes y defendieron intrépidamente su causa. En 1613, el gobierno dio orden de que hubiera una discusión pública de los puntos controvertidos, pero, a pesar de los esfuerzos que con este fin se hicieron, no tuvo lugar dicho debate.

Partidos rivales.

Habiendo invadido éstos el terreno de la política, Mauricio de Nassau se imaginó que uniéndose al partido de los contracensurantes, llegaría a obtener el poder supremo.

Desde el principio, los censurantes sospecharon y comprendieron sus planes ambiciosos y le hicieron una oposición muy fuerte, especialmente Juan Olden Barneveld y Hugo Grotio, pero fracasaron. El primero de estos individuos fue condenado a la pena capital, y el segundo, a prisión. Los censurantes tenían influencia y muchos adeptos en el pueblo, mas el gobierno estaba opuesto a ellos y decidió suprimirlos por completo.

El Sínodo de Dort.

No viendo ningunas probabilidades de que se restableciera la paz, los contracensurantes hicieron que se reuniera un Sínodo con la esperanza de que éste eliminara para siempre la teología arminiana. Desde el principio les llevaron una ventaja muy grande a los censurantes, puesto que no les permitieron asistir a las sesiones, antes los citaron y trataron como reos. El Sínodo abrió sus sesiones el 13 de noviembre de 1618; celebró ciento ochenta, y las clausuró el 9 de mayo de 1619. No se permitió la discusión de la doctrina de la elección, que era el caballo de batalla entre los dos partidos. Asistieron los teólogos más hábiles de las Iglesias protestantes de Europa; cincuenta y ocho holandeses, veinticinco de Inglaterra y Escocia, y otros del Palatinado, Hesse, Nassau, Suiza, la Frisia oriental y de Bremen. Durante la sesión vigésima segunda y previo el consentimiento del Sínodo, se presentó Episcopio, acompañado de doce censurantes y, en un discurso elocuente y enérgico, explicó los principios de su partido. Empezó entonces una discusión que continuó hasta el día quincuagésimo séptimo, habiendo sido excluidos del local todos los censurantes. Salieron victoriosos los contrarios; el gobierno aprobó la decisión del Sínodo y condenó y desterró a los censurantes. Durante el reinado de Enrique Federico, sucesor de Mauricio, se mitigaron estas medidas; pero la teología holandesa permaneció decididamente calvinista.

14

La persecución en Salzburgo

Estado de Alemania después de la paz de Westfalia.

Las controversias debilitaron a la Iglesia Alemana de una manera verdaderamente lamentable. El territorio del palatinado se convirtió en el teatro de un conflicto muy duro entre los protestantes y los católicos romanos, y fue grande la discordia que dividió a las diferentes organizaciones religiosas de los primeros. En la Prusia oriental y en Polonia, los jesuitas eran sumamente agresivos y persiguieron a los protestantes, que no gozaban de la protección del gobierno. Pero había pasado la época de los mártires, y venido la de la libertad; los opresores perpetraban sus persecuciones solamente en los lugares alejados de los grandes centros de población.

Los protestantes de Salzburgo.

En la provincia austriaca de Salzburgo, situada en los Alpes nórdicos, hacía mucho tiempo que existía un pequeño grupo de protestantes pacíficos, pero, a la vez, entusiastas por su religión. Los demás habitantes eran romanistas fanáticos que tomaron medidas represivas muy severas. Viéndose los protestantes en la alternativa de aceptar el papismo o de expatriarse, con verdadero heroísmo decidieron permanecer fieles a sus creencias. El arzobispo de Salzburgo no tuvo lenidad con ellos y los desterró.

Los desterrados.

En 1731-32, los protestantes de Salzburgo salieron de sus hogares en las montañas alpinas y en el hermoso valle de Salza y, acompañados de sus esposas y de sus hijos, emprendieron la peregrinación sin saber a dónde iban. Caminaron hacia el norte y despacio, porque iban a pie; habían dejado las pocas posesiones que tenían y presentaban un ejemplo de sublime fidelidad a sus convicciones religiosas. Las ciudades y pueblos protestantes por donde pasaban, los hospedaban con cariño, asistían a los enfermos que había entre ellos y les daban a todos cuanto habían menester; el elector de Prusia los recibió muy bien en Berlín. Tan pronto como habían descansado, emprendían otra vez su peregrinación en busca de la libertad; por último se separaron, permaneciendo unos en Prusia, otros en Inglaterra y emigrando algunos a la América del norte.

La colonia de Georgia.

El resultado más notable que dio la persecución de los protestantes de Salzburgo, fue su emigración a la América septentrional. Una compañía de dichos emigrados estableció en Georgia, cerca de Savannah, una colonia muy bonita e industriosa, llamándose el principal de sus pastores Bolzio, y su historiador Ulspergio; éste llevó un diario del desarrollo que iba teniendo la colonia. Dicho libro es ya muy raro. La narración que nos nuestra la vida tan pura y de la paciencia tan admirable de aquellos colonos, es una de las más notables que contiene la historia de la Iglesia. Cuando Juan Wesley fue a trabajar como misionero entre los indios de Georgia, se encontró con estos protestantes emigrados de Salzburgo, quienes le prestaron una ayuda muy valiosa; con su simpatía y actividad animaron también a Whitefield cuando éste se propuso construir un edificio para su orfanato.

15

Jacobo Spener y el pietismo

Una nueva oportunidad.

Al concluir la guerra de los treinta años, las masas parecían estar tan indiferentes a sus necesidades espirituales como lo habían estado en épocas anteriores; las calamidades nacionales, por lo general, producen avivamientos profundos de la vida religiosa; pero no fue así en esta ocasión. La índole amarga de las polémicas teológicas que precedieron a dicha guerra, produjo naturalmente una cosecha abundante de cizaña. Más aún: la ruina y desolación se veían por todas partes. Las ciudades de Alemania estaban llenas de los escombros de los castillos, las iglesias y las casas particulares que habían sido derribadas durante la guerra, bajo el impulso de las pasiones desenfrenadas. Muchos pueblos presentaban el aspecto de terrenos que han sido trillados y sembrados de sal; las poblaciones habían sido diezmadas; no habían vuelto los varones de mediana edad que habían ido a la guerra, y la mayoría de los habitantes se componía de ancianos, mujeres y niños que estaban abandonados enteramente, puesto que de la cura de las almas no quedaba en Alemania más que el grato recuerdo de tiempos pasados. El clero de aquel entonces no tenía el menor concepto de la santidad del ministerio. Tan pronto como los cañones cesaron de hacer fuego y concluyó la guerra, empezó de nuevo la controversia entre luteranos y calvinistas con tanto encono como el que habían mostrado antes de que se interrumpiera la paz.

Jacobo Spener.

El campeón del avivamiento espiritual en Alemania fue Felipe Jacobo Spener, que nació en Alsacia el año 1635. Empezó su ministerio predicando en Estrasburgo; era tan grande su elocuencia, que no sólo atraía grandes multitudes, sino que inspiraba en ellas el deseo ferviente de llevar una vida religiosa más elevada. Denunció abiertamente la decadencia espiritual de la Iglesia, y amonestó al pueblo a que volviera a las antiguas costumbres religiosas que prevalecieron durante el primer período de la Reforma. Describía la perversidad de aquella generación, que no se conmovió ni aun a vista de la desolación que había causado la guerra, con una elocuencia que se aproximaba al fervor de Pedro el Ermitaño y al sublime entusiasmo místico de Tauler. En 1666 cambió el lugar de su residencia, habiendo aceptado el cargo pastoral de la iglesia luterana más antigua de Frankfurt, donde empezó a ejercer su influjo en la mente pública. Se reunía con sus congregantes para instruirlos en la Sagrada Escritura y promover en todos ellos el desarrollo de la vida religiosa. Su *Pia Desideria* (Deseos Piadosos), obra que dio a la impresión en 1675, ejerció una influencia muy grande y persuadió a muchas almas a aceptar nuestra santa religión. De Frankfurt pasó a Dresden, donde fue predicador de la corte. Falleció en Berlín el año 1705.

Influencia de Spener en la vida religiosa en Europa.

Muy importante fue la influencia que Spener ejerció en la vida religiosa de Europa; este siervo de Dios siguió fielmente el camino marcado por la divina Providencia. En los años que pasó en Estrasburgo, haciendo sus estudios, no tuvo la menor idea de la obra tan grande que más tarde había de llevar a cabo. Había absorbido su atención en el estudio de la heráldica; era, sin embargo, muy espiritual y estaba siempre listo para entrar por cualquiera vía que Dios le señalara. Desde que empezó a ejercer su ministerio, mostró un cariño muy tierno y grande a los niños, apreciando sus bellas cualidades y, viendo que tenía en ellos mayor influjo cada día, les enseñaba con esmero la palabra de Dios y procuraba que desarrollaran una vida íntimamente religiosa. Las clases bíblicas que organizó en Frankfurt, sirvieron de modelo para otras muchas que se multiplicaron por todo el país y fueron el medio más eficaz de aquellos tiempos para restaurar a la Iglesia Alemana el conocimiento de las Sagradas Escrituras.

La Escuela de Spener.

A la originalidad de sus métodos, Spener adunaba una índole sumamente atractiva; no es nada extraño, por lo tanto, que se organizara una escuela de pietistas para seguir su ejemplo y preservar sus enseñanzas. Escarnecieron a los miembros de esta escuela, poniéndoles el apodo de pietistas, como lo habían hecho con otros cristianos a quienes llamaron brownistas, metodistas, cuáqueros etc. Aceptaron el nombre que ha prevalecido hasta el día de hoy. No se separaron nunca de la Iglesia luterana; eran simplemente *ecclesiola in Ecclesia,* una iglesita en la Iglesia, y formaron pequeños grupos de individuos que se consagraban a obras prácticas de piedad y al escudriñamiento de la Sagrada Escritura.

La Universidad de Halle.

El resultado más importante del movimiento pietista fue la fundación de la Universidad de Halle el año 1694. Habiendo la Alemania protestante manifestado el anhelo de que viniera una época de avivamiento religioso, los educadores del país contestaron estableciendo este plantel de educación. Los tres miembros de la facultad de teología, Francke, Anton y Breithaupt, eran discípulos de Spener. El primero ejerció una influencia mucho mayor que la de sus colegas. Habiéndose convertido Halle en un centro muy importante del pietismo, los estudiantes eran cristianos devotos que estaban familiarizados con la Sagrada Escritura. Frammeke se dedicó al cuidado y a la educación religiosa de la niñez. Habiendo fundado un orfanato en la mencionada ciudad, no solicitó contribuciones, pero anunció públicamente que, para su manutención, aquellos huérfanos dependían de los donativos voluntarios de los cristianos; el resultado fue que de todas partes le llegaron dádivas. Al principio el orfanato era muy pobre y humilde, pero, con el tiempo, llegó a ser uno de los planteles de beneficencia más famosos del mundo. Se construyeron dormitorios grandes para los alumnos y, a fin de ayudar al sostenimiento propio, se establecieron una imprenta y una casa editorial. De estas prensas salió la famosa edición Canstein de la Biblia. Este fue el primer esfuerzo que se hizo por establecer la costumbre, hoy día muy arraigada, de publicar ediciones sumamente baratas de la Sagrada Escritura. Canstein es el nombre de un noble alemán que sugirió el proyecto de publicar la traducción que Martín Lutero había hecho de la Biblia, a un precio tan módico que no excediera al costo. De dicha versión, que es aún muy popular en Alemania, se han impreso ediciones numerosas.

Origen de las misiones modernas.

Por todas partes cundió el espíritu religioso de la Universidad de Halle. No era parte de ésta el orfanato de niños que estaba situado en un suburbio llamado Glaucha. Si bien Francke estaba constantemente al tanto de los asuntos del orfanato, no descuidó nunca los intereses intelectuales y espirituales de los estudiantes de la Universidad; antes procuraba fortalecer su vida religiosa y les enseñaba teología; como era de esperarse dichos discípulos embebieron sus ideas. Varios planteles de beneficencia, establecidos en épocas posteriores a la de Francke, entre los cuales puede contarse el famoso orfanato de Jorge Müller en Inglaterra, deben su origen al ejemplo del de Halle. Esta institución continúa su obra de caridad aún en nuestros días.

La oposición al pietismo empezó antes de que su fundador pasase a mejor vida. Los miembros de la Iglesia que estaban apegados a las ceremonias y formas exteriores, se opusieron a Spener, cuyas ideas en materias de religión eran demasiado elevadas para transigir con las diversiones mundanas y las costumbres livianas de la sociedad. Además, las muchas nuevas ideas que introdujo no estaban en armonía con las opiniones eclesiásticas que prevalecían en aquellos tiempos como correctas. Schelvig, Carpzov, Alberti y la facultad de Wittemberg le hicieron la oposición con libros y folletos, y procuraron destruir la confianza que el pueblo tenía en su obra.

Decadencia del pietismo.

Como todos los grandes movimientos religiosos, el pietismo sufrió menos de parte de sus opositores que de sus amigos. Tuvo buen éxito y ganaba diariamente adherentes mientras vivieron Spener, su fundador, y Francke, que lo sucedió. Después del fallecimiento de éste, pasó del departamento práctico al de la teosofía, es decir, a la doctrina de los que, despreciando la razón y la fe, presumen de estar iluminados por la divinidad e íntimamente unidos a ella. A Francke sucedió Arnold, quien emitió opiniones perjudiciales a la vida religiosa. En su *Historia de la Iglesia y de los heterodoxos* pretendió probar que el cristianismo debe mucho a los que se han separado de sus enseñanzas ortodoxas. La nueva generación de pietistas no continuó el estudio concienzudo de la Sagrada Escritura; acentuó el elemento subjetivo, es decir, todo lo que concierne al interior del alma, olvidándose, al mismo tiempo, del objetivo, todo lo que sirve de materia a las facultades mentales. Habiendo tocado su nivel más bajo durante la época de Petersen, quien, en compañía de su esposa viajó por todo el país, pretendiendo ambos estar iluminados de una manera especial, el pietismo perdió el respeto de un gran número de sus mejores adherentes y, hasta la fecha, no ha recobrado el vigor ni la pureza que lo caracterizaron en días de su fundador. Es cierto que existe aún, especialmente en el sur de Alemania, pero no es el pietismo de Spener ni el de Petersen. Los pietistas de la actualidad son miembros de ciertos círculos aristócratas y cultos, que existen en la Iglesia y se ocupan con especialidad en promover las misiones en su país y en el extranjero; a la par que no son agresivos, tienen la conciencia de su elevada posición en la sociedad.

16

Los hermanos unidos

Los husitas de Bohemia.

No mueren nunca los movimientos religiosos verdaderamente puros que buscan la salud de las almas: aunque perezcan en las hogueras todos los que en ellos toman parte, su causa santa aparece en otros lugares; la semilla buena produce siempre ciento por uno. Los discípulos de Juan Huss, el mártir de Constanza, fueron perseguidos al extremo de tener que irse a las montañas de Moravia, en el norte de Bohemia, donde por varios siglos llevaron una vida muy retirada y sencilla, preservando fielmente las doctrinas cardinales de la primera generación de los reformistas husistas. En 1722 una colonia de estos cristianos devotos emigró a Sajonia bajo la dirección de Cristiano David, llevando consigo, como lazo de unión indisoluble, las enseñanzas preciosas de Juan Huss.

Zinzendorf.

El conde Zinzendorf, que era un hombre muy espiritual, dio a los emigrados una bienvenida muy cordial. Habiendo recibido su educación en la escuela de Halle, estuvo bajo la influencia del piadoso Francke. La señora, su madre, que era un modelo de virtud, le inspiró el entusiasmo intenso que le caracterizó toda su vida. Hizo su carrera teológica en la Universidad de Wittemberg. Antes de que llegaran a Sajonia los cristianos moravos, ya había viajado mucho y visto con sus propios ojos la decadencia de la religión y el abandono en que estaban muchas naciones. A David y a sus paisanos les dio permiso de establecerse en su Condado y les hizo la concesión de una grande extensión de tierra.

Herrnhut.

Llamaron su colonia *Herrnhut,* "el sombrero", "la sombra del Señor"; derribaron los árboles de los bosques circunvecinos; desaguaron los terrenos bajos que se habían inundado, y edificaron una ciudad. Las industrias que establecieron entonces, han continuado hasta el día de hoy. La ciudad se convirtió no sólo en el centro de los trabajos manuales, sino también de la vida religiosa de los colonos moravos. Zinzendorf se estableció también en Herrnhut, de donde salía a sus largos viajes y adonde volvía para continuar dirigiendo los asuntos espirituales de su correligionarios. Construyeron casas-habitaciones para los menesterosos y fundaron un seminario teológico para educar a los misioneros que habían de llevar el Evangelio a tierras lejanas. Cuando estos heraldos llegaban a ser ancianos y se sentían fatigados por sus trabajos, regresaban a su querida Herrnhut a pasar el resto de sus días. Hasta la fecha continúa la vida tranquila y feliz de esa ciudad modelo, que es aún la Meca de los moravos.

Las doctrinas moravas.

Después de haberse establecido en Sajonia, los moravos adoptaron una nueva forma de vida eclesiástica y se llamaron los Hermanos Unidos. Spangenherg, el escritor dogmático más prominente que hubo entre ellos, redactó la *Idea Fratrum,* Idea de los Hermanos. No aprobaron ninguna confesión nueva de fe, sino que aceptaron las doctrinas principales de las denominaciones evangélicas. Con la mayor fidelidad practicaban el amor al prójimo y llevaron a cabo el ideal de Spener estableciendo una iglesita en la Iglesia, cuyos miembros quedaron en libertad de aceptar la antigua confesión morava contenida en el Libro de disciplina de la Iglesia de Zerawiez, de 1616, o una de las dos confesiones protestantes alemanas, la luterana o la reformada. Daban gran énfasis al sacrificio expiatorio de nuestro Señor Jesucristo.

Las misiones de los hermanos moravos.

El trabajo más eficaz de los moravos es el que hicieron en el campo de las misiones. Según Zinzendorf, los Hermanos tienen dos misiones: la de avivar la vida espiritual de las

Iglesias ya establecidas, y la de llevar el Evangelio a las regiones de la tierra donde no se conoce todavía el cristianismo. Con este doble fin, viajó por varios países del continente, haciendo esfuerzos por impartir una vida nueva a las Iglesias de Escandinavia, Holanda, Inglaterra y varias partes de Alemania, que parecían haberse aletargado. Vino a América del norte y estableció en la ciudad de Belén, en el estado de Pensilvania, el centro de sus trabajos. Los misioneros moravos fundaron congregaciones en las Antillas, Groenlandia, la costa de Labrador, las islas del Caribe y la India; han continuado sus trabajos con la misma constancia y fidelidad hasta nuestros días; han enviado misioneros hasta las regiones más lejanas del mundo y, con su saber, han contribuido al conocimiento moderno de las lenguas más oscuras que existen. Ejemplo de esto es el *Diccionario tibetano-inglés* de Jaeschke, publicado hace pocos años en Londres, obra valiosísima que nos revela el idioma de los habitantes de la región situada al norte de las montañas Himalaya.

17

Swedenborg y la nueva Iglesia

El elemento espiritualista en el sistema de Emmanuel Swedenborg fue una reacción en contra del materialismo rudo de aquella época. Los suecos acostumbran pensar con moderación y cautela y son poco afectos a especular; aceptaron, pues, las enseñanzas luteranas sin tomar parte alguna en las controversias teológicas. El formalismo de la Iglesia alemana cundió no solamente en Suecia, sino por toda Escandinavia. El nuevo movimiento fue antagónico a la vida religiosa que llevaban la mayor parte de los suecos; hasta el día de hoy no ha obtenido verdadero vigor ni aun en Estocolmo, donde nació Swedenborg el año 1688 y en donde desarrolló su sistema.

Emmanuel Swedenborg

Emmanuel Swedenborg no dio durante sus primeros años, la menor indicación de la misión que había de llevarle al concepto de la Nueva Iglesia. Tenía talento para las ciencias, se dedicó al estudio de la química y de otros ramos del saber, y fue asesor de la Escuela Sueca de minería. Fue un autor laborioso que escribió obras de matemáticas, física, mecánica y botánica. Con su economía de la naturaleza, contribuyó de una manera importante al estudio de las ciencias exactas. Cambió repentinamente, mostrando que tenía tanta habilidad para los estudios de la metafísica como para los de la ciencia. Tomando ésta como base de sus teorías, se entregó a la especulación de temas religiosos y no vaciló en tratar con igual atrevimiento de lo futuro como de lo pasado y lo presente. La falta absoluta de raciocinio severo en sus argumentos en pro de la religión, muestra, muy a las claras, que a debido tiempo hubo de abandonar la mencionada base científica. No abrigando esperanzas de que sus paisanos aceptaran las opiniones que había emitido, salió de Estocolmo para Inglaterra, donde tuvo un número mayor de adeptos; no obstante hicieron burla severa de sus teorías tanto los incrédulos como los creyentes. Los trabajos literarios que llevó a cabo, nos pasman; preparó un vasto sistema de teología para la nueva Iglesia que organizaron los que habían aceptado sus teorías; desde la fecha de su fallecimiento, acaecido en 1772, hasta la presente, no se ha añadido a dicho sistema ninguna obra importante.

El sistema de Swedenborg.

Pretendía Swedenborg tener la facultad de penetrar con su vista en el mundo espiritual y de comprender con minuciosidad los acontecimientos que guarda el futuro; creía firmemente que los buenos y los malos han de recibir respectivamente premios y castigos; que los hombres han de continuar en la otra vida las mismas ocupaciones que tienen en ésta, pero con mayores gozos o sufrimientos, según las obras hechas en el cuerpo. Enseñaba que no se puede propiciar a la Divinidad, y que la Sagrada Escritura es una exposición chocante de la voluntad de Dios. Hasta cierto punto era místico, pues opinaba que con el conocimiento profundo de las cosas espirituales se puede suplantar en gran parte a la Biblia.

Historia posterior de la Nueva Iglesia.

Profetizó Swedenborg, y con acierto, que, entre los años 1780 y 1790, aumentaría mucho el número de adeptos de la Nueva Iglesia. Muchos individuos aceptaron las nuevas teorías; el doctor Juan Clowes las ayudó mucho con su gran influencia, y se organizaron varias sociedades con el objeto de propagarlas; traducidos en alemán, los escritos de Swedenborg hicieron un gran número de prosélitos en Alemania; se organizaron otras congregaciones en Polonia y en Hungría. Los grupos establecidos en varios países no estaban unidos ni tenían las mismas creencias, sino que cada uno estaba aislado tratando de desarrollarse lo mejor que podía, creyendo lo que bien le parecía, y desviándose hasta donde le placía de las doctrinas fundamentales. Varias sociedades se han organizado en los Estados Unidos de América, especialmente en las ciudades de Boston, Filadelfia y Cincinnati: todas usan la liturgia de la Nueva Iglesia, pero teniendo cada una su propia teología. Los adherentes norteamericanos de Swedenborg se han alejado mucho de las enseñanzas de las confesiones evangélicas; pertenecen al grupo de creyentes conocidos con el nombre de cristianos liberales, y se distinguen por su gran cultura y sus obras de filantropía.

18

El racionalismo en Alemania

Durante la primera parte del siglo XVIII, la teología escéptica tuvo grandes oportunidades de difundirse en Alemania. El pietismo no llegó a hacer una impresión general en la vida religiosa de la nación; antes había decaído al extremo de perder las simpatías de un gran número de sus mejores amigos, y de dejar de llamar la atención aun de las almas piadosas; los ministros que se preciaban de ser los más ortodoxos en la Iglesia, parecían estar opuestos al carácter progresivo de la teología y no quisieron aprovecharse de los adelantos de la ciencia moderna para desarrollarla. Muchas personas que amaban la santidad de la religión y creían firmemente en el origen sobrenatural del cristianismo, viendo la paralización tan lamentable de la teología de aquel período, perdieron por completo las simpatías que habían tenido con la Iglesia; estaban, además, disgustadas con motivo de las controversias de los partidos luterano y reformado, y el espíritu sectario tan intenso que no prometía permitir el establecimiento de la paz en el futuro. Todas estas condiciones produjeron la indiferencia en asuntos de religión y prepararon, a la vez, el terreno para la semilla del escepticismo.

Fuentes del racionalismo.

Las tendencias a negar las verdades de la religión, se combinaron de una manera singular. Todas las corrientes del escepticismo de Europa, se concentraron en Alemania; la filosofía de Leibnitz, especialmente tal cual la había desenvuelto Wolf, era tan exacta en sus métodos como las matemáticas; una verdad se debe probar con otra verdad, una proposición que no tiene prueba, debe rechazarse; lo que no se puede demostrar, es incierto. Esta filosofía, que era reverente en sus principios y tenía buenas cualidades, es muy peligrosa cuando se aplican sus métodos a la interpretación de la Sagrada Escritura. Wolf, que enseñó en la Universidad de Halle y tenía un gran número de discípulos, popularizó dicha filosofía; dedujo de sus premisas conclusiones ilógicas y enseñó a las masas a exigir pruebas matemáticas de todas las verdades espirituales. Los aldeanos empezaron luego a conversar sobre el nuevo iluminismo, o sea, la doctrina de los alumbrados, y a proclamar a voz en cuello que no se debe aceptar lo que es contrario a la razón. Habiéndose trasplantado muy pronto el deísmo inglés a Alemania, después de modificarlo, los alemanes lo incorporaron en su nuevo racionalismo. La filosofía cartesiana, mezclada con el sistema todavía más negativo de Benito Espinoza, encontró discípulos muy entusiastas al oriente del Rin. El ateísmo francés cundió muy pronto en los centros de Alemania. Federico el Grande personificó el anhelo que sus súbditos tenían de imitar todo lo que era francés; como no apreciaba su lengua nativa, prefería escribir en mal francés que en buen alemán; atrajo a los corifeos del escepticismo nuevo de Francia, siendo Voltaire uno de los miembros de su corte y el que dirigía el modo de pensar de la nobleza alemana.

El racionalismo se expande.

El agente principal que introdujo el racionalismo en el Departamento de Teología fue Somier, hombre devoto y cuya vida fue un tipo puro de la experiencia cristiana. Sostuvo la teoría llamada de la adaptación, según la cual, la narración de los Evangelios tuvo que adaptarse a la época en que vivió nuestro Señor Jesucristo, y que, por lo tanto, se debe aceptar con cautela y no completamente, puesto que contiene narraciones exageradas de acontecimientos que realmente sucedieron. Más que ningún otro escritor, Lesing guió el renacimiento de las letras en Alemania; negaba la autenticidad de una gran parte de la narración mosaica, y sostenía opiniones negativas respecto a la inspiración. Debido a su influencia, los círculos modernos de literatos en Alemania, son escépticos en su interpretación de la Sagrada Escritura. Nicolai, un librero industrioso de Berlín, publicó una serie de obras que tituló *Biblioteca universal alemana,* cuya tendencia exclusiva fue a eliminar el carácter sobrenatural de la religión cristiana. En dichos volúmenes, dejó a los racionalistas en entera libertad de ventilar sus opiniones. Los célebres escritores de Weimar de época un poco más reciente, Wieland, Schíller y Goethe, pertenecen al número de estos escritores. Herder, que fue también una de las celebridades de Weimar, era un ministro protestante, e hizo mucho por restaurar la creencia en el Antiguo Testamento. Con excepción de éste, todos los escritores de Weimar ejercieron una influencia negativa.

Actitud general del racionalismo.

La actitud general que asumieron los racionalistas fue antagónica a la ortodoxia de aquel período. Tomaron la Biblia como blanco de sus ataques e hicieron a la razón el árbitro en todas las materias de fe. Sometieron a su férreo método de raciocinar aun la existencia de Dios; redujeron la inspiración a la categoría de una mera impresión; sujetaron la creencia en la caída del primer hombre, los milagros, la persona de nuestro Señor Jesucristo, y aun los premios y los castigos futuros, al escrutinio de la razón humana. Por todo el país se distribuyeron los escritos de los racionalistas, cuya lectura se convirtió de gusto en pasión; las universidades eran otros tantos arsenales donde se forjaban armas para la guerra en contra de la religión. Los apóstoles del racionalismo trabajaron con tanto empeño que, a poco, aun los aldeanos estaban familiarizados con sus enseñanzas, los operarios y los labradores hablaban con grande aplomo de la soberanía de la razón y, por primera vez desde la época de la Reforma, cesó la lectura de la Biblia en la choza de los pobres lo mismo que en el palacio de los ricos.

19

La reacción evangélica

Decadencia producida por el racionalismo.

La decadencia tan grande que el racionalismo produjo en la religión cristiana y agresiva de Alemania mostró muy a las claras qué necesaria era la reacción. El tenor de la predicación había degenerado de una manera lamentable; ocupaba la tribuna sagrada un gran número de ministros que habían desechado las verdades fundamentales del cristianismo, y que predicaban generalmente sobre la virtud de la caridad, las ventajas de la agricultura, el cuidado de las abejas, los deberes de un buen ciudadano y otros temas por el estilo. Pasaban por alto enteramente el elemento sobrenatural de nuestra santa religión y, con tal fin, cambiaron la letra de muchos de los himnos escritos en el primer período de la Reforma, eliminando de ellos las expresiones que se referían a nuestro Señor Jesucristo. Los nuevos himnarios tuvieron gran acogida, puesto que los racionalistas habían mutilado a su gusto los himnos antiguos tan familiares en la Iglesia como en los hogares. Habiendo declinado mucho la vida eclesiástica, languideció el espíritu de benevolencia. Se aplicaron los principios racionalistas a la educación de la niñez; se desterró la Biblia de las escuelas y se suspendió toda enseñanza religiosa. La tendencia general de los métodos nuevos de educación, que dirigieron Förderzentrum Pestalozzi, Andrea Barth y otros miembros de la Escuela moderna, era antagónica al elemento espiritual. El plan que siguieron esmeradamente consistía en desarrollar las aptitudes naturales de los niños, sin mencionar en su presencia ni aun las verdades más conocidas de la revelación, mientras no maduraba su criterio ni podían raciocinar por sí mismos.

El racionalismo y la filosofía.

Entre la escuela de los racionalistas y la filosofía ha existido siempre gran armonía, la cual se debe en gran parte a los sistemas de Leibnitz y de Wolfio. Las escuelas filosóficas independientes de épocas posteriores, han afirmado dicha concordia. Manuel Kant, nacido el año 1724, autor de la *Crítica de la razón pura,* que fue profesor por muchos años en la Universidad de Konigsberg, desarrolló en gran manera los principios fundamentales del racionalismo. No lo hizo intencionalmente, puesto que no era esclavo de ningún sistema filosófico; pero, habiendo dado un lugar muy prominente al dominio de la razón en materias de fe, tuvo que aceptar la consecuencia lógica. Sin embargo, muchas de sus enseñanzas eran favorables a las doctrinas ortodoxas de nuestra santa religión. Sus discípulos fueron más allá y asentaron que la razón es el árbitro supremo; el efecto natural que produjeron las labores filosóficas del maestro fue adverso a las doctrinas evangélicas.

Fichte, Schelling y Hegel.

El primer gran maestro de filosofía que hubo en la Universidad de Berlín, fue Juan G. Fichte, nacido el año 1762. Era un gran patriota que contribuyó muy eficazmente a revivir las esperanzas del pueblo alemán y a robustecer un heroísmo tan grande que bastó para sacudir el yugo de Napoleón. Con su influjo ayudó a ganar la victoria de Waterloo. Friedrich Schelling, que nació el año 1775, fue profesor en la Universidad de Munich. Su *Filosofía de la naturaleza* no debe contarse entre las obras racionalistas. Hizo el estudio de la filosofía tan ameno y encantador, que atrajo grandes círculos de personas cultas en varias partes de Alemania. El postrer y más prolífico de este grupo de filósofos que ha habido desde los días de Kant, fue Georg Wilhelm Friedrich Hegel, nacido en 1770. En su sistema abundan las contradicciones; una de las escuelas que abraza, se acerca mucho a las enseñanzas ortodoxas del cristianismo, al paso que la otra se aproxima tanto al panteísmo, que apenas puede distinguirse éste del hegelismo. Todos estos sistemas de filosofía han sufrido cambios fundamentales y están cediendo su lugar a opiniones más nuevas. Schopenhauer, que nació el año 1788, fue el apóstol del pesimismo moderno.

La nueva escuela evangélica.

Federico Ernesto Daniel Schleiermacher, nacido en 1768, personificó la transición del racionalismo a la teología evangélica. Partiendo del principio de que la religión tiene su base en la naturaleza espiritual, dedujo que la razón no puede ser, bajo ningún concepto, el árbitro infalible en materias de la fe. Era un hombre muy simpático que inspiró su índole fervorosa en muchos jóvenes que, a debido tiempo, dirigieron el avivamiento de la teología ortodoxa en Alemania. Neander, Ulirnan, Dorner, Tischendorf, Tholuck, Hengstenberg, Lange, Julio Müller y otros formaron un grupo de evangélicos a los que se dio el nombre de Escuela Mediatoria, por haber hallado el terreno común en el que la religión y la ciencia se encontraron. Presensé, en Francia, y Van Oosterzee, en Holanda, reflejaron el espíritu de dicha escuela y han contribuido mucho a la propaganda de la teología evangélica en sus respectivas patrias.

20

El misticismo francés y el jansenismo flamenco

El misticismo en la Iglesia Católica Romana.

Durante la primera mitad del siglo XVII apareció en la Iglesia católica romana el misticismo, como una reacción en contra de la política militar tan rígida que había prevalecido. Representaba un gran número de católicos devotos, que veían en los conflictos de aquellos tiempos la causa del disturbio que sufría la vida religiosa. San Francisco de Sales, obispo de Ginebra, fallecido en 1622, era un varón de carácter apacible y a la vez práctico, que llegó a convertir muchos protestantes al romanismo; es muy cierto, por otra parte, que, para conseguir sus propósitos, no tenía escrúpulos y empleaba toda clase de métodos. Escribió una obra intitulada *Philotea,* en la que denuncia la vanidad del mundo y aboga por la absorción del alma en Dios.

Por segunda vez se desarrolló en España una tendencia poderosa hacia el misticismo, semejante a la que surgió antes de la Reforma, dando por resultado el movimiento de los Alumbrados. El principal de los místicos españoles fue un clérigo natural de Muniesa, en la diócesis de Zaragoza, llamado Miguel de Molinos (1627-1696). Fue a Roma en 1665 y permaneció en ella. Habiéndose conjurado los jesuitas contra los quietistas, nombre que dieron a los discípulos de Molinos, denunciaron a éste al Santo Oficio de la inquisición, que lo condenó a cárcel perpetua en un monasterio; no vuelve a saberse más palabra de él hasta su muerte, acaecida en 1696. Le dio gran reputación un libro tan breve como bien escrito, especie de manual ascético, cuyo título dice: *Guía espiritual que desembaraza el alma y la conduce al interior, camino para alcanzar la perfecta contemplación.*[39]

Los Quietistas franceses.

Antonieta Bouiñón, de Francia, aceptó las opiniones teosóficas tan vehementes de los místicos españoles y las enseñó con buen éxito en Alemania y Holanda. Pedro Poiret siguió

---

[39] La primera edición se hizo en 1675, se reimprimió el año siguiente en Venecia y con tal entusiasmo fue acogida, que en seis años llegaron a veinte las ediciones en diversas lenguas. La rarísima edición castellana es modelo de tersura y pureza de lenguaje. NT.

su ejemplo. La iniciadora del quietismo en Francia fue Juana Maria Bouver de La Mothe Guyon, que pasó a mejor vida el año 1717. Fue autora muy prolífica; se da la mano con Molinos y explica, como él, que "el éxtasis perfecto se cumple por la aniquilación total, en que el alma, perdiendo el propio dominio, se abisma en Dios sin esfuerzo y sin violencia, como quien entra en un lugar que le es propio y natural". Habiendo viajado por varios países, se captó las simpatías de muchos círculos de personas cultas; durante la persecución que le hicieron en su patria, mostró una calma y resignación muy grandes; no llegó a separarse de la comunión romana, a pesar de que la tildaron de heresiarca y de que el Papa censuró a Fenelón por haberla defendido de dicho cargo. La pureza de su vida, la finura de sus modales y la paciencia que mostró durante su enjuiciamiento, le valieron el respeto y la confianza de las multitudes. Hay todavía en varias partes de Europa, trazas de la influencia que ejerció en favor de una vida espiritual profunda.

El jansenismo.

Cornelio Jansenio (1585-1638), obispo de Iperna en los Países Bajos, que pasó a mejor vida el año 1638, era un varón de saber muy profundo y vida purísima. Habiéndose dedicado al estudio de San Agustín, formuló las doctrinas agustinianas en un sistema completo y vigoroso, contenido en una obra póstuma que tituló *Augustinus*. Aceptó, sin la menor reserva, todas las enseñanzas del gran padre de la Iglesia latina. Cuando el libro salió a la luz pública, se vio que armonizaba con las opiniones de Juan Calvino, lo que bastó para que las autoridades eclesiásticas lo condenaran y a todos los que aceptaban su contenido. Juan Duvergnier de Hauranne y Antonio Arnold salieron a la palestra en defensa de la causa jansenista; los jesuitas dirigieron la oposición que contra ella se levantó. Arnold, que había sido un ornamento de la Sorbona, fue expulsado de dicha escuela de teología; se fue a vivir en casa de su hermana Angélica, que era la abadesa del convento cisterciense de Puerto Real, situado cerca de París. Era una mujer muy piadosa; tenía grandes dotes intelectuales y aceptó las opiniones de su hermano.

La Abadía de Puerto Real.

Se convirtió en el gran centro del jansenismo, adonde acudieron muy pronto personas de cultura y piedad de todas partes de Europa; fue como una plaza fuerte no sólo de las doctrinas agustinianas, sino también de mucha piedad y santo saber. El pensador más profundo entre los jansenistas fue Blas Pascal, quien, haciendo a un lado todos los puntos de controversia entre sus colegas y la mayoría de los católicos romanos, se dedicó exclusivamente a exponer los métodos del sistema jesuita. Con el seudónimo de Luís Montalte, escribió las *Cartas Provinciales,* e hizo el ataque más completo y terrible que ha sufrido la Compañía de Jesús. Las cartas se leyeron por todas partes. Por influencia de los jesuitas, el Papa dio, en 1656, un decreto condenando el jansenismo como herejía. Poco después, el rey de los franceses y el mencionado pontífice mandaron que todos los clérigos y todas las monjas de Francia reconocieran dicha condenación. Todos los que rehusaron obedecer la orden fueron desterrados y pasaron a Holanda. En 1709 se suprimió la abadía de Puerto Real.

La comunidad jansenista de Holanda.

La comunidad actual de jansenistas en Holanda consiste en el arzobispo de Utrecht, veinticinco parroquias y treinta clérigos. Cuando eligen a un obispo, dan parte a la Sede romana, pero ésta no acusa nunca el recibo de sus comunicaciones. Los jansenistas ocupan una posición singular entre el protestantismo y el romanismo. En pago de haberlos reconocido como Iglesia los católicos viejos, les consagraron a éstos un obispo.

21

La impiedad francesa

En el siglo XVIII Francia tuvo muchos desastres. Si hubiera moderado siquiera un poco su crueldad, los hugonotes, que eran los mejores artesanos del mundo, habrían permanecido en su patria y la hubieran enriquecido material y moralmente con su industria y la pureza de su vida. Al perseguir a los protestantes, siguiendo el ejemplo de sus célebres e inexorables ministros de Estado, Richelieu y Mazarino, los reyes franceses dejaron a la Francia del siglo XVIII un cúmulo de males irremediables.

Los incrédulos franceses.

Es un hecho que Voltaire levantó su voz influyente en defensa de la tolerancia, pero, por otra parte, con sus escritos y ejemplo impuso a Francia la tiranía todavía más pesada de la impiedad, tan antagónica al cristianismo y a los cristianos. Entregado a sus propias fuerzas, no hubiera llegado al cabo de su empresa de anticristo sin el concurso de todas las fuerzas de su siglo, el más perverso y amotinado contra Dios que hay en la historia. Con sus novelas, Juan Jacobo Rousseau, de Suiza, diseminó rápidamente por toda Francia sus ideas vagas de comunismo. La escuela de los enciclopédicos, que contaba entre sus principales adeptos a D'Alambert, Holbach, Helvecio y otros, dio cierta apariencia de sabiduría a la impiedad creciente, haciéndola más atractiva a las clases cultas no sólo de Francia, sino también de Alemania e Inglaterra. A la sazón no había mensajeros del Evangelio trabajando en el primero de estos países; al contrario, de él irradió la impiedad, conocida con el nombre de enciclopedismo, a toda Europa, contagiando por completo a Gran Bretaña. Bolinbroke personificó la tendencia general de los ingleses al escepticismo. En las mansiones situadas en las riberas del Támesis recibían cordialmente a Voltaire. En Alemania prevalecía una devoción servil a la incredulidad francesa. El francés era el idioma predilecto de todas las cortes; todas las modas provenían de París; la bienvenida que Federico el Grande le dio a Voltaire fue la expresión real de la actitud favorable que el Imperio alemán había tomado hacia el viejo patriarca de Ferney y sus enseñanzas escépticas.

La Revolución Francesa.

La revolución de 1789 fue el resultado natural que produjeron las fuerzas volcánicas que se habían estado acumulando por doscientos años. La Revolución Francesa reconoce dos causas:

la persecución de los protestantes y el sistema de escepticismo más elaborado y violento que ha existido en toda la era cristiana[40]. Quien desee saber hasta dónde pueden llegar la intolerancia y la impiedad cuando hacen causa común, que lea los anales de esa crisis de libertinaje, furia y sangre. De parte de los revolucionarios no hubo lenidad para con la Iglesia, fuera ésta católica romana o protestante; el campeón de los enemigos de la religión, Talleyrand, cambiaba de opinión como el camaleón varía sus colores, y se asociaba tanto con los revolucionarios como con los Borbones, como con Napoleón Bonaparte. Se le dio al pueblo la autoridad de elegir a los obispos y a los sacerdotes. En 1792 la Convención Nacional proclamó la República Francesa; en consecuencia, quedó abolida la religión católica romana y Luis XVI fue guillotinado; se abolió también el día de descanso y se aumentaron hasta diez los días de la semana; una mujer del pueblo representó a la razón y fue coronada públicamente.

Napoleón Bonaparte y la Iglesia.

Con el fin de obtener más poder, Napoleón Bonaparte cedía en todo y a todos; hizo concesiones importantes al Papa, pero no renunció ninguna de sus prerrogativas imperiales. Preservó incólume la independencia antigua de la Iglesia galicana y, usando sus derechos, suprimió las órdenes monásticas. Habiendo entrado en una tregua de paz aparente, el Papa Pío VII fue a París el año 1804 y coronó a Napoleón emperador de Francia. Después hubo entre los dos una querella larga y encarnizada. Napoleón hizo al Papa prisionero de guerra [y conducido a Savona y más tarde a Fontainebleau] y le confiscó sus estados, pero, habiendo perdido el emperador la famosa batalla de Waterloo, el pontífice volvió a Roma y a gobernar como siempre la Iglesia francesa. [Pío VII regresó triunfante a Roma mientras Napoleón era desterrado a la isla de Elba y más tarde a Santa Elena, donde murió].

22

El protestantismo francés

Sufrimientos de los protestantes franceses.

Desde la revocación del Edicto de Nantes hasta principios del siglo XVIII, los protestantes franceses pasaron penas muy crueles; estaba en el destierro un gran número de sus correligionarios; otros muchos habían fallecido, y los que sobrevivieron constituían la comu-

---

[40] Conviene, sin embargo, establecer las *causas próximas* que la motivaron:
1. El absolutismo del Estado, que negó al pueblo toda intervención en los asuntos públicos.
2. El despilfarro y lujo de la Corte, entregada a una vida frívola y desaprensiva.
3. La tributación insoportable que gravó al pueblo con impuestos exagerados, mientras el clero y la nobleza estuvieron exentos de ellos.
4. La literatura inmoral, extendida de modo extraordinario entre la gente del pueblo y que acarreó la más espantosa corrupción de costumbres.
5. La teorías disolventes sobre el poder soberano del pueblo.
6. El desprecio de que éste era objeto por parte de las clases privilegiadas. A.R.

nidad protestante más débil que había en aquel entonces. En todos los grandes centros de población, trataban a los hugonotes como individuos de una raza inferior y los oprimían con una crueldad digna de los emperadores romanos en tiempos de la Iglesia primitiva. La única parte de Francia donde los protestantes tuvieron el valor de manifestar sus ideas fue en el sudeste, en las montañas Cevenas, que fueron como un refugio de los oprimidos.

Los camisardos.

Dirigieron el avivamiento y la renovación de las enseñanzas hugonotas los camisardos; éstos eran protestantes que estaban decididos a hacer valer sus derechos; soldados valientes cuando era menester pelear por sus principios, y cristianos tan piadosos y entusiastas como los puritanos, cuando llegaban los días de oración y de escuchar a los predicadores del Evangelio. No es extraño que hayan sido supersticiosos y fanáticos; que hayan "soñado sueños y visto visiones", puesto que los oprimidos se han figurado siempre que el velo que los separa de lo sobrenatural es muy delgado y se corre con frecuencia y por completo. Mientras los camisardos fueron reformadores oscuros y se limitaron a trabajar en las mencionadas montañas, no corrieron peligro; pero, a poco, cundió su influjo por todas partes de Francia, y aun traspasó los confines nacionales, atrayéndoles las simpatías de las colonias de hugonotes establecidas en Londres y en varias partes de Alemania. El movimiento llamó la atención general y asumió un caracter europeo. La corte francesa se alarmó mucho; Luis XIV determinó sofocar la insurrección camisarda a toda costa. Los soldados que mandó a Cevenas mataron protestantes como quienes destruyen a otras tantas bestias feroces. Los valientes camisardos resistieron el ataque con un heroísmo desesperado, mostrando a sus perseguidores que no conocían el temor de la muerte; pero la lucha fue tan violenta y desigual y el ejército real era tan numeroso, que los montañeses evangélicos cayeron como pasados a cuchillo y quedaron casi exterminados. Cuando regresaron a París los Dragones de Luis XIV, se creía generalmente que el protestantismo francés había sido sofocado para siempre.

La familia Calas.

Un comerciante evangélico, llamado Juan Calas, y su familia fueron el blanco de la persecución implacable de sus paisanos. Habiéndose quitado la vida uno de sus hijos en un acceso de locura, le acusaron el cargo de que lo había matado antes de permitir su ingreso en la Iglesia católica romana. Se enardecieron las pasiones del pueblo; después de haber hecho una investigación, las autoridades de Tolosa, en 1672, condenaron a Calas a la pena capital. Aquel pobre protestante no había cometido ninguna ofensa en contra del gobierno; era un comerciante al por menor muy industrioso; sin embargo, lo persiguieron como si hubiera traicionado a la patria. Fue un caso de persecución y crueldad implacables; la rectitud y pureza de su vida no atenuaron la severidad exagerada con que lo trataron. Pero los nombres de Juan Calas y de los miembros de su familia corrieron de boca en boca por toda Europa; su caso fue el de la inocencia perseguida pidiendo al cielo justicia. Se oyó el grito y todas las cortes europeas investigaron el asunto y vieron que Calas había sido víctima de una crueldad horrible. El mundo evangélico protestó en contra de aquel crimen.

Después que Voltaire y otros escritores franceses hubieron denunciado aquel acto vergonzoso, el Parlamento francés mandó abrir el juicio: cambió la decisión del tribunal tolosano, declaró que Calas era inocente del crimen que se le había imputado, y mandó restaurar a la viuda los bienes que habían confiscado al perseguido, pero ¡no castigó a los promotores infames ni a los jueces injustos de aquel enjuiciamiento nefasto!

Voltaire y las medidas conciliativas.

Voltaire se distinguió especialmente por su hostilidad al cristianismo, pero, por otra parte, hizo grandes esfuerzos en favor de la tolerancia religiosa, y esto a principios del siglo XVIII, cuando no había un solo campeón de la libertad, cuando Europa estaba bajo el dominio completo del despotismo y pasando por el período más aciago de la historia que se ha visto desde los albores de la Reforma. Con el pretexto de que el reino de los monarcas es de derecho divino, se disculpaba toda clase de opresiones. El protestantismo europeo estaba dividido, por una parte, con motivo de las polémicas teológicas, y enfriado, por la otra, puesto que se ocupaba más de las cosas temporales que de las divinas. La Iglesia anglicana estaba enteramente bajo la influencia de un espíritu mundano. Al perseguir a los protestantes que luchaban en favor de la causa santa, el monarca francés obró en armonía con la índole de aquellos tiempos. Voltaire, que personificó la incredulidad de su tiempo en materias de religión, empezó una cruzada en defensa de la libertad individual. Su folleto titulado *Tolerancia* fue uno de los más populares y leídos de ese siglo; expuso los sufrimientos de Calas y su familia; mostró qué duro había sido el gobierno civil siempre que había fungido como árbitro en materias de conciencia, e hizo temblar a todos los monarcas de Europa. Todas las clases de la sociedad despertaron de su letargo y vieron muy a las claras cuán negra era la esclavitud en que estaba sumergido el continente. Se vio luego un cambio muy notable; el gobierno francés varió su política, no sólo restaurando a los protestantes sus antiguos derechos, sino concediéndoles otros por los que habían peleado en vano. Cambió el curso de los acontecimientos; empezó el progreso y, con cada década, creció la sed de la libertad religiosa y de la religión misma.

23

La Iglesia Ortodoxa en Rusia

Origen de la Iglesia Ortodoxa Rusa.

La Iglesia ortodoxa en Rusia, que debió su fundación, el año 908 de nuestra era, a Valdemar el Grande, desciende en línea recta de la bizantina y es la consecuencia natural del desenvolvimiento del imperio ruso; tuvo por mucho tiempo a Constantinopla, el centro antiguo de la Iglesia bizantina, por metrópoli; pero en 1589 el patriarcado cambió su residencia a Moscú, en donde ha permanecido hasta el día de hoy. En los anales de la Iglesia ortodoxa en Rusia encontramos tres períodos: en el primero, dependió como una misión de un jefe extranjero; en el segundo, gozó de una libertad completa y en el tercero ha dependido, y depende de la autoridad temporal del Zar. El gran reformador de la Iglesia ortodoxa rusa fue el patriarca Nikon, quien, entre los años 1652 y 1666, hizo grandes esfuerzos porque los cristianos rusos abandonaran las formas ceremoniales de un período pasado ya muertas, y entraran en concordancia con las ideas avanzadas de los tiempos modernos. La autoridad civil no pudo introducir grandes reformas, pero, con el desarrollo del imperio bajo la dinastía de los Romanof, la influencia de la Iglesia creció sustancialmente.

Pedro el Grande (1689-1725)

Efectuó un cambio en Rusia, proclamándose jefe de la Iglesia tanto como lo era del Estado. Teófano Procopowicz, arzobispo de Novgoroda, fallecido en 1736, le prestó al Zar su valiosa ayuda. En nuestros días, la autoridad suprema en materias eclesiásticas reside en el Santo Sínodo; pero esto solamente en apariencia, puesto que todas las cuestiones importantes se someten al Zar y éste las decide. Se divide el imperio en veinticuatro diócesis, cinco de las cuales son metrópolis, a saber: Moscú, San Petersburgo, Kiev, Vilna y Siberia. Hay tres clases de sacerdotes: los seglares, los monjes y los ayudantes o vicarios; entre la primera y la segunda clase no hay armonía. Pedro el Grande se esforzó por elevar al clero seglar, pero no consiguió mucho. Los frailes tienen mucha autoridad y las grandes ventajas del prestigio de las órdenes a que pertenecen, las cuales son muy antiguas: sus riquezas y la veneración que les tiene el pueblo. El número de parroquias que estan a cargo de sacerdotes seglares asciende a dieciocho mil.

Los monjes griegos introdujeron el cristianismo en Rusia y desde el principio, han procurado retener el poder supremo de la Iglesia; han preservado las características esenciales de la antigua vida monástica del Oriente, formando un cuerpo unido y bien organizado muy diferente de las órdenes numerosas que se han fundado en la cristiandad latina del Occidente. Había cuatro clases de monasterios en Rusia: los palacios episcopales, los cenobios, donde se llevaba una vida común, los claustros y los conventos penales. En tiempos pasados hubo en los monasterios un sinnúmero de los vástagos de las familias ricas y nobles; pero, poco a poco, los hijos de las clases privilegiadas dejaron de interesarse por la vida monástica, y muchos jóvenes aristócratas que se ordenaban de sacerdotes ortodoxos, salían de Rusia y se afiliaban a los jesuitas. De 1841 a 1857, como cinco mil hombres y dos mil mujeres entraron en los conventos del imperio. En la montaña Athos, en la Turquía Europea, había, a principios del siglo XX, cerca de setenta monasterios en los que vivían siete mil frailes, la mayoría de ellos de nacionalidad rusa y sostenidos con fondos rusos.

Estadísticas de los monasterios rusos.

Según estadísticas del año 1891, había en el imperio Ruso 681 monasterios: 479 de frailes, 202 de monjas; 6950 monjes profesos y 4711 novicios; 689 monjas que habían hecho sus votos y 16.865 que no habían tomado aún el velo. Total de frailes y de monjas, 34.815. Poco sabido es el hecho de que todos estos habitantes de los monasterios rusos, en aquella época, no llevaban la vida relativamente activa de los conventos católicos romanos; no estudiaban, no visitaban a los enfermos ni a los presos, ni tenían ocupación alguna útil; después de concluir los rezos prolongados de su ritual, se retiraban a sus celdas, donde permanecían en la ociosidad y apatía más completas.

La educación teológica.

Los monjes estaban encargados exclusivamente de la educación teológica del clero, como lo prueba el hecho de que, durante ciento cincuenta años, sólo dos sacerdotes seglares fueran elegidos rectores de seminarios teológicos. Alejandro I procuró aumentar el número de estos planteles y desarrollar los estudios teológicos. Entre los años 1839 y 1873, como cinco mil jóvenes se graduaron en teología, pero durante este período, el número de obras teológicas que se dieron a la impresión, no pasó de dieciocho. La teología de la Iglesia Rusa estaba aún en mantillas; el clero, por lo general, era muy ignorante; ni tan siquiera la educación elemental era buena; los estudios de los sacerdotes se limitaban a la lectura de los Padres de la Iglesia oriental; no se interesaban absolutamente en las investigaciones y los progresos de la ciencia en occidente. El seminarista que se atrevía a entrar en una de las bibliotecas públicas, se exponía a que lo encerraran en el calabozo; si leía una novela, corría el peligro de que lo expulsaran. La censura de las obras teológicas era muy rígida; por conducto de un monje que actuaba como censor, los autores y periodistas debían someter sus manuscritos a la aprobación del obispo. En muchos casos los perdían y, en otros, tenían que esperar años antes de saber su suerte.

Las sectas en la Iglesia Ortodoxa.

Había en la Iglesia ortodoxa de Rusia muchas sectas que la aristocracia sostenía y que fueron un presagio de la reacción radical que se avecinaba contra los errores prevalecientes. No obstante, a pesar de los dos grandes cismas habidos, la unidad de la Iglesia Ortodoxa nunca llegó a quebrarse. Las sectas ortodoxas a principios del siglo XX se dividían en tres clases:

1. Las sectas laicas, que formaban el partido radical y entre las cuales se destacaron la danielista, la capitona y la teodosia. Hubo otros grupos menos numerosos, cuyos ritos clandestinos estaban prohibidos estrictamente, pero que continuaron bajo la dirección de laicos. A este número pertenecen los "mutilados" por su propia mano; los que "se queman" a sí mismos, y los peregrinos.

2. Las sectas que tenían sacerdotes, formadas principalmente por miembros de la "antigua fe", quienes deploraban el estado lamentable de la Iglesia en aquella época y predicaban la necesidad de volver a la pureza y sencillez de los tiempos primitivos.

3. Las sectas reformadoras, que integraron en sus filas a los malacanos y a los espiritualistas. Sus miembros llevaban una vida muy sencilla.

Estado de la Iglesia Ortodoxa rusa a finales del siglo XIX.

A comienzos del siglo veinte, el clero ruso había hecho algunos adelantos. La aristocracia no se sometía ya tan implícitamente como antes a la autoridad de la Iglesia; los nobles estaban impregnados de la incredulidad francesa, puesto que recibían su literatura y copiaban los modelos de Francia. Las clases bajas, básicamente ignorantes y supersticiosas, estaban aún bajo el dominio de los sacerdotes; muchos de éstos no eran precisamente modelos de virtudes, sino borrachos y jugadores.

24

Wesley y el metodismo

Las condiciones políticas y sociales de Inglaterra al aparecer el metodismo.

La condiciones de la religión de Inglaterra durante la primera mitad del siglo XVIII, eran verdaderamente deplorables. El conflicto de los puritanos con la Iglesia oficial, que se había calmado, no mejoró absolutamente la vida espiritual de la nación; aquellos disidentes trasplantaron su actividad a las colonias de América y la Iglesia quedó a merced del deísmo prevaleciente que la impiedad francesa había robustecido. Los clérigos eran muy aficionados a las diversiones, siendo muy pocos los que apreciaban debidamente la santidad de su vocación y la responsabilidad que tenían de las almas. El obispo Burnet pintó un cuadro muy triste cuando describió la apatía del clero anglicano, su indiferencia a los asuntos de la religión y a la gran necesidad que las masas tenían de un avivamiento espiritual. De los escritos del historiador Macaulay se adivina fácilmente que prevalecía el escepticismo francés en las clases privilegiadas de Inglaterra. Es cierto que, bajo la influencia de Pope y de Addison, dos de los grandes escritores de aquella época, la literatura había vuelto a entrar por el buen camino; pero también lo es que la mayoría de los autores seguía copiando los modelos deistas.

Los hermanos Wesley.

Juan y Carlos Wesley, hijos de Samuel Wesley, rector de la parroquia de Epworth, dos estudiantes de la Universidad de Oxford, en compañía de Gambold, Whitefield y otros cuantos individuos, organizaron la Sociedad santa. Se reunían periódicamente con el fin de escudriñar la Sagrada Escritura en las lenguas originales, y acostumbraban visitar a los enfermos y a los presos. De burla, sus compañeros les pusieron el apodo de "metodistas", con motivo de la vida tan metódica que llevaban. Los hermanos Wesley salieron de Inglaterra y fueron de misioneros a Georgia, una colonia numerosa que, a la sazón, estaba bajo el gobierno de Oglethorpe. Juan vivió tan austeramente como un asceta y se dedicó especialmente a la instrucción de los indios y a predicar el Evangelio a los colonos ingleses que residían en Savannah. Durante estos años, su experiencia religiosa fue sombría y muy diferente de la que tuvo desde que regresó a Inglaterra hasta el fin de su larga vida.

Juan Wesley entra relación con los moravos.

Al cruzar el océano Atlántico, Juan Wesley tuvo la oportunidad de ver y admirar la presencia de ánimo y la calma de los pasajeros moravos, quienes no la perdieron ni aun ante el peligro inminente de naufragar. Vio que aquellos cristianos poseían algo que él no tenía. Cuando volvió a Inglaterra, en 1738, se puso inmediatamente a buscar a los miembros de la pequeña sociedad morava y, habiéndolos encontrado, tuvo conferencias frecuentes con su obispo, Pedro Boehier. La noche del día 24 de mayo de 1738, estando en el culto de la capilla de Fetter Lane, en Londres, sintió que "su corazón había sido movido de una manera extraña": su experiencia religiosa esclareció entonces; desaparecieron sus dudas y, hasta sus últimos días, se acordó de aquella hora de su conversión, que fue la primera de su vida espiritual. Hacía tiempo que veía muy a las claras las necesidades espirituales de sus paisanos, pero el problema de cómo salvarlos lo tenía perplejo. Sintió el deseo ardiente de atraer almas a Dios y, a pesar de que no abrigaba la esperanza de llegar a ejercer influjo en un gran número de individuos, empezó a predicar con gran fervor. Cuando subía al púlpito, encantaba verdaderamente con su palabra; su voz poderosa, a la vez que bien modulada, cautivaba a sus oyentes. Hablaba con la mayor sencillez y no usaba figuras de retórica. En esto se llevó al país. Whitefield, que predicaba con mucha animación, tenía una voz muy agradable, y peroraba con tal elocuencia que ni los oyentes tan estoicos como Benjamín Franklin podían resistirlo. Wesley, por otra parte, observaba siempre un orden lógico en la composición de sus sermones, y esto les daba mayor fuerza que su manera de pronunciarlos; inculcaba en sus oyentes ideas que no olvidaban nunca, como lo han demostrado los resultados de su predicación.

Organización de las sociedades metodistas.

Teniendo Juan Wesley las mismas ideas que Spener y Zinzendorf emitieron respecto de la edificación espiritual de una iglesita dentro de la Iglesia, tomó medidas especiales para organizar sociedades de los conversos. Al principio no intentó establecer un cuerpo religioso separado, antes celebraba sus cultos a horas diferentes de las señaladas para el servicio divino. Decidió predicar siempre en los templos, pero se vio precisado a cambiar de opinión y predicar al aire libre por dos razones: primera, porque le prohibieron con frecuencia usar las iglesias; y segunda, porque no cabían en éstas las grandes multitudes que se congregaban a escucharlo. Contra su voluntad tuvo que organizar sociedades y darles el carácter de una Iglesia que no tenía la forma de gobierno episcopal. No obstante, la misión en América asumió dicha forma, habiendo, Wesley en persona, ordenado a Tomás Coke de obispo para que ejerciera el oficio de superintendente general. Estos arreglos para el establecimiento por separado de un cuerpo eclesiástico de los metodistas americanos, son índice claro de que se disiparon los escrúpulos que Wesley había tenido de establecer en Inglaterra otra Iglesia separada. Puede considerarse el año 1739 como el primero de la Iglesia Wesleyana. En 1839 se celebró con cultos especiales en toda Inglaterra y en los campos misioneros, el jubileo del metodismo inglés.

Desarrollo del metodismo.

Carlos Wesley, uno de los mejores poetas sagrados que ha habido en tiempos modernos, ayudó muy eficazmente a su hermano. Pero era más conservador que Juan, y se opuso decididamente a muchos de los cambios radicales que hizo éste. Todos los predicadores de la primera generación wesleyana tomaron parte en la controversia calvinista.

Whitefield se separó de dicha comunión, habiendo aceptado la doctrina de la elección. Otro colaborador influyente de Wesley fue Juan Fletcher, nacido en Nyón (Suiza), el 12 de septiembre de 1729; se distinguía entre sus contemporáneos por la finura de sus modales y el vigor de sus argumentos en las polémicas. Se extendió por toda Inglaterra e Irlanda el movimiento wesleyano, pero en Escocia hizo pocos adelantos. Coke, que personificó el fervor misionero de la primera generación metodista, fundó misiones en varias partes de la costa del Atlántico y en las Indias occidentales. De viaje a Ceilán, en las Grandes Indias, adonde iba con el fin de plantar el Evangelio, pasó a mejor vida en 1814.

Fallecimiento de Wesley.

Antes de fallecer, el año 1791, Juan Wesley, que había llegado a la edad avanzada de ochenta y ocho años, vio las pequeñas sociedades que había organizado convertidas en cuerpos grandes y numerosos, que estaban unidos de una manera permanente y bajo un gobierno central lleno de poder. En las labores literarias rivalizó con Martín Lutero. Lejos de desperdiciar el tiempo, lo aprovechaba con usura; compuso muchos de sus escritos viajando en diligencia o a caballo. En una de las primeras cartas que dirigió a su madre, hay esta sentencia: "Para mí ya no hay horas de descanso". Y así fue hasta la hora de su muerte; daba largos paseos a pie, algunas veces de diez millas, pero siempre leyendo; durante los viajes extensos que emprendía, estaba siempre ocupado. Su ancianidad fue muy tranquila, habiendo gozado hasta sus postreros días de sus facultades intelectuales. Hablando de él dice Lecky: "Raros son los hechos en la historia eclesiástica que nos pasman tanto como la energía y el éxito con que propagó sus opiniones. A una constitución de hierro, añadía una índole que no flaqueó jamás". Introdujo la predicación de laicos y las reuniones de clases, medidas que han ayudado de un modo muy eficaz al desarrollo de su sistema. Lejos de acumular una fortuna, dedicó las ganancias que sacaba de la venta de sus publicaciones al auxilio de los predicadores retirados y de sus familias. Si bien la actitud general que la Iglesia anglicana asumió hacia las sociedades metodistas fue adversa, muchos de sus ministros, y aun algunos de sus obispos, eran amigos de Juan Wesley, y admiraban no sólo su ingenio y su saber, sino también su vida espiritual tan íntima y la magnitud del servicio que estaba prestando al cristianismo inglés al impartirle un carácter religioso más profundo.

25

El movimiento de los tratadistas

Los principales tratadistas.

El año 1833 se acentuaron notablemente, en la Universidad de Oxford, las tendencias de la escuela alta, o católica, de la Iglesia Anglicana; este avivamiento se debió al estudio de los Santos Padres, que los miembros de dicha escuela habían hecho, y a la reacción en contra del liberalismo que se estaba difundiendo tanto en la religión como en la política. Juan Enrique Newman publicó ese año una obra que tituló *Los arrianos del siglo IV;* habiéndose imbuido en el espíritu del cristianismo primitivo, no podía explicarse la condición tan deplorable que guardaba la Iglesia anglicana; el contraste entre la devoción tan intensa de los santos de otras épocas y su defensa tan vigorosa de la fe, y el estado de cosas que estaba presenciando, lo consternó mucho. Ren Dickson Hampden, uno de los instructores del

Colegio Oriel, había dado el año anterior, 1832, las conferencias de la fundación Bampton, en el curso de las cuales se le habían deslizado ciertas expresiones que algunos calificaron de arrianas y que contradecían abiertamente las interpretaciones rígidas que de los dogmas habían hecho Newman y otros miembros de la escuela católica anglicana. No obstante, en 1836, Hampden fue elegido profesor regio de Sagrada teología. El liberalismo triunfaba por todas partes. La propuesta que Roberto Peel había presentado al Parlamento, de que se restaurasen a los católicos romanos los derechos de ciudadanía de que habían sido privados, fue aprobada y se decretó como ley en 1829, a pesar de la oposición tan decidida que le hicieron los protestantes tanto anglicanos como disidentes. "Los liberales", decía Newman, "están ganando poder e influencia. Lord Grey ha tenido la osadía de decirles a los obispos que se reconcilien con Dios, puesto que se les acerca su hora; varios prelados han sido el blanco de insultos y amenazas en las calles de Londres". Ese año extraordinario, 1833, la Cámara resolvió suprimir diez obispados irlandeses, lo cual fue un golpe terrible para los que creían en la institución divina del episcopado y en sus dones indefectibles. Carlos X, el nuevo Borbón, se refugió en Inglaterra, habiendo huido de Francia, donde, lleno de indignación, el pueblo se había levantado en contra de él. A este colmo de males, se añadía el hecho triste de que muchos de los ministros anglicanos estaban ociosos y eran relajados en sus costumbres; en consecuencia, la religión iba decayendo.

Siendo un varón sincero, verdaderamente cristiano, de tendencias ascéticas, que poseía un conocimiento profundo del corazón humano y persona muy simpática, Newman se puso naturalmente a la cabeza de sus compañeros y dio principio al movimiento de los tratadistas, con el fin de atajar y remediar los males tan graves de aquel entonces. Los sermones que predicó en la iglesia de Santa María, tan notables por la profundidad del análisis que hacen del alma humana y de los subterfugios de que se vale el pecado para esconderse en ella, fueron como el toque de la trompeta que despierta a una Iglesia adormecida. Entre sus colaboradores se contaban Juan Keble, el poeta, cuyo *Año cristiano,* que dio a la prensa el año 1827, fue uno de los precursores del movimiento de los tratadistas; Eduardo Bouverie Pusey, el teólogo y jefe del mencionado movimiento después de la defección de Newman; Ricardo Horrell Frounde, hermano del historiador, que probablemente habría seguido el ejemplo de Newman, a no haberlo atajado la muerte; Guillermo Palmer, Isaac Williams y otros escritores devotos y entusiastas.

Sus principios.

Los tratadistas expusieron sus enseñanzas en una serie de folletos llamados *Tratados de Actualidad,* publicada en Oxford entre los años 1833 y 1841. Enseñaban principalmente dichos libritos que en la Iglesia está la salvación de las almas asegurada por nuestro Señor Jesucristo; que ella es la única depositaria de los medios de gracia; que la sucesión apostólica perpetúa su ministerio y que es la testigo eterna de la verdad. En el Bautismo las almas quedan regeneradas; en la Eucaristía, que es el instrumento de la salvación, el pan y el vino se convierten, de una manera espiritual, en el cuerpo y en la sangre de nuestro Señor Jesucristo. En consecuencia de esta presencia real del Señor, los fieles deben hacer reverencia cuando el presbítero consagra los elementos, puesto que, al hacerla, no se adora el pan ni el vino, sino al Redentor a quien representan. La norma de fe no es la Sagrada Escritura por sí sola, ni la tradición aislada, sino ambas en concordancia. Entre los ministros y los laicos existe una diferencia muy marcada, puesto que aquéllos son, de una manera especial, los mediadores entre nuestro Señor Jesucristo y la congregación. La rama anglicana es parte de la Iglesia católica y enseña doctrinas más puras que la romana, pero ha menester no sólo volver a los principios católicos de sus padres ilustres, tales como Beveridge, Bull, Cosin, Hooker y Andrews, sino también practicar dichas enseñanzas de un modo consecuente y cabal.

Los resultados.
Los reformadores de Oxford hicieron una impresión muy profunda en la Iglesia anglicana; revivió la vida espiritual; aumentó considerablemente la asistencia a los cultos de los que, hacía tiempo, muy pocos se acordaban; se organizaron sociedades con el fin exclusivo de instruir y evangelizar al pueblo, y un vigor nuevo restauró a la Iglesia anglicana su influjo en la vida nacional. No cabe la menor duda de que la Iglesia oficial debe, en gran parte, al celo y a la energía de la escuela católica, el gran desarrollo que ha tenido durante los últimos cincuenta años; aceptó generalmente los principios fundamentales de los tratadistas, y hoy día los enseña como sus tradiciones dondequiera que está establecida. Por otra parte, muchas de las lumbreras más grandes de dicha Iglesia, se sintieron impelidas, lógica o ilógicamente, hacia la Iglesia Romana, como lo prueba el hecho de que, antes de llegar el año 1853, cuatrocientos ministros y laicos se convirtieron al romanismo. Además de esta tendencia hacia la superstición, el movimiento tratadista produjo también una reacción que llevó a Newman, el mayor, y a Fronde, el menor, lo mismo que muchas de las mentes más privilegiadas de la Inglaterra moderna, al extremo opuesto del escepticismo. Bajo la influencia del movimiento tratadista, Francisco W. Newman y Jaime Antonio Froude concibieron prejuicios en contra de nuestra santa religión, negaron sus hechos históricos y la han atacado tan vigorosamente como sus hermanos la han defendido.

26

Diferentes Escuelas en la Iglesia anglicana

En el seno de la Iglesia anglicana, y puesto que ésta no ha combatido nunca la diferencia de opiniones entre sus adherentes, y se ha contentado con preservar incólume la fe común del santo Evangelio, hay líneas de pensamiento o Escuelas. Las más clásicas y conocidas de estas escuelas se conocen con los nombres de Alta, de tendencia católica, Media, de tendencia liberal y Baja, de tendencia evangélica.

La Escuela filocatólica o Iglesia Alta.
La Iglesia Alta, de tendencia filocatólica, sostiene la doctrina de la sucesión apostólica, la institución divina del episcopado y la eficacia de los sacramentos; acentúa también los privilegios y las prerrogativas del ministerio. Habiéndole dado un gran impulso el movimiento de Oxford, la escuela alta predomina en la Iglesia anglicana. A esta escuela

pertenecía el predicador anglicano más famoso del siglo XIX, el canónigo Henry Parry Liddon.

La causa de Gorham.

Uno de los litigios famosos que derivaron del ritualismo de la Iglesia anglicana alta, de tendencia católica, fue la causa de Gorham. En 1847, el reverendo Cornelio Gorham fue nombrado por el Lord Canciller del reino, párroco de la parroquia de Brampford Speke. El obispo de Exeter, doctor D. Enrique Phillpotts, se negó a instalarlo en su beneficio, alegando que el mencionado presbítero no creía en la regeneración bautismal. El párroco apeló a la corte superior de Canterbury y ésta confirmó la decisión del obispo, en 1849, dando por base de su fallo que la regeneración de las del bautismo es una de las enseñanzas de la Iglesia anglicana oficial. Gorham apeló el fallo de este tribunal ante la comisión judicial del Consejo Privado, y ésta revocó el fallo, decidiendo que las opiniones del interesado no estaban en contradicción con la fe tal cual la define la Iglesia anglicana, puesto que muchos prelados y teólogos anglicanos eminentes habían expresado las mismas opiniones u otras semejantes, y en consecuencia mandó que el párroco fuese instalado en su cargo.

Otra causa famosa, por el lado inverso, fue la del obispo de Lincoln, doctor Eduardo King, que fue acusado de practicar ciertas ceremonias ritualistas consideradas ilegales. En 1890, el arzobispo de Canterbury decidió que algunas de dichas ceremonias eran permisibles, al paso que otras no lo eran. La causa pasó a un tribunal superior. El ritualismo produjo animosidades muy amargas en el seno de la Iglesia anglicana e incluso llevó a la cárcel a varios ministros y, en cierta ocasión, fue causa de una manifestación y una asonada terrible en todos los barrios del lado oriental de Londres.

La Escuela anglicana evangélica o Iglesia Baja.

El avivamiento metodista y los trabajos tan eficaces de los disidentes ingleses, estimularon mucho a la escuela anglicana evangélica. Con su predicación tan apegada al santo Evangelio, Carlos Simeón, de la Universidad de Cambridge, que falleció en 1836, ejerció una influencia muy grande y fundó una sociedad de patronatos con el fin de obtener el derecho a presentar personas idóneas para los cargos pastorales, consiguiendo de esta manera que muchos ministros evangélicos fueran nombrados pastores de parroquias importantes. Los miembros de la llamada Escuela Evangélica simpatizaban íntimamente con los principios del protestantismo, pero desgraciadamente, este grupo fue radicalizándose, volviéndose estrecho, rígido e intolerante. Se opuso a que el Parlamento concediera a los católicos romanos los derechos civiles de que gozaban los demás súbditos, y se obsesionó en perseguir a los ritualistas. Con todo, hay que reconocer que en su época fue una gran bendición para Inglaterra como contrapeso a la Iglesia estatal.

La Escuela Liberal o Iglesia Media.

Basada en el espíritu moderno de la tolerancia, la caridad y el amor de la verdad. Su primer apóstol fue Henry James Coleridge, quien ejerció en el modo de pensar religioso una influencia tan extraña como vivificadora. Los miembros de esta escuela estudiaban asiduamente las obras de teología publicadas en Alemania y las biografías de nuestro Señor Jesucristo publicadas a principios del siglo XX, así como la historia de la Iglesia Primitiva. Su enfoque teológico era de índole histórico y su tendencia se centraba en descubrir en los dogmas y textos estereotipados, verdades más profundas y vitales, a la vez que acentuaban el cristianismo histórico, procurando vigorizarlo dando a sus enseñanzas una interpretación más espiritual y aplicándolas, con una fidelidad sin par, a las necesidades sociales. Fueron infatigables en sus esfuerzos por mejorar la condición de las clases necesitadas; establecieron escuelas nocturnas, daban conferencias públicas y utilizaban todos los medios posibles de ilustrar al pueblo y establecer la templanza, la justicia y la pureza social. A esta escuela pertenecen Tomás Arnold, el reformador del sistema inglés de escuelas públicas; Federico W. Robertson, cuyos sermones incomparables fueron el medio de atraer a muchos incrédulos al gozo y la paz del Evangelio; Juan Guillermo Colenso, que trasladó a Inglaterra la crítica avanzada de los alemanes, y que a la vez fue un misionero noble del Crucificado; Federico D. Maurice, que se distinguió entre sus contemporáneos por su piedad, filantropía, grandes pensamientos e influjo como predicador; Carlos Kíngsley, varón noble e intrépido; el deán Stanley y muchos otros teólogos y literatos.

Los "ensayos" de 1860 y el pensamiento universalista.

Gran revuelo levantó en Inglaterra el hecho de que, en 1860, apareció, escrita por varios miembros de la Universidad de Oxford, una obra que contenía los siguientes ensayos: *La Educación del mundo,* por Federico Temple, Doctor en Teología; las *Investigaciones bíblicas de Bunsen,* por el Doctor Rowland Williams; *Estudio sobre las evidencias del cristianismo,* por Baden Powell, maestro de artes; la *Iglesia Nacional,* por Enrique Bristow Wilson, bachiller en teología; la *Cosmogonía mosaica,* o sea, la ciencia de la formación del universo, por C. G. Goodwin, maestro de artes; *Tendencias del pensamiento religioso en Inglaterra, 1688-1750,* por Marcos Pattison, bachiller en teología; *La Interpretación de la Sagrada Escritura,* por Benjamín Jowett, maestro de artes. Estos escritos y ensayos, lejos de ser perjudiciales para la fe como muchos afirmaron en su día, difundían principios juzgados de manera fría e imparcial, que la mayoría de escritores cristianos han aceptado como verdaderos a lo largo de todos los siglos, y serían considerados como conservadores por la mayoría de teólogos moderados del siglo XXI; algo especialmente cierto de los ensayos de Temple y Jowett y, hasta cierto punto, del que escribió Goodwin. Sin embargo, muchos líderes cristianos de la época tildaron los escritos de Williams y de Powell como peligrosos, afirmando que hacían concesiones al racionalismo y acusando a estos escritores de reducir a la mínima expresión el elemento sobrenatural, concluyendo que la lectura de sus libros tendía a minar la fe en la Sagrada Escritura.

No obstante, es sabido que cosa prohibida es cosa deseada, y el resultado fue que los libros y artículos en revistas de estos autores despertaron en el público mayor interés que todas las obras que se habían publicado en el curso de cien años. Los conservadores reaccionaron publicando en revistas y periódicos infinidad de artículos contradiciendo las aserciones hechas en los libros, y se calcula que, en el corto espacio de cinco años, se publicaron cerca de cuatrocientas refutaciones. Los obispos recibieron una avalancha de protestas en contra de las enseñanzas de estas obras, y numerosas cartas pidiéndoles que llamaran a cuentas a los autores. Las Convenciones de Canterbury y de York condenaron los ensayos, y finalmente los señores Williams y Wilson fueron citados ante el tribunal eclesiástico de Arches, el día 21 de junio de 1864. El juez concluyó que los mencionados escritores habían contradicho los artículos de la religión que tratan de la inspiración de la Sagrada Escritura, de la oblación del Redentor y de la justificación por la fe, y les impuso la pena ridícula de quedar suspensos y privados de sus salarios por un año y de pagar las costas del litigio. Los sentenciados apelaron al Consejo Privado, y éste revocó la sentencia, sosteniendo que no se habían probado los cargos de herejía, puesto que los encausados no habían publicado ninguna enseñanza verdaderamente contraria a las doctrinas de la Iglesia Anglicana. Los clérigos ingleses y laicos liberales consideraron esta decisión, publicada el 8 de febrero de 1864, como de suma importancia, puesto que fue la base de la libertad de pensamiento teológico dentro de la Iglesia anglicana. Dicha decisión sostiene que no es punible el llamar "invención" a la enseñanza de que los méritos de nuestro Señor Jesucristo se *transfieren* de una manera incondicional a las almas, el abrigar la esperanza de salvación final universal para todos los inicuos, ni el afirmar que algunas partes del Antiguo Testamento, que no tratan de la fe ni de los deberes morales, fueron escritas sin que sus autores estuvieran inspirados.

Historia posterior de estos escritores.

A partir de esta sentencia, los autores de los citados ensayos y revistas vivieron en paz y continuaron rindiendo sus servicios a la Iglesia anglicana. Baden Powell, cuyo ensayo causó mayor ofensa que todos los demás, era un gran matemático, que trabajó con mucho entusiasmo por introducir en Oxford el estudio de las ciencias; falleció a poco de haberse publicado el tantas veces mencionado volumen. Rowland Williams continuó a cargo de su parroquia en Broad Chalke, cerca de Salisbury, hasta su muerte, acaecida en 1890, habiéndose dado a conocer en el mundo de las letras como el autor de una obra muy importante sobre los profetas hebreos. Marcos Pattison sobresalió como escritor y llevó una vida tranquila de profesor hasta el año 1884, en que pasó a la otra. Goodwin, que era licenciado de profesión, tuvo la fama de ser el egiptólogo más sabio de sus tiempos; falleció en 1878. Varias de sus traducciones de los jeroglíficos, que copió de monumentos egipcios, se encuentran en la obra los *Anales de los siglos pasados*. Temple fue consagrado obispo de Exeter en 1869, y transferido a la sede de Londres en 1885. Es el autor de una obra muy valiosa que llamó *La religión y la ciencia* (1884). Jowett fue un erudito catedrático de griego en la Universidad de Oxford.

Lux Mundi.

La publicación en Londres, el año 1890, de un volumen de ensayos titulado *Lux Mundi*, o sea, estudios sobre el dogma de la Encarnación, produjo una sensación semejante a la que causaron los ensayos y revistas antes citados, si bien menos profunda y extensa. Su editor fue el reverendo Carlos Gore, director del Instituto Pusey y uno de los jefes de la Iglesia Alta; los escritores de los estudios contenidos en *Lux Mundi* fueron todos miembros de la escuela alta y, en este libro, abordaban de una manera franca e intrépida los problemas del mundo actual, mostrándose dispuestos a conciliar los dogmas del cristianismo con los adelantos de la época y especialmente con los resultados de la crítica bíblica. El editor, Gore, escribió al respecto: "La verdad hace libre a la Iglesia, y por consiguiente, ésta no tan sólo puede, sino que debe asimilar todo el material nuevo que se le presente; dar la bienvenida y abrir un lugar a todo conocimiento nuevo; procurar la santificación de los nuevos órdenes sociales; sacar de sus tesoros cosas viejas y otras nuevas, y mostrar, en todas circunstancias, el poder que tiene de desarrollar la fe y la vida en cada época".

El estudio sobre la inspiración de la Sagrada Escritura, escrito por el doctor Gore y en el cual concede que hay en el Antiguo Testamento elementos que no son históricos sino idealistas, aunque están en consonancia perfecta con la revelación divina, fue mucho más grave que los demás ensayos. Deja el campo libre a la crítica histórica, sosteniendo que la Iglesia no tiene nada que temer de los resultados que den las investigaciones o el estudio del Antiguo Testamento. La obra *Lux Mundi* fue recibida con expresiones de aprobación, por una parte, y de condenación, por la otra; pero esta vez nadie intento llevar a sus autores ante los tribunales eclesiásticos. Durante una sesión de la Convención, el arcediano Denison propuso que se condenara el libro, pero la Asamblea no le hizo caso.

27

Las universidades en Inglaterra

Influencia de las universidades inglesas.

Las universidades ejercieron un influjo muy grande en la vida religiosa de la nación. Si bien es cierto que, durante el período de la Reforma, el gobierno confiscó parte de sus bienes y rentas, se puede decir que no han sufrido más las desolaciones que causan las guerras. Tan íntimas han sido sus relaciones con la Iglesia, que casi todos los grandes movimientos de la religión han empezado en estos centros del saber humano. El Renacimiento influyó de una manera poderosa tanto en Oxford como en Cambridge. En aquella universidad, en el año 1500, Colet dio conferencias públicas y gratuitas sobre la epístola a los Romanos, denunció enérgicamente los abusos de aquellos tiempos y preparó el camino para los reformadores; sus contemporáneos del clero lo tildaron de hereje. Lleno de entusiasmo por el nuevo saber, Linacre regresó a Oxford de su viaje al continente. No tomó parte en las polémicas teológicas, pero impartió sus conocimientos a sus discípulos, entre los cuales se contaban Erasmo y Tomás Moro. Con igual fervor, Grocyn emprendió trabajos semejantes en el Colegio de Exeter.

El obispo Fisher y los señores Juan Cheke y Tomás Smith personificaron las mismas tendencias intelectuales en Cambridge. En esta universidad, Erasmo pulió una nueva versión latina del Nuevo Testamento griego, con el fin de poner en manos de los estudiantes una traducción del texto original, que no adoleciera de las muchas faltas de la Vulgata. Aun antes de que llegaran a Inglaterra los escritos de Lutero, Cambridge era ya el centro reconocido de las enseñanzas de la Reforma. Durante los conflictos internos de la Iglesia estatal, que vinieron después de la Reforma, los Colegios de San Juan y de la Reina, de la Universidad de Cambridge, fueron el cuartel general de los corifeos puritanos. Debido a su puritanismo decidido, el Colegio Manuel, fundado en 1584, gozó de gran prosperidad. Pero las medidas represivas prevalecieron tanto en Oxford como en Cambridge; se cumplieron los decretos de supremacía y de conformidad y todos los disidentes fueron expulsados de los colegios de dichas universidades, teniendo fuerza de ley los mencionados actos hasta que se aprobaron los nuevos códigos de 1858.

Cambridge.

Durante el siglo XVII, en la Universidad de Cambridge se encontraron las corrientes del pensamiento humano que conmovió tan profundamente a la nación inglesa. Los platónicos de Cambridge, Enrique Moro, Cudworth y Whichcote, varones notables por su carácter y sabiduría, Isaac Barrow, Isaac Newton, Guillermo Whiston y otros, tuvieron una influencia muy grande no sólo en sus contemporáneos, sino también en las generaciones posteriores. Al paso que estos sabios estaban elevando a su *alma mater,* dándole más lustre como un centro del saber humano, Oxford iba decayendo diariamente. Ambas universidades sentían los efectos del decaimiento moral y religioso de la nación. El movimiento metodista que Wesley y Whitefield empezaron en Oxford, y Berridge en Cambridge, cambió por completo la corriente de la vida espiritual de Inglaterra. Los trabajos de Simeón, en Cambridge, y de los tratadistas, en Oxford, dieron una intensidad mayor a los pensamientos religiosos. Todos estos movimientos, nacidos en las universidades, han hecho su impresión dondequiera que se habla el idioma inglés.

Reformas.

En 1858 se introdujeron muchas reformas: se abolieron las restricciones impuestas desde la Edad Media y los juramentos que se exigían a los que deseaban matricularse; se abrieron las puertas de las universidades a la juventud, sin distinción de clases ni de creencias, lo mismo a los disidentes que a los miembros de la Iglesia anglicana. Se requería, sin embargo, a los candidatos para el grado de maestro de artes y a los que solicitaban becas, o sea, plazas gratuitas, que subscribieran los treinta y nueve artículos de la Iglesia estatal. Después de una lucha tan larga como cansada, y de muchas contrariedades, los amigos y defensores de la tolerancia consiguieron que dicho requisito quedara abolido por completo. Con tal fin, la Cámara Baja dio un decreto en 1871, durante la administración del señor Gladstone.

La Universidad de Londres.

Con el objeto de contrarrestar la política exclusiva de las antiguas universidades, varios disidentes notables y los miembros más liberales de la Iglesia anglicana tomaron, en 1825, las medidas necesarias para establecer otro foco de educación superior. Sus esfuerzos dieron por resultado la fundación de uno de los establecimientos más famosos de Inglaterra: la Universidad de Londres. Se levantó el acta oficial de establecimiento el 11 de febrero de 1826; se colocó la piedra angular en abril de 1827 y la Universidad abrió sus aulas en octubre de 1828. Estos acontecimientos marcaron una era nueva en la historia de la educación pública en Inglaterra y fueron el preludio a la caída del régimen eclesiástico de los antiguos centros del saber.

28

Escritores y teólogos anglicanos

El lector comprenderá más fácilmente el desarrollo de la religión en Inglaterra, si de antemano se familiariza con las biografías y obras de sus teólogos más prominentes. Admira verdaderamente el número tan grande de literatos cristianos que produjo la Iglesia Anglicana en todos los departamentos de teología, cabalmente cuando el protestantismo luchaba por su vida. Los límites de esta obra no nos permiten mencionar sino a unos cuantos de ellos.

Guillermo Laud (1573-1664).
Nació en 1573 y pasó a mejor vida en 1644; fue hijo de un tejedor de paños que residía en Reading, ascendió de un beneficio eclesiástico a otro hasta que llegó a ser obispo de Londres en 1628, y arzobispo de Canterbury y primado de Inglaterra en 1633. Su propósito, que persiguió con una tenacidad sin paralelo y con una falta extraña de tacto y de política, fue hacer que desaparecieran los últimos vestigios del puritanismo y traer la Iglesia estatal a la verdadera posición católica que, según él, consiste en ser independiente de Roma, por una parte, y conforme al carácter sacerdotal del cristianismo antiguo, por la otra. Carlos I estaba de acuerdo en estos puntos y, después del asesinato de Buckingham en 1628, Laud gobernó con toda la autoridad investida en el primer ministro del reino. Se emplearon medidas represivas con una severidad repugnante; encarcelaron, desterraron y mutilaron a un sinnúmero de puritanos; la Cámara de justicia y el Tribunal superior, ante quienes comparecían los encausados, estaban bajo el dominio completo de Laud, quien, como dice el historiador Gardiner, "optaba siempre por medidas severas"; se emplearon agentes que investigaran minuciosamente qué conducta observaban los ministros; se hizo obligatoria la uniformidad del ritual y, para mayor colmo de injusticias, se adoptó la introducción por la fuerza en Escocia de cánones nuevos y de la liturgia inglesa. Pero llegó el día de la dominación puritana, y entonces acusaron a Laud ante el Parlamento, de alta traición; la Cámara de los lores lo absolvió, pero la de los pares lo sentenció a la pena capital. Fue ejecutado el 10 de enero de 1644.

Se frustró entonces el propósito del arzobispo Laud, pero sólo para cumplirse después, puesto que, como dice el canónigo Mozley: "La manera de obrar de Laud y las miras que llevaba eran sumamente prácticas y a su influjo se debe indudablemente el cambio que experimentó la Iglesia anglicana(...). El hecho de que la santa mesa en todos los presbiterios de nuestros templos esté colocada junto a la pared oriental, recuerda a todos los que la ven, los esfuerzos de Laud(...). El que cualquier persona de predilecciones católicas pueda pertenecer al gremio de la Iglesia estatal, se debe, en nuestro humilde parecer, a su influjo".

Con la oposición que le hizo a Roma, el arzobispo mostró muy a las claras que era protestante de corazón. Era de un carácter devoto, concienzudo y eminentemente religioso, si bien su religión se inclinaba al tipo severo y estrecho. Si hubiera perseguido los fines que se propuso, de un modo tolerante y político; si no hubiera favorecido, por otra parte, el absolutismo de Carlos, ni ultrajado los principios religiosos de Escocia, habría escapado del castigo tan cruel que recibió, pero que, considerando el estado tan exaltado de los ánimos, fue natural.

Guillermo Chíllingworth (1602-1644).

Se convirtió al catolicismo por la influencia del padre jesuita Fisher, pero, persuadido de su error por su padrino el arzobispo Laud, volvió a la fe protestante. Después de celebradas, en 1625, las nupcias de Carlos I y Enriqueta María, de Francia, y habiendo trabajado los jesuitas con gran entusiasmo y buen éxito, había motivos para preguntarse ¿qué será de la nación inglesa? Chíllingworth estudió esmeradamente todos los puntos de polémica entre los evangélicos y los romanistas, y escribió una de las obras de controversia más hábiles y brillantes que se han dado a la imprenta, y que intituló *La religión de los protestantes es una vía segura de la salvación*. En este libro, que se imprimió en 1638, ocurre la sentencia famosa: "La Biblia, toda la Biblia, y nada más que la Biblia, es la religión de los protestantes". Al principio, Chíllingworth tuvo escrúpulos y no podía en conciencia aceptar los treinta y nueve artículos, pero se disiparon aquéllos y aceptó la prebenda de Brixworth en Northamptonshire. Declaró que las cláusulas del credo de S. Atanasio, que contienen los anatemas, "son muy falsas, cismáticas en extremo y presuntuosas". Fue uno de los teólogos más liberales de su época; los puritanos lo tildaban de sociniano, calificativo que en aquellos tiempos se daba, como dice Tíllotson, a todo aquel que procuraba vindicar la religión apelando a los principios de la razón. Sin embargo, en materias de la libertad civil, no iba a la vanguardia con algunos de sus contemporáneos, como lo demuestra la obra póstuma que escribió sobre la *Ilegalidad de la resistencia al príncipe legal aun cuando sea impío, tirano y cruel*. Iba siguiendo al ejército real cuando lo atajó una enfermedad precursora de la muerte. Expresó su credo con estas palabras: "Estoy persuadido de que lo que Dios requiere de las almas es que crean en la inspiración divina de la Sagrada Escritura, que procuren hallar el verdadero sentido y que vivan de conformidad con él; más de estas tres cosas, no deben exigir los hombres".

Jeremías Taylor (1613-1617).

El Crisóstomo de la teología inglesa, que sobrepujó a sus contemporáneos por su elocuencia y el esplendor de su imaginación, fue hijo de un barbero de Cambridge y descendiente, en línea recta, del doctor Rowland Taylor, el capellán del arzobispo Cranmer, que sufrió el martirio durante el reinado de María la Sanguinaria. Gozó del favor y la protección de Laud y, lo mismo que éste, creía firmemente en el origen divino del episcopado y de los reyes, creencias que se adunaban en aquel entonces, y en la regeneración bautismal. Habiendo sido expulsado de la rectoral de Upingham, en 1642, por orden del Parlamento, halló un retiro muy agradable en casa del conde de Carbery, donde se dedicó a las labores literarias. En esta época escribió sus mejores obras y, en 1647, dio a la imprenta *La libertad de profetizar*, el libro más hábil que produjo, y en el cual abogó por la virtud de la tolerancia. Desgraciadamente no la practicó cuando algún tiempo después se le presentó la oportunidad, en sus tratos con los presbiterianos residentes en su diócesis. En 1650 escribió otra obra muy hermosa, que intituló *Vida de nuestro Señor Jesucristo;* el mismo año dio a la prensa *La manera de vivir santamente* y, en 1651, *La manera de morir santamente,* libros que se consideran aún como manuales clásicos de devociones. Su *Doctor Dubitantium,* o sea, Norma de la conciencia, que Hallam considera como la obra de casuística más extensa y sabia que hay, apareció en 1660.

En ese mismo año fue consagrado obispo de Down y Connor, teniendo su residencia en Lisburn, cerca de Belfast. A la sazón había en el Norte de Irlanda como setenta ministros presbiterianos que estaban decididamente opuestos al episcopado. Poco después de su consagración, Taylor escribió: "Percibo que me han echado en un lugar de tormento". El doctor Marcos Dods, ministro presbiteriano, dice: "No cabe la menor duda de que resistieron su autoridad y rechazaron sus propuestas". Escudriñaron sus escritos con el fin de encontrar aserciones heréticas, y "nombraron una comisión de arañas escocesas para que descubriera y sacase el veneno que contenían". Tuvo una excelente oportunidad de poner en práctica las doctrinas que había inculcado con su "Libertad de profetizar", pero, en vez de aprovecharla, publicó una pastoral poniendo a los ministros presbiterianos en la alternativa de someterse a recibir las órdenes episcopales, o ser destituidos de sus cargos pastorales, en consecuencia de la cual treinta y seis de dichos predicadores fueron expulsados de sus iglesias.

Era el obispo Taylor varón de una mente liberal, buen gusto literario, imaginación rica y espíritu devoto y consagrado; tenía ideas más avanzadas que las de sus contemporáneos, pero, desgraciadamente, no obró de un modo consecuente con ellas. Anticipó a Juan Wesley en la opinión que emitía respecto de los herejes, diciendo: "La herejía no es un error del entendimiento, sino de la voluntad".

Isaac Barrow (1630-1677).

De los demás varones eminentes en la Iglesia anglicana, sólo podemos hablar muy sucintamente. Isaac Barrow no solamente sobresalió entre sus contemporáneos por sus conocimientos teológicos, sino también como matemático. En 1669 cedió su cátedra de esta ciencia en la Universidad de Cambridge a su ilustrado alumno Isaac Newton. Su obra extensa sobre la supremacía del Papa, es de valor aún en nuestros días, y sus *Sermones* forman parte de las discusiones más sabias y eruditas que hay en la literatura inglesa. Roberto South (1633-1716), que fue calvinista en teología y perteneció a la escuela católica en materias de gobierno eclesiástico, se distinguió como predicador por el vigor de sus ideas y la tersura y pureza de su lenguaje.

Otros escritores.

Francisco Atterbury (1662-1732) era un polémico admirable, pero poco escrupuloso, que aparece en la novela *Enrique Esmond;* murió desterrado en pago del afecto que tuvo a la dinastía de los Estuardos. Roberto Leighton (1611-1684), el santo arzobispo de Glasgow, fue un espíritu pacífico y angélico en una edad turbulenta.

Al arzobispo Usher (1571-1656), de Armagh, debemos la cronología de la versión inglesa de la Biblia. Joseph Bíngham (1668-1723) dio principio a las investigaciones en la arqueología, o sea, el estudio de los monumentos y cosas de la antigüedad, con una obra tan extensa que hasta hoy día no ha sido reemplazada. Juan Lightfoot (1602-1675) fue uno de los primeros literatos ingleses que se dedicaron al estudio del hebreo; no cedió la palma como maestro de toda Europa sino hasta que apareció el joven Buxtorf.

Jorge Bull, (1534-1710) obispo de San David, y Daniel Waterland (1683-1740) defendieron el dogma de la Santísima Trinidad. Con su obra célebre *La legislación de Moisés,* el obispo Guillermo Warburton, de Gloucester (1737-1741), echó mucha luz en la dispensación mosaica. *La analogía de la religión,* que el obispo José Butler, de Durham, publicó en 1736 y la cual, con motivo de su argumento tan lógico, poderoso e inexpugnable, es aún libro de texto, sirvió para torcer la corriente del escepticismo. José Hall, a quien el noble Enrique Wotton llama "el Séneca inglés", escribió las *Contemplaciones de los pasajes principales del Nuevo Testamento,* libro que dio a la luz pública entre los años 1612 y 1615.

El primer literato ingles que aplicó al estudio de la Sagrada Escritura los principios de la crítica moderna, fue el obispo Roberto Lowth, catedrático de poética en la Universidad de Oxford; sus *Ensayos sobre la poesía hebrea,* que publicó en latín en 1753, y luego en inglés el año 1787, patentizan la bondad y fertilidad de los métodos que siguió el autor y de la influencia tan grande que ha tenido en los estudios bíblicos. La idea que sostuvo de que la Biblia es un libro inspirado divinamente y que contiene, a la vez, la literatura de una nación, el cual se debe interpretar conforme a los cánones aceptados en la república de las letras, impresionó al mundo con toda la gloria y sorpresa de un descubrimiento.

Guillermo Low, partidario decidido del rey Jacobo II y que no quiso jurar fidelidad a la casa de los Güelfos, escribió, en 1729, el libro clásico de devociones que intituló *Llamamiento solemne a una vida santa,* y del cual Samuel Johnson dijo: "Siendo estudiante en Oxford, una vez tomé el "Llamamiento solemne" que había publicado Low, figurándome que sería una obra pesada, como lo son todos los libros de este género, y que tal vez me divertiría con su contenido; pero su lectura hizo una impresión tan profunda en mi mente, que, por primera vez desde que tengo uso de razón, pensé con seriedad en los asuntos de la religión". Esta obra influyó asimismo en Juan Wesley, Venn y otros jefes del avivamiento evangélico que hubo en Inglaterra a mediados del siglo XVIII.

José Milner, que durmió en el Señor el año 1797, publicó una *Historia eclesiástica,* en 1794, que su hermano Isaac continuó y la que, en una época, tuvo gran aceptación. Tomás Scott, que falleció en 1821, escribió un *Comentario de la Sagrada Escritura,* libro que empezó a publicarse el año 1792 y del cual se vendieron más ejemplares que de ninguna otra obra de su clase.

Al llegar a tiempos más recientes, es muy difícil escoger nombres entre los muchos literatos anglicanos que se han distinguido. El *Comentario del Nuevo Testamento* es la mejor obra que hay en la lengua inglesa y el producto de una sola mente que debemos al deán Alford. El deán Howson y el reverendo W. J. Conybeare han ilustrado la vida de San Pablo con sus obras sobre los anales y monumentos contemporáneos del gran apóstol. Un laico, Samuel Prideaux Tregelles, aumentó, con sus labores en el texto original del Nuevo Testamento, la literatura cristiana; es acreedor a la gratitud del mundo, lo mismo que Kitto, por haber cooperado tanto al estudio de la Sagrada Escritura. La *Historia de la Iglesia latina,* tan interesante, fascinadora o imparcial, es obra del deán Milman, a quien se puede llamar con justicia, el Gibbon de las edades antigua y media del cristianismo.

El obispo de Durham, Lightfoot, fallecido el 11 de diciembre de 1889, con sus estudios sobre los *Padres apostólicos* y de varias de las epístolas de San Pablo, ayudó mucho en el escudriñamiento de los documentos primitivos de nuestra fe, y colocó sobre bases inexpugnables la creencia en el origen sobrenatural de nuestra santa religión. Su muerte fue una pérdida irreparable para la literatura y la historia. El deán Stanley, literato, poeta y santo, varón esclarecido y de ideas libérrimas, en cuyas obras se combinan en grado raro el esplendor y lucidez del estilo con la sabiduría y profundidad de las ideas, se dedicó a la historia. El canónigo Liddon, que pasó a mejor vida el 9 de septiembre de 1890, fue el predicador más elocuente de nuestra época. De sus "Conferencias sobre la naturaleza divina de nuestro Señor Jesucristo", publicadas primeramente en 1867, se han impreso doce ediciones; se consideran como una de las obras clásicas de la literatura religiosa de Inglaterra.

No puede negarse que la cristiandad debe mucho a la Iglesia anglicana por haber producido tantos literatos y teólogos ilustres que, en sus esferas respectivas, han trabajado por el progreso de la verdad y del reino del Redentor.

29

Literatos y teólogos puritanos y presbiterianos

Se da el nombre de puritanos a todos los protestantes que, además de tener convicciones firmes y la Sagrada Escritura como la única regla de su fe, eran celosos en sus esfuerzos en pro de la sencillez de vida y del ritual, ya pertenecieran a la Iglesia anglicana, ya estuvieran fuera de su gremio.

Tomás Cartwtight (1535-1603).

El nombre más ilustre en los anales del puritanismo inglés, fue el de Tomás Cartwright, quien, habiendo concluido su educación en el colegio de San Juan en la Universidad de Cambridge, fue elegido catedrático de sagrada teología en 1569 y empezó a dar conferencias sobre el libro de los Hechos de los Apóstoles. Sus enseñanzas atrajeron grandes auditorios y luego llamaron la atención de la Escuela católica; ésta empezó con él un conflicto que sólo acabó con la vida del gran maestro. Habiendo sido destituido de su cátedra en 1570, tuvo que expatriarse y pasó muchos años en el continente, donde encontró un refugio seguro en contra de sus enemigos. En defensa de sus opiniones, publicó muchas obras llenas de interés y sabiduría. Fue el primer predicador inglés que introdujo la costumbre de ofrecer una oración extemporánea antes del sermón.

Ricardo Baxter (1615-1691).

A pesar de que Ricardo Baxter fue hijo de padres muy pobres y de que no fue nunca a la escuela, llegó a ser uno de los hombres más sabios de su época. Habiéndose ordenado de presbítero en la Iglesia Anglicana, le dieron el cargo de la congregación de Kiderminster, en 1640, a la que dio muy buen ejemplo como ministro justo y celoso que era. "Cuando se encargó de dicha parroquia, el pueblo parecía un desierto; lo dejó convertido en un jardín". No solamente describió en una de sus obras el modelo del pastor reformado, sino que, en la práctica de las virtudes cristianas, se acercó más que ninguno de sus contemporáneos a su bello ideal. Habiéndose promulgado el Acta de conformidad en 1662, tuvo que salir de Kiderminster; pasó el resto de su vida agobiado por los pesares. En 1685 lo acusaron falsamente de sedición ante el juez cruel Jefreys, quien lo sentenció a pagar una multa de quinientos marcos y a dieciocho meses de cárcel. Gracias a los esfuerzos de un noble católico romano, el lord Powis, le perdonaron la multa y, el 24 de noviembre de 1686, lo pusieron en libertad.

Muy a la vanguardia de su época iba Baxter, quien trabajó por la unión cristiana en una época en que nadie comprendía el significado de esa palabra. "Abogó por la unión de los cristianos cuando estos estaban divididos por el celo excesivo de sus partidos; por la liberalidad en las ideas, cuando prevalecían los credos más rígidos; por la filantropía cristiana cuando reinaba el egoísmo". El 28 de julio de 1875 se erigió en Kiderminster una estatua que lo representa en el acto de predicar, y en la base que la sostiene se lee esta inscripción: "Entre los años 1641 y 1660, esta ciudad fue el teatro de los trabajos de Ricardo Baxter, famoso por su saber cristiano y su fidelidad como pastor. En una época tempestuosa y aciaga, fue el campeón de la unidad y la tolerancia cristianas y señaló a los hombres el camino de la felicidad eterna. Anglicanos y disidentes se unen hoy día para levantarle este monumento. Año 1875 del Señor". Era un autor sumamente prolífico como lo demuestra el hecho, Orme menciona, que escribió ciento setenta y ocho tratados. El *Descanso eterno de los santos*, impreso en 1650, y su *Llamamiento a los inconversos,* que dio a la imprenta en 1657, han tenido una circulación inmensa y han sido traducidos en varias lenguas. Una de las primeras labores literarias que llevó a cabo Elliot, el apóstol de los indios, fue la traducción de la Biblia y luego la del mencionado "Llamamiento".

Tomás Goodwin (1600-1679).

Se le ha dado el nombre de "El patriarca y campeón de los independientes". No pudiendo soportar ya las injusticias de Laud, renunció el cargo pastoral que tenía en Cambridge y se fue a Holanda. Habiendo caído el arzobispo, regresó Goodwin a Londres y, desde el año 1560 hasta la Restauración, fue el director del colegio de la Magdalena en la Universidad de Oxford. Los peritos son de opinión que Goodwin es el presidente, o rector del colegio, que Adison describió en el número 494 del *Spectator*. Era miembro de la Asamblea de Westminster y, como tal, calvinista rígido; tuvo fama de predicador elocuente y de gran pensador.

John Owen (1616-1683).

El príncipe de los puritanos, se educó en la Universidad de Oxford, que lo graduó el año 1637. Salió de ella, fatigado, como Goodwin, de las arbitrariedades de Laud. Durante una visita que hizo a la ciudad de Londres, un día asistió al culto en el templo de Aldernianbury, deseoso de oír al predicador Calamy. En lugar de éste, predicó un extraño sobre el texto "¿Por qué teméis, hombres de poca fe?", y el sermón lo impresionó tanto, que fue el medio de su conversión. Después de haber servido dos cargos pastorales, fue elegido deán de la catedral de Oxford, en 1651, y vicecanciller el año siguiente. Introdujo reformas muy importantes en la universidad y mejoró mucho la reputación de dicho plantel. Habiendo sido destituido de su posición en 1660, se retiró a la vida privada.

A pesar de ser calvinista en teología y polemista por naturaleza, Owen era un hombre de ideas liberales que iba a la vanguardia de sus contemporáneos en asuntos de libertad religiosa. Censuró a los congregacionalistas de la Nueva Inglaterra por su índole tiránica, y trabajó con ahínco por la libertad de conciencia; sin embargo, no se interesó tanto como Baxter en la unión cristiana. Después de la Restauración, Carlos lo trata con mucha cortesía, y el partido anglicano le mostró un respeto muy grande. Su saber, sus obras, que llegaron al número de ochenta, su grande influjo y habilidad, su piedad y principios tan elevados le aseguraron la consideración de todo el mundo.

Pocos días antes de morir, le escribió Carlos Fleetwood lo que sigue: "Voy a ver al que amo con toda mi alma; mejor dicho: al que me quiere con un amor eterno; cuyo cariño es la base de mi refrigerio. Dejo la nave de la Iglesia en medio de una tempestad pero, cuando el gran Piloto lleva el timón, ¿qué importa que perezca un pobre bogador?" A pesar de que toda su vida estuvo ocupado en debates religiosos, produjo varios manuales de devoción que sobresalieron en la literatura de aquellos tiempos. Cabalmente cuando se acababa la impresión de uno de los mejores y más consoladores de estos libros, las *Meditaciones sobre la gloria de nuestro Señor Jesucristo,* empezó la agonía del autor. Un ministro disidente, el señor Payne, le comunicó la noticia de que su obra acababa de salir de la prensa, a lo cual contestó el moribundo: "Lo celebro; pero ha llegado el día que hace tanto tiempo estoy esperando, en que voy a ver esa gloria de una manera más clara y como jamás la he visto ni puedo concebir en este mundo".

John Goodwin (1593-1665).

El "Wyclif del metodismo", y uno de los literatos de Cambridge. Fue expulsado en 1645 de la iglesia de San Esteban, situada en la calle Coleman de la ciudad de Londres, por haberse negado a administrar de una manera promiscua el bautismo y la santa cena. Era un teólogo intrépido y predicador elocuente; independiente en materias de gobierno eclesiástico, y arminiano en teología. Su obra, *La redención redimida,* que dio a la impresión el año 1651, causó gran alboroto entre los teólogos de aquellos tiempos, quienes publicaron sermones, tratados y libros en su contra. El doctor Owen también la controvirtió. Goodwin tenía y emitió ideas avanzadas respecto del genio de la Iglesia y sobre la tolerancia que los hombres deben tener en materias de religión, y aún fue más allá que su gran contrincante Owen, puesto que éste no toleraba a los romanistas, socinianos ni herejes, mientras que aquél abogó siempre por la completa libertad de conciencia como uno de los derechos inalienables del hombre.

John Howe (1630-1705).

Uno de los teólogos más grandes de la segunda generación puritana que, si bien no tuvo la sabiduría de Owen ni la versatilidad de Baxter, fue un varón de gran cultura y de ideas muy liberales, la flor y nata del puritanismo. Corrió la misma suerte que muchos de los ministros más dignos que había en Inglaterra. Habiéndose promulgado el Acta de Conformidad, el año 1662, fue destituido de su cargo parroquial en Great Torrington y, desde entonces, llevó una vida errante. En 1676 se hizo cargo de una congregación de disidentes en la capital, Londres, donde permaneció hasta el año 1685, cuando las medidas tan severas que se emplearon en contra de todos los protestantes que no pertenecían al gremio anglicano, lo obligaron a pasar al continente. En 1687 Jacobo II mandó publicar un edicto de libertad de conciencia; el desterrado regresó luego a su patria, pero no volvió a tener ningún beneficio eclesiástico. Siendo hombre de espíritu católico y amante de la tolerancia, contaba entre sus amigos a varios eclesiásticos eminentes en la iglesia estatal. La obra más importante que escribió, *El templo viviente,* dado a la imprenta en 1676, es un monumento de pensamientos y dicción sublimes.

John Bunyan (1628-1688).

No debemos pasar por alto a John Bunyan, el soñador inmortal de la prisión de Bedford, que nació en Elstow, cerca de aquella ciudad, en noviembre de 1628. Cuando hubo crecido, aprendió el oficio de su padre, que era estañador. En su obra, *La gracia abundante que recibió el principal de los pecadores,* escrita en un estilo tan sencillo como encantador, cuenta las faltas de sus años juveniles, el arrepentimiento tan amargo que de ellas sintió después y el gozo y la paz que por último llegó a obtener. En nuestro humilde parecer, tienen sobrada razón Southey y Macaulay cuando dicen que los cargos tan severos que se hace Bunyan, fueron dictados por una imaginación viva que una conciencia mórbida había exaltado. El segundo de estos escritores dice: "Los pecados capitales que cometió, fueron: bailar, tocar a deshoras las campanas de la parroquia, tomar parte en ciertos juegos y leer la historia de Bevis de Southampton. Cualquier clérigo de la escuela de Laud habría señalado a dicho joven como el modelo de la parroquia".

Habiéndose bautizado en el río Ouse en 1653, poco después empezó a predicar como diácono en la iglesia bautista de Bedford, cuyo pastor era el reverendo Gifford. El partido católico en la Iglesia Anglicana subió al poder y revivió luego los actos intolerantes de 1549 y 1559; a poco, los ministros más dignos de todas las denominaciones en el reino, anglicanos y disidentes, entraron en la cárcel o salieron desterrados. Bunyan languideció doce años, desde 1660 hasta 1672, en la cárcel de Bedford, "en comparación con la cual la peor prisión moderna es como un palacio". En ese encierro escribió muchos libros, y entre ellos uno que consideraba de poca importancia y el cual redactó en los ratos de descanso que tomaba de sus labores literarias, *El progreso del peregrino,* que publicó el año 1678.

Esta alegoría está escrita con gran vigor y lisura de estilo; muestra muy a las claras que el autor tenía un conocimiento profundo de los hombres y, a la vez, una simpatía grande por las faltas y debilidades de la naturaleza humana. Pasaron muchos años antes de que *El progreso del peregrino* ocupase el lugar que hoy tiene entre las obras clásicas de la literatura inglesa. Al principio circuló exclusivamente entre las clases trabajadoras; las cultas no rindieron homenaje al encanto sutil de esa parábola sino hasta tiempos recientes. Macaulay dice: "Al cabo de cien años, las clases privilegiadas de la sociedad, que forman la minoría de la nación, han aceptado el parecer del pueblo respecto de este libro tan admirable". Además de ser una obra maestra de literatura, contiene la substancia de las doctrinas evangélicas, y describe, con la mayor fidelidad y delicadeza, la experiencia del cristiano. La segunda parte salió a la luz pública el año 1684 y, si bien carece de la originalidad y energía de la primera, es una obra muy bella. *La guerra santa,* publicada en 1682, le habría dado fama a Bunyan si no hubiera aparecido antes *El progreso del peregrino.*

Bunyan pasó los últimos años de su vida predicando y trabajando con entusiasmo en Bedford y en otras partes del país, y cuidando de los intereses de las iglesias. Tenía tanta autoridad entre los bautistas, que lo llamaban el "obispo Bunyan". Habiendo contraído un resfriado muy fuerte, por haberse mojado en un aguacero, yendo a Londres a reconciliar a un hijo con su padre, falleció en dicha ciudad el 31 de agosto de 1688.

Características de los dirigentes puritanos.

Los teólogos puritanos eran hombres sabios, piadosos y consagrados que, en una época de tiranía, lucharon por obtener la libertad religiosa y que apreciaban su conciencia y sus principios más que su vida; en tiempos desmoralizados y licenciosos, enarbolaron el estandarte de la justicia. Es un hecho que fueron sumamente severos y rígidos; pero también es cierto que lo eran más consigo mismos que con los demás. Jamás podrá pagar Inglaterra la deuda inmensa que tiene contraída con los puritanos ilustres cuyos nombres adornan este capítulo y otros muchos que no hemos podido mencionar.

30

Períodos críticos en la historia de la Iglesia de Escocia

La guerra de los pactos.

Desde tiempos muy remotos han acostumbrado los escoceses ligarse con juramentos muy solemnes para sostener y defender, aun a costa de la vida, la causa que abrazan. El año 1557, los barones de Escocia hicieron un pacto y juraron sostener a los primeros predicadores de la Reforma. En 1581, cuando había temores de que reviviera el catolicismo en Inglaterra, Juan Craig, el capellán de Jaime VI, redactó un pacto describiendo muy explícitamente todas las doctrinas erróneas que se debían combatir; lo firmaron el rey y los representantes de todas las clases sociales. Uno de los males que denunciaba este pacto, el cual fue ratificado en 1596, era la prelacía. En 1638 Carlos I trató de obligar a los escoceses a que aceptaran la liturgia anglicana. Se redactó entonces otro pacto, condenando todas las innovaciones episcopales. Poseída de gran entusiasmo, una multitud, congregada en el atrio de la iglesia de Greyfriars, lo firmó, jurando sostener y defender la verdadera religión, oponerse a todos los cambios que ya se habían introducido en el servicio divino y usar todos los medios lícitos de restaurar el Evangelio en toda su pureza y libertad y tal cual existía antes de que se hicieran las mencionadas innovaciones. Algunos de los suscriptores del pacto derramaron lágrimas al firmarlo, y se dice que varios mojaron sus plumas en su propia sangre. Sumamente exasperado, Carlos decidió apelar a las armas. Bajo el mando del valiente Leslie, las tropas escocesas le salieron al encuentro, llevando bordadas de oro en sus banderas estas palabras: "Peleamos por la corona de Jesús y por el pacto". El rey tuvo la prudencia de retirarse antes de que se derramara la primera sangre.

Otro documento, que redactaron los comisionados del Parlamento inglés y de la Asamblea de Westminster, las comisiones de los Estados escoceses y de la Asamblea General, fue "La liga y pacto solemne para la reforma y defensa de la religión, la honra, la felicidad del rey, la paz y salud de los tres reinos de Escocia, Inglaterra e Irlanda". Este pacto, que condena claramente la forma episcopal de gobierno eclesiástico, fue aprobado por la Asamblea general y el pueblo escocés; por la Asamblea de Westminster en 1643; por el Parlamento Escocés en 1644; y por Carlos II, en Spey, el año 1650, y en Scone, en 1651.

Después de la Restauración (1660) Carlos, con su acostumbrada hipocresía, quebrantó el juramento que había hecho a los escoceses. Esta conducta indigna fue la causa de otra guerra, en la que, después de sufrir muchas opresiones y crueldades, los que habían firmado el pacto nacional quedaron aniquilados. No dejó de considerarse un crimen la adhesión a cualquiera de estos pactos, sino hasta que ascendió al trono Guillermo de Orange el año 1689. Aun después de restaurada y establecida por completo la forma presbiteriana en Escocia, muchos fanáticos covenantarios o partidarios del Pacto no quisieron reconocer al gobierno civil que sostenía el episcopado en Inglaterra, y cuya conducta no estaba en armonía con el Evangelio. Los firmantes más rígidos del pacto establecieron la organización que en nuestros días se conoce con el nombre de la Iglesia presbiteriana reformada. El celo con que los escoceses han defendido sus pactos es una prueba evidente de la firmeza y sinceridad de sus principios religiosos.

Esfuerzos por introducir el episcopado en Escocia.

Los reformadores escoceses recibieron su educación en Ginebra, cuna del presbiterianismo. La Reforma en Escocia no se debió a los asuntos de la política, como en Inglaterra, ni tuvo por motivo la ambición egoísta de sus gobernantes, sino que fue una regeneración radical de la Iglesia, conforme a las enseñanzas de la Sagrada Escritura. Los escoceses se prendaron mucho de la forma presbiteriana de gobierno eclesiástico, y no les faltó la razón para identificar la prelacía con el absolutismo en la Iglesia y el Estado; pero tuvieron muchas luchas empeñadas antes de que pasara el peligro de que volviera a establecerse la forma episcopal. Habiendo llegado a su mayoría y tomado las riendas del gobierno, Jaime VI trató de anular, de una manera muy arbitraria, la constitución de la Iglesia escocesa y, en 1600, hizo que nombraran a tres obispos; pero no consiguió que los escoceses los reconocieran como tales. Mandó aplazar la reunión de la Asamblea general y, cuando supo que nueve presbiterios se habían reunido en Aberdeen, sin hacer caso de su orden, desterró a ocho ministros a cargos pastorales remotos, y a otros seis a Francia. A este suceso siguieron en sucesión rápida, la confiscación de las tierras y rentas de la Iglesia; el establecimiento de señoríos temporales; la fundación de diecisiete diócesis y la restauración del episcopado. Se introdujo la medida extraordinaria de reconocer al rey como príncipe, juez y árbitro absoluto de todos los estados, individuos y causas, tanto en lo espiritual como en lo civil. De esta manera el rey subyugó a la Iglesia; hizo que sus parciales ingresaran en los presbiterios y la Asamblea general; en 1618, consiguió, por medio de amenazas, que la Asamblea de Perth aprobara cinco acuerdos haciendo forzoso el arrodillarse al comulgar; el observar los días de fiesta; el rito de la confirmación y la administración del Bautismo y la Santa Cena en lo privado. El Parlamento confirmó estos acuerdos el día 4 de agosto de 1621, llamado el sábado negro.

Escocia y Carlos I.

Tan pronto como este soberano hubo ascendido al trono, determinó continuar de una manera inexorable la política de su padre. En el nombre de la corona, exigió aún más concesiones que Jaime, llegando al extremo de obligar al Parlamento a que diera un decreto "tocante a las prerrogativas de su majestad y a las vestiduras de los eclesiásticos" (1633), que, como era natural, exasperó mucho al pueblo; estableció tribunales diocesanos; hizo que circulara el Libro de los cánones que, además de contener muchas referencias insultantes al presbiterianismo, dio a la Iglesia una organización enteramente episcopal, y, por consejo de Laud, ordenó la adopción del Libro de oración común que el arzobispo había revisado con el objeto de restaurar en él gran parte del ritual romano. Se agotó por completo la paciencia del pueblo y, en cambio, se encendió su cólera. Estaba anunciado que el domingo 23 de julio de 1637, se usaría por primera vez dicha liturgia en la catedral de Edimburgo. Apenas se hubo levantado de su sitial el deán para dar principio al culto, cuando una mujer, llamada Juana Gedes, le tiró un banquillo a la cabeza. Esta fue la señal para un gran tumulto, del cual con trabajo sacaron al obispo Lindsay. En el templo de Greyfriars hubo otro motín cuando el diocesano de Argyll trató de introducir el *Libro de oración*.

Los nobles del reino y los ministros del Evangelio protestaron más de una vez ante el rey, pidiéndole la reparación de tantos agravios; pero en vano. En 1638, los escoceses firmaron el pacto nacional que dejamos mencionado, ligándose con juramento a restaurar el Evangelio en toda su pureza y tal cual existía antes de las innovaciones episcopales. El día 21 de noviembre de 1638, se reunió en la ciudad de Glasgow una asamblea, que continuó sus sesiones a pesar de que un comisionado del rey trató de clausurarlas; dicho cuerpo anuló los decretos dados por las asambleas celebradas entre los años 1606 y 1628; condenó el *Libro de oración*, el *Libro de cánones* y la *Corte superior de empleos;* destituyó a los obispos; declaró que el episcopado había sido abjurado en 1580; condenó los cinco edictos de Perth y restauró la forma presbiteriana de gobierno eclesiástico. El rey resistió con obstinación estas reformas, pero, en 1641, cedió por fin a los deseos de sus súbditos escoceses.

Concluye la lucha.

Carlos II no aprovechó la lección que el fracaso de su padre debió haberle enseñado: durante su reinado continuó la lucha empeñada entre la prelacía y el presbiterianismo. A este período se puede llamar el segundo eclipse de la Iglesia escocesa. Desde el año 1661, en que se proclamó la restauración del episcopado, hasta 1689, en que Guillermo III de Orange dio libertad religiosa a la nación británica, cesó la autonomía de la Iglesia escocesa. Los agentes reales expulsaron a los ministros presbiterianos de sus iglesias, los persiguieron y aun desterraron; dieron tormento a sus cuerpos, amilanaron sus espíritus con una serie prolongada de indignidades e insultos y, por último, les quitaron la vida. Bajo el gobierno de Guillermo, que era un hombre de Estado tan tolerante como sabio, y de su consejero, Castares, en 1690 se reunió la Asamblea general, que no había celebrado ninguna sesión desde 1653; los ministros que habían sido destituidos, volvieron a encargarse de sus iglesias; se declaró que la prelacía era un agravio insoportable; se abrogó el decreto de supremacía y quedó restaurada la forma presbiteriana de gobierno eclesiástico de 1593. A los ministros episcopales que habían usurpado las parroquias, se les exigió que aceptaran públicamente la confesión de fe; pero, en las actas de instalación de dichos pastores, no se mencionan los pactos, puesto que no eran un requisito para el contrato. Esta concesión desagradó mucho a los presbiterianos más rígidos, los covenantarios heroicos, así llamados después, quienes constituyeron un cuerpo separado hasta el año 1876 en que se unieron a la Iglesia libre.

El presbiterianismo es la forma de gobierno eclesiástico predilecta de los escoceses, quienes han pasado por pruebas innumerables antes que renunciar a ella. Además de inspirarles confianza en sí mismos, los ha hecho firmes e independientes y ha estimulado sus energías intelectuales: no es extraño, por consiguiente, que donde quiera que vayan, lleven consigo la inteligencia templada con la piedad, que son las características principales de su raza.

31

Discrepancias y avivamientos en la Iglesia de Escocia

El patronato, o sea, el derecho que ciertas personas tienen de presentar sujetos idóneos para las parroquias y otros beneficios eclesiásticos, ha sido la ruina de la Iglesia escocesa. Durante el período de la Reforma, movidos por su avaricia insaciable, los nobles y grandes de Escocia continuaron administrando las rentas parroquiales; esto fue causa de conflictos prolongados entre la iglesia y los patronos. El patronato quedó abolido en 1649, pero fue restaurado en 1660; la Iglesia triunfó por segunda vez en 1690, pero el edicto de la reina Ana, publicado el año 1712, restituyó a los nobles la facultad de nombrar a los ministros para los cargos pastorales. Por indigno que fuera el agraciado, y por grande que fuese la oposición de los congregantes, tenían éstos que recibirlo.

La polémica de Erskine.
Ebenezer Erskine, pastor de la iglesia de Stirling, fue el moderador del Sínodo de Perth y Stirling el año 1733 y, como tal, pronunció un sermón denunciando la decisión de la Iglesia referente a la costumbre del patronato y concluyendo con la aserción de que "la Iglesia es la sociedad más libre que hay en el mundo". Habiéndolo suspendido el Sínodo con este motivo, y habiendo él apelado a la Asamblea general de ese año, este cuerpo lo expulsó del ministerio, lo mismo que a otros tres ministros dignos y piadosos que se habían puesto de su parte. Además de protestar en contra de esta injusticia, Erskine sostuvo que, en materias de doctrina, la Iglesia no era tan rígida como debía y como se había visto muy a las claras en el enjuiciamiento del profesor Simpson de Glasgow. A la expulsión de estos ministros eminentes, se siguió inmediatamente la organización de la Iglesia separatista, que primero se llamó El presbiterio asociado. Aumentó rápidamente en número hasta que, en 1647, se dividió con motivo de la diferencia de opiniones respecto del juramento de sostener la religión nacional, que se les exigía a los diputados a la Cámara baja del Parlamento. El año 1720 los dos cuerpos se unieron bajo el nombre de la Iglesia disidente unida y, en 1847, efectuaron otra unión con el Sínodo de Carnock, fundado en 1752, llamándose entonces la Iglesia presbiteriana unida, que hoy día es una de las denominaciones más numerosas y agresivas de Escocia.

El avivamiento.
Durante la última parte del siglo XVIII, la religión decayó mucho en Escocia; el mal gravísimo del patronato, la falta de devoción y la rigidez de la sección ortodoxa de la Iglesia,

las luchas de los partidos, los odios locales tan intensos, y la indiferencia de los moderados, como llamaban a los jefes conservadores que dirigían los asuntos de la Iglesia de Escocia, hicieron que la religión y las costumbres declinaran de una manera muy deplorable. Para varios de los genios más grandes de la Iglesia era repulsiva; el espíritu reverente de Roberto Burns, que no fue nunca incrédulo, recibió una impresión muy desagradable a vista de la hipocresía tan prevaleciente entre sus paisanos. Nada extraño fue que revelara, en las sátiras más severas y cáusticas que existen en la literatura inglesa, el Estado tan degradante que guardaba la Iglesia en aquel entonces. Cabalmente a esta sazón, aparecieron los hermanos Haldane, quienes infundieron en Escocia una nueva índole evangélica.

Roberto Haldane (1764-1842).

Después de haber hecho una carrera distinguida en la marina, Roberto Haldane se convirtió y, no pudiendo permanecer en la India por la persecución que le hacía la Compañía de las grandes indias, organizó una "Sociedad para la propagación del Evangelio en el país". Consagró su fortuna al servicio de Dios, y sostuvo los trabajos de dicha sociedad. Envió predicadores y misioneros que lograron despertar a las iglesias del letargo en que yacían. En 1800, la Asamblea general prohibió la predicación al aire libre y desanimó a los ministros que estaban trabajando porque hubiera un avivamiento espiritual. Entonces, Roberto Haldane construyó templos, o tabernáculos, como los llamaban, en todas las ciudades grandes de Escocia y, a fin de enviar ministros que predicaran en ellos, educó a centenares de jóvenes en Gosport, Ginscow y Dundee. Tan grande era el celo de este filántropo, que no se contentó con trabajar en su país, sino que, habiendo pasado a Francia y a Suiza, hizo tales esfuerzos por sembrar la semilla del Evangelio, y la sembró en tan buen terreno, que está dando frutos aún. La labores tan valiosas de Malan, Monod y Merle d'Aubigné se debieron, en gran parte, al influjo de este laico tan sabio como entusiasta. A los estudiantes de teología que reunió alrededor suyo en las ciudades de Ginebra y Montauban, les inspiró su fe y celo.

Jaime Alejandro Haldane (1768-1851).

Hermano menor de Roberto, era también marinero. Habiendo escudriñado esmerada y profundamente la Sagrada Escritura, durante una travesía del Melville Castle, buque del cual era capitán, en 1793, cambió de vida. En 1796 hizo un viaje por todo el país en compañía del famoso evangélico Simeón, de Cambridge, y el año siguiente se consagró al trabajo de evangelista itinerante que, si no le dio el derecho de llamarse el Wesley de Escocia, sí coadyuvó a la regeneración de su madre patria. Predicaba el Evangelio y después organizaba congregaciones y establecía escuelas dominicales. Su hermano construía templos. Cuando la Iglesia escocesa prohibió a los laicos que predicaran, condenó la predicación al aire libre y se opuso a los cultos de avivamiento, Jaime se ordenó ministro independiente y continuó trabajando como predicador itinerante por largo tiempo. Habiéndolo nombrado pastor de una iglesia grande en Leith Walk, Edimburgo, sirvió como tal, sin percibir sueldo, y con el mayor celo y fidelidad, por cincuenta años. No dejó por completo el trabajo itinerante, sino hasta los últimos años de su vida. En 1808 declaró públicamente que se había convertido a la fe de los bautistas.

El despertamiento espiritual que dirigieron los hermanos Haldane, ejerció una influencia muy benéfica en el cristianismo escocés y, si bien sus resultados no fueron tan extensos como los del movimiento metodista que hubo en Inglaterra cincuenta años antes, impulsó de una manera muy eficaz el celo por la religión que desde entonces ha existido, y existe, en Escocia. Eran los Haldane cristianos buenos y entusiastas. Sus nombres están escritos en la lista de los santos escoceses.

32

El gran Cisma de la Iglesia de Escocia

Las causas.

La causa inmediata de la gran ruptura que hubo en la Iglesia Escocesa, el año 1843, fue el mal éxito de los esfuerzos que se hicieron por abolir el patronato, ese derecho que tenían algunas personas de presentar individuos para los beneficios o cargos eclesiásticos. Respecto a la independencia de la Iglesia, en todos los asuntos que conciernen a la vida espiritual de sus miembros, los reformadores escoceses tenían opiniones muy elevadas. El Parlamento hubo de reconocerlas en 1592 y, después de la lucha tan empeñada entre los laicos y el episcopado, las confirmó en 1649. La revolución de 1690 restableció, con pequeñas modificaciones, el principio de la jurisdicción independiente en materias espirituales. En 1711, poco después de la abolición del Parlamento escocés, el inglés dio un edicto restaurando la antigua costumbre del patronato sin hacer caso de las protestas enérgicas de los escoceses. Durante la época en que prevaleció en Escocia la escuela conservadora, o de los moderados, como se llamaban, la Iglesia se volvió indiferente y se olvidó de los derechos que tenían las congregaciones respecto a la elección de sus pastores: de aquí resultaron los cismas de Erskine y de Guillespie. A principios del siglo XIX, estando bajo la influencia del avivamiento que los hermanos Haldane dirigieron, la Iglesia determinó sacudir el yugo del patronato. Los esfuerzos que con este fin se hicieron culminaron en el veto que aprobó la asamblea de 1834, según el cual, siempre que la mayoría de los padres de familia de una iglesia se opusieran al nombramiento de un pastor presentado por el patrono, no debía instalarse dicho ministro.

En 1838 lord Kinnoul, de Auchterarder, presentó al reverendo Roberto Young para pastor de dicha parroquia. Habiéndose opuesto la mayoría de los congregantes, el mencionado patrono sometió el caso a las cortes civiles; éstas decidieron en su favor y mandaron al presbiterio que instalara al ministro presentado. Ese mismo año, la asamblea tomó cartas en el asunto y decidió que "en todas las materias referentes a las enseñanzas, disciplina y gobierno de la Iglesia, los tribunales de ésta tienen jurisdicción exclusiva que se basa en la Sagrada Escritura; proviene directamente de Dios y de su Hijo Jesucristo, nuestro Mediador; es espiritual y no tiene árbitro temporal en la tierra, sino sólo a Jesús, que es el Rey y Gobernante de su Iglesia". En 1839, la Cámara de los lores confirmó la decisión del tribunal de Auchterarder. Después de haber hecho en vano un sinnúmero de solicitudes y protestas, los escoceses apelaron por último al gobierno inglés, pidiendo el remedio de los agravios que su Iglesia estaba sufriendo; pero su apelación fue rechazada, en marzo de 1843, por una mayoría de ciento treinta y cinco votos. Habiendo perdido las esperanzas de que la Iglesia recobrara el antiguo derecho de gobernarse a sí misma y de dirigir todos los asuntos que la concernían, no le quedó más remedio que el romper con la tiranía.

Se consuma la ruptura.

El día 18 de mayo de 1843 se reunió en Edimburgo la Asamblea general. Antes de que se organizara, el moderador, doctor Welsh, leyó una protesta firmada por doscientos comisionados, en la que exponían que, no siendo ya posible el celebrar libremente una sesión de la asamblea de la Iglesia escocesa, creían lícito el retirarse a otro local, juntamente con todos los demás comisionados que estuvieran acordes, a fin de dar los pasos necesarios para separarse de una manera ordenada, de la Iglesia oficial; tomar medidas adecuadas para promover la gloria de Dios y el desarrollo del Evangelio de nuestro Señor y Salvador y para dirigir los asuntos de la Iglesia conforme a la Sagrada Escritura. Para llevar a cabo estos propósitos, dependían humildemente de la gracia del Espíritu Santo, y pedían la cooperación de todos los que desearan sostener la Confesión de fe y las enseñanzas de la Iglesia tales como se habían interpretado hasta entonces. Aquella fue una hora muy solemne. ¿Dejarían aquellos varones la antigua Iglesia que habían amado más que a su vida, sus cargos pastorales, sus casas de ministros, sus púlpitos y cátedras? Tan pronto como el doctor Welsh acabó de leer la mencionada protesta, hizo una reverencia al real comisionado y se dirigió hacia la puerta. El doctor Chalmers y todos los que habían firmado el documento, lo siguieron. Fuera del edificio había una inmensa multitud que, al verlos salir, les abrió paso y luego los aplaudió con entusiasmo. Ese día quedó organizada la Iglesia libre de Escocia; se unió a ella más de la tercera parte de los ministros y miembros de la Iglesia oficial. El día 23 de mayo, los predicadores disidentes, que ascendían al número de cuatrocientos setenta y cuatro, firmaron el acta de separación y, de su motu propio, renunciaron todos los cargos pastorales que tenían.

Pocos hechos hay en la historia de la Iglesia tan heroicos como este. Un individuo corrió a dar la noticia al lord Jefrey, diciendo: "¿Qué le parece a su señoría? Más de cuatrocientos ministros se han separado de nuestra comunión". Aquel noble se puso en pie y exclamó: "Estoy orgulloso de mi patria; sólo en ella puede darse un hecho tan noble".

Agentes.

En esta importante ruptura con la Iglesia oficial de Escocia, tomaron parte varios de sus miembros más sabios y piadosos. El doctor Tomás Chalmers que, durante su pastorado de la iglesia de Tron en Glasgow, entre los años 1815 y 1823, llevó a cabo sus planes para la evangelización de las clases menesterosa y criminal, y cuyo ejemplo siguieron otros filántropos al establecer misiones en las ciudades, y quien sacrificó su cátedra de teología en la Universidad de Edimburgo, que desempeñó del año 1828 a 1843; el doctor Tomás Guthrie, predicador famoso; el doctor Candlish, notable por su habilidad como dialéctico y organizador; el doctor Cunningham, teólogo eminente; Roberto Gordon, pastor de la antigua capilla de Ease en Edimburgo; Roberto McCheyne, uno de los varones más santos que han vivido en la época moderna; Macfarlane, Buchanan, McCosh y muchos otros ministros devotos, de ideas elevadas y de buena voluntad, perdieron cuanto tenían antes que someterse al arbitrio caprichoso del Estado en los asuntos de la Iglesia.

Los resultados.

La gran ruptura con la Iglesia establecida de Escocia no sólo sacudió a esa nación desde su capital hasta sus confines más remotos, sino que dejó sentir sus vibraciones por todo el mundo civilizado. Se fundaron colegios y escuelas, y se construyeron templos por todo el país; los disidentes ingleses expresaron su simpatía y mandaron dinero; por consejo de Chalmers se estableció un fondo que pronto aseguró a cada ministro del Evangelio la cantidad de ciento cincuenta libras esterlinas al año. A poco la Iglesia libre llegó a ser la denominación más agresiva y espiritual de Escocia y, desde aquel entonces, ha sido, y es, uno de los factores más importantes en la historia religiosa del mundo. En 1863 se empezó a gestionar la unión con la Iglesia presbiteriana unida, pero, hasta la fecha, no se ha logrado. En 1876 se consumó la unión con la Iglesia presbiteriana reformada. Todos los misioneros de la Iglesia escocesa, que estaban trabajando en países extranjeros el año 1843, entre otros, el doctor Wilson de Bombay; el doctor Dun, de Calcuta, y el doctor Duchan, de Perth, se unieron a la Iglesia libre, que se llama la sucesora legítima de la Iglesia de la reforma.

33

La Iglesia Católica Romana I. Su desarrollo cultural y teológico

Saber y cultura.

Uno de los resultados de la Reforma fue el estímulo que dio al desarrollo de las letras en la Iglesia católica romana. Habiendo apelado los reformadores a la historia y a los antiguos anales del cristianismo, los escritores católicos romanos se vieron precisados a defender sus enseñanzas con obras extensas y muy bien escritas. El primer explorador en el campo de la historia, fue el cardenal Baronio, bibliotecario del Vaticano, que falleció en Roma el año 1607. Sus *Anales Ecclesiastici,* en cuya redacción se ocupó treinta años, son un tesoro de profundo saber. A las notas críticas de Pagi, añadió otras Agustín Theiner, que publicó la mejor edición de esta obra (la titulada Bas-le-Duc, 1864-1883, en treinta y siete tomos) que es aún valiosa. El Cardenal escribió esta obra con el fin de estorbar el influjo destructivo que estaban teniendo las *Centurias de Magdeburgo* con su aplicación de la crítica histórica a la masa de conjeturas y leyendas que se reputaban como hechos en la Iglesia de la Edad Media. Las historias de Tillemont, fallecido en 1698, y Dupin, que pasó a mejor vida el año 1719, son resultados valiosos de investigaciones tan profundas como laboriosas. Entre los historiadores más modernos, deben mencionarse a Hurter, el abad Rohrbacher, Ritter, Alzog y Hergenrother. El doctor Lingard, que murió el año 1851, escribió una *Historia de Inglaterra* que, si bien no es siempre digna de confianza, sí merece contarse entre las obras más grandes de este siglo. Antes que abandonar sus labores literarias y tranquilidad de vida, rehusó aceptar la dignidad de cardenal.

Teología y crítica bíblica.

En teología y crítica bíblica, la Iglesia Romana se mostró muy activa. Para rebatir las objeciones de los reformadores, Bellarmino, fallecido en 1621, varón de una índole tan humilde como piadosa, hizo una exposición nueva de la teología católica romana. Petavio, "el águila de los jesuitas", que murió en 1652, publicó entre los años 1644 y 1650, una gran obra, *Teología Dogmática;* fue el primer católico romano que escribió una historia de la teología, libre del escolasticismo y conforme al espíritu moderno. Perrone, un jesuita italiano que falleció en Roma el año 1876, dio a la imprenta un sistema de teología que ha sido muy popular y expresa claramente las enseñanzas prevalecientes de la Iglesia Romana. Con su *Simbolismo,* impreso en 1832, criticó sutilmente la teología protestante, y disertó, a la vez, de una manera bella y liberal sobre los dogmas de su Iglesia. Juan Adán Möhler, fallecido en 1838, hizo una impresión profunda. Más aún, "electrizó las almas e inspiró una vida nueva en las mentes tanto en el gremio, como fuera del catolicismo". Ese libro, que ejerció una influencia notable en los tratadistas ingleses, es aún el arma de los romanistas liberales y de los católicos anglicanos que atacan el protestantismo. Dollinger renunció su cátedra de historia eclesiástica en favor del ilustrado Möhler, a quien profesaba gran respeto y cariño y el que, si hubiera vivido, se habría unido indudablemente con los Viejos católicos. Hefele y Werner son dos teólogos que han hecho estudios profundos en la historia eclesiástica. El profesor Goerres, fallecido en 1848, escribió tan extensamente sobre el monasticismo de la Edad Media, como el conde Montalambert lo hizo sobre el monasticismo occidental: ambos autores nos presentan, en un estilo terso y elocuente, el lado hermoso de estos fenómenos admirables.

En el campo de la crítica bíblica, los escritores protestantes han dejado muy atrás a los católicos romanos, a pesar de que éstos han llevado a cabo no pocas labores. El profesor Hug, de Friburgo, fallecido en 1846, escribió una excelente *Introducción al estudio de la Sagrada Escritura,* que el maestro Stuart, de Andover, introdujo en este país. De mucho valor fueron los estudios que el doctor Leander Van Ess hizo en la *Vulgata*, la Versión de los Setenta y el texto griego del Nuevo Testamento. Las obras famosas de Jahii, que falleció en 1816, *Arqueología Bíblica* y la *Comunidad hebrea,* se dieron a la impresión también en Andover. Varios literatos protestantes tradujeron en inglés el famoso *Diccionario Bíblico,* que publicó el sabio Calmet, de la orden de San Benito. A un anglicano, instructor del colegio Exeter de la Universidad de Oxford, se debe la traducción de los *Comentarios sobre los Evangelios* por el jesuita Maldonado, cuyas conferencias expositoras en París causaron tanto entusiasmo cual no se había visto desde la época de Abelardo. Deben mencionarse también los *Comentarios sobre las Epístolas de San Pablo* por Bernardino a Piconio. Es clásica la obra de Movers, de la Universidad de Breslau, sobre *Los Fenicios*". Wilke, que siguiendo el ejemplo de Hirter se convirtió del protestantismo a Roma, fue uno de los primeros que se ocuparon de la lexicografía del Nuevo Testamento. La *Introducción al Antiguo Testamento,* que escribió Hebst, fallecido en 1837; la Exposición del Antiguo Testamento que Antonio Scholz, de Würzburgo, publicó; las obras de Schanz sobre el Nuevo Testamento; la *Crítica Textual del Nuevo Testamento* por el abad parisiense J. P. P. Martín; la voluminosa *Vida de Jesucristo,* por el doctor José Grimm; los *Comentarios* de los jesuitas Cornely, Knabenbauer y De Hummelauer y la obra del lamentado Francisco Lenormant, de París, sobre la historia del Antiguo Testamento, son labores literarias de que la Iglesia Romana puede muy bien enorgullecerse y, a la vez, estar agradecida, si toma en consideración cuán poco ha contribuido al desarrollo de la literatura bíblica. En cuestiones dudosas, los literatos católicos romanos de aquella época tomaron siempre una postura muy conservadora.

34

La Iglesia Católica Romana II. El culto de María

El culto a María.

El dogma de la divinidad de nuestro Señor Jesucristo redundó naturalmente en gloria de María. Al condenar el Sínodo de Éfeso a Nestorio, el año 431, porque negaba que María es la madre de Dios *(theotókos),* hizo eco a la veneración creciente del pueblo. Cuando los Padres salieron de la sala donde se habían reunido en Concilio, las masas los acompañaron por las calles de la ciudad llevando antorchas encendidas y quemando incienso. El culto de María, dice Steitz, quedó establecido ese día y se desarrolló más cada siglo. Justiniano le oró pidiendo la restauración del Imperio romano y Narso le suplicó que le revelara el momento propicio para el ataque cuando daba una batalla. En la Edad Media este culto llegó a extremos repugnantes, no sólo encendían cirios y quemaban incienso ante sus imágenes, sino que mostraban retratos de ella diciendo que los habían pintado ángeles. Pedro Damiani, un predicador que vivió en el siglo XI, la describía no como una virgen humilde, sino como una reina dotada de hermosura celestial. Los poetas y los pintores cooperaron al desarrollo de su culto con tanto entusiasmo como los predicadores y los monjes; las reliquias que se vendían y los milagros que se le atribuyeron eran innumerables. Se esmeraron los jesuitas en promover el culto por todas partes; se fundaron nuevas órdenes de monjas en honor de la Virgen y parecía que la mariolatría iba a suplantar el culto del divino Redentor.

Protestas en contra.

Pero no faltó quien levantara la voz para protestar en contra de este abuso. Cuando los canónigos de la catedral de Lyón introdujeron, el día 8 de diciembre de 1139, la fiesta de la inmaculada concepción de María, Bernardo de Clairvaux, el varón más santo de su época, protestó enérgicamente en contra de dicha innovación, diciendo que, con la misma razón, se podían establecer días de fiesta conmemorativos de la concepción de la madre, abuela y bisabuela de María, y así sucesivamente hasta nuestra madre Eva. Muchos escolásticos estaban también opuestos al desarrollo de la mariolatría, entre los cuales pueden mencionarse Anselmo, Tomás de Aquino y Alberto Magno. Más tarde, en 1693, Adrián Baillet insistió en que el culto de María no es sino una mera adulación y abogó por la reforma de las costumbres que prevalecían. Muratori (1723) admite que el culto de la virgen puede ser útil, pero niega que sea necesario. En 1784 el emperador José II mandó quitar de los altares todos los pequeños corazones, manos y pies de oro o de plata que se habían ofrecido a María como votos. Es una coincidencia singular el hecho de que, al mismo tiempo que se obedecía esta real orden, Alfonso de Ligorio daba a la prensa, en la ciudad de Venecia, su *Gloria di María,* yendo en esa obra más allá de todos sus contemporáneos en sus asertos fantásticos y fábulas visionarias respecto de la madre de Jesús.

La Inmaculada Concepción.

En el siglo XIV y por influencia del "doctor sutil", Dun Scoto, los franciscanos defendieron el dogma de la inmaculada concepción, según el cual María nació sin la mancha del pecado original. Los dominicos se opusieron con gran vehemencia y animosidad; esto dio por resultado que ambas órdenes se tildaran mutua y repetidamente de herejía. La Compañía de Jesús, que había obtenido la preponderancia con sus trabajos desinteresados y su absoluta devoción a la santa sede, prestó de un modo decidido su ayuda poderosa al nuevo dogma que, en tiempos modernos, ha sido aceptado dondequiera que está establecida la Iglesia Romana. El día 2 de febrero de 1849, el Papa Pío IX les pidió a los obispos católicos romanos que emitieran su opinión sobre el particular. Seiscientos de dichos prelados contestaron aceptando la doctrina; cincuenta y dos la aprobaron, pero no creyeron prudente el definirla; solamente cuatro disintieron. Este resultado manifestó muy a las claras que la Iglesia se había impregnado de un culto que Agustín y los otros Padres antiguos habían repudiado con la mayor indignación. El día 8 de diciembre de 1854, en presencia de doscientos cardenales, obispos y otros prelados, que se habían congregado en la catedral de San Pedro, en Roma, Pío IX proclamó la doctrina como artículo de fe con estas palabras: "Debido a la gracia y privilegio especial de Dios Todopoderoso, y en virtud de los méritos de nuestro Señor Jesucristo, la muy bienaventurada virgen María fue concebida, desde el primer momento, de una manera inmaculada: libre de toda mancha del pecado original".

No cabe la menor duda de que en tiempos modernos, la cuestión del culto a María ha retardado el progreso del diálogo ecuménico más que ninguna otra cosa. Impidió que el doctor Pusey y otros anglicanos de la escuela alta se unieran al catolicismo. El cardenal Newman no sintió nunca entusiasmo por esta tendencia del catolicismo moderno, antes procuró siempre aminorar su importancia. Con todo, y en honor a la verdad, debe tenerse presente que, según los teólogos católicos romanos, si bien el culto de María, *hiperdulía,* es superior al de los santos, *dulía,* no es el que sólo se debe a Dios, *latría,* y que la Virgen debe su poder de intercesión únicamente al hecho de que fue madre de Jesús.

35

La Iglesia Católica Romana III. El poder temporal del Papa

Su desarrollo.

La antigua fábula de que Constantino dio al Papa el poder temporal de varios dominios, se tuvo como un hecho histórico por siglos, hasta la decimoquinta centuria en que Lorenzo Valla expuso su falsedad; y lo hizo de una manera tan cabal y evidente, que hace tiempo los literatos católicos romanos se dieron por vencidos en la defensa de dicha tradición. La verdadera base del poder temporal del Papa fue echada por Pepino el Breve, que reinó desde 752 hasta 768 y quien, habiendo vencido al rey lombardo Astulfo, cedió al Papa Esteban III, el año 755, todo el exarcado de Ravenna y las cinco ciudades de Rímnini, Pesaro, Fano, Sinigaglia y Ancona, juntamente con las tierras circunvecinas; donación que Carlomagno confirmó con la mayor solemnidad el año 774. A pesar de varias vicisitudes y trastornos, el poder temporal del papado continuó hasta este siglo. La Reforma hizo que el mundo perdiera la confianza que tenia en el Papa; éste se encolerizó en vano cuando, según el tratado de paz firmado en Westfalia el año 1648, las naciones protestantes fueron reconocidas oficialmente como parte de la cristiandad, no obstante haberse separado de la comunión romana. El eclipse más grande que ha sufrido el poder temporal de los papas, acaeció a fines del siglo XVIII, cuando los italianos le quitaron al Papa el gobierno de varias de sus ciudades favoritas y, congregados en el foro romano el día 15 de febrero de 1798, proclamaron la República. Sin embargo de esto y gracias al congreso de Viena, reunido en junio de 1815, los Estados papales fueron restaurados al Pontífice, perpetuando así esas divisiones nacionales que han sido la maldición de Italia. Ésta se convirtió, como dijo Meternich, en una mera expresión geográfica.

El Reino unido de Italia.

Aun antes de que Luis Felipe fuera expulsado de Francia, ya Italia había sentido el influjo irresistible de la índole revolucionaria que prevalecía en toda Europa. El yugo de los antiguos despotismos se había hecho más pesado que nunca; los patriotas italianos soñaban con un reino unido. Aun Pío IX al principio compartió con sus paisanos las ideas liberales y, al ascender al trono papal en 1846, prometió introducir muchas reformas. Al fin, el entusiasmo demócrata en Roma arrolló cuanto tenía delante. En 1848 se proclamó la República. Disfrazado de cura, el Papa huyó a Gaeta, cerca de Nápoles y, si bien le restauraron el poder temporal las bayonetas francesas en 1850, dicha huida fue precursora de su caída. Habiéndose hecho intolerable el gobierno papal, los estados de Toscana, Módena, Parma y Romana enviaron diputados a Víctor Manuel, rey de Cerdeña y Lombardía, pidiéndole que los uniera a su reino. Cavour, el gran hombre de Estado de la nueva Italia, concibió la idea feliz de sugerir a Napoleón III que concediera a dichos Estados papales el privilegio de decidir la cuestión por medio de un voto popular. Consintió el emperador de los franceses y, en recompensa de la concesión que los italianos le hicieran de las provincias de Niza y Saboya, permitió, sin hacer el menor caso de las lágrimas ni de las protestas frenéticas del Papa, que los dominios más hermosos de éste pasaran ser parte íntegra del territorio creciente de la casa de Cerdeña.

Los acontecimientos se sucedieron rápidamente. Con excepción de la provincia de Roma, todos los Estados pontificios habían pasado al dominio de Víctor Manuel a principios del año 1860. Francia continuó por algún tiempo tratando de sostener el poder vacilante del Papa; pero cuando vino la tremenda guerra franco-prusiana de 1870, tuvo que retirar de Italia sus tropas. Inmediatamente después de la caída de Napoleón, Víctor Manuel entró con su ejército en Roma y les pidió a los romanos que decidieran por voto popular si su ciudad debía o no volver a tornar su lugar histórico como la capital de Italia. Una inmensa mayoría de los ciudadanos echó abajo el antiguo gobierno papal y, el día primero de julio de 1871, se abrieron las oficinas de la nueva administración en la capital antigua.

Sic transit gloria mundi, "así pasa la gloria del mundo", y así acabaron para siempre los estados pontificios de la Iglesia Romana. El gobierno solamente dio al Papa el Vaticano, sus palacios y jardines, y le garantizó sus magníficas rentas y el ejercicio libre de su autoridad eclesiástica. A pesar de los lamentos de Pío IX y de León XIII, que se hicieron oír por todo el mundo católico romano, esa revolución fue indudablemente un gran bien para la propia Iglesia Católica Romana. Libre de las intrigas de la política de Estado, de los planes y las alianzas con emperadores y reyes, la Iglesia se pudo consagrar con mayor intensidad a los temas religiosos y a las empresas de educación y misioneras en todo el mundo.

36

El Catolicismo en Alemania

Bismark y el Papa.

Las relaciones de la Iglesia católica romana en el imperio alemán en los siglos XVIII y XIX fueron turbulentas. La Iglesia católica alemana estaba unida oficialmente con el Estado, que proveía su sostenimiento y ejercía cierta superintendencia sobre el clero. En 1871, las autoridades eclesiásticas destituyeron de sus empleos a varios maestros católicos romanos que no aceptaron el dogma de la infalibilidad. Bismark se resintió y empezó una contienda con el partido clerical, que le causó muchas molestias. El primer paso que dio fue abolir el departamento católico romano en la oficina de cultos e instrucción pública; siguió a esta medida la expulsión de los jesuitas y las cosas llegaron a su cúmulo cuando se promulgaron las leyes Falk, así llamadas por haberlas propuesto el ministro de cultos e instrucción pública, de este nombre. Se promulgaron entre los años 1872 y 1875, y según ellas, todos los sacerdotes católicos romanos deben educarse en las universidades nacionales; han de ser laicos todos los inspectores de escuelas; ningún miembro de las órdenes religiosas puede ejercer el magisterio en los planteles de educación; todos los nombramientos eclesiásticos necesitan la sanción de las autoridades civiles; deben sujetarse a la decisión final de un tribunal real todas las cuestiones eclesiásticas; es obligatorio el matrimonio civil y, para poder desempeñar sus funciones, los obispos y clérigos tienen que prestar obediencia a las leyes del Estado.

Los católicos romanos de Alemania se resintieron de estas leyes, considerándolas como otras tantas usurpaciones arbitrarias de sus derechos. Al poco tiempo, varios obispos e intelectuales católicos ingresaron en prisión; quedaron vacantes no pocas sedes y, como era natural, dichas medidas represivas despertaron la oposición.

Se consolidó en el Reichstag, o Parlamento, bajo la dirección de Windthorst, un hombre de Estado notable por su carácter tan perspicaz como persistente, un partido que contrarrestó y paralizó el poder de Bismark. En 1879 el ministro Falk tuvo que renunciar a su cartera; el primero de enero de 1882, se aprobó una propuesta de ley para cubrir los puestos públicos que estaban vacantes. A fin de asegurar una mayoría de votos que aprobara en el Reichstag la propuesta de ley para aumentar el ejército, Bismark vio la necesidad de conciliar con el partido católico romano y, habiendo mostrado León XIII una índole más liberal que la de su predecesor, se hicieron concesiones mutuas, dando por resultado que se abrogaran las leyes Falk más ofensivas.

El Papa León XIII.

El Papa León XIII mostró siempre deseos de establecer unas relaciones más cordiales entre su Iglesia y las naciones protestantes, y de armonizar con los movimientos populares y filantrópicos de su época. Con la ayuda del cardenal Lavigerie, puso en marcha una importante cruzada en contra de la esclavitud. La encíclica que publicó en 1891, sobre el problema del capital y los trabajadores, respira un espíritu tan ilustrado como liberal, afirmando que la Iglesia debe interesarse en los asuntos y agravios de la clases menesterosas y trabajar sin descanso por extinguir las injusticias de las que éstas son víctima; defender, al mismo tiempo y con firmeza, el derecho a la propiedad que tienen los individuos y condenar a los comunistas y socialistas radicales. En su encíclica, o carta circular, de 1885, proclamó intrépidamente la libertad de conciencia y el derecho que los gobiernos tienen de tolerar diferentes cultos. Si Pío IX hubiera escuchado semejante aserto, se habría ofendido. A pesar de la acritud con que el gobierno francés trató a los eclesiásticos, León XIII siempre aconsejó a su clero que apoyara la república y se interesara sincera y cordialmente en los asuntos nacionales.

37

El Catolicismo en Inglaterra

Persecución contra los católicos en Inglaterra.

Por más de dos centurias la suerte de los católicos romanos en Inglaterra fue muy dura. Según las leyes que estuvieron vigentes hasta 1780, cometía una ofensa capital todo sacerdote católico inglés que celebraba los ritos de su Iglesia; los súbditos ingleses católicos romanos no podían comprar terrenos; las herencias de los que se educaban en el extranjero y pertenecían a la comunión católica romana, pasaban al pariente protestante más cercano; ningún católico podía ser tutor de menores ni licenciado, y el sacerdote que unía en matrimonio a dos personas de distinta fe, la una protestante y la otra católica, se exponía a sufrir la pena capital. Estas leyes, tan severas, prevalecieron no sólo en Inglaterra, sino también en Irlanda y aín con mayor rigidez, si cabía ésta, en Escocia.

Primeras medidas de suavización.

Los estadistas ingleses más tolerantes y liberales no podían permanecer impasibles ante estas cargas tan pesadas que recaían sobre un número importante de súbditos leales a la corona, que no habían cometido otro delito que el de profesar una fe diferente a la oficial. Tomaron pues, medidas para aliviar dichos agravios y, con este fin, en 1780, el señor Jorge Saville introdujo una propuesta de ley abrogando varias de las leyes tan notablemente injustas que había en contra de los católicos romanos, pero exigiendo, a la vez, que éstos firmaran un juramento negando el dogma de la transubstanciación. No obstante los prejuicios tan arraigados de Jorge III y la oposición de todos los estratos de la sociedad, dicha propuesta fue aprobada. Pero produjo a la vez una explosión del fanatismo religioso que, por algún tiempo, arrolló cuanto tenía delante. Habiéndose introducido en Escocia propuestas de leyes semejantes a la mencionada, los opositores organizaron una comisión para la defensa de los principios protestantes, y exaltaron los ánimos de los habitantes de Edimburgo a tal grado, que el populacho hizo sonadas protestas, incendió las iglesias católicas, las casas de los católicos, y luego las casas de todos los que estaban dispuestos a votar en favor de suavizar las leyes que oprimían a los católicos romanos. Siguió un verdadero reino de terror protestante en Inglaterra; el público estaba tan exasperado con la mera mención de las concesiones que la ley propuesta hacía a los católicos romanos, que multitudes de individuos firmaron protestas en contra de dicha Ley y, no contentos con esto, las pusieron en manos del lord Jorge Gordon, miembro del Parlamento, hombre fanático y adusto quien, a la cabeza de un gran motín de gente, el día 2 de junio de 1780, entró en las Cámaras del Parlamento con el fin de inspirar terror a sus miembros.

Poner coto al fanatismo cuando éste se desborda movido por las arengas que desde los púlpitos se pronunciaban en contra de los católicos romanos, y por los artículos que publicaba la prensa, es muy difícil y arriesgado. El populacho se sublevó, entregándose a las protestas y al pillaje. Incendió las iglesias y no dejó de las casas de los católicos romanos más que las cuatro paredes; echó abajo la casa del presidente de la Corte de Justicia, la de lord Mansfield, y la cárcel de Newgate; saqueó el banco de Inglaterra y otros edificios públicos; en una palabra: la ciudad de Londres estuvo por varios días a merced de los rufianes. El gran novelista Carlos Dickens nos ofrece en *Barnaby Rudge,* una de sus mejores novelas, una descripción con marcado rigor histórico, pero terrible y dramática, de esta época de carnicería, con todos los detalles que suministran los anales de aquellos tiempos.

Se completa el proceso de libertad para los católicos romanos.

Con todo, las medidas propuestas y mencionadas en el apartado anterior, no eran más que tentativas, puesto que ni el proyecto de Ley de 1780 ni el Estatuto de 1791 aliviaban en su totalidad el yugo civil de los católicos romanos. Éstos no podían ser elegidos al Parlamento; ni aun ocupar cargos públicos; estaban privados de todas las inmunidades y derechos civiles y, para gozar de cualquier privilegio, tenían que abjurar de su creencia en la transubstanciación y la invocación de los santos. Poco a poco, la opinión pública fue haciéndose más liberal y preparando el camino para una libertad completa. En ello jugó un papel importantísimo el elocuente orador Daniel O'Connell. El día 5 de marzo de 1829, el señor Roberto Peel introdujo en la Cámara Baja la famosa propuesta de ley que anulaba para siempre la discriminación y las restricciones que se habían impuesto a los católicos romanos en Inglaterra. Y aquí corresponde mencionar la triste y singular paradoja de que, a pesar de que hacía muy poco, el año anterior, que se habían derogado las leyes discriminatorias y las inhabilitaciones que pesaban sobre los protestantes disidentes de la Iglesia oficial, cuando se propuso que los católicos romanos tuvieran iguales derechos, éstos se opusieron rotundamente. Sin embargo la propuesta de Peel fue aprobada y, exceptuando el privilegio de obtener algunos de los empleos públicos más importantes, la ley dio a los católicos romanos ingleses el mismo trato y los mismos privilegios que a los demás súbditos.

Decadencia de la Iglesia católica romana en Inglaterra en el siglo XIX.

Con la nueva situación, la Iglesia católica romana esperaba naturalmente recobrar su influjo. Hacía mucho tiempo que el Papa estaba soñando con la restauración a su sede de la isla de Albión. En 1840 se dividió Inglaterra en ocho vicarías y empezó la predicación vigorosa de las doctrinas católicas y evangélicas. Hacía ya trescientos años que la Iglesia Romana en Inglaterra estaba desorganizada, cuando, en 1850, el Papa Pío IX dio una bula especial restaurando la jerarquía e instituyéndola en toda forma. Se volvió a dividir el país en trece sedes: una metropolitana, siendo el doctor Wiseman arzobispo de Westminster, y doce episcopales; a pesar de las ventajas legales y a pesar del futuro tan espléndido que parecía prometerle al catolicismo inglés el movimiento tratadista de Oxford, durante el cual se convirtieron al catolicismo romano centenares de individuos, la Iglesia católica romana en Inglaterra no levantó cabeza. El aumento aparente en el número de sus miembros en el siglo XIX, fue debido a la inmigración irlandesa. En el número correspondiente al mes de julio de 1885, de la revista católica *Month,* publicada en Londres, uno de los articulistas dio estadísticas muy desconsoladoras, según las cuales el número de católicos romanos en Inglaterra y Gales ascendía, en 1841, a ochocientos mil, siendo la población total de dieciocho millones ochocientas cuarenta y cinco mil cuatrocientas veinticuatro almas. Al llegar el año 1885, la población del reino había aumentado un sesenta y dos por ciento. Según esta proporción de aumento, y contando con un millón de emigrados irlandeses, la Iglesia católica romana debió haber contado ese año con dos millones trescientos noventa y seis mil miembros; pero las estadísticas dieron solamente un millón trescientos sesenta y dos mil setecientos sesenta. En 1887 la cifra había descendido a un millón trescientos cincuenta y cuatro mil, con lo que se ve, muy a las claras, que la Iglesia Romana había perdido, en dos años, siete mil almas en números reales. El periódico *Tablet* confesó cándidamente, el día 21 de mayo de 1889, que las pérdidas del catolicismo en Inglaterra excedían, y con mucho, a las ganancias. Otro periódico, *Month,* declaró que "no solamente ha disminuido el número de los conversos, sino que un gran número de nuestros hermanos se está separando de la comunión católica romana". Los hechos corroboraron la aserción de Jorge Mivart al efecto de que no entraba en los planes divinos el poner otra vez a Inglaterra bajo el dominio de Roma.

38

El Concilio Vaticano I

Hacía trescientos años que no se había celebrado un Concilio general. El cónclave en Roma de quinientos obispos para celebrar el decimoctavo centenario del martirio de los santos apóstoles Pedro y Pablo, sugirió a Pío IX la idea de convocar un número mayor de prelados a fin de decidir ciertas cuestiones que estaban vejando a la Iglesia. Deseoso de afirmar más las prerrogativas de la Santa Sede, este Papa mandó publicar, en 1864, un sumario de errores, o sea, una lista de las doctrinas heterodoxas, juntamente con su famosa encíclica *Quanta Cura*, en la que condenó el libre pensamiento, la libertad de expresión, la educación pública y todos los adelantos que el espíritu de los tiempos modernos había promovido hasta mediados del siglo XIX. Había muchos sacerdotes, especialmente entre los jesuitas, que favorecían la declaración abierta de la infalibilidad papal. Con el objeto de obtener la opinión de la Iglesia, el Papa dirigió a los obispos que habían llegado a Roma con motivo de la fiesta mencionada, una circular, haciéndoles ciertas preguntas. Con fecha 29 de junio de 1868, apareció una bula convocando el vigésimo tercero Concilio ecuménico en Roma para el 8 de diciembre de 1869.

Las sesiones.

Ese día se reunió, en un local de la basílica de San Pedro preparado especialmente para el concilio, la asamblea más grande que registra la historia. El Papa nombró a cinco cardenales para que hicieran como presidentes, y al obispo Fessler para que se encargase de la secretaría. Asistieron a las sesiones setecientos sesenta y cuatro miembros, entre los cuales había cincuenta y siete abades y generales de las órdenes monásticas. Las discusiones fueron rigurosamente secretas. El Papa dirigió los asuntos de la asamblea de tal modo, que impuso por completo su voluntad. La mayoría de los obispos le debía su promoción y trescientos miembros del concilio fueron sus huéspedes. De los miembros conciliares, ciento veinte eran arzobispos u obispos *in partibus infidelium*, es decir, de nombre solamente, puesto que no tenían sede y asistieron al Concilio simplemente para dar testimonio de las tradiciones históricas. Las sesiones continuaron diez meses y doce días, y se puede decir que no se cerraron realmente hasta el Concilio Vaticano II, convocado por el Papa Juan XXII, que finalmente cumplió las aspiraciones del Vaticano I.

Los resultados.

El Concilio dio varios decretos importantes sobre la fe, que definieron la verdad católica en contraposición con el racionalismo, la infidelidad y las varias formas del error moderno;

pero su resultado principal fue la declaración oficial del nuevo dogma de la infalibilidad papal. Se introdujo este asunto en una de las primeras sesiones, a pesar de la protesta de los miembros más sabios de la asamblea y de que, en enero de 1870, cuarenta y cinco obispos de Alemania y Austria, treinta y dos franceses, tres de Portugal, veintiuno del Oriente, veintisiete de naciones que hablan la lengua inglesa y siete italianos presentaron al Papa un memorial suplicándole que no permitiera en el Concilio la discusión de la infalibilidad, y de que a las firmas de los prelados, añadieron las suyas el ministro de Estado francés, Daru, el austriaco Ven Beust, y los miembros de los gabinetes de Baviera, Portugal, Prusia y la Gran Bretaña. Se opusieron también al dicho dogma los teólogos y literatos más prominentes, contándose entre ellos a Hefele, Rauscher, Strosmayer, Kenrick y Clíford, que eran miembros del Concilio. Sin embargo de todo esto, insistió el Papa y se introdujo el asunto. El día 13 de julio de 1870, se tomó el primer voto de los seiscientos setenta y un miembros que estaban presentes; cuatrocientos cincuenta y uno votaron afirmativamente, ochenta y ocho negativamente; sesenta y dos *placet juxta modum*, es decir, que estaban dispuestos a aceptar el decreto si se modificaba éste; setenta miembros no quisieron votar. De hecho, doscientos veinte miembros se opusieron al dogma; este número de votos hizo nula y de ningún valor la decisión del Concilio. Desgraciadamente, hubo un pánico antes de que se hiciera la segunda votación; los miembros de la oposición se amedrentaron al saber que se les amenazaba con violencia y, después de firmar una protesta en contra de semejante modo de proceder, casi todos salieron de Roma. Cuando se tomó el último voto, quinientos treinta y cinco miembros votaron por el dogma, y solamente dos en su contra. Ese mismo día Napoleón III declaró la guerra en contra de Prusia; dos meses después de la última sesión del Concilio que los prelados celebraron en la basílica de San Pedro, el Vaticano había perdido la mayor parte de sus territorios y muchas prerrogativas y privilegios políticos.

Sin embargo, con excepción del débil movimiento de disidencia que mencionaremos en el capítulo siguiente, el nuevo dogma no encontró oposición alguna en la Iglesia Romana. Habiendo sofocado sus escrúpulos de conciencia, los obispos y eruditos católicos publicaron la famosa Constitución *Pastor Aeternus*. En ella se afirma categóricamente que:

a) El primado de Pedro en la Iglesia.
b) Su perpetuidad en el obispado de Roma.
c) La infalibilidad del romano pontífice cuando habla *ex cathedra* en materia de fe y costumbres.

39

Los católicos antiguos

La confesión de Hefele.
En el capítulo anterior vimos como los obispos que al principio se opusieron al nuevo dogma de la infalibilidad, se sometieron después e hicieron las paces con el partido dominan-

te. Uno de dichos prelados, J.K. Hefele (1809-1893), en una carta dirigida a un amigo suyo de Bonn, con fecha 25 de junio de 1871, escribió lo que sigue: "Yo había creído siempre que estaba sirviendo a la Iglesia católica; pero he descubierto que dicha organización no es sino una caricatura que el romanismo y los jesuitas han hecho de la esposa de Dios. Cuando visité la ciudad de Roma, percibí muy a las claras que las enseñanzas y prácticas de los sacerdotes no tienen de cristianas más que el nombre y la apariencia; ha desaparecido el espíritu de nuestra santa religión; quedan solamente las cosas exteriores". Después de escribir estas sentencias, que expresan los sentimientos de muchos católicos esclarecidos, no sabemos cómo dicho prelado y muchos obispos de la oposición pudieron someterse con tanta facilidad y prontitud al dictamen del partido dominante.

Protestas de los católicos antiguos.

Obraron de una manera muy diferente muchos de los hombres más ilustrados de Alemania. El doctor Van Sehulte, profesor de la Universidad de Praga y reconocido en la república de las letras como la autoridad más eminente en leyes canónicas, publicó la primera protesta; los profesores y literatos católicos romanos, reunidos en la ciudad de Nuremberg en agosto de 1870, mandaron otra. Con fecha 28 de mayo del año siguiente, el doctor Döllinger, el literato de mayor fama en el imperio alemán, publicó una carta dando las razones que tenía para rechazar el nuevo dogma, "como cristiano, como teólogo, como estudiante de historia y como ciudadano". El emperador recibió una protesta firmada por doce mil súbditos católicos.

La Iglesia católica antigua se organizó rápidamente. El mes de septiembre de 1871, se reunió, en la ciudad de Munich, un Concilio libre, al cual asistieron quinientos delegados de todas partes del mundo. Sus decisiones fueron enteramente provisionales. El segundo Concilio, que se celebró en Colonia al año siguiente, y cuyas sesiones describió tan elocuentemente el doctor Stanley, que fue testigo ocular, fijó de una manera más definida la organización de dicha Iglesia. La tercera conferencia, tenida en la ciudad de Bonn el año 1874, decidió abolir la confesión obligatoria y el ayuno; usar la lengua del pueblo en los cultos públicos; reconocer como lícito el matrimonio de los sacerdotes y administrar la comunión en ambas especies a los miembros de la Iglesia Anglicana. El obispo Heykamp, de Deventer, ya había consagrado al doctor Reinkens: en 1876, el doctor Herzog fue elegido obispo de la Iglesia en Suiza.

Desarrollo de la Iglesia Católica Antigua.

No es extraño que la Iglesia católica antigua no hiciera adelantos algunos en Alemania, puesto que apelaba a la historia y no a la Sagrada Escritura; debe su organización a las protestas de hombres sabios, y no a uno de esos avivamientos espontáneos de la religión que tienen por base la palabra de Dios. No cabe duda que dicho movimiento tenía cimientos sólidos, pero también es cierto que no consiguió debilitar a la Iglesia Romana. En 1887 había en Alemania y Austria ciento siete congregaciones de católicos antiguos, con ciento treinta y ocho mil quinientos siete fieles y cincuenta y seis sacerdotes. La mencionada Iglesia tuvo más éxito en Suiza, donde en 1890 había sesenta y dos congregaciones y setenta y cinco mil fieles.

La Convención de Utrecht, que se reunió el año 1889, aprobó los artículos que contienen las doctrinas de la Iglesia católica antigua, y que firmaron los obispos Reinkens y Herzog, de dicha comunión, y los prelados jansenistas de Harlem, Deventer y Utrecht. La siguiente es, en substancia, la fórmula de los mencionados artículos:

Primero. Sostenemos los principios católicos antiguos que Vicente de Lerins, fallecido el año 450, expresó con las palabras: *Id teneamus, quod ubique, semper, quod ab obnibus creditur, hoe est etenim proprieque Catholicum* ("tenemos por verdadera y propiamente católico, lo que se ha creído en todas partes, en todos tiempos y por todos"); nos adherimos a la fe de la Iglesia católica antigua, tal cual la definieron los primeros Sínodos, y según las decisiones dogmáticas que dio la Iglesia unida de los primeros diez siglos.

Segundo. Condenamos los decretos del Vaticano de 18 de julio de 1870, referentes a la infalibilidad del Papa y al episcopado universal del obispo de Roma, por ser contradictorios a la fe de la Iglesia primitiva y porque destruyen las bases de la Iglesia católica antigua.

Tercero. Condenamos la encíclica que Pío IX dio en 1854, respecto a la inmaculada concepción de María, porque dicho dogma no se funda en la Sagrada Escritura ni se refieren a ella los escritos de los primeros siglos.

Cuarto. Condenamos, como repugnantes a la doctrina de la Iglesia antigua, los demás decretos papales, promulgados por el obispo de Roma, tales como la bula *Unigenitus,* el *Sumario* de 1864 y otros por el estilo.

Quinto. Rechazamos los decretos del Concilio de Trento que se refieren a la disciplina, y de las decisiones dogmáticas, aceptamos solamente las que están de conformidad con las enseñanzas de la Iglesia Antigua.

Sexto. Tomando en consideración que en la Sagrada Escritura se considera la Santa Eucaristía como el punto cardinal del servicio divino, no creemos propio hacer cambio alguno en las antiguas doctrinas del sacramento del altar, pero sí que se debe administrar en ambas especies.

Séptimo. Abrigamos la esperanza de que tengan buen éxito los esfuerzos de los teólogos, para que, además de sostener la fe tal cual era antes de que se dividiese la Iglesia, lleguen a conciliar los puntos de diferencia que han surgido desde dicha separación.

40

Alianzas Protestantes

El siglo XIX es un siglo de expansión misionera y de claro optimismo evangélico. Las iglesias crecen y despliegan una actividad incesante, social y religiosa. Las rencillas de antaño no impiden la colaboración en áreas de interés común y en trabajos conjuntos de estudio teológico. Se dan los primeros pasos en la creación de asociaciones que ofrezcan al dividido protestantismo ocasión de reunirse para tratar problemas comunes y tomar decisiones en espíritu fraternal.

Fundación de la Alianza Evangélica.

La Alianza Evangélica *(The Evangelical Alliance)* tuvo su origen en la América septentrional, pero se estableció también en Inglaterra y en varios países del continente. Su primera sesión se celebró en Londres el año 1846, con 800 delegados de diversas denominaciones y organizaciones de todos los países. Tiene por objeto la unión de todas las Iglesias protestantes evangélicas, sin que ninguna de ellas sacrifique sus principios individuales, con el fin de destruir los males sociales de nuestros tiempos, contrarrestar la influencia de la Iglesia Católica Romana en la política y formar una hermandad de los cristianos de todo el mundo.

Bases doctrinales de la Alianza Evangélica.

La Alianza Evangélica sostiene los siguientes principios doctrinales:
1. La divina inspiración, autoridad y suficiencia de la Sagrada Escritura.
2. El derecho y privilegio de la interpretación privada de la Santa Biblia.
3. La unidad de la Deidad y la Trinidad de las Personas.
4. La perversidad natural del hombre.
5. La encarnación del Hijo de Dios, su sacrificio por el género humano, su intercesión mediatoria y su reino.
6. La obra del Espíritu Santo que regenera y santifica a los pecadores.
7. La inmortalidad del alma.
8. La resurrección del cuerpo.
9. La segunda venida de nuestro Señor Jesucristo al mundo a juzgar a todos los hombres.
10. El premio de los justos y el castigo de los que no se arrepienten de sus pecados.
11. La institución divina del ministerio y la obligación de perpetuar los sacramentos del Bautismo y de la Santa Cena.

Las sesiones.

La Alianza Evangélica celebró sus sesiones en varias ciudades del continente, en Londres y en Nueva York. Los intervalos irregulares entre dichas reuniones, fueron generalmente de tres o cuatro años. La que hubo en la ciudad de Nueva York el año 1873, alcanzó mejor éxito que las anteriores; a la celebrada en Copenhague, asistieron los miembros de la familia real de Dinamarca.

Desde sus mismos orígenes la Alianza Evangélica se involucró en interceder por los protestantes perseguidos en varias partes del mundo. Durante la sesión que celebró en Basilea el año 1879, elevó una petición al emperador de Austria suplicándole que protegiera a los protestantes que estaban sufriendo la persecución en sus dominios, y lo consiguió. Elevó asimismo una protesta al Zar de todas las Rusias pidiendo la libertad de los protestantes oprimidos en las provincias bálticas, pero no tuvo demasiado éxito.

La Conferencia de Washington.

En diciembre de 1887, la rama americana de la Alianza Evangélica celebró en Washington una conferencia que duró tres días, a la que asistieron delegados de más denominaciones evangélicas que a ninguna de las reuniones anteriores. Todos los discursos que se leyeron y las discusiones que hubo tendieron a exponer los males de aquella época, y a sugerir los métodos que debían seguirse para que la obra cristiana evangélica fuera adelante.

El mes de diciembre de 1889, hubo otra reunión importante en la ciudad de Boston, en la que la Alianza Evangélica no se centró ya tanto en señalar los peligros múltiples del catolicismo, sino más bien en discutir los problemas prácticos de la sociedad, reconociendo a la Iglesia católica como una aliada, más que como una enemiga, en el objetivo de cooperar en la labor de erradicar los problemas sociales, disposición que se manifestó muy claramente en la reunión que hubo en Florencia el año 1891.

Alianza Presbiteriana-Congregacional[41].

Pocos años después de la formación de la Alianza Evangélica, y pensando más en las comunidades eclesiales que en los individuos, nace en 1875 la Alianza Presbiteriana, cuando veintiuna iglesias presbiterianas de Europa y de Estados Unidos se reúnen en Londres para crear la "Alianza de Iglesias reformadas de todo el mundo que han adoptado el sistema presbiteriano". En 1891 se celebra en Londres la primera Asamblea Congregacionalista Internacional, destinada a formar parte de la primera, bajo el nombre de Alianza Reformada Mundial. La unión se llevó a efecto en 1970 en Nairobi (Kenya), cuando las dos organizaciones, congregacional y presbiteriana, se reconocen en un plan de igualdad. Se agrupaban así más de 75 millones de cristianos congregacionales y presbiterianos, que desde los días de la Reforma habían seguido caminos distintos, pese a la unidad de fondo.

La Alianza Bautista Mundial.

Otro tanto ocurre con la amplia y diversificada familia bautista, cuando en 1905 los bautistas ingleses se propusieron crear una sociedad que permitiese la comunión entre las distintas iglesias de Gran Bretaña y el mundo entero. Nace así la Alianza Bautista Mundial, con John Clifford, de Inglaterra, por primer presidente; otros presidentes que jugaron un papel muy importante en el cristianismo evangélico en general fueron E. Y. Mullins (1860-1928) y George W. Truett (1867-1944), ambos estadounidenses.

41

La Escuela Dominical

Origen de la Escuela Dominical.

En 1781 Roberto Raikes organizó la primera escuela dominical en Inglaterra. Tenía por objeto la enseñanza elemental, más bien que la religiosa; pero las Iglesias protestantes de ese reino inmediatamente hicieron suya esta institución, viendo que es el mejor medio de instruir

---

[41] Apartado añadido. A.R.

a la niñez en las verdades bíblicas. Pronto se introdujo en la América del norte, donde todas las Iglesias evangélicas la adoptaron.

Desarrollo.

En la escuela de Raikes, los niños aprendían lectura, escritura y el catecismo; cuando se introdujo el sistema de escuelas públicas, dejaron de estudiarse las materias seglares en la escuela dominical, pero se exigía a los alumnos que aprendieran un número muy grande de textos de la Sagrada Escritura. Pronto éstos llegaron a setecientos por semana; después los redujeron a doscientos. A Jaime Gall se debe la introducción, especialmente en Escocia, por el año 1820, de un sistema más sensato. En 1825 la Unión americana de escuelas dominicales preparó las *Lecciones uniformes,* que fueron precursoras del sistema internacional. Al principio, cada denominación adaptó su plan y desarrolló su escuela dominical como mejor le pareció; pero con el tiempo, los diferentes cuerpos religiosos vieron la necesidad de educar a los maestros y de prepararlos bien para el desempeño de su importante tarea; al mismo tiempo, se hizo patente lo necesaria que era la unidad en los métodos de enseñanza. Con este fin, los Reverendos Juan H. Vincent y Eduardo Eggleston, doctores en sagrada teología, y el señor B. F. Jacobs formaron, en 1872, un plan para un sistema uniforme de lecciones, el cual recibió la aprobación de la Convención nacional de escuelas dominicales, que se reunió en la ciudad de Indianápolis ese mismo año. Las *Lecciones nacionales* uniformes, que se publican desde entonces, incluyen toda la Sagrada Escritura, ocupando su estudio un período de siete años. Estas lecciones son ahora internacionales y se usan en toda la cristiandad protestante.

La escuela de Chautauqua.

El señor Lewis Miller y el reverendo Doctor Juan H. Vincent inauguraron la escuela de este nombre, que se reunía todos los veranos en la playa del lago Chautauqua, y a la que iban todos los ministros y los laicos interesados en el adelanto de las escuelas dominicales. Bajo la dirección de personas hábiles y enérgicas, se crearon muchos departamentos, siendo el más importante de todos el científico y literario, cuyo curso de estudios cubría un período de cuatro años. Este movimiento para el adelanto de las escuelas dominicales se extendió a otros países, llegando hasta los campos misioneros del Japón y de la India. El reverendo doctor Vincent publicó una historia pormenorizada de esta obra tan importante; a él se debe principalmente su adelanto, y nadie mejor que él pudo haber escrito dichos anales. Los miembros de la escuela de Chautauqua ejercieron su influjo en todas las áreas de la vida religiosa de Norte América.

42

Las misiones protestantes a finales del siglo XIX

Las primeras misiones protestantes.

El cristianismo protestante pasó su primer período especialmente en controversias y tratando de acomodarse a las condiciones nuevas de Europa. Con el siglo XVII empezó la obra de llevar el Evangelio a los países gentiles; los misioneros siguieron las vías que el comercio oriental iba abriendo. Rivalizaban en hacer largos viajes por mar y en descubrir nuevas tierras los holandeses con los portugueses; éstos iban siempre acompañados de misioneros jesuitas, aquéllos llevaban consigo la Sagrada Escritura y los principios protestantes. El año 1612 se estableció en Leyden un seminario para la educación de misioneros. En 1636 se fundaron misiones en Ceilán (actual República de Sri Lanka), y luego en Java, África y en otros países.

En el año 1701 se organizó en Inglaterra la Sociedad para la propagación del Evangelio entre los indios de las colonias americanas.

Los primeros misioneros.

En 1706, Federico IV, emperador de Dinamarca, envió a Ziegenbalg, con dos ayudantes, a fundar una misión en el sur de la India. Dicho misionero y Plütschau, Kiernander y Schwartz, que lo sucedieron, y estaban bajo la influencia sublime del pietismo, trabajaron en Tranquebar, Madrás y Calcuta, donde, a pesar de dificultades muy grandes, obtuvieron muy buen éxito. Cuando Hyder Alí estaba para entrar en negociaciones con el gobierno inglés, pidió que le mandaran como enviado a Schwartz el cristiano, puesto que estaba seguro de que éste no lo engañaría. Los dinamarqueses mandaron misioneros a Groenlandia el año 1721; esta misión, que los heroicos Juan Egede y su esposa fundaron, dio por resultado que la nación entera se convirtiese al cristianismo. Los moravos establecieron misiones en Ceilán, las Indias occidentales, Pensilvania y en otros lugares. Si bien todos estos esfuerzos tienen importancia porque despertaron el entusiasmo por la causa de las misiones, se puede decir, por otra parte, que fueron solamente preparatorios. El fin del siglo pasado y el principio del XIX constituyen el período en que se desarrollaron las grandes sociedades misioneras de las Iglesias protestantes. Al llegar el año 1830, había ya en Europa y América como veinte de dichas sociedades.

El campo de la India.

El campo misionero más extenso que hay en el mundo es el hindú. Los trabajos que se iniciaron el año 1706, adelantaron muy paulatinamente durante todo el siglo dieciocho; el gran éxito empezó con el presente siglo. Los nombres más grandes que hay en los anales de las misiones protestantes en la India son Schwartz, Carey y Duff. Carey, de quien Sydney Smith se mofaba con el dicho de que era un zapatero remendón bautista, desembarcó en Calcuta el año 1793. Habiéndose dedicado con mucha energía al estudio de las lenguas, tradujo la Sagrada Escritura, en su totalidad o en parte, algunas veces con la ayuda de los naturales y otras sin ella, en veinticuatro idiomas de la India. Duff, a quien envió la Iglesia de Escocia en 1830, fue el primero que introdujo en el campo misionero el sistema inglés de escuelas que, en aquel tiempo, era enteramente nuevo, pero que ha dado resultados magníficos y probado hasta la evidencia la sabiduría de aquel escocés intrépido. El año 1878 es el más notable en la historia de las misiones, por el número tan grande de conversiones de la fe del indostán a la cristiana, habiéndose añadido a la Iglesia sesenta mil personas. Sin incluir a Birmania ni a Ceilán (actual Sri Lanka), hacia el 1890 había en la India, aproximadamente, setecientos noventa y un misioneros ordenados y quinientos ochenta y cinco mil fieles.

China.

El primer misionero enviado a China fue el doctor Morrison, de Inglaterra, que desembarcó en ese país el año 1807. Después de catorce años de arduas labores, publicó un diccionario chino y la versión china de la Sagrada Escritura. El año 1844 los misioneros obtuvieron, del gobierno chino, el permiso de entrar en los cinco puertos incluidos en el tratado que dicha nación hizo con las potencias europeas; desde entonces se han ido estableciendo misiones importantes a lo largo de la costa, que es muy extensa, y en las riberas de los grandes ríos; al mismo tiempo, se está extendiendo una línea de estaciones misioneras hacia el Poniente con el fin de unirla a otra línea que parte del oriente de India. El número de misiones en el imperio chino, bajo la dirección de protestantes europeos o americanos, ascendía en 1985 a treinta y siete; había en ellas ochocientos ochenta y nueve misioneros y misioneras, ciento treinta y cuatro ministros nativos ordenados y veintiocho mil ciento diecinueve comulgantes adultos. Durante un levantamiento en contra de todos los extranjeros, que las sociedades secretas fomentaron por razones políticas y con el objeto de desconcertar al gobierno, la plebe destruyó, en 1891, varias propiedades de las misiones y puso en peligro las vidas de los misioneros.

Birmania.

Judson, el misionero americano y uno de los varones más santos en la historia de la Iglesia cristiana, a quien no se le permitió dar principio a los trabajos en India, fundó la misión de Birmania, que pronto se convirtió en un campo muy próspero. Su carrera de embajador del Evangelio empezó en 1788 y concluyó el año 1850. El éxito principal que obtuvo, y en el cual participaron sus hermanos bautistas, fue la conversión de los carenos del interior de Birmania, de quienes se decía que eran "tan indomables como las vacas salvajes de las montañas". La Iglesia de Birmania era, ya a finales del siglo XIX, una de las organizaciones cristianas más fuertes en el mundo pagano.

Japón.

El campo misionero que a mediados del siglo XIX prometía dar mayores frutos que ningún otro, era el del Japón. Este antiguo imperio justo estaba saliendo de las tinieblas de la edad media, recobrando nueva vida. Después de un bautismo de sangre y de un eclipse largo, rompió el alba del cristianismo en el Japón en el año 1854, habiendo la expedición del capitán Perry despertado la sed del saber y de los conocimientos de occidente[42]. Sin embargo, la

---

[42] Durante doscientos cincuenta años la ley de Tokuawa, que imponía pena de muerte a todo extranjero que pusiera sus pies en el suelo del Japón, mantuvo a este país totalmente aislado del mundo, hasta el año 1853, en que las potencias europeas obligaron a los japoneses a abolir dicha ley. Inmediatamente entraron los misioneros protestantes. El reverendo Juan Liggin y el obispo Channing Williams, de la Iglesia Episcopal, llegaron en mayo de 1859. En 1860 llegaron misioneros bautistas. En cuanto al renacimiento del catolicismo se inició cuando el padre Hirard desembarcó en septiembre de 1859 y en 1865 millares de cristianos secretos descendientes de los que se convirtieron de veras al cristianismo en el siglo XVII se manifestaron públicamente. De nuevo arreció la persecución fomentada por los sacerdotes sintoístas, hasta que en 1873 el emperador del Japón tuvo que decretar una ley de tolerancia religiosa, fundándose iglesias de todas las denominaciones así como la Unión Cristiana de Jóvenes, la Unión Bíblica, el Esfuerzo Cristiano y la Sociedad Bíblica. A.R.

Sociedad Misionera de Londres y las pocas Iglesias americanas que, en 1859, comenzaron sus labores misioneras, no obtuvieron resultados satisfactorios sino hasta el año 1873, en que se abrogaron los edictos adversos al cristianismo. Allá por el 1875 había ya en todas las islas grandes del imperio, iglesias protestantes, católicas romanas y ortodoxas. En 1877, habiéndose unido las Iglesias presbiteriana y reformada, organizaron la Iglesia Unida de nuestro Señor Jesucristo, siendo esta la primera vez que se unían dos denominaciones protestantes. En 1890 Japón adoptó una constitución liberal que reconocía el cristianismo como una de las religiones lícitas del Estado[43]. En 1891 estaban trabajando en el Japón dieciocho sociedades misioneras; había cuatrocientos tres misioneros y treinta y dos mil trescientos ochenta conversos nativos. También en Corea se habían establecido ya diversas agencias misioneras, un hospital y varias escuelas.

Oriente Medio

La ciudad de Beirut (en aquella época todavía parte de Siria) era, a finales del siglo XIX, uno de los centros principales de la propagación del Evangelio en Oriente. En el colegio protestante, que dirigía allí el reverendo doctor Bliss, recibieron educación cristiana muchos jóvenes, que acudían desde las regiones contiguas y regresaban a sus hogares llevando consigo las luces del Evangelio y de las ciencias. El territorio, en materia de religión, era ya entonces y sigue siendo una verdadera Babilonia, con presencia de musulmanes, armenios, jacobitas, coptos, abisinios, nestorianos, semipaganos y semicristianos, y muchos grupos sectarios que forman una raza heterogénea, entre la cual se manifestaba ya frecuentemente la oposición. Los misioneros protestantes de la época trabajaban ya sin cesar para limar diferencias, predicando en las ciudades y en los pueblos, estableciendo escuelas y distribuyendo ejemplares de la Sagrada Escritura y tratados de literatura religiosa. La labor dio resultado y el Evangelio penetró en esa masa de credos falsos; los prejuicios fueron cediendo poco a poco y fue tomando forma una nación con una fuerte presencia de cristianos.

El primer misionero protestante que fue a trabajar a Jerusalén, enviado por la Junta de Misiones Americana en 1821, se llamaba Leví Parsons. En las misiones del Líbano figuran nombres ilustres, como los de Guillermo Goodell y Elf Smith.

Turquía y los Balcanes

Constantinopla fue el centro neurálgico de las misiones en Turquía. En una tertulia que hubo el año 1891 en casa del reverendo doctor A. L Long en esa ciudad, se juntaron cerca de cien invitados, que eran misioneros, maestros, editores o empleados en el trabajo agresivo de la obra evangélica. Bulgaria, que fue una posesión turca desde el año 1390 hasta 1878, se consideraba, a mediados del siglo XIX, un campo árido; pero desde que dicha provincia se erigió en principado en esa última fecha, los misioneros empezaron a gozar de más libertad y mayores privilegios. La Junta Americana de Misiones se instaló en Filipópolis para cubrir el

---

[43] Aun cuando esta Constitución nacional de 1890 garantizaba la libertad religiosa, hubo mucha persecución solapada en los primeros años. A.R.

campo búlgaro, situado al sur de la Península de los Balcanes. La Iglesia metodista episcopal también inició misiones en Bulgaria, al norte del río Danubio. El colegio Robert, fundado en la playa del Bósforo, por un ciudadano americano de ese apellido, tuvo un gran éxito y contribuyó al desarrollo del saber cristiano tanto en el Asia Menor como en los países a orillas del Danubio.

Las misiones protestantes en África.

Los moravos fueron los primeros cristianos que establecieron misiones en el continente africano. Primeramente fundaron una misión en la costa occidental, el año 1736, y después otra en el sur de África. La Iglesia metodista episcopal, cuyo primer misionero, Melville B. Cox, después de cuatro meses de trabajo, murió víctima de una enfermedad en 1833, se instaló en Liberia, en la costa del poniente. Corresponde, no obstante, a la Iglesia Metodista Wesleyana de Inglaterra la grande honra de ser la Iglesia mártir de África, puesto que las fiebres segaron la vida de centenares de sus misioneros. El Cairo era un centro de misión importante bajo los auspicios de la Iglesia Presbiteriana Unida de los Estados Unidos. Las misiones establecidas en las márgenes del Nilo y las instituciones educativas fundadas en el Cairo, fueron monumentos del celo y buen criterio bajo la dirección del reverendo doctor Lansing, que consagró su vida al cultivo de este campo tan importante, y a los obreros entregados que le ayudaron, como la señorita M. L. Whately, hija del arzobispo del mismo nombre, que cooperó estableciendo escuelas en dicha ciudad.

Con todo, la gloria indiscutible de haber sido el primer occidental que despertó el interés de la cristiandad protestante por la civilización y evangelización del África central, corresponde a David Livingstone que, como mensajero del Evangelio, fue uno de los misioneros más devotos, a la vez que un notable explorador cuyos descubrimientos le valieron un lugar de honor entre los grandes exploradores del mundo.

Roberto Moffat, yerno del doctor Livingstone, fue el primer misionero en 1820 que tuvo el valor suficiente para ir a predicar a las tribus salvajes de Bechuana. Bajo su ministerio, jefes feroces se convirtieron en siervos humildes del Señor Jesús. Los trabajos auspiciados por varias universidades de Gran Bretaña, y otras misiones inglesas y escocesas, fundadas cerca del lago Nyassa y en otros puntos del interior de África, perdieron varios de sus mejores trabajadores, que cayeron víctimas de una carnicería de los indígenas, que mataron al obispo Hannington y al noble Mackay, de Uganda.

El Congo.

El reverendo Guillermo Taylor, de la Iglesia metodista episcopal, obispo misionero de África, organizó un movimiento con el fin de establecer misiones en las riberas del río Congo, con el plan de fundar estaciones misioneras y de convertirlas después en centros desde donde extender hacia todos los puntos del valle congoleño la influencia santa del Evangelio. Taylor fue el primero en demostrar que, tomando las precauciones necesarias, los misioneros pueden vivir tantos años y llevar a cabo tantas obras buenas en África como en cualquiera otra parte del mundo

En esta breve y superficial ojeada de las misiones protestantes a finales del siglo XIX, en la que no hemos mencionado, por ejemplo, los resultados tan admirables obtenidos en Madagascar, en las islas Sandwich y en las Islas de los Mares del Sur, fácil cosa sería el discurrir sobre la devoción individual de los misioneros y de lo que la llevaron a cabo con sus esfuerzos. Transcribieron lenguas habladas a formas escritas y científicas para poder traducir la Biblia; crearon literaturas nacionales; enriquecieron la etnografía, estudiando y describiendo las razas, la botánica y todas las ciencias y artes; conquistaron nuevos campos de investigación para el saber humano; pero lo más importante, trajeron a miles de almas a los pies del Príncipe de Paz. A pesar de las dificultades innumerables que tuvieron que afrontar, y de las muchas derrotas que aparentemente sufrieron, la causa de las misiones es la obra suprema de la Iglesia cristiana en todas las épocas.

43

Las sociedades para la prevención del alcoholismo

La temperancia en la Gran Bretaña.

Teobaldo Mateo, un sacerdote católico romano de Cork, conocido generalmente con el nombre de el Padre Mateo, fue el primero que introdujo en Europa el gran movimiento en favor de la abstinencia completa de los licores embriagantes[44]. Viajó extensamente por todas las islas Británicas y consiguió que las multitudes que se congregaban a oírlo, firmaran la promesa de abstenerse por completo de las bebidas. Tan agradable era el estilo de su peroración y tan irresistible la influencia que ejercía en su auditorio, que aun personas tan críticas como la señora Juana Welsh Carlyle, se sentían como encantadas y firmaban la promesa de no volver a probar los licores. Otros reformadores han continuado su obra. Con la valiosa ayuda del señor D. Guillermo Collins, Juan Dulop, de Greenock, fundó en Escocia, el año 1829, la primera sociedad de temperancia. Por ese mismo tiempo, los reverendos doctores Edgar y Cook ejercieron su influjo o hicieron cuanto estuvo de su parte, en el norte de Irlanda, por robustecer el movimiento de la temperancia. Juan B. Cough cooperó mucho a dicha reforma tanto en la madre patria como en los Estados Unidos de América. En Inglaterra, el doctor D. Federico R. Lees ha prestado servicios muy grandes a esta causa. Durante los últimos años de su vida, el cardenal Manning ejerció una influencia muy grande en Gran Bretaña en favor de la temperancia. Otro abogado muy decidido de ella es el canónigo Farrar. Esta causa hizo avances importantes hasta finales del siglo XIX. El establecimiento de cafés y de casas de huéspedes, aseadas y médicas, ayudaron eficazmente a disminuir el número de alcohólicos y víctimas de la embriaguez.

La temperancia en el continente europeo.

Suiza fue el primero de los países continentales que promulgó leyes restrictivas para detener los estragos que estaba haciendo en el país el vicio de la bebida. En Alemania se organizaron también, a partir del 1875, sociedades de temperancia. Pero fue en Escandinavia don-

---

[44] Es un hecho estadístico que el 85% de los niños sin hogar provenían de familias alcohólicas. A.R.

de la idea hizo mayores progresos que en ninguna otra nación europea. En Noruega y Suecia se multiplicaron las asociaciones de temperancia; había reuniones especiales para promover por todas partes la causa e incluso se fundaron y distribuyeron periódicos para difundirla.

44

La filantropía en Inglaterra y en Alemania

Abolición de la esclavitud.

El nuevo interés que las Iglesias en Inglaterra tomaron en las cuestiones sociales les infundió un renovado vigor. La reforma social más urgente de aquel entonces era la emancipación de los esclavos. Un grupo de personas, de recursos limitados y en contra de las cuales se levantó una oposición muy grande, mantuvieron una serie de reuniones en una casa de Clapham, situada a pocas millas de Londres, con el fin de concienciar a la opinión pública respecto a lo irracional de la esclavitud. A pesar del criterio unánime de todos los gobiernos, que estaba en su contra, Wilberforce, Macaulay, Clarkson, Sharp y unos cuantos más continuaron trabajando con tal constancia y fe en la causa que, después de trece años de fracasos, consiguieron, en 1807, que el Parlamento de Inglaterra aprobara la propuesta de ley de Wilberforce y emancipase a ochocientos mil esclavos que Inglaterra tenía en las Indias occidentales. En verdad esa ley fue el golpe de gracia a la esclavitud en los Estados Unidos de América, que ya no pudieron detener el movimiento de la emancipación universal.

Reforma de las prisiones.

El Papa Clemente XI, que en 1704 estableció la cárcel de San Miguel para delincuentes jóvenes, según un plan que después se ha conocido con el nombre del *Sistema Auburn* que señala celdas separadas para la custodia de los presos y los obliga a trabajar diariamente en silencio, anticipó la reforma de las prisiones que se aceleró a finales del siglo XIX. En dicha cárcel había una losa de mármol con esta inscripción: "De nada vale castigar los criminales privándolos de su libertad, si no se procura reformarlos por medio de la educación". Juan Howard, que en 1738 dio comienzo a sus trabajos (que duraron treinta y un años), durante los cuales visitó todas las cárceles de Inglaterra y del continente europeo, fue el primer gran reformador del sistema de prisiones en Europa. Más que ninguno de sus contemporáneos, "unía el celo de los mártires al criterio lleno de calma de los hombres de Estado que se consagran a la filantropía". En el servicio de la gran causa a que dedicó su vida, la perdió en Cherson, durante la guerra de Crimea, el año 1790. Debido a sus esfuerzos, se introdujeron entre otras muchas mejoras en las cárceles de todo el mundo civilizado, la buena ventilación, más luz y mayor aseo en las celdas, mejor arquitectura y la enseñanza elemental[45]. En dos de

---

[45] John Howard demostró que la superpoblación de las prisiones y las malas condiciones higiénicas y alimenticas de los internos era un foco de tifus de terribles consecuencias. Gastó toda su fortuna, además de su vida, en conseguir que el Parlamento promulgara un acta de reforma en las prisiones. Hoy se puede contemplar la estatua que la ciudad de Bed-ford levantó a su memoria. Véase nuestra obra *Teología bíblica del avivamiento,* cap. II. "Impacto social del avivamiento" (CLIE, Terrassa 1999). A.R.

sus novelas, los escritores Carlos Reae y Charles Dickens atacaron muy duramente el sistema penitenciario inglés. Hacia el 1900 se había conseguido remediar los males más graves y eliminar las prácticas perniciosas que existían en las prisiones de Gran Bretaña.

El cuidado de los heridos.

Florence Nightingale, de Inglaterra, fue la primera que se dedicó a cuidar de los heridos en los campos de batalla. Habiéndole causado una impresión muy fuerte los sufrimientos tan grandes del ejército inglés durante la guerra de Crimea (1853-1856), fue a Constantinopla y se dedicó a cuidar de los heridos, de los enfermos y de aquellos a quienes la intensidad del frío había entumecido[46]. Su ejemplo fue seguido por muchas otras almas generosas. Desde entonces los heridos recibieron un mayor cuidado en todas las guerras a través de la Cruz Roja Internacional.

Las diaconisas.

Teodoro Fliedner, un ministro evangélico alemán perteneciente a una familia muy conocida entre los protestantes en España, organizó una orden de diaconisas que se ha extendido y prestado servicios muy buenos en toda Europa. El Instituto de Diaconisas, fundado el ano 1833 en Kaiserswerth, cerca del Rin, tuvo un éxito tan grande que pronto se establecieron otros semejantes. De éstos salieron muchas enfermeras cristianas hacia los puntos más distantes de Europa y los países orientales. Estas diaconisas aprendían no solamente a cuidar de las víctimas de toda clase de enfermedades, sino también a ejercer una influencia benéfica en los hogares que solicitaban su presencia y ayuda. Su influjo fue tan elevado y deseable que no solamente la Iglesia estatal de Alemania, sino también otras denominaciones adoptaron la orden de diaconisas. Las del Instituto de Kaiserswerth no hacían votos ni usaban hábitos, aunque sí vestían con mucha modestia. Están bajo la dirección de ministros y tienen múltiples ocupaciones. Bajo los auspicios de dicho instituto, se fundaron hospitales y escuelas en diferentes partes del mundo. Florence Nightingale fue alumna del pastor Fliedner.

En la Iglesia Anglicana hay varias hermandades que prestaron y siguen prestando servicios muy eficaces. La hermana Dora, cuya biografía fue publicada en Londres el año 1880, es la historia sumamente interesante de una vida entregada al servicio de los demás.

El reverendo doctor T.B. Stephenson, presidente de la Conferencia Metodista Wesleyana de Inglaterra, recibió una ayuda inestimable por parte de "Las Hermanas", quienes vestían hábitos, pertenecientes al Instituto de Diaconisas, fundado en 1890 y dirigido por él mismo en la labor de fundar y sostener orfanatos en 1891-1892. El Instituto tenía las reglas siguientes:

---

[46] La revolución en la práctica de la enfermería incluía el convertirla en una ambición socialmente más aceptable para las mujeres. Florence Nightingale recibió mucha influencia de un pequeño hospital cristiano en Kaiserswerth, Alemania, dirigido por un grupo de diaconisas protestantes. Su respuesta a los mandatos bíblicos de cuidar de los enfermos y educar a los niños abandonados, marcó las pautas para práctica de la enfermería diaria en los hospitales de nuestra era. Florence Nightingale mejoró los niveles de higiene, la enfermería nocturna y las condiciones en general, además de fundar la primera escuela de enfermería. Las enfermeras adquirieron un rango profesional hacia el final del siglo, gracias, en gran parte, a los esfuerzos de Ethel Bedford Fenwick; la mayoría de las enfermeras estaban inspiradas por principios éticos cristianos. A.R.

1. Profesión de tener vocación sin la necesidad de hacer votos;
2. Vida en común sin menoscabo de la libertad individual.
3. Las novicias debían ser señoritas mayores de veintitrés años de edad; no se les exigía que renunciaran al derecho de casarse.

El reverendo Hugh Price Hughes, encargado de la Misión Metodista Wesleyana en la parte occidental de Londres, estableció otro Instituto de diaconisas con el nombre de Las Hermanas del Pueblo. En 1888 la Conferencia general de la Iglesia Metodista Episcopal aprobó la organización de una orden de diaconisas; había otro Instituto en Chicago y otro en Washington, sin contar con las muchas "hermanas" que trabajaban independientes en las ciudades grandes. La introducción de órdenes de diaconisas idóneas e instruidas, en todas las Iglesias americanas, fue uno de los grandes adelantos en la misión social de la Iglesia protestante en el mundo.

Protección de los huérfanos[47].

Charles Wesley, que tenía precedentes en el pietista August Francke, fue el primero que llamó la atención a George Whitefield la sobre necesidad de ocuparse de los huérfanos, tan abundantes en la Inglaterra de aquellos lastimosos días. A ellos dedicó Whitefield gran parte de sus esfuerzos, y al hacerlo tuvo que enfrentar algún que otro malentendido por causa de los constantes problemas económicos ocasionados por su administración.

Sin embargo, el más conocido y famoso de todos los evangélicos dedicados a la protección de los huérfanos es George Müller de Bristol (1805-1898), indiscutible gigante de la fe, aunque no hay que olvidar las labores de otros grandes personajes evangélicos como Johannes H. Wichern (1808-1881), el bien conocido predicador Charles Spurgeon y Thomas J. Barnardo (1845-1905), irlandés e hijo espiritual del sonado avivamiento irlandés de 1859.

Barnardo consiguió en su época algo que todavía en el siglo XXI sigue siendo una asignatura pendiente en la legislación muchos países: la custodia por parte del estado de aquellos niños cuyos padres fueran negligentes o les maltratasen criminalmente. El abuso y maltrato infantil es uno de los aspectos más horrendos de la naturaleza humana. En 1891 el Parlamento británico pasó la ley conocida como el "Acta de Barnardo". Todo comenzó cuando Barnardo conoció al niño de la calle Jim Jarvis, por medio del cual descubrió los terribles problemas de los niños sin hogar. En ese tiempo había en Inglaterra unos 30.000 niños de menos de 16 años viviendo en las calles de Londres. Barnardo tenía pensado ser misionero en China. En lugar de esto, entregó su vida para ayudar a los niños abandonados en Inglaterra a través de las Casas Barnardo *(Barnardo Homes)*, cuya labor continúa en nuestros días. Además de ofrecer cuidado a estos niños, utilizó de forma innovadora la fotografía para llamar la atención a su sufrimiento. También luchó contra el problema del alcoholismo. Otro de sus proyectos fue un hospital para niños enfermos, y creó misiones médicas que ofrecían clínicas gratuitas a los pobres.

---

[47] Hemos añadido éste y los siguientes apartados por considerarlos imprescindibles para tener una idea completa de lo que supuso la actividad social y filantrópica del cristianismo evangélico de fines del siglo XIX. Más datos en nuestra obra *Teología bíblica del avivamiento*, cap. II. "Impacto social del avivamiento" (CLIE, Terrassa 1999). A.R.

Reforma del mercado laboral infantil.

La revolución industrial, como toda revolución, supuso el desajuste de las antiguas formas de vida, modos de producción y costumbres familiares. Se produjo entonces una nueva forma de esclavitud: la esclavitud blanca del proletariado, con el agravante de las guerras napoleónicas que asolaron Europa. Los más indefensos, como siempre ocurre en estos casos, se llevaron la peor parte; niñas y niños de las clases pobres obligados a trabajar, a veces de sol a sol, desde la más tierna infancia. Tuvieron que soportar el duro trabajo en las minas, en las fábricas o en las casas, limpiando chimeneas. El caso de los deshollinadores, cuyo sufrimiento y humillaciones debe mantenerse en la memoria colectiva, debe servir de patrón para atajar versiones modernas de esclavitud infantil en tantos países donde los niños trabajan desde que pueden caminar y, lo que es peor, son utilizados como soldados en enfrentamientos bélicos. Para ser deshollinador, no había prerrequisitos; la mayor parte de los que se incorporaban a esta ocupación deprimente tenían entre cuatro y diez años. El trabajo diario comenzaba de una manera muy simple: "Después de un poco de gimoteo, y un puntapié de su amo, Tom penetraba en el hogar de la chimenea y comenzaba la ascensión" (Charles Kingsley, *The Water Babies*, 1863). Los problemas se agravaban por los hábitos personales de los deshollinadores pobres. Al proceder de las capas más bajas de la sociedad inglesa, nunca se les había enseñado la importancia de la limpieza corporal. Fundamentalmente, eran golfillos abandonados a su suerte. En las arrugas y pliegues de la piel del escroto permanecían enterradas durantes meses partículas de alquitrán que devoraban sus vidas inexorablemente. Percivall Pott (1714-1788), uno de los cirujanos más eminentes de Londres en su época, sabía mucho de la difícil vida de los niños deshollinadores ingleses. Observó que «el destino de estos niños parece particularmente duro: en su primera infancia frecuentemente se les trata con una brutalidad extremada y casi mueren de hambre y de frío; les obligan a subir por chimeneas estrechas y a veces calientes, donde se magullan, se queman y casi se asfixian; y cuando llegan a la pubertad son particularmente susceptibles de contraer una de las enfermedades más repugnantes, dolorosas y fatales». Estas palabras fueron escritas en 1775. La enfermedad tardaba años en desarrollarse, pero a veces empezaba a manifestarse ya en la pubertad. En la primera década del siglo XIX la padecía un niño de cada ocho niños deshollinadores. Aunque los propios deshollinadores llamaban a su enfermedad la «verruga del hollín», parece que no se habían percatado de que podían prevenirla sólo con lavarse el tizne de vez en cuando. Consideraban inevitable que cierto número de ellos contrajese esta enfermedad y muriese sufriendo tremendos dolores; el riesgo, según entendían ellos, era inherente al trabajo. La tesis de Pott, de que el hollín era la causa del cáncer, trascendió inmediatamente y motivó una ley del Parlamento por la cual ningún deshollinador podía empezar su aprendizaje antes de los ocho años, y todos debían recibir un baño por lo menos una vez a la semana. Hacia 1842 la edad mínima se elevó a veintiún años. Por desgracia, la ley se incumplía tan a menudo que, veinte años más tarde, cuando Charles Kingsley escribió *The Water Babies*, todavía había muchos deshollinadores menores de edad, hasta que en 1875 el Parlamento británico promulgó el Acta de Shaftesbury, aboliendo la práctica de enviar niños a las chimeneas. Aparte del Dr. Pott, hombres de convicción evangélica como Michael T. Sadler (1780-1835), Richard Oastler (1789-1861) y principalmente Anthony A. Cooper, Lord

Shaftesbury (1801-1885), lucharon con toda la energía y capacidad de sus fuerzas humanas para terminar con tan denigrantes abusos.

Otro tanto podríamos decir del trabajo infantil en las fábricas y en las minas. Pero nos llevaría demasiado espacio. Baste decir que los evangélicos lucharon en todos estos frentes en nombre de su fe y del amor a Dios y al prójimo. Sin grandes disquisiciones filosóficas, Lord Shaftesbury, "evangélico de evangélicos", como se llamaba a sí mismo, pronunció un discurso en la Cámara de los Lores en mayo de 1844 donde asentó sus principios de acción social: "Lo que es moralmente correcto nunca podrá ser políticamente equivocado, y lo que es políticamente equivocado nunca podrá ser moralmente correcto".

La Cruz Roja.

Se trata de uno de los organismos humanitarios más conocidos y prestigiosos del mundo. Fue creado en la Convención de Ginebra de 1864. Entre sus fundadores principales destaca la figura de Henri Dunant, verdadero artífice del mismo y una de las personas a quien más debe el mundo moderno.

Henri Dunant nació en Ginebra (Suiza) el 8 de mayo de 1828. Su familia pertenecía a la sociedad acomodada y prestigiosa de la ciudad. Su padre, Jean Jacques, era miembro del Consejo Representativo y formaba parte de la Cámara de Tutelas. Su madre, Ana Antonieta Colladon, era hermana del eminente físico suizo Daniel Colladon; todas las noches leía a sus hijos el Antiguo y el Nuevo Testamento, combinados con lecturas de autores clásicos. Henri Dunant siempre recordó aquellos años como los más felices de su vida. La familia pertenecía a la Iglesia Evangélica de Suiza, y solían dedicar gran parte de sus recursos económicos a la ayuda y alivio de los necesitados, de los enfermos y de los huérfanos. Los padres de Henri se hacían acompañar de sus hijos, y todos juntos socorrían las necesidades de la gente. Es indudable que aquellas experiencias iban a grabar en la conciencia de Dunant el deber permanente hacia los demás, el derecho que según la misericordia cristiana tiene el necesitado a recibir ayuda.

Tan pronto pudo, Henri Dunant comenzó a visitar por su cuenta a los presos de la ciudad, cuya miseria y dolor había descubierto a la temprana edad de 6 años. Cada domingo, sin faltar uno, después de haber asistido a su iglesia, Henri se dirigía a la prisión, donde llegó a ser muy popular y apreciado por los reclusos. Les llevaba libros, él mismo les leía pasajes del libro que amaba por encima de todo libro, la Biblia, a cuya lectura añadía pequeños comentarios llenos de entusiasmo. Un verdadero niño-predicador. Después, durante horas, les leía algún libro de viajes o de ciencia. Cuando algún preso no podía salir de la celda, Henri mismo entraba en ella, con tal de que no quedase sin oír la Palabra de Dios.

En aquellos días el pastor Louis Gaussen (1790-1863) predicaba en la iglesia a la que Henri Dunant asistía acompañando a sus padres. Gaussen era todo un personaje. Un predicador lleno de celo por la causa evangélica. Domingo tras domingo el pastor Gaussen predicaba, a una iglesia repleta de fieles, la necesidad de buscar a Dios y recibir su salvación por pura gracia mediante la fe en Cristo.

Cuando Henri tenía dieciocho años obedeció al llamamiento personal de convertirse a Cristo. Aquel joven humanamente intachable, obediente a sus padres, bondadoso y humanitario, tuvo que aprender la dolorosa lección que delante de Dios no hay nadie justo, "ni aun uno" (Romanos 3:10); que detrás de la honrosa fachada de la filantropía y comportamiento ejemplar se esconden muchos "trapos de inmundicia" (Isaías 64:6), cuya limpieza no puede efectuarse por el esfuerzo humano sino por la misericordia justa de Dios reflejada en el amor y el sacrificio de Cristo. "La sangre de Jesucristo su Hijo nos limpia de todo pecado" (1ª Juan 1:7).

Con la misma pasión que después desplegaría a favor de los heridos de guerra, se dedicó a propagar el Evangelio de la sanidad a los heridos del alma por el pecado. La paz es un regalo divino que comienza por el corazón reconciliado. "Justificados, pues, por la fe, tenemos paz para con Dios por medio de nuestro Señor Jesucristo" (Romanos 5:1).

Henri comenzó a organizar reuniones de estudio bíblico con sus amigos, con el fin de ayudarles a encontrar salvación en Cristo. Pronto llegó a congregar más de cien jóvenes. Así es como se formó la primera Asociación Cristiana de Jóvenes de Suiza (correspondiente a la *Young Men Christian Association* —YMCA— inglesa). Muchos jóvenes experimentaron la salvación en el encuentro personal con Cristo. Algunos de ellos, bien por motivos laborales o académicos, marcharon a otros países, donde encendieron el fuego de la visión salvífica evangélica mediante nuevas asociaciones de jóvenes cristianos en París, Lyón, Nantes y Berlín. Henri, empleado en la banca en aquel entonces y teniendo que hacer viajes para ésta, se mantuvo en contacto con las distintas asociaciones que se iban formando, contribuyendo a mantenerlas unidas con su ejemplo y vitalidad cristiana, que no parecía conocer límites. Es aquí donde adquirió práctica sobre organizaciones internacionales y visión de trabajo en equipo. También conviene recordar que en aquella su primera aventura tuvo como asesor espiritual al pastor evangélico Adolfo Monod (1802-1856), que fue uno de los predicadores de mayor influencia entre los círculos cristianos reformados.

Al llegar su día de hacer carrera y ganarse la vida, Dunant se decidió por el aventurado mundo de los negocios. Se convirtió en un pequeño empresario en Argelia. Durante un tiempo Henri Dunant mantuvo sus contactos con las diversas Asociaciones Cristianas de Jóvenes, pero era evidente que la vida relajada de las colonias, con sus tentaciones de poder, posición y perspectivas de enriquecimiento (que en su caso no se cumplieron) fueron minando su celo evangélico, hasta el punto de desaparecer por completo de su vida, eclipsado por los negocios del mundo. Sin embargo, aparte del espíritu evangélico que nunca le abandonó y que se refleja en su acción por la justicia y la misericordia humana, no fue hasta su vejez que volvió a disfrutar del goce de una fe personal, viva, en estrecha comunión con su Creador y Salvador.

La Cruz Roja nació fortuitamente, como por azar, instigada por las circunstancias. Los negocios no marchaban bien para Dunant; por razones comerciales tuvo que internarse en un campo de batalla con el fin de entrevistarse con el emperador francés. Allí descubrió el infierno, el horror de la guerra. Cuerpos mutilados y agonizantes sin nadie que les socorriera. Estaba de lleno de medio de la batalla de Solferino (1859). Sin atender a su seguridad personal improvisó un servicio voluntario de socorro a los heridos (40.000 en total), tanto de un bando como de otro, que iba a ser el germen del que brotaría la Cruz Roja como organismo internacional.

No todo el mundo dio la bienvenida a la Convención de Ginebra. A muchas personas les parecía extraño que en las guerras hubiera que seguir unas ciertas normas, como si se tratase de un juego. Desde luego, si la guerra se caracterizaba por algo, era por la ausencia total de normas, excepto una: el bando más fuerte era el que ganaba.

Inmune a las críticas, Dunant desplegó una actividad incansable y en todo momento estuvo por encima de intereses personales, hasta el punto de descuidar sus maltrechos negocios y terminar en la ruina. Durante años conoció la miseria y la soledad, aunque no dejó de colaborar en toda actividad humanitaria que caía dentro de su radio de acción. Así le vemos trabajando en pro de la emancipación de los esclavos, el desarme y una patria para los judíos, perseguidos y aborrecidos en todas partes. El principio misericordia, rasgo vital del cristianismo, estaba bien asentado en su corazón. Sin embargo, pasó muchos años de su vejez retirado de la vida social y filantrópica, ignorado por todos, pobre, casi abandonado, hasta que un periodista le descubrió y comenzó a recibir ayuda de todas partes del mundo. Henri Dunant fue el primero en recibir el Premio Nóbel de la Paz, en 1901, compartido con el Dr. Fréderic Passy.

45

Los predicadores ingleses

Efectos del avivamiento metodista.

Antes de que terminara el siglo pasado, el pueblo inglés ya había hecho grandes adelantos en la vida religiosa. La incredulidad prevaleciente en Francia perdió por completo el influjo que había empezado a tener en la Gran Bretaña. El despertamiento metodista, que se extendió por todas las Islas británicas, no sólo consiguió atajar los progresos del deísmo inglés, sino que lo sofocó por completo. El cristianismo anglosajón mostró entonces su gran vigor y energía. Las Iglesias protestantes rivalizaron unas con otras en los esfuerzos inauditos que hicieron por influir en las masas a fin de desarrollar en ellas la índole religiosa y poder suministrar a sus grandes necesidades. Se moderaron notablemente la aspereza que existía entre los miembros de las diferentes denominaciones. Martyn, Carey, Marshman, Ward y otros cristianos celosos dieron un impulso nuevo a la causa de las misiones. Al empezar el siglo XIX, la Iglesia británica mostró en sus trabajos esa índole intrépida que se ha ido robusteciendo con los años de la centuria, y que ha ganado triunfos sin paralelo tanto en Albión como en las naciones paganas.

Simeón y su Escuela.

El principal representante de la Iglesia anglicana que, durante el período de la transición del siglo pasado al presente hizo cuanto estuvo a su alcance por mejorar la condición espiritual del pueblo, fue el reverendo Carlos Simeón, que pertenecía a la escuela o ala evangélica de la Iglesia anglicana; falleció en 1837. Cuando empezó sus labores, era el blanco del ridículo y de la oposición, pero con el curso del tiempo, llegó a captarse el respeto y la estimación de todas las Iglesias de Inglaterra como ningún otro de sus contemporáneos. Fue escritor muy prolífico pero, desgraciadamente, su estilo es en extremo difuso y aun se puede decir que, en cierto sentido, el influjo que ejerció con su pluma fue nocivo. Los diecisiete tomos de análisis de sermones que dio a la prensa, han servido de ayuda a muchos perezosos y casi destruido el respeto y la confianza en sí mismos de muchos predicadores. Pero sus esfuerzos por instruir y elevar espiritualmente a los pobres de Cambridge y de sus alrededores, tuvieron muy buen éxito e influyeron no sólo en su Iglesia, sino también en todos los cuerpos religiosos de Inglaterra. A su ejemplo y al efecto que tenían sus apelaciones al pueblo, se deben, en gran parte, los trabajos que se han emprendido para evangelizar a las clases menesterosas de Londres y de las ciudades pequeñas, para construir capillas modestas donde los pobres celebren sus cultos y para desarrollar la caridad y la beneficencia de los ricos para con los necesitados.

Predicadores y escritores ingleses.

En el curso de este siglo todas las iglesias de la Gran Bretaña han producido predicadores eminentes: Roberto Hall, Chalmers, McChoney, Dale, Macleod, Guthrie, Spurgeon, Punshon, Newman Hall, Ryle, Stanley, Farrar, Parker, Hughes y otros muchos se han distinguido no solamente como predicadores del Evangelio, sino como escritores que pueden muy bien codearse con tales lumbreras de la literatura inglesa como Tillotson, South, Barrow y Wesley. Son características principales de la oratoria sagrada inglesa un tono espiritual muy elevado; la resolución para discutir los problemas teológicos y sociales y el celo, el vigor y la novedad en la interpretación de las enseñanzas del Evangelio conforme a las necesidades de la actualidad. El regenerador del púlpito inglés moderno fue Federico W. Robertson, vicario de la capilla de la Santísima Trinidad, situada en Brighton (1847-53). A pesar de que era sumamente humilde y recogido y de salud pobre, como tenía un carácter sin par santo, puro y bello, consiguió despertar la mente pública y hacerla estimar la grandeza y plenitud del mensaje que el santo Evangelio tiene para las generaciones de nuestros tiempos. Sus sermones, tan interesantes, tan llenos de sugestiones y en los que hablaba con gran franqueza, demostraron claramente qué grandes oportunidades tiene el orador cristiano. Su pastorado en Brighton, tan corto y lleno de pesares, fue el principio de una nueva era en los anales de la oratoria sagrada. Ninguna de las carreras profesionales ha producido un número tan grande de varones de ingenio, como la de la teología inglesa. Algunos de los escritores modernos de esta ciencia, han concordado con el racionalismo alemán; pero, por otra parte, se han multiplicado las obras teológicas, sabias y piadosas, de los autores cristianos de Inglaterra y Escocia publicadas en este siglo. Obras que serán como otros tantos tesoros para el mundo cristiano de centurias venideras. El poeta Keble, Bonar, la señora Charles, la señorita Havergal y otros muchos han compuesto himnos tan bellos que estamos seguros han de durar mientras viva la lengua inglesa.

46

Influencia de la literatura inglesa

Lord Byron.

Las nuevas ideas liberales que la Revolución Francesa produjo en el continente, encontraron eco en la literatura inglesa de los primeros años de este siglo. Byron fue el representante principal de dicha literatura; habiendo publicado a la edad de diecinueve años sus *Horas de ocio,* continuó escribiendo libros con un vigor y fertilidad sin paralelo en la historia moderna de las letras. A la sazón Sellen dio a la prensa sus poesías que, si bien estaban calcadas en los mismos modelos, eran muy diferentes de las de Byron. Éste se inspiró en la historia; el tenor principal de los escritos de aquél fue el libramiento del género humano del despotismo que lo había oprimido. No cabe la menor duda de que la escuela a que pertenecieron estos dos poetas, ejerció un influjo poderoso en la literatura inglesa de años posteriores, dándole un colorido escéptico y pesimista. Menos atractivo es el estilo de Southey, que fue un escritor más conservador y enteramente leal a la Iglesia anglicana. Los libros mejores que escribió fueron sus biografías: la Vida de Nelson, publicada en 1828, es una obra clásica, y la *Vida de Wesley,* que dio a la prensa en 1820, es la historia más interesante, aunque no muy exacta, que existe del gran reformador.

Wordsworth y su Escuela.

Guillermo Wordsworth (1770-1850), que vivió en el retiro y la tranquilidad del monte Rydal, cerca del lago de Graesmere, tan bonito, y quien recreaba su vista con la tierra, el agua y el cielo en todos sus aspectos y cambios, pertenecía a un grupo de poetas que volvieron a llamar la mente inglesa al amor y a la contemplación de la naturaleza. Su fama ha ido creciendo con los años: su fidelidad a la verdad cristiana; su percepción del carisma del espíritu religioso de Inglaterra, que mostró en sus *Sonetos eclesiásticos;* su índole tan reverente y la vida tan sencilla que llevó, le dan el primer lugar entre los poetas cristianos de todas las edades. Sir Walter Scott, que se dedicó exclusivamente a escribir obras sobre asuntos de la historia de Escocia, hacía muy bien todo lo que le venía a la mano para hacer. El cardenal Newman opinaba de él que, habiendo corregido las opiniones erróneas que existían respecto de la mencionada historia, había despertado el interés público en las cosas antiguas, había coadyuvado al movimiento tratadista. De Quincey se distinguió como escritor de ensayos. Mateo Arnold, hijo de D. Tomás Arnold, de Rugby, que ha escrito varias obras de crítica poética y semiteológica, es probablemente más interesante cuando no trata de asuntos de teología o bíblicos. Carlos Kingsley, pastor de la parroquia de Eversley, sobresalió entre sus contemporáneos por sus sermones y novelas históricas; varios de sus poemas son composiciones muy sublimes; en todos sus escritos muestra la simpatía tan grande con los pobres y el deseo ferviente que tenía de mejorar su condición. Los dos grandes novelistas ingleses de esa época fueron Dickens y Thackeray; aquél estudió y describió la vida y las costumbres de la clase baja; éste reveló al público la frivolidad social de la culta. La popularidad de las obras de Thackeray se debe a las descripciones tan exactas y admirables que en ellas hace de ciertas épocas; pero sus conferencias históricas sobre *Los cuatro Jorges* y *Los Humoristas ingleses,* superan a todos los demás libros que publicó. Tennyson fue el poeta inglés más grande de la generación pasada; varía el mérito de sus poesías: su *In Memoriam,* tributo que pagó a la memoria de su amigo Arturo Enrique Haulam, es indudablemente el mejor poema que escribió. Este poeta y el matrimonio Browning restauraron a la poesía inglesa su optimismo antiguo y una fe sólida a la vez que triunfante. El primer escritor que introdujo en Gran Bretaña el modo de pensar de los alemanes fue Coleridge quien, habiendo estudiado y viajado por Alemania, llevó consigo a su país y diseminó muchas de las ideas filosóficas que había absorbido en el centro de la cultura alemana. Pero consiguió solamente infundir el espíritu alemán y, en las mentes de los jóvenes, el deseo ferviente de saber más respecto de los asuntos que los alemanes estaban estudiando y discutiendo. Sus poesías, que han de conservar su nombre en la historia, superan a su prosa; las ideas fértiles que emitió ayudaron, en gran parte, a hacer la teología inglesa más liberal. Carlyle introdujo en Inglaterra la literatura alemana; por sus labios hablaron a los anglosajones Goethe, Schíller, Herder y otros grandes autores; su versión del *Wilhelm Meister* de Goethe, producción literaria muy admirable, dio a los lectores ingleses una idea del gran tesoro que contienen las obras del famoso poeta alemán. Carlyle mostró sus simpatías más bien con el gobierno poderoso de su nación que con las masas atribuladas; poseía, sin embargo, un espíritu muy reverente, era sumamente industrioso y tenía gran celo por la verdad histórica; no es extraño, por consiguiente, que haya alcanzado en sus labores literarias mayor éxito que ningún otro escritor de su época.

47

El Ejército de Salvación

William Booth afirma que el Ejército de Salvación surgió de las grandes necesidades materiales y espirituales de la clase deprimida, que semejante al ave fénix, se levantó de entre las ruinas y la escoria de la sociedad. El día 5 de julio de 1865, habiéndose retirado de la Iglesia Metodista con el fin de trabajar como evangelista independiente, el reverendo William Booth empezó a predicar en uno de los barrios de Londres. Sus trabajos se desarrollaron y ensancharon tanto que, para consolidarlos, decidió organizar un ejército de obreros cristianos que se comprometieran a sacrificar su bienestar y a trabajar bajo una disciplina militar rígida. El Ejército de Salvación se formó en 1878.

Origen y desarrollo del Ejército de Salvación.
Éste abrió inmediatamente una campaña agresiva en contra del pecado y, en todas las ciudades grandes, estableció cuarteles y casas de refugio. Traspasando después los confines de Inglaterra se extendió en otros países, llegando a tener batallones en todas partes del mundo. Dicho Ejército tiene 3795 regimientos bajo 4957 oficiales que se dedican exclusivamente al trabajo de la salvación de las almas. En 1880 entró en la América septentrional, bajo Railton; al año siguiente invadió Francia, a las órdenes de la intrépida señorita Booth, de fama universal con motivo de los sufrimientos que pasó cuando, a la cabeza de sus soldados, entró en Suiza; en 1882 dicho Ejército apareció en Australia; luego en Nueva Zelanda, donde tiene ciento sesenta y cuatro puestos, o sitios donde se colocan tropas, y finalmente en la India, adonde le dio la bienvenida Chunder Sen, el brahmán. Si bien es cierto que no ha tenido buen éxito en los países europeos, también lo es que ha enviado un gran número de oficiales y soldados celosos que están trabajando por evangelizar el sur de África. Ha hecho muchos adelantos a pesar y a

costa de una persecución tan violenta como ultrajante. Muchos de sus oficiales y soldados han sido echados a la cárcel, y otros han muerto a consecuencia del maltrato que les han dado. El Ejército de Salvación puede muy bien mirar a los campos donde ha librado batallas y decir: "¿En qué lugar, en qué región del mundo no hemos trabajado asiduamente?"[48]

Teología, métodos y resultados.

Las doctrinas del Ejército de Salvación son las mismas que aprendió el señor Booth en la Iglesia Metodista, de la que fue ministro. Enseñan la depravación de la naturaleza humana, el libre albedrío, la necesidad del arrepentimiento, la conversión instantánea por medio de la fe en nuestro Señor Jesucristo y que precisa anunciar a todos los hombres el mensaje de la salvación. Los métodos que ha seguido el ejército le han valido un gran éxito y causado, al mismo tiempo, muchos reproches; sus banderas, sus marchas, sus bandas de música, las palabras que usa para recibir y dar el santo y seña, el uso de los nombres sagrados que hace, rozándose con la blasfemia, su uniforme y su disciplina tan tiránica le han dado influjo con la clase baja, por una parte, y privado de la simpatía de las Iglesias, por la otra. Pero a medida que el público cristiano va comprendiendo mejor los fines del Ejército de Salvación, y viendo que tienen buen éxito sus métodos de influir en la clase baja, el interés y la simpatía van aumentando. El Ejército abre fondas y cafés, depósitos de comestibles, casas de refugio para los desamparados y las arrepentidas, asilos para borrachos reformados, oficinas de empleo, y manufacturas; envía también evangelistas a predicar a los presos; de esta manera combina la enseñanza religiosa con la beneficencia práctica.

En *Las tinieblas de Inglaterra y el modo de disiparlas,* libro que se dio a la prensa en 1880, el general Booth propuso un plan gigantesco para la solución de los grandes problemas sociales del crimen y de la pobreza por medio de la religión, el trabajo y la organización de sociedades entre la clase obrera. El público inglés leyó este libro con avidez y aprobó su contenido con entusiasmo. Habiendo contribuido liberalmente todas las clases, el general puso en práctica sus planes y pronto obtuvo resultados óptimos. Antes de fallecer, el año 1891, ya se habían invertido 125.000 $ en los trabajos de las colonias de ultramar, 200.000 $ en terrenos para edificar ciudades de refugio y talleres y 200.000 $ en una colonia de agricultores. Todos estos departamentos tuvieron muy buen éxito; los depósitos de comestibles y las casas de refugio se sostenían a sí mismas y las manufacturas estaban produciendo buenas ganancias. El Ejército de Salvación había puesto los cimientos de lo que iba a ser muy pronto, y aún es hoy en día, un gigante de la obra social evangélica.

48

La vida religiosa en el continente europeo a finales del siglo XIX

Francia.

Desde la caída del imperio el año 1871, la obra del Evangelio en Francia empezó a progresar. Estos avances fueron fruto, en gran parte gracias a los esposos McCall quienes,

---

[48] El autor cita aquel pasaje de la Eneida, Libro primero, líneas 460 y 461, en que Virgilio pone en labios de Acates esta pregunta: *¿Quis iam locus. quae regio in terris nostri non plena laboris?* NT.

habiendo hecho una visita a la ciudad de París y recibido una impresión muy profunda a vista del abandono espiritual en que se encontraban las masas, decidieron trabajar para evangelizarlas. Desde entonces el influjo en la clase trabajadora se dejó notar y el número de predicadores laicos y de maestros aumentó sustancialmente.

Italia y España.

En el siglo XIX muchas denominaciones doblaron sus esfuerzos por plantar la semilla santa del Evangelio en Italia y en España. Varias iglesias americanas abrieron misiones en Roma, Venecia, Bolonia, Nápoles y otras ciudades de Italia, en la que a partir de 1870 se disfrutaba ya de plena libertad de cultos. Con un entusiasmo que iba en aumento cada año, los protestantes comenzaron a comprar propiedades, organizando congregaciones y fundando instituciones educativas. Hacia el 1875 el número de evangélicos era ya importante y el número de conversiones iba en aumento, aunque la reacción del pueblo llano en contra de los abusos del poder papal y la influencia de la literatura francesa llevaron a las mentes de muchos italianos a inclinarse por la incredulidad.

En España, a partir del 1871, año en que salió de la península la reina Isabel II, el Evangelio comenzó a predicarse abiertamente. Bajo la superintendencia del pastor Fliedner[49], los misioneros alemanes estuvieron a la vanguardia de la labor evangelística protestante, abriendo escuelas y colegios, organizando dominicales, imprimiendo y esparciendo literatura religiosa. Se estableció la Iglesia Reformada Episcopal[50]. Ésta y la Iglesia Evangélica de Portugal recibieron desde sus inicios la ayuda decidida de la Sociedad Episcopal que, con tal fin, organizó lord Plunket, arzobispo de Dublín (Irlanda). En 1891, dicho prelado, a pesar de la oposición y la crítica del sector alto de la Iglesia Anglicana, ordenó de diácono a D. Andrés Cassels, de la Iglesia Evangélica Lusitana. Años después consagró al actual obispo de la Iglesia Reformada española, D. Juan Bautista Cabrera, que había sido sacerdote católico romano[51].

Sobre la evolución de la Iglesia en España hallará el lector abundante información en el apartado tercero del quinto período, dedicado al protestantismo en España.

Alemania.

La filosofía escéptica de Haeckel y de su escuela ganó muchos adeptos entre la clase culta de Alemania a finales del siglo XIX. En algunas partes del imperio, la fe evangélica se vio robustecida entre 1850-1890, aunque no aumentó el número pastores evangélicos. La laxitud de la Iglesia Luterana oficial era ya muy manifiesta, y ofendía mucho a los ministros protestantes.

Suiza.

Como todos los países del continente, Suiza seguía aún dividida por diversas cuestiones teológicas. La parte alemana u oriental, apegada a la famosa Universidad de Basilea, donde

---

[49] Véase Ana Rodríguez Domingo, *Memorias de la familia Fliedner*. Gayata Ediciones, Barcelona 1997. NE.

[50] Véase Francisco Serrano Álvares, *Contra vientos y mareas: los sueños de la Iglesia Reformada hechos realidad*, CLIE, 2003.

[51] Información mucho más amplia al respecto en el capítulo dedicado al "Protestantismo en España", en el PERÍODO QUINTO. NE.

residía el gran teólogo y maestro Orelli; la parte francesa, apegada a Berna. El influjo de la incredulidad alemana, por un lado, y la literatura de Francia, por el otro, debilitaron mucho la vida espiritual de los suizos.

Holanda.

Además de las controversias que consternaron y dividieron la Iglesia holandesa en el siglo XIX, continuaron las disputas entre las Escuelas evangélica y racionalista. El paladín de esta lucha fue Abraham Kuyper, que acusa a la Iglesia estatal de haberse vuelto racionalista y quien, en compañía de sus adeptos, fue expulsado de dicha comunión. El conflicto entre ambas escuelas teológicas fue muy agrio, si bien los esfuerzos de Kuyper y sus compañeros produjeron en Holanda un avivamiento espiritual y de las creencias cristianas, aunque los resultados no fueron lo que al principio se esperaban. La Escuela ortodoxa perdió un gran líder cuando murió el reverendo doctor J. J. Van Oosterzee, de la Universidad de Utrecht, que era indudablemente el teólogo más sabio y el predicador más elocuente de la Iglesia de Holanda. En el siglo XIX Holanda dejó de tener una teología original, para seguir el modo de pensar alemán. El líder de la escuela racionalista fue Abraham Kuenen.

Escandinavia.

Los países escandinavos a finales del siglo XIX aceptaron plenamente las ideas racionalistas y liberales. En Noruega se disolvió la unión de la Iglesia con el Estado. En Suecia hicieron adelantos muy importantes hacia el mismo fin. Las Iglesias Metodista y Bautista, que en esa época dejaron una huella muy profunda en ambas naciones, crecieron espectacularmente. El predicador sueco más famoso y elocuente fue el pastor de una iglesia muy numerosa de Viele, llamado Paul Peter Waldenstrom, interesado en llegar a las almas y ganarlas para Cristo por medios más prácticos y eficaces que los que usa la Iglesia estatal.

HISTORIA GENERAL DEL CRISTIANISMO: QUINTO PERÍODO

LA IGLESIA CONTEMPORÁNEA
Años 1901 al 2005 d. C.

Contenido:

1. El convulsionado siglo XX
2. El reto de las revoluciones socialistas
3. El protestantismo en España
4. Protestantismo en América Latina
5. La Iglesia Católica en el mundo contemporáneo
6. Juan Pablo II
7. Benedicto XVI
8. Prueba y martirio de las iglesias ortodoxas
9. Las Iglesias Evangélicas Fundamentalistas y el Dispensacionalismo
10. La irrupción del Espíritu
11. Pentecostalismo y acción social en Latinoamérica
12. La Iglesia de Filadelfia
13. El despertar de la unidad
14. Liberación y Biblia
15. Ciencia y Biblia. La controversia creacionista
16. El siglo de los mártires

1

El convulsionado siglo XX

El señuelo del Progreso.

Los hombres de finales del siglo XIX vivieron admirados de la revolución industrial, entonces en plena efervescencia. Se auguraba una era de paz y prosperidad sin límites gracias a los avances de la ciencia aplicada a la técnica. La actividad científica desarrollada por la sociedad industrializada experimenta un avance que trae cada día nuevas sorpresas. De los descubrimientos más destacados a comienzos del siglo XX algunos han sido providenciales para la vida del hombre, como la penicilina, la anestesia quirúrgica o el desciframiento del código genético; pero también algunos han sido acontecimientos funestos y de muy triste recuerdo, como las dos guerras mundiales, las bombas atómicas lanzadas sobre Hiroshima y Nagasaki, la talidomida, el napalm, las minas anti-persona y los campos de concentración y de exterminio.

Pero cuando el siglo XX amaneció en Occidente, Europa y los demás países del Primer Mundo exultaban optimismo. La mayor parte del siglo XIX había sido un período de relativa paz, comenzado a raíz de la terminación, en 1815, del ciclo de las guerras napoleónicas. Paz que coincidía con el triunfo del liberalismo en el plano político y económico, el progreso industrial y el auge de los imperialismos, que redujeron vastos espacios de los otros continentes a colonias, dominios y protectorados de las grandes potencias europeas. Pero estas potencias se despedazaron entre sí en dos sendas guerras mundiales con más de cien millones de muertos, preludio de un caos a nivel mundial, pleno en movimientos revolucionarios, genocidios y desplazamientos. Las esperanzas de la descolonización dejaron paso a un horizonte de hambrunas, luchas tribales y desertización. Nunca ha estado la paz mundial tan lejos como hoy. Desde nuestro privilegiado puesto de observadores es fácil contemplar el ocaso del siglo XX y culpar a nuestros padres de optimistas e ingenuos. Y lo fueron: con ellos murió la confiada fe ilustrada en el hombre racional. Sin embargo, este siglo ha sido también el más importante y trascendente en la historia del hombre en logros científicos y lucha por los derechos humanos. Acontecimientos de todo orden se han entrelazado entre sí para determinar la vida, la conciencia, el pensar y el sentir del hombre moderno, al que la teología cristina se ha visto desquiciada por entender en su rápida transformación. Con la buena intención de responder a su drama, a su angustia y a su esperanza, la teología del siglo XX reflexionó sobre todos los campos de la experiencia humana desde la revelación. Pero como resulta que la experiencia humana contemporánea se caracteriza por el cambio y la formación de nuevos paradigmas a un ritmo casi imposible de seguir, las teologías han nacido y muerto al mismo tiempo que las situaciones que las suscitaron. Con todo, han demostrado la capacidad, más o menos acertada, del pensamiento cristiano para situarse a la altura de los tiempos desplegando una vitalidad intelectual sin precedentes.

Avances científicos.

Si algo define al siglo XX es la gran actividad científica desarrollada, que ha producido un avance desconocido hasta entonces en la historia. En 1900 Sigmund Freud publicó su obra *La interpretación de los sueños,* sentando las bases de la nueva ciencia del *psicoanálisis.* Su revolucionario trabajo en la sexualidad humana y el poder del inconsciente le dio un nuevo significado a las referencias del libido, el ego y el superego, con una profunda influencia en el futuro de la cultura moderna, que trascendió a lo largo del siglo XX. Creía que la religión era una *ilusión* de naturaleza psicológica originada por el deseo, cuyo futuro consistía en ser suplantada por la ciencia. Pocos años después, en 1905, Einstein propone la teoría de la relatividad, demostrando matemáticamente que a las tres dimensiones del espacio físico había que añadirle el concepto del tiempo o *cuarta dimensión.* En 1953 Francis Crick y James Watson descifraron la estructura molecular del ácido dexoribonucleico (ADN), confirmando con este descubrimiento la teoría de que el ADN era el transmisor de la vida en las células. Estos autores lograron comprender la estructura de la doble hélice del ADN y representarla con un impresionante modelo tridimensional. Ambos autores eran materialistas, y en sus obras negaron la existencia de un principio espiritual conocido tradicionalmente por "alma". En 1954 Jones Salk recibió autorización para probar una vacuna experimental contra la poliomielitis en 650.000 niños; la vacuna resultó ser todo un éxito. Hasta entonces la poliomielitis era una enfermedad contagiosa y se presentaban epidemias que atacaban principalmente a los niños. En diciembre de 1967 el cirujano cardiovascular Christian Barnard, realiza el primer transplante de corazón humano. Toda una proeza que asombra al mundo entero, como dos años después lo hará el viaje del hombre a la luna. El 20 de julio de 1969 los astronautas estadounidenses Amstrong y Aldrin pisan la luna, mientras Collins orbitaba la nave *Apolo 11* alrededor de ella.

A principios de los ochenta se extendió una epidemia alarmante que atacaba principalmente a los homosexuales. En 1982 recibió el nombre de Síndrome de Inmunodeficiencia Adquirida (SIDA); con aproximadamente 50 millones de personas infectadas por el virus de la inmunodeficiencia humana (o VHI), se estima que han muerto 14 millones de personas; una enfermedad que se ha prestado a todo tipo de interpretaciones.

El Proyecto Genoma Humano es, en la actualidad, uno de los más importantes éxitos en la historia de la biomedicina. El alcance del proyecto del genoma constituye uno de los grandes debates científicos del final del milenio. El conocimiento y la ordenación secuencial de los genes permitirá diagnosticar y prevenir un gran número de enfermedades genéticas. La identificación de la proteína correspondiente facilitará el diseño de nuevos tratamientos farmacológicos y el definir una estrategia en la terapéutica genética; finalmente, el conocimiento de los 100.000 genes permitirá el desarrollo del microchip como herramienta indispensable para conocer el perfil genético de las enfermedades comunes y el por qué de la variable respuesta individual ante el mismo tratamiento. Sin embargo, la controversia surge ante el peligro de que el conocimiento preciso del genoma humano y el desarrollo de la ingeniería genética, posibiliten modificaciones dirigidas a alterar algunos de los rasgos de la herencia genética del hombre.

La revolución informática no ha sido de las menos sorprendentes. A partir de un experimento del Departamento de Estado de los Estados Unidos, interesado en disponer de un medio rápido para cambiar información de tipo militar entre los investigadores, que en 1969 dispuso de una simple red que relacionaba cuatro computadoras en conexión con los organismos militares y dos universidades, nació, en 1990, una red de comunicación abierta a todo el público con el nombre de *Internet*, que representa uno de los cambios más revolucionarios y prometedores del siglo XXI. La aldea global de Marshall MacLuhan se ha hecho realidad con creces gracias a los medios de comunicación masiva.

Incremento de la pobreza.

Los pies de barro de la aldea global es el crecimiento alarmante de la pobreza, que pone al descubierto la cruda y amarga realidad de un mundo injustamente desigual. Un informe reciente de las Naciones Unidas resumía en unos pocos datos las insuficiencias dramáticas de la situación económica mundial: hay unos 800 millones de personas que siguen sin tener alimentos suficientes para comer; todavía mueren al día 34.000 niños de corta edad por malnutrición y enfermedades erradicables; aproximadamente 17 millones de personas mueren al año de enfermedades infecciosas y parasitarias, como la diarrea, el paludismo y la tuberculosis, que ya han desaparecido en los países ricos. La cuarta parte de la población mundial vive en la pobreza absoluta, sin que pueda cubrir ni siquiera las necesidades básicas de alimentación, cobijo y salud. 20 millones de ellos están concentrados en los países industrializados, y el resto, en los países en vías de desarrollo. La situación medioambiental es catastrófica en muchas regiones del planeta (la desertización afecta a zonas en las que viven 850 millones de personas y cada segundo se deforesta una extensión de bosques tropicales equivalente a la superficie de un campo de fútbol).

La diferencia entre los países pobres y ricos, así como también entre los ricos y pobres de un mismo país, se ha incrementado en años recientes, a pesar de tanta inversión y grandes esfuerzos para lograr la reactivación y el desarrollo económico. Según informes de la Comisión Brandt "los gastos militares de un solo día serían suficientes para financiar todo el programa de la OMS para erradicar el paludismo de la faz de la tierra". Hoy en día las cuatro quintas partes de la humanidad viven sin atención médica.

Más de 300 millones de esos pobres absolutos son niños. El Fondo para la Infancia de Naciones Unidas (UNICEF) informa que la situación de niños, niñas y adolescentes en Bolivia es preocupante, principalmente porque se hallan sometidos a las peores formas de trabajo infantil. La cantidad de menores que se ven obligados a trabajar para ganarse el sustento diario supera los 800.000, que representa el 32 por ciento de la población comprendida entre los 7 a 18 años. Las investigaciones que realizó UNICEF denuncian que las condiciones de violencia, discriminación, abuso, explotación laboral y ausencia de seguridad social en las que vive la niñez trabajadora boliviana, agravadas por el abandono escolar, convierte a este grupo en altamente vulnerable desde un punto de vista social, económico y laboral, reduciendo sus perspectivas y oportunidades para un futuro mejor y no hablemos de los niños utilizados en las guerras, sobre todo en los países africanos.

Subversión y terror.

El *terrorismo internacional* ha formado parte de una estrategia desestabilizadora en la dinámica de la política de bloques, y en él se han integrado tanto el apoyo que ciertos países otorgan a estos grupos armados como los acuerdos de colaboración entre distintas organizaciones terroristas para llevar a cabo campañas violentas de alcance global. El terrorismo internacional tuvo su momento culminante en los años setenta y primeros de los ochenta, precisamente en un contexto en el que las grandes potencias trataron de defender sus intereses geopolíticos de otro modo que con una guerra abierta de costes impredecibles. Los Estados modernos hicieron del terror y del terrorismo un instrumento más de su política interior y exterior. Determinadas agencias oficiales se han especializado en gestionar este tipo de violencia ilegal o dar apoyo a grupos subversivos para que ejecuten atentados contra los intereses vitales del potencial enemigo. Los Gobiernos revolucionarios cubano, norcoreano, argelino, libio, sirio, iraní o iraquí, y también los prooccidentales de Kuwait o Arabia Saudita, han apoyado financieramente de forma extensa a diversos grupos terroristas, sobre todo árabes.

El 11 de septiembre de 2001 el mundo quedó conmocionado con el dramático desplome de las torres gemelas de Nueva York debido a un audaz ataque terrorista en nombre de Alá. "Aquí está América golpeada por Dios Omnipotente —declaró Osama Bin Laden después del atentado— en uno de sus órganos vitales, con sus más grandes edificios destruidos. Por la gracia de Dios. Dios ha bendecido a un grupo de la vanguardia de los musulmanes, la primera línea del Islam, para destruir América. Dios les bendiga y les asigne un supremo lugar en el cielo, porque Él es el único capaz y autorizado para hacerlo". El mundo comprendió que algo había cambiado para siempre. Era la primera vez que fue afectado el poder más grande del mundo, y también la primera vez que fue objeto de un ataque aéreo devastador. El 11 de marzo de 2004 se repetía en Madrid (España) un atentado de similares características, pero esta vez sin terroristas suicidas: bastó dejar unas mochilas llenas de explosivos en diferentes trenes para hacerlos saltar por los aires con los pasajeros dentro. Arnold J. Toynbee ya había pronosticado que la guerra del futuro sería el terrorismo y la emigración.

Explosión demográfica y degradación del medio ambiente.

En el año 1850 la población de la tierra comprendía 1.000 millones de habitantes, cifra que se duplicó en 1930 y se cuadruplicó en 1975. Actualmente existen 6.300 millones de individuos que habitan este planeta, de los cuales el continente asiático alberga más de la mitad. Si las tendencias de crecimiento actual de la población mundial, la industrialización, la contaminación, la producción de bienes y la disminución de los recursos continúa como hasta ahora, en los próximos siglos se habrán alcanzado los límites al crecimiento en este planeta.

Pero quizá ocurra antes, pues diariamente se vierten al mar millones de toneladas de basura, plásticos, excrementos, aceites y diferentes substancias tóxicas provenientes de las industrias circunvecinas. Aproximadamente 15 millones de toneladas de petróleo y sus derivados son derramados al mar anualmente; como consecuencia de ello se observa, en diferentes regiones, el exterminio de la fauna marina y terrestre. En las costas francesas, en determinadas épocas del año, se prohíbe el consumo de los productos del mar, por el peligro de la contaminación. En 1991 en Perú se presentó una grave epidemia de cólera por el consumo de pescado contaminado, epidemia que se propagó fácilmente a Ecuador, Colombia y Bolivia.

En 1986 la Central Nuclear de Chernóbil, situada en Ucrania, que era una de las más grandes de lo que fue la Unión Soviética, fue escenario del peor desastre nuclear en la historia de la humanidad. El accidente ocurrió el 26 de abril de 1986, cuando se produjeron dos explosiones en uno de los cuatro reactores. La explosión produjo un enorme hueco en el techo del edificio, por donde salió una nube de escombros radiactivos que alcanzó hasta un kilómetro de altura. Se calcula que de 100 a 150 millones de partículas radioactivas contaminaron la atmósfera. Éstas se expandieron por grandes zonas territoriales hacia el oeste de la Unión Soviética, Europa oriental y Escandinavia, lo que requirió la evacuación de aproximadamente 200.000 personas. Oficialmente hubo 31 muertos, pero diez años mas tarde la cifra había alcanzado a 90.000 víctimas, y 700.000 personas habían sido expuestas a la radiación, sin tomar en cuenta las numerosas malformaciones genéticas que presentaron cientos de niños.

Retos y desafíos.

Todos estos y muchos más desastres humanos y ecológicos, que se podrían enumerar hasta el infinito, representan un reto para toda la humanidad por igual, pero afectan en especial a las Iglesias cristianas, sensibilizadas desde su fundación con los problemas de los pobres, de los desplazados, de los marginados, de los que lloran y sufren. En cada nueva etapa de la historia se han levantado generaciones de cristianos que han respondido con lo mejor de sí mismos a los problemas de su época. Es lo que trataremos de historiar de modo sucinto.

El 18 de enero de 1919, finalizada la Primera Guerra Mundial, la conferencia de paz se inauguró por los principales representantes de las naciones aliadas, determinadas a configurar una nueva Europa y crear un organismo internacional capaz de promulgar las normas jurídicas para proteger a los países más débiles, prevenir cualquier tipo de conflicto y mejorar las relaciones entre las naciones. Así nació la bella aspiración de la Sociedad de Naciones, que introdujo nuevos conceptos como la igualdad jurídica entre los Estados, la responsabilidad colectiva y la solución pacífica de los conflictos. No se han logrado los resultados buscados, pero las bases estaban colocadas, y ya nadie podía atentar contra ellas con una conciencia limpia. A las fuerzas desintegradoras del ser humano se oponen las fuerzas de integración, que responden a un viejo anhelo de unidad que en todas las edades pugna por salir. Por este motivo el mundo saludó alborozado la caída del muro de Berlín el 10 noviembre de 1989. Un símbolo más de la división humana que caía por los suelos.

Los gestos hacia la unidad han caracterizado la historia contemporánea del cristianismo desde las primeras Alianzas evangélicas, las Conferencias de Lambeth, el Consejo Mundial de Iglesias y el Concilio Vaticano II. Está en la dinámica de la historia. Hoy se asiste al fenómeno de la completa unificación del mundo, es decir, el paso de una sociedad tradicionalmente cerrada y estática a una sociedad abierta y dinámica, *global,* caracterizada por nuevas y complejas formas de organización y por una transformación generalizada de las condiciones de vida. La modernización no afecta sólo a la estructura externa de la sociedad, sino, más radicalmente, a los modelos mismos de comportamiento y a los elementos de juicio. Las iglesias habrán de afrontar desafíos inéditos, cuyo alcance resulta imposible adivinar. Pero la historia enseña que ningún orden presente es eterno, que los imperios físicos e ideológicos caen, pero "la Palabra de Dios permanece para siempre. Esta es la palabra del evangelio que os ha sido anunciada" (1 Pedro 1:25).

2

El reto de las revoluciones socialistas

El reto más grave enfrentado por el cristianismo durante la mayor parte del siglo XX fueron las consecuencias de los cambios políticos y económicos surgidos a raíz de las revoluciones de carácter social que se dieron en todos los continentes.

Dinámica del cambio social contemporáneo.

Mientras en el pasado el cambio era predominantemente fruto de acontecimientos naturales, que seguía un orden regular y lento, a escala humana, en el mundo contemporáneo los cambios se producen con una rapidez de vértigo, resultado de procesos culturales protagonizados por la aplicación de la ciencia a la técnica. Gracias a las máquinas han aumentado considerablemente las posibilidades humanas, y esto con efectos "humanizadores". El trabajo a realizar en el campo y en las fábricas ya no precisa ejércitos de esclavos subalimentados, ni la fuerza muscular humana que envejecía prematuramente a los hombres. Pero hasta alcanzar un nivel de "progreso" que extendiese a un número cada vez mayor de personas el estado de bienestar, fue preciso sacrificar varias generaciones de trabajadores en jornadas agotadoras y hacinados en barrios miserables, un alto coste social cuyas consecuencias repercutieron en las iglesias, que no supieron estar a la altura de los tiempos. Abandonados a su propia suerte, miles de niños vivieron en mundo de máquinas y de jornadas de trabajo extenuantes. La *revolución industrial,* dejada en manos de una burguesía cuya meta era el enriquecimiento sin cortapisas, destruyó la familia como unidad de producción y, de paso, costumbres tradicionales relacionadas con la Iglesia. La clase obrera británica, que tuvo que soportar todo el peso de la revolución industrial, experimentó en sus carnes un cambio de producción y de costumbres que parecía ir opuesto a la naturaleza; las condiciones de vida de los obreros y de la unidad familiar reducida a engranaje humano de la industria fueron una cruel experiencia, cuyos efectos se dejaron sentir sobre los hogares, sobre la salud y sobre las costumbres, desvinculando de la práctica religiosa generaciones enteras que crecerían sin referencias cristianas, impermeables al mensaje evangélico.

La cuestión social en el protestantismo.

Desde la guerra del campesinado en Alemania en los primeros años de la Reforma, la cuestión social encauzada por parámetros cristianos sufrió un serio retroceso en los países protestantes, traumatizados por el recuerdo de la rebelión popular —la guerra del campesinado— y sus trágicas consecuencias. De esta manera, la lucha por la justicia y la mejora de las condiciones sociales de las masas se abandonó a su propia suerte, cayendo en manos ajenas a las Iglesias, e incluso enfrentadas a ellas, por identificarlas con el *status quo* del poder y la represión. Casi todos los revolucionarios y "socialistas utópicos" sentían una tremenda desconfianza de la Iglesia cristiana, a la que consideraban aliada de los patronos y sancionadora, en nombre de Dios, del estado de injusticia y explotación que padecían los obreros, el cual se intentaba disimular con actos de caridad y filantropía a nivel individual. Las Iglesias establecidas se habían dejado manipular por la clase burguesa y detentadora de los medios de producción como una agencia de policía moral al servicio del capital para mantener el orden y la sumisión del proletariado, con el señuelo de una recompensa futura celestial por su miseria terrenal o con la amenaza de un terrible castigo eterno repleto de torturas. Con la revolución industrial las Iglesias protestantes estuvieron a punto de perder para siempre a las masas obreras, abandonadas a su propio destino, y que desde varias generaciones atrás habían comenzado a dar la espalda a las predicaciones cristianas de resignación y paciencia. La clase obrera en masa renegó de la religión y particularmente del cristianismo ambiente. Y lo que decimos de los países protestantes, se aplica también a los católicos, en los que se dio el fenómeno añadido del anticlericalismo. Al iniciarse el último tercio del siglo XIX, la Iglesia católica aparece separada del pueblo, con una gran masa de población que había dejado de ser católica.

Socialistas y comunistas.

A finales del siglo XVIII comenzó a desarrollarse en Europa un amplio y pluriforme movimiento social, ligado estrechamente a la llegada de la sociedad industrial, que plantea problemas dramáticos a la comunidad humana que hasta entonces había vivido en un régimen agrario y aldeano. La acumulación del capital y la explotación del trabajador, la forzada urbanización y la formación de guetos de masas enormes de proletarios en los aledaños de las ciudades industriales y el paso de una economía de intercambio a una economía de puro beneficio, determinaron el planteamiento de graves cuestiones de orden social y moral.

Algunos individuos reaccionaron frente a esta situación creando un movimiento histórico dirigido a defender los derechos fundamentales de los nuevos pobres, proponiendo valores e ideales contrarios a la lógica del sistema capitalista. Se despliega de este modo una rica gama de posiciones que van desde el ludismo[52] y el cartismo[53], en Inglaterra, el socialismo humanitario y utópico francés de Saint-Simon y Fourier (1772-1837), hasta el socialismo alemán que desemboca en el pensamiento de Marx y de Engels. El término *socialista* fue empleado por primera vez por escrito por el francés Reyland (*Études sur les réformateurs socialistes modernes*, 1840) y por el inglés Richard Owen (*What is socialism*, 1841).

Los primeros pensadores revolucionarios actuaban animados por el ideal de una comunidad igualitaria, cuyos precedentes teóricos encontraron varias fórmulas en el comunismo de la *República* de Platón, la *Ciudad Sol* de Campanella o la *Utopía* de Tomás Moro, y la "comunidad primitiva de Jerusalén", que alentó la experiencia de comunidades religiosas e inspiró el proyecto de la *Cristiandad* durante la Edad Media. Las doctrinas de Marx y de Engels representan el término final de un largo proceso histórico que ve la caída inevitable de la sociedad capitalista, de la oposición entre las clases y del dominio privado de los medios de producción.

---

[52] Movimiento social inglés.
[53] Por cartismo se conoce el movimiento político inglés que, en el segundo cuarto del siglo pasado, logró, como precursor del socialismo, la conquista del poder político y económico en el Estado.

Karl Marx (1818-1883), afiliado desde sus días de estudiante universitario al grupo de estudiantes izquierdistas llamados los *jóvenes hegelianos* o *liberados,* promotores de una reforma política y social, quiso eliminar el socialismo utópico substituyéndolo por otro "científico", que constaba de una teoría de la historia, el "materialismo histórico", y de la "crítica a la economía política", que aplica la teoría histórica al presente y a las tendencias evolutivas que han de superarlo.

Ya en 1848, Marx usó con toda intención el término «comunista» para caracterizar el manifiesto que F. Engels y él redactaron para el radical movimiento revolucionario de los obreros. Entonces eran considerados como «socialistas» las teorías y los grupos de la «pequeña burguesía» que tendían a una reforma social, pero en principio no pensaban alterar el orden de la propiedad. Sin embargo, a continuación los partidos radicalmente revolucionarios de trabajadores se llamaron en toda Europa socialistas o socialdemócratas, y sólo después de la revolución de octubre de 1917, el Partido Socialdemocrático de Trabajadores de Rusia (los *bolcheviques*) adoptó la designación de *Partido Comunista,* para distinguirse de los partidos de la Segunda Internacional, que al estallar la guerra del año 1914 fueron infieles a los «principios del internacionalismo» y no hicieron ningún esfuerzo por evitar la guerra. El radicalismo de los partidos comunistas que a continuación se fundaron en todas partes siguiendo el modelo ruso, se manifestó en la exigencia de suprimir la propiedad privada en lo relativo a los medios de producción: tierra, riquezas del subsuelo, fábricas, medios de comunicación, bancos, etc., y en su actitud internacionalista. Pero al no producirse la revolución europea que Lenin esperaba para el año 1923, y tras la «edificación del socialismo en un país», según la frase de Stalin, este internacionalismo se transformó más y más en una subordinación de los partidos comunistas de todo el mundo a los intereses de la Unión Soviética, que fue proclamada como «vanguardia del movimiento revolucionario mundial» y «patria de todos los obreros». Este giro político que se puso de manifiesto en los congresos de la Internacional Comunista *(Komintern)* en los años veinte, condujo a divisiones en muchos países. En éstas se puso de manifiesto, ya el respectivo punto de vista nacional, ya «la fidelidad al internacionalismo», que había sido «traicionado» por el partido soviético de Stalin (L. Trotsky).

El comunismo experimenta una tendencia muy acentuada hacia el burocratismo y hacia una organización política totalitaria y policíaca, que culmina con Stalin. La economía no se entregó a las fuerzas sociales no capitalistas, sino al Estado, representado por la cúpula del *Partido,* único e indiscutible, con su adoración ciega e incondicional del Estado y de lo que él representa. Lenin desarrolló la *teoría del imperialismo,* según la cual, «en este estadio supremo del capitalismo», el desigual desarrollo de las naciones y la participación de aristocracias obreras de los países industriales en los beneficios, logrados por la explotación de las colonias, conducen al estallido de la revolución socialista en la periferia del sistema capitalista mundial. Por eso, ya no son los países muy industrializados —como enseñaba Marx— sino precisamente los países relativamente atrasados como Rusia, los que entran por el camino de la revolución. Lenin resaltó también la vinculación de la revolución marxista de los trabajadores con el «movimiento de liberación nacional» en los países de Asia, de África y de Latinoamérica. A su juicio, Rusia constituía el puente entre la «revolución proletaria de Europa» y la «revolución asiática», que cambiaría decisivamente el destino del mundo.

Los papas y el socialismo.

Con su encíclica *Quadragesimo anno* (1931), Pío XI condenó el socialismo marxista o comunismo, en cuanto enseña y persigue por todos los medios «la encarnizada lucha de clases y la total abolición de la propiedad privada» (*Quadragesimo anno,* 112). El socialismo es *per si* incompatible con los dogmas de la Iglesia católica, "puesto que concibe la sociedad de una manera sumamente opuesta a la verdad cristiana" (117). Esta incompatibilidad radica en el inmanentismo absoluto del sistema socialista opuesto a la trascendencia cristiana. El socialismo ignora y se despreocupa en absoluto del fin tanto del hombre como de la sociedad, que es la comunión con Dios. "Pretende que la sociedad humana ha sido instituida exclusivamente para el bien terreno" (118). El planteamiento materialista socialista no puede avenirse con la creencia espiritualista cristiana, por todo ello, expresiones como "socialismo religioso", o "socialismo cristiano", implican, a juicio de Pío XI, términos contradictorios: "nadie puede ser a la vez buen católico y verdadero socialista" (120). Pío XI lamentó que algunos católicos se unieran a las filas socialistas con la excusa de que "la Iglesia y los que se proclaman adictos a ella favorecen a los ricos, desprecian a los trabajadores y para nada se ocupan de ellos" (124), a la vez que reconocía el flaco servicio que hacían a la fe los católicos inconsecuentes con la justicia y el derecho social de los obreros: Hay "quienes confesándose católicos, apenas si se acuerdan de esa sublime ley de justicia y de caridad, en virtud de la cual estamos obligados no sólo a dar a cada uno lo que es suyo, sino también a socorrer a nuestros hermanos necesitados como si fuera al propio Cristo Nuestro Señor, y, lo que es aún más grave, no temen oprimir a los trabajadores por espíritu de lucro. No faltan incluso quienes abusan de la religión misma y tratan de encubrir con el nombre de ella sus injustas exacciones, para defenderse de las justas reclamaciones de los obreros" (125).

Las referencias al socialismo marxista en los documentos de Pío XII y Juan XXIII son escasas, y se sitúan en la línea de lo dicho por Pío XI, reafirmando la incompatibilidad entre marxismo y cristianismo. En la encíclica *Pacem in terris,* Juan XXIII formula unas consideraciones sobre la evolución histórica de los grupos ideológicos que, aunque no mencionen expresamente al socialismo, han sido por muchos comentaristas aplicadas a él. La constitución *Gaudium et spes* del Concilio Vaticano II expone positivamente la concepción cristiana del hombre y la sociedad, que contrasta sensiblemente con el materialismo de toda concepción meramente terrena. Paulo VI, que en sus primeras encíclicas no había hablado del socialismo, se refiere expresamente a él en su carta *Octogesima adveniens* (15 mayo 1971). Pone de manifiesto que el marxismo es incompatible con la fe cristiana: "El cristiano que quiere vivir su fe en una acción política, concebida como servicio, tampoco puede adherirse, sin contradecirse a sí mismo, a sistemas ideológicos que se oponen, radicalmente o en puntos sustanciales, a su fe y a su concepción del hombre. No es lícito, por tanto, favorecer a la ideología marxista, a su materialismo ateo, a su dialéctica de la violencia y a la manera como ella entiende la libertad individual dentro de la colectividad, negando al mismo tiempo toda trascendencia al hombre y a su historia personal y colectiva" (26).

La rápida y sorpresiva caída del comunismo europeo, incluida la extinta Unión Soviética, dio paso a un giro decisivo a la historia en todos los sentidos.

Socialistas cristianos. El caso británico.

En 1848 Karl Marx hizo público su *Manifiesto del Partido Comunista*. Fue un año especialmente revolucionario para Europa. Pocas naciones se libraron de las revueltas y protestas revolucionarias. Francia, Italia, Alemania, Austria y Suiza se encontraron en el vértice de las mismas; la única excepción notable fue Gran Bretaña. En esta nación la clase trabajadora procuró reconciliarse con la clase pudiente. No porque el obrero inglés fuera más pacífico o servil que su hermano del resto de Europa; ni que el capital británico fuera más amable y justo con el trabajo que el capitalismo liberal foráneo. Ni mucho menos. La libre competencia fue atroz en el Reino Unido, con la consiguiente desventaja del obrero y su inhumana postración en la miseria y el sufrimiento. El obrero británico, sin la menor duda, se movilizó tan rápido y eficazmente como pudo contra la tiranía de los dueños de las fábricas. Sin embargo, el historiador inglés Macaulay podía decir que su país "no vio ni un sólo día interrumpido el curso regular de su gobierno". Semejante fenómeno, en un tiempo caracterizado por las barricadas y la exportación de principios revolucionarios en todos países industrializados de Europa, sólo tiene una explicación plausible. Aquélla que indica la notoria intervención de fuerzas espirituales de orden cristiano. "Es posible que el metodismo —escribía Charles E. Raven—, extendiéndose sobre toda la población laboral, fuera la razón principal de no vernos envueltos en agitaciones violentas"[54].

La vieja tradición aristocrática británica fue minada por la presión de las guerras napoleónicas y rota por el Acta de Reforma (*Reform Act*) de 1832. La confusión general se manifestó en la política del *laissez-faire,* o librecambismo, y la abdicación de los mejores hombres de Estado de su responsabilidad reguladora del progreso, como Robert Owen, pionero solitario del experimento social y un precursor de Karl Marx en su determinismo y hostilidad contra la religión, por cuanto ésta vino a parecerse mucho a lo que Kingsley llamó "una ración de opio para mantener tranquilas a las bestias de carga mientras están siendo sobrecargadas[55]". En este contexto político-social, John Malcolm Ludlow (1821-1911) advirtió que la democracia iba a cambiar inevitablemente la totalidad de la tradición social de la humanidad, por lo que, a partir de 1848, se dedicó a despertar la conciencia dormida de la Iglesia de Inglaterra a su doble tarea de socializar el cristianismo y de cristianizar el socialismo. A la corriente por él iniciada se unieron teólogos anglicanos como F.D. Maurice (1805-72), cerebro del movimiento y escritores como Charles Kingsley (1819-75), portavoz del movimiento. Pocos hombres como Ludlow han hecho una obra tan grande para el cristianismo con tan poca recompensa a cambio. Abogado de profesión, conoció a Fourier en Francia, nación que era, con mucho, el país más progresista de Europa. El socialismo estaba en la plenitud de su infancia y el joven inglés Ludlow podía ver, bajo su retórica y sistema, los intereses y aspiraciones justificadas de la gente. Después de su conocimiento directo de las corrientes socialistas francesas, concibió la idea de un socialismo cristiano, práctico y religioso a la vez. Para Ludlow la religión tenía que cubrir el campo total de la experiencia y de la conducta sin eludir las dificultades, ni silenciar los

---

[54] Charles E. Raven, *Christian Social Reformers of the Nineteenth Century*, SCM, Londres 1927.
[55] C. Kingsley, *Politics for the People,* p. 58.

argumentos o el menosprecio de la ética general, o pasar por alto las demandas de Cristo en el campo social.

Estos socialistas cristianos atacan la demagogia y violencia de los líderes cartistas, a quienes consideran unos irresponsables respecto a la potencia incontrolable de las masas, y también atacan el sistema capitalista, que condenan en términos vehementes, al que acusan de idólatra y explotador que reduce los seres humanos a la condición de cosas. Nada más antisocial ni más anticristiano que una existencia íntegramente orientada hacia el enriquecimiento individual. Frente a los socialistas revolucionarios que llaman a la lucha y el enfrentamiento, el grupo de Ludlow propone la fraternidad, la solidaridad y la cooperación. A efectos prácticos estimulan la creación de cooperativas de obreros, pero no se quedan ahí. La meta del socialismo cristiano reside en algo más que la extensión de las cooperativas de consumo existentes en la época; consiste en sustituir la cooperación de los trabajadores por el sistema deshumanizante de la empresa capitalista; con ello se quieren evitar los motivos que conducen al odio y enfrentamientos mutuos, anulando la oposición entre patronos y productores, haciendo de manera que los obreros fuesen sus propios patronos[56]. La "producción cooperativista" sirve para educar a los obreros en la fraternidad y el control de sí mismos y de sus medios de producción, y transformar la base global de la sociedad desde un antagonismo de clases a uno de servicio mutuo.

La organización cooperativista era bastante simple. En la cabeza estaba el Concilio de Promotores, en el que descansaba la obra de propaganda, la recaudación de fondos, la dirección de la política a seguir y "la difusión de los principios de la cooperación como la aplicación práctica del cristianismo a los negocios del mercado y de la industria". Junto al Concilio se encontraba la Junta Central o Comité de Negocios, formada por representantes de los obreros y de los encargados de las diferentes asociaciones, a los que se les confiaba el negociado de los detalles del mercado y la coordinación de las relaciones entre las sociedades, así como la extensión del trabajo. Bajo esta junta se encontraban las asociaciones, o talleres autogestionados, cada cual bajo el Concilio de Administración, que actuaba como consejero de la dirección, afiliación de nuevas asociaciones y árbitro de negocios de los asuntos internos. A cada asociado se le daba de paga "un salario justo por un día justo de trabajo", proporcional a su habilidad y competencia, y cada seis meses los beneficios, sometidos a deducción para pago de créditos y aumento de capital; eran divididos entre los asociados "en proporción al tiempo que cada cual había trabajado". Los árbitros eran elegidos en caso de disputa entre los asociados y los encargados o la Junta Central adjudicada, así como entre asociaciones. Para finales de 1850 se habían constituido ocho asociaciones trabajando conforme a esas directrices. Es en ese año que aparece por primera vez el término socialismo cristiano en unos folletos escritos por Maurice y Kingsley; en ese momento significó un paso audaz, rematado con la creación del semanario *Christian Socialist,* de corta vida (1850-1851).

Ludlow estaba totalmente convencido que el sistema competitivo, tal como era practicado entonces, era escandalosamente anticristiano; vio que era necesario algo más que la mejora de los sueldos y del tiempo de trabajo; propuso un cambio respecto a la mecanización de la industria con su desastrosa destrucción de las relaciones humanas y la despersonalización

---

[56] Heinrich Herkner, profesor de la Universidad de Berlín, *Historia Universal,* tomo VIII. Espasa-Calpe, Madrid 1978.

de los empleados y dueños por igual. Pese a todos los esfuerzos, la empresa que Ludlow y los suyos pusieron en movimiento acabó en fracaso. El desarrollo de la distribución cooperativista, el empobrecimiento de los promotores, la guerra de Crimea y el cierre de algunas de las asociaciones contribuyeron a este resultado. Ludlow fue lo suficientemente sabio como para darse cuenta de la raíz causante del fracaso. Dos obstáculos, creía, se interponían en su camino. Primero, la posición legal. Las asociaciones estaban desprotegidas por la ley, y, consecuentemente, sus miembros estaban a merced de los oficiales rebeldes. Segundo, y con mucho lo más serio, la falta de cualidades morales, de educación y de confianza mutua entre los obreros.

Los socialistas cristianos fueron atacados con violencia tanto por parte de los revolucionarios como de los del lado conservador. El alto clero y la aristocracia les acusaron de ser peligrosos conspiradores jacobinos, de buscar la ruina y la subversión de la sociedad. Sin embargo, unos años después, en el seno de la misma Iglesia anglicana, surgió un nuevo movimiento social de parte de High Church o iglesia alta, cuando Stewart Headlam (1847-1924), vicario de una parroquia pobre de Londres, creó, en 1877, la *Guild of St Matthew* (Cofradía de San Mateo). Frente a la irreligiosidad de las masas y la propaganda atea, la Cofradía opone la oración y la práctica sacramental para dar a conocer el verdadero rostro de la Iglesia, a la vez que el estudio de las cuestiones sociales y políticas a la luz de la Encarnación. Su programa, entre otras cosas, incluía la jornada laboral de ocho horas y la municipalización de los servicios públicos.

La Christian Social Union.

Henry Scott Holland (1847-1918), canónigo anglicano, publicó en 1889 un polémico libro titulado *Lux Mundi,* donde condenaba los abusos y las injusticias del capitalismo, para cuyo remedio proponía infundir el espíritu cristiano en el mundo de la producción y el mercado. Mantenía que el cristianismo es para ser practicado y no contemplado. La Iglesia, decía, necesita dejar a un lado las viejas verdades y entrar en un nuevo entendimiento de los movimientos social e intelectuales del momento, atenta a lo que se dirá después "los signos de los tiempos". Holland señaló que en las calles de Londres abunda la miseria humana y que la Iglesia no podía seguir ignorando el sufrimiento de las masas; por eso mismo, abogaba por una reforma radical que él llamó la "cristianización de las estructuras sociales, donde todos los hombres vivan de acuerdo con los principios divinos de justicia y fraternidad humana". Holland formó un grupo llamado PESEK *(Politics, Economics, Socialism, Ethics and Christianity).* En la opinión de sus miembros el capitalismo moderno no tenía conciencia y, por tanto, actuaba de forma inmoral. El capital y el trabajo deberían ser fuerzas cooperantes, compartiendo un mismo objetivo, pero el sistema los había convertido en rivales desiguales. La solución al problema pasaba por la regulación estatal. Sólo el Estado tenía fuerza suficiente para dirigir, supervisar y controlar las acciones del capital y el trabajo. El papel de la Iglesia consistía en convencer a la sociedad que "el deber de Dios y el deber de los hombres son la misma cosa". En 1889 Holland formó la *Christian Social Union* (CSU) para ofrecer dirección a este nuevo evangelio social. Su órgano informativo era el periódico *Commonwealth,* foro de discusiones sobre temas religiosos y reforma social.

Las aspiraciones de todo este movimiento británico de cristianismo social dan lugar a la *Labour Church* y *Labour Party* o Partido Laborista, cuyos líderes lo vinculaban no al marxismo, sino al metodismo, en cuyo origen se encuentra la predicación del renacimiento espiritual como capaz de transformar de arriba abajo y de adentro hacia fuera la sociedad.

El socialismo es una religión. El caso ruso.

El pensamiento socialista ruso constituye una respuesta profundamente original a un problema común a toda Europa. La mayoría de los pensadores rusos aportarán su contribución al conjunto de críticas que suscita la protesta contra un orden considerado injusto. El escritor F. Dostoievski es, por su profesión de fe ortodoxa, enemigo de un socialismo ateo, pero favorece la revuelta contra el mundo burgués y sus normas, predicando la fraternidad humana bajo la forma de un comunismo espiritual. León Tolstoi opone al lujo de la Rusia aristocrática la vida sana de las masas trabajadoras y, enemigo tanto del Estado como de toda violencia, trata de promover una revolución basada en la no resistencia al poder.

A comienzos del siglo XX se constituye el grupo de «Constructores de Dios», creado en el seno de la socialdemocracia rusa (Bazarov, Gorki, Lunatcharski), que trataba de unir marxismo y religión. Para algunos pensadores rusos el socialismo es una forma de religión adaptada a la felicidad y aspiraciones del pueblo. Para Sergi N. Bulgakov (1871-1944), el socialismo no es tan sólo un sector ordinario de la política social, sino también una religión basada en el ateísmo, en la deificación del hombre y del trabajo humano, que hace de las fuerzas elementales de la naturaleza y de la vida social el único fundamento de la historia. El socialismo es como un renacimiento del mesianismo judaico: «En este sentido, el socialismo contemporáneo encarna el renacimiento de las viejas doctrinas mesiánicas judías; Marx y Lasalle son los profetas de un apocalipsis de un tipo nuevo que anuncia la instauración de un reino mesiánico" (Bulgakov). N. Berdiaev (1874-1948), en sus reflexiones sobre *Marxismo y religión,* desarrolla una idea parecida. Bulgakov era hijo de un *pope* o sacerdote ortodoxo ruso. En su juventud se declaró ateo y entre 1898-1900 viajó por varios países, como Inglaterra, Francia o Alemania, donde conoció a Karl Kautsky, Rosa Luxemburgo y otros pensadores del socialismo europeo. Curiosamente, la revolución rusa de 1917 hizo que Bulgakov reencontrase el cristianismo de su infancia (lo mismo que ocurrió a Berdiaev). A partir de entonces comenzó a luchar por los valores cristianos en la Rusia leninista. Con la subida al poder de Stalin, Bulgakov fue expulsado del país en 1923. Afincado en París, dedicó el resto de su vida a la formación de teólogos y la evangelización de Europa.

El socialismo identificado como religión puede explicar, por ejemplo, la extraordinaria fuerza de atracción de las doctrinas socialistas, su poder catalizador, su influencia sobre las masas, su espíritu de sacrificio e inmolación por la causa, es decir, los aspectos del socialismo que escapan a la economía o a la política. Otro elemento a favor de este punto de vista es la pretensión socialista de ser una concepción total del mundo que, a partir de un principio único, abraza y explica toda la realidad visible e invisible, desde la evaporación de los líquidos hasta la aparición del cristianismo: una visión monista de la historia e incluso del Universo. Y también el hecho de que el socialismo, lo mismo que la religión, concibe la historia no como un fenómeno caótico, sino como un movimiento dirigido a un fin, con un sentido y una justificación.

Al igual que la religión, el socialismo tiene una visión teleológica de la historia. Bulgakov llama la atención sobre las numerosas analogías que existen entre el socialismo y la apocalíptica judía y la escatología cristiana. A sus ojos, la oposición entre socialismo y religión no significa en absoluto contradicción y puede explicarse como una especie de animosidad entre religiones rivales. Estas ideas serán recogidas por los teólogos centroeuropeos como Karl Barth.

Berdiaev, desterrado por el gobierno zarista por sus ideas marxistas, pasó por varias crisis, hasta reencontrarse con el cristianismo de su infancia, que prácticamente olvidó. A la luz de su nueva fe, acusó al marxismo de olvidar la dimensión existencial del hombre aportada por el cristianismo. Molesto, el gobierno soviético lo expulsó de Rusia (1922). A partir de entonces vive en Berlín y París, donde desarrolla su incansable actividad filosófica, cultural y religiosa, mostrando que el socialismo, propagado por Proudhon, Marx o Mikhailovsky, exalta al propio individuo por encima de la sociedad. Desea instaurar una sociedad nueva, fundamentada en el hombre. Pero esta teoría falla, porque considera al hombre como una cosa y un mero objeto. El socialismo "ve en el mundo de los objetos la realidad primera y en el mundo del sujeto una realidad secundaria. De esta forma, el socialismo representa una de las transformaciones del reino del César". El cristianismo, por contra, ha realizado una mayor revolución espiritual, liberando espiritualmente al hombre del poder ilimitado de la sociedad y del Estado. El marxismo es una utopía espiritual. Racionaliza absolutamente toda la vida humana, sin dejar espacio al espíritu. Los marxistas creen superar el mito del cristianismo con sus nuevos valores materiales, pero la superación de la tragedia humana necesita la esfera mística, el estado y experiencia espiritual, al alcance de todos.

El Evangelio Social. El caso americano.

La conciencia social cristiana se debe a una novela de anticipación, *Looking Backward* (1888), que nos hace pensar en el paralelismo de la *Cabaña del Tío Tom,* que jugó un papel muy importante en la lucha por la abolición de la esclavitud. El autor de *Looking Backward* era Edward Bellamy, hijo de un pastor bautista de Massachusetts. La novela de Bellamy anunciaba una nueva Edad de Oro de abundancia, ocio y libertad, en la que el progreso científico permitiría alcanzar la felicidad humana; todo muy línea con el clima general del pensamiento occidental a finales del siglo XIX. Socialistas y cristianos se sintieron atraídos por las tesis de Bellamy. Una de ellas criticaba a las iglesias, acusadas de haber traicionado su misión, convirtiéndose en aliadas de los explotadores y de los ricos. Algunos pastores, que también conocían las obras de los socialistas cristianos ingleses, se adscribieron a una forma de socialismo que nada tenía que ver con Marx, sino que afirmaba remontarse a las fuentes del cristianismo, a la comunidad primitiva. Para ellos el socialismo no era otra cosa que la aplicación práctica de la doctrina de Cristo. Uno de los más ardientes propagandistas de este socialismo fue W.D.P. Bliss, pastor de la Iglesia episcopal. El apoyo prestado a la causa de los trabajadores durante las grandes huelgas de 1892-1894 popularizó la causa de los explotados. En el autodenominado *Social Gospel* (Evangelio Social), Cristo aparecía como el primer socialista y el socialismo como la religión de la solidaridad. Walter Rauschenbach (1861-1918), pastor bautista de origen alemán, es, sin duda, el más conocido de los teóricos del Evangelio social: de hecho, es conocido como el "Padre del Evangelio Social". Sus libros generaron mucho interés y fueron incluso traducidos al castellano, como, por ejemplo, *Los principios sociales de Jesús* (1947, original de 1916).

Cooperativismo católico.

Los primeros intentos católicos de abordar positivamente los problemas sociales se dieron en Francia, de la mano de grandes escritores como Chateaubriand, De Bonald y del sacerdote Felicité de Lamennais, considerado como el fundador del catolicismo liberal. Consciente de los profundos cambios psicológicos y sociales que se vivían en Francia después de la revolución, propuso una nueva manera de ser de la Iglesia católica en una sociedad posrevolucionaria, que incluía la separación total de la Iglesia y el Estado. Para 1831 Lamennais contaba un amplio grupo de seguidores entre el clero joven y los laicos cultos de Francia, entre ellos el conde de Montalembert y el sacerdote Lacordaire. Gregorio XVI condenó este movimiento con la encíclica *Mirari Vos* (1832), que desautoriza todas las tesis y postulados de Lamennais, rechaza la separación Iglesia-Estado, se manifiesta en contra de la libertad de prensa y sostiene que la libertad de conciencia es una locura. Frederic Ozanam, otro católico liberal, fundó la sociedad de San Vicente de Paul, con la idea de demostrar que igual que había un socialismo ateo podía haber otro cristiano. No se consiguió nada: para la mayoría de los obispos "el socialismo es satánico". Alemania recogió la antorcha, consciente de la inviabilidad de las antiguas estructuras sociales. Al sacerdote Wilhelm Von Kettler (m. 1877), aristócrata de Westfalia y después obispo, le corresponde el mérito de introducir la cuestión social en la Iglesia católica alemana desde un punto de vista de Centro *(Zentrum)*. En 1848, esboza una solución intermedia entre el capitalismo liberal y el socialismo de estado. Acepta la sindicalización y el derecho del Estado a intervenir para moderar al capitalismo y obtener determinados resultados como el salario vital, la disminución de horas de trabajo, el descanso dominical y la prohibición del trabajo de los niños. También acepta la existencia de la propiedad privada como contrapartida al comunismo. Sus programas sociales ayudaron a conservar a los obreros católicos fieles a la Iglesia, siendo el origen de las primeras leyes sociales alemanas votadas en el *Reichstag* a partir de 1879, aunque, en general, las clases obreras se inclinaron por los partidos socialistas, alejándose totalmente de la Iglesia católica. Al igual que Ludlow en Inglaterra, Kettler fundó cooperativas de producción en línea con el viejo corporativismo de la Edad Media.

En Inglaterra, el cardenal Henry Manning busca, en 1885, un nuevo acercamiento con la clase trabajadora y logra identificar a la Iglesia católica inglesa con la causa del *labor* (trabajo). Convive con los obreros y participa en sus mítines así como en la gran huelga de los muelles de Londres, inicialmente como mediador, y logrando grandes prestaciones para los trabajadores. En 1891, León XIII promulga la encíclica *Rerum Novarum,* llamada la "carta magna del catolicismo social". Después de describir la situación de la clase trabajadora como semejante al yugo de la esclavitud, impuesto por un grupo de hombres muy ricos, rechaza la solución socialista y subraya el derecho del obrero a tener acceso a la propiedad, para lo cual la Iglesia y el Estado deben cooperar conjuntamente. La *Rerum Novarum* apoya también, y esto era crucial en aquella coyuntura histórica, el derecho del obrero a formar asociaciones para defenderse a sí mismo.

Socialistas religiosos. El caso alemán.

En la Alemania protestante el interés por lograr la armonía entre las exigencias éticas del catolicismo y los postulados del socialismo fructificó en la población evangélica vinculada a la tradición pietista de Hermann Khutter, que, en 1903, escribió un llamamiento para que Iglesia se ocupase de la cuestión, el pastor socialdemócrata J.C. Blumhart y el suizo Leonhard Ragaz, que veía en el socialismo una forma de reimplantar la comunidad primitiva de Hechos, basada en el amor a Dios y al prójimo. Ragaz era pacifista y antimilitarista, pero decidió afiliarse al Partido socialdemócrata para apoyar las reivindicaciones obreras, pero sin aceptar las ideas marxistas. Desde ese momento se convirtió en el hombre más odiado y temido de Suiza

Los *socialistas religiosos* alemanes no pretendían otra cosa que tomar en serio el reino de Dios y la obligación de estar de parte de las reivindicaciones sociales del pueblo. No querían admitir el fracaso de las iglesias al respecto. Creían posible una renovación de piedad cristiana y un cambio social justo a la vez. Rechazaban a Marx, debido a su pensamiento ateo y materialista, pero se orientaban por sus análisis de los problemas sociales. En este círculo de intelectuales evangélicos sobresalían Paul Tillich, Eduard Heimann y Carl Mennicke. Estaban más interesados en la teoría que en la política práctica. Pretendían profundizar en la dimensión religiosa del socialismo para librarlo de su letargo y esterilidad y devolverle a su "auténtico sentido". Creían que las aspiraciones combativas del proletariado encerraban en su interior una religión escatológica; el socialismo religioso debía hacer consciente esta religión del proletariado a las masas para proporcionarles un realismo creyente libre de materialismo y de apocaliptismo por igual. Los socialistas religiosos alemanes, como sus homólogos británicos, fracasaron respecto al partido socialista alemán como respecto a sus propias iglesias, aunque abrieron para la Iglesia evangélica el reconocimiento del movimiento obrero.

Movimiento Social Cristiano. El caso cubano.

Las Iglesias evangélicas de Cuba dieron lugar a un interesante intento social al desarrollar un programa adecuado a la situación pre-revolucionaria, conocido por Movimiento Social Cristiano, fundado por el pastor Manuel Viera Bernal, de la Iglesia metodista, y el pastor Juan P. Tamayo, de la Iglesia bautista oriental. Su "Declaración de Principios: un mensaje a los protestantes cubanos" fue adoptada oficialmente por el entonces Concilio Cubano de Iglesias Evangélicas (CCIE) en noviembre de 1960; en él se repudia por igual el capitalismo y el comunismo, analizando las causas del auge de este último en el mundo y señalando sus errores como "la expresión más cruda del secularismo", estando sus acciones en completa oposición con los principios sociales cristianos, y se pronuncian a favor de un "orden social cristiano" abstracto y de una "democracia total" que ofrezca "pan con libertad", haciendo finalmente un llamamiento a los protestantes cubanos para que "participen con sentido de misión en las luchas sociales, obreras, estudiantiles y políticas con el fin de impregnar la vida toda de la nación con las ideas y prácticas cristianas".

El triunfo de la revolución comandada por Fidel Castro, el 8 de enero del 1959, y la instauración de una sociedad socialista, obligó a todas las iglesias cubanas a enfrentar el reto de la revolución dentro del país. El teólogo presbiteriano Sergio Arce aceptó el desafío con una ponencia sobre *La misión de la Iglesia en una sociedad socialista, una exposición teológica del proceso cubano,* dictada en agosto del 1965 en el Departamento de Iglesia y Sociedad del CCIE. Arce argumentaba acerca de la necesidad de aceptar la revolución marxista-leninista, abogando por una misión de la Iglesia en Cuba al servicio de este tipo de sociedad mediante el testimonio, la profecía y la evangelización. "El culto a Dios es el servicio a los hombres", decía Arce. El cristiano debe interesarse en el logro de la más alta productividad y el mayor bienestar social. Por otra parte, señalando las semejanzas entre la teología cristiana y la ideología marxista, hablaba del ser humano como una unidad psicosomática, y el trabajo como una realización espiritual del ser humano. "La confrontación con la nueva sociedad demanda una renovación previa de la Iglesia a la altura de ese hombre, una renovación de la estructura del lenguaje; en la perspectiva, la enseñanza y el testimonio, hemos de evangelizarnos primero a nosotros mismos". Arce asimilaba el ateísmo marxista al cristiano, defendiendo que el "cristiano genuino es un ateo que no cree en el dios inventado por los filósofos". Desde el punto de vista teológico, decía en otro lugar: "el ateísmo es legítimo, porque la Revelación juzga toda la religión como idolatría, y el ateísmo contemporáneo marxista es necesario porque *Dios sobre nosotros* sólo se conoce como *Dios en nosotros,* hecho posible por el *Dios con nosotros*"[57].

Miles de evangélicos se congregaron en el parque de La Habana para celebrar un acto cívico-religioso a favor de la Revolución, y muchos de ellos asumieron cargos políticos en el nuevo gobierno: el médico Faustino Pérez, ministro de Recuperación de Bienes Malversados, el ingeniero Manuel Ray Rivero, ministro de Obras Públicas, José A. Naranjo, ministro de Gobernación y José Aguilera Maceira, subsecretario de Bienestar Social. También evangélicos como el bautista Frank Isaac País García (1934-1957), que había intervenido en las acciones armadas; fue asesinado el 30 de julio de 1957 por las fuerzas del gobierno de Batista y sepultado con el rango de coronel, el grado más alto concedido a un rebelde[58]. Pero cuando Fidel Castro dio un giro más radical al movimiento revolucionario a partir de 1961, debido a la acción saboteadora de la contrarrevolución financiada por Estados Unidos, proclamando su carácter marxista-leninista, muchos evangélicos rechazaron el régimen castrista, y durante los próximos diez años abandonaron el país alrededor del 70 por ciento de los pastores, entre ellos casi la totalidad de los extranjeros. Mientras, los que procuraron adaptarse al carácter socialista de la Revolución y hacer compatible la fe cristiana con el marxismo-leninismo, fueron acusados por los exiliados de adoptar una postura acrítica del régimen y peligrosa en su reinterpretación socialista del evangelio. Todavía no había surgido la *Teología de la Liberación,* pero los protestantes cubanos, dado el proceso de profundización en el estudio de la teología a la luz de las nuevas circunstancias, comenzaron a practicar una relectura de la Biblia que apuntaba en esa dirección. Entre los principales líderes esos momentos se encontraba el bautista Adolfo Ham, los presbiterianos Rafael Cepeda, Raúl Fernández Ceballos y Sergio Arce, el obispo anglicano José A. González y el obispo metodista Armando Rodríguez, con la revista *Mensaje* como su órgano oficial[59].

---

[57] Sergio Arce: "Un intento de analizar el significado teológico del ateísmo contemporáneo", en *Mensaje,* nº 6. Julio-Septiembre, 1967.

[58] Véase Juan Antonio Monroy, *Frank País. Un líder evangélico en la Revolución Cubana.* Madrid 2003.

[59] Véase Caridad Massón Sena, *La Iglesia presbiteriana de Cuba. Una contextualización de la Fe (1959-1968).* Centro de

Cristianos por el Socialismo. El caso chileno.

Georges Casalis fue uno de los dirigentes de "Cristianos por el Socialismo" en Europa, organización de carácter ecuménico, en la cual se aglutinaron teólogos de la liberación católicos y protestantes. Casalis fue teólogo reformado francés interesado por los movimientos revolucionarios de América Latina; realizó varios viajes a Cuba, donde asesoró a los interesados evangélicos a interpretar la revolución cubana, y murió en Nicaragua, en una de sus estancias en solidaridad con la revolución sandinista.

El 4 de septiembre de 1970 el socialista Salvador Allende (1908-1973) obtuvo una mayoría relativa en la elección a la presidencia de Chile, superando al candidato Alessandri, representante del catolicismo conservador, feroz anticomunista y cerrado a toda proyección social, apoyado por toda la jerarquía de la Iglesia católica; y superando también en votos a Radomiro Tomic, que representaba al cristianismo progresista. El triunfo de Allende abrió un período lleno de esperanzas y realizaciones en los sectores más comprometidos de la sociedad chilena, "un amanecer", al decir del sacerdote holandés Theo Klomberg. En abril de 1971 un grupo de sacerdotes y cristianos que trabajaban en el sector popular convocaron unas "Jornadas sobre la participación de los cristianos en la construcción del socialismo en Chile". De ahí salió el "Documento de los Ochenta", por el número de sacerdotes que participaron en las jornadas. La Conferencia Episcopal hizo una declaración pública en contra y en la que manifestaron sus tres tesis: misión espiritual y no política de la Iglesia, libertad política de los cristianos y unidad de la Iglesia. En el mes de septiembre nació el Secretariado Sacerdotal de Cristianos por el Socialismo. Surge con una vocación de presencia cristiana y política; presentes en el movimiento popular y en los partidos de izquierda. Más tarde surgió el Secretariado Educacional de Cristianos por el Socialismo, dando comienzo así a la experiencia de los *Cristianos por el Socialismo,* que no era formado solamente de sacerdotes presentes en el Movimiento de los Ochenta, sino también por muchos laicos. Los miembros de Cristianos por el Socialismo apoyaban un compromiso político directo y creían que los cristianos debían aceptar la "racionalidad" básica del socialismo, aunque no apoyaban a ningún grupo político en especial.

El primer encuentro de importancia de Cristianos por el Socialismo tuvo lugar en Santiago de Chile en abril de 1972. Se reunieron cerca de cuatrocientas personas para una conferencia internacional. Estaban presentes Hugo Assmann, G. Gutiérrez y un grupo de los teólogos de la liberación, pese a la oposición de los obispos chilenos. El documento final de la conferencia reflejaba la terminología claramente marxista, con frecuentes referencias a "relaciones de producción, apropiación capitalista del plusvalor, lucha de clases, lucha ideológica", etcétera. La conferencia pedía a los cristianos comprometerse en una lucha ideológica identificando y "desenmascarando" la manipulación de la cristiandad para justificar el capitalismo. El documento afirmó que los cristianos descubrían "la convergencia entre la naturaleza radical de su fe y su compromiso político". Había una "interacción fértil" entre fe y práctica revolucionaria. Se decía que la práctica revolucionaria era "la matriz generadora de una nueva creatividad teológica". Así, la teología se convirtió en una "reflexión crítica

---

Investigación y Desarrollo de la Cultura Cubana "Juan Marinello". La Habana, Cuba 2004.

dentro y sobre la práctica liberadora como parte de una confrontación permanente con las demandas del Evangelio"[60].

Pero el golpe militar del 11 de septiembre de 1973 significó un corte profundo para los Cristianos por el Socialismo y todos aquellos que, de una manera u otra, se significaron por sus ideas izquierdistas. El sistema totalitario de Seguridad Nacional dio lugar al terrorismo de Estado. Muchos miembros laicos de Cristianos por el Socialismo, pero también religiosos y sacerdotes fueron perseguidos, encarcelados, torturados y muertos. La jerarquía de la Iglesia católica chilena no movió un dedo para defenderlos, al contrario, fueron denunciados como desviacionistas. Las condenas de la Conferencia Episcopal chilena fueron puestas en circulación el 26 de octubre de 1973, y publicadas definitivamente en abril de 1974. El documento "Fe cristiana y actuación política", aprobado el 13 de septiembre por la Conferencia Episcopal, prohibía a los sacerdotes y a los religiosos y religiosas que formaran parte de Cristianos por el Socialismo. Seis sacerdotes murieron en manos de los agentes del régimen durante los primeros días. El 14 de septiembre de 1973, el sacerdote católico inglés Miguel Woodward, acusado de estar involucrado en actividades "políticas", fue detenido en Valparaíso y llevado a bordo del buque de tortura "La Esmeralda", donde murió a consecuencia del tormento sufrido. Otros dos sacerdotes, el español Antonio Llidó de Santiago (n. 1936)[61] y Gerardo Poblete de Iquique, también murieron a consecuencia de las torturas en octubre de 1974. Según el régimen, estos sacerdotes eran "marxistas", lo cual, sin duda era cierto, pero desde el compromiso cristiano ante una sociedad caracterizada por la "desnutrición, falta de vivienda, cesantía y escasas posibilidades de acceder a la cultura". Cuando el obispo católico Fernando Ariztía y el obispo luterano Helmut Frenz, copresidentes del Comité Pro Paz, preguntaron a Pinochet por el paradero de Llidó, el general les respondió: "Ese no es un sacerdote, es un marxista, y a los marxistas hay que torturarles para que canten. La tortura es necesaria para extirpar el marxismo".

3

El protestantismo en España

La imagen de España.
La persistencia de la Inquisición española hasta bien entrada la modernidad, unida a la secular *leyenda negra* de España y su papel en la conquista de América y la Contrarreforma y la evidente decadencia del Imperio español en el siglo XVII, que le llevó a jugar un papel secundario en el reparto de poderes de las potencias centroeuropeas, contribuyeron a crear

---

[60] Véase John Eagleson, ed., *Christians and Socialism: Documentation of the Christians for Socialism Movement in Latin America*. Orbis Books, Maryknoll, N.Y. 1975.

[61] Véase *Antonio Llidó. Epistolario de un compromiso*. Tàndem Edicions, Valencia 2004. Llidó fue denunciado por el obispo Emilio Ruiz Tagle de "político disfrazado de sacerdote que predica la violencia".

la imagen de una España retrasada y anacrónica, dominada por un clero obscurantista y déspota de cuyas cadenas era preciso liberar al pueblo. La imagen de decrepitud del gobierno español lleva a Napoleón a invadir el país y a entronizar a su hermano José como rey de España, confiado en el agradecimiento del pueblo a las nuevas medidas revolucionarias de los Bonaparte. El pueblo le respondió con una andanada de piedras y palos y el inicio de una guerra que iba a llevar al glorioso general francés a maldecir de sus consejeros. Ese mismo año de 1808, aprovechando las circunstancias, los *criollos* americanos proclaman su independencia de la corona española.

Pensadores románticos, políticos liberales, intelectuales masones y religiosos protestantes sueñan con el día de una España abierta a la modernidad. Algunos de ellos, como el futuro arzobispo anglicano de Dublín, Richard C. Trench, arriesgaron su vida en una ilusoria y utópica aventura militar para acabar con el gobierno absolutista del rey Fernando VII e instaurar la libertad[62]. Por eso, el día que el protestantismo, asociado al progreso de las sociedades más adelantadas del mundo moderno, puso su pie en España, fue saludado como el "amanecer del Evangelio en tierras de la Inquisición"[63] y el albor de una Segunda Reforma en España[64]. Pero los comienzos no fueron tan halagüeños como se esperaban. Lo más significativo de todo, el pueblo, no respondió a las expectativas de una conversión generalizada.

Protestantismo y masonería.

La vinculación del protestantismo en la masonería aparece con nitidez en un buen número de casos, tanto en España como en Latinoamérica. Misioneros y pastores tenían relación con las logias masónicas, o incluso eran miembros de ellas desde el principio[65]. Motivo más que suficiente para los que sustentaban la teoría de una *conspiración* internacional infiel —protestante, masónico, socialista— orquestada contra la Iglesia católica. El 20 de abril de 1884 el papa León XIII publicó la encíclica *Humanum genus,* en la que denunciaba el liberalismo y la masonería. En *Apostolici Solii,* del 15 de octubre de 1890, advertía a los obispos y al clero: "Es el plan preestablecido de las sectas que con celeridad se desarrolla ahora en Italia, especialmente en la parte que toca a la Iglesia y a la Religión católica, cuyo propósito último y muy notorio es reducirla, si fuese posible, a la nada".

En cuanto a objetivos, la masonería no era antagónica al protestantismo; había nacido en su seno, pero no obstante eran caminos opuestos, aunque unidos en un mismo principio de actuación social. Ambos defendían la libertad de cultos, la enseñanza laica y la libertad político-social

---

[62] Irene Castells, *La utopía insurreccional del liberalismo. Torrijos y las conspiraciones liberales de la década ominosa.* Crítica, Barcelona 1989.

[63] G. Funcke, *Gospel Dawn in the Land of the Inquisition.* Impresions of a Visit to the Protestant Congregations in Spain. s/f.

[64] Imagen utilizada por la señora Robert Peddie, secretaria de la Sociedad Española de Evangelización, autora de *Los albores de la Segunda Reforma en España,* traducida al castellano por Fernando Cabrera y publicada en una serie de artículos en el semanario España Evangélica en 1925.

[65] Jean-Pierre Bastian, ed., *Protestantes, liberales y francmasones.* FCE, México 1990; José Ferrer Benimeli, *La masonería española en el siglo XVIII.* Siglo XXI, Madrid 1974; Id., *Masonería y religión: convergencias, oposición, ¿incompatibilidad?* Univ. Complutense, Madrid 1996; David Gueiros Vieira, *O protestantismo, a maçoneria e a questao religiosa no Brasil.* Ed. Universidade de Brasilia, Brasilia 1980.

de todos los pueblos. En Puerto Rico, por ejemplo, se aprecia la convergencia entre el protestantismo y la masonería, entre otras cosas, en su proyecto de *modernidad*[66]. Los adversarios del protestantismo utilizaron el término "masón" como un estigma denigrante, que sembraba las dudas respecto a las buenas intenciones religiosas del protestantismo, toda vez que la masonería se presentaba como una sociedad secreta cuasi satánica[67]. La Iglesia católica desconfiaba de la masonería y no tenía necesidad de ella porque ya tenía una red gigantesca de asociaciones, y en especial la Compañía de Jesús, fiel al papa y sus objetivos. En cuanto institución socio-religiosa, la Iglesia católica, por un poder absoluto centralizado y jerarquizado, representa una organización internacional conformada por múltiples suborganizaciones, también transnacionales, que le permiten mantener su espacio social, definiendo su vinculación con otros elementos de la sociedad civil y política, reproducir y transformar las representaciones con sentido religioso, la producción y la elaboración de sentidos religiosos nuevos, el mantenimiento o la formalización de las expresiones religiosas nuevas, la definición de las normas éticas con referencia religiosa y la propia reproducción de la organización religiosa. El protestantismo, dividido y fragmentado a nivel religioso, con iglesias nacionales a las que no les resultaba nada fácil proyectarse a nivel internacional, sólo contaba con la iniciativa de sus individuos, muy capaces, pero cuyas fuerzas se dispersaban en multitud de proyectos individualizados incapaces de llegar a buen puerto por falta de apoyo organizador. Las logias masónicas, con su carácter abierto, *ecuménico*, donde miembros de distintas confesiones religiosas podían convivir y relacionarse pacíficamente, sin recurrir a los puños o la descalificación, se convirtieron en plataformas congeniales de muchos protestantes, que vieron en la masonería una sociedad de carácter internacional a la que recurrir para proyectos comunes, con independencia de su fe particular. Las logias masónicas sirvieron, en aquellos tiempos carentes de presencia de sociedades protestantes, de puntos de contacto y centros de compañerismo de dimensiones internacionales. A medida que el protestantismo se extendió y se afianzó en esos países, el número de protestantes afiliados a la masonería descendió, por no decir que desapareció por completo.

Juan Calderón.

Al igual que ocurría en Latinoamérica, los inicios de la entrada protestante en la Península Ibérica obedecen a iniciativas individuales relacionadas con la Sociedad Bíblica Británica y Extranjera. Como su homólogo allende al mar, Diego Thomson[68], George Borrow (1803-1881) llegó a España en 1835 como agente de la mencionada sociedad. Caso significativo de los sabores y sinsabores de los primeros obreros protestantes en España es el del manchego Juan Calderón Espadero (1791-1854), sacerdote de creencias políticas liberales, helenista, gramático y cervantista, huido a Francia en 1823 temiendo las iras de la restauración absolu-

---

[66] José Antonio Ayala, *La masonería de obediencia española en Puerto Rico en el siglo XX*. Murcia, Universidad de Murcia, 1993.

[67] Véase José Ferrer Benimeli, *El contubernio judeo-masónico-comunista. Del satanismo al escándalo de la P-2*. M. Istmo, Madrid 1982.

[68] Quien, por cierto, estuvo en España en 1849, desplegando un amplio ministerio en todo el territorio español. Véase Arnoldo Canclini, *Diego Thomson: Apóstol de la enseñanza y distribución de la Biblia en América Latina y España*. Asociación Sociedad Bíblica Argentina, Buenos Aires 1987.

tista de Fernando VII[69]. Había participado en la guerra de la Independencia contra el invasor francés, pero sin utilizar otras armas que la pluma de modesto escribiente de un sargento mayor. Enseñó filosofía en el Alcázar de San Juan (Ciudad Real), y se hizo miembro de la Sociedad Patriótica de dicha ciudad, dando su apoyo a la Constitución liberal de las Cortes de Cádiz. En Bayona (Francia) entró en contacto con una iglesia protestante, que produjo en él una grata impresión. Como resultado de la lectura bíblica y de la lectura de las obras de algunos autores evangélicos como Erskine, Chalmers y Haldane, Calderón tuvo una experiencia de conversión. En 1842 se trasladó a Londres para iniciar una obra evangélica entre los exiliados españoles liberales que habían encontrado refugio en la capital británica. Aprovechando la libertad concedida por la regencia del general Espartero, nuestro exiliado regresó a España en 1842, con la intención de anunciar el evangelio de cada en casa e individualmente, sin otros recursos económicos que los suyos propios derivados de su humilde oficio de zapatero. Pero entonces el pueblo español sólo estaba interesado por una cosa: la libertad política, de modo que el mensaje protestante no encontró eco en ninguno de sus oyentes. Muchos, teóricamente, habían dejado de ser católicos, y reemplazaron ese vacío con una total *indiferencia* religiosa, que desde entonces viene siendo proverbial en el pueblo español, quebradero de cabeza de muchos misioneros y motivo de desilusión generalizada, con aquella frase tremenda de Antonio Carrasco (1842-1873), refiriéndose a España como "cementerio de misioneros", fama que no termina de dejarle.

Primeras iglesias españolas.

Procedente del extranjero, en 1832 llegó a Gibraltar (colonia británica clavada como una espina en la costa gaditana) el misionero metodista Guillermo H. Rule (1812-1890), destinado a la guarnición inglesa, pero tan pronto pudo buscó puntos de misión en Cádiz, difundiendo abundante literatura y estableciendo escuelas, nada de lo cual prosperó dada la cerrada oposición de las autoridades españolas. Hay que esperar al triunfo de la revolución burguesa de 1868 para que en España se den las circunstancias legales por las que el protestantismo sea posible. Derrocada la muy católica reina Isabel II, asumen el gobierno provisional los generales Prim y Serrano. Convocadas las Cortes, éstas fueron brillantes y votaron una constitución muy democrática, donde, por primera vez en la historia de España, se reconoce la libertad de cultos (Constitución de 1869, artículo 21). Se garantizan las confesiones no católicas practicadas por extranjeros y por españoles. Las Cortes acaban de dar así carta legal de nacimiento al protestantismo español, y se abren los primeros templos protestantes en Mahón, Sevilla y Madrid, con una asistencia masiva. El clero católico protesta una y otra vez. Las libertades traídas por la Revolución del 68 son vistas como un factor de descristianización del país. La prensa tradicionalista atacó el artículo 21, que permitía la libertad de cultos.

Se armó un gran revuelo, pero el primer paso ya había sido dado. Juan Bautista Cabrera, que se había hecho cargo de la congregación protestante española de Gibraltar meses antes, entró en España en septiembre con el apoyo del general Prim, que le dirigió las famosas

---

[69] Juan Calderón, *Autobiografía*. Patronato Municipal de Cultura, Ayuntamiento de Alcázar de San Juan 1997.

frases: "Ya pueden ustedes recorrer España con la Biblia bajo el brazo"[70]. El día primero de enero de 1869 se celebró en Sevilla, por primera vez, un culto protestante, y, del 26 de julio al 7 de agosto, tuvo lugar en la misma ciudad andaluza la Asamblea General del protestantismo español para aunar esfuerzos y presentar un mensaje común a la nación. En ella se trató y aprobó un proyecto de Iglesia Reformada Española, que agrupaba las siguientes denominaciones: presbiteriana, congregacionalista, metodista y luterana. El proyecto fue enviado a las Cortes, que respondieron reconociendo a dicha Iglesia como legalmente constituida y autorizada en España.

El pastor malagueño Antonio Carrasco (1842-1873), que había compartido prisión por causa de su fe con otro converso de la época, Francisco de Paula Ruet (1826-1878), funda en 1869 la revista *La Luz*, que en su número de 27 de noviembre de 1869 decía: "El Evangelio hoy es anunciado en Madrid, Sevilla, Málaga, Córdoba, Cartagena, Ciudad Real, Huelva, Valladolid, Cádiz y La Coruña". Son años de euforia e intensa actividad para los protestantes españoles. El horizonte aparece preñado de esperanza y posibilidades. En Madrid y Sevilla fue necesario abrir nuevos lugares de culto. En Sevilla hubo cinco más y en Madrid aparecieron capillas en la calle de la Madera, San Cayetano, en las Plazas del Limón y la Cebada, en la calle de la Libertad y Calatrava. Se precisaba organizar todos los esfuerzos y debían hacerlo con cierta premura; por eso la I Asamblea General de la Iglesia Cristiana Española del 19-20 de abril de 1871, a la que asistieron representantes de las iglesias de Madrid, Zaragoza, Huelva, Córdoba, Cartagena, Málaga, Cádiz, Sevilla y Camuñas (Toledo), aprobó un Directorio y parte del Código de Disciplina, nombró una Comisión para redactar la Confesión de Fe y señaló el 15 de noviembre de 1872 para la próxima Asamblea. Pero se adelantó la fecha, celebrándose la II Asamblea los días 3-11 de abril de 1872, en Madrid. Estaban presentes Juan Bautista Cabrera, Miguel Trigo, Federico Fliedner y José Alhama. Entre fuertes discusiones se trabajó en la Confesión de Fe, que se aprobó al final de la Asamblea; se comenzó el estudio del Código de Disciplina y la redacción del Catecismo Mayor, se acordó denominar a la Iglesia Reformada Española como Iglesia Cristiana Española. Destaca esta Asamblea por su sentido unionista, pues bajo la misma denominación se unieron la mayor parte de las iglesias y misiones evangélicas establecidas en España, excepción hecha de la Iglesia Bautista y las Asambleas de Hermanos.

Pero la unidad buscada fue difícil de mantener durante mucho tiempo, debido a la doble tendencia de los que deseaban una concepción presbiteriana de la Iglesia y los que tenían una concepción episcopal. Juan Bautista Cabrera, el hombre de más peso entonces en la España protestante, pertenecía a la segunda, de modo que en 1880, la Iglesia Cristiana Española se escinde en dos. Cabrera constituye la actual Iglesia Evangélica Española Reformada Episcopal (IERE). Fue elegido primer obispo de la misma Juan Bautista Cabrera, cuya consagración tuvo lugar el 23 de septiembre de 1894 en la Iglesia de calle Madera Baja (hoy Beneficencia), en Madrid. El clero católico, que no perdía detalle y seguía estrechamente cada movimiento de la comunidad protestante, puso el grito en el cielo y el arzobispo de Toledo, el cardenal Antolín Monescillo, publicó una pastoral quejándose de la consagración del obispo Cabrera, donde llegaba a plantear la legalidad del ministerio de Sagasta por haberla permitido.

---

[70] Carlos López Lozano, *Precedentes de la Iglesia Española Reformada Episcopal*, p. 174. Madrid 1991.

El resto de los pastores presbiterianos, metodistas y luteranos que componían la Iglesia Cristiana Española, se reunieron en Asamblea General los días 18-24 de mayo de 1897, donde se acordó la fusión con los congregacionalistas de la Unión Ibérica-Evangélica, lo cual dio lugar a un nuevo nombre que aún perdura: la Iglesia Evangélica Española (IEE).

Unos meses después, el 31 de octubre de 1897, se inauguraba el primer colegio protestante español en Madrid, El Porvenir, bajo la dirección de Federico Fliedner. Ese mismo año, Francisco Albricias (1856-1934), maestro y evangelista, funda en Alicante la Escuela Modelo, centro de enseñanza abierto a nuevos métodos pedagógicos, que se constituyó en foco impulsor de una actitud ciudadana consciente y libre, abierta al diálogo y a la comprensión[71]. De nuevo se dejaron oír las protestas, los intentos de entorpecer las obras[72]. El cambio de leyes no acabó con el sentimiento antiprotestante español, alimentado durante siglos como rasgo característico del ser español y de la unidad católica de la patria. Después vino la dictadura de Primo de Rivera, la República, en 1931, saludada con alegría por los protestantes españoles, y la dictadura de Franco (1939), principio de dolores para las iglesias protestantes, pues a su condición de no católicos, sumaban su simpatía por la República y por la masonería ¡tan perseguida por el caudillo! Los protestantes fueron tachados de comunistas y masones, un peligro nacional porque atentaba contra la idea de Patria y Religión. España es declarada oficialmente de confesión católica.

Dictadura y nacionalcatolicismo.

El gobierno de Francisco Franco representó la edad dorada del catolicismo nacional. La nación se puso a disposición de los teólogos y teóricos de una Cristiandad revivida. A su disposición estuvieron todos los recursos materiales e ideológicos del régimen. Ciencia, arte, cultura, espectáculos, economía, deportes, todo fue sometido al control de la religión. La Universidad española tuvo a su disposición los medios de realizar el grandioso proyecto de la "gran Universidad imperial" diseñada por Cisneros, "creador de un ejército teológico que dio batalla a la herejía en defensa de la unidad católica"[73]. La España gloriosa de los Reyes Católicos, de la Reconquista, de Felipe II, asentada en los dos pilares de la política y la religión, se contrapone a la "anti-España" del laicismo, la masonería, el comunismo y el protestantismo[74].

Muchos pastores son encarcelados, las iglesias y capillas protestantes se cierran, 110.000 ejemplares de las Escrituras son confiscadas a las Sociedades Bíblicas de Madrid, las juventudes católicas blasonan de apedrear templos protestantes. En ese contexto interviene el pastor bautista y defensor jurídico de los evangélicos, José Cardona Gregori (n. 1918), un verdadero luchador por la defensa de los derechos de todos los protestantes españoles en todos los campos. El 14 de mayo de 1956 se organizó la Comisión de Defensa Evangélica

---

[71] Antonio Aparici Díaz, *La Escuela Modelo de Alicante 1897-1997*.

[72] Ningún arquitecto español quiso hacer los planos, por tratarse de un edificio protestante; finalmente tuvieron que ser realizados por el alemán Joaquín Kramer. La oposición fue vencida gracias a la relación personal del fundador, Federico Fliedner, con el primer ministro Cánovas del Castillo y con el alcalde de Madrid, el Conde de Romanones.

[73] Antonio Fontán, *Los católicos en la universidad española*, p. 90. Madrid 1968.

[74] Véase Antonio Elorza, *La modernización política de España*, p. 440. Endymion, Madrid 1988.

Española, para la defensa del colectivo evangélico español. Estaba compuesta por Francisco García Navarro, Santos Molina, José Flores y Juan Luis Rodrigo. El obispo de la IERE, Santos Molina, fue su primer presidente, pero faltaba, como escribe Eliseo Vila, el hombre capaz de gestionar ante el gobierno las cuestiones relacionadas con la Comisión. Ese hombre fue el mencionado José Cardona, primer Secretario Ejecutivo durante los años más cruciales del protestantismo moderno[75].

Otras Iglesias.

El 10 de agosto de 1870, el doctor Guillermo I. Knapp (1835-1908) inaugura la Primera Iglesia Bautista de Madrid, con treinta y tres miembros, bautizados durante las dos semanas precedentes. La obra bautista se extiende por Levante y Cataluña. Las estadísticas, sin embargo, no son muy buenas. La curiosidad por el protestantismo, que llenó las capillas en los meses que siguieron a la revolución de 1868, quedó pronto satisfecha. El número inicial de curiosos y conversos descendió dramáticamente. El trabajo de Knapp en España terminó en noviembre de 1876 por falta de fondos y a causa de la inestable situación en España. A no ser por Enrique Lund (1850-1935) los bautistas hubiesen probablemente desaparecido de España[76]. La obra bautista se consolida con el Dr. Everett Gill (1869-1958), misionero representante de la Convención Bautista del Sur de Estados Unidos, comprometida en ayudar a la obra bautista de España, sustituyendo a los bautistas de Suecia que lo habían llevado a cabo anteriormente. Dio lugar a la organización de la Unión Evangélica Bautista Española (UEBE).

Movidos por el sorprendente celo misionero laico experimentado por los miembros del movimiento conocido por Asambleas de Hermanos, uno de sus fundadores más representativos visitó España en el temprano 1834; nos referimos a Robert Chapman (1803-1881)[77]. Los Hermanos o *Plymouth Brethren* surgieron en 1825 en torno a la figura del clérigo anglicano John Nelson Darby (1800-1882), que imprimió al grupo la devoción por el estudio bíblico y el testimonio personal. En sus primeros años de vida, los Hermanos se extendieron por todo el mundo en giras misioneras, para las que dependían no del sostén de una junta de misiones, sino de sus propias congregaciones o directamente de la provisión divina. En 1839 Chapman regresó a España en compañía de otros dos misioneros que, a pie, recorrieron los pueblos y aldeas de León. Volvió otras dos veces, en 1863 y 1871, dedicando ocho meses a la evangelización itinerante de España. La primera asambleas de Hermanos en España se organizó en Madrid en 1872, inaugurada por Charles Faithfull (1847-1924), y fueron particularmente fecundos en Galicia a partir de 1875, hasta el punto de convertirse en uno de los movimientos protestantes más pujantes y fecundos de España. En 1878 George Müller, conocido por sus "obras de fe", visita España y la obra de las Asambleas de Hermanos que él y su iglesia de Bristol (Inglaterra) sostenían desde hacía tiempo.

---

[75] Eliseo Vila, *José Cardona: La defensa de una fe*. CLIE, Terrassa 1988.

[76] J. David Hughey, *Historia de los bautistas en España*, p. 23. Barcelona 1964.

[77] Frank Holmes, Robert Chapman, hermano verdadero y amigo de España. Literatura Bíblica, Madrid 1969. R.L. Peterson y A. Strauch, *Cómo ser un líder con impacto*. Ed. Las Américas, Puebla 1999.

Un joven inglés, Percy J. Buffard (1884-1958), establece, en 1917, la Misión Evangélica Española *(Spanish Gospel Mission),* con sede central Valdepeñas (Ciudad Real), desde donde se extiende a provincias limítrofes de Andalucía, como Jaén y Granada, hasta los comienzos de la Guerra Civil. Las Iglesias relacionadas con esta misión, unidas a las pastoreadas por el pastor bautista Samuel Vila (1902-92), de Terrassa (Barcelona), formarían la Federación de Iglesias Evangélicas Independientes de España (FIEIDE). El pastor Vila había sido presidente de la Unión Bautista, cargo del que dimitió cuando se le exigió limitar sus labores misioneras a la obra bautista[78].

En 1924 se funda la primera congregación de las Asambleas de Dios en Gijón (Galicia), de mano de los misioneros suecos Julia y Martín Wahlsten, seguida, en 1927, por la pequeña congregación de Madrid. En el año 1964 el conocido pastor y escritor Juan Antonio Monroy (n. 1929), inicia en España el Movimiento de Restauración, cuya reunión constitutiva tuvo lugar en Sevilla, en el mes de diciembre de 1964. En ella Monroy, junto con otros pastores, deciden impulsar la difusión del Evangelio y el establecimiento de iglesias locales, usando para ello, únicamente, pastores y otros colaboradores de nacionalidad española. Con ello se configuran básicamente las principales denominaciones protestantes del país hasta el advenimiento de la democracia con la muerte de Franco (1975), que ve la llegada masiva de nuevas denominaciones y grupos no denominacionales.

4

Protestantismo en América Latina

Victorianos y católicos.

La Iglesia católica en Latinoamérica dominaba sin competencia el amplio espacio religioso que va desde el sur del Río Grande hasta la Patagonia, aliada con el poder político y económico de la sociedad. Aun cuando algunos miembros de la alianza Iglesia-Estado se declaraban anticlericales de vez en cuando, lo hacían por celo profesional, resentidos y molestos con las injerencias políticas del clero, pero ni en medio de las situaciones más tensas renunciaban a la Iglesia. Solamente trataban de limitar su dominio en política y cuestiones sociales. Clero y gobernantes estaban unidos por lazos familiares, sociales, culturales, de clase, de los que no querían soltarse. Un hecho significativo es lo ocurrido en Nicaragua cuando los intelectuales vanguardistas, tributarios de una secularización anticlerical, apoyaron la dictadura de Anastasio Somoza García, surgida a raíz del asesinato de Sandino (1934), porque en su anti protestantismo veían una salvaguarda contra la amenaza de los Estados Unidos al predominio de la religión católica en Hispanoamérica. "Debemos empuñar la espada por donde debe empuñarse: por la Cruz, que es la empuñadura de la espada. A base de cristiandad nació nuestra cultura y nuestra civilización. A base de Catolicidad debe resurgir. Somos y

---

[78] Véase David Muniesa, Samuel Vila: Una fe contra un imperio. CLIE, Terrassa 1979.

tenemos que ser cruzados para responder en la verdad a la herencia inmensa que nos dejaron nuestros fundadores"[79].

El siglo XIX fue la era de las grandes epopeyas misioneras protagonizadas, principalmente, por ciudadanos de Gran Bretaña, con un alto porcentaje de recios misioneros escoceses que se extendieron por todo el mundo. El siglo XVI fue el de las misiones católicas, en particular españolas, contagiadas del espíritu de cruzada de un pueblo que durante siglos vivió en lucha contra el Islam en una guerra de Reconquista. El XIX, repetimos, fue el de las misiones protestantes, encabezadas por los ingleses, contagiados del espíritu triunfalista del Imperio británico que dominaba sobre tierras y mares a lo largo y ancho de los cuatro puntos cardinales. Intrépidos y aventureros, los británicos hicieron popular la imagen del *gentleman,* un cruce entre modales cristianos y victorianos, refinado y confiado en sí mismo, con un evidente complejo de superioridad frente a un mundo cuyo destino histórico consistía en aguardar el toque civilizador de estos misioneros del evangelio y el progreso. Este espíritu será heredado por las antiguas colonias británicas, los Estados Unidos, y su doctrina del *Destino Manifiesto,* por la que se consideran depositarios de una misión divina, es la de llevar a los pueblos más atrasados los beneficios del reino de Dios en la tierra.

Buenos protestantes, el movimiento evangélico —representado por grandes figuras de la cultura británica— pasaba sus mejores momentos, vivía su particular edad de oro, en cuanto a crecimiento y prestigio social. El resto de las naciones, en especial las católicas, padecían el retraso social correspondiente a su postración religiosa debido a su fidelidad a la Iglesia de Roma. Fue un dogma de la época considerar el retraso político-social de los pueblos ibéricos consecuencia directa de su filiación religiosa no reformada. España, se creía, había perdido su antiguo Imperio por haberse opuesto a los aires renovadores de la Reforma del siglo XVI. Inglaterra se había hecho grande gracias a su apoyo de la misma. Los pueblos dependientes de España y Portugal, toda Sudamérica, Filipinas y las colonias africanas, padecían el retraso y la ignorancia de la religión católica, calificada de *superstición* por antonomasia. El *Imperio protestante,* según el título de un libro de la época, contaba con las naciones más adelantadas y progresistas del mundo[80]. La religión de los países católicos no era considerada ni religión en sentido positivo, sino un sistema de dominio en manos de una casta sacerdotal dominante que mantenía al pueblo en la ignorancia y las cadenas de esclavitud. El culto a la Virgen y los santos era tildado de crasa idolatría y fuente de inmoralidad. Ciertamente, el *gentleman* victoriano, educado en el sentido del deber y el control de las emociones, no podía sino ver una grave falta de moralidad en los pueblos católicos, cuyas expresiones festivas daban lugar a una explosión de sentimientos y prácticas que se perdían en la noche de los tiempos.

---

[79] Pablo Antonio Cuadra. *Entre la Cruz y la Espada,* pp. 60-61. Instituto de Estudios Políticos, Madrid 1946.

[80] En sus recuerdos juveniles, el historiador metodista Justo L. González, recuerda que él participó de esta creencia, de modo que quedó "convencido de que mis esfuerzos de convertir a mis amigos y contemporáneos no eran solamente una obligación religiosa, sino también patriótica. Al fomentar el protestantismo en mi país no sólo traía la verdadera fe, sino también la solución a los problemas de corrupción política y civil que tanto lamentábamos. No creo necesario tener que afirmar que hoy veo todas estas cuestiones de manera muy diferente" (*Mapas para la historia futura de la Iglesia,* p. 65. Kairós, Buenos Aires 2001).

Protestantes y liberales.

Deudores de la dialéctica de la ilustración, los misioneros creían a pie juntillas que la Iglesia católica era la heredera directa de la Iglesia de la Edad Media, edad oscura y tenebrosa, cuyo clero sólo estaba interesado en asegurar su dominio sobre las masas y, por tanto, opuesto a la luz del Evangelio, para lo cual no dudaban en *fanatizar* a las masas. Los sacerdotes eran concebidos como seres astutos y perezosos, amantes del dinero y de la buena mesa. Se pensaba que sólo el protestantismo, con su corolario de política liberal, podía llevar progreso y fidelidad a la patria. Por esta razón, políticos liberales y religiosos protestantes se dieron cita en las logias masónicas en un proyecto común de redención de España y Latinoamérica de las garras del clericalismo católico[81]. Con todo, en la primera etapa del protestantismo en las católicas tierras de Latinoamérica es una elección difícil y valiente, a la que pocos optan. Como Jean-Pierre Bastian ha demostrado, el protestantismo durante una larga etapa es opción religiosa, pero es visto antes que nada como una elección política y moral, partidaria de la libertad de conciencia, del libre examen, de la educación laica y de la tolerancia, mientras que los fieles evangélicos son considerados gente industriosa, productiva, deseosa de avanzar por el impulso de su trabajo.

Los primer misioneros protestantes en Latinoamérica actuaron en consonancia con los gobiernos liberales del momento, involucrándose activamente en temas sociales y políticos. Por ejemplo, el bautista escocés Diego Thomson (1788-1854)[82], llegado a Argentina en 1818 y contratado oficialmente por los gobiernos liberales para organizar escuelas populares. Aparte de su difusión de la Biblia en castellano, Thomson también intervino en las iniciativas orientadas a promover la inmigración europea. David Trumbull (1819-1889), que arribó en Valparaíso en 1845, fue crucial para la promulgación de leyes tales como el matrimonio civil, los cementerios laicos y la creación del registro civil en Chile (1883-1884). También fue muy importante su contribución al desarrollo de la educación laica en dicho país. No se trataba de una estrategia accidental: obedecía la política misionera que, según patrones idealizados del triunfo del protestantismo en Centroeuropa, aspiraba a alcanzar prioritariamente con la fe evangélica a los sectores más cultos e influyentes de la sociedad para descender después, a través de ellos, a la masa del pueblo. Se puede decir que, en un primer momento, el protestantismo llegó no tanto como una nueva religión sino como parte de la corriente de modernización y liberalización de las nacientes repúblicas latinoamericanas, razón por lo cual la presencia protestante y su reconocimiento legal dependió de los vaivenes políticos, de la presencia o ausencia de liberales en el poder[83].

La primera batalla había que ganarla en el campo de la libertad religiosa, sin la cual era imposible acceder a otra forma de religión. La oposición monolítica del clero y de la clase

---

[81] Véase Jean-Pierre Bastian, ed., *Protestantes, liberales y francmasones*. FCE, México 1990.

[82] Véase Arnoldo Canclini, *Diego Thomson: Apóstol de la enseñanza y distribución de la Biblia en América Latina y España*. Asociación Sociedad Bíblica Argentina, Buenos Aires 1987; Samuel Escobar, ed., *Precursores evangélicos. Diego Thomson y Francisco Penzotti*. Ed. Presencia, Lima 1984.

[83] Los políticos liberales mismos sólo utilizaron el protestantismo para oponerse a la Iglesia católica, pero personalmente pertenecían a la categoría de "infieles" o descreídos. Cuando los misioneros protestantes advirtieron el juego, abandonaron la idea de conquistar la élite liberal y concentraron sus esfuerzos en la evangelización de los sectores más humildes, dejando a un lado cuestiones políticas.

dominante, temerosa de cambios que pudieran afectar a sus intereses, dio origen a revueltas de carácter popular contra los primeros conversos al protestantismo, de extracción social baja, toda vez que las *élites liberales,* aunque miraban con simpatía el protestantismo como un signo de progreso, no le prestaron atención en cuanto forma religiosa. De modo que en este primer choque de religiones, volvía a repetirse en tierras americanas la vieja y reñida confrontación entre católicos y protestantes. Pocos podían vislumbrar entonces un futuro de diálogo y ecumenismo. El conflicto religioso llevaba aparejada, además, una cuestión social y política: el descontento de ciertos sectores de la población con el protagonismo y monopolio por las clases pudientes secularmente unidas al catolicismo. Los conversos protestantes fueron víctimas de las múltiples manifestaciones de intolerancia al uso: condena de sus doctrinas, prohibición de manifestación externa de señas de identidad protestante y de cualquier tipo de publicidad que pudiera significar atentar o amenazar contra el dominio católico, excomunión a todos aquellos que aceptaran las nuevas doctrinas, y fácil y pronto recurso a la violencia física y verbal hacia los misioneros, conversos protestantes y sus lugares de reunión, a las que había que sumar las variadas formas de discriminación social, avaladas por las diferentes constituciones, como la pérdida de trabajo, hacienda o expulsión de la ciudad.

Los gobiernos republicanos favorecieron a la Iglesia católica, en cuanto institución que contaba con muchas asociaciones que permeaban la sociedad y ejercían un dominio centralizado, dado el vacío de poder dejado por España. La Iglesia católica se constituyó en la institución de mayor fortaleza y fue declarada religión oficial de muchos estados; por ejemplo, la Constitución de Cúcuta, expedida en 1821 en Colombia, hace referencia a la religión católica en los siguientes términos: "Ella ha sido la Religión de nuestros padres y es y será la Religión del Estado". Los principios básicos de la modernidad política, como la tolerancia, la libertad religiosa y la libertad de conciencia fueron rechazados desde la concepción misma de las nuevas Repúblicas latinoamericanas independientes del reino de España. Y así se mantuvo durante muchos años frente a presiones e intereses nacionales o extranjeros. Durante el curso de las negociaciones de un tratado mercantil firmado entre Gran Bretaña y la Gran Colombia en 1825, los británicos exigieron como requisito la libertad de cultos, pero esta prerrogativa no fue aceptada por la fuerte oposición de los conservadores, quienes consideraban que el país no estaba en capacidad de comprender la libertad religiosa y gozar de ella. Pero algunos sectores sociales en ascenso, como comerciantes, artesanos y manufactureros, así como algunos miembros de profesiones liberales y líderes políticos, entre los que se encontraba el propio Simón Bolívar, constituyeron un frente social que se oponía a las instituciones y normas de los tiempos coloniales. Este movimiento fue definido como liberalismo ilustrado y se enfrentó a quienes añoraban la condición histórica anterior, especialmente a la Iglesia católica. Poco a poco, los gobiernos liberales fueron introduciendo la libertad de cultos en sus respectivas constituciones. En mayo de 1832 —once años después de la independencia de la nación—, el presidente Mariano Gálvez modificó la constitución de la República de Guatemala, de tal forma que garantizara por primera vez la libertad religiosa o de cultos. Hasta ese momento, la Constitución de las Provincias Unidas (1824) dictaba que la Iglesia católica era la religión del Estado, prohibiendo la expresión de la fe cristiana que no fuese la católica.

La penetración evangélica en la región del Pacífico nicaragüense tuvo lugar durante la Revolución liberal del presidente José Santos Zelaya, en 1893. Zelaya inició la reforma liberal promoviendo la modernización de las estructuras económicas, jurídicas, sociales y religiosas del país. Los misioneros evangélicos que llegaron en 1893 coincidieron con esos postulados reformistas. Y contribuyeron tanto como los liberales a abrir nuevos espacios religiosos frente la hegemonía de la Iglesia católica. En esa época, ser liberal y evangélico eran dos dimensiones convergentes, como lo era el ser conservador y católico. Intereses religiosos y políticos fueron de la mano y determinados eclesiásticos y el Estado se unieron para imponer un proyecto económico liberal con pluralismo religioso[84]. Zoilo Irigoyen, caudillo de la Revolución liberal en Ecuador, con el grado de Capitán de Infantería, era un converso de Francisco Penzotti en Perú y, al igual que éste, había distribuido la Biblia en los lugares fronterizos entre Perú y Ecuador en 1890 y sucedido en el pastorado de la Iglesia metodista del Callao a Penzotti. En 1895 dejó el pastorado en el Perú y se unió a las fuerzas revolucionarias de Eloy Alfaro.

El papa Pío IX condenó de manera absoluta el liberalismo político y "la civilización moderna" en el *Syllabus* de errores (1864), lo cual dio fuerza a los conservadores para oponerse a los proyectos liberales, recurriendo al levantamiento de las masas populares en nombre de la "santa religión". La nueva Constitución de Ecuador (Carta Negra), impuesta por Gabriel García Moreno en 1873, incluía en el código penal la pena de muerte para quienes intenten abolir o variar la religión católica romana[85]. En 1897 el arzobispo de Quito convocó a una guerra santa contra el liberalismo, pero ya era tarde. La Asamblea Nacional Constituyente declaró por primera vez la libertad de conciencia en el Ecuador (1897) y abolió el Concordato con el Vaticano.

Encuentro con el indígena.

Lo más notable del protestantismo en Latinoamérica ha sido la incorporación de pueblos indígenas marginados al mensaje evangélico. "Mientras que durante siglos los indígenas estuvieron sometidos al poder del más fuerte, marginados de las situaciones nacionales de nuestros países, incluso si eran países independientes, hoy presenciamos en todo el continente un despertar de las aspiraciones de vida digna para las poblaciones indígenas. A todos esos pueblos han llegado predicadores del evangelio que les han hablado una Palabra liberadora de Dios, de su destino como hijos de Dios, de su derecho a vivir una vida humana, de la vida abundante que es prometida también para ellos"[86].

Chimborazo.

Los pueblos indígenas, aunque sometidos, habían protagonizado de vez en cuando revueltas, como el levantamiento producido en 1883 en Ecuador, en la región de Cajabamba,

---

[84] Véase Jean-Pierre Bastian, *Protestantismo y modernidad Latinoamericana: Historia de unas minorías religiosas activas en América Latina*. FCE, México 1994.

[85] Es lo que se llama el "período teocrático" (1860--1895); el estado quedó unido a la Santa Sede, la Constitución limitó la ciudadanía a los católicos practicantes, otorgó a la Iglesia el control absoluto de la educación y, en 1873, el presidente dedicó la República al Sagrado Corazón de Jesús.

[86] Emilio Castro, *Las preguntas de Dios. La predicación evangélica en América Latina,* p. 26. Kairós, Buenos Aires 2004.

contra el despojo de sus tierras y cobro de diezmos por parte de la Iglesia católica, que un año después se extiende a Licto, Pungalá y Punín. La provincia del Chimborazo es la de mayor población indígena, y a su vez una de las provincias más pobres en el Ecuador, sometida al sistema de hacienda, así como gran parte de las zonas rurales andinas. Un día, en 1902, dos mujeres solteras fueron a vivir a una villa india, llamada Caliata. En un principio hubo oposición, pero no muy severa porque se creía que el indio era una bestia de carga sin alma y que no respondería a las enseñanzas del Evangelio por los extranjeros.

Cincuenta años después la provincia del Chimborazo registra transcendentales cambios políticos y estructurales al sistema de hacienda, mediante las reformas agrarias de 1964 y 1973, socavando en gran medida, la hegemonía de los grupos de terratenientes y eclesiásticos. Paralelamente a estos cambios políticos y estructurales, la *Gospel Missionary Union* (GMU) incorpora personal técnico como educadores, médicos e ingenieros agrícolas, a través de los cuales, adicionalmente a su labor religiosa, ofrecen servicios sociales como escuelas, hospitales y asesoría agropecuaria, negados hasta ese entonces a los indígenas, todo lo cual se conjugó para que sectores marginados y postergados de la población indígena entraran a formar parte de las iglesias protestantes[87]. Frente a discursos de clase que negaban al evangelicalismo cualquier tipo de sintonía con el universo indígena, ha resultado que los interesados han encontrado en el discurso evangélico la posibilidad de reconstruir su identidad, marcada por la opresión en todas sus expresiones. "Hemos aprendido algo, hemos hecho reuniones y hemos aprendido que todos somos válidos ante Dios, somos hombres y mujeres los que valemos y no los unos más que los otros. Las mujeres tenemos que aprender la Palabra del Señor, saber predicar, saber dirigir y saber de todo"[88]. Actualmente hay más de quinientas iglesias evangélicas en la provincia de Chimborazo, organizadas en la Asociación de Indígenas Evangélicos del Chimborazo (AIECH).

Los toba.

La Iglesia evangélica llegó a los indígenas toba de las provincias de Chaco y Formosa, en el nordeste argentino, en 1931, de la mano del misionero británico John Church, de la Misión Emmanuel. Un año después se instala, junto a su colega John Dring, en el paraje conocido entre los tobas como *chigishilae,* literalmente, una "laguna donde otros se reúnen", donde fundan allí una misión que incluye una clínica médica, una escuela y un almacén. De aquí saldrá la primera Iglesia autónoma indígena de Argentina, la Iglesia Evangélica Unida (IEU), que constituye un momento clave de la historia socio-religiosa de los toba. Es la Iglesia de mayor difusión entre los toba, extendiéndose progresivamente a otras poblaciones indígenas de la zona chaqueña como los *pilaga, wichi* y *mocoví,* radicados en diferentes ciudades del país: Resistencia, Rosario, La Plata, y conforman "barrios tobas". Los toba evangélico-pentecos-

---

[87] Véase Conrad L. Kanagy, "The Formation and Development of a Protestant Conversion Movement among the Highland Quichua of Ecuador," *Sociological Analysis,* 51:2 (Summer 1990), 205-217; donde se examinan los aspectos sociales y económicos de las conversiones protestantes entre los indígenas de Chimborazo. Por su parte, Blanca Muratorio, en "Protestantism, Ethnicity and Class in Chimborazo", *Cultural Transformations and Ethnicity in Modern Ecuador,* p. 506-534, describe y examina los cambios producidos por los campesinos de Chimborazo debido a su conversión al protestantismo.

[88] Citado por Héctor Laporta, *Protestantismo: Formas de creencia* (tesis de maestría, 1993).

tales han logrado cambiar la vieja imagen de indígenas marginales —culpabilizados además de una marginación impuesta desde fuera—, permitiéndoles el acceso a la cultura de la clase dominante y a los recursos legales necesarios para no seguir perdiendo sus tierras. Los tobas antiguos eran considerados "salvajes", "borrachos", que "siempre andaban bailando", y se los relacionaba con un amplio espectro de carencias: "no trabajaban", "no tenían casas, andaban de un lado al otro" (en alusión al nomadismo), eran "pobres", "no tenían Dios", eran "ignorantes", no conocían el idioma castellano, etc., pero los misioneros, que junto a la Biblia, llevaron los primeros rudimentos del idioma castellano, facilitaron la obtención de los documentos de identidad e inclusive apoyaron los viajes a Buenos Aires de algunos caciques para obtener títulos para las tierras. El *evangelio* es ahora para ellos su peculiar seña de identidad religiosa y social[89].

La Misión Patagónica.

La obra entre los indígenas de la Tierra de Fuego refleja tanto el espíritu aventurero de los misioneros protestantes como la acuciante preocupación por alcanzar a los pueblos no evangelizados. Todo empezó de un modo casual, debido a una de esas figuras románticas y aventureras de la época, Allen Francis Gardiner, quien, en 1821, llegó a Chile como marinero, pero sin ninguna inquietud religiosa. Sin embargo, en la Patagonia se sintió conmovido por el estado de los indígenas. De vuelta a Inglaterra intentó convencer a la Sociedad Misionera de Londres de apoyar una misión entre ellos, pero sin conseguirlo. Luego de varios periplos e intentos fallidos en Chile, Sudáfrica, Nueva Guinea, Estrecho de Magallanes y Bolivia, Gardiner creó la Sociedad Misionera de la Patagonia, y en 1850 desembarcó en *Spaniard Harbor* (lo que ahora se denomina Bahía Aguirre), en el Estrecho de Magallanes, junto a seis hombres. Había organizado la llegada de provisiones desde Inglaterra y Montevideo, pero ambas estrategias fracasaron debido a un accidente geológico del lugar. Bajo el agua de la bahía se encuentra un acantilado continental en que la profundidad del agua pasa de cien a cuatro mil metros. Cuando se desencadena una tormenta desde el polo, el movimiento masivo del océano golpea este promontorio submarino y se forman enormes olas que se derraman sobre la tierra con aguas llenas de espuma, y ocurrió que, mientras los misioneros almacenaban suministros en una cueva, estalló una tormenta que inundó la cueva. La mayoría de los suministros desaparecieron. Puerto Español *(Spaniard Harbor)* estaba fuera de las rutas de navegación y durante meses no recibieron auxilios. Nunca más salieron de allí; uno a uno fueron muriendo derrotados por el escorbuto, el frío y el hambre. Parece ser que Gardiner fue el último en morir: su última nota manuscrita estaba fechada el 5 de septiembre de 1851[90]. El martirio de Gardiner hizo que fluyese dinero a la Sociedad Misionera de la Patagonia, el cual permitió flotar una goleta que, en otoño de 1854, partió del puerto de Bristol

---

[89] Edgardo Cordeu y Alejandra Siffredi, *De la Algarroba al Algodón. Movimientos Milenaristas del Chaco Argentino*. Juárez Editor, Buenos Aires 1971. Elmer Miller, *Los tobas argentinos, armonía y disonancia en una sociedad*. Siglo XXI, México 1979. Pablo Wright, "Presencia protestante entre indígenas del Chaco Argentino", en Scripta Ethnologica, vol VII: 73-84, Buenos Aires 1983.

[90] Arnoldo Canclini, *Allen F. Gardiner, marino, misionero y mártir*. Buenos Aires 1979; Bárbara Bazley, *Somos Anglicanos 1996*. John W. Marsh y White H. Stirling, *The Story of Commander Allen Gardiner, with Sketches of Missionary Work in South America*. Londres 1867.

(Inglaterra) rumbo a las Malvinas. Las donaciones permitieron arrendar la isla de Keppel, un territorio deshabitado de más de 2.500 hectáreas, que estaba en una bahía sobre el lado norte de la isla Malvina occidental. En este lugar se estableció un puesto misionero que con los años permitió abastecer de víveres a los misioneros. Allí se llevaban grupos de seis a ocho yámanas, que recibían instrucción. A su vez, los misioneros intentaron aprender el idioma. La obra fracasó nuevamente, luego de que los yámanas mataran a un grupo de misioneros que había comenzado un servicio religioso en tierra . A pesar de esto, White Hocking Stirling, quien de joven había escuchado charlas de la Sociedad Misionera de la Patagonia, partió en 1862 junto a su esposa y otros hacia Keppel. La estación misionera estaba bien cuidada, y un joven inglés ya dominaba el idioma yámana. Luego de que, en 1868, un asentamiento cristiano en Navarino prosperara, Stirling decidió vivir entre ellos. Eligió la bahía de Ushuaia, donde se instaló en 1869, una elección feliz, porque Ushuaia está en la costa meridional de la isla de Tierra del Fuego, a corta distancia. Logró entablar amistad con los yámanas, entre quienes vivió siete meses. Stirling fue el primer blanco que vivió entre los yámanas. Después volvió a Inglaterra para ser ordenado obispo de las Islas Malvinas, ya que este era el único territorio británico en la región donde podía instalarse legalmente un obispo inglés. Stirling permaneció treinta años como obispo, luchando para que las capellanías aprendieran el idioma nacional y extender sus servicios también a las personas de habla no inglesa.

Con la llegada de argentinos y chilenos a la Patagonia, los indios fueguinos sufrieron diferentes contagios a causa de los barcos que llegaban de lugares lejanos y de los animales importados. En poco tiempo murió la mitad y la otra estaba tan débil que ni siquiera podía enterrar a sus muertos. De una población estimada de seis mil individuos, el censo de indios fueguinos descendió a tres mil, y alrededor de principios del siglo era de más o menos un millar. El ya obispo Stirling promovió la causa entre los mapuches y esta vez la Iglesia de Inglaterra entregó fondos. Cinco misioneros se dirigieron a Chile, quienes comenzaron a llegar en 1895. Entre ellos Carlos Sadleir, quien defendió a los mapuches de las usurpaciones de tierras. Decidió que el lugar más apropiado para la misión era Chol-Chol, que con Temuco y Maquehue fueron los centros de expansión. Esta vez, uno de los mayores problemas estaba resuelto, pues Carlos Sadleir traía un diccionario mapuche. Comenzó a traducir himnos y la Biblia con la ayuda del cacique Paillalef. Los anglicanos apoyaron su misión sobre dos pilares: la educación y la salud. Mediante la educación los mapuches estarían en una posición más fuerte para evitar usurpaciones de tierras, y la salud incluía oponerse al consumo de alcohol.

Expulsiones en Chiapas.

El monopolio religioso que durante siglos ejerció la Iglesia católica ha desaparecido dando lugar a un proceso de *recomposición religiosa* que se expresa en el creciente avance de los grupos protestantes de nuevo cuño, la revitalización de religiones indígenas ancestrales, las expresiones de religiosidad presentes en ambientes no convencionales y el surgimiento de nuevos movimientos religiosos. Este proceso se ha enfrentado con oposiciones violentas que, en el caso de México, concretamente en el estado de Chiapas, representa una herida abierta en la sociedad chiapaneca. Indígenas frente a indígenas por la cuestión religiosa. En las sociedades indias de Chiapas, la tradición religiosa representa la columna vertebral de su cosmovisión. Esta religiosidad es una mezcla en la que sobreviven algunas creencias prehispánicas, con incorporaciones nuevas. En otros estados, como Tabasco, el movimiento evangélico se ha desarrollado sin problemas entre las tribus de los *otomi, tzeltal* y *chol*. En Oaxaca varios municipios indígenas tienen hasta un 90 por ciento de su población con prácticas religiosas distintas al catolicismo. De acuerdo con algunos sociólogos, integrantes de la Academia Mexicana de Ciencias, del total de la población indígena de todo el país, por lo menos un 11 por ciento ha dejado la religión católica para profesar otra de tipo evangélico: "Hemos registrados municipios completos con un 90 por ciento de conversos a religiones evangélicas. Es un fenómeno que crece mucho, a pasos acelerados, y eso en los pueblos indígenas que trae fuertes cambios en la cosmovisión y la práctica ritual de las comunidades". La etnóloga Alicia Barabas, adscrita al Instituto Nacional de Antropología e Historia, asegura que en la actualidad ese proceso de conversión se da prácticamente en todos los grupos étnicos del país, incluso en aquellos muy tradicionales como los *mixes* del estado de Oaxaca.

Pero en Chiapas la fuerza conjunta de hacendados y clero conservador provoca conflictos sociales, presentando a los evangélicos como una amenaza para la colectividad. Es obvio que las conversiones rompen la uniformidad religiosa, y con ella la manera de entender la sociedad y la política conservadora y monolítica. En Los Altos y la Selva Lacandona, región chiapaneca fronteriza con Guatemala y con Tabasco, los asentamientos evangélicos se iniciaron, en términos generales, a partir de la década de los treinta. Desde entonces, con ritmos más intensos en unos lugares y menores en otros, los protestantes indígenas han tenido que enfrentar toda clase de hostigamientos simbólicos y violentos por parte de poblaciones reacias a respetar su derecho a cambiar de religión[91]. Los actos de agresión son presentados, conforme al discurso antiprotestante, como defensa de valores tradicionales, y los agredidos son estigmatizados como *agresores*. Desde los años setenta empezaron a tener lugar desplazamientos forzosos de grandes grupos de indígenas conversos al protestantismo; según un cálculo hecho en diciembre de 1993 por líderes evangélicos mestizos, la cifra de protestantes expulsados por la intolerancia religiosa en Los Altos de Chiapas se estimó en 33.531 personas: más de treinta mil provenían del municipio tradicionalista de San Juan Chamula. Una parte de los desplazados son católicos identificados con la línea pastoral del obispo Samuel Ruiz García, quien estuvo al frente de la Diócesis de San Cristóbal de Las Casas durante cuatro décadas (1960-2000)[92]. Estos católicos también tienen conflicto con la simbiosis reli-

---

[91] Un hecho que impactó fuertemente entre los indios evangélicos fue el brutal asesinato, en 1981, de uno de sus líderes históricos, Miguel Gómez Hernández. Sus primeros contactos con misioneros protestantes se iniciaron en 1960. Poco a poco se fue interesando en el mensaje que le compartían y su conversión le dio un giro a su vida. En octubre de 1964 llevó a cabo la primera reunión evangélica en el paraje Vinictón, localizado cerca de la cabecera municipal de San Juan Chamula. Desde su juventud se le conoció por el apodo de Miguel Caxlán, por vestirse a la manera de los mestizos. Durante varios años estuvo al frente de las congregaciones evangélicas que se extendían por distintas partes del territorio chamula, enfrentando a los caciques y demandando justicia en las instancias gubernamentales para los expulsados. El 24 de julio de 1981, en las afueras de San Cristóbal de Las Casas, el dirigente fue secuestrado y llevado a San Juan Chamula. En este lugar "lo torturaron brutalmente, le quitaron el cuero cabelludo con un machete, le arrancaron la piel del rostro, le sacaron el ojo derecho y le arrancaron la lengua y la nariz. Después lo llevaron al paraje Milpitulá, cerca de Pajaltón. Lo metieron en el monte y allí murió ahorcado" (*Comunión*, 1994,22).

[92] Jean Meyer, *Samuel Ruiz en San Cristóbal*. Tusquets Editores, México 2000.

gioso-política que representan los caciques del Partido Revolucionario Institucional, quienes al mismo tiempo ostentan cargos religiosos tradicionales.

Con todo, ha calado tan hondo en la conciencia de clase la simbiosis entre catolicismo y cultura nacional, que hasta antropólogos marxistas, de profesión ateos, han defendido a la religión católica como la única religión posible de los indígenas, silenciando los atropellos en su contra. Se cree que el protestantismo evangélico en tierras indias es una penetración extranjera que manipula a los indios con propósitos políticos afines a los países de donde proceden los misioneros. El sociólogo Carlos Martínez García, miembro fundador del Centro de Estudios del Protestantismo Mexicano, ha documentado suficientemente que la presencia misionera norteamericana en Chiapas ha sido muy pequeña, si se la contrasta con el papel que han jugado los indígenas en el desarrollo del evangelicalismo en la entidad[93]. George Collier, un conocedor de la cultura indígena alteña de Chiapas, al tratar de explicar el proceso de toma de conciencia de los indios, no duda en reconocer como pioneros en este camino a los evangélicos que emigraron a la Selva y fueron construyendo sus espacios sociales de manera contrastante con los de otras adscripciones religiosas. "Las iglesias protestante y evangélica ofrecían congregaciones más participativas y democráticas de lo que muchos de los colonos estaban acostumbrados. Mujeres y niños eran bien recibidos e incluidos en los servicios religiosos, lo que contrastaba agudamente con las prácticas religiosas más patriarcales de la mayoría de los poblados de origen de los colonos. En vista de que estas nuevas formas de adoración tuvieron tan buena acogida, la Iglesia católica de Chiapas oriental comenzó a adoptar algunas de las características más democráticas de las iglesias protestantes"[94].

El número de los desplazados aumenta en Chiapas, siguen impunes los asesinatos de pastores y fieles; todavía en abril de 1998 un grupo de católicos puede tomarse la libertad de incendiar templos protestantes. La respuesta, quitando un caso aislado en noviembre de 1995[95], no ha sido el enfrentamiento armado, sino el camino legal, que en 1984 tomó forma mediante el Comité Estatal de Defensa Evangélica de Chiapas, organismo encargado de hacer valer sus derechos conforme a las leyes mexicanas[96].

---

[93] Carlos Martínez García, "Pluralismo religioso en Los Altos de Chiapas: algunas implicaciones socioculturales" (Ponencia presentada en el IX Encuentro Nacional del Grupo de Trabajo Estado, Iglesia y Grupos Laicos, organizado por el Consejo Mexicano de Ciencias Sociales y la Universidad de Guadalajara, Chapala, Jalisco, 7-11 de marzo de 1994). "Diversidad religiosa y derechos humanos en la frontera sur de México" (Comisión Nacional de los Derechos Humanos, México 2001). Véase Gabriela Robledo Hernández, Disidencia y religión: los expulsados de San Juan Chamula, (Universidad Autónoma de Chiapas, Tuxtla Gutiérrez, Chiapas 1997).

[94] George A. Collier, ¡Basta! Tierra y rebelión zapatista en Chiapas. UNACH-Institute for Food and Development Policy, Tuxtla Gutiérrez, Chiapas 1998.

[95] Cuando, en la comunidad chamula de Arvenza, tuvo lugar un enfrentamiento armado entre evangélicos y católicos tradicionalistas. El saldo fue de cinco católicos muertos y uno protestante. Un pastor, que en ese año fue presidente de la Alianza Ministerial de Los Altos de Chiapas, justificó la acción argumentando que no les habían dejado otra alternativa, y que, además, había quedado demostrado con el alzamiento del Ejército Zapatista de Liberación Nacional que las armas eran la mejor forma de llamar la atención hacia una problemática con hondas raíces que se estaba prolongando durante décadas sin recibir el auxilio gubernamental.

[96] Véase Centro de Derechos Humanos Fray Bartolomé de Las Casas, "Donde muere el agua. Expulsiones y derechos humanos en San Juan Chamula" (San Cristóbal de Las Casas, Chiapas 2001); Comisión Nacional de Derechos Humanos, "El problema de las expulsiones en las comunidades indígenas de Los Altos de Chiapas y los derechos humanos" (Segundo Informe, CNDH, México 1995).

La Iglesia Contemporánea - Años 1901 al 2005 d. C.

Los años heroicos.

Los primeros conversos latinoamericanos al protestantismo tuvieron que soportar desde el principio la marca del *hereje,* silenciado, incomprendido, calumniado. Nadie se salvaba de ser considerado un *apóstata,* un *traidor* de la fe de sus mayores y desleal a las esencias patrias, y tratado como tal, siempre discriminado, y a veces con violencia. Durante la primera mitad del siglo XX prácticamente hasta el Concilio Vaticano II, la persecución religiosa está al orden del día, la marginación es un hecho consumado. El intelectual mexicano Carlos Monsiváis (n. 1938), de trasfondo metodista, alumno de Gonzalo Báez Camargo (1889-1983)[97], dice que si el protestantismo tuviese procesos de beatificación y canonización, la lista de candidatos sería larga y también incluiría niños dado su alto porcentaje de mártires. Se ataca con furia el avance evangélico, y se incendian templos; los asesinatos de pastores y laicos no escasean. En México, "entre 1948 y 1953, aproximadamente, el programa antievangélico alcanza proporciones amplias, a solicitud evidente del arzobispo Luis María Martínez, decidido a frenar «el avance de la herejía». Don Luis María parece moderno, es omnipresente en cenas y cócteles de la burguesía, cuenta chistes levemente audaces, bendice todos los edificios y comercios nuevos y es miembro de la Academia de la Lengua. También es un cruzado de la fe a la antigua, y aplaude sin remordimiento alguno la cacería de herejes"[98].

También en Latinoamérica es verdad el viejo adagio de Tertuliano de que "la sangre de los mártires es semilla de cristianos". Lejos de amedrentarse, los conversos al protestantismo viven el alborozo de la fe que, literalmente, les cambia la vida, les llena de un celo religioso antes desconocido, les da acceso al libre examen y los aparta de lo que, a su juicio, es fanatismo y superstición. "Imbuidos de una experiencia de fe personal en Jesucristo, llenos del mensaje bíblico y de un deseo de compartirlo, enfrentaron una situación cultural monolítica, que impedía que hubiese una verdadera libertad de expresión y de culto. Su gran preocupación era anunciar la libertad de los hijos de Dios y convocar a toda la población a hacer una decisión personal frente al mensaje evangélico. Para muchos pobres de América Latina, la predicación evangélica constituyó la primera vez en que los mismos se sintieron consultados por un mensaje que les pedía una decisión personal. Dios mismo se había ocupado de cada uno de ellos por medio del sacrificio de Cristo en la cruz y de su resurrección, dándoles la promesa y la seguridad de una vida nueva. En consecuencia, este mensaje desafiaba a la sociedad respecto a su carácter monolítico en lo cultural y religioso, y la obligaba a repensar sus valores fundamentales"[99].

A comienzos de siglo, en el año 1900, sólo había 50.000 protestantes en toda la América Latina. Dieciséis años después se habla de unas 487.000 personas, pero la mayoría de ellas vivían en las Antillas Británicas y en sus colonias en tierra firme. Del número indicado, sólo 93.237 eran latinoamericanos bautizados. En 1925 se celebró en Montevideo el Segundo Congreso Evangélico; en ese año los protestantes eran unos 750.000, pero de éstos sólo 122.266 eran latinos bautizados. El temor a la exclusión social y los prejuicios antiprotestantes parecían poner freno al avance misionero protestante. Sólo los muy convencidos y valien-

---

[97] Véase Jean-Pierre Bastian, Una vida en la vida del protestantismo mexicano. CEPM, México 1999.
[98] Carlos Monsiváis, "La intolerancia religiosa", en la *Comisión Nacional de Derechos Humanos*.
[99] Emilio Castro, *op. cit.,* p. 15.

tes se atrevían a identificarse con el movimiento evangélico. En la década de 1930-1940 este cuadro empezó a cambiar. Se inició un período de crecimiento rápido. Al llegar al año 1936, la comunidad protestante había alcanzado la cifra de 2.400.000 miembros y ahora la mayoría era definitivamente latina. Los latinoamericanos tomaron entonces la iniciativa y celebraron el I Congreso Latinoamericano en Buenos Aires, en 1949. Desde aquel año, el avance se puede calificar de fenomenal:

1960: 10.000.000 1967: 15.000.000 1972: 20.000.000

Según expertos en materia de estadísticas, por el año de 1963 la comunidad protestante aumentaba a razón del 15% por año, mientras la población civil sólo lo hacía en el 3%.

Un estudio comparativo entre principios y finales del siglo XX arroja las siguientes cifras, teniendo en cuenta que, mientras en el curso de este siglo la población mundial ha crecido 3,74 veces, en América Latina se ha multiplicado casi 8 veces. En 1900 la población total ascendía a 65 millones, que se multiplicaba en 519 millones en el año 2000. De esa población de principios de siglo 62 millones se confesaban cristianos, lo que representaba el 95'2%; a finales de siglo aumenta el número de cristianos confesos a 481 millones, pero desciende ligeramente su porcentaje, 92'75% en relación a la población total.

	Año 1900		Año 2000	
	Millones habitantes	Porcentaje	Millones habitantes	Porcentaje
Católicos	59	90'1%	461	88'8%
Evangélicos	0'7	1'2%	40'3	7'8%
Pentecostales/Carismáticos	0'01	0'0%	141	27%
Anglicanos	0'7	1'1%	1	0'2%
Protestantes	0'9	1'4%	46	9'3%
Ortodoxos	0'7	1'1%	0'5	0'1%
Iglesias independientes	0'03	0'1%	39	7'7%
Cristianos marginales	0'003	0'0%	6	1'3%

El catolicismo pierde su monopolio, mayormente a favor del protestantismo de corte evangélico y pentecostal, que, a nivel mundial, es el sector de mayor crecimiento[100]. El pluralismo religioso y la desinstitucionalización de las creencias desembocan en una transformación del campo religioso y social lleno de retos y desafíos para las iglesias.

---

[100] D.B. Barrett, G.T. Kurian, T.M. Johnson, *World Christian Encyclopedia*. Oxford, Oxford University Press, 2001. "Annual Statistical Table on Global Mission", en *International Bulletin of Missionary Research,* 1998-2002.

Primeras denominaciones protestantes en Latinoamérica.

Anglicanos.

Los *anglicanos* fueron los primeros en establecerse en América Latina. En 1819 llegaron a Brasil, seguidos por luteranos, presbiterianos escoceses en Argentina, y más tarde, valdenses en Uruguay. Se pueden rastrear tres causas principales que favorecieron esta penetración: la expulsión de los jesuitas a fines del siglo XVIII, la oposición de Roma a los "revolucionarios" y "liberales", y la apertura generalizada a las nuevas ideas. Los servicios para anglicanos de habla inglesa se iniciaron en Argentina en 1824 y en Chile en 1825, en las casas particulares de entusiastas creyentes laicos.

Presbiterianos.

Los *presbiterianos* iniciaron su obra en Colombia en el año 1856 con Henry B. Pratt (1832-1912), quien sentó las bases de las iglesias presbiterianas de Bogotá y Bucamaranga, ciudad ésta donde fundó y dirigió el primer periódico colombiano; en Brasil en 1859, con Ashbel G. Simonton; en México en 1866 con Melinda Rankin[101] —aunque no es hasta 1872 que se organiza el primer presbiterio—; en Chile en 873, con David Trumbull (1819-1889), graduado en la Universidad de Yale y en el Seminario Teológico de Princeton; influyó en el congreso para declarar una libertad limitada de cultos y en 1886 se nacionalizó como chileno, hasta tal punto llegó su identificación con su país adoptivo; y en Guatemala en 1882, con el misionero John Hill, invitado por el presidente Justo Rufino Barrios.

Metodistas.

Los *metodistas* comenzaron en Brasil en 1835 y fracasaron, pero continuaron con éxito en 1876 cuando la Junta de Misiones de la Iglesia Metodista Episcopal decidió enviar a un misionero permanente, John James Ranson; llegaron a Uruguay en 1835, y también fracasaron, pero recomenzaron en 1867; en México, en 1873, y en Chile, en 1879. El primer templo de Iglesia metodista en México fue consagrado al servicio divino en la Navidad de 1873 por el Dr. Guillermo Butler, anteriormente misionero en India. Puebla, Pachuca, Orizaba, Querétaro, Guanajuato y Oaxaca, fueron las primeras ciudades a las que se extendió la obra metodista en México. En Chile fue el evangelista californiano y más tarde obispo William Taylor, el encargado de reclutar misioneros para servir en un proyecto educativo religioso de financiamiento propio, que constituiría la base para la propagación del evangelio en Latinoamérica. Entre los voluntarios estaban los esposos Ira H. La Fetra y Adelaide Whitefield, quienes llegaron a Chile con el primer contingente en 1879. Fundaron y fueron los primeros directores del "Santiago College". Al organizarse la Conferencia Anual en 1901, la Iglesia metodista en Chile tenía 32 pastores, de los cuales 17 eran misioneros y 13 nacionales.

El obispo William Taylor escogió Perú para su intento de establecer una misión metodista. Logró establecer misiones en Callao, Mollendo, Tacna, Iquique y las Islas Lobos (1877).

---

[101] Melisa Rankin, *Veinte años entre los mexicanos*. El Faro, México 1958; Daniel García Ibarrra, *Inicios de la Iglesia Presbiteriana en México*. El Faro, México 1986.

Este esfuerzo se caracterizó por la política de establecer desde sus comienzos un sistema de *automantenimiento* de la obra en base al establecimiento de escuelas o iglesias conjuntamente. Aparte de los inconvenientes del sistema y los problemas de salud y adaptación de sus misioneros, surgieron problemas mayores, como las pestes de fiebre amarilla, maremotos y por último la guerra con Chile. La obra así empezada tuvo que clausurarse poco a poco y sólo permaneció la del Callao, que estuvo a cargo del pastor J. M. Baxter desde 1879. Éste se mantuvo valientemente en su puesto hasta 1887, año en que dejó el país; con su partida se dieron por terminadas en el Perú las misiones de autosostén de William Taylor. Unos años después, en 1888, llegó al Callao el pastor Francisco G. Penzotti[102], procedente de Uruguay, como colportor de Biblias por encargo de la Agencia del Río de la Plata de la Sociedad Bíblica Americana. Resultado de su trabajo fue la primera iglesia evangélica que se fundó en el Perú, conocida como la Iglesia Metodista Episcopal del Callao. Penzotti fue su primer pastor, frente a una membresía de 49 personas, 16 mujeres y 33 varones, de los cuales 15 eran extranjeros y 34 nacionales. El 26 de julio de 1890, Penzotti fue llevado detenido al Castillo Real Felipe, a un calabozo destinado para criminales, acusado de cometer el delito de propagar una doctrina diferente a la Iglesia católica, violando así el artículo 4 de la Constitución. Fue necesario dar muchos pasos y hacer varias gestiones ante las autoridades del poder judicial, reacciones del pueblo y gestiones diplomáticas para conseguir la libertad de Penzotti, ocurrida el 28 de marzo de 1891. Tres años después, Penzotti abandona el Perú para ir a Centro América. Lo reemplaza el pastor ecuatoriano Zoilo Irigoyen, a quien ya tuvimos ocasión de hacer referencia como caudillo de la Revolución Liberal en Ecuador.

La presencia de metodistas en las Antillas propició la denuncia de la esclavitud existente en las colonias. Esto explica la participación de los fieles metodistas, junto a otros protestantes, en la revolución independentista de Cuba en 1868. El reverendo Manuel Deloufeu, de la Iglesia metodista, junto a otros revolucionarios como Ramón Rivero y Esteban Candau, crearían La Liga Patriótica Cubana, de la que posteriormente sería miembro el propio José Martí. Actividades sociales y culturales organizadas por la Congregación Metodista Hispano-Americana de Brooklyn, en la que participó activamente el reverendo Clemente Moya, contribuyeron con apoyo logístico al Ejército Libertador Cubano en la década de los 90[103].

Las misiones metodistas en el Río de la Plata fueron iniciadas en 1836 por el pastor Demspter, pero no adquirieron carácter permanente sino en 1867, en Buenos Aires, y en 1868 Montevideo, donde se establecieron escuelas dominicales y obras de extensión en barrios periféricos y ciudades del interior.

Bautistas.

Los *bautistas* empezaron en México en 1861 con los trabajos bíblicos y misioneros de Santiago Hickey, que llegó a Matamoros procedente de Brownsville (Texas). Al año siguiente pasó a Monterrey invitado por Tomás M. Westrup, inglés radicado en la ciudad y allí, ayudado por Westrup, continuó su trabajo misionero y la distribución de la Biblia como agente de la Socie-

---

[102] Véase Samuel Escobar, ed., *Precursores evangélicos. Diego Thomson y Francisco Penzotti*. Ed. Presencia, Lima 1984.

[103] Calixto Castillo Téllez, *La iglesia protestante en las luchas por la independencia de Cuba (1868-1898)*. Editorial de Ciencias Sociales, La Habana 2004.

dad Bíblica de Nueva York. Hickey inició cultos en español en la casa de los hermanos José M. y Arcadio Uranga. Fue allí donde por primera vez en la historia de México se predicó el primer sermón evangelístico bautista en español, el domingo 1 de marzo de 1863. Al domingo siguiente, 8 de marzo, se estableció en la misma casa la primera Escuela Dominical que hubo en México. El 30 de enero de 1864, en una acequia que corría al noreste del Obispado, fueron bautizados por inmersión Tomás M., José María y Arcadio Uranga. Ese mismo día por la noche, con los tres bautizados, Hickey y su esposa (cinco personas en total), se organizó la Primera Iglesia Evangélica Mexicana, que después tomó el nombre de Primera Iglesia Bautista de Monterrey, que es la iglesia protestante mexicana más antigua del país. Su primer pastor fue Tomás M. Westrup. Antes de terminar el siglo XIX, los bautistas ya contaban con 150 iglesias aproximadamente en todo el país. En 1882 fundaron en Monterrey el Colegio Internacional, que comenzó a impartir clases de primaria de acuerdo con los programas de aquella época; el colegio tuvo el mérito de haber sido la primera escuela que implantó el sistema de co-educación en México, es decir, niños y niñas en la misma aula y con el mismo maestro, lo que causó un gran escándalo una sociedad tan católica y tan conservadora como la de Nuevo León. En 1888, el misionero Guillermo D. Powell fundó el Instituto Zaragoza en Saltillo, escuela teológica que puede ser considerada como el primer Seminario bautista que hubo en México, aunque de corta duración. En 1901 el misionero A.C. Watkins fundó en Torreón, el Instituto Teológico Bautista, el seminario más antiguo de los bautistas en México, en la actualidad Seminario Teológico Bautista Mexicano de Lomas Verdes (Estado de México).

En Argentina, la obra bautista comenzó en 1881, de la mano de Pablo Besson (1848-1932), un pastor suizo bautista, invitado por una pequeña colonia agrícola de bautistas franceses en la provincia de Santa Fe[104]. Lingüista competente y bautista ferviente, Besson se trasladó en poco tiempo a Buenos Aires, donde organizó la primera Iglesia bautista argentina de habla hispana. Esto fue un cambio radical con la tradición, dado que las pocas congregaciones evangélicas hasta entonces estaban disponibles solamente para grupos de lengua extranjera. Besson comenzó una lucha para la libertad religiosa en las distinta áreas del culto, matrimonio civil, entierro oficial para los no católicos, educación, etc. Posteriormente se le unió un misionero estadounidense, Sidney Sowell, que arribó en 1903 como el primer representante de los Bautistas del Sur. En 1909 fue organizada la *Convención Evangélica Bautista,* que actualmente cuenta con más de 450 iglesias y más de 400 otros lugares de predicación afiliados con la Convención, 560 pastores bautistas argentinos y 72 representantes extranjeros de la Junta Misionera Internacional de los Bautistas del Sur, con una membresía global de 67.000 personas.

Además hubo algunas sociedades misioneras independientes que pronto también se preocuparon por América latina. La *América Board* intentó introducirse en Argentina en 1823 pero fracasó; empezó con éxito en México en 1872. *La Sociedad Misionera de Basilea* comenzó obra en Brasil en 1861.

Las *Asambleas de Hermanos de Plymouth* llegaron a Argentina en 1882, de mano de J.H.L. Ewen, de Gran Bretaña, que recorrió Argentina con un coche de caballos ("coche bíblico");

---

[104] Santiago Canclini, *Pablo Besson. Un heraldo de la libertad cristiana.* Convención Evangélica Bautista, Buenos Aires 1933.

y a Venezuela en 1889. *La Misión Centroamericana* inició sus actividades en 1891; la misión *Regions Beyond,* en el Perú, en 1893; la *Unión Evangélica Misionera,* en Ecuador, en 1896; y *la Alianza Cristiana y Misionera,* en Argentina y Chile, en 1897. Típico en muchos misioneros independientes de la época, con escaso o sin ningún apoyo económico, Henry L. Weiss (1867-1915), discípulo de A.B. Simpson (1843-1919), fundador de la *Alianza Cristiana y Misionera,* arribó en Talcahuano (Chile) en abril de 1897, acompañado por su esposa Kate Zacharias y un amigo canadiense, Albert E. Dawson. Invitado por los colonos del área de Victoria, adquirió una propiedad para vivir y comenzar a compartir su fe. Con una imprenta construida por él mismo, imprimió el periódico *La Alianza,* la primera revista no católica de Chile. La prensa jugó un papel primordial en la publicidad de las nuevas ideas religiosas, tanto en Latinoamérica como en la España católica, y fue utilizada generosamente, hasta donde pudieron, por los pioneros del protestantismo en esos países. La aventura de Weiss duró poco: se le prohibió seguir con su publicación, pero se las arregló para seguir imprimiendo tratados, himnarios y porciones de la Biblia, que distribuía gratuitamente, al tiempo que debatía públicamente por los derechos de libertad de prensa y pensamiento. Editó un nuevo periódico, *La Verdad,* que también fue cerrado; sin arredrarse, en 1913 dio a la luz pública el primer ejemplar de la revista *Salud y Vida,* su publicación definitiva que continúa en la actualidad, con una circulación internacional. Los trabajos de Weiss dan lugar a la Corporación Iglesia Alianza Cristiana y Misionera entre los colonos, pero a partir de su muerte, en 1915, la obra se extiende a los nacionales, asegurando así la pervivencia nacional de la Iglesia Alianza en Chile.

Otros grupos y misiones interdenominacionales.

El final de la II Guerra Mundial trajo una gran oleada de misioneros conservadores a la América latina, tanto de misiones interdenominacionales como de nuevas denominaciones. El Concilio Vaticano II produjo un cambio radical en la actitud de los católicos en la América Latina, manifestándose un espíritu más ecuménico y tolerante. Los mismos católicos comenzaron a fomentar la lectura de la Biblia y a interesarse más por las cuestiones sociales, al tiempo que se daba lugar al papel de los laicos en la iglesia. Esta apertura conciliar permitió que se introdujeran nuevos valores como el de democracia, acompañados de mecanismos participativos en la organización como los consejos pastorales en los que sacerdotes, religiosos y laicos pueden expresar su palabra en la administración de la organización y desarrollo de todo el sistema religioso diocesano, de modo que su influencia ha sido creciente en la transformación del conjunto del sistema religioso católico, tanto a nivel de la organización, como de las representaciones, las expresiones y la ética con sentido religioso.

Los contactos ecuménicos entre la Iglesia católica y las iglesias miembros del Consejo Mundial de Iglesias, no han hallado mucha aceptación entre los evangélicos latinoamericanos debido, principalmente, a una razón básica: la reciente historia de intolerancia propiciada por el clero, cuyas heridas se reabren en las campañas contra las "sectas", en las que son incluidas indiscriminadamente muchas iglesias evangélicas, nada sospechosas de las malas artes que se atribuyen a las *sectas*. El espíritu beligerante católico, por su parte, se mantiene vivo debido a que las iglesias evangélicas se nutren de un número significativo de conversos procedentes del catolicismo nominal.

En 1960 Kenneth Strachan, de la Misión Latinoamericana, inició el programa de *Evangelismo a Fondo* en Nicaragua. Este plan de evangelismo intensivo fue puesto en práctica en la mayoría de las repúblicas latinoamericanas, y llegó a ser el prototipo de lo que se llama "evangelismo hasta la saturación", aplicado en principio a un gran número de países en Asia y en África, así como en los Estados Unidos. Evangelistas bajo los auspicios de la *Billy Graham Evangelistic Association u Overseas Crusades* (en castellano Servicio Evangelizador para América Latina, SEPAL), organizaron ministerios internacionales e interdenominacionales, que han dado un gran impulso al movimiento evangélico en Latinoamérica. El argentino Luis Palau (1934) es, sin duda, el más reconocido y popular de ellos[105]. Keith Benstson, misionero de SEPAL le contrató para la revista *La Voz*. A partir de ese momento, Luis Palau comenzó su carrera ascendente de predicación, que le ha llevado a recorrer todos los países latinoamericanos —y resto del mundo— y a predicar a grandes multitudes en teatros, auditorios y estadios.

Crisis, pobreza y nuevos grupos religiosos.

La crisis mundial de los años 70 afectó gravemente a la economía de América Latina y el Caribe, que se ha mantenido en recesión constante durante todo el período y arrastrando grandes deudas con los países ricos. En las dos últimas décadas el crecimiento económico latinoamericano ha sido insuficiente, por debajo del considerado por la Comisión Económica para América Latina de Naciones Unidas como indispensable. Actualmente la deuda externa de los países de la región, en conjunto, es de unos 750.000 millones, más del doble que sólo década y media antes. La pobreza y miseria marcan a una buena parte de los países, que ven como se hunden sus esperanzas en medio de la corrupción generalizada de la clase política y el sentimiento de impotencia por parte del pueblo. Parece que el tiempo de las dictaduras militares se va quedando atrás, pero continúa la lacra de la corrupción política y administrativa. Latinoamérica enfrenta el *Tercer Milenio* con el 44 % de la población latinoamericana sumido en la pobreza, mientras en 1980 era el 39 %; es decir, ahora son 224 millones de latinoamericanos, de los cuales 90 millones son indigentes, están en el extremo último de la pobreza. La distribución del ingreso, después de la aplicación por dos décadas de fórmulas neoliberales, es la más injusta y poco equitativa del mundo: el 20 % más rico de la población latinoamericana recibe un ingreso que es diecinueve veces superior al 20 % más pobre. El índice de desempleo es del 9 % de la población, lo que se agrava realmente con el hecho de que de cada 100 de los considerados empleados, 85 lo están en el llamado sector informal, con muy bajos salarios y desprovistos de derechos laborales y de jubilación. La mortalidad infantil en el primer año de vida es, como promedio, de 35 por 1.000 nacidos vivos. El 13 % de la población es analfabeta, sólo uno de cada tres estudiantes alcanza a llegar solamente a la enseñanza secundaria. La tasa de homicidios que refleja la situación de pobreza, de extrema violencia en esta región, es de 300 por un millón de habitantes, que es el doble del promedio mundial.

Estas circunstancias social, económica y personalmente críticas, frente a la decepción de las alternativas revolucionarias y las soluciones políticas, han influido a que el pueblo recurra

---

[105] Véase Leticia Calçada, *Cristo a las naciones. La historia de Luis Palau y su equipo*. Unilit, Miami 1988.

a la religión, lo que se evidencia en el crecimiento de iglesias y sectas por todo el continente. La Iglesia católica y las Iglesias protestante-liberales hicieron de la *pobreza* y el cambio político temas privilegiados, con una abundante producción literaria; sin embargo, el pueblo humilde no ha respondido a planteamientos ideológicos, sino que, siguiendo intereses personales, motivaciones de índole emocional y necesidades relacionadas con cuestiones tan perentorias como la salud y un mínimo de bienestar general, han optado por Iglesias pentecostales y carismáticas, con sus cultos de sanación y prosperidad en torno a figuras relevantes, *ungidas,* ya sea para acabar con los problemas relacionados la pobreza, la enfermedad y la marginación por cuestión de origen social o color de la piel, al verse integrados en una comunidad más grande e innovadora.

La pobreza y la miseria, como escribe el Dr. Jorge Ramírez Calzadilla, tienen una connotación básicamente económica, social, evaluable cuantitativamente, pero también otra moral, determinable por categorías éticas, que obligan a considerar la justicia de un sistema donde una buena parte de la humanidad está sometida a vivir en gran medida sin esperanzas inmediatas de cambio[106]. De modo que las masas populares, pobres, no se han dejado optar, sino que han optado por propuestas religiosas acordes a su cultura y modos de enfrentar los problemas. Las instituciones religiosas tradicionales parecen atravesar un cierto agotamiento, mientras emergen nuevas iglesias y grupos religiosos cuyo futuro está todavía por ver.

5

La Iglesia Católica en el mundo contemporáneo

La crisis modernista.

La Iglesia católica se despidió del siglo XIX con la pérdida de los Estados Pontificios (1870), la amenaza comunista, el anticlericalismo y la contestación interna, conocida por "modernismo", término acuñado por los censores eclesiásticos. A sus ojos, *modernistas* eran todos los que deseaban la reforma de la Iglesia y de su doctrina para adaptarla al cambio social, cultural y político de los nuevos tiempos. Se produjo un enfrentamiento entre progresistas e integristas, innovadores y reaccionarios, que condenaron cualquier acercamiento de los católicos al mundo moderno, aunque sólo fuera metódico. Hubo entonces una división de dos tendencias dentro del catolicismo: una, la *modernista,* que erige en juez a la conciencia religiosa individual sobre la revelación y la Iglesia, y otra, la *integrista,* fiel a la tradición y el dogma.

El modernismo católico surge de su encuentro con el protestantismo liberal de F.C. Baur y la Escuela de Tubinga. Se dieron varias clases de modernismo, desde un liberalismo más o menos moderado hasta el modernismo más extremo, a la vez que notables diferencias entre el modernismo de Europa y el de Estados Unidos. Conforme al señuelo de progreso deci-

---

[106] Jorge Ramírez Calzadilla, *Incremento religioso y crisis económica. El caso cubano.* Departamento de Estudios Socirreligiosos / CIPS, La Habana 2001.

monónico, los modernistas creían que la sociedad se mueve hacia la realización del reino de Dios, que consistirá en un estado de perfección moral humana, a ser alcanzado mediante un progreso ascendente. Un grupo de teólogos católicos llamados *positivos* por su oposición a la teología *escolástica,* protestaron de que, desde la época de la Reforma, la Iglesia católica se hubiese encerrado más en su sistema tradicional, sin punto de conexión con el pensamiento moderno y los avances científicos. Sin apartarse de la ortodoxia bíblica ni de la tradición patrística, propugnaban un nuevo léxico y nuevos modos de exponer la doctrina católica, de forma que fuese accesible a todos los fieles.

En un principio el papa León XIII (1878-1903) les alentó en su propósito. Algunos eruditos católicos se sintieron atraídos por el modernismo pensando que no era completamente malo y que podía contribuir a la erudición católica, especialmente en sus métodos de investigación. El francés Alfred Loisy (1857-1940) fue el autor más conspicuo a la hora exponer el ideario modernista. En Inglaterra destaca el jesuita George Tyrrell (1861-1909). Ambos fueron excomulgados por Pío X (1903-1914), al considerar que la doctrina modernista era una amenaza mortal a la fe católica, enjuiciada como "la síntesis de todas las herejías". En 1910 impuso al clero católico un juramento antimodernista, que había de ser suscrito por todos los que aspirasen a recibir los grados académicos en cualquier universidad eclesiástica. Posteriormente, Pío XII, con su encíclica *Humani Generis* (1950), condenó además los métodos de la teología positiva y ordenó que se siguieran enseñando y creyendo las conclusiones filosóficas y teológicas de la escolástica tomista. El Concilio Vaticano II (1962-1965) representó un cambio trascendental al respecto, dando vía libre al modernismo ortodoxo[107].

El modernismo nunca formó un todo más que por su condenación de conjunto por el decreto *Lamentabili* (17 de julio de 1907) y la encíclica *Pascendi* (8 de septiembre de 1907). Fue un intento de reformulación de la fe adaptada al hombre moderno, una verificación de los fundamentos del cristianismo con la ayuda de los nuevos métodos críticos e históricos. La intención era buena, devolver a la Iglesia su influjo espiritual sobre los contemporáneos. Los autores modernistas sospechaban de todo dogmatismo, familiarizados como estaban con los nuevos métodos de interpretación de los textos.

Loisy distinguía entre el "Jesús histórico" y el "Cristo de la fe", pero sin dar a entender que esta distinción signifique que el conocimiento del Jesús histórico no tenga ningún papel que representar en la fe, como pretendió más tarde Rudolph Bultmann. Loisy hizo mucho por defender la realidad histórica de Jesús, pero sin profundizar suficientemente en la naturaleza de la intervención de Jesús en la historia. Según Loisy, Jesús no previó explícitamente una sociedad que tuviera la misión de dar a conocer el Evangelio durante los siglos venideros. Predicaba la venida del reino, que debería tomar una cierta forma de sociedad: "Jesús anunciaba el reino, y vino la Iglesia" (*L'Évangile et l'Église,* p. 155). La Iglesia vino para continuar la misión de Jesús en la fase de espera de la llegada definitiva del reino; la acomodación al tiempo permitió su nacimiento y su evolución. Aunque la Iglesia pretende que no cambia, la Iglesia ha cambiado siempre, muchas veces a su pesar, para poder responder a las necesidades de los hombres. La Iglesia hace que la revelación sea siempre contemporánea,

---

[107] Véase R. García de Haro, *Historia teológica del modernismo* (EUNSA, Pamplona 1972); Gonzalo Redondo, *La Iglesia en el mundo contemporáneo (1775-1939),* 2 vols. (EUNSA, Pamplona 1979).

y el conjunto de su historia constituye la revelación permanente, que se produce en la serie de los siglos.

Aunque el modernismo fue una destructiva herejía, es triste, a juicio de algunos historiadores católicos, que los eruditos católicos, tanto los ortodoxos como los heterodoxos, fueran tratados con crueldad; las condenaciones oficiales fueron seguidas de un programa de vigilancia extrema que purgó a las facultades de los seminarios, impuso estrictas censuras sobre los libros y suprimió periódicos amén del mencionado juramento antimodernista.

El desafío totalitario.

Después de la I Guerra mundial se dio en Italia y Alemania el fenómeno político conocido por *totalitarismo,* fórmula que intentaba dar respuesta a las específicas exigencias de una época cambiante, conflictiva, dominada por problemas sociales, políticos y económicos universalmente sentidos, que requerían atención rápida y eficaz. El término remite a Benito Mussolini, al proclamar el Estado como "la verdadera realidad del individuo". Con su "todo en el Estado, nada fuera del Estado", sancionó la calificación de totalitaria para aquella organización política que estaba llamada a crear, programar y cumplir todo lo necesario a la vida histórica de los hombres a través de una organización omnipresente.

El programa totalitario fascista y nazi reacciona contra el marxismo, oponiéndose a su interpretación de la historia y de la sociedad, excluyendo el concepto de *lucha de clases,* pero considerando al Estado como el hecho espiritual englobante llamado a animar la historia. El nuevo Estado se presenta como "Estado ético", con todos los recursos para configurar al hombre del futuro. Tal realización se proclama como el "verdadero socialismo".

Totalitario era también el Estado marxista, aunque postulaba teóricamente lo contrario: la desaparición del Estado. Sin embargo, la realidad fue que los países marxistas desembocaron necesariamente en un Estado totalitario, que se manifestó primero en la Rusia de Lenin y culminó en la de Stalin, hasta el fin de los regímenes comunistas debido a la *Perestroika* de M. Gorbachov.

Fascista, nazi o marxista, el totalitarismo se opone diametralmente al cristianismo y cae bajo el concepto de *idolatría* toda vez que se convierte en instancia absoluta de la vida de cada persona. En lo político, la pretensión absolutista conduce a la tiranía y atenta contra los derechos de los creyentes a no prestar adhesión absoluta nada más que a Dios. El nacionalsocialismo usurpó ciertos términos consagrados del cristianismo, vaciándolos por completo de su contenido genuino y cargándolos de significados profanos; "pervierte y falsifica cada una de las verdades fundamentales de la fe cristiana y conmueve los cimientos de cualquier concepción religiosa" (*Mit brennender Sorge,* 29).

El totalitarismo germano de Adolf Hitler llegó a prácticas extremas, que iban de la esterilización de los minusválidos y enfermos mentales, a la eliminación física del ala radical del partido y a la brutal persecución de los judíos. No se llegó a tanto en Italia, pero el fascismo de Mussolini llevó también a la pérdida de las libertades ciudadanas. En España y Portugal el fascismo significó sustancialmente la victoria de las fuerzas conservadoras. En algunos de estos países, muchos cristianos saludaron el movimiento totalitario como una especie de redención, exponente de un patriotismo cristiano, de lucha contra el viejo liberalismo o contra el socialismo y el comunismo ateo. Bajo el régimen del Tercer Reich, muchos católicos y protestantes alemanes se dejaron llevar por el mito, o mejor, ídolo, del culto a la raza y al líder, el *Führer,* dando lugar a la creación de una Iglesia alemana. El control de la prensa y la radio, la utilización de eslogans, la acuñación de mitos, el empleo de la escuela y las organizaciones juveniles como instrumentos de «interiorización» de los valores y las pautas nazis, fueron técnicas con las que el régimen se introdujo en la conciencia alemana. Nadie podía prescindir de ella sin pagar un alto precio: el asesinato y la internación en los campos de concentración.

El papa Pío XI al principio se mostró cauto con el fascismo italiano, que había llegado al poder en octubre de 1922, y parecía respetuoso con la religión y con la Iglesia. El 11 de febrero de 1929 culminaron las conversaciones y el papa firmó con Mussolini el "Pacto de Letrán", en virtud del cual renunciaba a los Estados Pontificios, y el Estado reconocía la *soberanía temporal* del romano pontífice en la Ciudad del Vaticano y declaraba como oficial la religión católica. Pero con el tiempo se vio claramente que el fascismo trataba de instrumentalizar a la Iglesia para sus fines. Entonces Pío XI formuló la condena de la concepción totalitaria del Estado (*Non abbiamo bisogno,* 15 marzo 1931). En su encíclica el papa no condena directamente el fascismo, pero declara como incompatibles con la doctrina católica algunos de sus principales postulados.

Algo parecido ocurrió en Alemania. En 1933 Pío XI firmó un Concordato con Hitler. El gobierno alemán ofreció a la Santa Sede algunas condiciones muy favorables, pero no las respetó. Miles de curas y monjas fueron arrestados y el jefe de la Acción Católica fue asesinado. Entonces el papa publicó su encíclica *Mit brennender Sorge* (14 marzo 1937), una condena de la Alemania nazi que se cuenta entre las más ásperas que ha pronunciado la Santa Sede. Su sucesor, Pío XII, ha sido acusado repetidamente como "el papa del silencio ante el holocausto de los judíos"[108].

Pío XII y el Holocausto judío.

En los meses en los que Roma estuvo bajo la ocupación alemana, Pío XII dio instrucciones al clero italiano sobre cómo salvar vidas por todos los medios a su alcance. Desde octubre de 1943, Pío XII dispuso que iglesias y conventos de toda Italia sirvieran de escondite a los judíos. Como resultado, y a pesar de que Mussolini y los fascistas habían cedido ante la exigencia de Hitler de comenzar la deportación de los judíos de Italia, muchos católicos italianos desobedecieron las órdenes de los alemanes. Sólo en Roma 155 conventos y monasterios dieron asilo a casi cincuenta mil judíos. Al menos treinta mil hallaron refugio en la residencia estival del pontífice en Castel Gandolfo. Sesenta judíos vivieron durante nueve meses dentro de la Universidad Gregoriana y muchos fueron escondidos en el sótano del Pontificio Instituto Bíblico. Varios centenares se refugiaron dentro del mismo Vaticano. El cardenal Boetto de Génova salvó al menos ochocientos; el obispo de Asís escondió a trescientos judíos durante más de dos años; el obispo de Campagna y dos de sus parientes salvaron a novecientos

---

[108] Véase John Cornwell, *El papa de Hitler.* Planeta, Barcelona 2000. David I. Kertzer, *Los papas contra los judíos.* Plaza & Janés, Barcelona 2003

sesenta y uno en Fiume. Nuevos documentos y estudios imparciales parecen arrojar una luz favorable sobre la actuación papal. De ellos emerge un Pío XII que conocía bien su propio deber y lo cumplía escrupulosamente. No perdió un minuto, era un trabajador incansable y puso todo su empeño, del principio al fin, para salvar la vida de los inocentes, y trató de ayudar a los judíos incluso antes del inicio de la guerra y del Holocausto[109].

La Iglesia confesante evangélica.

Hitler aspiraba a una completa desaparición del cristianismo y sabía que la Iglesia católica representaba un adversario a exterminar por la fuerza; no ocurría lo mismo en su percepción con el protestantismo, al que hacía poco caso confiado en que desaparecería por sí mismo. Pero se equivocaba por completo. Hitler, como dice el profesor Ian Kershaw, valoraba las instituciones —lo mismo que las personas— en términos de poder, y la Iglesia católica, en cuanto institución, era una fuerza unificada que controlaba un tercio de la población alemana. La inexistencia de una Iglesia protestante unida —en aquellos días había veintiocho Iglesias protestantes regionales—, aunque contase con el apoyo nominal de dos tercios de la población, hacía que Hitler mostrase una actitud casi despectiva hacia ella[110]. Ciertamente, los protestantes alemanes, sin organismo unificado de acción, estaban expuestos a los peligros de la manipulación estatal del régimen nazi, a lo que había que añadir, como escribe el profesor Víctor Conzemius, una tradición popular de piadoso respeto hacia el Estado. Por esta razón, el protestantismo alemán no pudo oponer un frente de resistencia en bloque al nacionalsocialismo. En ciertas iglesias regionales había "cristianos alemanes" que enseñaban un culto ario, exento de referencias judías, con un Cristo convertido en un modelo de la raza aria. En una concentración de estos cristianos alemanes, a la que asistieron 20.000 personas (noviembre 1933), se atacó al Antiguo Testamento y a la teología del "rabino Pablo". En muchas iglesias se cantaba el "Horst-Wessel-Lied" junto a los himnos de Lutero. Hitler pensaba que sería fácil crear una Iglesia del Reich unificada y centralizada con vistas al control y manipulación, que aceptase la jefatura nazi.

Los "cristianos alemanes" lograron acaparar los puestos de dirección e imponer la elección de un obispo fiel al Führer, el nuevo salvador de la patria y precursor del milenio glorioso del pueblo germano. Pero no sin resistencia. Hitler quería una unificación rápida, sin problemas, y propuso para obispo a Ludwig Müller, un antiguo capellán, dirigente de los "cristianos alemanes" de la Prusia Oriental, aceptado en las elecciones del obispo del Reich del 26 de mayo de 1933 por el ala de cristianos nazificados, pero rechazado por todos los demás grupos evangélicos. En lugar de Müller, el candidato de Hitler, fue elegido por mayoría Friedrich von Bodelschwingh, director del centro de asistencia social de Bethel, Westfalia, y firme partidario de la autonomía de la Iglesia. Disgustado, el Führer se negó a recibirlo, y un golpe de estado eclesial forzó la dimisión del obispo recién elegido. Gracias al apoyo de la propaganda del partido a los sectores de la Iglesia que eran partidarios de la nueva política del estado y del respaldo personal de Hitler a Müller, éste se alzó con la victoria el 23 de julio.

---

[109] Véase D.J. Goldhagen, *La Iglesia católica y el holocausto*. Taurus, Madrid 2003; Renato Moro, *La Iglesia y el exterminio de los judíos. Catolicismo, antisemitismo, nazismo*. DDB, Bilbao 2004.

[110] Ian Kershaw, *Hitler (1889-1939)*, p. 482. Ed. Península, Barcelona 1999.

Desde el principio de la ascensión de Hitler al poder, Karl Barth (1886-1968), profesor de teología reformada en Gotinga, Münster (1925-1930) y Bonn (1930-1935), había denunciado la deformación idolátrica de la fe cristiana y agrupó en torno a él un movimiento de oposición. Durante su magisterio en Bonn, Barth se opuso a las pretensiones totalitarias del III Reich y en julio de 1933 comparó el llamamiento de fidelidad al Führer con el culto de Baal. Se opuso decididamente a la ideología nazi y atacó con crudeza al movimiento de los cristianos alemanes. Por su parte, Martin Niemöller (1892-1984), pastor de un barrio de gente adinerada de las afueras de Berlín y antiguo capitán de submarino, que había comprendido bien la macabra táctica del nazismo, invitó al resto de pastores a unirse a él para crear una Liga de Emergencia de Pastores que respaldase la fidelidad tradicional a las Sagradas Escrituras y Confesiones de fe de la Reforma. Del 29 al 31 de marzo de 1934 tuvo lugar en Barmen un Sínodo convocado por reformados y luteranos, que proclamaron un credo a imitación de las primitivas Confesiones de Fe protestantes. De la llamada Declaración de Barmen, redactada principalmente por Barth, nació la *Iglesia confesante,* que se iba a transformar para muchos pastores en el vehículo de oposición no sólo a la política eclesiástica del estado, sino al estado mismo. Se trataba de una pequeña minoría de pastores e intelectuales sin influencia entre las masas; sin embargo, su influencia teológica fue enorme. La Declaración de Barmen se convirtió en el texto de la resistencia teológica al nazismo; *teológica,* porque en la Iglesia confesante no hubo oposición *política* al nazismo, y cuando algunos reconocieron la necesidad de ella, ya era demasiado tarde.

Niemöller fue detenido en 1937 por su defensa de la autonomía e independencia de la Iglesia. Liberado después de siete meses de prisión, fue arrestado de nuevo y detenido sin condena hasta el final de la guerra en los campos de concentración de Sachsenhausen y Dachau. Karl Barth fue expulsado de Alemania en 1935. Se marchó Basilea (Suiza), donde prosiguió su lucha contra el nacionalsocialismo, como también hizo desde Ginebra su admirador neutral, Visser't Hooft, elemento clave de la resistencia europea.

Influenciado por Barth y siguiendo el ejemplo de toda su familia, militantes de la resistencia alemana, el joven pastor y teólogo Dietrich Bonhoeffer (1906-1945) se introdujo en los círculos de la resistencia antinazi. En 1933 denuncia el antisemitismo y se opone a los partidarios protestantes de Hitler. En la conspiración de von Stauffenberg contra Hitler, el 20 de julio de 1944, que aspiraba a sustituir a Hitler y concluir una paz aceptable para Alemania, los elementos protestantes fueron más numerosos que los católicos, debido, sin duda, a la tradición de radicalismo más fuerte en el protestantismo que en otros grupos. Fracasado el complot, muchos fueron detenidos. Bonhoeffer, juzgado por la SS, es ahorcado el 9 de abril de 1945 junto al almirante Canaris y el general Oster. El día 30 Hitler se suicida. Las *Cartas desde la prisión* de Bonhoeffer se convirtieron en un clásico de la literatura de la resistencia cristiana y de la espiritualidad moderna en general[111].

El *aggiornamento* o la renovación. Concilio Vaticano II.

Derrotado el eje del totalitarismo y recuperados los países europeos de las calamidades y desgracias de la guerra, el cardenal Angelo Giuseppe Roncalli (1881-1963) es elegido para su-

---

[111] Véase para este período John Conway, *La persecución religiosa de los nazis (1933-45)*. Plaza & Janés, Barcelona 1973.

ceder a Pío XII al frente de la Iglesia católica, el 28 de octubre de 1958. El nuevo papa adopta el nombre de Juan XXIII. Contaba con 76 años; por su edad, muchos quisieron considerar su pontificado como uno "de transición". Pero este Pontífice extraordinario, sorprendió a todos cuando decidió asumir el gran reto de convocar un nuevo Concilio Ecuménico. Ya en tiempos de su predecesor, Pío XII, se había venido preparando un concilio universal, pero por diversas razones el proyecto quedó interrumpido.

Con gran energía y vitalidad Juan XXIII llevó adelante la convocatoria del Concilio Vaticano II. Por su humilde deseo de ser un buen "párroco del mundo" supo ver la necesidad de que la Iglesia reflexionara sobre sí misma para poder responder adecuadamente a las necesidades de todos los hombres y mujeres pertenecientes a un mundo en cambio que se alejaba cada vez más de Dios. El 25 de enero de 1959 (poco más de dos meses de iniciado su pontificado), Juan XXIII convoca a todos los obispos del mundo a la celebración del Concilio Vaticano II. La tarea primordial era la de prepararse a responder a los *signos de los tiempos* buscando, según la inspiración divina, un *aggiornamento* o puesta al día de la Iglesia, que en todo respondiese a las verdades evangélicas. Los objetivos principales de este Concilio consistían en:

a. Buscar una profundización en la conciencia que la Iglesia tiene de sí misma.
b. Impulsar una renovación de la Iglesia en su modo de aproximarse a las diversas realidades modernas, mas no en su esencia.
c. Promover un mayor diálogo de la Iglesia con todos los hombres de buena voluntad en nuestro tiempo.
d. Promover la reconciliación y unidad entre todos los cristianos.

La apertura eclesial al mundo se muestra con claridad en sus encíclicas, siempre dejando en claro que ello no significaba en absoluto ceder en las verdades de fe. Dentro del espíritu de apertura y en fidelidad a la doctrina de siempre, Juan XXIII se esforzó también en buscar un mayor acercamiento y unión entre los cristianos. Su encíclica Ad Petri cathedram (1959) y la institución de un Secretariado para la Promoción de la Unión de los Cristianos fueron hitos muy importantes en este propósito.

El proyectado Concilio Vaticano II se inició el 11 de octubre de 1962; pocos meses después, el 3 de junio de 1963, muere Juan XXIII. Su muerte suscitó una profunda tristeza en el mundo entero, su pontificado había sido breve, pero fecundo en sus iniciativas, pues el Concilio por él inaugurado produjo un cambio radical en la Iglesia católica en todo el mundo, manifestando un espíritu más abierto, ecuménico y tolerante. El Vaticano II puso fin al espíritu de Contrarreforma promovido por el concilio de Trento y dio por terminada, en principio, la actitud defensiva frente a la evolución del mundo moderno. Positivamente quiso infundir una nueva dinámica a toda la cristiandad sobre unas bases de evangelización actualizadas. Fue la primera vez que la Iglesia católica hizo una especie de autocrítica, decidiendo que la política de rechazo sistemática tenía que ser sustituida por el deseo de apertura y diálogo. Sólo un 20% de los padres conciliares se opusieron a las innovaciones y querían mantener sin ningún cambio el Concilio de Trento y el Concilio Vaticano I, pero al final se impuso la línea abierta en general, con el 80% de los votos.

El Concilio se desarrolló en cuatro sesiones: del 11 de octubre al 8 de diciembre de 1962; del 29 de septiembre al 4 de diciembre de 1963; del 14 de septiembre al 21 de noviembre de 1964 y del 14 de septiembre al 21 de noviembre de 1965, fecha en que es solemnemente clausurado por Pablo VI. Asistieron 2000 obispos rodeados de peritos religiosos y seglares y de observadores no católicos, como el protestante Oscar Cullmann.

Demasiado ligada al poder civil en las épocas anteriores, garante del orden y de la estabilidad, la Iglesia católica descubre que con ella perdió su sustancia espiritual, evangélica, y que tenía que retornar a los pobres, a los perseguidos. Por eso el Vaticano II insistió en la justicia social, en la igualdad de los hombres y el papel del laicado, considerado por fin como adulto. La repercusión del Vaticano II fue muy profunda en todo el mundo, especialmente en América Latina y en África. Ratificados por las decisiones del concilio, los sacerdotes y teólogos latinoamericanos "tomaron una opción preferencial por los pobres" en su manera de entender y asumir su compromiso religioso con América Latina, tanto más cuando Helder Cámara, arzobispo de Recife (Brasil) y el cardenal Rugambwa (Tanzania) estaban entre los padres conciliares más escuchados. Movidos por impulsos comunes, empiezan a sonar nombres como Ernesto Cardenal, Camilo Torres y Gustavo Gutiérrez, padre de la teología católica de la liberación.

En lo eclesial el concilio equilibró la perspectiva respecto a la Iglesia como Pueblo de Dios, que hasta el momento parecía consistir en la jerarquía; todos participan del munus magisterial de Cristo, incluidos los laicos (Lumen Gentium, 35); en el interior de este pueblo, la jerarquía goza de un munus oficial, pero siempre como servicio a toda la comunidad cristiana (LG,25).

No hay duda, como escribe Alberto Di Mare, que la Iglesia católica romana se convierte, a partir del Vaticano II, en la confesión cristiana que manifiesta en la actualidad mayor vitalidad y empuje, aunque ese empuje en modo alguno significa que haya superado profundas contradicciones o que esté adecuadamente preparada para ser fiel apóstol de la predicación cristiana. Habrá que esperar a una cristiandad diferente, menos europea, desarrollándose en un medio intelectual y espiritual radicalmente distinto del grecorromano-gótico de los dos milenios ya vividos.

Continuación del Concilio. Pablo VI.

El cardenal G.B. Montini (1897-1978) contaba con 66 años cuando fue elegido como sucesor de Juan XXIII, el 21 de junio de 1963, tomando el nombre de Pablo VI. Tres días antes de su coronación, realizada el 30 de junio, el nuevo Papa daba a conocer a todos el programa de su pontificado: su primer y principal esfuerzo se orientaba a la culminación y puesta en marcha del gran Concilio Vaticano II. Además de esto, el anuncio universal del Evangelio, el trabajo en favor de la unidad de los cristianos y del diálogo con los no creyentes, la paz y solidaridad en el orden social merecerían su especial preocupación pastoral. En 1965 celebró en Jerusalén un encuentro histórico con el patriarca ecuménico de la Iglesia ortodoxa griega de Constantinopla, Atenágoras I, en el que llegaron a un acuerdo para anular las excomuniones mutuas entre ambas Iglesias vigentes desde 1054, cuando se produjo la separación. En 1966 recibió en el Vaticano a Arthur Michael Ramsey, arzobispo de Canterbury y primado de la Iglesia anglicana. En 1973 se reunió con Shenouda III, patriarca de Alejandría y cabeza de la Iglesia ortodoxa copta. Fue el primer mandatario de la Iglesia en llevar a cabo semejante acercamiento sistemático con otros grupos cristianos. Entre las personalidades con las que se entrevistó se encuentran líderes comunistas como el presidente de la Unión Soviética Nikolay V. Podgorny en 1967 y el presidente Tito de Yugoslavia en 1971.

En su primera encíclica programática, Ecclesiam suam (1964), dedicada a la reorganización de la Iglesia, planteaba que eran tres los caminos por los que el Espíritu le impulsaba a conducir a la Iglesia, respondiendo a los "vientos de renovación" que desplegaban las amplias velas de la barca de Pedro. El primer camino "es espiritual; se refiere a la conciencia que la Iglesia debe tener y fomentar de sí misma. El segundo es moral; se refiere a la renovación ascética, práctica, canónica, que la Iglesia necesita para conformarse a la conciencia mencionada, para ser pura, santa, fuerte, auténtica. Y el tercer camino es apostólico; lo hemos designado con términos hoy en boga: el diálogo; es decir, se refiere este camino al modo, al arte, al estilo que la Iglesia debe infundir en su actividad ministerial en el concierto disonante, voluble y complejo del mundo contemporáneo. Conciencia, renovación, diálogo, son los caminos que hoy se abren ante la Iglesia viva y que forman los tres capítulos de la encíclica".

En sus encíclicas reafirmó las tradicionales prohibiciones eclesiásticas del matrimonio sacerdotal (Sacerdotalis caelibatus 1967) y el control de la natalidad (Humanae vitae, 1968). En la declaración Inter insigniores (1976), sobre la cuestión de la admisión de las mujeres al sacerdocio ministerial, prohibía a las mujeres la investidura formal en los papeles menores de lector o acólito.

Un hito importante del pontificado de Pablo VI lo constituye el viaje realizado al continente americano para la inauguración de la II Conferencia general del Episcopado Latinoamericano (Medellín, Colombia, 1968), siendo esta la primera vez que un papa pisaba tierras americanas.

6

Juan Pablo II

Un largo y polémico pontificado.

La sorpresiva elección de Karol Wojtyla (1920-2005) como el sucesor virtual de Pablo VI en 1976, ha sido el hecho más importante de la Iglesia católica en el siglo XX. Fue el primer papa polaco en la historia, y uno de los pocos que no nacieron en Italia. Antes de él, hay que remontar al año 1522 para encontrar un Papa no italiano, el holandés Adriano VI de Utrecht. Su pontificado de 26 años ha sido el tercero más largo en la historia de la Iglesia católica.

Apenas si es posible referirse a su inmediato antecesor Albino Luciani (1912-1976), elegido papa en 1976, que adoptó el nombre de Juan Pablo en homenaje a sus dos inmediatos predecesores, con lo que se convirtió en el primer papa en tomar un nombre doble. Sólo duró 33 días en el trono de San Pedro. Aunque oficialmente se habló de muerte natural por agotamiento, algunos sectores afirman que se trató de un asesinato, pero dejemos a un lado las especulaciones[112].

Karol Wojtyla nació el 18 de mayo de 1920 en Wadowice, sur de Polonia. Su padre era un militar del ejército austro-húngaro, su madre, una joven silesiana de origen lituano. De joven, el futuro pontífice mostró una gran inquietud por el teatro y las artes literarias polacas hasta el punto de considerar la posibilidad de continuar estudios de filología y lingüística polaca. Sin embargo, un encuentro con el cardenal Adam Sapieha durante una visita pastoral, le hizo pensar en la vocación sacerdotal. Poco antes de decidir su ingreso al seminario, el joven Karol tuvo que trabajar arduamente como obrero en una cantera. Según relata el hoy Pontífice, esta experiencia le ayudó a conocer de cerca el cansancio físico, así como la sencillez, sensatez y fervor religioso de los trabajadores y los pobres. En 1942 ingresó en el Departamento Teológico de la Universidad Jaguelloniana. Durante estos años tuvo que vivir oculto, junto con otros seminaristas, quienes fueron acogidos por el cardenal de Cracovia. El 1 de noviembre de 1946, a la edad de 26 años, Karol Wojtyla fue ordenado sacerdote en el Seminario Mayor de Cracovia. Al poco tiempo obtuvo la licenciatura de Teología en la Universidad Pontificia de Roma Angelicum con una tesis sobre el místico español San Juan de la Cruz, a quien debe mucho de su interés por la fe cristiana: "Doctrina de fide apud Sanctum Ioannem a Cruce". Más adelante se doctoró en Filosofía. Durante algún tiempo se desempeñó como profesor de Ética en la Universidad Católica de Dublín y en la Universidad Estatal de Cracovia, donde trabajó con importantes representantes del pensamiento católico polaco. El 23 de septiembre de 1958 fue consagrado obispo auxiliar del Administrador Apostólico de Cracovia, convirtiéndose en el miembro más joven del episcopado polaco. Asistió al Concilio Vaticano II, donde participó activamente, especialmente en las comisiones responsables de elaborar la Constitución Dogmática sobre la Iglesia Lumen Gentium y la Constitución pastoral Gaudium et Spes. En junio de 1967, a los 47 años de edad, el ya arzobispo Wojtyla fue creado cardenal por Pablo VI. En 1978 es elegido nuevo papa el patriarca de Venecia, el cardenal Albino Luciani, quien tomó el nombre de Juan Pablo I. Sin embargo, fallece a los 33 días de su nombramiento. El 16 de octubre de 1978, luego de un nuevo Cónclave, Karol Wojtyla es elegido papa, rompiendo con la tradición de más de 400 años de elegir Papas de origen italiano. El 22 de octubre de 1978 fue investido como Sumo Pontífice asumiendo el nombre de Juan Pablo II.

En busca del contacto personal y directo, Juan Pablo II visitó 133 países, la mayor parte de los cuales recibieron por primera vez a un Pontífice; se puede decir que convirtió los viajes en el eje de su pontificado. Fue el primer papa en visitar una sinagoga (Roma, abril de 1986) y llamar a los judíos "nuestros hermanos mayores en la fe", y de zanjar con la falsa imputación a los judíos de la pasión del Señor, así como terminar para siempre con la ilicitud de llamar a

---

[112] Véase David A. Yallop, *En nombre de Dios*. Planeta, Barcelona 1989.

los judíos "réprobos y malditos"; y el primero en entrar en una mezquita y en hablar en una asamblea islámica (Gran Mezquita Omeya de Damasco, mayo 2001), donde fue bien acogido. En todo momento y desde el principio buscó el acercamiento con la Iglesia ortodoxa: en 1980 viajó a Constantinopla para reunirse con el patriarca ortodoxo Demetrio I, a quien le sugirió el comienzo de unas relaciones marcadas por el diálogo y el encuentro más estrecho. La respuesta del patriarca, subyugado ante la libertad y valentía de Juan Pablo II, es la apertura del diálogo teológico oficial entre la Ortodoxia y la Iglesia católica a nivel mundial. El 4 de mayo de 2001, en Grecia, se convierte en el primer Papa de la historia en pedir perdón a la Iglesia ortodoxa por los abusos de los católicos en el pasado, acontecimiento de gran significación y calado eclesial que acercaba a dos hermanos separados y enfrentados durante largo tiempo. Por contra, no pudo visitar Rusia, dada la oposición del patriarca ruso, debido al malestar ortodoxo con el "proselitismo sectario" católico.

Respecto a los jóvenes, un aspecto muy importante de su pontificado, comenzó las Jornadas Mundiales de la Juventud, convocando a millones de jóvenes de varias partes del mundo. La primera de estas jornadas tuvo lugar en Roma en 1985, donde reunió a 250.000 jóvenes de entre 18 y 35 años. En 1987 fue en Buenos Aires (Argentina), en 1989 en Santiago de Compostela (España), con 300.000 asistentes. En 1991 eran un millón en Polonia y después, en Denver (EE.UU.) fueron 600.000. En 1995, Manila acogió la mayor audiencia del papa en estas jornadas, cuatro millones de participantes.

La vida de Juan Pablo II se ha visto amenazada en varias ocasiones. En 1981, mientras saludaba a los fieles en la Plaza de San Pedro, Juan Pablo II sufrió un atentado contra su vida perpetrado por Mehmet Ali Agca, quien le disparó a escasa distancia desde la multitud. En 1984, antes de su visita a Venezuela, la policía política descubrió y desarticuló un complot para asesinarlo, encabezado por el líder de la rama venezolana de la secta brasileña ultraderechista Tradición, Familia y Propiedad, Alejandro Peña Esclusa; otro tanto hicieron las policías de Manila y Filipinas cuando el 6 de enero de 1995 detectaron la Operación Bojinka, que buscaba acabar con la vida del pontífice.

Su salud se quebrantó en los primeros meses de 2005, cuando tuvo que ser hospitalizado por un síndrome de dificultad respiratoria. Se le realizó una traqueotomía a mediados de marzo. Hacia finales del mismo mes su estado se agravó y entre el 31 de marzo y el 1 de abril sufrió una septicemia por complicación de una infección de vías urinarias; falleció al día siguiente.

No hay duda que Juan Pablo II desmitificó la imagen del papado, hierático y separado del común de los mortales. Fue el genial artífice de la conversión del papado en un fenómeno de masas. Y lo consiguió sin dejar de tener autoridad, que ha sido también la nota característica de su mandato.

Conservadurismo y contradicciones.

Hostil a las ideas liberales en teología, Juan Pablo II fustigó cualquier cuestionamiento como falta de fe. Muchos teólogos sintieron el peso de la disciplina vaticana. El nuevo papa inició su jefatura bajo el signo de la contestación por parte del sector teológico más progresista del catolicismo. Su manera de entender el papel del testimonio y la doctrina cristiana, demasiado conservadora, condujo a tomas de posición enfrentadas. Para Juan Arias, la personalidad de este papa cambió la Iglesia en sentido negativo, a la supuesta renovación del Vaticano II, significó el retorno al autoritarismo y la represión de los movimientos innovadores. El papa polaco fue saludado como el último guardián de la fe, cruzado implacable contra el laicismo de Occidente[113]. Juan Pablo II estaba convencido de que el siglo XXI sería el gran siglo de la cristiandad y, por eso, no le importó ser signo de contradicción. De hecho, una de sus obras, escrita antes de ser elegido papa, lleva precisamente el título de Signo de contradicción (BAC, Madrid 1974), en referencia a Cristo, piedra de escándalo o motivo de salvación.

Papa de gran devoción mariana, su actuación también ha de analizarse desde el discurso cristológico, tan notorio en su mente y en su predicación desde el principio, cuando abrió su pontificado con el lema:"¡No tengáis miedo!", que recuerda literalmente las palabras que Jesús dirigió a sus atemorizados discípulos acurrucados en el fondo de su barca creyendo que iban a perecer a resultas de la tempestad.

Para Leonardo Boff, la característica fundamental de este papado es la restauración y el retorno a la gran disciplina. "Juan Pablo II —escribe— no se caracterizó por la reforma, sino por la contrarreforma. Representó la tentativa de detener un proceso de modernización que irrumpió en la Iglesia desde los años 60 y que estaba interesando a todo el cristianismo. De este modo retrasó el ajuste de cuentas que la Iglesia está haciendo en relación a dos graves problemas que la martirizan desde hace cuatro siglos".

No tanto contradictorio, como algunos le acusan, sino realista en cuanto a motivos y fines, se alió con el capitalismo para derrocar al comunismo y luego se convirtió en uno de los críticos más feroces del consumismo capitalista y de las miserias del neoliberalismo. Aliado de Estados Unidos en el apoyo al movimiento polaco Solidaridad, se opuso luego en forma radical a la intervención militar de Estados Unidos en Iraq y Kosovo. Valiente fue su oposición a George W. Bush y Tony Blair, cuando pretendieron imponer la superioridad de Occidente armándose de la cruz y de la justicia infinita; sólo Karol Wojtyla tuvo la fuerza moral para evitar que el planeta entero se precipitara en una guerra de religiones, una nueva cruzada en búsqueda del dominio del planeta. Contradictoria, o demasiado interesada, fue su condena de los anticonceptivos, el aborto, el divorcio, las uniones de homosexuales y los derechos de las parejas en unión libre, en contraste con su inofensiva respuesta a la pedofilia de algunos sacerdotes, sobre todo en Estados Unidos, el escándalo más grande de la historia del catolicismo de los últimos años[114]. Reclamó libertad para los de fuera, pero instala un sistema de gobierno centralizado para los de dentro, en línea con la contrarreforma del siglo

---

[113] Juan Arias, *Un Dios para el papa*. Grijalbo, Barcelona 1996; Javier Pérez Pellón, *Wojtyla, el último cruzado. Un papado medieval en el fin del milenio*. Temas de Hoy, Madrid 1994.

[114] "Es un hecho vergonzoso y doloroso, aunque también significativo, el escándalo sexual de cientos de sacerdotes y obispos. En todos estos casos lo que está en crisis no es sólo el sacerdote como persona, sino el ministerio sacerdotal en cuanto tal, estructurado según un modelo de Iglesia autoritario y patriarcal. Los escándalos de abuso sexual son un signo visible y doloroso de la crisis del modelo de Iglesia hoy imperante. Lo que está en crisis no es la Iglesia, sino ese modelo neoconservador de Iglesia nacido en contra del Concilio Vaticano II, Medellín, Puebla y la Teología de la Liberación" (Pablo Richard, "Balance crítico del Pontificado de Juan Pablo II un análisis positivo desde América Latina", Revista *Pasos*, nº. 108-Segunda Época, julio-agosto 2003).

XVI, que defendía la centralización como el ideal de gobierno de la Iglesia. Defensor incansable de los pobres, de los sindicatos libres en el mundo comunista, emprendió, sin embargo, una cruzada contra la teología de la liberación en el Tercer Mundo. En su visita a Chile bajo la dictadura de Pinochet, no hizo ninguna crítica pública a las violaciones de los derechos humanos que estaban ocurriendo, ni tampoco criticó la labor del nuncio en Argentina, Pío Laghi, durante la dictadura militar, que según los defensores de los derechos humanos en Argentina, apoyó tácitamente la represión llevada a cabo por los militares. Al tiempo que esto ocurría, Juan Pablo II amonestó públicamente, durante su visita a Nicaragua en 1983, a Ernesto Cardenal (n. 1925), poeta, sacerdote, ministro de educación de Nicaragua, arrodillado ante él en la misma pista del aeropuerto, por formar parte del gobierno revolucionario del Frente Sandinista de Liberación Nacional, que había derrocado la dictadura de Somoza en 1981. Juan Pablo II convirtió en beatos a cinco argentinos y santificó a Héctor Valdivieso, un joven de 24 años nacido en Buenos Aires en 1910 y muerto en España durante la guerra civil. Sin embargo, nada dijo sobre los sacerdotes y obispos desaparecidos y asesinados durante la dictadura de Jorge Videla, como fue el caso del obispo riojano Enrique Angelelli, asesinado en agosto de 1976.

Solidaridad. El 2 de junio de 1979, Juan Pablo II realizó su primera visita a Polonia. Las autoridades comunistas de ese país habían podido prohibir la visita del Papa Paulo VI, en 1966, pero se habían quedado sin excusas para no recibir a su compatriota Wojtyla, que regresaba a su propio país convertido en un gran líder mundial. El papa dio todo su apoyo a Lech Walesa (n. 1943), líder del sindicato libre Solidarnosc (Solidaridad), reconocido por el gobierno polaco, luego de la huelga de agosto de 1980 en los astilleros de Gdansk. Walesa firmó los acuerdos de Gdansk con una pluma que tenía la imagen del papa. La crisis polaca dominó la primera década del pontificado de Juan Pablo II.

El sindicato y su presencia fue fuente de enormes tensiones entre Varsovia y Moscú. Para el papa su preocupación era cómo proteger a los trabajadores y mantener a los soviéticos a raya, evitando un baño de sangre que temía sobre cualquier otra consecuencia, y a la vez lograr que las autoridades polacas negociaran de buena fe con Solidaridad, evitando que el sindicato se sobrepasara en sus demandas y provocaciones.

Por su parte, el gobierno de Ronald Reagan se lanzó a la tarea de "sacar a Polonia de la órbita soviética". El presidente estaba particularmente interesado en ayudar a Lech Walesa y a Solidaridad, para lo cual eran determinantes el consejo y la ayuda del papa. Cuando las autoridades polacas decretaron la ley marcial en el país, en diciembre de 1981, el gobierno estadounidense mantuvo vivo al movimiento disidente con una inversión cercana a los 50 millones de dólares. Presionado por la Unión Soviética, el régimen comunista polaco reprimió y encarceló a miembros de Solidaridad, llegando también a prohibir las asambleas públicas e implantar la ley marcial. Sólo las misas católicas escapaban a la prohibición. La Iglesia recuperó el protagonismo social, se convirtió en el único interlocutor válido del poder constituido, en la verdadera voz de la sociedad. También se dedicó con abnegación a ayudar a las familias de los presos y a todos los represaliados; fue el último refugio de los perseguidos y punto de protección de la oposición popular al régimen, en la que destacó el sacerdote Jerzy Pepieluszko, de Varsovia, secuestrado el 19 de octubre de 1984 y a los pocos días aparecido muerto, asesinado.

En esta tensa situación Juan Pablo II volvió a visitar su país natal, en junio de 1983, y aceptó algunas condiciones del gobierno militar, como no hacer referencia directa al sindicato Solidaridad, aunque impulsado por una multitud desafiante del régimen, el pontífice dejó caer en sus discursos la palabra solidaridad, con minúscula. En su homilía en Katowice, ante un millón de personas, el Papa incluso habló de los derechos básicos de los trabajadores. A finales de año, el 18 de diciembre, la ley marcial quedó en suspenso. El 22 de julio de 1984 el gobierno del general Wojciech Jaruzelski (n. 1923) concedió una amplia amnistía a los que habían sido condenados a raíz de la proclamación del estado de guerra.

Desautorización de la teología de la liberación.

Lo que el papa polaco tenía de comprensión y simpatía por la lucha de la libertad sindical y obrera en su país, le faltaba respecto a las reivindicaciones de las iglesias latinoamericanas. De hecho, el papa tenía una visión corta y simplista de la teología desarrollada en esas latitudes, que interpretó con la lógica de los detractores de los teólogos de la liberación, que veían en ella una avanzadilla del marxismo revolucionario, inadmisible para el cristiano. Al parecer, la actitud del papa se derivaba de su propio desconocimiento de América Latina y de la opinión de sus consejeros, los cardenales Joseph Ratzinger, Sebastiano Baggio y Alfonso López Trujillo, convencidos de que la teología de la liberación es parte de un movimiento marxista. El papa leyó el libro de Gustavo Gutiérrez, La teología de la liberación, y confirmó su juicio de que era una teología peligrosa.

Muchos obispos latinoamericanos quedaron decepcionados, el papa parecía ignorar los asesinatos y las torturas de los regimenes dictatoriales contra sus oponentes, entre ellos muchos sacerdotes y monjas, cosa que varios obispos latinoamericanos, entre ellos Oscar Romero, habían tenido el valor de denunciar. El papa ignoró la violencia política y la opresión en el continente. Monseñor Romero no encontró apoyo en el papa. A comienzos de mayo de 1979, monseñor Romero viajó a El Vaticano con un dossier minucioso sobre la brutal represión que venían sufriendo la Iglesia y el pueblo salvadoreños; después de una larga espera, fue recibido en audiencia por Juan Pablo II, pero el papa se negó a ver el do-ssier y a hablar del asunto[115]. Monseñor Romero regresó abatido, pues había creído, hasta su entrevista, que al papa le ocultaban información. Romero fue asesinado el 24 de marzo de 1980 por los escuadrones de la muerte en El Salvador[116]. Ciertamente el papa no ignoraba la violencia latinoamericana, pero en su ánimo pesaba más, como ya ocurrió en Polonia, hacer de la Iglesia un muro de contención frente a cualquier exceso. Ese mismo año, cuatro religiosas estadounidenses morían también asesinadas, luego de ser torturadas y violadas por el ejército salvadoreño. El Vaticano condenó los crímenes pero no emitió condena alguna contra el régimen que los propiciaba.

---

[115] La respuesta de Juan Pablo II fue tajante: "¡Ya les he dicho que no vengan cargados con tantos papeles! Aquí no tenemos tiempo para estar leyendo tanta cosa". Romero le enseñó la foto de un sacerdote torturado y asesinado. Silencio, le ordenó el papa. "Usted, señor arzobispo, debe esforzarse por lograr una mejor relación con el gobierno de su país. Si usted supera sus diferencias con el gobierno trabajará cristianamente por la paz".

[116] Monseñor Romero encontró un hueco de última hora entre los 12.000 mártires cristianos del siglo XX; no constaba originalmente en la memoria del Vaticano ni aparecía en la lista oficial de Juan Pablo II. Las presiones exteriores —prensa, obispos latinoamericanos, órdenes en línea de fuego— evitaron in extremis el "olvido" de la curia romana. Véase Jon Sobrino, *Monseñor Romero: Mártir de la liberación. Análisis teológico de su figura y obra*. PPC, Madrid 1980.

Los mencionados consejeros del papa estaban convencidos de que no sólo la teología de la liberación sino también las Comunidades Eclesiales de Base "amenazaban la autoridad de los obispos y de Roma y, por tanto, deberían ser prohibidas". Las Comunidades Eclesiales de Base fueron organizadas por el fraile dominico Frei Betto en Brasil, con la aprobación de los obispos brasileños, en los años 70; organizadas a nivel local, muy activas religiosamente y esencialmente autogobernadas, con frecuencia sin sacerdotes. Nunca se pensó que fueran un desafío a Roma o a la autoridad del papa, pero así las vio la Santa Sede, "la Iglesia no podía correr el riesgo de esa amenaza potencial a la autoridad de los obispos". Buen número de obispos quedó dolido con las coercitivas del Vaticano, pero la decisión encajaba en la noción de Juan Pablo II de que la Iglesia central nunca debe perder el control sobre sus componentes ni sobre las personas.

En 1985 Leonardo Boff fue condenado a guardar silencio y a la privación de todos sus cargos. Gustavo Gutiérrez fue obligado a "revisar" sus obras[117], y los obispos defensores de la Teología de la Liberación fueron recluidos en diócesis minúsculas y excluidos de hecho de la Iglesia oficial, como los obispos brasileños Helder Cámara y Pedro Casaldáliga. La Diócesis de Río de Janeiro, a cargo de Paulo Evaristo Arns, fue dividida en cinco, y alrededor de 500 teólogos fueron represaliados por defender la teología liberacional[118].

Aborto y regulación de la natalidad.

Durante su pontificado, Karol Wojtyla mantuvo y defendió la postura tradicional de la Iglesia católica en contra del divorcio, el aborto, el sacerdocio de las mujeres, el celibato sacerdotal, la homosexualidad y el control de natalidad. Son posturas que había sostenido como obispo y como cardenal. En 1968, ayudó al papa Paulo VI a redactar la encíclica Humanae Vitae, en la que se reafirma la doctrina tradicional sobre el control de la natalidad. En febrero de 1974, predicó en Cracovia: "La más grande tragedia de nuestra sociedad es la muerte de los concebidos que todavía no han nacido".

Del 5 al 7 de septiembre de 1994 se celebró en El Cairo (Egipto), la Conferencia Internacional sobre Población y Desarrollo (CIPD). En las reuniones previas, organizadas en distintos países, la ONU empezó a promover una fuerte campaña a favor del aborto, del uso de anticonceptivos, de la esterilización y, aunque veladamente, del matrimonio entre homosexuales, a fin de poner un alto a la acelerada explosión demográfica. El Fondo de Población de la ONU elaboró un texto preparatorio para la Conferencia de El Cairo, al que llamó Proyecto de Declaración de la CIPD, en el que dejó asentado que se discutirían estas propuestas. La ONU estaba trazando un plan para estabilizar la población mundial en 7,270 millones de habitantes para el año 2050. Sus programas daban prioridad a la salud de mujeres y niños.

---

[117] No obstante, el religioso peruano, que recibió en 2004 el premio Príncipe de Asturias de Humanidades por su "preocupación por los sectores desfavorecidos", dijo que Juan Pablo II "ha sido una voz fuerte contra la inhumana pobreza en la que vive la mayoría de la humanidad y, por consiguiente, en América Latina y el Caribe".

[118] A pesar de esto "la opción preferencial por los pobres" se consolidó entre las masas de cristianos del continente. La Iglesia latinoamericana comprometida, aun estando durante largo tiempo a la defensiva, no sólo no ha desaparecido, sino que muestra signos de vitalidad. La Conferencia Episcopal de Brasil es activa defensora de la reforma agraria. Ciertamente, ya no mencionan la teología de la liberación, pero practican activamente el compromiso social y político y muchos sacerdotes y obispos se han implicado en los movimientos sociales.

En 1994, la población mundial era de 5,700 millones, y de no haber planificación, pronosticaban que en veinte años se dispararía a casi el doble: 10,000 millones de habitantes. Por ello, el documento de la ONU indicaba que las parejas debían tener derecho a "eliminar embarazos no deseados". Y exhortaba a la comunidad internacional a avanzar rápidamente para establecer "una instalación mundial" que suministrara anticonceptivos.

El apoyo de la ONU al aborto desató la reacción del Vaticano, juntamente con todos los grupos Pro-Vida y antiabortistas. Indignado, Juan Pablo II envió una carta a todos los jefes de Estado, en la que los alertaba contra el organismo internacional y reiteraba la oposición de la Iglesia católica a todo "atentado contra la vida". En el mensaje, fechado el 19 de marzo, el papa afirmaba que las actividades de la ONU habían sido una dolorosa sorpresa para él. El cardenal colombiano Alfonso López Trujillo, presidente del Pontificio Consejo para la Familia y encargado de que las políticas poblacionales se ajustaran a la moral católica, insistía en que la solución a la explosión demográfica no justificaba los "medios inmorales" de la ONU. Gracias a él, la Santa Sede dio su más elaborada respuesta a la ONU, mediante el documento Evoluciones Demográficas: Dimensiones Éticas y Pastorales, en el que afirmaba que las organizaciones internacionales no podían presionar a los Estados para que usaran la contracepción y el aborto. La mayoría de los evangélicos se pusieron de parte del Vaticano y alabaron al papa por su valentía y decidida postura contra el aborto. Pero no fue así con su postura respecto a la ética sexual y los anticonceptivos. Para la doctrina oficial de Roma, los anticonceptivos artificiales van contra la naturaleza y no están permitidos a los católicos. Es más, las campañas que promueven los anticonceptivos desembocan siempre en la promiscuidad sexual.

Acción ecuménica.

En 1984 Juan Pablo II visitó la sede del Consejo Mundial de Iglesias (CMI); con esa visita no sólo seguía los pasos de su predecesor, Pablo VI, quien había visitado el CMI en 1969, sino que expresaba también su propio compromiso con el movimiento ecuménico, que consideraba irreversible. Ya antes, en 1980, había visitado Alemania "como peregrino a la herencia espiritual de Martín Lutero". En 1982, en su viaje a la Alemania federal, pronunció un importante "Discurso sobre Lutero", sentando las bases para una investigación sólida, crítica y sin prejuicios sobre la destacada figura de este reformador y su valor para la Iglesia universal hoy. Igualmente, con ocasión del 500 aniversario del nacimiento del reformador, Juan Pablo II recibió al profesor y teólogo luterano Gerhard Ebeling, y en ese mismo año, en su carta dirigida al cardenal Willebrands, presidente del Pontificio Consejo para la Promoción de la Unidad de los Cristianos, con el título "Invitación a una reflexión crítica sobre la herencia de Lutero", resalta "el profundo sentimiento religioso" que embargaba al reformador (19 de noviembre). A continuación visitó el templo-comunidad luterano en Roma, en donde participó y predicó en la Liturgia de la Palabra.

Particular interés tiene su intento de ofrecer una visión de la unidad en su encíclica Ut Unum Sint (25 mayo 1995), que recoge las percepciones y las experiencias de católicos romanos que han participado en el movimiento ecuménico y ofrece una reflexión de fondo sobre la naturaleza del diálogo y la unidad. Este texto es inusual por el hecho de que cita informes del movimiento ecuménico más amplio, en particular de la Comisión de Fe y Constitución del CMI. Para favorecer el camino hacia la unidad, Juan Pablo II invitaba en esa encíclica a otras iglesias a reflexionar con él sobre el papel y la estructura del ministerio de Pedro como servidor de la unidad de los cristianos e invitaba asimismo a su Iglesia a pedir perdón por los pecados cometidos a lo largo de su historia que contribuyeron a la división. Esto fue muy evidente con ocasión de las celebraciones del milenio en Roma, el 13 de marzo de 2000, cuando pidió perdón a las otras iglesias por los pecados cometidos contra ellas por representantes de la Iglesia católica romana. "Estoy convencido de tener al respecto una responsabilidad particular, sobre todo al constatar la aspiración ecuménica de la mayor parte de las comunidades cristianas y al escuchar la petición que se me dirige de encontrar una forma de ejercicio del primado que, sin renunciar de ningún modo a lo esencial de su misión, se abra a una situación nueva. [...] Que el Espíritu Santo nos dé su luz e ilumine a todos los pastores y teólogos de nuestras iglesias para que busquemos, por supuesto juntos, las formas con las que este ministerio pueda realizar un servicio de fe y de amor reconocido por unos y otros" (Ut unum sint, 95).

Respecto a las Iglesias ortodoxas, dijo que "la Iglesia debe respirar con sus dos pulmones": Oriente y Occidente, pues estos constituyen su entero Cuerpo. Unidad nunca ha sido uniformidad sino integración y comunión efectiva. Guiado por esta convicción y por sentimientos de amor hacia estas iglesias les dedicará su Carta Apostólica Orientale lumen (la Luz del Oriente), con fecha 2 de mayo de 1995, el documento más significativo en relación a las iglesias orientales, continuación de la primera dedicada a estas iglesias por León XIII, la carta apostólica Orientalium Dignitas, verdadero comienzo del acercamiento católico-oriental, con la que quiso defender el significado de las tradiciones orientales para toda la Iglesia, y al igual que ésta, la suya desea dar a conocer a toda la Iglesia "la venerable y antigua tradición de las Iglesias orientales (que) forma parte integrante del patrimonio de la Iglesia de Cristo". Otro escrito importante en relación con los ortodoxos es sin duda la carta apostólica Euntes in mundum universum, con ocasión del Milenio del Bautismo de la Rusia de Kiev, en donde reclama la unidad entre católicos y ortodoxos rusos al tiempo que trata de explicar la división por los malentendidos culturales históricos.

Hecho de gran significado es que poco después de alcanzar por elección la Sede de Pedro (1980), el Papa viaja a Constantinopla y se reúne con el Patriarca ortodoxo Demetrio I, a quien le sugiere el comienzo de unas relaciones marcadas por el diálogo y el encuentro más estrecho. Momentos de tensión y desencuentro con los ortodoxos se vivieron en el Sínodo de los Obispos, celebrado en Roma en 1991, cuando el representante del Patriarcado de Constantinopla, Spyridon, amenazó con interrumpir el diálogo católico-ortodoxo difícilmente conseguido, según él por "la situación extremadamente tensa que se ha creado en las relaciones entre la Iglesia uniata (ortodoxos fieles a Roma) y las iglesias locales ortodoxas, que representan la auténtica y tradicional fe cristiana en aquellas regiones". Igualmente, en febrero de 1992, el Vaticano se vio obligado a rechazar las acusaciones de la Iglesia ortodoxa griega de "expansión deshonesta y a traición" en los países del Este europeo.

El 29 de junio de 2004 Juan Pablo II se encuentra con el patriarca de Constantinopla, Bartolomé I, dando lugar a una declaración común, en donde ponían de manifiesto los malentendidos surgidos en el reciente tiempo eclesial, además de presentar el principio en el que basaban su relación mutua: "para testimoniar unánimemente el mensaje del Evangelio de un modo más creíble y convincente", a fin de hacer frente, la colaboración entre ortodoxos y católicos, a "los desafíos que debemos afrontar juntos para contribuir al bien de la sociedad: curar con el amor la llaga del terrorismo; infundir la esperanza de paz; ayudar a resolver tantos conflictos dolorosos; devolver al continente europeo la conciencia de sus raíces cristianas; entablar un verdadero diálogo con el Islam", entre otros retos.

Propició, además, el diálogo interreligioso, abriendo las puertas de la Iglesia a los líderes religiosos no cristianos, en especial a judíos y musulmanes, a quienes se sabe unido por el tronco común abrahámico, colocando así las enseñanzas del Concilio Vaticano II en primerísima actualidad. Convocó, también, las Jornadas de Oración por la Paz en Asís (Italia), en las que se reunieron unos 60 representantes de las principales religiones cristianas y no cristianas, para unirse en la oración y en el ayuno, conforme la propia tradición religiosa de cada uno de los asistentes. En 1986 se entrevistó con el Dalai Lama. La convicción del papa sobre las demás tradiciones religiosas de la humanidad es que "el Espíritu Santo no sólo está presente en las demás religiones a través de las auténticas expresiones de oración. En efecto, como escribí en la carta encíclica Redemptoris missio, «la presencia y la actividad del Espíritu no afectan únicamente a los individuos, sino también a la sociedad, a la historia, a los pueblos, a las culturas y a las religiones» (n. 28). Normalmente, «a través de la práctica de lo que es bueno en sus propias tradiciones religiosas, y siguiendo los dictámenes de su conciencia, los miembros de las otras religiones responden positivamente a la invitación de Dios y reciben la salvación en Jesucristo, aun cuando no lo reconozcan como su salvador» (cf. Ad gentes, 3, 9 y 11)" (Catequesis de los miércoles, 9 de septiembre de 1998).

Su respeto a la identidad e independencia de cada credo no significaba, en ningún caso, una concesión al relativismo de la creencias religiosas, ni una relación de compromiso que ignorase las diferencias.

El papa del perdón.

Ya hemos hecho mención a algunas peticiones de perdón de Juan Pablo II. Es una nota significativa y un rasgo muy importante de su pontificado, que pilló por sorpresa a propios y extraños. Perdón por muchos de los errores más importantes de la Iglesia católica. De esta manera revisó la posición de la Iglesia sobre Galileo, las Cruzadas, la Inquisición o el Holocausto judío. Juan Pablo II rezó frente al Muro de las Lamentaciones, así como en el Museo del Holocausto.

Según los expertos, en su pontificado Juan Pablo II ha pedido disculpas a todos aquellos grupos que de alguna manera se han visto perjudicados por la acción de los católicos.

a. En 1982 se refirió a los "errores de exceso" de la Inquisición y en varias ocasiones condenó el uso de "la intolerancia y hasta la violencia en el servicio de la verdad" de los inquisidores.

b. En 1985 pidió disculpas a los africanos por la forma en la que fueron tratados en los siglos recientes. En Estados Unidos en 1984 pidió perdón por los excesos de los misioneros y en 1987 reconoció que los cristianos estuvieron entre los que destruyeron la forma de vida de los indios.

c. En 1995 caracterizó las expediciones armadas de las Cruzadas como errores. Alabó el celo de los cruzados medievales pero afirmó que ahora debíamos "dar gracias a Dios" por el diálogo y no recurrir a las armas.

d. En varias ocasiones ha pedido el perdón mutuo entre las iglesias cristianas separadas. En 1995 pidió disculpas "en nombre de todos los católicos, por los errores ante los no católicos a lo largo de la historia".

e. En una carta de 1995 que examinó brevemente la discriminación histórica de las mujeres, Juan Pablo II afirmó que dentro de los responsables se encontraban "no pocos miembros de la Iglesia", algo que lamentaba profundamente.

f. En 1997 expresó su pesar por las conciencias adormecidas de algunos cristianos durante el Nazismo y la inadecuada "resistencia espiritual" de otros grupos ante la persecución de los judíos. En 1998 el Vaticano publicó un documento sobre el Shoah, o Holocausto judío, expresando su pesar por todo lo acontecido.

Y así se podría continuar enumerando pronunciamientos similares sobre la esclavitud y el racismo; la connivencia con el poder político dictatorial; la condena de teorías científicas como las de Galileo, que fue silenciado por decir que la Tierra giraba alrededor del Sol.

Los desafíos. Papa mediático, Juan Pablo II ha llamado la atención de los medios de comunicación como ningún otro personaje del siglo XX; ha congregado a millones de jóvenes y de personas en todo el mundo, pero no parece que haya aumentado el número de católicos comulgantes. De hecho, durante el pontificado de Juan Pablo hasta 1991, el número de sacerdotes en el mundo disminuyó de 416.329 a 404.031. En Norte y Centroamérica, de 114.522 a 82.018. En mayo de 1994, Juan Pablo admitió: "Es sorprendente verificar que la mayor escasez de sacerdotes se da precisamente en América Latina, el continente con el más alto porcentaje de católicos, en proporción con su población total, y con el mayor número de católicos en el mundo". El número de religiosos en órdenes masculinas bajó de 74.792 a 62.184. En órdenes femeninas, de 984.782 a 875.332. Casi un cuarto del total de los sacerdotes católicos en el mundo consiguió autorización para dejar los hábitos y casarse. En general, la Iglesia católica ha sufrido una vasta pérdida de fieles en Estados Unidos, Europa Occidental y Latinoamérica, en buena parte porque muchos católicos se negaron a observar sus enseñanzas sobre anticoncepción o se sintieron disconformes con otros aspectos del catolicismo vaticanista. Muchos se alejan de la Iglesia sin hacer ruido, otros se adhieren a iglesias evangélicas, especialmente en Latinoamérica y principalmente pentecostales, que el Vaticano llama "sectas extáticas". Latinoamérica está pasando de ser el "continente de la esperanza" al de las preocupaciones. La cristiandad a nivel mundial soñada por Juan Pablo II tarda en asomar en el horizonte, y la Iglesia católica enfrenta, en el umbral del tercer milenio, un reto trascendental.

7

Benedicto XVI

La elección en cónclave del cardenal Joseph Ratzinger (n. 1927) como sucesor de Juan Pablo II no fue una sorpresa para casi nadie. Era un nombre anunciado, uno de los hombres de confianza del anterior pontífice y quien, al parecer, tiene mejor amueblada la cabeza con la enseñanza tradicional católica y una vasta formación filosófica. Ratzinger fue nombrado prefecto de la Congregación para la Doctrina de la Fe en 1981 por Juan Pablo II; presidente de la Pontificia Comisión Bíblica y de la Pontificia Comisión Teológica Internacional; posteriormente elegido decano del Colegio de Cardenales en 2002, y obispo titular de Ostia. Presidió el funeral de Juan Pablo II e igualmente el Cónclave del que saldría convertido en nuevo Papa con el nombre de Benedictino XVI. Era el 19 de abril de 2005.

Considerado conservador, ejerció un papel inquisitorial y de control ideológico que el Vaticano II había suavizado, permitiéndole convertirse en una de las figuras más poderosas e influyentes de la actual Iglesia católica. Durante sus años como prefecto de la Congregación, el cardenal Ratzinger emprendió acciones disciplinarias contra algunos de los teólogos que, presumiblemente, se habían apartado del magisterio de la Iglesia: Hans Küng (n. 1928), Bernhard Häring (1912-1998), Yves Congar (1904-1995), Leonardo Boff (n. 1938), Jacques Dupuis (1923 - 2004), Juan José Tamayo (n. 1946), etc.

En la homilía pronunciada en el inicio oficial de su pontificado, Benedicto XVI dijo que en su recuerdo vuelve al 22 de octubre de 1978, cuando Juan Pablo II inició su ministerio con las palabras: "¡No temáis! ¡Abrid, más todavía, abrid de par en par las puertas a Cristo!", espíritu en el que él quisiera ejercer su papel, con fuerza y convicción. Destacó la urgencia de la unidad de los cristianos y la edificación de una sociedad justa. En el primer mensaje dirigido a los miembros del Colegio cardenalicio, leído en la mañana siguiente a su elección como papa, Benedicto XVI declaró que la Iglesia mira con serenidad el pasado y no tiene miedo del futuro. En su opinión, su predecesor dejó una Iglesia más valiente, más libre, más joven.

Una vida al servicio de la Iglesia.
Ratzinger nació el 16 de abril de 1927 en el seno de una familia bávara tradicional de la ciudad Marktl am Inn, diócesis de Passau (Alemania). Su padre era policía rural y muy religioso. Muy joven entra al seminario menor en Traunstein (1939). En 1943, él y todos sus compañeros de clase son reclutados al *Flak* o escuadrón antiaéreo; sin embargo, les es permitido asistir a clases tres veces por semana. En septiembre de 1944, al alcanzar la edad militar, Ratzinger es relevado del *Flak* y regresa a casa. En noviembre pasa por el entrenamiento básico en la infantería alemana. En la primavera de 1945, mientras se acercan las fuerzas aliadas, Ratzinger deja el ejército y regresa a su casa en Traunstein. Cuando finalmente llega el ejército americano hasta su ciudad, establecen su centro de operaciones en casa de los Ratzinger, identifican a Joseph como soldado alemán y lo envían a un campo de prisioneros de guerra. El 19 de junio de ese mismo año es liberado y regresa al hogar en

Traunstein. En noviembre reingresa al seminario con la intención de ser sacerdote un día. El 29 de junio de 1951 es ordenado sacerdote por el cardenal Faulhaber en la catedral de Freising e inicia su actividad docente. Desde 1952 hasta 1959, es miembro de la Facultad de la Escuela Superior de Filosofía y Teología en dicha ciudad. En 1953 se doctora en teología por la Universidad de Munich con la disertación "Pueblo y casa de Dios en la doctrina de la Iglesia de San Agustín". Obtiene la libre docencia con un trabajo acerca de *La teología de la historia en San Buenaventura* (1957). En 1962 aportó una notable contribución en el Concilio Vaticano II como consultor teológico del cardenal Joseph Frings, arzobispo de Colonia, obteniendo en Roma que fuera nombrado oficialmente "perito" teólogo. Ratzinger apoyó la línea aperturista del Concilio.

En 1963 se traslada a la Universidad de Münster, en 1966 pasa a la de Tübingen, donde contempla "la destrucción de la teología que tenía lugar a través de su politización en dirección al mesianismo marxista". En 1972, Ratzinger, von Balthasar, De Lubac y otros lanzan la publicación teológica de *Communio,* una revista de teología católica y cultura, frente a la revista *Concilium,* tribuna de contestación teológica publicada por los principales teólogos que participaron en Vaticano II.

En marzo de 1977 es nombrado arzobispo de Munich por Pablo VI. Pocos meses después, el 27 de junio, es creado cardenal presbítero. En 1978 participa en el cónclave del 25 al 26 de agosto, que eligió a Juan Pablo I, quien lo nombra enviado especial del papa al III Congreso Mariológico Internacional, en Guayaquil (Ecuador, 16 al 24 de septiembre). En octubre de ese año, participa en el cónclave que elige a Juan Pablo II. En noviembre de 1981, como dijimos arriba, acepta la invitación del Papa para asumir como Prefecto de la Congregación para la Doctrina de la Fe, Presidente de la Pontificia Comisión Bíblica y Presidente de la Comisión Teológica Internacional. Desde 1986 presidió la Comisión para la preparación del catecismo de la Iglesia católica, que llevó 6 años de trabajo (1986-92).

Refuerzo de tradición.

Para sus seguidores, Ratzinger es una persona dotada de un gran intelecto y de un generoso espíritu cristiano, pero sus críticos afirman que es un hombre de temer, porque más bien ha suprimido la discusión y silenciado a los disidentes dentro de la Iglesia. Los observadores de los primeros días de su pontificado señalan que una cosa es el papel de "guardián de la fe" ejercido por Ratzinger en el pasado, y otro el de "pastor universal" en el presente. El nuevo papa ha dado muestras de saber que las exigencias de su oficio no son las del jefe de la Congregación para la Doctrina de la Fe, porque, en cuanto cabeza espiritual de la Iglesia católica, ha de tener en cuenta la doctrina y la disciplina, pero también la misericordia, el apostolado y la política.

Contrario a la teología de la liberación, los documentos de la Congregación presidida por él, *Libertatis nuntius* (1984) y *Libertatis conscientia* (1986), alcanzaron gran resonancia. Muchos le reprochan su desconocimiento de América Latina, aunque Ratzinger no enfoca el tema desde el punto de vista sociológico, sino teológico.

Polémica y discutida es la postura de Ratzinger en un asunto tan importante y relevante como la naturaleza de la Iglesia universal en relación con las particulares. La Iglesia universal, dice, no nace de una suerte de confederación de comunidades locales, sino que, al revés, éstas van concretizando el plan de Jesucristo, que concibió y realizó "su iglesia", dotada ya del dinamismo misionero, para expandirse por doquier y hasta el fin de los siglos. La declaración *Dominus Jesus* (2000), sobre la unicidad de Cristo en el diálogo con las religiones, fue recibida con una nube de protestas y críticas de parte de las iglesias protestantes y ortodoxas, pues en ella se afirma que la Iglesia católica es "la Iglesia verdadera" y que las "Iglesias particulares" (ortodoxas) y las comunidades eclesiales (protestantes y anglicanas) "no son Iglesia en sentido propio" (n. 17).

La denuncia de la "dictadura del relativismo" es una constante en el pensamiento de Ratzinger, que se mueve en el campo de la teología tradicional. Una y otra vez condena las teorías de tipo relativista que tratan de justificar el pluralismo religioso, "el subjetivismo de quien considera la razón como única fuente de conocimiento; el vaciamiento metafísico del misterio de la encarnación; el eclecticismo de quien, en la búsqueda teológica, asume ideas derivadas de diferentes sistemas filosóficos y religiosos, sin preocuparse de su coherencia y conexión sistemática ni de su compatibilidad con la verdad cristiana; la tendencia, en fin, a leer e interpretar la Sagrada Escritura fuera de la Tradición y del Magisterio de la Iglesia". No hay que caer, dice, en "la falsa tolerancia".

De sus días de estudiante le viene la preocupación por el "espíritu de la liturgia" aprendido en las obras de autores como Romano Guardini. Uno de los grandes temas de su pontificado es precisamente la liturgia, porque se está muy cerca del error y tergiversación de la naturaleza del culto divino de pensar en la liturgia como si fuera un *show*, con el sacerdote que cierra la función diciendo buenas tardes a todos y hasta la próxima, como ocurre en muchas iglesias.

Viajes apostólicos y protesta islamita.

El 28 de mayo de 2006 este papa alemán visita el antiguo campo de concentración y exterminio de Auschwitz, cementerio de un millón de judíos. Condena el nazismo en Auschwitz e implora la reconciliación "con Dios, con los hombres que sufrieron y con todos los que actualmente sufren bajo el poder del odio y bajo la violencia fomentada por el odio". Recordó que Juan Pablo II visitó estos campos como "hijo del pueblo polaco, la nación que en su historia sufrió múltiples agresiones". Añadió que Auschwitz es un lugar en la memoria del Holocausto, donde el pasado no es sólo pasado. Colocó una corona de flores, saludó a varios ex prisioneros que aún viven y visitó la celda donde murió el mártir polaco Maximiliano Kolbe. Luego visitó al colindante Birkenau, donde pronunció el discurso ante las veintidós lápidas que, en diferentes idiomas, entre ellos español, recuerdan el dolor humano "y dejan intuir el cinismo de aquel poder que trataba a los hombres como material y no les reconocía como personas". Meses antes, en agosto de 2005, había visitado la sinagoga de Colonia, y si bien Juan Pablo II fue el primer papa de la historia en entrar en un templo judío y el primero que se arrodilló ante el Muro de las Lamentaciones en Jerusalén para orar por las víctimas judías de la persecución nazi, Benedicto XVI fue el primer papa alemán en una sinagoga de Alemania, el país del Holocausto.

En una tercera visita apostólica a su país natal, en septiembre de 2006, fue recibido por el presidente alemán Horst Köhler, protestante de confesión, quien en el mismo aeropuerto internacional de Munich, su antigua sede episcopal, agradece al nuevo papa la visita a su lugar de origen, "especialmente en Alemania, que fue la cuna de la reforma evangélica, donde el deseo de muchos cristianos es un impulso decidido al entendimiento ecuménico, y si se puede decir al progreso ecuménico" (Köhler, 11 septiembre 2006). Un día después tiene un encuentro con los representantes de la ciencia en el Aula Magna de la Universidad de Ratisbona, y aunque el discurso es largo y denso, donde arremete con "la deshelenización del cristianismo", debida en primer lugar a los postulados fundamentales de la Reforma del siglo XVI, y en segundo, a la teología liberal de los siglos XIX y XX, con Adolf von Harnack como su máximo representante, y su ataque frontal al laicismo europeo con la petición urgente de restablecer las raíces católicas en Europa, lo que provoca una reacción violenta a nivel mundial es la mención de una cita del emperador bizantino Manuel II Paleólogo, que dice: "Muéstrame también aquello que Mahoma ha traído de nuevo, y encontrarás solamente cosas malvadas e inhumanas, como su directiva de difundir por medio de la espada la fe que él predicaba".

En poco tiempo, todo el mundo musulmán, en Oriente y Occidente, de un extremo al otro del planeta, se puso en pie de guerra contra el papa en particular y el cristianismo en general. Se quemaron iglesias anglicanas, coptas, católicas, sin hacer distinción, pues ante las enfurecidas masas islamitas todos los cristianos occidentales de hoy son los mismos "cruzados" de ayer que quieren la destrucción del islam. Los dirigentes musulmanes piden que el papa pida perdón y se retracte de sus afirmaciones. Ante la inesperada reacción de los musulmanes y el alcance de los hechos, que pone en peligro muchas vidas inocentes en países islamitas, Benedicto XVI pide disculpas con el corazón afligido, pero no es suficiente. Siguen las protestas, se queman imágenes del papa, se declara una *yihad* contra el papa. Algunos intelectuales occidentales califican el discurso del papa de inoportuno. Primero la canciller alemana Angela Merkel, hija de un pastor protestante, y después otros mandatarios europeos, respaldan la libertad de cátedra del papa y consideran injustificada la reacción de los islamitas violentos, tras la que se esconde toda una orquestación de intereses políticos. Cuatro veces se ve obligado el papa a entonar la confesión del perdón y a reiterar su "respeto profundo" por los musulmanes y su propuesta de un "diálogo positivo y también autocrítico, tanto entre las religiones como entre la razón moderna". Aclara, además, que no se identifica con el testimonio del emperador Manuel: "Mi intención era muy distinta. Partiendo de lo que Manuel II dice a continuación de modo positivo y con palabras muy bellas, yo quería explicar que la religión y la violencia no van juntas, mientras que sí van juntas la religión con la razón". Por si fuera poco, el 26 de septiembre de 2006 recibe en Castelgandolfo a embajadores y representantes de la comunidad islámica con vistas a la paz y el entendimiento común, en la línea inaugurada por su predecesor Juan Pablo II.

Audiencia con Hans Küng.

Esta audiencia privada de Joseph Ratzinger con Hans Küng tiene un valor que va más allá de lo anecdótico, es una muestra de la capacidad de introducir cambios y dar sorpresas que Benedicto XVI guarda en sus mangas. Ambos teólogos se conocen desde hace muchos años, de la época de la Universidad de Tubinga, donde eran profesores de dogmática. De hecho, Ratzinger llegó a Tubinga por recomendación del propio Küng y ambos pertenecían en esa época al grupo de jóvenes teólogos alemanes que habían dejado su impronta en el Concilio Vaticano II. Coincidían en la búsqueda del acercamiento de la Iglesia católica al mundo moderno y a las otras religiones, como se indicaba en el Vaticano. Küng se cuenta entre los pensadores sobresalientes de nuestro tiempo, preocupado por tender puentes con el mundo moderno. Ratzinger, igualmente destacado en cuanto a reflexión y claridad de pensamiento, pero más preocupado por las implicaciones peligrosas de un acercamiento acrítico al mundo moderno, temía desde el principio caer en el relativismo; Küng, en cambio, radicalizó su pensamiento liberal y desarrolló una teología crítica que se interpretó que iba mucho más allá de la apertura propiciada por el Vaticano II. De modo que en 1979 la Sagrada Congregación para la Doctrina le suspende para oficiar como sacerdote y le retira la licencia eclesiástica para enseñar teología católica. Küng criticó duramente el pontificado de Juan Pablo II y tras la elección de Joseph Ratzinger como papa, el teólogo suizo dijo sentir una "gran decepción", aunque precisó que había que dar una oportunidad a Benedicto XVI y que no descartaba "un pequeño milagro" que transforme a Ratzinger en un papa distinto a lo que fue como cardenal. Por decirlo en sus propias palabras, el *pequeño milagro* se produjo el 24 de septiembre de 2005 cuando Benedicto XVI le recibió en audiencia privada en su residencia de Castelgandolfo. Durante la misma, hablaron de la ética mundial y de reavivar el diálogo entre fe y ciencias naturales y de hacer valer, en relación con el pensamiento científico, la sensatez y la necesidad de la cuestión sobre Dios *(Gottesfrage)*. Ambos estuvieron de acuerdo en que no tenía sentido entrar en "una disputa sobre las cuestiones doctrinales persistentes entre Hans Küng y el magisterio de la Iglesia católica". Küng ilustró su proyecto de *Weltethos* (ética mundial) al papa, quien apreció "el esfuerzo de Küng por contribuir a un reconocimiento de los valores esenciales y morales de la humanidad a través del diálogo de las religiones y el encuentro con la razón secular". Küng subrayó que su proyecto de ética mundial no es ni mucho menos una construcción intelectual abstracta, sino que pone de manifiesto los valores morales sobre los que convergen las grandes religiones del mundo, a pesar de todas las diferencias, y que pueden percibirse como criterios válidos —a causa de su convincente carácter razonable— por la razón secular.

8

Prueba y martirio de las iglesias ortodoxas

Desconocimiento de la ortodoxia por parte de los cristianos occidentales.
Los cristianos occidentales tienen un conocimiento escaso, por no decir nulo, y casi siempre de carácter folklórico, de las iglesias orientales u ortodoxas.

Acontecimientos políticos como la Revolución rusa, o eclesiásticos como el Ecumenismo, han familiarizado a algunos con la existencia de la Iglesia ortodoxa y de algunos nombres de sus teólogos más célebres, aunque pocos saben que el famoso escritor Fiodor Dostoyevski (1821-1881), quiso ser un testigo de la fe ortodoxa, portavoz de un cristianismo nuevo, universal, basado en el amor fraterno.

La Iglesia en Rusia.

A principios de siglo XX aún no existía el Patriarcado ruso, que fue refundado en 1917 por el metropolita Tikhon Bellavin (1865-1925), en San Petersburgo, el cual sería posteriormente el primer Patriarca ruso del siglo XX. Desde 1905 la Iglesia ortodoxa rusa estaba ocupaba con los preparativos de un concilio local, que se realizó en 1917 y se prolongó hasta septiembre de 1918. Se concedió la elección de los obispos por el clero y los laicos de las diócesis; de igual modo, el empleo, en las liturgias, no sólo del paleoslavo, sino también del ruso y otras lenguas. Se ampliaron los derechos de las parroquias; se establecieron medidas con respecto a la consolidación de la actividad misionera de la Iglesia y de la más amplia participación de los laicos en ella. En ese momento la Iglesia rusa contaba alrededor de 100 millones de fieles, 57.000 sacerdotes, 16.000 diáconos, 21.000 monjes y 73.000 religiosos; había cerca de 55.000 iglesias y 26.000 capillas donde se celebraban cultos regularmente. Los monasterios alcanzaban la imponente cifra de 1.500. En vano, el país era conocido como "la Santa Rusia". El pueblo ruso es especialmente religioso. Nietzsche decía que "en Rusia hasta los ateos son creyentes". La liturgia ocupaba en la religiosidad popular un lugar considerable, de primer orden.

La Revolución rusa.

Pero 1917 será recordado en la historia por el derrocamiento del zar Nicolás II y el triunfo de la Revolución rusa. La noche del 25 de octubre de 1917, Petrogrado, capital administrativa del Imperio zarista, cayó en manos de un puñado de hombres dirigidos por Trotsky y Lenin y se hicieron con el poder. Se abría un nuevo capítulo en la historia de Rusia y del mundo. Los bolcheviques, es decir, mayoritarios, organizaron el Consejo de Comisarios del Pueblo, presidido por Lenin, y establecieron la Dictadura del Proletariado. En 1918, el ex zar Nicolás II y su familia fueron asesinados por los bolcheviques.

Para los nuevos gobernantes la Iglesia ortodoxa rusa era un enemigo ideológico a priori, por ser una parte institucional de la Rusia zarista, del régimen antiguo. Para Lenin, como para Marx, "la religión es el opio del pueblo", y como tal ha de ser tratado sin piedad. El flamante patriarca Tikhon realizó toda clase de esfuerzos para calmar las pasiones destructivas encendidas por la revolución. El mensaje del Santo Concilio de fecha 11 de noviembre de 1917 dice en particular: "En lugar de un nuevo orden social, prometido por maestros falsos, nosotros vemos una disputa sangrienta entre los constructores del mismo. En lugar de paz y hermandad entre las gentes, una confusión de idiomas y un odio amargo entre los hermanos. Las personas que se han olvidado de Dios, se están atacando entre si como lobos hambrientos. ¡Abandonen el sueño insensato y ateo de los hombres falsos que llaman para comprender la hermandad universal a través de la disputa universal! ¡Regresen a la manera de Cristo!".

Separación de la Iglesia Ortodoxa y el Estado.

El 20 de enero de 1918 fue aprobado un decreto sobre la separación de la Iglesia y el Estado, y de la escuela e Iglesia; como resultado, todas las organizaciones eclesiásticas quedaron privadas de sus derechos y propiedades, además de que los monjes fueron expulsados de sus claustros, destruyeron monasterios, abrieron sarcófagos con restos mortales sagrados, refundieron los vasos sagrados y las campanas. Los fieles que acudieron en defensa de los monjes fueron dispersados por la policía a ráfagas de ametralladora. En numerosos lugares hubo ejecuciones sumarísimas. En Kiev, el viejo metropolitano Wladimir fue asesinado a la entrada en la cripta. Con valentía el patriarca Tikhon publicó un llamamiento, en el que informaba de la persecución por la que estaba pasando la Iglesia, "los enemigos patentes y secretos de la verdad de Cristo han comenzado a perseguirla y se esfuerzan por destruir la causa de Cristo, sembrando por todas partes, en lugar del amor de Cristo, los gérmenes de la malicia, del odio y de la lucha fratricida".

A finales de 1918 pareció iniciarse un período de transigencia. Pero no duró mucho. Un decreto de febrero de 1922 del gobierno soviético exigió la entrega de los tesoros de la Iglesia para ayudar a la población hambrienta, debido al fracaso de las cosechas en 1921. El patriarca Tikhon autorizó la entrega de los objetos no consagrados, pero prohibió entregar los vasos litúrgicos. En numerosas ciudades hubo choques violentos entre los fieles y la policía. Se iniciaron procesos públicos contra cristianos destacados y el patriarca Tikhon fue sometido a arresto domiciliario y ya no pudo volver a ejercer sus funciones.

El fraude de la nueva Iglesia Viva.

Con la intención de dividir a la Iglesia, las nuevas autoridades inauguraron una maniobra que habían de repetir en otros países: suscitar un cisma. Una parte del clero renegó de la Iglesia patriarcal y creó la Iglesia Viva, que se declaró fiel al nuevo régimen. Los miembros de la jerarquía que alzaron sus voces de protesta, fueron pronto condenados. Esto no impide comprender que algunos activistas de la Iglesia Viva creían sinceramente que los ideales evangélicos podían alcanzarse por el camino de la revolución social; sólo con el tiempo los renovadores empezaron a entender que habían sido instrumentalizados por el Partido en la lucha contra la Iglesia. Hay que tener en cuenta que la Revolución rusa prometió, por primera vez en la historia del país, una democratización efectiva, y el mismo Nikolai Berdyaev (1874-1948) en principio saludó el movimiento revolucionario y sus ideales.

La Iglesia Ortodoxa rusa durante la Segunda Guerra Mundial.

A principios de la Segunda Guerra Mundial la estructura de la Iglesia se destruyó casi completamente a lo largo del país. Había sólo algunos obispos que permanecían libres y quienes podían realizar sus deberes. Algunos otros lograron sobrevivir en partes remotas o bajo el refugio de sacerdotes. Sólo unas cuantas iglesias se abrieron para los servicios religiosos a lo largo de la Unión Soviética. La mayoría del clero fue encarcelado en campamentos de concentración, donde muchos de ellos perecieron. Otros se escondieron en las catacumbas. Miles de sacerdotes dejaron de ejercer su sacerdocio. Célebres personalidades de la cultura y los mejores teólogos de Rusia murieron en las cámaras de tortura o en los campos de concentración, como el padre Pavel Florensky, filósofo y teólogo; o bien huyeron del país, como Semyon Frank, Nicolai Berdyaev, Nicolai Lossky, Vladimir Lossky, el protomonje Sergei Bulgakov y muchos otros.

El curso catastrófico de los combates durante la Segunda Guerra Mundial obligó a Stalin a movilizar todos los recursos nacionales para la defensa, e incluso a la Iglesia ortodoxa rusa como fuerza moral de las personas. De inmediato se abrieron las iglesias para los servicios religiosos, y los sacerdotes e incluso los obispos fueron liberados de las prisiones. La Iglesia rusa no se limitó a dar apoyo espiritual y moral a la madre patria en peligro, también proporcionó ayuda material para mantener fondos que se destinaban a todo tipo de cosas, como para los uniformes del ejército. En 1943 Stalin recibió a las altas jerarquías y multiplicó medidas de tolerancia. A partir de ese momento histórico, comenzó un cierto acercamiento en las relaciones entre la Iglesia y Estado. Según las cifras oficiales publicadas en 1941, la Iglesia había perdido gran parte de su capital humano y eclesiástico: sólo quedaban 4.200 parroquias (de las 54.000 de 1917), 5.600 sacerdotes (frente a 57.000 en 1917), 38 conventos y poco más. Pero en raíz del cese de hostilidades del gobierno, en poco tiempo se abrieron cerca de diez mil nuevas iglesias. Una situación difícil volvió a repetirse durante el período de Khrushchev; en 1960 las autoridades endurecieron de nuevo la política contra la Iglesia, miles de iglesias a lo largo de la Unión Soviética fueron cerradas "por razones ideológicas".

La Perestroika y el renacimiento de la Iglesia en Rusia.

En los años de la Perestroika tuvieron lugar notables cambios en las relaciones entre el Estado y la Iglesia. En 1990 fue aprobada una ley sobre la libertad de confesiones, anulando muchas antiguas limitaciones impuestas a las organizaciones y asociaciones religiosas, lo cual reforzó sus actividades. Las celebraciones consagradas al Milenio del Bautismo de Rusia, que adquirieron una importancia nacional, proporcionaron un ímpetu fresco a las relaciones Estado-Iglesia. Se compelió a los poderes a entablar un diálogo. Las nuevas relaciones se construyeron en base al reconocimiento del papel histórico que había desempeñado la Iglesia y a su contribución en la formación de las tradiciones morales de la nación.

Georgia y los Balcanes.

La Iglesia ortodoxa georgiana es una de las más antiguas de Oriente. A principios del siglo VI una mujer apóstol, Santa Nino, convirtió al rey Miriam, quien hizo bautizar a su pueblo. En 1901 fue anexionada al Imperio zarista y posteriormente pasó a formar parte de la Unión Soviética como república autónoma. Durante la época revolucionaria conoció el mismo destino trágico que la Iglesia rusa. Se cerraron casi todas las iglesias, se asesinó al primer católico, se encarceló al segundo.

El resto de Iglesias ortodoxas en los Balcanes conoció el mismo destino doloroso, carentes de una autoridad central e internacional que luchara por sus intereses. Durante la Segunda Guerra Mundial se produjeron trágicos acontecimientos que iban a estallar más trágicamente aún en la llamada Guerra de los Balcanes de los años 90. Grupos terroristas partidarios de una Croacia independiente de Servia, se apoyaron en las fuerzas ocupantes alemanas para perpetrar matanzas terribles, asesinatos indiscriminados de ortodoxos, hombres, mujeres y niños. Se habla en total de 700.000 víctimas. Con todo, aguantando la persecución y el martirio, luchando contra el dolor y en medio del odio, la Iglesia ortodoxa no tan sólo sobrevió sino que salió fortalecida.

La Iglesia Contemporánea - Años 1901 al 2005 d. C.

9

Las Iglesias Evangélicas fundamentalistas y el Dispensacionalismo

La escena religiosa en Estados Unidos a principios del siglo XX.

El fundamentalismo es un fenómeno religioso dentro de las iglesias evangélicas, fruto de un momento histórico de grave desorientación teológica y cambios sociales radicales que amenazaban el viejo orden socio-religioso. Surge en los Estados Unidos en un período de transición social del campo a la ciudad. La nación experimenta una rápida urbanización e industrialización, a la vez que recibe oleadas masivas de mano de obra europea, lo cual provoca no sólo cambios sociales y económicos, sino también religiosos. El viejo puritanismo de los antiguos colonos anglosajones y de sus descendientes se debilita en las grandes ciudades, donde el "humanismo secular" comienza a dominar el tono de la enseñanza pública y se establece como guía e ideal del modernismo democrático y liberal. Los teólogos de las grandes iglesias protestantes tratan de adaptar el mensaje cristiano[119] a la nueva situación social e intelectual, creando puentes que permitan el acceso y la comunicación en ambas direcciones. Los teólogos liberales hacía tiempo que llevaban poniendo en cuestión los pilares básicos sobre los que se sustentaba el edificio protestante, a saber, la Biblia y los aspectos sobrenaturales del mensaje cristiano. Los críticos ponían en cuestión la credibilidad del texto bíblico y reinterpretaban de un modo nada ortodoxo las doctrinas centrales de la fe, con la consiguiente inquietud y zozobra causada por tales innovaciones en la mente y corazón de los fieles. Pastores y laicos de diferentes denominaciones comenzaron a manifestar su preocupación por el curso que estaban siguiendo los seminarios teológicos y las juntas misioneras, abogando por un retorno a las fuentes, a los fundamentos del cristianismo.

¿Qué es el Fundamentalismo Evangélico?

Antes de seguir, conviene aclarar que el fundamentalismo no es una nueva denominación protestante, sino una corriente de doctrina y de acción destinada a restablecer los fundamentos o pilares básicos de la evangélica, que se creen amenazados de ruina por la obra destructiva operada desde dentro por aquellos que deberían defender la fe que profesan.

No es nada nuevo en la historia protestante. De un modo u otro, bajo diferentes nombres y manifestaciones, desde los días de la Reforma el cristianismo protestante es una sucesión de rupturas entre sí en nombre de la pureza perdida del verdadero cristianismo neotestamentario. Al igual que los padres de la Reforma, los líderes de la vuelta al viejo Evangelio, a la recuperación y renovación de la fe, no pretenden otra cosa que una vuelta renovada a la Escritura y sólo a ella, frente a las corrientes de pensamiento que amenazan la esencia del mensaje evangélico.

---

[119] La teología protestante del siglo XIX se había desligado por completo del supernaturalismo de los reformadores. "Su teología no enraizaba en una auténtica fe, sino en la filosofía racionalista que invade el mundo protestante desde los tiempos de la Aufklärung o Ilustración (José Mª Gómez-Heras, *Teología protestante,* p. 163. Madrid 1972).

Las Iglesias Evangélicas fundamentalistas y el Dispensacionalismo

En la historia del fundamentalismo se pueden advertir dos momentos precisos y diferenciados. El fundamentalismo de los inicios, organizado como un frente común de individuos de distintas iglesias e instituciones evangélicas ante las distintas autoridades eclesiales y teológicas de las grandes denominaciones; y el fundamentalismo de la imposible cohesión debido a lo heterogéneo de las respectivas tradiciones de sus componentes. Mientras tenían en mente y objetivo un enemigo común, el liberalismo teológico, fue relativamente fácil mantenerse unidos, pero a medida que el movimiento comenzaba a tomar conciencia de sí empezaron a sentirse las primeras fisuras de orden doctrinal y práctico.

Precedentes y consecuencias.

El contexto religioso que explica el nacimiento del fundamentalismo se encuentra en el último tercio del siglo XIX, cuando las teorías alemanas sobre la Biblia y su formación comienzan a ser aceptadas por un número cada vez mayor de instituciones de enseñanza teológica. La llamada "alta crítica", hija directa del racionalismo y de la ilustración, minó los fundamentos de la autoridad infalible e inerrante de la Escritura, creó desconfianza frente a su mensaje, interpretado conforme al paradigma científico de la época: el evolucionismo. Los críticos liberales negaban virtualmente la inspiración del texto sagrado, atribuido a una larga y compleja redacción de tradiciones contrapuestas pertenecientes a distintas épocas y momentos de la historia judía. La naciente escuela de la Historia Comparada de las Religiones explicaba la fe de Israel, y por ende la cristiana, como el resultado de un lento proceso evolutivo del pueblo hebreo en su relación con los pueblos vecinos. Aunque al principio muchos críticos titubearon en hacerlo, llegó el momento que comenzaron a proclamar abiertamente su rechazo del nacimiento virginal de Cristo, sus milagros, su resurrección, el significado de su muerte como expiación vicaria y su segundo advenimiento físico y glorioso. Y atribuyeron a Pablo todo lo que el cristianismo tenía de religión, según ellos, copiada de los cultos de misterios de la época.

Por su parte, el pensamiento secular arremetió con la historia de la creación según se narra en el libro de Génesis, oponiendo las teorías de Darwin sobre el origen de las especies, donde Dios resulta innecesario en cuanto Creador; el hombre deja de ser un ser caído moralmente necesitado de redención, toda vez que es un animal que poco a poco va evolucionando desde el primitivismo animal. Cuando parecía que había pasado la tormenta y la amenaza de la teología liberal, el fundamentalismo, fortalecido en las escuelas conservadoras y con un número creciente de estudiantes, frente a los decrecientes seminarios modernistas, centrará todas sus fuerzas en rechazar y desenmascarar "la falsamente llamada ciencia de la evolución".

La reacción fundamentalista comenzó en Estados Unidos a principios del siglo XX en un momento de crisis social, pero a la vez de crecimiento numérico de las iglesias. Entre los años 1906 y 1926 los miembros de las iglesias evangélicas aumentaron en un 46 %. De 1926 a 1950 los bautistas llegaron a catorce millones de miembros, lo que significa el crecimiento de más de un cien por cien; los luteranos crecieron un 60 % y, aunque menos espectacular, el resto de iglesias protestantes también experimentó un crecimiento notable. Por contra, en Europa, concretamente a partir de la Segunda Guerra Mundial, el cristianismo mostraba un panorama desolador de constante decrecimiento numérico y avance progresivo y acelerado de la secularización de la sociedad, para la que la religión contaba cada vez menos; la indiferencia religiosa iba ganando terreno y vaciando las iglesias, otrora llenas de creyentes fervorosos. Mientras, en Estados Unidos, precisamente en ese mismo período, coincidente con el fin de la Segunda Guerra Mundial, el cristianismo evangélico experimentó un entusiasmo de lo más llamativo. La membresía de las iglesias aumentó a la cifra fenomenal de cien millones, la más alta en toda la historia de América. A partir de entonces, las iglesias evangélicas conservadoras aumentaron un 3% anual, mientras que las iglesias liberales ofrecieron el triste aspecto de una comunidad estancada y en ligero retroceso. A principios del siglo XX el evangelicalismo se hallaba en la marginalidad, religiosa y socialmente. En ese entonces las iglesias eran pequeñas, en su mayor parte, y eran comparativamente pocas en número, mayoritariamente pertenecientes a los sectores rurales. El liberalismo, por contra, dominaba en las grandes ciudades. A partir del presidente Jimmy Carter se puso de moda "ser nacido de nuevo" incluso entre la case política, lo que se acentuó con Reagan y la proliferación de los predicadores carismáticos de las "iglesias electrónicas", tales como Jerry Falwell, con su Movimiento de la Mayoría Moral (Moral Majority Movement) fundado en 1979, Oral Roberts y Pat Robinson, candidato a la presidencia de los Estados Unidos. Tendencia que se afianza con Bill Clinton y George Bush. En las décadas finales del siglo XX las escuelas y universidades cristianas crecieron en número y calidad, así como los seminarios. Desde principios de los 70 hubo una explosión de asociaciones voluntarias, organizaciones cristianas y nuevos ministerios netamente conservadores.

The Fundamentals.

El término "fundamentalismo" nació el 1 de julio de 1920 de la pluma de Curtis Lee Laws (1868-1946), editor del periódico conservador bautista *The Watchman Examiner,* y lo empleó para describir a aquellos que estaban listos para entrar en batalla por los fundamentos del cristianismo. Laws y algunos de sus correligionarios fundaron un grupo al que se llamó popularmente *The Fundamentalist Fellowship* (La Comunión Fundamentalista). Sin embargo, este grupo, el primero en designarse como fundamentalistas, no se identificó a sí mismo con el dispensacionalismo, que llegó a ser tan prominente en el fundamentalismo posterior (hasta el punto de ser sinónimo para muchos observadores), ni contra las cruzadas contra la enseñanza de la teoría de la evolución en las escuelas públicas. Una y otra vez repitieron su deseo y preocupación de preservar las afirmaciones centrales de la fe evangélica sumarizada en cinco puntos centrales, que, en términos generales, expresa los cinco puntos doctrinales del fundamentalismo, a saber:

1. Inspiración, infalibilidad e inerrancia de las Escrituras.
2. Deidad de Cristo y nacimiento virginal, como evidencia de la misma.
3. Muerte vicaria o sustitutoria de Cristo.
4. Resurrección física de Cristo y su Ascensión a los cielos.
5. Regreso personal de Cristo o su Segunda Venida, interpretada literalmente.

Al parecer, estos cinco puntos, esencialmente cristológicos, se remontan al año 1895, cuando fueron formulados por vez primera en la Conferencia de Niagara, patrocinada por evangélicos conservadores comprometidos con el cristianismo protestante tradicional.

Las Iglesias Evangélicas fundamentalistas y el Dispensacionalismo

El fundamentalismo comenzó a cobrar importancia y resonancia mundial con la publicación de una serie de tratados o libritos bajo el epígrafe general de *The Fundamentals: A Testimony to the Truth*. Se trata de una serie de doce libritos que comenzaron a publicarse en 1910, prolongándose cinco años más. Se editaron tres millones de copias, que fueron enviadas gratis a los estudiantes y obreros cristianos cuyas señas fueran conocidas, así como a todos los misioneros, profesores de Escuela Dominical y a todo aquél que pudiera tener interés en la propagación de la fe cristiana. La doctrina contenida en los ensayos y artículos de los "fundamentales", se centraba de modo especial en los referidos cinco puntos, que fueron complementados con otras doctrinas como el carácter de la naturaleza depravada y pecadora del ser humano, la salvación y justificación por gracia mediante la fe y la promesa de la resurrección corporal. También se atacaba a la teoría de la evolución y a la "alta crítica", así como al catolicismo romano, mormones, Testigos de Jehová, Ciencia Cristiana, espiritismo, todos los cuales fueron anatematizados como perversiones de la fe cristiana, sin fundamento bíblico.

Los gastos de edición y distribución de los libritos corrió a cargo de Lyman Stewart (1840-1923), hombre de negocios de Los Ángeles, quien estaba totalmente convencido de la necesidad de hacer algo para reafirmar la verdad cristiana frente a los ataques destructores del liberalismo. Todo comenzó cuando Stewart quedó impresionado por una predicación de Amzi Clarence Dixon (1854-1925), que fue pastor bautista de la Moody Memorial Church de Chicago. Stewart prometió ayudar económicamente a Dixon para publicar los proyectados "fundamentales". A la empresa se unió Milton Stewart, hermano del primero. Dixon escogió un comité editorial, en el cual estaba incluido el famoso evangelista Ruben A. Torrey (1856-1928).

En total se escogieron 64 autores distintos, todos ellos conocidos por su fe evangélica y conservadora. Por su calibre intelectual destacan Edgar Young Mullins (1860-1928), del Seminario Bautista del Sur, Benjamin B. Warfield (1851-1921), del Seminario Teológico de Princeton y James Orr (1844-1913), del United Free Church College de Glasgow (Escocia). Otros autores representaban lo mejor del movimiento devocional inglés de la Convención de Keswick, y muchos mantenían el dispensacionalismo y el premileniarismo, corriente doctrinal mayoritariamente representada en los Fundamentals. Esta disparidad de autores y concepciones doctrinales fue posible mantenerla unida mientras se hacía frente a un enemigo común; sin embargo, bien pronto se manifestaron señales de división y discordia.

El fundamentalismo nunca fue un movimiento compacto, organizado, más bien fue una corriente de pensamiento evangélico de frágiles alianzas personales. Si durante un tiempo se mantuvieron unidos fue gracias al carisma y la energía de ciertos hombres como John Roach Straton (1875-1929), considerado el "papa del fundamentalismo", pastor bautista, luchador militante contra el modernismo, así como defensor de la separación entre Iglesia y Estado, justicia para los negros y derechos para las mujeres. Otro era William Bell Riley (1861-1947), pastor bautista como el anterior, infatigable organizador y editor del Christian Fundamentalist. No hay que olvidar a otras figuras familiares de la época, como el evangelista Paul Rader (1879-1938), Frank J. Norris (1877-1952) y el pastor presbiteriano Harry Rimmer (1890-1952), que fundó una sociedad con la intención de mostrar la armonía entre la Biblia y la ciencia, para lo cual fundó el Research Science Bureau.

La Asociación Mundial de Cristianos Fundamentales.

En 1919, después de varios intentos fallidos, se logró constituir la Asociación Mundial de Cristianos Fundamentales, con sede en el Moody Bible Institute de Chicago. W.R. Riley fue el primer presidente hasta 1930. Le sucedió Paul W. Rood, hasta 1952. El plan de acción iba a consistir en purgar las escuelas, los púlpitos y los seminarios de herejes. Allí se adoptaron nueve puntos doctrinales, a saber:

1. Inspiración e inerrancia de la Escritura.
2. Trinidad de Dios.
3. Deidad y nacimiento virginal de Cristo.
4. Creación y caída del hombre.
5. Expiación vicaria de Cristo.
6. Resurrección corporal y ascensión de Cristo.
7. Regeneración espiritual de los creyentes.
8. Venida personal e inminente de Cristo.
9 Resurrección y destino final de los hombres, unos a eterna bienaventuranza y otros a condenación eterna.

Controversias.

A lo largo de los años 20 los fundamentalistas se centraron en ataques dirigidos a los modernistas de algunas de las denominaciones mayores y a las enseñanzas de la evolución biológica. La bestia negra de los fundamentalistas fue el pastor bautista Harry Emerson Fosdick (1878-1969), el hombre que más hizo desde el púlpito y la página impresa en favor de un cristianismo de corte liberal, culto y educado. Fosdick llegó a ser el símbolo de lo que los fundamentalistas aborrecían. Fosdick les retó con un sermón predicado el 22 de mayo de 1922, titulado "¿Ganarán los fundamentalistas?" (Shall the Fundamentalist Win?). En esencia se trataba de una defensa de la presencia de los liberales en la iglesia, abogando por la tolerancia de los mismos. El 13 de julio le contestó Clarence E. Macartney, alumno de J.G. Machen en Princeton, con un artículo publicado en las columnas de The Presbyterian, con el título "¿Ganará la incredulidad?" (Shall Unbelief Win?). Después de dos años de controversia, Fosdick se vio obligado a renunciar al ministerio del púlpito presbiteriano, pero no por causa de su liberalismo, sino por su distinta filiación religiosa, con lo que los fundamentalistas quedaron bastante desencantados del resultado final de la lucha.

El "separatismo" fundamentalista.

A partir de 1930 los fundamentalistas añadieron a su paquete doctrinal una cuestión de orden práctica, que iba a resultar trágica para el mismo movimiento: el principio de separación. Con él se pretendía mantener alejados de las iglesias a los modernistas e impedir por cualquier medio su acceso a puestos de enseñanza. A partir de este momento, los fundamentalistas comenzaron a caracterizarse como unos personajes fanáticos e intolerantes, que los interesados asumieron como una nota característica y esencial del momento, piedra de toque de fidelidad y pureza para muchos fundamentalistas desde entonces[120]. Fue el principio del fin del frágil movimiento, entendido en términos de agrupación. Las divisiones entre ellos se sucedieron en cadena. Un observador les llamó "apóstoles de la discordia".

Los teóricos del principio de separación ahondaron el mismo y, como siempre ocurre en estos casos, añadieron nuevos matices y calificaciones. Así se habla de separación de primer grado, segundo, tercero, etc. Es decir, no se considera suficiente mantener alejados a los modernistas, sino también a los que tengan o toleren tratos con los mismos, aunque sean de convicciones fundamentalistas. De éstos —decían— también es preciso separarse. A la cuestión de la separación se le sumó, para complicar más las cosas, el tema del dispensacionalismo. Algunos fundamentalistas destacados, como el presbiteriano John Gresham Machen, no querían saber nada con dispensacionalistas ni premileniaristas. Por su parte, el también presbiteriano y famoso fundamentalista Carl McIntire, se disgustó con el ataque de su colega al dispensacionalismo y rompió con él. McIntire es el líder más radical del fundamentalismo separatista. En 1941 fundó el American Council of Churches (Concilio Americano de Iglesias) con el doble propósito de dar testimonio del cristianismo histórico, tal como se entendía a sí mismo el fundamentalismo, y de contrarrestar el liberalismo del Federal Council of Churches (Concilio Federal de Iglesias), asociación de denominaciones protestantes fundada en 1908. Agresivo en sus métodos, McIntire fue especialmente virulento en sus ataques al ecumenismo.

Carl McIntire y el ICCC "International Council of Christian Churches".

Cuando en 1948 se constituyó oficialmente el Concilio Mundial de Iglesias, McIntire formó una contra-organización compuesta por fundamentalistas separatistas denominada Concilio Internacional de Iglesias Cristianas (Internacional Council of Christian Churches), concebida como una "Reforma genuina del siglo XX".

Un mes después de la fundación del Concilio Americano de Iglesias, un grupo del mismo se juntó para formar la Asociación Nacional de Evangélicos (National Association of Evangelicals), igualmente fiel al credo fundamentalista, pero disconforme con los modos del separatismo. Este nuevo grupo estaba dispuesto a evitar a toda costa cualquier forma de fanatismo, intolerancia, agresividad y falta de comprensión. Discrepó de McIntire respecto a prohibir el acceso al mismo de los miembros del Concilio Federal de Iglesias.

El neo-evangelicalismo.

En este mismo ambiente, en 1948 comenzó a despuntar una nueva manera de ser fundamentalista, motejada de neo-evangélica, que representa un talante más académico e inclusivista, menos beligerante. Representa una generación de jóvenes que han pasado por la universidad y para los que la vieja lucha contra el liberalismo ha perdido su razón inmediata de

---

[120] "La doctrina de la separación bíblica es la característica diferencial del verdadero fundamentalista" (Pere Piñol, *El fundamentalismo. Historia de un remanente,* p. 11. Barcelona 1998).

ser, preocupados más por la presentación del mensaje cristiano en la sociedad secular, por la formación intelectual de los hijos descontentos de padres fundamentalistas anti-intelectuales y por la aplicación del Evangelio a las áreas sociales, políticas y económicas de la vida.

El término neo-evangélico, o nuevo evangélico, fue acuñado por Harold Ockenga (1905-1985), fundador de la mencionada Asociación Nacional de Evangélicos y cofundador y presidente del Fuller Theological Seminary, así como primer presidente de la World Evangelical Fellowship (Alianza Evangélica Mundial), que lo explicó del siguiente modo:

"El neo-evangelicalismo reafirma la visión teológica del fundamentalismo, pero repudia su eclesiología y su teoría social. Rechaza el separatismo y hace un llamamiento a la implicación social".

Lo "neo" respecto a los fundamentalistas era el rechazo al anti-intelectualismo, el separatismo, el legalismo y la segregación cultural defendidos y aplicados por éstos. La figura más prominente de este movimiento es, sin duda, Billy Graham, uno de los predicadores más populares de todos los tiempos. En teología destaca Carl F. Henry (n. 1913), a quien se debe el interés evangélico contemporáneo por los temas sociales, y personajes tan influyentes en la escena evangélica como Bill Bright (1921-2003), fundador de Campus Crusades for Christ, Leighton Ford (n.1931), Charles Stanley, Chuck Colson (n. 1931), Donald McGavran, Bill Hybels, Warren Wiersbe (n. 1929), Tony Campolo y otros.

Los neo-evangélicos han desplegado una abundante actividad literaria, comenzando con la publicación de la influyente revista *Christianity Today,* y editoriales como Inter-Varsity Press, Zondervan, Tyndale, Moody Press y otras. Promotores de la evangelización mundial, fundaron, bajo los auspicios de la Billy Graham Evangelistic Association, la Lausanne Conference for World Evangelicalism, que ha reunido evangelistas de todo en mundo en diversas ocasiones.

El dispensacionalismo.

Dada la estrecha relación entre fundamentales y dispensacionalistas es preciso añadir una nota aclaratoria del origen histórico de esta corriente de interpretación bíblica.

El llamado dispensacionalismo se desarrolló en Inglaterra en 1830 y se popularizó con la publicación de la Biblia de Referencia Scofield (1909), cuyo uso generalizado llevó a muchos a creer que ser evangélico era sinónimo de ser dispensacionalista. Su acogida indiscriminada por parte del fundamentalismo se explica por la misma e idéntica orientación literalista rígidamente aplicada al estudio de Biblia en general, y de la profecía en particular. En ese ambiente y en esa época, cuando los liberales negaban los elementos sobrenaturales del cristianismo —profecías, milagros, segunda venida de Cristo—, la interpretación dispensacionalista, tan apegada a la letra y la interpretación literal de la Biblia, parecía la mejor salvaguarda contra el modernismo teológico.

La hermenéutica dispensacionalista.

El dispensacionalismo es un sistema hermenéutico que divide la historia bíblica en siete dispensaciones o períodos, dominado cada uno por un principio religioso determinado: obras, ley, gracia, etc. Su texto bíblico áureo, o de prueba, lo encontraron en la traducción inglesa King James de 2 Timoteo 2:15: "Dividiendo debidamente la palabra de verdad", que en castellano se lee: "traza bien la palabra de verdad" (Reina-Valera).

Este sistema presenta una separación o dicotomía entre Israel y la Iglesia y afirma que el mundo está controlado por Satanás, y, por tanto, abocado irremisiblemente al fracaso y la apostasía. Concepción que se ajustaba perfectamente a la mentalidad fundamentalista, un tipo de cristianismo enfrentado tanto al mundo como a la cristiandad que había renegado de la fe de sus orígenes. La apostasía modernista justificaba la razón de su lucha e incluso los fracasos de tal enfrentamiento, toda vez que la solución final sólo podía venir de Dios, y esto en un plazo breve. La misma postura separatista encontraba su fundamento en un texto repetido dogmáticamente a modo de eslogan: "¡Salid de ella, pueblo mío, para que no participéis de sus pecados y para que no recibáis sus plagas!" (Apocalipsis 18:4).

La doctrina dispensacionalista del "rapto secreto" fue concebida en 1827 por John Nelson Darby, fundador de los Hermanos de Plymouth, y reconocido como "Padre del dispensacionalismo". A él se debe la novedosa distinción entre una parte de la Escritura dirigida a la Iglesia y otra dirigida a Israel. En el caso de los Evangelios, Darby enseñó que éstos estaban dirigidos en parte a los judíos y en parte a los cristianos.

La Biblia anotada de C.I. Scofield y la teología de Lewis Sperry Chafer contribuyeron a popularizar en todo el mundo evangélico el dispensacionalismo, que en su versión final divide a los destinatarios de las Escrituras en tres categorías de personas: judíos, gentiles y cristianos. Para Chafer, las únicas Escrituras dirigidas específicamente a los cristianos eran el evangelio de Juan, Hechos y las Epístolas. Otro autor dispensacionalista popular, W.L.Pettengill, enseñaba que la Gran Comisión sólo era para los judíos. Por su parte, Scofield enseñaba que el Padre Nuestro era una oración judía que no debía ser utilizada por los cristianos.

Por su aparente claridad hermenéutica y su énfasis en los eventos del provenir, el dispensacionalismo ha dado lugar a la especulación profética. Para muchos autores de esta corriente, Israel representa "el reloj de Dios", y la fundación del Estado de Israel señala el principio del fin de la generación que ha de ver la venida de Cristo en gloria.

10

La irrupción del Espíritu

Los Pentecostales.

Visto retrospectivamente, el pentecostalismo es el fenómeno cristiano más impresionante en número y extensión de toda la historia desde los días de los apóstoles, pero en su principio fue un movimiento minoritario, socialmente marginal e ignorado casi por completo por las iglesias establecidas. Nació con el siglo XX, pero no se le concedió importancia hasta bien entrada la segunda mitad de esa centuria.

Orígenes del pentecostalismo.

La primeras iglesias pentecostales remontan sus orígenes a los avivamientos de 1901 y de 1906, promovidos por el joven pastor metodista de santidad Charles Fox Parham, fundador y director de una humilde escuela bíblica en Topeka (Kansas), y por el predicador negro William J. Seymour, alumno de Parham, en Los Ángeles, en un barrio de pobreza, marginación y deterioro social, situación que desde un principio marcará este nuevo movimiento y orientará sus acciones futuras, orientando siempre sus misiones hacia situaciones de "frontera", entre la marginalidad y la pobreza. No es que sus predicadores opten por los pobres, como se dirá después, es que son pobres, nacen pobres y en medio de la pobreza desarrollan sus estrategias y logran, también, sus primeras victorias. El punto de partida fue la vieja iglesia metodista de Azusa Street número 132 de Los Ángeles. Los primeros pentecostales eran negros en su mayoría, pertenecían a las clases sociales más bajas de la población, y además, predominaba el elemento femenino. Este origen humilde y marginal, del que nunca se aparta, explica en gran manera la extraordinaria acogida que tuvo el pentecostalismo en los pobres, en los negros, mulatos e indígenas de América Latina.

Inés N. Ozman, estudiante en la escuela bíblica de Parham, fue la primera mujer que habló en lenguas, como resultado de las clases e imposición de manos de Parham. Significativamente fue el día primero del año 1901, a manera de una pequeña semilla de mostaza que crecería hasta convertirse en un gigantesco árbol cuya sombra cubriría todo el mundo. En aquellos primeros días, concretamente el 3 de enero, doce pastores de distintas denominaciones fueron bautizados en el Espíritu y hablaron en lenguas. Durante los cuatro años siguientes, Parham predicó en una serie de campañas en las que fue difundiendo por todo Kansas y Missouri el mensaje pentecostal. En 1905 se trasladó a Houston (Texas) y abrió otra escuela bíblica, donde se formó William J. Seymor, predicador negro que había aceptado la doctrina del movimiento de santidad acerca de la santificación como una "segunda experiencia" en relación a la "conversión", que hasta el momento había sido el foco de las predicaciones evangélicas de avivamiento. Seymor aceptó y recibió la enseñanza de Parham sobre una "tercera experiencia", a saber, el bautismo del Espíritu Santo, evidenciado por el don de lenguas. En abril de 1906 Seymor llegó a Los Ángeles como pastor de una pequeña congregación negra, pero no fue bien recibido cuando los miembros se enteraron de sus creencias pentecostales. Entonces Seymor comenzó a celebrar reuniones en un local alquilado en la calle Bonnie Gre y luego en la calle Azusa número 312, origen del avivamiento pentecostal que durante tres años atrajo el interés de miles de visitantes de todas partes de los Estados Unidos.

El movimiento se extendió por todo el país, Canadá y muchos otros países del mundo: Escandinavia, Alemania, Suiza, Gran Bretaña, Latinoamérica, Asia y África. Así comenzaron a surgir iglesias formadas por miembros que habían tenido la experiencia pentecostal y que, gracias al trasfondo metodista de muchos de sus pastores, no se dejaron llevar por el principio anárquico del individualismo, sino que comenzaron a agruparse en asociaciones nacionales e internacionales, dando origen a nuevas denominaciones protestantes como las Asambleas de Dios, Iglesia del Evangelio Completo, Iglesia de Dios de Cleveland, Iglesia del Evangelio Cuadrangular y otras.

Principios doctrinales.

Doctrinalmente los pentecostales se distinguían por su enseñanza de que el don de lenguas era la señal inicial de haber recibido el "Bautismo en el Espíritu". El fenómeno del hablar en lenguas ya se había dado en avivamientos anteriores a lo largo del siglo XVIII en Inglaterra, Alemania, Gales, India, Rusia y en varias reuniones del movimiento de santidad, cuya enseñanza sobre una "segunda bendición", posterior y complementaria de la primera bendición de conversión para salvación, favorecía la búsqueda de una nueva experiencia de bendición que completara las tres fases de la vida cristiana: nuevo nacimiento, santidad y testimonio. El éxito numérico ha coronado el mensaje pentecostal. En menos de cien años la experiencia carismática constituye la sección más grande y dinámica del cristianismo mundial, y las denominaciones pentecostales soy hoy reconocidas y aceptadas dentro del marco del cristianismo del siglo XXI como las más activas y de mayor crecimiento a nivel mundial.

Neo-Pentecostalismo.

A la primera oleada de llamados pentecostales clásicos, siguió una segunda ola conocida por neo-Pentecostalismo. El fondo doctrinal es el mismo, pero cambia la práctica. Y esto por razones externas e internas. En un principio, las iglesias establecidas, tanto las llamadas iglesias históricas como las fundamentalistas, miraron con menosprecio y rechazo la efusión de dones del Espíritu, calificada simple y llanamente de "emocionalismo", cuando no se atribuía directamente a la influencia de "espíritus malignos". Los miembros que eran tachados de "ramalazo pentecostal" eran amonestados o expulsados, originando así la formación de nuevas iglesias pentecostales independientes. Por reacción, los expulsados e incomprendidos pentecostales acusaban a sus hermanos no carismáticos de cristianos de segunda clase, ya que según ellos les faltaba el crucial "bautismo en el Espíritu", expresado en la glosolalia. Durante años las acusaciones mutuas fueron graves y ofensivas, descalificándose unos a otros.

En principio, la influencia del mensaje pentecostal apenas si se dejó sentir en la vida religiosa de las iglesias tradicionales. Pero en los años 50 y 60 las grandes iglesias protestantes, luteranas, episcopales, metodistas, bautistas, presbiterianas, comenzaron a ver con nuevos ojos e incluso a incorporar ciertos aspectos del fenómeno carismático. Ya no condenaban los brotes carismáticos, ni expulsaban a los miembros que habían pasado por esa experiencia. En lugar de ello, trataron de conservarlos.

El caso Dennis Bennet.

Este cambio, moderado al principio, comenzó propiamente bajo el ministerio del pastor episcopal Dennis Bennet (n. 1917), rector de la Iglesia episcopal de San Marcos en Van Nuys (California). En 1959, Bennet recibió el bautismo en el Espíritu Santo y comenzó a hablar otras lenguas, junto a varios miembros de su congregación. Decidieron mantener silencio para no causar divisiones, pero el 3 de abril de 1960 Bennet relató a su congregación lo ocurrido. Esa misma tarde se le pidió que renunciara. Invitado a ministrar en la pequeña iglesia misionera de San Lucas en Seattle, continuó enseñando y estimulando los dones espirituales. Sus predicaciones y sus escritos afectaron no sólo a los episcopales, sino a todas las denominaciones por igual. Miles de personas experimentaron el bautismo con el Espíritu Santo gracias a su testimonio, entre ellas el luterano Larry Christenson. Viajó por todos los

Estados Unidos dando conferencias en multitud de universidades y seminarios teológicos. Desde entonces, el movimiento carismático se extendió rápidamente por todas las iglesias protestantes en la década de los 60, en la Iglesia Católica Romana en 1967, y en la Iglesia ortodoxa, hacia 1971.

Los neopentecostales no buscaban la separación de sus iglesias ni la formación de otras nuevas, sino la renovación de las mismas desde dentro y en armonía con los pastores establecidos.

Renovación Carismática Católica.

En estrecha conexión con el pentecostalismo evangélico, surge también dentro de la Iglesia católica la experiencia de hablar en lenguas, sanidades y profecías, dando lugar a un movimiento conocido como Renovación Carismática Católica, o pentecostalismo católico. Tuvo sus comienzos a mediados de 1966 en un contexto universitario. El historiador William Storey y el teólogo Ralph Keyfer, ambos profesores laicos de la Universidad Católica de Duquesne en Pittsburgh (Pensilvania), estaban comprometidos en diferentes movimientos litúrgicos y apostólicos, y deseaban mayor poder para proclamar el evangelio. Leyendo el *Evangelio* y los *Hechos de los Apóstoles*, comprendieron la importancia de la acción del Espíritu para dar un testimonio cristiano dinámico y convincente. Un amigo les regaló el libro del pastor David Wilkerson, *La cruz y el puñal*, que les llevó a una nueva comprensión de la enseñanza bíblica. Después Keyfer leyó el libro de John Sherril, *Hablaron en otras lenguas*, a partir de lo cual decidieron entrar en contacto con algunos cristianos que tuvieran tales experiencias. Se pusieron en contacto con un grupo carismático protestante no denominacional y quedaron impresionados. El pastor episcopal William Lewis les puso en contacto con la señora Florence Dodge, también episcopal, y su grupo de oración. El 20 de enero de 1967 Ralph Keyfer y Patrick Bourgeois piden al grupo que ore con ellos para implorar el "Bautismo en el Espíritu". Sus ruegos se ven escuchados y sienten que el vacío y la debilidad de sus vidas quedan llenos de la presencia poderosa de Jesús. Se repite la experiencia cuando dos amigos piden a Keyfer y Bourgeois que les impongan las manos. El 17 de febrero de 1967 estos cuatro católicos se reúnen un fin de semana con treinta personas, profesores y estudiantes universitarios. Juntos vivieron una experiencia carismática intensa: imposición de las manos, don de lenguas, profecía, llanto de alegría. Los grupos de oración se multiplicaron y llegaron a Ann Arbor (Michigan), donde se formó la comunidad Palabra de Dios, un influyente centro de la renovación carismática, en la que participan tanto pentecostales católicos como protestantes. Del 8 al 9 de abril de 1967 noventa personas, entre ellas algunos sacerdotes, se congregaron en el campus de la Universidad de Notre Dame (Indiana) para reflexionar sobre los acontecimientos. Estaban presentes varios miembros de iglesias pentecostales cercanas. Hubo críticas y controversias, pero el movimiento carismático católico acababa de nacer y ya era imparable. En septiembre de ese año, se organizó en la Universidad de Notre Dame la primera Conferencia Pentecostal Católica Nacional, a la que seguirán otras tanto de carácter nacional como internacional. Comenzó con unos 50 o 100 estudiantes, profesores y sacerdotes. En 1971 aumentó a 5.000 y en 1976 a 30.000.

Los observadores protestantes tradicionales pensaban que las autoridades de la Iglesia católica ahogarían al movimiento del Espíritu, que era casi imposible ser carismático y católico a la vez. No lo pensaban así los grandes pentecostales, como Thomas Roberts y David Du Plessis, los cuales manifestaron la gozosa esperanza de ver acumuladas las riquezas de las diversas tradiciones cristianas en una sola Iglesia, para la gloria del Salvador y manifestación del poder del Espíritu en favor del mundo.

El cardenal Joseph Suenens (n. 1904), de Bélgica, que apoyó la renovación desde el principio, recordó a los obispos católicos que el papa Juan XXIII había orado por un Nuevo Pentecostés, y enlazó la Renovación Carismática con el Vaticano II, comienzo de ese nuevo Pentecostés y continuación del impulso dado por el Concilio a la Iglesia. La conferencia de los obispos americanos respondió favorablemente y en noviembre de 1974 declaró: "Una de las grandes manifestaciones del Espíritu en nuestro tiempo ha sido el Concilio Vaticano II. Muchos piensan que la renovación Carismática Católica es otra manifestación semejante". El papa Pablo VI otorgó un verdadero reconocimiento oficial a la renovación carismática cuando recibió a los 10.000 participantes del tercer Congreso Internacional en la Basílica de San Pedro en el Vaticano. El papa propuso tres principios para orientar un indispensable juicio crítico: fidelidad a la doctrina, gratitud y amor. Y añadió espontáneamente su deseo de que el movimiento sirviera para infundir una espiritualidad, un alma, un pensamiento religioso que rejuveneciera al mundo y volviera a abrir sus labios cerrados a la oración, al canto, a la alegría, al himno, al testimonio (Discurso del 19 de mayo de 1975).

Desde Estados Unidos el movimiento se ha difundido por la vieja Europa y casi por todo el mundo, reimplantando en la Iglesia Católica Romana valores espirituales que habían sido relegados a un segundo plano; en particular, la experiencia viva de la oración y de la alegría cristiana en el encuentro personal con Cristo y su Espíritu. El sacerdote redentorista Tomás Forrest, que trabajaba en Aguas Buenas (Puerto Rico), fue instrumento importante en la introducción de la experiencia carismática en Latinoamérica. Esta expansión tuvo lugar también entre los hispanos de Estados Unidos, especialmente en las grandes concentraciones de California, Texas, Florida, Chicago y Nueva York. En mayo del 1989 se fundó el Encuentro Carismático Católico Latinoamericano Estadounidense (ECCLE) en la Universidad de Notre Dame, para unificar y estructurar el movimiento. Actualmente, a principios del siglo XXI, se calcula que unos 80 millones de católicos en todo el mundo que frecuentan los grupos de renovación carismática católica.

11

Pentecostalismo y acción social en Latinoamérica

Un grano de mostaza.

Sin apenas dejarse notar los pentecostales desembarcaron en América Latina en 1910, casi inmediatamente después de nacer el movimiento en Estados Unidos. Casi ninguna denominación protestante les prestó atención, la indiferencia acompañó a los que se consideraba como un grupo de desequilibrados marginales a los que nadie auguraba prosperidad ni larga vida. En 1960 un libro bien informado decía que el pentecostalismo "probablemente ya ha llegado a su clímax y en los últimos años no ha logrado ganancias. Dentro de poco tiempo el campo se habrá reducido a cenizas y el movimiento morirá. Esto parece ser mayormente cierto cuando nos damos cuenta que sus métodos no retienen a la juventud, la que intelectualmente está más adelantada que sus padres"[121]. La profecía falló, pues en los umbrales del tercer milenio las iglesias pentecostales registran el mayor crecimiento en América Latina, llegando a constituir el 80-85 % de los protestantes, de modo que al hablar de "evangélicos" latinoamericanos prácticamente se está hablando de "pentecostales", "carismáticos" o "neopentecostales". Al igual que ocurrió en el naciente cristianismo o en los orígenes del avivamiento metodista, el pentecostalismo nació y se desarrolló en ambientes de clase pobre, trabajadora, desempleados, poco formados cultural y mucho menos universitariamente. A esto tenemos que añadir que la experiencia pentecostal emergió en el contexto marginal de hombres y mujeres de piel negra del metodismo norteamericano, patrón que influye en el brote y propagación del pentecostalismo en Latinoamérica.

A Brasil y Chile les corresponde ser los primeros países latinoamericanos en recibir las ondas del poder del Espíritu, comenzando entre las familias más humildes. Aquí, y por muchas razones socio-religiosas, se repite el patrón del estigma de marginalidad; marginalidad fecunda cuando es asumida en un ideario que, como en el cristianismo, hace de ella la piedra fundamental de una sociedad que rechaza los valores de la sociedad pudiente y arrogante, a cambio de unos valores de solidaridad comunitaria, de costumbres sencillas, de pensamiento sin falsas retóricas, simple en su lectura literal del Evangelio —que generalmente acierta en lo esencial del mensaje cristiano— y de amor al prójimo, comenzando por el correligionario.

Primera ola:

Brasil.

Siguiendo la dirección de lo que creían ser una revelación de Dios, los suecos Daniel Berg y Gunnar Vingren, se establecieron en el estado de Paná, en el norte de Brasil, y comenzaron a predicar el bautismo del Espíritu. Fue el comienzo de las Assambleias de Deus do Brasil. Luigi Francescon, obedeciendo también a una revelación divina, en ese mismo año de 1910 marchó a Argentina y Brasil, donde fundó la Congregação Cristã do Brasil entre los inmigrantes italianos en los estados de São Paulo y Paraná, que es hoy una de las denominaciones protestantes más grandes de Brasil.

Durante los primeros años, el pentecostalismo fue obra de individuos muy motivados espiritualmente, pero sin formación teológica ni organización misionera detrás de ellos, siguiendo los principios de la llamada "vida por fe", sin fondos estipulados, dependiendo de la provisión divina para todo. La historia cuenta los casos de los que triunfaron sobre toda adversidad y silencia el caso de aquellos misioneros "de fe" que se quedaron tirados a mitad de camino, enfermos, sin dinero y sin recursos para regresar a su lugar de origen.

---

[121] Citado por Donald McGravan, *El crecimiento de la Iglesia en México*, p. 129. CUPSA, México 1966.

Chile.

El caso del pentecostalismo en Chile es significativo por la simultaneidad con lo que estaba ocurriendo en Estados Unidos en la calle Azusa de Los Ángeles. El cristianismo evangélico todavía vivía del tremendo fermento de las misiones protestantes y de la energía desplegada en su labor. Muchas misiones experimentaron un triunfo sin igual en cuanto a cosecha de almas y pueblos enteros en Oceanía y África, pero se toparon con la indiferencia y el rechazo en lugares como China, o las castas superiores de la India. En ese contexto, muchos misioneros no se preguntaron por el contexto cultural, sino que, movidos por la confianza absoluta en el poder universal de la fe aprendida en la Escuela Dominical, se dedicaron a la introspección y a acusarse a sí mismos de falta de fe y poder para extender el Reino de Dios con potencia. Dentro y fuera se buscaba el secreto del poder, el secreto espiritual de la bendición que abre puertas y abate murallas de incredulidad. Se ora con intensidad, sin dudar nada, en espera de ser ungidos por poder de lo alto. Algunos lo reciben y el relato de su experiencia entusiasma al mundo evangélico, iluminándolo con nuevas y grandes expectativas. El libro *El secreto espiritual de Hudson Taylor*, misionero en China, conoce un éxito sin precedentes. Se leen los reportajes de avivamiento en China con la intención de descubrir el secreto del poder y con la esperanza puesta en la repetición de ese poder en los contextos donde se acepta que "el Dios de Elías", el Dios de poder, es el mismo en todo lugar y que nada puede impedir su Espíritu sino la falta de fe y de consagración. Este es el ambiente que explica lo ocurrido en Chile a principios del siglo XX.

Willis C. Hoover, líder del despertar del pentecostalismo chileno que tuvo lugar el año 1909, era un misionero metodista estadounidense afincado en Valparaíso, donde era pastor de la Iglesia metodista. En Chicago había estudiado con Minnie F. Abrams, una mujer interesante que se fue de misionera a la India. En 1906 publicó un libro con el título *The Baptism of the Holy Ghost and Fire* (El bautismo del Espíritu Santo y fuego), en el que describía con abundantes detalles las vitales experiencias espirituales de sus conversos, los cuales recibían los dones del Espíritu, hablaban en lenguas, traducían lenguas que antes desconocían, sanaban enfermos y, en respuesta a la oración, los espíritus impuros eran expulsados. "Allí donde la obra del Espíritu no se ve obstaculizada la gente experimenta el paso de la contrición a la salvación, también de la contrición al bautismo del Espíritu Santo y del fuego, y recibe poder a través de la oración"[122]. Abrams envió el libro al Dr. Hoover en Valparaíso, que en su condición de misionero en un campo de trabajo tan ajeno a su mundo religioso protestante y tan cerrado como el catolicismo chileno de la época, buscaba con intensidad el medio y manera de hablar con convicción a sus oyentes. Como tantos otros hombres y mujeres dedicados a la siembra del Evangelio sentía como algo personal la falta de efectividad espiritual en sus predicaciones. El libro de su antigua compañera de estudios le convenció de que él necesitaba impulsar ese avivamiento siguiendo los patrones indicados por Minnie F. Abrams. De manera regular, desde 1907 a 1909, los creyentes se reunieron en la iglesia para orar y repetir en sus vidas el milagro de Pentecostés. Las reuniones a menudo duraban toda la noche, y se caracterizaban por risas, llantos, gritos, cantos, lenguas extrañas, visiones y éxtasis, durante

---

[122] Minnie F. Abrams, *The Baptism of the Holy Ghost and Fire,* p. 3. Mukti, India, 1906.

las cuales el individuo caía al suelo y creía estar sumido en otro lugar, el cielo. "Quienes experimentaban estas cosas extraían gran provecho de ellas y generalmente cambiaban debido a ellas, llenándose de alabanzas, espíritu de oración y amor"[123]. Así es como comenzó en Valparaíso el que llegaría a ser uno de los movimientos protestantes más fecundos de América Latina.

La prensa chilena denunció a los protestantes por lo que estaba sucediendo, considerando que lo que allí ocurría era cosa de locos. Las autoridades civiles comenzaron a preocuparse por hechos tan sorprendentes y nunca antes vistos. Los miembros más conservadores de la Iglesia metodista, preocupados por el buen nombre de la misión y de su futuro, manifestaron a Hoover su oposición a lo que estaba ocurriendo en Valparaíso. Se quejaron de las gesticulaciones grotescas y del fanatismo de los que habían sido "tocados por el fuego". Hoover ni se inmutó, antes al contrario, como relató más tarde, "en el curso de tres meses, más de cien personas cayeron al suelo bajo el poder del Espíritu, casi la mitad de ellas hablando en otras lenguas. La ciudad estaba conmovida (...), la Iglesia llena (...). Se me acusó y se me citó a comparecer ante los tribunales. Mis réplicas fueron consideradas satisfactorias y no se me sometió a proceso". Los directores de la Iglesia metodista acusaron a Hoover de enseñar doctrinas contrarias al metodismo y decidieron que debía regresar a los Estados Unidos. Pero los creyentes que estaban a favor de Hoover y otras dos iglesias disidentes de Santiago le pidieron que se quedara, y así lo hizo. De este modo se creó la Iglesia Metodista Pentecostal, la primera iglesia protestante autóctona en América Latina, independiente de las sociedades misioneras de Estados Unidos y de Europa.

Segunda ola.

Después de la Segunda Guerra Mundial, en Brasil y Chile hacen acto de aparición uno de los fenómenos más llamativos y populares del pentecostalismo, los "sanadores divinos" estadounidenses, enfatizando los milagros, la sanidad divina y hablar en lenguas. Su campo de acción fueron las capas sociales más bajas de la sociedad urbana. El resultado fue una segunda generación de iglesias pentecostales independientes, las más extendidas de las cuales son la Iglesia Evangélica Cuadrangular (Foursquare Gospel Church, 1953), iniciada por Harold Williams, antiguo actor de películas del género Western vulgarmente llamadas "de vaqueros". Llegó al estado de São Paulo (Brasil) en 1946, procedente de Bolivia, enviado como misionero por la International Foursquare Gospel Church. Después de un tiempo con la organización interdenominacional National Evangelism Crusade, en 1955 fundó la Igreja do Evangelho Quadrangular, conforme a su primera filiación denominacional. Sus pastores se identificaron con la población urbana, centrando sus mensajes en las necesidades concretas de los individuos: salud y problemas personales. En 1991 la Igreja do Evangelho Quadrangular sumaba más de 3.000 congregaciones en Brasil, con cerca de 10.000 pastores, de los cuales un 35% eran mujeres. Por la misma época nacen la Iglesia Evangélica Pentecostal (1956), Iglesia Nueva Vida (1960), Iglesia Pentecostal "Dios es Amor" (1961), Casa de

---

[123] Christian Lalive d'Epinay, *El refugio de las masas: Estudio sociológico del protestantismo chileno*, p. 8. Editorial del Pacífico, Santiago de Chile 1969.

Bendición (1964) y la Iglesia Metodista Wesleyana (1967). Todas estas iglesias comenzaron a romper los viejos moldes eclesiales, adaptándose a la nueva situación de vida urbana y barrios marginales y conflictivos. En esa década, de 1948-58, los pentecostales registraron un espectacular aumento: en Brasil, de 105.000 a 600.000 miembros; en Chile, de 100.000 a 300.000; en México, de 50.000 a 100.000.

Tercera ola.

En los años 70 se registra la llamada tercera ola pentecostal en Latinoamérica, coincidente con una crisis económica sin precedentes, empeorada por las dictaduras militares empeñadas en resolver los problemas mediante las armas y la represión a todos los niveles. De esta época pertenecen a Brasil los grupos pentecostales como Salón de Fe (1975), fundado por Edir Macedo (n. 1945), que dio lugar a la Iglesia Universal del Reino de Dios (1977), uno de los grupos con mayor crecimiento en Latinoamérica. Esta tercera ola se caracteriza por el recurso a los medios de comunicación masiva, la radio y la televisión, importando a Brasil la variedad pentecostal estadounidense de la "Iglesia electrónica"[124]. En las antípodas de la teología de la liberación y de gran parte de la tradición cristiana, Edir Macedo promueve el "Evangelio de la prosperidad"[125], que adopta el mensaje de Kenneth Hagin[126] y Kenneth Copeland. Demagógicamente, Macedo dice: "Yo no sigo a un Dios pobre. Si su Dios es pobre, es porque sus pensamientos son pobres (...). La pobreza es del diablo, no de Dios". Entre técnicas de marketing y de amuletos cristianizados, en las reuniones de su iglesia constantemente se ofrecen objetos para recibir milagros: la "rosa bendecida", el "aceite bendecido", con el que se pueden ungir fotografías de familiares enfermos, "pan bendito", para asegurar la prosperidad del cuerpo, del espíritu y de la economía familiar o empresarial. Tecnología y capital se entrelazan en un próspero maridaje dando como resultados imperios religioso-mercantiles que, en el caso de Macedo, comprende 16 emisoras de televisión, 2 de radio, 1876 iglesias en Brasil y una estación de radio en Portugal, con una innumerable nómina de pastores. En esta mentalidad, el pobre vuelve a ser culpable de su pobreza y maldito por ello, marginado como algo inútil por causa de su pecado y de su falta de fe.

Conquista del temor.

Algunos sociólogos creen que, a partir de su consolidación en América Latina entre grupos minoritarios, el pentecostalismo comienza a funcionar como salvaguarda de culturas amenazadas por la cultura dominante, después de pasar por su regeneración evangélica. Tal sería el caso de los mayas en Yucatán (México) y Guatemala. El protestantismo clásico, con su énfasis de corte intelectual en la justificación por la fe y la conversión del individuo,

---

[124] Véase Hugo Assman, *La iglesia electrónica y su impacto en América Latina*. Editorial DEI, San José, Costa Rica 1988.

[125] Desde la perspectiva de esta doctrina, para la que resulta exagerado calificarla de *teología*, Dios deja de ser el que se solidariza con los pobres, maltratados y marginados de la sociedad (Éxodo 3:23-25), y defensor de huérfanos, viudas y pobres (Isaías 1:17, Éxodo 22.22-24) para pasar a ser el Dios de los ricos, de los poderosos, de los opulentos, de los especuladores, de los que se enriquecen y, con sus riquezas, dominan sobre los demás.

[126] "Cristo nos ha redimido de la maldición de la ley... Al estudiar los libros que son la ley, hallamos que la maldición o pena por haber quebrantado la ley de Dios es triple: la pobreza, la enfermedad y muerte segunda" (Kenneth E. Hagin, *Redimido de la Pobreza, Enfermedad, y Muerte Espiritual*. Kennett Hagin Ministries, Tulsa 1989).

perjudicó el entendimiento de la sociedad como una comunidad integrada, y favoreció el rechazo de las manifestaciones populares de la religiosidad, conceptuadas de supersticiones residuales del viejo mundo, mientras que el pentecostalismo, preocupado por la vida y las bendiciones de Dios en el presente, ha incorporado dentro de sí muchos elementos de esa religiosidad popular rechazada y excluida. El éxtasis, la glosolalia, los gritos, la música y los instrumentos tradicionales, la participación de todos en el culto y la eliminación de distinciones sociales, crean dentro de las iglesias pentecostales un ambiente socio-religioso que libera a sus miembros de las convenciones de la vida social impuesta por los dominadores venidos de fuera. Las manifestaciones religiosas pentecostales presentan una serie de continuidades, por ejemplo, con la religiosidad tradicional de los mapuche en Chile y Argentina. Más que ruptura, algunos tienen la impresión de que el pentecostalismo queda atrapado en la lógica del pentecostalismo mapuche. Más aún, la atracción masiva que el pentecostalismo ejerce en algunas áreas, apunta a la necesidad de una acentuación de lo religioso, porque allí se juega el problema de la identidad cultural. "En efecto, la que está amenazada es la identidad cultural; amenaza que proviene del secularismo de la sociedad nacional, que pretende reducir la identidad mapuche a su posición en la estructura social"[127]. Sin embargo hay una nota nueva que distingue por completo la aculturización pentecostal al universo indígena pagano y animista de la dada en el catolicismo romano: la conquista del temor, que introduce también un universo religioso muchísimo más racional. Cristo es vivido fundamentalmente como el vencedor de las fuerzas del espíritu del mal, experimentando así una liberación psicológica y moral respecto a los demonios del pasado. "Aun cuando los pentecostales proclaman la realidad de un mundo espiritual integrado por Dios, el mal, ángeles y demonios, se diferencian notoriamente del cristo-paganismo y del animismo mapuche por cuanto se perciben a sí mismos, en forma mucho más explícita, como vencedores en esta batalla... Casi invariablemente los pentecostales logran vencer a los espíritus sobrenaturales que derrotan o bien preocupan a los cristo-paganistas y animistas"[128].

Espíritu y liberación.

Raramente los pueblos y los grupos humanos tienen conciencia de hacer historia en sus comienzos. Esta se hace a posteriori, cuando el pueblo o grupo en cuestión se alza con el triunfo y entonces atribuye a su pasado una cierta guía o dirección providencial que guiaba sus pasos en todos sus movimientos. Durante décadas los pentecostales se desinteresaron de la historia, simplemente porque no contaban en ella, ni ella para ellos. La historia comenzaba con ellos, con su encuentro con el Espíritu y sus dones, que les remetía al tiempo ahistórico de la revelación de Dios al principio de los tiempos. Pocos miembros sabían, y menos les interesaban, los orígenes de su denominación. Pero cuando tomaron conciencia de su origen

---

[127] Rolf Foerster, *Introducción a la religiosidad mapuche,* p.159. Editorial Universitaria, Santiago de Chile. 1993. Véase también Alejandro Frigerio, compilador, *El pentecostalismo en la Argentina.* Centro Editor de América Latina, Buenos Aires 1994. Edgardo Cordeu y Alejandra Siffredi, *De la Algarroba al Algodón. Movimientos Milenaristas del Chaco Argentino.* Juárez Editor, Buenos Aires 1971. Jean Pierre Bastian, *La mutación religiosa de América Latina.* FCE, México 1997.

[128] Matthew S. Bothner, "El soplo del Espíritu. Perspectivas sobre el movimiento pentecostal en Chile", *Estudios Públicos,* 55, Centro de Estudios Públicos, Chile invierno 1994.

pobre, marginal, negro, mestizo y femenino muchos comenzaron a ver el pasado a luz de un futuro de esperanza, de superación de los temores y sufrimientos y de ansias de liberación en todos los aspectos de la vida. Bastó crecer en número e imponer así su dominio imperioso irrecusable para que los intelectuales que miraban con desprecio el movimiento pentecostal comenzaran a dedicar estudios cada vez más abiertos y receptivos al fenómeno de las conversiones pentecostales y sus repercusiones sociales, dando origen a toda una legión de sociólogos decidida a analizar el impacto del pentecostalismo en los pueblos indígenas, en los centros urbanos, en la política, en la transformación de las costumbres y adopción de nuevos hábitos.

Teólogos académicos y los teólogos de la liberación inquietos, comenzaron a preguntarse por el movimiento y analizar su significado y aportación en el contexto de la preocupación por la igualdad y el cambio social. Para estos autores se da por terminado el período consistente en denigrar a los pentecostales con un movimiento de irrelevancia social e incluso impedimento para la causa de la liberación, la justicia y la salida de la pobreza. Se advierte que el menosprecio no correspondía tanto a la realidad como a los prejuicios de clase. En tanto el pentecostalismo se reducía a las favelas y las pequeñas y destartaladas iglesias donde se desarrollaban fenómenos extraordinarios atribuidos al Espíritu, era fácil descartarlos como faltos de conciencia social, por no conformarse con algún modelo de la conciencia de clase. Lalive d'Epinay señaló que, mientras el marxismo tiende a diseminarse desde el lugar de trabajo, el pentecostalismo surge del corazón de la lucha por la supervivencia personal, desde las preocupaciones básicas de salud y de reproducción envueltas por creencias en lo sobrenatural.

José Comblin (n. 1923), misionero católico belga en América Latina y uno de los ideólogos más importantes de la teología de la liberación, expulsado de Brasil en 1972, fue quizá el primer teólogo de talla en llamar la atención de sus colegas. Hasta hace muy poco, confesaba, en 1986, "el pentecostalismo evangélico estuvo socialmente marginado, víctima del desprecio unánime de todos los sectores de la sociedad. Solamente en los últimos años ha empezado a ser estudiado con simpatía por algunos católicos o protestantes de las denominaciones más «nobles»"[129]. Pero, sin duda, el caso más llamativo, es el que el mismo interesado llama "tercera conversión", la conversión de Richard Shaull, antiguo teólogo de la revolución, al pentecostalismo. Para Shaull, el encuentro de las iglesias tradicionales con el pentecostalismo tiene el potencial de ofrecer una alternativa futura para la Iglesia como un todo.

La labor social del pentecostalismo en Latinoamérica.

En lugar de denigrar el pentecostalismo como contrario a la teología de la liberación, descubre que éste es el complemento o radicalización de los requerimientos liberacionales. No es la teología hecha *para* los pobres, sino *por* los pobres; no de los que optan por los pobres,

---

[129] José Comblin, *El Espíritu Santo y la liberación,* p. 9. Paulinas, Madrid 1986. Los movimientos pentecostales, dice en otro lugar, "han podido traducir el cristianismo en una forma aceptable para grandes masas populares". "Los pentecostales han creado millones de personas que justamente han desarrollado esa fe en sí mismas y que se sienten capaces y levantan la cabeza. Se sienten ya más seguros, más orgullosos de sí mismos. Es decir, tienen una actitud humana" (Charla-Foro realizada el 25 Noviembre de 2003 en Santiago de Chile).

sino de los que son pobres y optan por sus propios intereses. En sus contactos con los pentecostales brasileños, Shaull quedó encantado con ellos. Advirtió que los pentecostales habían conseguido transformar la vida de los pobres en un nivel más completo que el de las comunidades de base, simplemente porque ellos hablan el idioma de los que viven en su medio y ofrecen a los pobres un sentido de dignidad nunca experimentado anteriormente. En lugar de opción por los pobres, los pentecostales prefieren hablar de rechazo de la pobreza. En las iglesias pentecostales visitadas en Río de Janeiro, Shaull experimentó de manera directa que la gente que había sido más perjudicada por la erosión de su comunidad natural encontraron en la fe la capacidad de mantener viva la esperanza de un futuro mejor gracias a la experiencia del poder de Dios en sus vidas. La fe en la presencia dinámica del Espíritu Santo a la mayoría de las víctimas de una sociedad que les había fallado les daba fuerzas para rehacer sus vidas y reconstruir nuevas relaciones[130]. Como ocurrió a finales del siglo XIX en Inglaterra, el movimiento evangélico, carente de visión política, resultó ser correctamente político en aquellas áreas que interesaban a la comunidad; del mismo modo, el pentecostalismo ha desplegado una amplia red de asistencia social y educativa, cuya historia está todavía por escribir.

En un interesante intercambio de correos electrónicos en un diario de Valparaíso, alguien se queja que "la Iglesia pentecostal se caracteriza por quedarse sólo en el culto y la interpretación literal y subjetiva de las Escrituras, sin cultivar el trabajo social con los más desposeídos, como lo hace, por ejemplo, el Hogar de Cristo, María Ayuda, un Techo para Chile y muchas más organizaciones de origen católico". Es una opinión común que refleja el punto de vista de quien no se sirve de estas instituciones de caridad. No sorprende que de inmediato alguien le responda desde la experiencia directa: "Los evangélicos pentecostales no se caracterizan por llevar a cabo obras sociales benefactoras como Techo para Chile. No sé qué tan benefactoras son las obras de este tipo, porque las mediaguas no las regalan, las venden, y cabe la interrogación que tanta dignidad otorgas a la persona al vender una media agua, que muchos chilenos compraron con sus aportes para que fuera un donativo. Sin desmerecer las obras del Hogar de Cristo, a pesar de que mi familia, mensualmente, dona para esta institución. He pasado por fuera de un hogar acá en Valparaíso un día de invierno, donde la cola de los indigentes sobrepasaba la cuadra en plena lluvia y había un cartel avisando que ese día estaría cerrado… Estas son obras de caridad bien vistas, pero la Iglesia pentecostal no tiene esas obras. Ella quiebra todo un sistema, no le da alimentos ni alojamientos a las personas enfermas de alcoholismo; por la fe ellos cambian, y ya no toman más, ya no hacen más filas esperando la caridad, la vida se les dignifica, porque son personas nuevas. Conozco jóvenes ex drogadictos que por la fe, de un día a otro y a través de los años el apoyo espiritual y de afecto de sus «hermanos de fe» los ha hecho nuevas personas. No hay beneficencia para reproducir un sistema estructural injusto de sociedad y apalear por solidaridad ese problema, hay un cambio, más que rehabilitación. El Jesús que promulga la Iglesia evangélica es cambio y transformación, por eso le llaman «nuevo nacimiento». Es

---

[130] Richard Shaull y Waldo Cesar, *Pentecostalism and the Future of the Christian Churches: Promises, Limitations, Challenges*. Eerdmans, Grand Rapids 2000. Véase también Carmelo Álvarez, ed., *Pentecostalismo y liberación: Una experiencia latinoamericana*. Editorial DEI, San José, Costa Rica 1992; Cecilia Loreto, "El Pentecostalismo y el enfrentamiento a la pobreza en Brasil", en Benjamín Gutiérrez, ed., *En la fuerza del Espíritu*, AIPRAL / CELEP, Guatemala 1995.

mucho mayor que la beneficencia". Esta opinión es un claro exponente de una realidad que se interpreta a sí misma no en términos ideológicos o de representación, sino desde la experiencia directa de un cambio interior que produce resultados en el exterior por la propia dinámica de una fe que se entiende como una relación directa con la última realidad; es de Dios, y su don más precioso, la salvación, sin mediadores ni esfuerzos inútiles para arrebatarla como un privilegio que está fuera de su alcance, y que recibe a cuentagotas en envases sacramentales o penitenciales.

En términos generales, el pentecostalismo ha sido una bendición para los pueblos de Latinoamérica y cumple con una importante labor social cuando ofrece al oprimido un mecanismo para expresar su solidaridad y su valor como ser humano[131].

12

La Iglesia de Filadelfia

La llamada del pueblo gitano.

La entrada casi masiva de la comunidad gitana en el cristianismo protestante no fue tanto provocada por las Iglesias mediante una u otra misión destinada a ella, sino generada dentro de ella misma gracias la actividad de Clement Le Cossec, pastor de las Asambleas de Dios de Francia. Un gitano acudió a él para pedirle que orara por su hijo enfermo de tuberculosis, que fue sanado como resultado de la oración. A partir de este momento, La Cossec se sintió movido a trabajar entre los gitanos. La noticia de la curación se extendió rápidamente entre los gitanos de la tribu manouches y, así, dio comienzo el movimiento pentecostal gitano en 1950. En 1952, se celebran los primeros bautismos gitanos; a partir de 1959, surgen las conversiones de nuevas tribus gitanas, y con ello se amplía la visión de conquistar para Dios a los gitanos del resto del mundo.

Los Aleluyas o Iglesia Evangélica de Filadelfia.

En España los primeros predicadores gitanos se remontan al año 1964 y 1965 en Alicante, León y Bilbao. En 1969 el Gobierno español reconoce el Movimiento Evangélico Gitano en España, a raíz del cual aparecen predicadores por diversos puntos de España: Barcelona, Balaguer, Madrid, Tarragona, Castellón, Mallorca, Sevilla, Teruel, Valladolid, Burgos, Huesca y Zaragoza. Para el año 2000 la mayoría de los gitanos españoles habían tenido una experiencia directa de la Iglesia Evangélica de Filadelfia, que es el nombre adoptado por el movimiento, en referencia al nombre de una de las siete Iglesias mencionadas en el Apocalipsis, y muchos eran miembros de ella[132].

Durante la celebración del culto los asistentes gozan de total libertad para expresar públicamente y en cualquier momento sus experiencias religiosas, hablar en lenguas, cánticos y

---

[131] Véase Rodolfo Blank, *Teología y misión en América Latina*, p. 222. Concordia, St. Louis 1996.
[132] Véase Adolfo Giménez, *Llamamiento de Dios al pueblo gitano*. Jerez, 1993.

sermones de inspiración, acompañados con frecuentes expresiones de júbilo como "Gloria a Dios", "Aleluya"; de hecho, Aleluyas es el nombre que reciben popularmente los gitanos evangélicos en España.

La Iglesia Católica Romana, pese a sus espectaculares procesiones al llamado Cristo de Los Gitanos en Sevilla, la verdad es que nunca terminó de incorporar plenamente la religiosidad gitana, que se manifiesta en un profundo respeto hacia los muertos, la práctica de distintas artes adivinatorias, la creencia en maldiciones y bienaventuranzas. La enemistad secular entre gitanos y payos, como llaman ellos a los no gitanos, imposibilitaba la convivencia entre ambas culturas en el marco de una religión única. Sin embargo, la aparición de cristianos gitanos, organizados en torno a pastores gitanos e iglesias gitanas, contribuyeron a que la Iglesia Evangélica de Filadelfia llegara a ser una comunidad religiosa en la que los gitanos se sienten a gusto y que reconocen como propia.

En principio, y de modo formal, la mayoría de los gitanos se declaraban católicos y pertenecían a la Iglesia católica; por esta razón muchos se mostraron reacios a aceptar una nueva religión que no conocían, iconoclasta en sus prácticas religiosas y exigente en su moral. Muchos de los gitanos que se convirtieron a la Iglesia Evangélica de Filadelfia en sus comienzos hubieron de luchar duramente para conseguir que su adhesión a la nueva fe fuera aceptada por sus propias familias y amigos, y más tarde para que estos mismos también se convirtieran. Finalmente, en los años 80, se produjo una conversión masiva de la comunidad gitana, seguida de períodos de adaptación y declive en el número de nuevas conversiones, en el mayor de los casos al no cumplirse las expectativas de sanación divina y desilusión con algunos aspectos de la nueva fraternidad cristiana.

Aspectos sociales y pedagógicos.

En el aspecto social y pedagógico, la Iglesia de Filadelfia ha representado un cambio revolucionario en las antiguas costumbres entre bohemias y delictivas de la comunidad gitana. El analfabetismo alcanzaba un porcentaje muy alto en el pueblo gitano, pero la religión centrada en la Biblia, en su lectura y meditación, ha conseguido subir en mucho los índices de lectura y estudio, modificando unos patrones de conducta que se consideraban connaturales al pueblo gitano. En este punto la Iglesia Evangélica de Filadelfia ha introducido un factor innovador, facilitando el acercamiento del gitano a conocimientos de carácter teológico, histórico y lingüístico gracias a la religiosidad en torno a lectura y predicación de la Biblia. Los pastores han promovido incluso cursos de alfabetización para que mediante el aprendizaje sean capaces de acceder a la Biblia por sí mismos.

Por otro lado, han recibido el Evangelio como un mensaje de redención para los pobres y los pueblos marginados, que en el caso particular del pueblo gitano, les ha dado conciencia de formar parte del pueblo elegido de Dios para salvación, en igualdad de condiciones y bendiciones que el resto de los pueblos. De aquí han derivado un sentimiento de dignidad propia que contrarresta la tradicional conciencia de marginación. De golpe, los cristianos, gracias al Evangelio, se ven como una hermandad en la salvación por encima de fidelidades de tribu o familia, de costumbres y tradiciones, que, por extensión, les hacen más atractivos al mundo no gitano.

El énfasis en los dones del Espíritu.

Los milagros y las profecías, sitúan a toda comunidad religiosa por encima de cualquier institución centralizada y jerárquica. Por eso el principio de estructuración de los cultos no lo constituye el orden litúrgico ni la jerarquía, sino los carismas. Otro aspecto importante es la creencia casi material en la realidad del diablo y sus demonios. La liberación de espíritus malignos forma parte de la experiencia pentecostal gitana. Los espíritus de demonios se clasifican conforme a una complejidad y pluralidad asombrosas, al estar asociados a las bebidas alcohólicas, las drogas, la idolatría, la ira o el adulterio y la posesión propiamente dicha.

En otro tiempo los gitanos eran dados al curanderismo, y el pueblo los conocía como tales. Algunas reminiscencias de estas prácticas perviven en la costumbre de llevar las madres sus hijos al culto a que el pastor les imponga las manos, con el fin de que el Espíritu Santo les preserve del mal y aparte de ellos el espíritu maligno, a quien generalmente se le atribuye el origen de la enfermedad.

George Borrow y los gitanos.

Sin que se pueda considerar precursor de la cristianización del pueblo gitano, hay, sin embargo, que recordar la figura de George Borrow (1803-1881), agente de la Sociedad Bíblica Británica y Extranjera; fue el primero en mantener contacto con los gitanos, primero en Rusia y después en España. Borrow conocía costumbres y tradiciones de los gitanos desde su infancia en Inglaterra, a quienes acompañó por sus caminos en busca de aventuras. Richard Ford decía que "Borrow ha nacido con una vena marcadísima de filogitanidad"[133]. Curiosamente, fueron ellos quienes primero le hablaron de Jesucristo y le regalaron un ejemplar de la Biblia[134].

Llegó a España en 1836 y enseguida entró en contacto con los gitanos españoles, con los que alternó, convivió e incluso compartió las cárceles. Le interesaban y los conocía, casi podríamos decir que los amaba y, sobre todo, les predicaba el Evangelio y sus enseñanzas. Políglota, Borrow hablaba el idioma gitano, el caló, que estaba prohibido. Decidió traducir al caló el Evangelio de San Lucas, publicado en Madrid el año 1838 con el título de Embeo e Majaró Lucas. Se imprimieron 500 ejemplares y se vendió con gran éxito. El autor acabó en la cárcel, de la que sólo se salvó gracias a la intervención del embajador británico.

13

El despertar de la unidad

Ecumenismo y misiones.

El siglo XIX concentró todas las energías y las ilusiones del cristianismo protestante en la empresa misionera, que se extendió por todo el mundo con una extraordinaria rapidez desde

---

[133] R. Ford, reseña sobre *Los Zincali* de G. Borrow, publicada en el *British and Foreing Review*, junio de 1842.
[134] Véase George Borrow, *Lavengro. Alma bohemia*. Ediciones Itsmo, Madrid 1991.

sus tímidos inicios con William Carey. Desde el principio de la segunda mitad del siglo XX el ecumenismo se convertirá en uno de los movimientos cristianos más activos y entusiastas de la Iglesia contemporánea, con sus flujos y reflujos. Obedece a la toma de conciencia del escándalo de la división de los cristianos, que dolorosamente se manifiesta en los campos de misión, a los que los misioneros cristianos llevaron consigo sus diferencias y compitieron entre sí para conseguir conversiones, con la consiguiente confusión y menosprecio de los nativos y suscitando suspicacia e incredulidad en los pueblos misionados. Esto condujo a los estrategas misioneros a comprender de forma viva el escándalo de la división entre los cristianos y el modo en que ésta es un obstáculo para la misión de la Iglesia. Por esta razón, misión y ecumenismo mantienen desde el principio una estrecha relación y obedecen a un mismo interés: unidad cristiana para que el mundo crea[135]. En "casa", en la Cristiandad occidental, las diferencias, aunque graves y perjudiciales, ya habían adquirido carta de legalidad y, en muchos casos, se habían convertido en las señas de identidad de un país, una comarca, una comunidad y hasta de un individuo, llegando a tal punto que se había olvidado la dimensión universal de la fe, creándose una falsa conciencia de unidad y universalidad de carácter invisible, espiritual.

Orígenes del ecumenismo.

El término ecumenismo se deriva de la palabra griega oikumene, que se refiere a la "tierra entera habitada", y que se usa a veces para describir los esfuerzos dirigidos a promover la armonía entre los representantes de todas las diversas religiones e incluso entre todos los pueblos, pero que en sentido cristiano se restringe al restablecimiento de la unidad entre los cristianos. Un ecumenista es, por lo tanto, en términos generales, toda persona que se esfuerza en promover la unidad cristiana.

El ecumenismo comenzó propiamente en el contexto misionero de la Conferencia Misionera Internacional celebrada en Edimburgo en 1910, a la que asistieron un millar de delegados de misiones protestantes de todo el mundo. Tal vez, la mayor significación de Edimburgo para el desarrollo ulterior del ecumenismo haya sido el haber servido de lugar de encuentro y de toma de conciencia de un determinado número de personajes que después serían los promotores y los líderes de las grandes iniciativas ecuménicas en el mundo protestante: John R. Mott (1865-1955) y J.H. Oldham (1874-1969), organizadores de la Conferencia Misionera; los obispos anglicanos Charles H. Brent (1862-1929) y W. Temple (1881-1944), que fundarían Faith and Order (Fe y Constitución, Lausana 1927), que buscaba la unidad de la doctrina y de la estructura de la Iglesia; el arzobispo sueco Nathan Söderblom (1866-1931), alma de Life and Work (Vida y Obra, Estocolmo 1925), para fomentar la colaboración de los cristianos en la obra de justicia y de paz; el

---

[135] En la gran Asamblea consultativa de las sociedades misioneras protestantes, "un delegado de las jóvenes iglesias del Extremo Oriente, cuyo nombre no quedó registrado, se alzó para hacer patente su emoción ante el cristianismo dividido, que ponía en riesgo el crédito del Evangelio en su país: Vosotros nos habéis mandado misioneros que nos han dado a conocer a Jesucristo, por lo que os estamos agradecidos. Pero, al mismo tiempo, nos habéis traído vuestras distinciones y divisiones: unos nos predican el metodismo, otros el luteranismo, otros el congregacionalismo o el episcopalismo. Nosotros os suplicamos que nos prediquéis el Evangelio y dejéis a Jesucristo suscitar en el seno de nuestros pueblos, por la acción del Espíritu Santo, la Iglesia" (A. Villain, *Introducción al ecumenismo*, 21-22).

Consejo Internacional de las Misiones, que continuó el compromiso de las sociedades misioneras de inspiración de coordinar los esfuerzos por la evangelización y de tratar de superar el proselitismo recíproco. De este modo, la Conferencia de Edimburgo fue un punto de partida decisivo que planteó esta cuestión a los grupos religiosos protestantes, incluso a los que apenas se habían preocupado por el tema de la unidad de la Iglesia universal.

Movimientos pioneros.

Entre las organizaciones pioneras del movimiento ecuménico se puede contar a la Asociación Cristiana de Jóvenes (YMCA son sus siglas en inglés), fundada por George Williams (1821-1905) en Londres en 1844. Desde Inglaterra se extendió a Estados Unidos y el resto del mundo, con una sección femenina. Los miembros de esta asociación tuvieron como propósito reunirse para orar por sus proyectos dirigidos a católicos y ortodoxos. La Federación Universal de Asociaciones Estudiantes Cristianos, nacida en Vadsten (Suecia) en 1895, en cuyas filas han estado estudiantes de las iglesias protestantes, anglicana, ortodoxa y católica. La Federación ha sido calificada de verdadero "laboratorio del movimiento ecuménico", su carácter interconfesional y misionero hizo que en sus grupos de reflexión se plantearan la mayoría de los temas que después serían la agenda permanente del diálogo ecuménico. De las filas de la Federación salieron los principales sostenedores del movimiento ecuménico: John R. Mott, J.H. Oldham, W. Paton, Nathan Söderblom, William Temple, Kraemer, Visser't Hooft, Susanne de Dietrich, etc.

El Consejo Mundial de Iglesias.

A partir de 1932, Life and Work y Faith and Order, reconociendo la complementariedad de sus orientaciones, trabajaron en colaboración creciente. Las dos comisiones permanentes de ambos movimientos aprobaron, en 1936, un informe del J.H. Oldham (1874-1969), que sugería proponer a las dos Conferencias mundiales que se celebrarían en 1937 (Life and Work en Oxford —que congregó a más de 500 delegados de 123 confesiones y comunidades cristianas diversas—; Faith and Order en Edimburgo), la creación de un consejo mundial de Iglesias, para que echaran raíces oficialmente las iniciativas ecuménicas. La propuesta fue aceptada, y se nombró el "Comité de los Catorce", encargado de preparar la nueva institución. En la reunión del Comité celebrada en Utrecht del 9 al 12 de mayo de 1938 se constituyó el "Comité provisional preparatorio del Consejo Ecuménico de las Iglesias", que se reunió el día 13 bajo la presidencia del arzobispo anglicano William Temple y teniendo como secretario general al holandés Willem Adolf Visser't Hooft (1900-1985), desde entonces alma del Consejo Ecuménico. Sobre las bases establecidas por este Comité se hizo una invitación oficial a las iglesias para adherirse y enviar sugerencias (agosto 1938). En febrero de 1939, el Dr. Temple informaba a la Santa Sede del proyecto. La Segunda Guerra Mundial (1939-1945) interrumpió las gestiones e impidió la constitución del Consejo Ecuménico. Durante la guerra mueren el Dr. Brown y el arzobispo Temple; el "Comité provisional" desarrolla actividades caritativas y trabaja por la paz. Terminada la contienda, el Comité estableció su sede en Ginebra y prosiguió su trabajo encaminado a la preparación de la asamblea mundial en la que se constituiría oficialmente el Consejo Mundial de Iglesias (CMI). Tuvo lugar en Amsterdam del 22 de agosto al 9 de septiembre de 1948. Participaron 147 iglesias de 44 países, representadas por 351 delegados. En el "Mensaje de la Asamblea" declaran su firme voluntad de permanecer unidos. El Comité central tuvo como primer Presidente al obispo anglicano George K.A. Bell (1883-1958) y se nombró secretario general al Dr. Visser't Hooft, que lo sería hasta 1966. Visser't Hooft ha sido uno de los hombres más capaces y brillantes del cristianismo moderno. Hombre de Dios, de oración, su mayor pasión fue la unidad de los cristianos. En la Asamblea inaugural del CMI habló con tristeza de "la anomalía de nuestra pluralidad". Durante la Segunda Guerra Mundial participó en Europa en el movimiento de resistencia contra Hitler. Se encargó de la organización de la Conferencia Mundial de Juventud Cristiana que se celebró en 1939, en Amsterdam, cuando la resistencia a Hitler comenzaba a gestarse entre los delegados. Sus estudiantes eran todos militantes de la resistencia, de dentro y fuera de Alemania. En la Ginebra neutral, Visser 't Hooft fue un elemento clave de la resistencia europea. Seguidor de Karl Barth, que había sido expulsado de Alemania por negarse a jurar fidelidad a Hitler, Visser't Hooft admiraba la teología de la crisis de Barth y leyó, a medida que se fueron publicando, los gruesos y numerosos volúmenes de su Dogmática. Barth pronunció una conferencia en la primera Asamblea del CMI, en 1948, y ayudó en la redacción del mensaje. Visser't Hooft, que conocía a muchísimos políticos, embajadores y funcionarios de Estado, fomentó la ayuda intereclesiástica, la respuesta a un cambio rápido del Tercer Mundo, el servicio a los refugiados, la oposición al racismo y la cooperación entre hombres y mujeres en la Iglesia y la sociedad. Consideraba que estas tareas comunes se derivaban de una creciente unidad, o lo que él llamaba "acción ecuménica". Cuando, en 1960, Juan XXIII anunció la creación de un "concilio de la unidad" con objeto de llegar a los "hermanos separados", al principio Visser't Hooft pensó que se estaba reiterando la invitación a "volver a la iglesia madre"; después admitió que el Vaticano II se proponía lograr una renovación radical y la aceptación plena del ecumenismo.

El último paso en la constitución del CMI fue la integración del Consejo Internacional de Misiones (Nueva Delhi, 1961). En ese mismo año se hicieron miembros la mayor parte de las Iglesias ortodoxas. La base confesional dice que "el Consejo Mundial de Iglesias es una comunión de Iglesias que confiesan al Señor Jesucristo como Dios y Salvador según las Escrituras y, por tanto, tratan de cumplir conjuntamente su común llamamiento para la gloria del Dios único, Padre, Hijo y Espíritu Santo".

Ecumenismo católico.

Decía John B. Sheerin, que el deseo de unidad cristiana es una elección libre y voluntaria de la Iglesia católica romana, no algo impuesto desde arriba por la jerarquía eclesiástica. No es una política dictada por los jefes de la Iglesia, no es decisión adoptada por los obispos; los obispos han aprobado el ecumenismo porque está vinculado a la fe en Cristo que, en su Palabra y en los hechos y circunstancias de nuestro tiempo, nos llama a la unidad[136].

---

[136] John B. Sheerin, *Reunión cristiana: el movimiento ecuménico y los católicos americanos,* pp. 14-15. Ed. Marfil, Alcoy 1969.

Hasta los días de León XIII (1878-1903), cualquier alusión positiva al protestantismo era considerada anatema, como ocurrió en el Concilio Vaticano I, cuando al obispo Strossmayr de Bosnia se le ocurrió decir que había muchos protestantes que amaban a Jesucristo. El catolicismo comenzó a mostrar interés por la unidad de los cristianos a través de la carta papal Praeclara gratulationis (1894), dirigida al universo entero con motivo de su jubileo episcopal y la encíclica Satis cognitum (1896). "El pontificado de León XIII puede considerarse como el principio de un nuevo período en la historia de las relaciones de la Iglesia católica romana con las restantes confesiones cristianas"[137]. León XIII no se limitó a las exposiciones doctrinales, sino que promovió distintas iniciativas encaminadas a la unión de las comunidades cristianas, sobre todo las orientales y la comunidad anglicana. En 1895 creó la Comisión Pontificia para la Reconciliación de los Disidentes con la Iglesia. Fue el primer papa que no usó los términos hereje ni cismático al referirse a los no católicos; normalmente los llamaba "disidentes", igual que hacían los prelados anglicanos respecto a los protestantes no conformistas. Impulsó las conversaciones bilaterales con los anglicanos, bajo la guía del abad Portal (1855-1926) y de lord Halifax (1839-1934), que serían interrumpidas con ocasión de la carta Apostolicae curae (1896) que, en base al dictamen de una comisión de teólogos, negaba la validez de las ordenaciones anglicanas.

En la época de León XIII y por su iniciativa comienza a extenderse en la Iglesia católica la Semana de Oración por la Unidad Cristiana, fundada en Francia por el sacerdote Paul Couturier (1881-1953), que, a partir de 1935, transformó el octavario por el retorno de los otros cristianos a la comunión con Roma en la mencionada semana de oración por la unidad, iniciando así el denominado "ecumenismo espiritual". Originalmente se fijó en los días que preceden a Pentecostés, pero Pío X la trasladó a los días 18 a 25 de enero, para hacer coincidir las fechas con la iniciativa surgida en el mundo anglicano y hoy extendida por todas partes.

Pío XI dijo con acierto que "para conseguir la unión es ante todo necesario conocerse y amarse. Conocerse, porque si la obra de reunión ha fracasado tantas veces, ha sido debido en gran parte a la falta de conocimiento entre una y otra parte. Si existen mutuos prejuicios, es necesario eliminarlos. Parece increíble que estos errores y estos equívocos subsistan y se repitan entre los hermanos separados contra la Iglesia Católica; por otra parte, por faltarles el verdadero conocimiento, también los católicos han carecido de caridad paternal. ¿Saben todos cuán preciosos, buenos y cristianos son estos fragmentos de la verdad católica? Las partes desprendidas de una roca conteniendo oro, contienen también oro en sí mismas" (Alocución del 10 enero de 1927). El 6 de enero Pío XI publicó su Mortalium ánimos (1928), cuya tarea fue el movimiento ecuménico y sus procedimientos de actuación.

Los católicos alemanes desempeñaron un papel importante en el desarrollo del ecumenismo entre los católicos y los luteranos; unos y otros habían compartido el sufrimiento bajo el dominio de Hitler. La persecución borró de sus ojos muchas diferencias superficiales y fijó su atención en los lazos que les unían. El primer ecumenista germano católico destacado fue el padre Josef Metzger, que fundó la Confraternidad Una Sancta en 1939, mediante la que se esforzaba en construir puentes de comprensión intelectual y espiritual entre los separados grupos cristianos. Pero la guerra puso fin a esta experiencia: Metzger fue muerto por los nazis en 1944.

---

[137] R. Aubert, *La Santa Sede y la unión de las Iglesias*, 29. Barcelona 1959.

Entre los más grandes teólogos ecuménicos franceses se cuenta el dominico Yves Congar, cuya obra Chrétiens désunis (Cristianos desunidos, 1937, traducida al inglés en 1939), inició el ecumenismo doctrinal. En el Vaticano II fue aclamado como el "padre del ecumenismo católico".

Tanto Life and Work como Faith and Order quisieron que la Iglesia católica participara en sus sesiones y Asambleas. El pastor Neander, en nombre de Life and Work, visitó al papa Pío XI para invitar a la Iglesia católica a la Conferencia de Estocolmo de 1925; el Papa le prometió su oración más sincera y sus mejores deseos, pero no juzgó conveniente la participación en la Conferencia. La negativa se debía a la política de Life and Work de evitar toda discusión teológica, ya que "la doctrina divide, el servicio une", mientras que el papa opinaba que las discusiones ecuménicas debían ser teológicas.

En Holanda la actividad ecuménica floreció por obra de monseñor J.G. Willebrands (n. 1909), creador de la Conferencia Internacional Católica para Cuestiones Ecuménicas en 1952, de donde salieron los mejores ecumenistas del mundo católico. No obstante, la actitud católica era de prudencia, permitiendo la participación solamente a unos pocos observadores atentamente seleccionados. En 1949 un decreto del Santo Oficio prohibía la participación católica en las asambleas entre católicos y no católicos; más tarde, una instrucción llamada Ecclesia Catholica fue publicada por el Santo Oficio el día 20 de diciembre de 1949, y permitía la participación sólo en reuniones apadrinadas por católicos. Por este motivo se puede decir que el concilio Vaticano II marcó un giro ecuménico en la Iglesia católica, en cuanto que estimuló a todos los católicos a participar en el movimiento ecuménico. El decreto sobre el ecumenismo, Unitatis redintegratio, se publicó el 21 de noviembre de 1964, el mismo día de la Lumen gentium. La aprobación de Unitatis redintegratio, así como la presencia de observadores protestantes en el Concilio, unieron los lazos comunes entre la Iglesia católica y el Consejo Ecuménico de las Iglesias.

El Secretariado para la Unidad de los Cristianos.

El día 5 de junio de 1960 Juan XXIII estableció el Secretariado para la Promoción de la Unidad de los Cristianos (llamado Consejo desde 1989), con el cardenal alemán Agustín Bea a su cabeza. A su muerte (1969) fue nombrado cardenal y nuevo presidente el holandés J. Willebrands. El Secretariado fue creado con el objetivo de "mostrar nuestro amor y nuestra benevolencia hacia los que llevan el nombre de cristianos, pero se hallan separados de esta Sede Apostólica, y a fin de que puedan seguir los trabajos de Concilio y encontrar más fácilmente la vía que conduce a esta unidad por la cual Jesús dirigió al Padre celestial una súplica tan ardiente" (Motu Proprio Supremo Dei nutu, 5 junio 1960). El Secretariado no solamente promovió una sensibilidad ecuménica en la redacción de todos los documentos del concilio Vaticano II, sino que dirigió la realización del compromiso católico en el ecumenismo desde la clausura del concilio.

Oposición evangélica al ecumenismo.

El movimiento ecuménico protestante encontró desde el principio una oposición permanente y ácida en ciertos medios conservadores y fundamentalistas, que veían muy peligrosa la nueva actitud desde el punto de vista de doctrinas de la Reforma protestante. La Iglesia de Roma era considerada por muchos la Ramera del Apocalipsis y el Papado el Anticristo profetizado. En este sentido, el ecumenismo representaba una apostasía de la esencia evangélica, una "unión con las tinieblas". A lo que hay que unir la militancia liberal de muchos de los fundadores del ecumenismo. (Véase el apartado Fundamentalismo). Carl McIntire, pastor presbiteriano estadounidense, fundador de la Bible Presbyterian Church (Iglesia Presbiteriana Bíblica) y el Faith Theological Seminary, y líder de la rama separatista fundamentalista, fue el principal fundador del llamado ICCC, International Council of Christian Churches (Consejo Internacional de Iglesias Cristianas), creado con el expreso deseo de alentar un "avivamiento leal y agresivo del cristianismo bíblico en todo el mundo", y "advertir a los cristianos de todas partes de los insidiosos peligros del modernismo y del catolicismo romano". Fue concebido como una Reforma genuina del siglo XX[138].

El Consejo Internacional de Iglesias Cristianas se constituyó en Amsterdam en agosto de 1948, paralelo al CMI, a quien consideró el enemigo errático a "denunciar y oponerse por todos los medios", calificado de tendencias comunistas, modernistas, pacifistas y católico-romanas. Carl McIntire fue nombrado presidente. Pertenecen al mismo algo menos de doscientos grupos y denominaciones evangélicas, que siguen, en general, la línea fundamentalista. El Comité ejecutivo está formado por 50 miembros y es elegido por la Asamblea. Se han celebrado Asambleas plenarias en 1948 (Amsterdam), 1950 (Ginebra), 1954 (Filadelfia), 1962 (Amsterdam, que se opuso a enviar observadores al Vaticano II) y 1973 (Cape May, Nueva Jersey).

La base de la declaración de fe del Consejo Internacional contiene los siguientes artículos: "La absoluta inspiración divina de la Sagrada Escritura en su lengua original, con las consiguientes inerrancia, infalibilidad y carácter de suprema autoridad en lo relativo a Fe y vida; la Trinidad; la eterna divinidad y perfecta humanidad —sin pecado— de Jesucristo; su nacimiento de una Virgen; su muerte vicaria y expiatoria; su resurrección corporal y su segunda venida; la salvación por la gracia como resultado de un renacer por el Espíritu y la Palabra; la eterna felicidad de los redimidos y la pena eterna de los condenados; la perfecta y espiritual unidad de todos los hijos de Dios; la necesidad de mantener la pureza de la comunidad tanto en la doctrina como en la praxis". En la Asamblea de Filadelfia se agregó a esta Base: "la total corrupción del hombre a consecuencia del pecado original".

El Consejo Internacional representa a los que, afiliados o no, consideran el ecumenismo como una "trampa de Satanás", cuyo fin es la entrega rendida en los brazos de la Iglesia católica romana. "Ya tenemos en Cristo la verdadera unidad —escribe el Dr. Núñez— y no necesitamos la unidad que nos proponen los ecuménicos y que incluye a católicos romanos, protestantes y ortodoxos griegos; en fin, a todos los que se autodenominan cristianos. Los que buscan esta unidad ecuménica cierran voluntariamente y deliberadamente los ojos al hecho que la iglesia romana busca nuestro regreso a su seno. Es cierto que ya no se nos llama apóstatas, herejes, hijos del diablo, pero se nos deja en la categoría de hermanos separados"[139].

---

[138] Louis Gasper, *The Fundamentalist Movement. 1930-1956*, pp. 44-45. Baker, Grand Rapids 1956.
[139] Emilio Antonio Núñez, *De regreso a Roma*, p.45. Librería Centro Americana, Guatemala, 1964.

Ecumenismo en España.

A las iglesias protestantes de España les corresponde el honor de haber participado desde el principio en el movimiento ecuménico, a través de la Iglesia Evangélica Española (IEE) y de la Iglesia Española Reformada Episcopal (IERE), las dos invitadas expresamente a la constitución del Consejo Mundial de Iglesias en Amsterdam en 1948. Por la Iglesia Evangélica Española asistieron Juan Fliedner, Manuel Gutiérrez Marín y Benito Corvillón. Por parte de la Iglesia Española Reformada Episcopal, debido a circunstancias internas, no pudo asistir ningún representante, pero ambas iglesias comenzaron desde los inicios del Consejo Mundial de Iglesias a formar parte del mismo. Pero el resto de iglesias evangélicas abominaban de todo lo católico y veían en este acercamiento una posibilidad de ser dirigidos por la Iglesia mayoritaria en España, de la que no tenían muy buenos recuerdos, acostumbrados a la intolerancia religiosa del Nacionalcatolicismo franquista. El ecumenismo en España se consideraba imposible debido al régimen político y a la forma de ser de la Iglesia católica española.

Sin embargo, el acercamiento entre católicos y protestantes españoles pertenecientes a la IEE y la IERE se produjo primero en Barcelona, hasta el punto de hacerse tradicional una cena ecuménica de estos grupos, y comenzaron "las rutas mensuales" a distintas ermitas barcelonesas, con la asistencia de casi un centenar de personas, entre ellas un significativo número de jóvenes evangélicos, pastores algunos de ellos después de importantes congregaciones en Madrid y Barcelona. En algunas de estas reuniones conjuntas se estudiaron temas como: "Unidad en Dios", "Unidad eclesial", "Unidad de los cristianos" y "La Iglesia en la hora del Concilio". En 1961 los Capuchinos de Sarriá celebraron una Jornada de Ecumenistas Católicos y con unos cincuenta sacerdotes y pastores organizaron posteriormente un Círculo de Estudios Ecuménicos, al que asistían cuantos ecumenistas pasaban por Barcelona. A comienzos de los años sesenta la Pontificia Universidad de Salamanca creó la Cátedra de Teología Oriental, a cargo del sacerdote salmantino José Sánchez Vaquero. Poco después se fundó el Centro Ecuménico Juan XXIII, con sede en el Centro Oriental de los Maronitas en Salamanca. Sánchez Vaquero lo presidió y participaron eclesiásticos y un buen número de estudiantes de la Universidad Pontificia.

El Madrid el primer acercamiento se produjo entre el sacerdote Santiago Morillo y el segundo obispo de la IERE, Santos M. Molina, seguido del pastor de la IEE, Benito Corvillón. El 26 de enero de 1963 tuvo lugar, en los locales de la IEE de la calle Noviciado, por primera vez en Madrid, una reunión interconfesional de jóvenes, unos cien, católicos y protestantes al cincuenta por ciento, contando con la presencia de tres sacerdotes católicos y dos pastores evangélicos, Daniel Vidal Regaliza y el profesor Ferris.

En 1964 visitó Sevilla el hermano Roger Schutz (1915-2005), fundador de la comunidad protestante ecuménica de Taizé en Francia, invitado por José Antonio Infantes Florido, más tarde obispo de Córdoba y presidente de la Comisión de Relaciones Interconfesionales de la Conferencia Episcopal Española. Taizé ha sido un pilar del ecumenismo contemporáneo. Cristianos de todas las confesiones, incluso otros creyentes o agnósticos, acuden a Taizé para entrar en un ambiente de recogimiento, oración, intercambio y diálogo. El hermano Roger

Schutz, como es conocido, fue invitado personal del Papa a las cuatro sesiones del Concilio Vaticano II y acompañó a Pablo VI en su viaje a Bogotá[140].

Desde hace varios años, cada año en el mes de enero, tiene lugar en Madrid y especialmente en Barcelona, por el impulso y visión ecuménica del delegado del arzobispado monseñor Jaime González-Agapito, la celebración de la Semana de Plegaria para la Unidad de los Cristianos, en la que católicos, protestantes y ortodoxos se juntan en un acto conjunto de oración y predicación en la Catedral, acto que se repite y multiplica a lo largo de la toda semana en distintas iglesias protestantes y parroquias católicas de la ciudad y poblaciones circundantes. En estas reuniones, la predicación en la iglesia protestante corre a cargo de un sacerdote católico y un pastor protestante predica en la parroquia católica.

Ecumenismo en Latinoamérica.

En América Latina, el movimiento ecuménico fue configurado, sobre todo en la década de 1950, a raíz de la primera Conferencia Evangélica Latinoamericana (CELA, 1949), que tuvo lugar en Buenos Aires (Argentina). Fue una reunión sin precedentes, que congregó a delegados de distintas denominaciones, que nunca antes se habían reunido para dialogar. Allí se encontraron luteranos, metodistas, episcopales, congregacionales, bautistas, reformados, nazarenos y pentecostales. El temario estuvo centrado en "La realidad latinoamericana y la presencia de las iglesias evangélicas" y "Mensaje y misión del cristianismo evangélico para América Latina". La segunda Conferencia tuvo lugar en Lima (1961) y señaló un gran avance respecto a la anterior, haciendo sugerencias concretas para guiar a las iglesias a esa mayor cooperación y unidad deseada por todos. Intervino Emilio Castro, pastor metodista en Montevideo, que llegaría a jugar un papel muy importante en el ecumenismo mundial, y José Míguez Bonino, profesor en la Facultad Evangélica de Teología de Buenos Aires, y uno de los primeros teólogos de la liberación del mundo evangélico. Allí se promovió el desarrollo y diálogo interevangélico de cara a los nuevos retos del siglo XX, como el abandono del campo y el crecimiento del urbanismo, los brotes revolucionarios y las dictaduras militares. Las comisiones trabajaron temas como el subdesarrollo, el nivel de vida y el movimiento migratorio. Participaron doscientas personas, representando a prácticamente todos los países del continente.

CELA II, relacionada con el Consejo Mundial de Iglesias y orientada por cuestiones sociales, se encontró con la fuerte oposición que ejercieron los grupos fundamentalistas dirigidos desde los Estados Unidos. Tres de sus portavoces, John A. Mackay, José Míguez Bonino y Tomás Ligget, fueron acusados de extender la influencia marxista, lo que provocó una división en las filas evangélicas conservadoras.

La tercera conferencia se celebró en 1969 en Buenos Aires, con 206 delegados de 23 países latinoamericanos y 40 denominaciones; por vez primera participaron en ella observadores católico-romanos, dadas las nuevas condiciones de apertura favorecidas por el Vaticano II. Para Orlando Costas, esta conferencia puso en evidencia la necesidad de definir la misión profética de las iglesias protestantes latinoamericanas a la luz de los cambios políticos

---

[140] Véase José Luís Díez Moreno, "Orígenes del Ecumenismo en España", *Vida Nueva*, n. 2264, 13 enero 2001; Pedro Langa Aguilar, dir., *Al servicio de la unidad*. Soc. Ed. Atenas, Madrid 1993. Julián García Hernando, *La Semana de la Unidad en España*. Centro Ecuménico Misioneras de la Unidad, Madrid 2003.

y sociales que se estaban realizando, así como el nuevo desafío del diálogo con la Iglesia católica romana. Este último punto disgustó intensamente a los más conservadores, ya que no miraban a los católicos con buenos ojos, ni creían en su sinceridad, después de tantos años de persecución.

Iglesia y Sociedad (ISAL).

Afiliado al Consejo Mundial de Iglesias surgió en 1961 el movimiento Iglesia y Sociedad en América Latina (ISAL), con la intención de desarrollar una reflexión teológica sobre la acción cristiana en su contexto histórico y social, desde una perspectiva de la teología de la liberación. De hecho, los intelectuales de ISAL fueron, en cierto sentido, los primeros teólogos de la liberación en América Latina, aunque su influencia se redujo bastante debido a su incapacidad de relacionarse con la mayoría de iglesias evangélicas, y terminaron marginados del evangelismo latinoamericano. Al mismo tiempo fueron exiliados del Cono Sur por las dictaduras militares de los años setenta.

La Comisión Evangélica Latinoamericana de Educación Cristiana (CELADEC).

Otra institución relacionada con el CMI, auspiciada por el Comité de Cooperación en América Latina (CCLA)[141], es la Comisión Evangélica Latinoamericana de Educación Cristiana (CELADEC), integrada por representantes de diversos organismos nacionales, nacida el 10 de octubre de 1962, dedicada a la educación cristiana. Los miembros constituyentes de la primera comisión fueron cinco concilios o federaciones de iglesias evangélicas de otros tantos países: Puerto Rico, Chile, México, Brasil y Argentina, más el Comité de Acción Cristiana Unida del Caribe y cinco Iglesias Nacionales de Venezuela, Dominicana, Bolivia, Perú y Costa Rica. En sus estatutos originales figura como propósito inicial "ayudar a las Iglesias Cristianas de América Latina, y en lo posible a las iglesias de otras regiones fuera de Latinoamérica, en el cumplimiento de su misión de proclamar y enseñar el Evangelio, mediante la obra de la Educación Cristiana".

En la cuarta Asamblea realizada en Lima (Perú), CELADEC se propuso desafiar a las iglesias y colaborar con ellas en el desarrollo de una educación cristiana integral que "implica confrontar al hombre con la revelación de Dios manifestada en el momento histórico que vivimos para que asuma un compromiso concreto y crítico de acuerdo al Evangelio". A partir del año 1973 CELADEC se aproxima más a la realidad en sus aspectos sociales, económicos, políticos y religiosos, con el decidido propósito y con un mayor compromiso con el quehacer educativo liberador. En la quinta Asamblea (Bogotá, 1974), los congregantes se orientan hacia la educación popular desde la práctica y necesidades de los sectores populares, en vistas a colaborar en su desarrollo ideológico, político, organizativo. Por "educación popular" se entiende el proceso que comprende "la creación, sistematización y aplicación de

---

[141] "En poco tiempo, este organismo logró el apoyo formal de unas cuarenta juntas misioneras comprometidas con la extensión del reino de Dios en América Latina. Constituyó un capítulo de valor excepcional en el cuadro de la promoción de la obra evangélica en general y de la cooperación cristiana en particular en todo el continente, y por ello los latinoamericanos estaremos siempre agradecidos" (Luis D. Odell, "Setenta y cinco años de ecumenismo en América Latina 1913-1988", *Pasos*, No.:25-Segunda Época 1989).

experiencias surgidas de la práctica social de los sectores sociales, que les permite ir concretando la realización colectiva de su proyecto liberador, mediante la acción transformadora de las actuales estructuras de dominación y miseria". En la sexta Asamblea (1978), el documento aprobado por la Comisión de Derechos Humanos apunta, entre otras tareas, a "clarificar el sentido y alcance de la participación de los cristianos y de las iglesias en el trabajo por los derechos humanos en América Latina, a fin de servir a los sectores populares en su lucha por la liberación. Y desarrollar la bases bíblicas, teológicas e ideológicas mediante una práctica educativa que fundamente nuestra tarea, de tal manera que nuestra participación provenga de una mayor fidelidad al Evangelio y a los pobres oprimidos del continente".

Son años de dictaduras militares, primero en Argentina, Uruguay, Chile, Brasil, y después Bolivia, Perú y Colombia; años en que los organismos ecuménicos se comprometen en la defensa de los derechos humanos de varias formas: de denuncia y de solidaridad con las víctimas. En Perú, CELADEC, conjuntamente con la Iglesia Metodista del Perú, por solicitud del Alto Comisionado de las Naciones Unidas (ONU), prestó ayuda humanitaria y apoyo para la conformación de una casa refugio transitoria, ofreciendo su propiedad física del Paseo Colón para uso de refugiados chilenos y bolivianos que salían huyendo de las dictaduras militares en sus países de origen, así como prestando apoyo de asesoría legal y tramitación de asilo en países europeos.

En el año 1979, CELADEC entra en una fuerte crisis institucional. Primera, de identidad: ciertos sectores cuestionan la evolución de la asociación, creada fundamentalmente para extender la educación cristiana, sin meterse en campos que no le corresponden. Segunda, de confianza y confiabilidad. Se cuestiona tanto a la Secretaria General, fuertemente centralizada en Lima, como a algunos colaboradores más cercanos. Tercera, de recursos que materialicen los objetivos; y cuarta, de metodología. En este clima de crisis se reúne la séptima Asamblea General en julio de 1982 en San Juan (Puerto Rico), bajo el lema "Educación es Vida", y en su documento final reafirma la visión del mensaje cristiano como un proceso de transformación liberador de la historia, "porque en toda la Biblia son los hechos históricos de liberación los que educan y van forjando un proyecto popular que describe el proceso desde una historia de esclavitud y muerte a una historia de libertad y vida. Y el pueblo reconoce que es Dios quien educa a través de esos hechos y preside ese proceso, y que el proceso mismo es el eje temático central de la vida". En 1986, en la Asamblea General realizada en Venezuela, se vuelve a ratificar el objetivo que diera origen a CELADEC 24 años atrás: apoyar a las iglesias y movimientos ecuménicos y colaborar con ellos en el desarrollo de la educación cristiana integral que implica confrontar al hombre con la revelación de Dios, manifestada en el momento histórico presente, para que asuma un compromiso concreto y crítico de acuerdo al Evangelio.

Debido al intento fallido de CELA II (Lima 1961) de crear un organismo permanente de cooperación, en una consulta sobre "Servicio y Acción Social Cristiana en América Latina", convocada por ISAL en Río de Janeiro (Brasil), septiembre de 1963, los reunidos manifestaron de una forma categórica la vocación de unidad cristiana, en respuesta a la cual redactaron la "Declaración de Corcovado", manifestando la convicción de que había llegado el momento de dar un paso decisivo en el camino de la unidad evangélica latinoamericana, y pidiendo a todos los organismos de cooperación interdenominacional del continente que se "adhirieran a la idea de crear un organismo latinoamericano de cooperación".

Comisión Pro Unidad Evangélica Latinoamericana (UNELAM).

Como consecuencia de esta ratificación, en una nueva reunión, celebrada en diciembre de 1964 en Montevideo (Uruguay), quedó formalmente constituida la Comisión Pro Unidad Evangélica Latinoamericana (UNELAM), designándose como secretario ejecutivo a Emilio E. Castro (n. 1927), director de la Comisión de Misión Mundial y Evangelización del CMI a partir de 1973, y cuatro veces secretario general del mismo.

La Asociación Evangelística de Billy Graham, que miraba con recelo estos movimientos, organiza y financia el Primer Congreso Latinoamericano de Evangelización (CLADE), celebrado en 1969 en Bogotá (Colombia), para protegerse de lo que se considera peligro de politización del Evangelio. Hacía unos años, en 1966, Billy Graham había celebrado en Berlín (Alemania) el primer Congreso Mundial de Evangelización, que reunió a evangelistas de todo el mundo comprometidos con un mensaje de salvación básicamente individual. A CLADE I asistieron 920 representantes de distintas iglesias evangélicas de tendencia conservadora, buscando unir esfuerzos en el campo del evangelismo y la misión, defendiendo al evangelismo tradicional en contra de los que parecían querer reemplazarlo con la lucha por la justicia social. Entre los asistentes se distribuyó el reciente libro de Peter Wagner, Teología latinoamericana, ¿izquierdista o evangélica?: La lucha por la fe en una iglesia creciente, que reflejaba la postura de los organizadores.

Un año después, en 1970, se constituyó en Cochabamba (Bolivia), la Fraternidad Teológica Latinoamericana (FTL), compuesta por jóvenes pastores y teólogos latinoamericanos convencidos de la necesidad urgente de no caer en una falsa dicotomía entre el mensaje de salvación y cuestiones sociales. Los miembros de la Fraternidad se distanciaron de las posturas fundamentalistas de muchos misioneros que denunciaban con disgusto las implicaciones de algunos miembros en asuntos de política social. La FTL será la encargada de convocar los siguientes congresos de CLADE. El segundo CLADE se celebró en 1979 en Huampaní (Perú), bajo el lema: "Que América Latina oiga su voz". CLADE III tuvo lugar en Quito (1992), con un total de 1080 participantes, a la luz del tema: "Todo el Evangelio para todos los pueblos de Latinoamérica"; con una intencionalidad distinta a la CLADE I, se trató de incluir a los sectores más progresistas y hubo una mesa sobre "Unidad y misión" donde se procuraba una discusión abierta y de respeto mutuo. Para entonces el evangelicalismo estadounidense había evolucionado hasta incluir en su agenda misionera temas sociales, debido a la influencia de la nueva generación de evangélicos, o neo-evangélicos como Carl F. Henry. Quito volvió a ser el escenario de CLADE en el año 2000, que en su cuarto congreso, bajo el lema: "Testimonio evangélico en el Tercer Milenio: Palabra, Espíritu y Misión", reunió a 1.300 personas.

Confraternidad Evangélica Latinoamericana (CONELA).

La alternativa conservadora latinoamericana a las organizaciones relacionadas con el Consejo Mundial de Iglesias y con la teología de corte social se materializó en 1982 en el movimiento denominado Confraternidad Evangélica Latinoamericana (CONELA), cuya meta es servir a todas las iglesias evangélicas en América Latina, y fomentar la comunión de unas con otras, uniendo sus fuerzas para evangelizar el mundo. Se puede decir que CONELA promueve un ecumenismo a nivel interno, sólo para las iglesias evangélicas de credo conservador.

En ese mismo año, 1982, se fundó el Consejo Latinoamericano de Iglesias (CLAI) en Huampaní (Perú), de signo contrapuesto al anterior, creado para promover la unidad entre todos los cristianos del continente. Su primer presidente fue el obispo metodista argentino Federico Pagura, quien desde hacía cuatro años venía desarrollando esta idea, en una Conferencia de iglesias evangélicas convocada por UNELAM y efectuada en Oaxtepec (México), en septiembre de 1978. Participaron representantes de 79 iglesias y organizaciones paraeclesiales, con una mayoría de iglesias pentecostales. La segunda asamblea tuvo lugar en 1988 en Indaiatuba (Brasil), con un alto porcentaje de luteranos; la tercera en enero de 1995 en Concepción (Chile). Agrupa a 150 iglesias en toda América Latina y el Caribe hispano. Aparte de su agenda ecuménica trata los desafíos que sufren los pueblos latinos: explotación, pobreza, violencia, injusticia estructural, sexismo, derechos humanos y promociones de las poblaciones indígenas y negras. En los años 80 CLAI creó un programa en favor de la paz y cooperó con otras organizaciones ecuménicas, como la Conferencia de Iglesias del Caribe, el Consejo Mundial de Iglesias y el National Council of the Churches of Christ en USA. Las iglesias miembros de CLAI representan el amplio abanico de denominaciones protestantes: bautistas, congregacionales, episcopales, evangélicas unidas, luteranas, moravas, menonitas, metodistas, nazarenas, ortodoxas, pentecostales, presbiterianas, reformadas y valdenses, así como organismos cristianos especializados en áreas de pastoral juvenil, educación teológica y educación cristiana de veintiún países de América Latina y el Caribe.

Por parte católica, como una consecuencia directa del Concilio Vaticano II, el catolicismo latinoamericano, enfrentado doctrinal y físicamente al protestantismo de origen misionero en lo que hasta ese momento consideraba su feudo religioso particular, entró de manera definitiva en el movimiento ecuménico en 1968, con la celebración la Conferencia Episcopal de Medellín. Allí se estudió la manera de aplicar los principios del Vaticano II, y en especial el tema del ecumenismo. Paralelamente, comenzó a elaborarse la teología de la liberación, que reseñaremos en el siguiente capítulo. Con todo, el ecumenismo sigue siendo todavía en Latinoamérica muy escaso y objeto de mucha reticencia por parte de la mayoría de iglesias evangélicas de corte conservador.

14

Liberación y Biblia

Guerrilla y fe cristiana.

A fines de 1965 el sacerdote colombiano Camilo Torres se une a las guerrillas del Ejército de Liberación Nacional en su país, muriendo en combate a los pocos meses, el 15 de febrero de 1966[142]. Los ideales de Camilo no estaban trazados por la teoría marxista de la revolución, sino por el compromiso que como cristiano sentía con los oprimidos y desheredados. Su incorpo-

---

[142] Véase Walter J. Broderick, *Camilo Torres: A Biography of the Priest-Guerrillero,* Doubleday, Garden City, N.Y. 1975.

ración a la guerrilla debe interpretarse como un acto de desesperación ante una sociedad que no está dispuesta a transformarse. Camilo Torres no aspiraba sino a la concreción del cristianismo, entendido como anuncio, y cuya realización plena sólo puede formularse a partir de la resurrección. Su compromiso es, pues, con los marginados y no con aquellos que prometen su liberación. En él está el germen de lo que pronto será la Teología de la Liberación, el anticipo de la misma. Muchos fueron los cristianos que, a partir del ejemplo de Camilo Torres, decidieron unirse a la revolución, y aunque muy pocos se unieron a los movimientos guerrilleros, un buen número experimentó un proceso similar de radicalización. En el caso de Bolivia, puede decirse que las enseñanzas de Camilo Torres motivaron la incorporación de un grupo de jóvenes cristianos revolucionarios a la guerrilla de Teoponte. Por ello, su nombre es recordado constantemente junto al de Ernesto Che Guevara. Aunque con años de diferencia, el sacerdote español Gaspar García Lavione tomó las armas en 1977 uniéndose al Frente Sandinista de Liberación Nacional (FSLN). Esta primera identificación cristiana con las actividades armadas de la guerrilla y con las aspiraciones liberacionistas de los pueblos se comprende como un acto de compromiso hacia el pobre, al que muchos habían olvidado en medio de una cortina de humo de incienso de resignación y moralización, de ignorancia y alejamiento humano, en una palabra.

Al inicio de la década de los 60 los Estados Unidos, bajo la presidencia de John Kennedy (1961), habían promovido su programa "Alianza para el Progreso", que quiere significar una nueva relación entre los países ricos y los países pobres, temiendo que cundiese el "mal ejemplo" de Cuba, que en 1959 había derrocado mediante las fuerzas revolucionarias de Fidel Castro al dictador Fulgencio Batista. Pero con el asesinato de Kennedy en 1963 se advierte que la Alianza para el Progreso es un fracaso completo, pues lejos de resolver los problemas los agrava todavía más. La riqueza se concentró en pocas manos, y la pared que separaba a pobres y ricos se convirtió en un muro infranqueable. Las oligarquías, los industriales y los funcionarios públicos se hicieron inmensamente ricos, mientras los pobres caen en picado en la miseria, el desempleo y el desplazamiento del campo a los barrios bajos de la ciudades, que crecen en una aglomeración descontrolada. La lucha por la vida se hace difícil, aumenta la criminalidad y se tiene la sensación que la vida no vale nada.

Teología de la revolución.

Como ya tuvimos ocasión de indicar, se puede decir que en el círculo teológico asociado con Iglesia y Sociedad en América Latina (ISAL), se gestan los primeros elementos de la teología de la liberación, con el misionero estadounidense Richard Shaull (1919-2002) de pionero o precursor.

En el momento de la fundación de ISAL, en 1961, la organización estaba compuesta por jóvenes evangélicos comprometidos con la transformación de la realidad social desde una inspiración cristiana. En ese momento, a un año del triunfo de la revolución cubana, para la mayoría de ellos esto significa compromiso con la revolución, en línea con su mentor, Richard Shaull, misionero en Colombia y Brasil, que introdujo a los estudiantes en el ecumenismo y una teología de carácter progresista. En el temprano 1955 Shaull había publicado su Encounter with Revolution (Encuentro con la revolución), donde, a raíz de su encuentro con la extrema pobreza y miseria, llega a la conclusión de que la revolución es una posibilidad y una necesidad en Latinoamérica, y que la tradicional doctrina social cristiana ya no podía interpretar adecuadamente la nueva situación del continente[143]. Para Shaull el término "revolución" opera como una categoría teológica, no política, mediante la que procura contribuir en el debate sobre la transformación de la sociedad desde una perspectiva cristiana. "Marx —escribe— trató de hacer operativo el amor a través de la revolución socialista en los estadios más tardíos de nuestra sociedad industrial. Tal vez no sea enteramente absurdo confiar en que las comunidades cristianas puedan contribuir en algo para que el amor sea operativo en este nuevo estadio de la revolución social, a medida que breguen por desarrollar nuevas estructuras en las que la represión sobrante sea superada abriendo así nuevas posibilidades de realización humana"[144]. En medio de este fermento teológico, que busca construir puentes que permitan el acceso del mensaje cristiano al mundo político-social y viceversa, se formaron futuros teólogos reconocidos como Rubem Alves (n. 1933), amigo y discípulo de Shaull, en cuya tesis doctoral para el Seminario Teológico de Princeton, titulada A Theology of Human Hope (Washington 1969, publicada en castellano bajo el título Religión, opio o instrumento de liberación), aparece por vez primera la expresión "teología de la liberación"; el argentino José Míguez Bonino (n. 1924), el único observador protestante latinoamericano en el Concilio Vaticano II y autor de Doing Theology in a Revolutionary Situation (Philadelphia, 1975; La fe en busca de eficacia, Madrid, 1977) y el uruguayo Julio de Santa Ana (n. 1934), a los que hay que añadir la incorporación en 1970 del importante teólogo católico Hugo Assmann. El órgano de difusión de estos jóvenes fue la revista Cristianismo y Sociedad, en la que aparecían análisis bíblicos y marxistas de la realidad social y de estrategias para su transformación. Otros intelectuales protestantes que continuaron la línea de la teología de la liberación son Elsa Tamez (n. 1951), de México, docente afincada en Costa Rica, Jorge Pixley, de Nicaragua y Sergio Arce Martínez, de Cuba, junto a otros pocos más. Sergio Arce es, quizá, el más radical de los teólogos de la revolución. Ha vivido con ilusión la Revolución cubana, y considera que Dios mismo actúa en la naturaleza y en la historia conforme a un patrón revolucionario. Para él, las "revoluciones en todos los tiempos constituyen la vida de concreción del Reino de Dios en un momento determinado de la historia y los revolucionarios no son otra cosa más que «siervos del Dios Altísimo»"[145].

En los años 80, como escribe Elsa Tamez, las instituciones ecuménicas que apoyaban la teología de la liberación fueron tachadas de entrenar guerrilleros, lo cual era una acusación muy grave. "Los tiempos eran difíciles para la iglesia oficial, católica o protestante. Las iglesias tenían que dar la cara por sus muertos creyentes y militantes que aparecían tirados en las calles o barrancos en los países de dictadura, y eso generaba grandes tensiones y discusiones dentro de ellas"[146].

---

[143] Casi al final de su vida, Shaull escribió, con el sociólogo brasileño Waldo Cesar, la obra titulada *Pentecostalism and the Future of the Christian Churches: Promises, Limitations, Challenges* (Eerdmans, Grand Rapids 2000), en la que explora el significado del pentecostalismo en relación a la justicia y la pobreza.

[144] R. Shaull, "La Iglesia y la teología en la vorágine de la revolución", p. 45, en *De la Iglesia y la sociedad*, AA.VV., Montevideo 1971.

[145] Sergio Arce, R. Shaull, "¿Es posible una teología de la revolución?", p. 252, en *De la Iglesia y la sociedad*, AA.VV., Montevideo 1971.

[146] Elsa Tamez. "Descubriendo rostros distintos de Dios", en Juan José Tamayo y Juan Bosh, editores, *Panorama de la teología latinoamericana. Cuando vida y pensamiento son inseparables*. Verbo Divino, Estella 2001.

De Medellín a Puebla.

En agosto de 1968 cerca de 150 obispos católicos se reunieron en Medellín (Colombia), para emprender la tarea de aplicar el Vaticano II a América Latina. Era la segunda reunión plenaria del Consejo Episcopal Latinoamericano (CELAM). Los obispos reunidos pidieron a los cristianos que se comprometieran con la transformación de la sociedad; enunciaban la "violencia institucionalizada" y se referían a ella como a una "situación de pecado"; pedían "cambios rápidos, vigorosos, urgentes y profundamente renovadores"; describían la educación como un proceso que permitiría al pueblo "convertirse en actor de su propio progreso". En cierto momento los obispos compararon tres tipos de categorías mentales. Los "revolucionarios" eran descritos más favorablemente que los "tradicionalistas" o "desarrollistas". A los revolucionarios se les definió como los que buscaban un cambio radical y creían que el pueblo debía marcar su rumbo, no como los que empleaban la violencia. Pastoralmente, los obispos definían varios compromisos, como defender los derechos humanos y realizar una "evangelización que eleve la conciencia". Comprometían a la Iglesia a compartir la condición de los pobres más allá de la solidaridad. En algunos sitios los documentos hablaban de comunidades de base, un término que había sido acuñado recientemente para designar a pequeños grupos de cristianos que encabezaban laicos. Los obispos emplearon frecuentemente la palabra "liberación" y otras semejantes. Los documentos generados se editaron bajo el título "Paz y Justicia". Sacerdotes, religiosos y activistas laicos tomaron estos documentos como una Carta Magna que justificaba un enfoque pastoral totalmente nuevo.

Uno de los consultores en Medellín fue el teólogo peruano Gustavo Gutiérrez, padre de la teología de la liberación en la Iglesia católica. Gutiérrez define la teología como una "reflexión crítica sobre la práctica a la luz de la palabra de Dios". Es una crítica de como tratan al pobre las estructuras sociales y como operan los cristianos y la Iglesia misma. Gutiérrez adoptó un enfoque que era a la vez bíblico y responsable ante la situación de la Iglesia latinoamericana. Hasta entonces, los teólogos en América Latina habían hecho aportes muy escasos a la Iglesia universal, pero con la teología de la liberación introducen en la hermenéutica cristiana una de las herramientas más fecundas y novedosas. De una teología dependiente de Europa para su reflexión y praxis, se pasa a una teología con temas y elaboraciones propias, nuevas.

Los años de 1966 a 1968 supusieron una eclosión de reuniones, declaraciones, documentos, ya sea a nivel nacional o regional, de diversos grupos cristianos situados en los diferentes estratos de la Iglesia. Esos años son el escenario de un continuo debate sobre quién es el pobre y qué se entiende por pobreza evangélica. Todavía a finales de los años setenta era frecuente escuchar que los pobres eran tales por su pereza o vicio; o que un pobre honrado tendría una amplia recompensa en el cielo y que los ricos materialmente eran muy pobres en valores espirituales. Semejantes frases, al generalizar el mal y no distinguir causa y efecto, pretendían mantener, al menos, la conformidad ante las tremendas injusticias sociales. Al analizar a fondo la situación, los obispos y teólogos descubrieron que la pobreza no es una etapa accidental, sino el producto de situaciones y estructuras económicas, sociales y políticas. La sensibilidad de la nueva teología lleva a postular de un modo irrenunciable "la opción preferencial por los pobres". El pobre, la categoría social pobre, adquiere a partir de entonces una nueva significación; no es únicamente pobre involuntario, es asimismo víctima, víctima de un sistema social y de los aparatos de represión gubernamental.

En términos de método, esto significa: a) el pobre como lugar teológico privilegiado de manifestación de Dios; b) la perspectiva del pobre y su liberación como óptica desde la que leer los acontecimientos y releer la historia; c) el servicio de la teología como palabra segunda, como reflexión crítica del accionar humano y eclesial.

Se llega a comprender que los pobres no son fruto del azar o de una fatalidad natural. "Su pobreza no es episódica o coyuntural, sino que es sistemática y estructural. Tiene unas causas comprobables. Está producida por una organización del mundo, en la confluencia de un pecado individual y de un pecado colectivo"[147].

El entusiasmo suscitado por esta nueva manera de entender la realidad social y espiritual del pueblo latinoamericano, el pobre, el sometido, el atropellado, bien pronto se topó con la reacción del sistema dominante, que contempla alarmado que la Iglesia se ha vuelto demasiado vulnerable a la subversión comunista y las dictaduras de la época: Golpe de Estado en Chile por el que toma el poder el general Pinochet (1973), otro tanto había sucedido en Uruguay y a continuación en Perú (1975), Ecuador y Argentina (1976). La alta jerarquía eclesiástica dio la espalda a Medellín. Para ella todo el mal procede de la infiltración marxista en la teología. El temor al avance del comunismo en las instituciones docentes y en las clases deprimidas, hizo que muchos sacerdotes, religiosos e incluso algunos obispos, fueran vistos no sólo como sospechosos de izquierdistas por su compromiso con el pobre, sino que fueron seriamente atacados y marginados en sus iglesias locales o congregaciones. La mayor parte de los países de Latinoamérica quedaron sometidos al dominio de los militares. Fue el tiempo del terror, de la tortura, de las desapariciones y de los asesinatos. Centenares de sacerdotes, de religiosos y de religiosas, de catequistas, son eliminados por unos gobernantes que pretenden defender el orden y la civilización occidental y cristiana. El incendio de capillas de sectores populares en Chile se convirtió en práctica recurrente[148].

A finales de 1976 se convocó una nueva reunión general de Episcopado latinoamericano, que tendría lugar en Puebla. Su finalidad, se afirmaba, era intentar recoger y evaluar el proceso eclesial desde Medellín. Dicha convocatoria suscitó un intenso trabajo teológico. De hecho fue un estímulo eficaz para purificar, profundizar y ampliar el servicio de la teología de la liberación. Los estudios y aportes de las Iglesias locales y nacionales exigieron a las mismas el reflexionar sobre su ser y su quehacer. Juan Pablo I anunció que iría a Puebla, y pocos días antes de su muerte ya se había enviado el documento de trabajo. La Conferencia se retrasó de octubre de 1978 a enero-febrero de 1979. El papa Juan Pablo II, en su primer

---

[147] Bruno Chenu, *Teologías cristianas de los terceros mundos,* p. 55. Herder, Barcelona 1989.

[148] La ruptura del orden democrático y el nivel de violencia sin precedentes llevó a ciertos sectores de la comunidad religiosa en Chile a asumir una postura de defensa de los derechos humanos y solidaridad con aquellos sectores perseguidos. La primera en hacerlo fue la Iglesia Metodista de Chile, que el 12 de septiembre de 1973 le envió una carta a la Junta repudiando la brutalidad del golpe. Bajo la asesoría del obispo metodista Helmut Frenz, la Iglesia evangélica logró la liberación de presos políticos chilenos y ayudó a salir del país a unas 5.000 personas, aunque a medida en que Helmut Frenz manifestó más abiertamente su oposición al régimen, comenzó a ser criticado por el ala más conservadora de su Iglesia y finalmente fue sacado de su posición de liderazgo en septiembre de 1974.

viaje a América, inauguró la Conferencia, y en marzo de 1979 aprobaría el documento final, aunque el papa, en esa y otras ocasiones, no dejó de lanzar repetidas advertencias aparentemente dirigidas a los teólogos.

La reacción de la Iglesia institucional.

La desconfianza de la jerarquía hacia la teología de la liberación se convierte en ataque en la Instrucción sobre ciertos aspectos de la teología de la liberación, elaborada por el entonces cardenal Joseph Ratzinger y autorizada por el papa Juan Pablo II, publicada el 6 de agosto de 1984. Es un compendio de las principales objeciones sobre la teología de la liberación desde un punto de vista eclesiástico. La Instrucción recalca repetidamente que la teología latinoamericana se funda en el análisis marxista, manipula los textos bíblicos y los reduce a la dimensión política; que se vacía de contenido el magisterio y que se confunde la liberación cristiana con la promoción exclusivamente temporal; y todo ello porque reduce a Jesucristo a una dimensión puramente terrestre. El descontento es grande, los aludidos creen que la Instrucción no se remite a los hechos sino a una determinada epistemología. Unos pocos meses después, a Leonardo Boff, uno de los teólogos oficiales de las Conferencias episcopales, se le exige guardar silencio. Las quejas del episcopado brasileño logran que, dos años después, la Congregación para la Doctrina de la Fe publique un nuevo documento titulado Instrucción sobre la libertad cristiana y la liberación (1986), donde se observa una perspectiva más positiva, aunque en línea de continuidad con la anterior. En esta instrucción se desarrolla favorablemente el concepto cristiano de la libertad y una teología de la salvación y de la liberación, pero sin vincularla con la teología de la liberación. "La teología y doctrina del documento Instrucción sobre la libertad cristiana y la liberación no corresponde a la Teología de la Liberación —y nadie esperaba que correspondiera—, sin embargo, debemos reconocer que aspectos importantes de nuestra teología sí están presentes en el documento Instrucción sobre la libertad cristiana y la liberación. La teología de este documento no es nuestra teología, pero nuestra teología está ahí, aceptada y asumida, y esto es positivo para iniciar un diálogo profundo en la Iglesia desde la perspectiva de los pobres del Tercer Mundo"[149].

En junio de 1997 el cardenal Joseph Ratzinger, hoy Benedicto XVI, denunció en un encuentro con la prensa italiana la financiación ofrecida por el Consejo Ecuménico de Iglesias (CMI) a los movimientos de subversión presentes en América Latina. Ratzinger confesó que en sus numerosos encuentros con los obispos de la región había sido informado sobre estas actividades sospechosas[150]. Sin embargo, no quiso hacer un juicio de valor sobre lo acontecido, pues reconoció que esta ayuda quizá estaba animada por "buenas intenciones", aunque reconoció que el resultado de estas donaciones tuvieron un efecto "muy dañino" para "el anuncio del Evangelio" en el llamado Continente de la esperanza.

---

[149] Pablo Richard, "El Vaticano, el Papa y la Teología de la Liberación latinoamericana", en *Pasos,* No. 7, segunda época. Editorial DEI, San José, Costa Rica, agosto de 1986.

[150] El teólogo italiano Nicola Bux, autor de *Il quinto sigillo. L'unità dei cristiani verso il terzo millennio* (Libreria Editrice Vaticana, 1997), afirma que el CMI apoyó las "campañas de ayuda a las revoluciones en Latinoamérica", pero no hizo lo mismo con los cristianos y las "Iglesias del silencio" de Europa oriental. La Iglesia del silencio pasó a ser la "Iglesia sobre la que se guardaba silencio".

15

Ciencia y Biblia. La controversia creacionista

El primer conato del conflicto entre la ciencia y la fe se dio a finales de la Edad Media con las teorías de Copérnico y Galileo, que terminó con la sumisión obligada de la ciencia a la religión. Pero, como hemos visto, a finales del siglo XIX estalla la burbuja de inmunidad a la crítica, y las teorías de Charles Darwin se convierten en un arma de oposición al control ideológico de la visión cristiana del mundo y de la vida. La teoría de la evolución biológica de todos los seres vivos, incluido el hombre, se convierte en el paradigma del nuevo saber en todos los campos, científico, médico, histórico, físico, y hasta religioso. A los primeros años de conflicto y reacción, sucede un breve período de concordismo, por el que la religión quiere llegar a un acuerdo con las teorías científicas. Reflexiones posteriores llevan a plantear la cuestión de la independencia y autonomía de las distintas esferas del saber humano, llegando a la conclusión de que las disciplinas científicas y religiosas no tienen necesidad de confrontarse, ni de alcanzar un fácil concordismo, el cual, en muchos casos, fue sólo un modo de salir ileso del conflicto. Finalmente, hombres de ciencia y hombres de fe parecen haber llegado a una etapa de diálogo e integración en la mayoría de los sectores religiosos, excepto una minoría que representa la versión tradicional de la creación bíblica, defendida no únicamente con una exégesis literal del libro de Génesis, sino con una alternativa científica del registro fósil, la paleontología y la física nuclear.

El conflicto originado por Darwin.

En 1925 se prohibió en el estado de Tennessee la enseñanza de la evolución en las escuelas. Ese mismo año, el maestro John T. Scopes fue llevado a juicio por haber hecho caso omiso de esa prohibición. Clarence Darrow salió en su defensa; Darrow era un abogado célebre por sus defensas de condenados a muerte. William Jennings Bryan, político tres veces candidato a la presidencia de los Estados Unidos, asistió a la acusación en el caso de Scopes. Darrow ridiculizó sus creencias durante el juicio, y aunque Scopes perdió el juicio en primera instancia, Bryan salió convertido en un pobre ignorante, y no sólo él, sino que los creacionistas fueron ridiculizados a causa de su manifiesta ignorancia científica. Durante el juicio, Bryan puso toda su confianza en la obra del más importante de los creacionistas americanos en aquellos días, George McCready Price (1870-1963), pionero e inspirador de los creacionistas "científicos", autor de libros antievolucionistas, cuya obra New Geology (Nueva Geología 1923) fue libro de texto en algunas instituciones religiosas universitarias. De él depende la obra posterior del famoso y activo creacionista, Henry M. Morris, ingeniero hidráulico y fundador del Institute for Creation Research (Instituto para la Investigación de la Creación), con sede actual en San Diego (California). Price es seguido casi al pie de la letra por Morris y otros creacionistas evangélicos[151], pero raramente citado por ellos, debido a su fe Adventista del Séptimo Día[152], que algunos fundamentalistas consideran una secta, pero que, diferencias doctrinales aparte, comparte con los evangélicos la misma actitud respecto al sentido literal de la Biblia como la única salvaguarda frente a la incredulidad moderna. La reacción fundamental hizo del conflicto con la teoría evolucionista su caballo de batalla, convertido en seña de identidad de los verdaderos creyentes bíblicos y de los liberales, supuestamente vendidos a la falsa ciencia evolutiva. Fue la nueva versión de la vieja guerra entre la ciencia y la religión.

La teoría de la evolución propuesta por Charles Darwin (1809-1882) trataba de explicar el origen de las especies por medio de la selección natural. De acuerdo con esta teoría, la reproducción de nuevas especies depende de la supervivencia del más fuerte en la lucha por la existencia. La teoría de la selección de Darwin resulta ser inadecuada científicamente, ya que no da la razón del origen de atributos adaptados para el propósito, lo cual debe remitirse a las causas originales, anteriores de la evolución. Cuando Darwin escribió El origen de las especies (1859), Mendel aún no había publicado su famoso estudio Experiencias sobre las plantas híbridas (1865), que constituye la base de la genética moderna. Darwin, en principio, hubiese podido conocerlo más tarde; esto le hubiera permitido rectificar y completar su teoría, pero como todos los naturalistas de su época, Darwin ignoró el mendelismo. Haeckel, junto con otros materialistas, aplicó la teoría de la selección darwiniana a una idea filosófica del mundo, intentando así explicar toda la evolución del cosmos mediante la supervivencia azarosa del más fuerte sin necesidad de recurrir a Dios ni a una supuesta Providencia benevolente o directora. Es la forma ateísta de la teoría de la evolución a la que reaccionaron las iglesias, declarando que es insostenible por un cristiano. Pero la reacción creacionista fue un paso más allá, declarando que cualquier concesión al evolucionismo, aunque parta de una premisa creyente y afirme la realidad divina como origen fundante de la evolución, es virtualmente una deserción de la fe bíblica.

Darwin fue apremiado por su padre para que estudiase medicina, pero sus estudios médicos no fueron muy brillantes. Cuando su padre estuvo convencido de que no seguiría la medicina, propuso a Charles que pensara en la carrera eclesiástica. Para ello, Darwin se trasladó a Cambridge, donde permaneció tres años alcanzando el grado de bachiller en Artes y sin que llegase nunca a ejercer como pastor. Allí comenzó a interesarse por la Geología, acompañando en varias expediciones al profesor Adam Sedgwick (1785-1873). Fue entonces cuando se produjo el gran acontecimiento en su vida. Gracias a un amigo le ofrecieron un

---

[151] "Encontré su nombre [de Price] por primera vez en uno de los libros de Harry Rimmer, e inmediatamente busqué su libro The New Geology en la biblioteca del Instituto Rice, donde yo enseñaba por entonces. Fue a principios de 1943, y fue para mí una experiencia de las que cambian la vida de uno. Con el tiempo adquirí y leí casi todos sus libros" (H.M. Morris, *History of Modern Creationism*, 1984).

[152] Price y otros creyentes adventistas fundaron en Los Angeles en 1938 *The Society for the Study of Creation, the Deluge and Related Science* (Sociedad para el Estudio de la Creación, el Diluvio y Ciencias Relacionadas). En 1958 los Adventistas crearon el *Geoscience Research Institute* (Instituto de Investigación de Geociencia) en Loma Linda (California), a fin de estudiar las pruebas científicas sobre los orígenes, utilizando a la vez la ciencia y la revelación, que publica la revista Origins, el boletín *Geoscience Reports y Ciencia de los orígenes,* revista dirigida al mundo hispano.

puesto de naturalista en la expedición del Beagle, que bajo el mando del capitán Fitzroy se disponía a realizar un viaje científico alrededor del mundo, que duró cinco años y que ha sido uno de los más célebres en la historia de los viajes científicos. Durante el mismo tuvo que ocuparse de diversas ramas de las ciencias naturales, trabajando con celo y enviando a Inglaterra notas y colecciones desde las distintas escalas del viaje. A su vuelta a Inglaterra (2 octubre de 1836), dedicó varios años a ordenar el material recogido y a elaborar las ideas que habían nacido en su mente durante el viaje. En su estancia en las Islas Galápagos, Darwin observó las diferencias que existían entre especies animales de islas próximas, pero separadas suficientemente, así como las relaciones existentes entre las especies de las islas y las del continente. También observó las semejanzas entre especies vivientes y extinguidas de América del Sur. Estas variaciones determinaban, según Darwin, que las especies se habrían formado por una "selección natural" de las mismas, abandonando la creencia, hasta entonces vigente, de que las especies biológicas habían sido creadas, cada una, directamente por Dios. Según Darwin, las especies variaban evolutivamente y las variaciones se seleccionaban de manera que llegaban a formarse nuevas especies. Así, a lo largo de los tiempos geológicos se habrían originado todas las especies, incluso el hombre.

La publicación de *El origen de las especies* (On the origin of species by means of natural selection), en 1859 se convirtió en un fenómeno social, los 1.250 ejemplares de la primera edición se agotaron el mismo día de su aparición. Una edición siguió a otra, supuso una revolución biológica, abriendo una nueva etapa de diversos estudios e hipótesis en la biología moderna. Desde el punto de vista político, la amplia recepción otorgada a la teoría darwinista, que trascendió los círculos meramente académicos, se explica por el ambiente que se respiraba en Inglaterra respecto a un futuro en constante progreso. La teoría de Darwin venía a confirmar en el ámbito científico lo que era una sensación casi tangible en la vida cotidiana. La naturaleza evolucionaba superándose a sí misma para mejor, y el ser humano ocupaba la cima de la superioridad moral e intelectual entre los seres vivos[153]. En *The descent of man and selection in relation to sex* (1871), Darwin abordó por vez primera el problema de la aparición del hombre y la formación de las razas humanas, según sus teorías acerca del mecanismo de aparición y variación de las restantes especies biológicas.

Muchos eclesiásticos y teólogos consideraron a Darwin el hombre más peligroso de Inglaterra respecto a la fe cristiana. El obispo anglicano Samuel Wilberforce (1805-1873), matemático brillante y hombre de gran encanto, atacó el evolucionismo de Darwin, calificando a su autor de personaje superficial, cuyas especulaciones gratuitas degradaban las ciencias naturales. Ciertamente el reto teológico del evolucionismo era mucho más grave que la teoría de Copérnico o Galileo, ponía en cuestión la fiabilidad de la Biblia, la existencia del alma, el pecado original y, en última instancia, la existencia de un Creador y una Providencia, en un mundo que enseñaba "dientes y garras llenos de sangre" en su lucha por la vida. Charles Hodge, el famoso teólogo de Princeton, publicó uno de los ataques más concienzudos contra el darwinismo. Para Hodge, la teoría de la evolución es la "más completamente naturalística que puede imaginarse; aún más atea que la de su predecesor Lamarck". Hodge argumentaba

---

[153] Véase Rafael Alemán Berenguer, *Evolución y creación*, p. 21. Barcelona 1996.

que el diseño complejo del ojo humano manifiesta que "ha sido planeado por el Creador, de igual manera que el diseño de un reloj manifiesta la existencia del relojero... La negación de diseño divino en la naturaleza es equivalente a la negación de la existencia de Dios"[154].

Con todo, muchos teólogos optaron por la vía de la reconciliación, dando lugar a fáciles concordismos entre el relato bíblico y las eras geológicas propuestas por la teoría evolutiva. Era una solución de compromiso más pragmático que real. Los más agudos, concluyeron que la realidad de la creación no es incompatible con la existencia de la evolución, pues Dios opera a través de causas intermedias, es decir, que una persona sea una criatura divina no es incompatible con la noción de que haya sido concebida en el seno de la madre y que se mantenga y crezca por medio de alimentos; de manera semejante, la evolución puede ser considerada como un proceso natural a través del cual Dios trae las especies vivientes a la existencia de acuerdo con su plan. Esta fue la explicación propuesta por el teólogo bautista August H. Strong, presidente del Seminario Teológico de Rochester: "Aceptamos el principio de la evolución", escribe en su famosa Teología sistemática, "pero lo vemos sólo como el método usado por la Inteligencia Divina". Los fundamentalistas rechazaron también este camino y plantaron batalla abierta al nuevo baluarte de la infidelidad: el evolucionismo.

El creacionismo "científico".

Como ya apuntamos, Henry M. Morris (n. 1918), el "padre del creacionismo moderno", bautista fundamentalista e influenciado por el antievolucionismo de G.M. Price, se comprometió desde muy temprano en mostrar que no hay contradicción entre la Biblia y la ciencia, y en usar la "ciencia de la creación" para ganar un lugar para el Génesis en las aulas de clase de ciencia en Estados Unidos. Creía que era posible defender el creacionismo desde una perspectiva científica, no religiosa, en el mismo nivel que la teoría evolucionista. Para él, el creacionismo tiene que presentarse ante el mundo académico no como una creencia primariamente religiosa, sino como una explicación científica alternativa al evolucionismo del mundo en el cual vivimos. En 1951 escribió su primer libro popular sobre el tema, asentando las premisas básicas de lo que después iba a desarrollar en un buen número de libros. La teoría "creacionista científica" propone un Universo joven con no más de 10.000 años, la creación de todos los tipos básicos de seres vivientes en seis días de veinticuatro horas y el diluvio universal como explicación de los estratos geológicos.

El Institute for Creation Research.

En 1972 Morris fundó el Institute for Creation Research (Instituto para la Investigación de la Creación), con el propósito declarado de intentar "probar" científicamente la validez literal del Génesis. Comenzó a publicar literatura creacionista y hacer campaña en las escuelas públicas en favor de la interpretación literal de los primeros capítulos de la Biblia respecto a los orígenes de la vida y del universo. Toda vez que la ciencia había llevado a muchos a la incredulidad o al escepticismo, Morris se propuso usar datos científicos como herramientas efectivas para llevar la gente a Cristo. En 1981, Morris consiguió la autorización oficial

---

[154] Charles Hodge, *What Is Darwinism? (¿Qué es el darwinismo?)*. 1874.

para expedir títulos en Ciencias de la Educación, Geología, Astrofísica, Geofísica y Biología. Nuestro sistema educativo –afirma– se basa esencialmente la Biblia: "nuestro libro de texto sobre la ciencia del creacionismo" pues "estamos totalmente constreñidos a lo que Dios ha considerado adecuado decirnos y esa información es su palabra escrita... Si el hombre desea saber algo acerca de la creación, su única fuente de información verdadera es la revelación divina". La evolución, afirma, no es sólo "antibíblica y anticristiana", sino que es también absolutamente "acientífica, además de imposible". Sirve de "base pseudocientífica para el ateísmo, el agnosticismo, el socialismo, el fascismo y numerosas otras filosofías falsas y peligrosas de los últimos cien años". Dirigido por Henry Morris y Duane Gish el Institute for Creation Research es emulado en otras partes del mundo, desde Rusia a Japón.

Price había dejado asentados los argumentos sobre los que se vertebra la campaña antievolucionista, y que forma parte todos los textos creacionistas, evangélicos, a saber: la tierra se creó no hace más de 10.000 años en seis días, los fósiles son registros de la vida que pereció durante el diluvio de Noé, la vida oceánica tendería a ser capturada por los primeros lechos de sedimentos arrojados por el diluvio. Los mamíferos estarían en estratos más altos, y las aves en capas aún más altas. El hallazgo de estratos de fósiles en un orden invertido con respecto al que se sigue en la teoría de la evolución demuestra la teoría catastrofista del diluvio universal. A ello se añaden como argumentos los fallos y puntos débiles de la teoría evolucionista, que no puede dar razón de algunos hechos, lo que deja como única opción explicativa el creacionismo, dado que, en su criterio, el evolucionismo todavía demanda un mayor acto de fe que la aceptación literal del relato bíblico de creación.

Los planteamientos de la ciencia creacionista se pueden resumir en estos cinco puntos básicos:

1) Todas las cosas fueron creadas de un modo repentino.
2) Desde un comienzo, las diversas especies son permanentes, no cambian ni evolucionan.
3) El hombre no procede de antepasados no humanos.
4) Los cambios geológicos no se explican por transformación o evolución, sino mediante catástrofes como el diluvio universal, que afectó a todo el planeta, a modo de una segunda creación.
5) La creación del mundo es reciente y su origen se remonta a no más de diez o veinticinco mil años.

Como resultado de la actividad de los grupos creacionistas, los estados de Arkansas y Luisiana impusieron, en 1981, la igualdad de tratamiento en las escuelas y universidades para la evolución y la "ciencia de la creación", lo que levantó una fuerte oposición y protesta por parte del mundo científico norteamericano, que replicó e intervino para lograr que no siguieran aprobándose leyes semejantes en otros estados y consiguiendo finalmente que estas leyes fueran anuladas en 1987. En 1996 el Comité de Educación del estado de Nuevo México eliminó todas las referencias a la evolución en los State's Standards for Science Education de las escuelas publicas. Y el debate continúa, sin visos de solución. Los primeros creacionistas estaban convencidos de que los científicos seculares aceptaban la teoría evolucionista por pura ignorancia del fundamento científico de la teoría creacionista. Para ellos sólo era cuestión de tiempo y de información que llegaran a abrazar el punto de vista científico de la creación, pero los debates públicos y privados entre unos y otros ha demostrado que las cosas no son tan simples

Darwin y la Iglesia Católica Romana.

La Iglesia Católica tampoco se vio libre del debate creación-evolución. Por necesidad, el Magisterio Eclesiástico tuvo que referirse con frecuencia al significado de los primeros capítulos del Génesis en relación al origen de la vida y del hombre. En un principio hubo un rechazo total de la hipótesis de la evolución, que duró casi un siglo. En 1909, la Comisión Bíblica, contando con el respaldo de Pío X, afirma que los primeros capítulos de Génesis son rigurosamente históricos.

Teilhard de Chardin.

Al jesuita Teilhard de Chardin (1881-1955), doctor en física, química, geología y paleontología, se debe la inclusión, no exenta de conflictos, del evolucionismo en el pensamiento católico. Desde sus días de estudiante, Teilhard vio en el evolucionismo el eje de la ciencia moderna y de su futuro desarrollo, y consideró que la verdadera razón del alejamiento de los hombres de su tiempo de los tradicionales valores cristianos estaba, ante todo, en la dificultad de sostener científicamente el creacionismo de los primeros capítulos de la Biblia. A partir de ese momento, Teilhard dedicó toda su vida a demostrar que la evolución puede y debe ser concebida desde la perspectiva cristiano-espiritualista, intentando reconstruir la centralidad y la preeminencia de las dimensiones y de los valores humanos que, desde Copérnico hasta Darwin, se habían perdido. Durante su expedición paleontológica en China (1923 y 1926) escribió uno de sus libros más conocidos, *El fenómeno humano,* que no publicó por prescripción de las autoridades religiosas, que vieron rasgos heterodoxos en sus reflexiones. La Compañía de Jesús le apartó a Estados Unidos (1951), y fue obligado a abandonar la docencia y a guardar silencio respecto a sus escritos. Pero al publicarse *El fenómeno humano* (1959) y *El medio divino* (1960), su influencia se extendió rápidamente[155].

La posición oficial del Magisterio de la Iglesia.

Para entonces la posición del Magisterio Eclesiástico había cambiado mucho. En 1943 Pío XII había abierto la puerta al pensamiento evolucionista. En su encíclica Humani Generis (12 de agosto de 1950), asentó dos proposiciones fundamentales: "El magisterio de la Iglesia no prohíbe que —según el estado actual de las ciencias y de la teología— en las investigaciones y disputas entre los hombres más competentes en ambos campos, sea objeto

---

[155] Véase Claude Cuénot, *Ciencia y fe en Theilhard de Chardin* (Plaza & Janés, Barcelona 1976, 5ª ed.); John O´Manique, *Energía en evolución* (Plaza & Janés, Barcelona 1976); Robert Speaight, *Teilhard de Chardin, biografía* (Sal Terrae, Santander 1971); Hermul de Terra, *Mi camino junto a Teilhard de Chardin* (Alfaguara, Madrid 1967).

de estudio la doctrina del evolucionismo, en cuanto busca el origen del cuerpo humano en una materia viva preexistente, pero la fe católica manda defender que las almas son creadas inmediatamente por Dios" (29). Y segunda: "Los fieles cristianos no pueden abrazar la teoría de que después de Adán hubo en la tierra verdaderos hombres no procedentes del mismo protopadre por natural generación, o bien de que Adán significa el conjunto de muchos primeros padres, pues no se ve claro cómo tal sentencia pueda compaginarse con cuanto las fuentes de la verdad revelada y los documentos del Magisterio de la Iglesia enseñan sobre el pecado original, que procede de un pecado en verdad cometido por un solo Adán individual y moralmente, y que, transmitido a todos los hombres por la generación, es inherente a cada uno de ellos como suyo propio" (30). O sea, en el origen del hombre, el cuerpo humano no tiene que haber sido creado inmediatamente por Dios pero sí su alma. Toda la humanidad procede de un sólo hombre —monogenismo—, que en la Sagrada Escritura se llama Adán, y esta verdad se desprende directamente de la doctrina de la Iglesia sobre el pecado original, cometido personalmente por un hombre y heredado por todos sus descendientes.

Para despejar dudas respecto a la compatibilidad de la teoría de la evolución entendida en términos teístas, Juan Pablo II dijo en un discurso escrito con ocasión de la última sesión plenaria de la Academia Pontificia de las Ciencias, dedicada a estudiar el tema de "los orígenes y la primera evolución de la vida", que la Iglesia no se oponía a la evolución "en cuanto busca el origen del cuerpo humano en una materia viva preexistente". Y señaló que ahora, casi cincuenta años después de la Humani Generis, "nuevos conocimientos conducen a no considerar ya la teoría de la evolución como una mera hipótesis" (25 de octubre de 1996). Juan Pablo II parte del presupuesto de que la ciencia y fe no se contraponen. Son fuentes distintas, pero tienen a Dios por origen, por lo cual no tiene sentido enfrentarlas entre sí, puesto que en Dios no hay contradicción: la verdad no puede contradecir a la verdad. Y si estos conocimientos en algo parecen contraponerse es sólo en apariencia. El tiempo y el desarrollo de las ciencias —que buscan con sinceridad la verdad— han puesto de manifiesto este hecho una y otra vez a lo largo de la historia. El papa seguía manteniendo la doctrina sobre la creación del hombre sin ningún cambio: la Iglesia ha dicho siempre que todas las cosas fueron creadas por Dios. Y que cada viviente que comienza a existir por generación a partir de otros de la misma especie, es criatura de Dios, porque Dios es la causa de su ser y la conserva en la existencia. Esto último no excluye necesariamente que unas criaturas hayan surgido por evolución de otras especies biológicas, si así lo decidió la Sabiduría divina: todas serían igualmente creadas por Dios, que da el ser a cada criatura singular y las conserva con su Providencia. La fe dice que siempre que viene a la existencia un ser espiritual, como es, por ejemplo, cada alma humana, es por una acción creadora de Dios, para cada caso. Pero respecto del cuerpo humano, la fe no niega, ni tampoco afirma, que pueda haberse dado una evolución y transformación a partir de animales inferiores al hombre, puesto que tiene su origen en una materia viva que existe antes que él, cuestión que ha de dilucidar la ciencia. La incompatibilidad de la doctrina cristiana sólo se da con el "evolucionismo materialista", que intenta explicar la formación del mundo, de los fenómenos físicos y mentales e incluso espirituales, como surgidos de un proceso de desarrollo natural debido a causas puramente mecánicas y a leyes intrínsecas de la naturaleza.

16

El siglo de los mártires

En un siglo tan turbulento como el XX no podían faltar los casos de muerte por cuestiones religiosas. Lo sorprendente es que, según cálculos de los expertos, de 70 millones de mártires cristianos en la historia, de ellos, 45 millones y medio, el 65%, corresponde al siglo XX. Esta es la conclusión del libro Los nuevos perseguidos (I Nuovi perseguitati), del periodista Antonio Socci, extendiendo la palabra mártir a todos los cristianos asesinados por el hecho de ser cristianos, desde el genocidio de los armenios en 1915 hasta las masacres de Timor Oriental en 1999, pasando por la rebelión de los boxers en China, el comunismo bolchevique en Rusia, el nazismo en Alemania, los regímenes dictatoriales de América Latina, las tragedias africanas, la opresión del Islam integrista, etc[156]. Dando a la palabra "mártir" un sentido más restringido, teológico, aquel que voluntariamente asume la muerte como consecuencia directa de su testimonio y defensa del evangelio, la cifra se reduce a unas doce mil personas, según Marco Gnavi, secretario de la Comisión "Nuevos Mártires" que, desde 1995, recoge y cataloga estos testimonios por encargo por Juan Pablo II. Según estudiosos protestantes, los mártires del año 2000 solamente, contando católicos, ortodoxos y protestantes, serían unos 165.000.

En estos casos las cifras son difícilmente verificables, pero lo cierto es que el siglo XX ha sido la época más duramente martirial de toda la historia de la Iglesia, llevando a los teólogos a rescatar del polvo la memoria de los mártires de antaño, que no es característica sólo de la Iglesia de los primeros tiempos, sino que marca también todas las épocas de su historia, haciendo necesaria una reflexión teológica de la experiencia del martirio.

En todos los continentes, a lo largo del siglo XX, muchos misioneros y laicos han derramando su sangre, sufrido múltiples formas de persecución, odio, violencia, exclusión y el asesinato. Sistemas totalitarios en el pasado y el renacimiento de los fundamentalismos religiosos en el presente, han vuelto a hacer actual la posibilidad del martirio, de la muerte violenta por profesar otra religión a la establecida.

Asombro e incredulidad.
La mayoría de las iglesias cristianas creían que la época de las persecuciones religiosas promovidas por el Estado habían pasado a la historia. Se tenía noticias de casos aislados, resultado en muchas ocasiones de iniciativas particulares, pero era casi impensable que una nación moderna pudiera tener como objetivo la eliminación completa del cristianismo recurriendo a métodos violentos. Cuando el escritor ruso Alexander Solzhenitsin (n. 1918), antiguo oficial del Ejército Rojo durante la Segunda Guerra Mundial, habló en el mundo libre de la existencia de campos de concentración y de persecución religiosa en la Rusia soviética, muy pocos quisieron creerle. Otro tanto le pasó al pastor rumano Richard Wurmbrand

---

[156] Véase Andrea Riccardi, *El siglo de los mártires*. Plaza & Janés Editores, Barcelona 2001.

(1910-2002), que estuvo confinado en prisiones comunistas en dos períodos, 1948-1956 y 1959-1964, donde padeció todo tipo de torturas y vejámenes por causa de su fe en Cristo, tal como relata en su libro autobiográfico Torturado para Cristo. Portavoz incansable de los cristianos —ortodoxos, protestantes, católicos— encerrados tras el Telón de Acero, fundó La Voz de los Mártires, con el propósito de concienciar al mundo occidental de la existencia de presos por motivos de conciencia. Para muchos se trataba de una operación anticomunista, hasta tal punto los intelectuales de Occidente querían cerrarse a la evidencia aferrados a una especie de fe secular en la promesa del paraíso del proletariado. Para otros resultaba increíble que algo tan monstruoso pudiera estar pasando en pleno siglo XX. La evidencia tardó en imponerse. "Se ahogó a familias enteras en los agujeros practicados en el hielo, se destrozó a sablazos a las víctimas... sólo las persecuciones del período romano presentaban un precedente en estos episodios; millones de mártires manifestando su fidelidad total para con la fe, escogieron de manera completamente consciente morir por Cristo"[157].

Después de un trabajo de investigación en los archivos de la KGB, que le llevó 5 años, la estudiosa rusa Irina Osipova publicó un interesante libro documento donde describe con minuciosidad cómo el ateísmo militante de la dictadura staliniana procuró con todas sus fuerzas borrar el cristianismo de la de la Unión Soviética[158]. Resulta difícil imaginar los miles de sacerdotes y fieles que fueron arrestados, que murieron en los campos de concentración o que fueron asesinados cruelmente. Y lo mismo que se dice y se sabe de la antigua Unión Soviética, se puede decir de un buen número de países en todo el mundo.

Sangre ecuménica.

La Iglesia católica tradicionalmente reserva el título de mártir a aquellos cristianos declarados mártires solemnemente por el Papa, después del conveniente estudio y resolución de la Congregación para las causas de los santos; en este caso los mártires ortodoxos y protestantes se quedarían fuera. Sin embargo, en relación con el gran jubileo del año 2000, se creó una comisión mixta que estudió junto a otras iglesias cristianas el reconocimiento de los mártires cristianos de este siglo, independientemente de que fueran católicos. Según Jean Claude Perisset, secretario adjunto del Consejo Pontificio para la Unidad de los Cristianos, en el martirologio actual deben aparecer no sólo los mártires del comunismo ateo sino también otras figuras de otras iglesias que dieron la vida por Cristo. Anteriormente, en los procesos de canonización para declarar mártir a un creyente, se había precisado que era necesario reunir las siguientes condiciones: 1) debía haber sido asesinado o haber muerto como consecuencia de los malos tratos recibidos; 2) el perseguidor tenía que haber actuado por odio a la fe o a la práctica de alguna de las virtudes que le son esenciales; 3) el fiel tenía que haber actuado con la conciencia de que su conducta le podía costar la vida. Juan Pablo II, que canonizó y beatificó más mártires que ningún otro Pontífice, amplió el concepto mismo de martirio, extendiéndolo a personas que hayan realizado un acto caritativo heroico.

En el martirio, todo acto de amor, toda sangre derramada, se eleva como un triunfo del poder de la fe que hermana a todos los creyentes en el sacrificio supremo de la vida, que actualiza en

---

[157] Alexander Solzhenitsin, *El colapso de Rusia,* p. 261. Espasa-Calpe, Madrid 1999.

[158] Irina Osipova publicó un interesante libro titulado *Si el mundo os odia. Mártires por la fe en el régimen soviético*. Ediciones Encuentro, Madrid 1998.

cada época el supremo sacrificio de amor de Cristo por todos los hombres. La Iglesia anglicana también quiso celebrar el segundo milenio cristiano recordando a los caídos por la fe, y en 1998 decidió colocar en la fachada occidental de la Abadía de Westminster (Londres) las estatuas de diez mártires cristianos representativos de este siglo, como un memorial y testimonio elocuente al mundo de que nuestro siglo ha sido un siglo de mártires cristianos, a saber: la gran duquesa Isabel de Rusia (m. 1918), ortodoxa, asesinada por los bolcheviques; Manche Masemola de Sudáfrica (m. 1928), catequista anglicana, asesinada por su madre a los 16 años; Lucian Tapiedi de Nueva Guinea (m. 1942), anglicano, asesinado por los invasores japoneses; Maximiliano Kolbe (n. 1941), que ofreció su vida a cambio de la de un padre de familia en el campo de concentración de Auschwitz; Dietrich Bonhoeffer (m. 1945), pastor luterano, asesinado por los nazis; Ester John de Pakistán (m. 1960), evangelista presbiteriana, asesinada por los musulmanes; Martin Luther King (m. 1969), pastor bautista, asesinado por sostener los derechos civiles; Wang Zhiming, de China (m. 1972), pastor evangélico, asesinado durante la revolución cultural; Janani Luwun de Uganda (m. 1977), arzobispo anglicano, asesinado durante el régimen de Idi Amin; Óscar Romero (m. 1980), arzobispo católico, asesinado mientras celebraba la misa.

La experiencia del sufrimiento bajo enemigos comunes despertó en los fieles de distintas iglesias y confesiones la conciencia de pertenecer a un mismo cuerpo, el cuerpo lacerado de Cristo. Mientras más intentaban sus verdugos aniquilar el sentido de pertenencia a una comunidad religiosa con sentido, más fuerte renacían los lazos de fraternidad y de amor entre católicos, ortodoxos y protestantes, que tuvieron que compartir los mismos lugares de reclusión y muerte. En los gulags soviéticos sufrían juntos evangélicos, católicos y ortodoxos.

La teología de la persecución.

Tarde o temprano las Iglesias tenían que hacerse cargo de esta situación y comenzar a pensar teológicamente en el sentido y carácter de la persecución. La teología, que siempre acompaña la experiencia de la comunidad creyente, iluminándola desde la razón que nace del diálogo entre la revelación y la historia, comenzó a reflexionar seriamente sobre el papel olvidado del martirio en el seguimiento de Jesús y la vivencia del Evangelio.

Los mártires son testigos del reino de Dios, contribuyen a realizar en la historia la política del evangelio, consistente en la afirmación de la justicia y la verdad. El martirio es posible, como escribe Leonardo Boff, "porque existen personas que prefieren sacrificar su vida a ser infieles a sus propias convicciones. Para el mártir no todo vale; pueden darse situaciones en que la conciencia exige aceptar la persecución y el sacrificio de la vida en testimonio de la verdad. En segundo lugar, el martirio es posible porque hay personas o instancias que rechazan el anuncio y la denuncia; persiguen, torturan y matan. Tal hecho revela que en la historia opera aún una situación decadente. La verdad, la justicia y el propio Dios no son transparentes ni rigen ellos solos las relaciones entre las personas y las sociedades. Pueden existir mecanismos de dominación y mentira que implican la negación de Dios. En tales circunstancias, la afirmación de Dios, de la verdad y la justicia sólo puede mantenerse, sin traición y pecado, bajo la forma de la persecución y el martirio"[159].

---

[159] Leonardo Boff, "Reflexión sistemática sobre el martirio", en *Concilium* 183 (marzo 1983) 325-334.

La comunión en el dolor reafirma la fuerza de la justicia y contribuye a la liberación de los oprimidos, todo vez que en el evangelio el dolor, el Jesús como siervo sufriente de Yahvé, tiene carácter redentor. Para Joseph Ratzinger la teología del martirio debería seguir, y en su opinión sustituir, a la teología de la liberación. Por su parte, los defensores de esta teología, ven en el martirio algo importante para la relevancia de la fe y su credibilidad, es una realidad que corresponde al centro de la teología de la liberación[160]. Pero, aparte de instrumentalizaciones ideológicas, el martirio se ha convertido en el presente en una realidad ineludible, que lleva a las iglesias a reconsiderar su testimonio en el mundo y al mundo a encarar la intolerancia por un lado y el diálogo interreligioso por otro. Paradójicamente, durante años, las mismas iglesias guardaron silencio sobre los mártires, considerándolos cosa del pasado que había que olvidar en aras del pluralismo, la tolerancia y el diálogo.

El pastor Josef Tson, autor de *Persecución religiosa en Rumania,* dice que el propósito del sufrimiento y del martirio es la salvación del mundo (cf. 2 Corintios 1:6); enseña valores de humanidad que en otras circunstancias corren el riesgo de perderse, como la fidelidad y la conciencia y a la verdad y a la justicia, incluso al precio supremo de la vida propia.

Entre cardos y espinas: la Iglesia cristiana en el mundo islámico.

El acento sobre el martirio actual ya no se pone tanto en cada individuo como en las generaciones de cristianos que fueron perseguidos. Iglesias enteras y grupos de fieles han sufrido por su fidelidad a Cristo en contextos en los que, antes de matar el cuerpo, se trató de matar el alma. En este siglo XX se ha intentado eliminar la capacidad de resistencia al mal, la voluntad de reconciliación y la paz. En los últimos años del siglo, las persecuciones se han venido produciendo, en la mayor parte de los casos, en países de mayoría islámica, que han comenzado a regir la vida pública con las leyes islámicas, la famosa *sharía*. Los cristianos han denunciado en particular algunas disposiciones como la Ley sobre la Blasfemia, que castiga con pena de muerte a quienquiera que sea acusado de ofender a Mahoma y condena a cadena perpetua a todo el que ofenda el Corán. A pesar de las garantías sobre la tutela de los derechos de las minorías, los abusos de esta ley por parte de individuos o grupos radicales islámicos son frecuentes. En 1998, en señal de protesta contra la condena a muerte de un joven católico, el obispo de Faisalabad (Pakistán), John Joseph, se disparó un tiro en la cabeza tras haber dirigido una vigilia de oración contra un poder opresivo disfrazado de motivos religiosos. El 28 de octubre de 2003, 18 cristianos paquistaníes fueron masacrados en el interior de la iglesia de Santo Domingo en Bahawalpur (Pakistán).

Por la misma dinámica, Iglesias han sido incendiadas y profanadas en Indonesia, pueblos y escuelas cristianas destruidos en Nigeria, conversiones forzosas al Islam en los campos de refugiados de Sudán, fieles asesinados en Egipto, misioneros secuestrados y masacrados en el sur de Filipinas o material religioso requisado en Arabia Saudita, donde uno es arrestado por ser sorprendido leyendo o comentando la Sagrada Escritura en un apartamento privado.

Nigeria es un caso dramático, trece estados han establecido la sharía, lo que supone

---

[160] Jon Sobrino, "Los mártires y la teología de la liberación", en *Revista Latinoamericana de Teología* 162 (octubre 1995) 699-716. Véase del mismo autor *Jesucristo liberador,* pp. 440-451. Uca Editores, San Salvador 1991.

una constante amenaza para los cristianos, los cuales ascienden 40 millones en el país; pero sometidos a la política islamizante, las masacres y asesinatos están a la orden del día en el norte del país. En el año 2000 fueron asesinados 38 pastores de varias iglesias protestantes, 3 sacerdotes católicos y 8 seminaristas. En el sur de Filipinas el grupo terrorista de Abu Sayyaf decapitó, en abril del 2000, a dos profesores cristianos, escogidos entre 29 católicos secuestrados de dos escuelas de la provincia de Basilan. Pocos meses después, los rebeldes islámicos del grupo raptaron nuevamente a 21 cristianos de la provincia de Lanar del Sur, masacrándolos en el interior de una mezquita.

Las atrocidades y discriminaciones que han sufrido los cristianos en Sudán en 18 años de guerra son innumerables, desde la flagelación y posterior crucifixión de cuatro catequistas de la diócesis de Rumbeck por su negativa a convertirse al Islam, hasta el rapto de los niños de la etnia Toposa para ser encauzados en un programa de educación islámica. En el año 2000, Amnistía Internacional se hacía eco de los casi dos millones de personas muertas y de los cuatro millones de perseguidos por la guerra civil, reanudada en 1983. Los capturados en el sur (cristianos y animistas) son sometidos a la esclavitud, con una cifra que va más allá de las 200.000 personas. En enero de 1999, la asociación suiza Christian Solidarity International se vio obligada a comprar y liberar a 1.050 sudaneses, pagando a los traficantes musulmanes un precio medio correspondiente a 50 euros por persona.

En el Alto Egipto, el área de mayor concentración de cristianos, llevan más de 1.400 muertos desde 1992, de los que, al menos 160, eran cristianos coptos. En 1997 un comando islámico asesinó a 12 cristianos dentro de la iglesia de Abu Qorqas y, tres semanas después, otro comando irrumpió en los negocios coptos de Nag Hammadi, disparando a bocajarro. Las políticas religiosas de muchos países islámicos favorecen la discriminación de los cristianos y éstos no encuentran más alternativa que la de huir de las persecuciones. Por ejemplo, el porcentaje de cristianos coptos en 1975 era el 20% mientras que, un cuarto de siglo después, apenas llegan al 10%; la mayoría reside en el extranjero.

Situación en Asia

En Vietnam, China y Corea del Norte también se ha perseguido a los cristianos. Se ha prohibido el culto, y se siguen produciendo arrestos o se dan casos de desaparecidos. En Chiapas, México, el menosprecio al indio unido a la intolerancia religiosa, o tomando la religión como excusa, se arrastra desde hace años como una situación infame. Pastores evangélicos asesinados, iglesias destruidas, comunidades enteras desplazadas. En medio de la infamia se han dado ejemplos de "ecumenismo en el martirio", evangélicos y católicos expulsados trabajando juntos por la defensa de los derechos humanos. Miles de indígenas chamula han sido exterminados, parece ser que un alto mando dijo que "era preferible matar por rebeldes a quince mil indios que tratar de buscar durante años el camino de la paz". Es la irracionalidad del perseguidor, la razón del verdugo.

Como dijimos en el primer capítulo de este período histórico, nuestros padres creían que había llegado el triunfo de la razón, la razón ilustrada, tolerante, crítica, permisiva; que la modernidad estaba bajo el signo de la secularidad y el respeto a todas las creencias, y no estaban dispuestos a aceptar la pervivencia del inquisidor, del fanático, que no se presenta bajo una figura individual, sino bajo un sistema ideológico, un partido, una fe integrista, una geopolítica inhumana que aplasta bajo sus pies a hombres y mujeres inermes frente a un grado de violencia inaudita y universal.

Un rayo de esperanza.

Pero no queremos sucumbir a la tentación de cerrar este repaso histórico del cristianismo en el siglo XX con una palabra de pesimismo a modo de profetas de la catástrofe. Si la historia enseña algo, y lo enseña, es la victoria final de la vida sobre la muerte. El escándalo de la persecución religiosa se da precisamente porque existe una conciencia arraigada de libertad de conciencia y de culto de la que ya no hay marcha atrás. El rechazo de toda forma de violencia, la protesta contra la discriminación racial o religiosa, desconocido en épocas anteriores, indica que la civilización del amor inaugurada por Jesús de Nazaret va calando en la sociedad a modo de un grano de mostaza que crece con el tiempo. La exigencia de sacrificio es una evidencia de la inmensidad del mal todavía a superar, nunca eliminado de este mundo, pues brota de las fuentes más profundas del ser humano, pero es un mal contenido, desafiado por la permanente llamada al renacimiento y el nuevo ser en Cristo, que hace nuevas todas las cosas en cada generación. Por eso, del mismo modo que hemos cerrado el curso histórico del cristianismo contemporáneo con la mención de los mártires, igualmente hubiéramos podido clausurarlo con la expansión misionera de las iglesias, precisamente el campo más fértil de los mártires, la penetración del cristianismo en los lugares más remotos o la traducción de la Biblia al último de los idiomas; pero esa es otra historia.

APÉNDICES

Contenido:

Apéndice 1. Concilios ecuménicos.
Apéndice 2. Historia de las versiones castellanas de la Biblia.
Personajes y temas tratados. Bibliografía de lecturas complementarias para el estudio.
Índice de nombres y materias.

APÉNDICE 1

Los Concilios Ecuménicos

Mediante los Concilios la Iglesia intenta definir los problemas y cuestiones que agitan a las diversas iglesias locales y nacionales, de modo que se pueda llegar a una definición válida de las doctrinas en cuestión, cuyos resultados puedan servir universalmente de guía y referencia autorizada.

Los primeros Concilios de la Iglesia, si dejamos a un lado el llamado Concilio de Jerusalén de Hechos cap. 15, fueron convocados por los emperadores romanos convertidos al cristianismo, en cuanto guardianes de la fe y el orden del mundo cristiano; cada pregunta estaba sometida a la aprobación de los participantes, que respondían por *placet,* sí, y *non placet,* no. Posteriormente serían convocados por el Obispo de Roma, y precisarán de su aprobación. Las conclusiones del Concilio son promulgadas por una Bula.

Algunos Concilios abarcan solamente una porción de la Iglesia como una provincia eclesiástica o bien la Iglesia de todo un país; y, los otros son los *ecuménicos,* es decir, universales, porque deliberan sobre asuntos que interesan a toda la Iglesia y al que asisten representantes de todas las latitudes. En estos casos el Papa asiste en persona y preside las sesiones o bien se hace representar por legados.

Los Concilios Ecuménicos habidos hasta el presente ascienden a veintiuno. Las Iglesias de la Reforma sólo admiten tres o cuatro concilios ecuménicos, a saber, los de Nicea, Constantinopla, Éfeso y Calcedonia.

1. I Concilio de Nicea. 325.

Reunido por el emperador Constantino durante el papado de san Silvestre para solucionar la crisis arriana. Definió la consubstancialidad del Verbo (el Verbo es verdadero Hijo de Dios, de la misma substancia —*homoousios*— del Padre, y por lo tanto verdadero Dios), largamente defendida por Atanasio, diácono de Alejandría; sancionó los privilegios de las tres sedes patriarcales de Roma, Alejandría y Antioquía, y extendió a toda la Iglesia la costumbre romana concertando la fecha de la celebración de Pascua.

2. I Concilio de Constantinopla. 381.

Reunido durante el pontificado del Papa San Dámaso y el Emperador Teodosio el Grande, reafirmó la divinidad del Espíritu Santo (el Espíritu Santo es verdadero Dios, como el Hijo y el Padre) contra los macedonianos (de Macedonio, patriarca de Constantinopla), que admitían la divinidad del Verbo pero la negaban en el Espíritu Santo, considerado una criatura de Dios. También fue condenada la doctrina de Pelagio y Celestino, que negaban la transmisión del pecado de Adán a su descendencia y defendían la bondad, puramente humana, para hacer el bien sin el concurso del auxilio divino.

3. Concilio Éfeso. 431.

Reunido por San Celestino I contra el nestorianismo, durante el reinado de Teodosio el Joven. Definió la unidad de persona en Cristo (Cristo, Dios-Hombre es un solo sujeto; la unión hipostática es substancial, no accidental, física, no moral) y la maternidad divina de María. Condenación de los errores pelagianos.

4. Concilio Calcedonia. 451.

Reunido por León I el Magno contra los monofisitas, siendo emperador Marciano. Condenó el eutiquianismo, que no reconocía en Cristo la distinción de las dos naturalezas perfectas, unidas (personalmente), no confundidas ni mudadas ni alteradas de ninguna manera.

5. II Concilio de Constantinopla. 553.

Reunido por el emperador Justiniano, por ausencia del papa Vigilio. Se convocó para solucionar discrepancias y atraer a los descarriados monofisitas, de los cuales se formaron muchas fracciones. Condenó los escritos de Teodoro de Mopsuestia y de Teodoro de Ciro contra San Cirilo y el Concilio de Éfeso. Se confirmó la condenación de los errores precedentes (trinitarios y cristológicos), ratificando el sentido genérico de las definiciones conciliares.

6. III Concilio de Constantinopla. 680-681.

Reunido por el papa San Agatón I y el papa San León II contra el monotelismo (una sola voluntad en Cristo), herejía atribuida a Sergio, patriarca de Constantinopla. Admitía en Cristo las dos naturalezas pero le reconocía una sola voluntad. En Cristo, dijo el concilio, hay dos voluntades, como hay dos naturalezas, aunque sea una sola la Persona, que es la del Verbo.

7. II Concilio de Nicea. 787.

Reunido por el papa Adriano I contra los iconoclastas, siendo emperatriz regente Irene. Regula la querella de los iconoclastas pronunciándose por el culto de las imágenes, pero distinguiendo cuidadosamente el culto de veneración del culto de adoración, que sólo es debido a Dios.

8. IV Concilio de Constantinopla. 869-970.

Reunido por el papa Adriano II contra el cisma del emperador Focio, que fue condenado. Confirmación del culto de las imágenes. Afirmación del Primado del Romano Pontífice.

9. I Concilio de Letrán. 1123.

Reunido por el papa Calixto II contra las investiduras. Reivindicó el derecho de la Iglesia en la elección y consagración de los obispos contra la investidura de los laicos. Se condenó la simonía y el concubinato de los eclesiásticos como herejías. Propuso a los príncipes cristianos emprender las Cruzadas.

10. II Concilio de Letrán. 1139.

Reunido por el papa Inocencio II contra cismáticos de varios antipapas y los errores de Arnaldo de Brescia; publicó medidas destinadas a que reinara la continencia en el clero.

11. III Concilio de Letrán. 1179.

Reunido por el papa Alejandro III contra los albigenses, cátaros y valdenses. Condenó a los cátaros y regularizó la elección del Papa, declarando válidamente elegido al candidato que hubiera obtenido los dos tercios de los votos de los cardenales. Nuevas leyes contra la simonía. Condenación de los cátaros y prohibición de tratar con ellos.

12. IV Concilio de Letrán. 1215.

Reunido por el papa Inocencio III contra los albigenses y los valdenses. Decidió la organización de una cruzada. Revisó y fijó la legislación eclesiástica sobre los impedimentos matrimoniales e impuso a los fieles la obligación de la confesión anual y de la comunión pascual. Condenó a los albigenses y a los valdenses.

13. I Concilio de Lyon. 1245.

Reunido por el papa Inocencio IV contra el emperador Federico II, usurpador de bienes y opresor de la Iglesia, y por la reforma del clero. Llevó a cabo una sentencia de deposición contra el emperador y reguló el proceso de los juicios eclesiásticos.

14. II Concilio de Lyon. 1274.

Reunido por el papa San Gregorio X por la unión de las iglesias. Restableció, a petición de Miguel Paleólogo, la unión con los griegos y tomó nuevas medidas para una posible Cruzada.

15. Concilio de Vienne. 1311.

Reunido por el papa Clemente V por la cuestión de los templarios. Decidió la supresión de la Orden de los Templarios. Condenó los errores de los begardos sobre la perfección espiritual.

El alma es verdadera y esencialmente forma parte del cuerpo.

16. Concilio de Constanza. 1414-1418.

Reunido por el papa Gregorio XII contra el cisma de Martín V de Occidente, Wyclif, Juan Huss y Jerónimo de Praga. Se condenaron las doctrinas de Wyclif sobre los sacramentos y la constitución de la Iglesia, y también la doctrina de Juan Huss sobre la Iglesia invisible de los predestinados.

17. Concilio de Ferrara - Florencia. 1438-1442.

Reunido por el papa Eugenio IV por la reconciliación de griegos y latinos. Se celebró en Roma los dos últimos años. Estudió la reforma de la Iglesia y un nuevo intento de reconciliación con los griegos de Constantinopla.

18. V Concilio de Letrán. 1512-1517.

Reunido por el papa Julio II contra el concilio de León X de Pisa y por la reforma de la Iglesia. Tenía como misión la reforma del clero y de los fieles, pero tuvo que dejar lo más importante de esta tarea al Concilio siguiente.

Apéndices

19. Concilio de Trento. 1545-1563.

Reunido por los papas Paulo III, Julio III y Pío IV contra las doctrinas del protestantismo. Fue transferido durante dos años a Bolonia. En veintidós reuniones logró oponer una reforma católica de la Iglesia a la reforma protestante. Este Concilio marca un cambio en la historia del mundo cristiano. Conviene distinguir en él tres partes: el concilio de Paulo III, de 1545 a 1547; el concilio de Julio III, de 1549 a 1551; y, finalmente, el concilio de Pío IV, de 1561 a 1563. La obra doctrinal del Concilio de Trento fortificó la disciplina eclesiástica frente al protestantismo; renovó la disciplina eclesiástica y estrechó los lazos entre el Papa y los miembros de la Iglesia. Fue el concilio más largo de todos, dieciocho años en total. La causa principal fue la protesta de Martín Lutero, que socavó profundamente los cimientos del catolicismo. El concilio hizo una revisión general de toda la doctrina, ya fuera sobre la Biblia, sobre cada uno de los sacramentos, como la legítima autoridad que le asiste a la Iglesia y la misión que debe cumplir en el mundo.

20. I Concilio Vaticano. 1869-1870.

Reunido por el papa Pío IX contra el racionalismo y el galicanismo. Se celebró en la Basílica de San Pedro en el Vaticano, de donde recibe su nombre. Definió solemnemente la infalibilidad pontificia como dogma de fe, cuando habla *ex cathedra;* esto es cuando en calidad de pastor y maestro de todos los cristianos, y haciendo uso de su suprema autoridad apostólica, define una doctrina sobre la fe y las costumbres.

21. II Concilio Vaticano. 1962-1965.

Convocado por el Papa Juan XXIII y seguido y clausurado por el Papa Pablo VI. Se pretendió que fuera una especie de *aggiornamento*, es decir, una puesta al día de la Iglesia, renovando en sí misma los elementos que necesitaren de ello y revisando el fondo y la forma de todas sus actividades. Proporcionó una apertura dialogante con el mundo moderno, incluso con un nuevo lenguaje conciliatorio frente a problemáticas actuales y antiguas. Ha sido el concilio más representativo de todos. Constó de cuatro etapas, con una media de asistencia de unos dos mil padres conciliares procedentes de todas las partes del mundo y de una gran diversidad de lenguas y razas. Tras un largo trabajo concluyó en 16 documentos, cuyo conjunto constituye una toma de conciencia de la situación actual de la Iglesia y define las orientaciones que se imponen.

21.1. Documentos del Concilio:

a. Cuatro Constituciones (*constitución* es un documento que posee un valor teológico o doctrinal permanente): *Lumen Gentium* (Luz de las naciones); *Sobre la Sagrada Liturgia; Gaudium et spes* (Gozo y esperanza); *Dei Verbum* (Verbo Divino, sobre la Revelación Divina).

b. Nueve decretos sobre 1) Actividad misionera de la Iglesia; 2) Vida y ministerio de los sacerdotes; 3) la Renovación de la vida religiosa; 4) la Educación cristiana; 5) la Misión de los obispos; 6) la Formación de los sacerdotes; 7) el Apostolado de los seglares: *Apostolicam actuositatem;* 8) las Iglesias Orientales católicas; 9) el Ecumenismo: *Unitatis Redintegratio.*

c. Tres declaraciones (*declaración* es la expresión de una etapa en la investigación y la aclaración) sobre 1) la libertad religiosa; 2) los medios de comunicación social; 3) las relaciones de la Iglesia con las religiones no cristianas.

APÉNDICE 2

Historia de las versiones castellanas de la Biblia

Por «versiones» son conocidas las traducciones de la Biblia que se han hecho a los distintos idiomas a través de los siglos. Cada traducción de la Biblia es una «versión».

De los manuscritos originales que fueron escritos por los mismos autores bíblicos no existe hoy ninguno; ni del Antiguo ni del Nuevo Testamento. Todo lo que existe son copias muy antiguas de los originales.

Al idioma castellano se han hecho muchísimas versiones de la Biblia, tanto de la Biblia completa, como de una parte de ella, especialmente del Nuevo Testamento.

Primeras versiones.

La historia de la traducción de la Biblia al idioma castellano comienza a la par que el nacimiento del idioma castellano en el siglo X. Como antecedentes tenemos las versiones en latín, idioma éste del cual en su origen procede el castellano. En el siglo III los cristianos de Hispania ya leían la Biblia en la versión *Vetus Latina Hispana,* y a partir del siglo V ya disponían de la Biblia en la versión de San Jerónimo conocida como la *Vulgata Latina*. La Vulgata Latina fue traducida por Jerónimo entre los años 382 al 404; esta versión latina se convirtió pronto en una de las más usadas y se hizo muy popular en el imperio romano.

Como antecedentes también de la Biblia al castellano, durante la alta Edad Media en España, comienzan a aparecer una serie de textos bíblicos, los cuales son conocidos como *biblias en mozárabe*. Algunos de estos textos importantes son: *El códice Legionense II* (del siglo X), que se conserva en León, siendo ésta la primera Biblia en mozárabe que se conoce. *La Biblia Románica* de Burgos (siglo XII). *La Biblia de Ávila* (siglo XII), que se conserva en la Biblioteca Nacional de Madrid. *La Biblia de la Colegiata de León* (siglo XII). Y del siglo XIII son el *Códice Emilianense* y la *Biblia de San Millán de la Cogolla*.

- Versiones *pre-alfonsinas*. Éstas son en su mayoría sólo del Nuevo Testamento, y fueron traducidas al incipiente castellano desde mediados del siglo XIII:

Avanzado ya el siglo XIII, aparece la *Biblia Alfonsina,* que fue publicada entre los años 1260 a 1280, siendo ésta la primera Biblia traducida al castellano y que contiene todo el Antiguo Testamento. Fue traducida desde la Vulgata latina por orden del rey Alfonso X el Sabio (1221-1284), rey de Castilla y de León (1252-1284) y que era hijo del rey Fernando III el Santo. Esta Biblia es conocida también con el nombre de *Biblia Romanceada* y está incluida dentro de la *Grande e General Estoria,* redactada ésta en lengua romance como prueba del importante apoyo del monarca al idioma castellano.

En el siglo XV aparecen dos ediciones muy conocidas. Una, la Biblia de Alfonso V, el Magnánimo, rey de Aragón (1416-1458), que es una traducción del Antiguo Testamento vertida al castellano desde el hebreo y el latín. La otra, la conocida como *Biblia de la Casa de Alba* (1422-1433), una traducción al castellano de sólo el Antiguo Testamento desde el hebreo, arameo y el latín, que, auspiciada por el rey Juan II de Castilla y por encargo de don Luís de Guzmán, Maestre de la Orden de Calatrava, fue traducida por el rabí Mosé Arregel de Guadalajara, un judío de Toledo; esta Biblia se conserva en la Biblioteca del Duque de Alba, lo que le dio nombre a la versión.

Apéndices

Versiones del siglo XVI:

- *La Biblia de Quiroga* (1527). Esta Biblia es el producto del trabajo del cardenal Quiroga, quien tradujo el Antiguo Testamento de la Vulgata Latina, por lo cual a su versión se le llamó Biblia de Quiroga.

- *El Nuevo Testamento de Enzinas* (1543). Edición del Nuevo Testamento vertido al castellano desde la edición crítica del texto griego de Erasmo de Rotterdam. Francisco Enzinas (1520-1570) fue un humanista y reformador español; estudió en Lovaina y Wittenberg. Por encargo de Melanchton tradujo el Nuevo Testamento del griego al español en el año de 1543, por lo que fue encarcelado. Pudo escaparse y se consagró por entero a la causa de la Reforma Luterana. Fue profesor de griego en Cambridge y murió en Estrasburgo. La traducción de este Nuevo Testamento tiene tal corrección de estilo y tal belleza de lenguaje, que incluso hoy es asombro para los críticos.

- La *Biblia de Ferrara* (1553), una traducción al castellano de sólo el Antiguo Testamento. Es una versión muy literalista desde el hebreo vertida al castellano ladino. La traducción fue realizada por unos judíos portugueses conocidos como Duarete Pinel (Abraham Usque) y Gerónimo de Vargas (Yom Tob Atias). De esta Biblia se realizaron en el año 1553 dos versiones, una erudita y otra más popular (algunos autores dicen que una fue hecha para los judíos y la otra para los cristianos). Fue publicada en la ciudad italiana de Ferrara.

- *Nuevos Testamentos de Juan Pérez de Pineda* (1556). Pérez nació a finales del siglo XV (1498?) en Montilla de Córdoba. Nada se conoce ni de su niñez ni de juventud, pues no es hasta mediado del siglo XVI que aparece en Sevilla, con el grado de Doctor en Teología o quizá en Cánones, y rector del Colegio de Niños de la Doctrina, que era un foco protestante. Sabemos que fue funcionario del Emperador Carlos V en Roma y Nápoles, con el título de Prior de la Iglesia de Osma. Consiguió una breve del papa Clemente VII en favor de los escritos de Erasmo (que con tanta profusión y aceptación circulaban por España). Fue testigo directo del «saco de Roma», cuando las tropas imperiales saquearon el palacio papal y la basílica de San Pedro. De regreso en España se identificó tanto con el reformador aragonés Juan Gil, también conocido por Dr. Egidio, y su forma de entender la fe cristiana -en línea y continuadora de Cipriano de Valera-, que, al ser procesado aquél, abandonó Sevilla. En 1553 le encontramos en Ginebra. Allí se relaciona con los calvinistas y colabora con el propio Juan Calvino. El Nuevo Testamento traducido por el doctor Juan Pérez de Pineda, aunque la edición de 1556 no lleva nombre de autor, por Cipriano de Valera sabemos que fue Juan Pérez de Pineda. Éste era tenido en muy alta estima por la excelente calidad de su producción literaria. En 1557, Juan Pérez revisó el Nuevo Testamento de Enzinas y le añadió una traducción suya en los Salmos. Se dudaba de si Pineda había concluido o impreso la traducción completa de la Biblia; sin embargo hay suficiente evidencia que demuestra que, de hecho, sólo fue el Nuevo Testamento. Menéndez Pelayo dice que Juan Pérez es prosista sobrio y vigoroso, de la escuela de Juan Valdés.

- *Biblia del Oso* (1569). Ésta es considerada la obra magna del protestantismo español. Fue traducida desde los originales hebreo y griego por Casiodoro de Reina, siendo la primera traducción completa de la Biblia vertida al castellano. Casiodoro de Reina nació alrededor del año 1520 en Montemolín, un pueblo del reino de Sevilla y que hoy pertenece a Extremadura. Casiodoro de Reina era un monje profeso de la orden de los jerónimos y vivía en el monasterio de San Isidoro del Campo cerca de la ciudad de Sevilla. Los monjes de dicho convento habían aceptado las ideas luteranas, lo que le llevó a ser observado por el Tribunal de la Inquisición. Casiodoro y otros compañeros frailes del dicho convento huyeron de Sevilla en el año 1557 al descubrirse la comunidad protestante sevillana, llegando a Ginebra donde fijó su residencia. Pero debido a sus diferencias con los calvinistas así como el huir de los espías de Felipe II le obligaron a cambiar constantemente de residencia, habitando además de Ginebra en Francfort, Londres, Amberes, Bergerac, Basilea y Estrasburgo. Murió en Francfort en el año de 1594. La inquisición lo quemó en "estatua" en el auto de fe que se celebró en Sevilla el año 1562, y sus escritos, entre ellos la Biblia del Oso, fueron colocados en el *Índice de Libros Prohibidos* por la Inquisición. La Biblia al castellano la tradujo Reina a partir de los originales hebreo y griego. Empezó su trabajo de traducción durante su estancia en Inglaterra. El Antiguo Testamento lo terminó en el año 1567. Y el Nuevo Testamento lo tradujo en Basilea, ciudad ésta en la cual imprimió toda la Biblia entera en el año 1569.

- *Biblia del Cántaro o Biblia de Valera* (1602). Esta versión es una «segunda» edición de la Biblia del Oso hecha por Cipriano Valera. Éste fue –como su compañero Casiodoro de Reina– monje del monasterio jerónimo de San Isidoro del Campo de Sevilla. Nació en Valera la Vieja, perteneciente entonces al reino de Sevilla, en 1532, según se desprende de su *Exhortación al Cristiano Lector* que precede a la edición de su Biblia, y en la que afirma: «Yo, siendo de 50 años comencé esta obra; y en este año de 1602, en que ha placido a mi Dios sacarla a la luz, soy de 70 años». Valera estudió en la Universidad de Sevilla seis años de filosofía, llegando a completar así todos los requisitos para el grado de bachiller. Posteriormente tomó los votos de monje jerónimo e ingresó en el Monasterio de San Isidoro. Los sermones luteranos predicados por el Dr. Constantino de la Fuente y el Dr. Egidio le entusiasmaron, dando lugar a su posterior conversión. El mismo Valera nos dice que «en el año 1557, acontecieron en Sevilla cosas maravillosas y dignas de perpetua memoria. Y es que, en un monasterio de los más célebres y ricos de Sevilla, llamado San Isidoro, el negocio de la verdadera religión iba tan adelante y tan a la descubierta que, no pudiendo ya más con buena conciencia estar allí, doce de los frailes, en poco tiempo se salieron, unos por una parte y otros por otra. Los cuales, dentro del año, se vieron en Ginebra, a donde cuando salieron tenían determinado de ir. No hubo ninguno de ellos que no pasase grandes trances y peligros. Pero de todos estos peligros, los escapó Dios y con mano potentísima los trajo a Ginebra». Con fecha de 10 de octubre de 1558 lo vemos en Ginebra, uniéndose al igual que los otros compañeros de claustro huidos a la congregación luterana italiana que se había establecido en Ginebra. Al subir al trono de Inglaterra la reina Isabel se instaló en Londres. A los dos años de haber llegado a Londres, el mismo Auto de Fe que condenó en Sevilla a las llamas la estatua de Casiodoro de Reina, sentenció también a ser destruida por las llamas la de «fray Cipriano, fraile del dicho Monasterio [de San Isidoro], absente, condenado ... por hereje luterano». La Universidad de Cambridge, teniendo en cuenta los estudios que Cipriano de Valera había hecho en Sevilla, le aceptó como Bachiller en Teología en 1559. Luego fue nombrado por la reina Isabel como profesor de teología del Colegio Magdalene de la Universidad de Cambridge; en 1563 recibió el grado de Licenciado y en 1565 se incorporó a la Universidad de Oxford con el título de Magíster en Artes. Durante todos estos años Valera se había entregado por entero al estudio y a la investigación, como también a la traducción de las Escrituras en la lengua castellana. La obra que más ha contribuido a realzar el nombre de Cipriano de Valera es la segunda edición de la Biblia que su amigo Casiodoro de Reina había editado en 1569, y de la que el mismo Valera dijo: «...la versión, conforme a mi juicio, y al juicio de todos los que la entienden, es excelente, y así la habemos seguido, cuando hemos podido, palabra por palabra». Esta versión de la Biblia, que ve la luz en 1602, no salió de las prensas de Ricardo del Campo, como el Nuevo Testamento que Valera había mandado imprimir en 1596, sino de las de Lorenzo Jacobi en Amsterdam. Y según el testimonio del mismo Valera, cuando se trasladó a los Países Bajos para publicarla ya llevaba veinte años trabajando en ella: «De manera que he empleado 20 años en ella. Todo el cual trabajo doy por muy bien empleado. Mi intento ha sido servir a mi Dios y hacer bien a mi nación». Luego, hablando de la tarea que la impresión de esta edición de la Biblia le supuso, añade Valera: «El trabajo que yo he tomado para sacar a la luz esta obra, ha sido muy grande, y de muy largo tiempo; y tanto ha sido mayor, cuanto yo he tenido menos ayuda de alguno de mi nación que me ayudase, siquiera a leer, escribir, o corregir. Todo lo he hecho yo solo...». El título original completo es: *La Biblia. Que es los Sacros Libros*

Apéndices

del Viejo y Nuevo Testamento. Revista y conferida con los textos Hebreos y Griegos y con diversas tranflaciones. De la pluma de Menéndez Pelayo ha salido uno de los mejores juicios literarios que tenemos de Cipriano de Valera, este fecundo y brillante escritor casi desconocido en el mundo de las letras españolas: «Escribía con donaire y soltura... En nuestro tiempos hubiera sido periodista de mucho crédito».

Versiones de los siglos XVIII-XIX:

- *Biblia de Scío de San Miguel.* Después de un largo silencio de casi dos siglos, por fin es trasladada al castellano e impresa por primera vez en España una Biblia hecha por católicos. Eso fue tras publicarse el 13 de junio de 1757 un decreto de la Congregación del Índice y autorizado por el papa Benedicto XI, mediante el cual se daba permiso para traducir la Biblia a las lenguas populares, y también por otro decreto emitido por la Inquisición Española de 7 de enero de 1783. Esto dio lugar a que con el patrocinio del rey Carlos III el sacerdote católico de la orden de los escolapios, P. Scío de San Miguel, realizara una nueva versión en español. Esta versión es conocida como Biblia de Scío de San Miguel, que se inició en el año 1790 y se terminó en el 1793; fue una edición de 10 volúmenes. Esta Biblia, sin embargo, fue traducida desde la Vulgata Latina, y lleva multitud de argumentos justificatorios para aparecer en castellano. Se trata de una edición a dos columnas, con el latín y el castellano en paralelo. La traducción es por momentos bastante dura por el deseo de Scío de ajustarse a la letra de la Vulgata.

- *Biblia de Torres Amat.* Entre los años 1823 al 1825 se publicó la llamada Biblia de Torres Amat, publicada originalmente en 9 volúmenes por el entonces sacerdote de Barcelona y luego obispo de Astorga, Félix Torres Amat. Fue vertida al castellano desde la Vulgata Latina. Sin embargo de haber salido bajo el nombre de Torres Amat, está demostrado que la versión fue hecha en realidad por el jesuita José Miguel Petisco. Según el parecer de algunos autores, Torres habría tomado el manuscrito de Petisco y lo publicó bajo su nombre. Sin embargo otros autores dicen otra cosa, por ejemplo, el Comentario Bíblico San Jerónimo dice: «Se ha afirmado que esta traducción era en realidad obra de José Miguel Petisco; de hecho, ha sido publicada varias veces bajo el nombre de ese jesuita (m. 1800). Lo más probable es que se trate de una traducción distinta, si bien Torres Amat -como él mismo declara en el prólogo de la obra- tuvo delante el manuscrito inédito de Petisco».

- *Versión Moderna* (1893). Una versión protestante realizada por el Dr. Enrique B. Pratt, un misionero presbiteriano en Colombia y México, y que fue publicada bajo los auspicios de la Sociedad Bíblica Americana. Traducción desde los originales hebreo y griego, elogiada por algunos autores que la consideran muy fiel a los idiomas originales; sin embargo su castellano es considerado como «duro» por carecer de fluidez estilística.

Versiones del siglo XX:

Enumerar con detalle aquí todas y cada una de las versiones de la Biblia en castellano que han sido publicadas durante el siglo XX sería muy extenso y sobrepasaríamos el número de páginas que tenemos asignadas en este apéndice. Sin embargo, tenemos muy adelantada una investigación de la cual saldrá publicado, Dios mediante, próximamente un extenso volumen.

Seguidamente referiremos solamente las más primordiales, en forma de listado, parándonos en aquellas Biblias más significativas por su importancia.

- *Versión Hispanoamericana del Nuevo Testamento* (1916). Versión protestante, muy precisa y excelente para el estudio.

- *La Biblia de Jünemann. Nuevo Testamento* (1928). El sacerdote germano-chileno Guillermo Jünemann Beckschaefer fue el primer traductor católico de la Sagrada Escritura en América. Su traducción es directamente del texto griego. El Antiguo Testamento, versión de la Septuaginta al castellano, será editado 64 años después, con la aprobación de la Conferencia Episcopal de Chile. Su autor había muerto en 1938.

- *Biblia de Nácar y Colunga* (1944). Esta versión nace a raíz de la encíclica Divino Afflante Spiritu del papa Pío XII sobre los estudios de la Sagrada Escritura, y que por fin –después de siglos de prohibir el Vaticano el traducir desde los originales (siendo exclusivo el traducir desde la Vulgata latina)– permitía la traducción directa desde los originales hebreo y griego. En España fueron los profesores de Salamanca Eloíno Nácar Fuster y Alberto Colunga los primeros en hacer una versión según los nuevos criterios marcados por la encíclica. Esta nueva versión fue la primera traducción católica de la Biblia completa hecha desde las lenguas originales, y patrocinada por las instituciones católicas, marcando así una nueva etapa. Se la considera de gran limpieza, claridad y pureza de estilo. Fue editada por la Biblioteca de Autores Cristianos de Madrid en 1944.

- *Biblia de Bóver y Cantera* (1947). Esta nueva versión católica fue elaborada por los profesores José María Bóver y Francisco Cantera Burgos. Se trata de una edición crítica directamente traducida de los originales. En conjunto está más elaborada que la Nácar-Colunga. Expone sus principales criterios literarios de traducción que se sintetizan en buscar lo máximo en fidelidad, literalidad, diafanidad e hispanidad. Todo es por respeto al autor, a la lengua original, al lector y al idioma castellano. Se trata de una Biblia de estudio. Fue editada en la B.A.C. en 1947.

- *Biblia de Straubinger* (1944-1951). La primera traducción de la Biblia hecha en Argentina sobre los textos originales por Mons. Juan Straubinger, de procedencia alemana pero radicado en Argentina. Straubinger tradujo el Antiguo Testamento del texto hebreo masorético y de la Vulgata. Esta versión fue varias veces reeditada en diversos lugares de América, incluso en una edición ecuménica de la Biblia, publicada en Chicago en 1971.

- *Biblia de Jerusalén* (1966). Se trata de una traducción original francesa que fue realizada por profesores de L'École Biblique de Jerusalén; habiendo salido primero en fascículos, luego se editó en formato de libro. La primera edición en castellano se hizo en el año 1967, siendo revisada posteriormente en 1973. La edición española tradujo los textos desde las lenguas originales según la crítica textual y la interpretación desde el original francés. Los títulos, subtítulos, apéndices y notas han sido traducidos del francés. Una Biblia con profundas notas sobre la traducción, aunque en lo referente al AT la mayoría se refiere a temas de gramática, lingüística y traducción. Aunque se considere una «Biblia para Especialistas» la fidelidad del texto la hace muy práctica y útil para todo el mundo.

- *Biblia edición pastoral para Latinoamérica* (1972). Traducida por un equipo dirigido por Mons. Ramón Ricciardi.

- *Dios llega al Hombre* (1966). Se trata del Nuevo Testamento en versión popular, publicado bajo los auspicios de las Sociedades Bíblicas Unidas, en donde se aplican los principios de traducción conocidos como de equivalencia dinámica, promovidos por el Dr. William L. Wonderly. Su lenguaje es sencillo y busca comunicar el mensaje del Evangelio al lector común.

- *Biblia de Roma y Letrán,* edición en tres volúmenes (1966), realizada por un equipo de biblistas de las Universidades Pontificias de Roma y Letrán. Es traducción del italiano y fue publicada por la Editorial Labor.

- *Biblia de Regina* (1968). Una versión castellana de Pedro Franquesa y José María Solé; para la traducción del Antiguo Testamento toman la versión de la Biblia Hebraica publicada por Kittel, y la Septuaginta por Rahlfs, y para el Nuevo Testamento, el texto crítico editado por Merk.

- *La Biblia.* Edición pastoral para Latinoamericana (1972). Ramón Ricciardi y Bernardo Hurault traducen y editan desde Chile la Biblia Latinoamericana (o Latinoamérica) en 1972. Es una «edición pastoral», según la llaman sus autores, y la portada de la segunda edición de 1972 dice así: «La Biblia en su texto íntegro. Traducida, presentada y comentada para las comunidades cristianas de Latinoamérica y para los que buscan a Dios, por un equipo pastoral bajo la dirección de Ramón Ricciardi». En 1995 aparece una revisión con muchas más notas.

- *La Biblia,* de Herder (1975). Traducción publicada por la Editorial Herder de Barcelona bajo la dirección del P. Serafín de Ausejo. Se publicó primero el NT en el año 1968; en 1975 se publica completa la Biblia. Precisa en el lenguaje, es de lectura agradable.

- *Nueva Biblia Española* (1976). Esta es una traducción desde los textos originales dirigida por Luís Alonso Schökel y Juan Mateos. Esta versión es muy rica por la novedad y frescura de su lenguaje, como corresponde a un estilista de la talla y erudición de L. Alonso Schökel. Sin embargo, la búsqueda de lo novedoso a veces no hace necesariamente más claro el mensaje.

- *La Biblia interconfesional* (1978): Hasta hoy sólo ha salido el Nuevo Testamento. Se trata de un esfuerzo interconfesional en el que participaron las Sociedades Bíblicas Unidas, la Biblioteca de Autores Cristianos (BAC) y EDICABI (la Casa de la Biblia).

- *Dios habla hoy* (1979). Mejor conocida como «Versión popular». Esta traducción sigue también el principio de la equivalencia dinámica, teniendo en mente la comunicación con el lector común, y no necesariamente con los más cultivados desde el punto de vista de las letras. Este aspecto es su gran valor y su gran debilidad. Para la traducción del NT se tomó como texto base el producido por Sociedades Bíblicas Unidas y conocido como «texto crítico». Se han hecho varias versiones. De esta Biblia hay ediciones con los libros deuterocanónicos.

- *La Biblia al día* (1979). Se trata de una paráfrasis publicada por la Sociedad Bíblica Internacional.

- *El libro del pueblo de Dios* (1980). Publicada en Argentina bajo la dirección del P. Armando J. Levoratti y del P. A.B. Trusso, quienes contaron con un equipo de colaboradores. Es muy contemporánea y de gran sencillez y belleza.

- *Nuevo Testamento de la Universidad de Navarra* (1983). Se inició la publicación en esta fecha de la Sagrada Biblia. Traducida y anotada por profesores de la Facultad de Teología de dicho centro de estudios. Se han publicado todos los volúmenes del Nuevo Testamento. Es un texto bilingüe, latín y castellano.

- *La Biblia* (1989), versión revisada por un equipo de traductores dirigidos por Evaristo Martín Nieto. Es esta una «refundición a fondo» de la traducción original, de la que se habían hecho más de un centenar de ediciones, según dice la casa editorial en su «Presentación».

- *Biblia Casa de la Biblia* (1992). Revisión hecha por un equipo dirigido por los profesores Santiago Guijarro y Miguel Salvador. Se trata de una «traducción totalmente revisada [de la edición de 1966] con amplias notas introductorias». Las notas (no a versículos sino a perícopas) son de gran ayuda. Las introducciones están primorosamente escritas. Hay una edición latinoamericana, con el nombre de Biblia de América (también publicada por la Casa de la Biblia en 1994).

- *La Biblia del peregrino* (1993). Versión realizada por un equipo de traductores dirigido por Luis Alonso Schökel y un equipo de colaboradores. No es la misma mencionada antes (de L. Alonso S. y Juan Mateos), aunque se presenta como una revisión completa de ella. Algunos textos vuelven a versiones más «tradicionales».

- *Nuevo Testamento, Salmos y Proverbios* (1995), de la Nueva versión internacional. Se trata de un trabajo realizado por un equipo de biblistas y patrocinado por la Sociedad Bíblica Internacional. Sigue los principios de traducción establecidos por la New International Version.

- *Nueva Versión Internacional* (1999). Se trata de una traducción directa desde los originales hecha por un equipo compuesto de biblistas representando a más de diez países iberoamericanos. Luciano Jaramillo es el editor y la publica la Sociedad Bíblica Internacional.

- *Nuevo Testamento* (2000), traducción del sacerdote colombiano Pedro Ortiz y publicada por Ediciones San Pablo.

- *Biblia en lenguaje actual* (2003). Según la información de la SBU, que es quien la publica, se trata de una «nueva traducción de la Biblia en lenguaje sencillo que pretende llegar a la población más extensa del mundo de habla hispana: los niños y los adolescentes. Aunque el proyecto empezó como una traducción para niños, sus horizontes se han abierto para alcanzar una población más amplia. La experiencia ha enseñado, y esto se puede constatar no sólo en traducciones bíblicas sino también en las de la literatura en general, que la literatura que es buena para niños es buena para todos.

Pero no se limita sólo a estos públicos. Esta nueva traducción también está dirigida a la gran población adulta que no ha tenido acceso a la educación secundaria. También se le puede agregar la gran cantidad de hermanos y hermanas indígenas para quienes el castellano es su segunda lengua. Esta traducción no es un trabajo para servir de "puente" entre una versión y otra. Esta traducción es una obra íntegra, con una identidad propia y única. Tiene como base el texto de los idiomas originales tal como se presenta en las ediciones críticas de las Sociedades Bíblicas Unidas: La Biblia Hebraica Stuttgartensia y The Greek New Testament, cuarta edición revisada. A estos textos acompaña la Revised Standard Version, la misma que ha sido escogida en las Sociedades Bíblicas Unidas para apoyar la traducción bíblica, por su calidad como traducción más o menos formal de la Biblia. Los miembros del equipo de traducción usan como versiones modelo (por seguir el principio de traducción funcional o dinámica) la Dios Habla Hoy y la Good News Bible. De particular ayuda es la Contemporary English Version, por ser una traducción dirigida a los niños».

Dr. José Manuel Díaz Yanes
Rector del Centro de Investigaciones Bíblicas (CEIBI).

PERSONAJES Y TEMAS TRATADOS

BIBLIOGRAFÍA DE LECTURAS COMPLEMENTARIAS PARA EL ESTUDIO

LA IGLESIA Y SU HISTORIA
Jesús Álvarez Gómez, *Historia de la Iglesia. Edad antigua*. BAC, Madrid 2000.
H.R. Boer, *Historia de la Iglesia primitiva (1-787)*. Logoi, Miami 1981.
Norbert Brox, *Historia de la Iglesia primitiva*. Herder, Barcelona 1986.
Eusebio de Cesarea, *Historia eclesiástica*, 2 vols. CLIE, Terrassa 1986.
Justo L. González, *Historia del cristianismo*, 2 vols. Vida, Miami 1998.
K.S. Latourette, *Historia del cristianismo*. Casa Bautista de Publicaciones, El Paso 1982, 6ª ed.
Frank C. Roberts, *A todas las generaciones*. Libros Desafío, Grand Rapids 1995.

ESCENA DE LOS TRABAJOS DE LOS APÓSTOLES
William Barclay, *Los hombres del Maestro*. DDB, Bilbao 1988.
Enrique Cases Martín, *Los doce apóstoles*. EUNSA, Pamplona 1997.
Ignacio Domínguez, *Los apóstoles de Jesucristo*. Soc. Ed. Atenas, Madrid 1988.
Otto Hophan, *Los apóstoles*. Ed. Palabra, Madrid 1982.
Emil G. Kraeling, *Los discípulos*. Plaza & Janés, Barcelona 1968.
Heliodoro Lillo Lutteroth, *Vida de los apóstoles*. Bruguera, Barcelona 1972.
José Ripollés, *Los apóstoles*. Editorial Bruguera, Barcelona 1962.
Daniel Rops, *La iglesia de los apóstoles y de los mártires*. Ed. Palabra, Madrid 1992.

ESTADO DE LAS CIVILIZACIONES GRIEGA Y ROMANA
J. Comby y J.P. Lémonon, *Vida y religiones en el imperio romano en tiempos de las primeras comunidades cristianas*. Verbo Divino, Estella 1986.
Robert O. Ogilvie, *Los romanos y sus dioses*. Alianza Editorial, Madrid 1995, 2ª ed.
Walter F. Otto, *Los dioses de Grecia*. Siruela, Madrid 2003.
John Scheid, *La religión en Roma*. Ediciones Clásicas, Madrid 1991, 2ª ed.

ACTITUD DEL JUDAÍSMO CON LA RELIGIÓN CRISTIANA
Rafael Aguirre, *Del movimiento de Jesús a la Iglesia cristiana*. Ed. Verbo Divino, Estella 1998.
José Montserrat Torrents, *La sinagoga cristiana. El gran conflicto religioso del siglo I*. Muchnik Editores, Barcelona 1989.
M. Simon y A. Benoit, *El judaísmo y el cristianismo antiguo. De Antíoco Epífanes a Constantino*. Labor, Barcelona 1972.
Ramón Trevijano Echeverría, *Orígenes del cristianismo. El trasfondo judío del cristianismo primitivo*. Universidad Pontificia de Salamanca, Salamanca 1995.

PERÍODO DE LAS PERSECUCIONES
Paul Allard, *El martirio*. FAX, Madrid 1943, 2ª ed.
John Foxe, *El libro de los mártires*. CLIE, Terrassa 1991.

BIBLIOGRAFÍA DE LECTURAS COMPLEMENTARIAS

Justo L. González, *La era de los mártires*. Caribe, Miami 1982.
A.G. Hamman, *El martirio en la antigüedad cristiana*. DDB, Bilbao 1998.
José Montserrat Torrents, *El desafío cristiano. Las razones del perseguidor*. Anaya-Muchnik, Madrid 1992.
G. Ricciotti, *La era de los mártires*. ELER, Barcelona 1961, 2ª ed.
Daniel Rops, *La Iglesia de los apóstoles y de los mártires*. Caralt, Barcelona 1955.
Alfonso Ropero Berzosa, *Historia general de las persecuciones*. CLIE, prox. publ.

CULTO CRISTIANO

Jean-Jacques von Allmen, *El culto cristiano*. Sígueme, Salamanca 1972.
E. Backhouse y C. Tylor, *Historia de la Iglesia primitiva*. CLIE, Terrassa 2004.
Norbert Brox, *Historia de la Iglesia primitiva*. Herder, Barcelona 1986.
Oscar Cullmann, *La fe y el culto en la iglesia primitiva*. Stvdivm, Madrid 1971.
John Drane *Introducción al N.T*. CLIE, Terrassa 2006.
Alfred Küen, *El culto en la Biblia y en la historia*. CLIE, Terrassa 1994.
White, James F., *El culto cristiano*. CLIE, Terrassa, 2006

VIDA DE LOS CRISTIANOS PRIMITIVOS

H.R. Boer, *Historia de la Iglesia primitiva (1-787)*. Logoi, Miami 1981.
Norbert Brox, *Historia de la Iglesia primitiva*. Herder, Barcelona 1986.
John Drane *Introducción al N.T*. CLIE, Terrassa 2006.
Eusebio de Cesarea, *Historia eclesiástica*, 2 vols. CLIE, Terrassa 1986.
Adalbert G. Hamman, *La vida cotidiana de los primeros cristianos*. Edic. Palabra, Madrid 1986.
J. Lebreton, *La vida cristiana en el primer siglo de la Iglesia*. Labor, Barcelona 1955.

EBIONISMO Y GNOSTICISMO

Fernando Bermejo Rubio, *La Escisión Imposible. Lectura del gnosticismo valentiniano*. Pub. Univ. Pontificia, Salamanca 1998.
Antonio Orbe, *Cristología gnóstica*. BAC 1976.
Hans Jonas, *La religión gnóstica*. Siruela, Madrid 2000.
R. Kuntzmann y J.D. Dubois, Nag Hammadi. *Textos gnósticos de los orígenes del cristianismo*. Ed. Verbo Divino, Estella 1988.
José Montserrat Torrents, *La sinagoga cristiana*. Muchnik Edit., Barcelona 1989.

ATAQUE LITERARIO DE LOS PAGANOS CONTRA EL CRISTIANISMO

José Mª Candau y otros, *La conversión de Roma. Cristianismo y paganismo*. Ediciones Clásicas, Madrid 1990.
Olof Gigon, *La cultura antigua y el cristianismo*. Gredos, Madrid 1970.
Orígenes, *Contra Celso*. Trad. Daniel Ruiz Bueno. BAC, Madrid 1967.
N. Santos Yanguas, *Cristianismo e Imperio Romano durante el siglo I*. Ediciones Clásicas, Madrid 1994, 2ª ed.

DEFENSORES DEL CRISTIANISMO

H. von Campenhausen, *Los Padres de la Iglesia,* 2 vols. Cristiandad, Madrid 1974.
S.J. Case, *Los forjadores del cristianismo*. CLIE, Terrassa 1987.
Carles N. Cochrane, *Cristianismo y cultura clásica*. Cap. V. FCE, México 1983, 2ª ed.

J.L. González, *La era de los gigantes*. Caribe, Miami 1978.
Daniel Ruiz Bueno, *Padres Apologistas griegos*. BAC, Madrid 1996, 3ª ed.
Josep Vives, *Los Padres de la Iglesia*. Herder, Barcelona, 1982.

ESCUELAS CRISTIANAS

James Bowen, *Historia de la educación occidental*, vol. I. Herder 1990.
Eusebio de Cesarea, *Historia eclesiástica*. CLIE 2008.
Alfonso Ropero Berzosa, *Introducción a la filosofía*, cap. II. CLIE 1999.
Fuentes:
Clemente de Alejandría, El Pedagogo. *Lo mejor de Clemente de Alejandría*. CLIE 2002.
Tertuliano, Apología contra gentiles; Exhortación a los mártires; La virtud de la paciencia; La oración cristiana; Respuesta a los judíos. *Lo mejor de Tertuliano*. CLIE 2001.
Orígenes, Tratado de los principios. *Lo mejor de Orígenes*. CLIE 2002.

CONSTANTINO Y LA IGLESIA

Jacob Burckhardt, *Del paganismo al cristianismo. La época de Constantino el Grande*. FCE, México 1996.
Eusebio, *Vida de Constantino*. Introducción, traducción y notas de Martín Gurruchaga. Gredos, Madrid 1994.

REACCIÓN BAJO JULIANO

Juliano, *Contra los galileos*. Editorial Gredos, Madrid 2001, 2ª ed.
Javier Arce, *Estudios sobre el emperador Flavio Claudio Juliano*. CSIC, Madrid 1984.
Charles Norris Cochrane, *Cristianismo y cultura clásica*. FCE, México 1983, 2ª ed.
G. Ricciotti, *Juliano, el emperador apóstata, según los documentos*. Eler, Barcelona 1959.

CONTROVERSIAS Y HEREJÍAS

Louis Berkhof, *Historia de las doctrinas cristianas*. TELL, Grand Rapids 1996.
M.L. Cozens, *Manual de herejías*. Herder, Barcelona 1963.
Bernardino Llorca, *Historia de las herejías*. Labor, Barcelona 1956.
Emilio Mitre y Cristina Granda, *Las grandes herejías de la Europa cristiana*. Istmo, Madrid 1999, 2ª ed.
James Orr, *El progreso del dogma*. CLIE, Terrassa 1988.
Alan Richardson, *Así se hicieron los credos*. CLIE, Terrassa 2000.
Henri Rondet, *Historia del dogma*. Herder, Barcelona 1972.
Angelo Valastro Canal, *Herejías y sectas en la Iglesia antigua*. Univ. Pont. Comillas, Madrid 2000.

ESCRITURA Y CANON

Gonzalo Báez-Camargo, *Breve historia del canon bíblico*. CUPSA, México 1992.
F.F. Bruce, *El canon de la Escritura*. CLIE, Terrassa 2002
B.F. Westcott, *El canon de la Sagrada Escritura*. CLIE, Terrassa 1987.
José Grau, *El fundamento apostólico*. EEE, Barcelona 1966.

BIBLIOGRAFÍA DE LECTURAS COMPLEMENTARIAS

CONCILIOS
Enrique Denzinger, *El Magisterio de la Iglesia*. Editorial Herder, Barcelona 1955.
J.N.D. Kelly, *Primitivos credos cristianos*. Secretariado Trinitario, Salamanca 1980.
Ignacio Ortiz de Urbina, *El Símbolo Niceno*. CSIC, Madrid 1947.

ESCRITOS APÓCRIFOS
Alejandro Díez Macho, dir., *Apócrifos del Antiguo Testamento*, 5 vols. Ediciones Cristiandad, Madrid 1987.
Aurelio de Santos Otero, *Los Evangelios apócrifos*. BAC, Madrid 2002.

LA IGLESIA EN LAS CATACUMBAS
Backhouse y Tylor, *Historia de la Iglesia primitiva*. CLIE, Terrassa 2004.
Antonio Borras, "Catacumbas romanas", en *Enciclopedia de la Biblia,* vol. II. Garriga, Barcelona 1964.
Catacumbas cristianas de Roma: www.catacombe.roma.it/indice_sp.html
H. Cheramy, *Les catacombes romaines*. Ernest Flammarion, París 1932.
Gloria Galeano Cuenca, *Costumbres religiosas y prácticas funerarias romanas*. Universidad de Córdoba, Córdoba 1997.

EL ESTADO MONACAL
Atanasio, *Vida de Antonio*. Ciudad Nueva, Madrid 1995.
G.M. Colombás, *El monacato primitivo,* 2 vols. Ed. Católica, Madrid 1973-1975.
J. Lacarrière, *Los hombres ebrios de Dios*. Aymá, Barcelona 1964.
Paladio, *Historia lausiaca o Los padres del desierto*. AM, Sevilla 1991.

SAN BENITO Y LOS BENEDICTINOS
La regla de San Benito. BAC, Madrid 1979.
Shirley J. Case, *Los forjadores del cristianismo,* vol. I. CLIE, Terrassa 1987.

PROPAGACIÓN DEL CRISTIANISMO
John Baur, *2000 años de cristianismo en África*. Ed. Mundo Negro, Madrid 1996.
J.L. González, *Historia de las misiones*. La Aurora, Buenos Aires 1970.
Horst Rzepkowski, ed. *Diccionario de misionología*. Ed. Verbo Divino, Estella 1996.
Ruth A. Tucker, *Hasta lo último de la tierra*. Vida, Miami 1988.

EDAD MEDIA
R. Doehaerd, *Occidente durante la Alta Edad Media*. Labor, Barcelona 1974.
B. Guenée, *Occidente durante los siglos XIV y XV*. Labor, Barcelona 1973.
Emilio Mitre, *Introducción a la historia de la Edad Media europea*. Itsmo, Madrid 1976.
Francis Oakley, *Los siglos decisivos. La experiencia medieval*. Alianza Editorial, Madrid 1995, 2ª ed.
R.W. Southern, *La formación de la Edad Media*. Alianza Editorial, Madrid 1980.
Paul Vernaux, *El pensamiento en la Edad Media*. FCE, México 1954.

EL REINADO DE CARLOMAGNO
Alessandro Barbero, *Carlomagno*. Ariel, Barcelona 2004.
Eginhard, *Vida de Carlomagno*. Gredos, Madrid 1999.
Louis Halphen, *Carlomagno y el imperio carolingio*. Akal, Madrid 1991.
Jean Hubert, *El imperio carolingio*. Aguilar, Madrid 1968.
Harold Lamb, *Carlomagno*. Edhasa, Barcelona 2002.

BIZANCIO
Emilio Cabrera, *Historia de Bizancio*. Editorial Ariel. Barcelona, 1998.
Norman H. Bayes, *El Imperio bizantino*. FCE, México 1949.
Salvador Claramunt, *El mundo bizantino*. Montesinos Editor, Barcelona, 1987.
Francisco Dvornik, *Bizancio y el primado romano*. DDB, Bilbao 1968.
Alain Ducellier, *Bizancio y el mundo ortoxodo*. Mondadori, Madrid 1992.
Warren Treadgold, *Breve historia de Bizancio*. Editorial Paidós, Barcelona, 2001.

ISLAMISMO
Tor Andrade, *Mahoma*. Alianza Editorial, Madrid 1994.
Claude Cahen, *El Islam: Desde los orígenes hasta el comienzo del imperio otomano*. Siglo XXI, Madrid 1986.
Francesco Gabrieli, *Mahoma y las conquistas del Islam*. Ediciones Guadarrama, Madrid 1968.
Josep Manyer, *Cuando el Islam llama a tu puerta*. CLIE, Terrassa 2001.
Robert A. Morey, *La invasión islámica*. Editorial Portavoz, Grand Rapids 1995.
Maxime Rodinson, *Mahoma. El nacimiento del mundo islámico*. México. Ediciones Era 1974 / Ediciones Península, Barcelona 2002.
Italo Sordi, *Qué ha dicho verdaderamente Mahoma*. Doncel, Madrid 1972.
David Waines, *El Islam*. Cambridge University Press, Barcelona 1998.

VALDENSES
Octavio Aceves, *Los valdenses. Crónica de una herejía*. Heptada, Madrid 1990.
Ernesto Comba, *Historia de los valdenses*. CLIE, Terrassa 1987.
Amadeo Molnar, *Historia del valdismo medieval*. Aurora, Buenos Aires 1981.

CÁTAROS
Anne Brenon, *La verdadera historia de los cátaros*. Martínez Roca, Barcelona 1997.
Paul Labal, *Los cátaros. Herejía y crisis social*. Crítica, Barcelona 1984.
Jesús Mestre Godes, *Los cátaros. Problema religioso, pretexto político*. Península, Barcelona 1995.

CRUZADAS
Trevor Cairns, *Caballeros medievales*. Akal, Madrid 1994.
René Grousset, *Las cruzadas*. Eudeba, Buenos Aires 1972.
Jacques Heers, *La primera cruzada*. Editorial Andrés Bello, Santiago de Chile 1997.
Thomas A Idinopulos, *Jerusalén. Historia de la más santa de las ciudades vista a través de las luchas de judíos, cristianos y musulmanes*. Editorial Andrés Bello, Santiago de Chile 1995.

Harold Lamb, *Historia de las Cruzadas,* 2 vols. Editorial Juventud, Buenos Aires 1954.
Johannes Lehmann, *Las cruzadas. Los aventureros de Dios.* Martínez Roca, Barcelona 1989.
Robert Payne, *El sueño y la tumba. Historia de las cruzadas.* Península, Barcelona 1997.
Runciman, Steven, *Historia de las Cruzadas,* 3 vols. Alianza Ed., Madrid 1997.

FRANCISCO DE ASÍS

Leonardo Boff, San Francisco de Asís. *Ternura y vigor.* Sal Terrae, Santander 1982.
Giovanni Miccoli, Francisco de Asís. *Realidad y memoria de una experiencia cristiana.* Ed. Franciscana Aránzazu, Oñate 1994.
Paul Sabatier, *Francisco de Asís.* Editorial Asís, Valencia 1994, 3ª ed.

DOMINGO DE GUZMÁN

Guy Bedoulle, *La fuerza de la palabra.* Domingo de Guzmán. Ed. San Esteban, Salamanca 1987.
William A. Hinnebusch, *Breve historia de la Orden de Predicadores.* Ed. San Esteban, Salamanca 2000, 2ª ed.
Felicísimo Martínez, *Domingo de Guzmán, evangelio viviente.* Ed. San Esteban, Salamanca 1991.
Antonio Villacorta Baños, El castellano Domingo de Guzmán. Ed. San Esteban, 1998.

HUSS Y WYCLIF

R. Hilton, *Siervos y liberados. Los movimientos campesinos medievales y el levantamiento inglés de 1381.* Siglo XXI, Madrid 1978.
J. Macek, *La revolución husita.* Siglo XXI, Madrid 1976.
-*¿Herejía o revolución? El movimiento husita.* Ciencia Nueva, Madrid 1967.

LA FILOSOFÍA ESCOLÁSTICA

N. Abbagnano, *Historia de la filosofía,* vol. 2. Montaner y Simón, Barcelona 1956.
F. Copleston, *Historia de la filosofía,* vols. 2-4. Ariel, Barcelona 1994, 3ª ed.
E. Gilson, *La filosofía en la Edad Media.* Gredos, Madrid 1982, 3ª ed.
J. Hirschberger, *Historia de la filosofía.* Vol. I. Herder, Barcelona 1978, 8ª ed.
Alfonso Ropero Berzosa, *Introducción a la filosofía. Una perspectiva cristiana.* Parte IV-V. CLIE, Terrassa 1999.
—BUENAVENTURA.
Antonio Briva Mirabent, *La gloria y su relación con la gracia según las obras de san Buenaventura.* Ed. Casulleras, Barcelona 1957.
J. Vrin, *La filosofía de San Buenaventura.* DDB, Bs.As. 1948.
—CUSA.
Nicolás de Cusa, *La docta ignorancia.* Orbis, Barcelona 1985.
L. von Bertalanffy, *Perspectivas en la teoría general de sistemas.* Alianza, Madrid 1982.
—ECKHART.
Johannus Eckhart, *El fruto de la nada.* Siruela, Madrid 1998.
-*El libro del consuelo divino.* Aguilar, Madrid 1963.
-*Tratados y sermones.* Edhasa, Barcelona 1983.
—OCKHAM.
N. Abbagnano, *Guillermo de Ockham.* FCE, México 1941.

T. De Andrés, *El nominalismo de Guillermo de Ockham como filosofía del lenguaje.* Gredos, Madrid 1965.

S.J.C. Giacón, *Guillermo de Ockham. Ensayo histórico crítico sobre la formación y la decadencia de la escolástica,* 2 vols. Universidad, Santiago de Chile 1961.

—TOMÁS DE AQUINO

Gregorio Celada Luengo, *Tomás de Aquino, testigo y maestro de la fe.* Ed. San Esteban, Salamanca 1999.

Otto Hermann Pesch, *Tomás de Aquino. Límite y grandeza de una teología medieval.* Herder, Barcelona 1992.

J. Rassam, *Introducción a la filosofía de Santo Tomás de Aquino.* Rialp, Madrid 1980.

LAS GRANDES ESCUELAS

F. Larroyo, *Historia general de la pedagogía.* Porrúa, México 1950, 3ª ed.

Lorenzo Luzuriaga, *Historia de la educación y de la pedagogía.* Losada, Buenos Aires 1982, 16ª ed

EL RENACIMIENTO

Bartolomé Bennassar Vicens, *La Europa del Renacimiento.* Grupo Anaya, Madrid 1995, 4ª ed.

Jacob C. Burckhardt, *La cultura del Renacimiento en Italia,* org. 1860. Varias ediciones.

Peter Burke, *El Renacimiento.* Editorial Grijalbo, Barcelona 1993.

Denys Hay, editor, *La época del Renacimiento. El amanecer de la Edad Moderna.* Alianza Editorial, Madrid 1988.

LA REFORMA

Ricardo Cerni, *Historia del Protestantismo.* Estandarte de la Verdad, Edimburgo 1992.

Jean Delumeau, *La Reforma.* Labor, Barcelona 1967.

G.R. Elton, *La Europa de la Reforma.* Siglo XXI, México 1981, 4ª ed.

John P. Fisher, *Historia de la Reforma.* CLIE, Terrassa 1984.

Thomas M. Lindsay, *La Reforma,* 2 vols. CLIE, Terrassa 1986.

Heinrich Lutz, *Reforma y Contrarreforma.* Alianza Editorial, Madrid 1994.

George H. Williams, *La Reforma radical.* FCE, México 1983.

MARTÍN LUTERO

James Atkinson, *Lutero y el nacimiento del protestantismo.* Alianza Editorial, Madrid 1971.

Roland H. Bainton, *Martín Lutero.* CUPSA, México 1989.

Federico Fliedner, *Martín Lutero. Emancipador de la conciencia.* CLIE, 1983, 5ª ed.

Hans Lilje, *Lutero.* Salvat, Barcelona 1989.

Heiko Oberman, *Lutero, un hombre entre Dios y el diablo.* Alianza Ed., Madrid 1992.

Joan Busquets, *¿Quien era Martín Lutero?* Sígueme, Salamanca 1986.

Varios, *Lutero ayer y hoy.* Aurora, Buenos Aires 1984.

ZUINGLIO

Zuinglio, *Antología.* PEN, Barcelona 1973.

John T. McNeill, *Los forjadores del cristianismo,* vol. 2. CLIE, Terrassa 1987.

CALVINO
Bernard Cottret, *Calvino: la fuerza y la fragilidad*. Universidad Complutense, Madrid 2002.
Denis Crouzet, *Yo, Calvino*. Ed. Ariel, Barcelona 2001.
Joan Gomis, *Calvino, una vida para la Reforma*. Planeta, Barcelona 1993.
J.T. Hoogstra, J.T. *Juan Calvino, profeta contemporáneo*. CLIE, Terrassa 1974.
C.H. Irwin, *Juan Calvino. Su vida y su obra*. CUPSA / CLIE, edición original 1909.
Thea Van Halsema, *Así fue Calvino*. TELL, Grand Rapids, 1965.

INGLATERRA
Michel Duchein, *Isabel I de Inglaterra*. J. Vergara Editor, Barcelona 1994.
Stephen Neill, *El anglicanismo*. IERE, Madrid 1986.
Andrés Vázquez de Prada, *Sir Tomas Moro, Lord Canciller de Inglaterra*. Rialp, Madrid 1975, 3ª ed.

LA REFORMA EN ESPAÑA
Jesús Alonso Burgos, *El Luteranismo en Castilla durante el siglo XVI*. Swan, Escorial 1983.
Wilfredo Artus, *Los Reformadores españoles del siglo XVI*. Aurora, Buenos Aires 1949.
Gabino Fernández Campos, *Reforma y Contrarreforma en Andalucía*. Editoriales Andaluzas Unidas, Sevilla 1986.
Manuel Gutiérrez Marín, *Historia de la Reforma en España*. PEN, Barcelona 1973.
Ignacio Tellechea Idígoras, *Tiempos recios. Inquisición y heterodoxias*. Sígueme, Salamanca 1997.
M.K. Van Lennep, *La historia de la Reforma en España en el siglo XVI*. TELL, Grand Rapids 1984.
Samuel Vila, *Historia de la Inquisición y la Reforma en España*. CLIE, Terrassa 1977.

BAUTISTAS
Justo C. Anderson, *Historia de los bautistas. Sus bases y principios*. CPB, El Paso 1983.
R.A. Baker, *Los bautistas en la historia*. CBP, El Paso 1972.
-*Compendio de la historia cristiana*. CBP, El Paso 1974.
W.R. Estep, *Revolucionarios del siglo XVI. Historia de los anabautistas*. CBP, El Paso 1975.

HUGONOTES
Octavio Aceves, *La sangre de los hugonotes*. Heptada, Madrid 1991.
Joseph M. Walker, *Los hugonotes. Una larga y amarga senda*. Edicomunicación, Barcelona 1997.

SAVONAROLA
Alvaro Huerga, *Savonarola, reformador y profeta*. BAC, Madrid 1978.
Luis María de Lojendio, *Savonarola. Estudio biográfico*. Espasa-Calpe, Madrid 1945.

CONCILIO DE TRENTO
Hubert Jedin, *Historia del Concilio de Trento,* 4 vols. EUNSA, Pamplona 1981.
J. M. Rovira Belloso, *Trento. Una interpretación teológica*. Facultad de Teología de Barcelona / Herder, Barcelona 1979.

JESUITAS
Jonathan Wright, *Los jesuitas*. Debate, Barcelona 2005.
Alain Woodrow, *Los jesuitas. Historia de un dramático conflicto*. Planeta, Barcelona 1984.

SOCIEDAD DE LOS AMIGOS
Henry Van Etten, *George Fox y los cuáqueros*. Aguilar, Madrid 1963.

EMIGRACIÓN DE LOS PROTESTANTES AL NUEVO MUNDO
Darl N. Degler, *Historia de los Estados Unidos*. Ariel, Barcelona 1986.
Martin E. Marty, *Peregrinos en su propia tierra. Quinientos años de religión en América*. DDB, Bilbao 1987.
Juan A. Ortega y Medina, *La evangelización Puritana en Norteamérica*. FCE, México 1976.

SWEDENBORG Y LA NUEVA IGLESIA
José Antonio Antón Pachecho, *Un libro sobre Swedenborg*. Universidad de Sevilla, Sevilla 1991.
John Howard Spalding, *Introducción al pensamiento religioso de Swedenborg*. Las Américas, Nueva York 1969.
Emmanuel Swedenborg, *Del cielo y el infierno. Introducción y apéndice de Bernhard Lang*. Traducción de María Tabuyo y Agustín López. Siruela, Madrid 2002.

WESLEY Y EL METODISMO
Mateo Lelievre, *Juan Wesley, su vida y su obra*. CNP / CLIE, Terrassa 1988.
Stanley Sowton, *Juan Wesley*. Casa Nazarena de Publicaciones, Kansas City, s/f.
W. McDonald, *El Wesley del pueblo*. CUPSA, México 1985.
Reginald Kissack, *Así era y así pensaba Juan Wesley*. CUPSA, 1984.
Gonzalo Báez-Camargo; *El reto de Juan Wesley a los metodistas de hoy*. CUPSA, 1985.

FILANTROPÍA Y ACCIÓN SOCIAL
Alfonso Ropero Berzosa, "Impacto social del avivamiento", en *Teología bíblica del avivamiento*. CLIE, Terrassa 1999.
Alvin J. Schmidt, *Impacto demoledor. Cómo el cristianismo ha transformado la civilización*. Vida, Miami 2004.

EL EJÉRCITO DE SALVACIÓN
Frederick Coutts, *Siempre en pie de guerra*. CLIE, Terrassa 1977.

EL PROTESTANTISMO EN ESPAÑA
Rafael Arencón Edo, *Nuestra raíces. Pioneros del protestantismo en la España del siglo XIX*. Recursos Ediciones, Barcelona 2000.
Paulo Branco, *Historia del movimiento pentecostal en España*. Jerez, 1993.
Pablo García Rubio, *La Iglesia Evangélica Española*. Publicaciones de la IEE. Barcelona 1994.

Máximo García Ruiz, *Los Bautistas en España*. Universidad Pontífica de Salamanca, Madrid 1989.
Carlos López Lozano, *Precedentes de la Iglesia Española Reformada Episcopal*. Madrid 1992.
José María Martínez, *La España Evangélica ayer y hoy*. CLIE, Terrassa 1994.
David Muniesa Audivert, *Samuel Vila: Una Fe contra un Imperio,* CLIE 1980.
Ana Rodríguez Domingo, *Memorias de la familia Fliedner*. Gayata Ediciones, Barcelona 1997.
Robert Saladrigas, *Las Confesiones no católicas en España*. Península, Madrid 1971.
Francisco Serrano Álvarez, *Contra vientos y mareas. Los sueños de la Iglesia Reformada hechos realidad*. CLIE, Terrassa 2000.
Eliseo Vila Vila, *José Cardona: La defensa de una Fe,* CLIE 1990.
Juan B. Vilar, *Intolerancia y libertad en la España contemporánea*. Ediciones Istmo 1994.
Lidia de Wirtz y Pierce, *Cosecha española*. CLIE, Terrassa 1972.
Carmen Zulueta, *Misioneras, feministas, educadoras*. Castalia, Madrid 1984.

EL PROTESTANTISMO EN LATINOAMÉRICA

Jean-Pierre Bastian, *Historia del protestantismo en América Latina*. CUPSA, México 1986.
-*La mutación religiosa en América Latina*. FCE, México 1997.
Pablo Alberto Deiros, *Historia del cristianismo en América Latina*. Fraternidad Teológica Latinoamericana, Buenos Aires 1992.
Enrique D. Dussel, *Historia General de la Iglesia en América Latina*. 11 tomos. Sígueme, Salamanca 1973-1993.
-*Historia de la Iglesia en América Latina*. Ed. Mundo Negro, Madrid 1992.
Justo L. González, ed. general, *En nuestra propia lengua: Una Historia del Metodismo Unido Hispano*. Abingdon Press, Nashville 1991.
Hans Jurgen Prien, *Historia del Cristianismo en América Latina*. Sígueme, Salamanca 1985.
José Míguez Bonino, *Rostros del protestantismo latinoamericano*. Nueva Creación, Buenos Aires 1995.
Douglas Milmine, *La Comunión Anglicana en América Latina*. Santiago de Chile 1993.
Wilton M. Nelson, *El Protestantismo en Centro América*. Caribe, Miami 1982.
Arturo Piedra, *Evangelización protestante en América Latina (1830-1960),* 2 vols. Ediciones CLAI-UBL, Quito 2000.
Hans-Jürgen Prien, *La historia del cristianismo en América Latina*. Sígueme, Salamanca 1985.
William R. Read y otros, *Avance evangélico en América Latina*. Casa Bautista de Publicaciones, El Paso 1971.
Sidney Rooy, *Misión y encuentro de culturas*. Kairós, Buenos Aires 2001.
David Stoll, *¿América Latina se vuelve protestante?* Ediciones Abya-Yala, Quito 1993.

ARGENTINA

M.A. Hilario Wynarczyk, P. Seman y M. De Majo, *Panorama actual del campo evangélico en Argentina. Un estudio sociológico*. Facultad Internacional de Educación Teológica, Buenos Aires 1995.
Daniel P. Monti, *Presencia del protestantismo en el Río de la Plata durante el siglo XIX*. La Aurora, Buenos Aires 1969.

BOLIVIA

C. Peter Wagner, *The Protestant Movement in Bolivia*. William Carey Library, Pasadena 1970.

BRASIL

Julio Andrade Ferreira, *História da Igreja presbiteriana do Brasil.* Casa Ed. Presbiteriana, São Paulo 1959.

Emilio Conde, *Historia das Assembleias de Deus no Brasil.* Assembleias de Deus, Rio de Janeiro 1960.

E.G. Léonard, *O protestantismo brasileiro: estudio de eclesiologia e historia social.* ASTE, São Paulo 1962.

R. Mariano, Neopentecostais. *Sociologia do novo pentecostalismo no Brasil.* Loyola, Sao Pablo 1999.

F.C. Rolim, *Pentecostais no Brasil: Uma interpretacao sócio-religiosa.* Vozes, Rio de Janeiro 1985.

A. Duncan Reily, *Historia documental do protestantismo no Brasil.* ASTE, São Paulo 1984.

Boanerges Ribeiro, *Protestantismo no Brasil monárquico (1822-1888).* Libraría Pioneira Editora, São Paulo 1973.

Emilio Willems, *Followers of the New Faith: Culture Change and the Rise of Protestantism in Brazil and Chile.* Vanderbilt University Press, Nashville 1967.

CHILE

Christian Lalive d'Epinay, *El refugio de las masas: Estudio sociológico del protestantismo chileno.* Editorial del Pacífico, Santiago de Chile 1969.

Juan Sepúlveda, *De peregrinos a ciudadanos. Breve historia del cristianismo evangélico en Chile.* Fundación Konrad Adenauer / Facultad Evangélica de Teología, Santiago 1999.

Emilio Willems, *Followers of the New Faith: Culture Change and the Rise of Protestantism in Brazil and Chile.* Vanderbilt University Press, Nashville 1967.

COLOMBIA

William Mauricio Beltrán Cely, *Fragmentación y Recomposición del Campo Religioso en Bogotá.* Universidad Nacional de Colombia, Bogotá 2004.

Juana Bucana, *La Iglesia Evangélica en Colombia: Una Historia.* Buena Semilla, Bogotá 1995.

Pablo Moreno, "Reflexiones sobre la historia del Protestantismo en Colombia", en *Marginalidad religiosa. Lectura social y teológica.* Ed Koinonía, Bogotá 1992.

Francisco Ordoñes, *Historia del cristianismo evangélico en Colombia.* Tipografía Unión, Medellín 1956.

COSTA RICA

Wilton M. Nelson, *Historia del protestantismo en Costa Rica.* Publicaciones IINDEF, San José 1983.

CUBA

Reinero Arce y Manuel Quintero, ed., *Carismatismo en Cuba.* Ediciones CLAI, 1997.

Rafael Cepeda, ed., *La herencia misionera en Cuba (1899-1925).* Publ. DEI, San José, Costa Rica 1986.

Caridad Massón Sena, *La Iglesia presbiteriana de Cuba. Una contextualización de la Fe (1959-1968).* Centro de Investigación y Desarrollo de la Cultura Cubana "Juan Marinello", La Habana 2004.

-*El Pentecostalismo en Cuba: su visión desde el Municipio.* Centro de Investigación y Desarrollo de la Cultura Cubana "Juan Marinello", La Habana 2004.

Rafael Cepeda, ed., *La herencia misionera en Cuba.* DEI, San José, Costa Rica 1986.

Juan Antonio Monroy, Frank País. *Un líder evangélico en la Revolución Cubana.* Madrid 2003.

Jorge Ramírez Calzadilla, *Las relaciones Iglesia-Estado y Religión-Sociedad en Cuba*. DESR / CIPS, La Habana 1998.

Marcos Antonio Ramos, *Panorama del protestantismo en Cuba*. Caribe, Miami 1986.

ECUADOR

Washington Padilla, *La Iglesia y los dioses modernos: historia del protestantismo en el Ecuador*. Corporación Editora Nacional, Quito 1989.

MÉXICO

Jean-Pierre Bastian, *Los disidentes, sociedades protestantes y Revolución en México, 1872-1911*. FCE, México 1989.

Roberto Blancarte, *Historia de la Iglesia católica en México*. FCE, México 1992.

R. Douglas Breckenridge y otros, *Iglesia Presbiteriana: A History of Presbyterians and Mexican Americans in the Southwest*. Trinity University Press, San Antonio, Texas 1987.

Hugo Esponda, *El presbiterianismo en Chiapas, orígenes y desarrollo*. El Faro, México, 1986.

Donald McGavran, *El crecimiento de la Iglesia en México*. CUPSA, México 1966.

Carlos Monsiváis y otros, *Las Iglesias evangélicas y el Estado mexicano*. CUPSA, México 1992.

Rubén Ruíz Guerra, *Hombres nuevos. Metodismo y modernización en México (1873-1930)*. CUPSA, México 1992.

VV.AA., *Relaciones Iglesia-Estado. Encuentros y desencuentros*. Secretaría de Gobernación, México 2001.

NICARAGUA

David Haslam, Faith in Struggle. *The Protestant Churches in Nicaragua & their Response to Revolution*. Londres 1987.

PERÚ

Juan B. A. Kessler, *Historia de la evangelización en el Perú*. Librería "El Inca", Lima 1985.

PARAGUAY

Rudolf Plett, *El protestantismo en el Paraguay. Su aporte cultural, económico y espiritual*. Facultad Latinoamericana de Estudios Teológicos, Paraguay 1987.

-*Presencia menonita en el Paraguay*. Instituto Bíblico Asunción, Paraguay, 1979.

PUERTO RICO

Nélida Agosto Cintrón, *Religión y cambio social en Puerto Rico (1898-1940)*. Ateneo Puertorriqueño-Ediciones Huracán, Río Piedras 1996.

Ángel Luis Gutiérrez, *Evangélicos en Puerto Rico en la época española*. Editorial Chari-Puerto Rico Evangélico, Inc.-Seminario Evangélico de Puerto Rico, Guayanabo 1997.

Samuel Silva Gotay, *Protestantismo y política en Puerto Rico 1898-1930. Hacia una historia del protestantismo evangélico en Puerto Rico*. Ed. Universidad de Puerto Rico, Río Piedras 1997).

Joaquín Vargas, *Los Discípulos de Cristo en Puerto Rico: albores, crecimiento y madurez de un peregrinar de fe, constancia y esperanza, 1899-1987*. DEI, San José, Costa Rica 1988.

-*Una Iglesia Triunfante: 50 Años de Historia de la Iglesia de Dios "Mission Board" Puerto Rico*. Church of God, Puerto Rico 1994.

Apéndices

REPÚBLICA DOMINICANA

Cornelio Hegeman, "Iglesia Dulce": Una Historia de la Iglesia Cristiana Reformada Incorporada en la República Dominicana: 1976-1986. Editora Educativa Dominicana, Santo Domingo 1987.

Alfonso Lockward, Intolerancia y libertad de cultos en Santo Domingo. DELE, Santo Domingo 1993.

PENTECOSTALES Y CARISMÁTICOS

Carlos Brumback, ¿Qué quiere decir esto? Vida, Miami 1987.

W. Bühme, *Explosión carismática*. CLIE, 1996.

D.W. Dayton, *Raíces teológicas del pentecostalismo. Nueva Creación*. Grand Rapids 1991.

W. DeArteaga, *Apagando el Espíritu*. Carisma, Santa Fe 1997.

David J. Du Plessis, *El Espíritu me ordenó que fuera*. Logos International, Plainfield 1971.

Walter Hollenweger, *El Pentecostalismo: Historia y Doctrinas*. La Aurora, Buenos Aires 1976.

C.E. Hummel, *Fuego en la chimenea. El movimiento carismático contemporáneo*. Caribe, Miami 1990.

Jack Matlick, *Entendiendo el movimiento carismático*. Ed. Las Américas, México 1992.

Vinson Synan, *En los postreros días*. Vida, Miami 1987.

Vinson Synam, *El siglo del Espíritu Santo*. Peniel, Buenos Aires 2006.

C. Peter Wagner, *¡Terremoto en la Iglesia! La nueva reforma apostólica*. Betania, Nashville 2000.

F. Bartleman, Azusa Street. *El avivamiento que cambió el mundo*. Ed. Peniel, Buenos Aires 2006.

PENTECOSTALES EN LATINOAMÉRICA

Carmelo Álvarez, ed., *Pentecostalismo y liberación: Una experiencia latinoamericana*. Editorial DEI, San José, Costa Rica 1992.

Reinero Arce y Manuel Quintero, ed., *Carismatismo en Cuba*. Ediciones CLAI, 1997.

Bárbara Boudewijnse, André Droogers y Franz Kamsteeg, eds., *Algo más que opio: Una lectura antropológica del pentecostalismo latinoamericano y caribeño*. Editorial DEI, San José, Costa Rica 1991.

Francisco Cartaxo Rolim, *Pentecostais No Brasil: Una Interpretacão Socio-Religiosa*. Vozes, Petropolis 1985.

D'Epinay, Christian Lalive, *El refugio de las masas: Estudio sociológico del movimiento pentecostal en Chile*. Editorial del Pacífico, Santiago de Chile 1969.

Victor DeLeón, *The Silent Pentecostals: A Biographical History of the Pentecostal Movement Among Hispanics in the Twentieth Century*. Faith Printing Company, Taylors, South Carolina 1979.

Roberto Domínguez, *Pioneros de Pentecostés,* 3 vols. CLIE, 1990.

Cornelia Butler Flora, *Pentecostalism in Columbia*. Fairleigh Dickinson University Press, Rutherford 1976.

Manuel Gaxiola Gaxiola, *La Serpiente y la Paloma. Historia de la Iglesia Apostólica de la Fe en Cristo Jesús de México*. William Carey Library, South Pasadena, California 1970.

Benjamín Gutiérrez, ed., *En la fuerza del Espíritu*. AIPRAL / CELEP, Guatemala 1995.

W.C. Hoover, *Historia del Avivamiento Pentecostal en Chile*. Imprenta Excelsior, Valparaíso 1948.

Darío López, *Pentecostalismo y transformación social*. Ediciones Kairós, Buenos Aires 2000.

David Martin, *Tongues of Fire: The Explosion of Protestantism in Latin America*. Basil Blackwood, Oxford 1990.

Caridad Massón Sena, *El Pentecostalismo en Cuba: su visión desde el Municipio*. Centro de Investigación y Desarrollo de la Cultura Cubana "Juan Marinello", La Habana 2004.

Douglas Peterson, *Not by Might Nor by Power: A Pentecostal Theology of Social Concern in Latin America*. Regnum, Oxford 1996.

Richard Shaull y Waldo Cesar, *Pentecostalism and the Future of the Christian Churches: Promises, Limitations, Challenges*. Eerdmans, Grand Rapids 2000.

Eldin Villafañe, *The Liberating Spirit: Toward an Hispanic American Pentecostal Social Ethic*. Eerdmans, Grand Rapids 1993.

Everett A. Wilson, "Hispanic Pentecostalism", pp. 390-400, en Burgess y McGee, *Dictionary of Pentecostal and Charismatic Movements*. Zondervan, Grand Rapids 1988.

RENOVACIÓN CARISMÁTICA CATÓLICA

Salvador Carillo Alday, *Y fueron llenos del Espíritu Santo*. Sereca, Madrid 1994.

-*La Renovación Carismática y las Comunidades Religiosas*. Instituto de Sagrada Escritura, México 1975.

Patti Gallagher Mansfield, *Como en un nuevo Pentecostés. El comienzo de la Renovación Carismática Católica*. Sereca, Madrid 1994.

Diego Jaramillo, *Historia de la Renovación Carismática Católica*. Centro Carismático Minuto de Dios, Bogotá 1997.

Edward D. O´Connor, *La renovación carismática en la Iglesia católica*. Lasser Press Mexicana, México 1973.

Kevin y Dorothy Ranaghan, *Pentecostales católicos*. Logos International, Plainfield 1971.

Cardenal Suenes, *¿Un nuevo Pentecostés?* DDB, Bilbao 1977.

FUNDAMENTALISMO EVANGÉLICO

Ed Dobson, Ed Hindson y Jerry Falwell, *The Fundamentalist Phenomenon*. Baker, Grand Rapids 1986, 2ª ed.

Louis Gasper, *The Fundamentalist Movement, 1930-1956*. Baker, Grand Rapids 1963.

George M. Marsden, *Fundamentalism and American Culture, 1870 – 1925*. Oxford University Press, Nueva York 1980.

-*Understandig Fundamentalism and Evangelicalism*. Eerdmans, Grand Rapids 1991.

-*Reforming Fundamentalism*. Eerdmans, Grand Rapids 1994.

SOCIALISMO Y COMUNISMO

Isabel de Cabo, *Los socialistas utópicos*. Ariel, Barcelona 1995.

Jacques Droz, *Historia general del socialismo*. Ediciones Destino, Barcelona 1976.

Irving Fetscher, dir., *El socialismo. De la lucha de clases al Estado providencia*. Plaza & Janés, Barcelona 1984.

Juan Roger Riviere, *Historia de los movimientos sociales*, C.E.C.A., Madrid 1971.

SOCIALISTAS Y CRISTIANOS

Jacques Droz, *Historia general del socialismo*. Ediciones Destino, Barcelona 1976.

J. Messner, *El experimento inglés del socialismo*. Rialp, Madrid 1957.

Mate Fierro, *Cristianos por el socialismo*. EVD, Estella 1975.

Pablo Richard, *Cristianos por el socialismo, historia y documentación*. Sígueme, Salamanca 1976.

Roger Vekemans, *Teología de la liberación y cristianos por el socialismo*. CEDIAL, Bogotá 1976.

IGLESIAS ORTODOXAS

Ángel Santos Hernández, *Iglesias de Oriente. I. Puntos específicos de su teología*. Univ. Pont. Salamanca, Sal Terrae, Santander 1959.

Vladimir Soloviev, *Rusia y la Iglesia Universal*. Librería Editorial Santa Catalina, Buenos Aires 1936.

Nicolás Zernov, *Cristianismo oriental.* Guadarrama, Madrid 1962.

SECULARIZACIÓN
Harvey Cox, *La religión en la ciudad secular.* Sal Terrae, Santander 1985.
Giacomo Marramao, *Cielo y tierra. Genealogía de la secularización.* Paidós, Barcelona 1998.

IGLESIA CATÓLICA CONTEMPORÁNEA
Gonzalo Redondo, *La Iglesia en el mundo contemporáneo,* 2 vols. EUNSA, Pamplona 1979.
Henri Verbist, *Las grandes controversias de la Iglesia contemporánea.* Plaza & Janés, Barcelona 1973.
Fernando García de Cortázar, *Los papas y la Iglesia del siglo XX.* Debolsillo, Madrid 2005.
José Orlandis, *La Iglesia católica en la segunda mitad del siglo XX.* Ed. Palabra 1998.

CRISTIANISMO Y TOTALITARISMO
Jacques Baynac, *El terror bajo Lenin.* Tusquets Editor, Barcelona 1978.
John Conway, *La persecución religiosa de los nazis (1933-45).* Plaza & Janés, Barcelona 1973.
Jean-François Revel, *La tentación totalitaria.* Plaza y Janés, Barcelona 1976.
Anthony Rhodes, *El Vaticano en la era de los dictadores.* Editorial Euros, Barcelona 1975.
José M. García Pelegrín, *La Rosa Blanca. Los estudiantes que se alzaron con Hitler.* Libroslibres, Madrid 2006.

CONCILIO VATICANO II
Documentos del Vaticano II. Constituciones, Decretos, Declaraciones. BAC, Madrid 1975.
René Latourelle, ed., *Vaticano II. Balance y perspectivas.* Sígueme, Salamanca 1990.
J. Olaechea, *El Vaticano II.* Fax, Madrid 1963.
Santiago Madrigal, *Memoria del Concilio Vaticano II.* DDB, Bilbao 2005.
Josep María Rovira Belloso, *Vaticano II: un Concilio para el tercer milenio.* PPC, Madrid 1997.

JUAN PABLO II
Juan Arias, *Un Dios para el papa.* Grijalbo, Barcelona 1996.
Eusebio Ferrer, *Juan Pablo II: pregonero de la verdad.* DDB, Bilbao 764.
José Ramón Garitagoitia, *El legado social de Juan Pablo II.* EUNSA, Pamplona 2004.
Manuel Hidalgo Huerta, *Juan Pablo II: un hombre extraordinario.* Biblioteca Nueva, Madrid 2005.
José Manuel López Vidal, *Habemus Papam: de Juan Pablo II al Papa del Olivo.* Foca, Madrid 2003.
Javier Pérez Pellón, *Wojtyla, el último cruzado. Un papado medieval en el fin del milenio.* Temas de Hoy, Madrid 1994.
James L. Stanfield, *Juan Pablo II: el guerreo de la paz.* National Geographic 2005.
George Weigel, *Pablo II: Testigo de la esperanza.* Plaza & Janés, Barcelona 2003.
Giancarlo Zizola, *La otra cara de Wojtyla.* Tirant Lo Blanch, Valencia, 2005.

BENEDICTO XVI
Joseph Ratzinger, *Mi Vida. Recuerdos (1927–1977).* Ed. Encuentro, Madrid 1997.
George Weigel, *La elección de Dios. Benedicto XVI y el futuro de la Iglesia.* Criteria, Madrid 2006.

CIENCIA Y FE

Ian G. Barbour, *Problemas sobre religión y ciencia*. Sal Terrae, Santander 1971.
-*Encuentro entre ciencia y religión, ¿rivales desconocidas o compañeras de viaje?* Sal Terrae, Santander 2004.
-*Religión y ciencia*. Trotta, Madrid 2004.
Rafael Alemán Berenguer, *Evolución y creación. Entre la ciencia y la creencia*. Ed. Ariel 1996.
John C. Polkinghorne, *Ciencia y Teología*. Sal Terrae, Santander 2000.
John C. Whitcomb y H.M. Morris, *El Diluvio del Génesis. El Relato Bíblico y sus implicaciones científicas*. CLIE, Terrassa 1982.
Denis Edwards, *El Dios de la evolución*. Sal Terrae, Santander 2007.
Phillip E. Johnson, *Proceso a Darwin*. Portavoz, Grand Rapids 1995.
Denyse O´Leary, *Diseño o casualidad*. CLIE, Viladecavalls 2008.

ECUMENISMO

C. y J.G.Bodmer-de Traz; A. Bea; M. Boegner; W.A. Visser't Hooft; N. Nissiotis y O. Cullmann, *El movimiento ecuménico*. Ed. Península, Barcelona 1968.
Juan Bosch Navarro, *Diccionario de ecumenismo*. Ed. Verbo Divino, Estella 1998.
Théodore Buss, *El movimiento ecuménico*. Ed. Hisból, La Paz 1997.
-*El movimiento ecuménico en la perspectiva de la liberación*. CLAI, Quito 1996.
O. Cullmann y O. Karrer, *Unidad en Cristo*. Sígueme, Salamanca 1967.
Heinrich Fries, *El diálogo con los cristianos protestantes en el pasado y en el presente*. Ed. Marfil, Alcoy 1969.
K. Rahner, *La unión de las Iglesias*. Herder, Barcelona 1987.
Juan A. Mackay, *Las Iglesias latinoamericanas y el movimiento ecuménico*. CUPSA, México 1989, 2ª ed.
Dafne Sabanés Plou, *Caminos de unidad: Itinerario del dialogo ecuménico en América Latina 1916-1991*. CLAI, Quito 1994.
José Sánchez Vaquero, *Ecumenismo*, Salamanca 1979.
Julio de Santa Ana, *Ecumenismo y liberación*. Paulinas, Madrid 1987.
Gustavo Thils, *Historia doctrinal del movimiento ecuménico*. EUNSA, Pamplona 1976.

TEOLOGÍAS DE LA LIBERACIÓN

Armando Bandera, *La Iglesia católica ante el proceso de liberación*. BAC, Madrid 1975.
Alberto Barrientos, *Teología de la liberación. Una respuesta pastoral*. Unilit, Miami 1991.
Phillip Berryman, *Teología de la Liberación*. Ed. Siglo XXI, México 1989.
José María Castillo, *Los pobres y la teología. ¿Qué queda de la teología de la liberación?* DDB, Bilbao 1997.
Samuel Escobar, *La fe evangélica y las teologías de la liberación*. CBP, El Paso 1987.
-*Evangelio y realidad social*. EMH, El Paso 1988.
Gustavo Gutiérrez, *Teología de la liberación. Perspectivas*. Sígueme, Salamanca 1990.
Michael Löwy, *Guerra de Dioses*. Ed. Siglo XXI, México 1999.
Felicísimo Martínez Diez, *Teología latinoamericana y teología europea. El debate en torno a la liberación*. Paulinas, Madrid 1989.
Martínez Manuel Mercader, *Cristianismo y revolución en América Latina*. Editorial Diógenes, México 1974.

Emilio A. Núñez, *Teología de la liberación. Una perspectiva evangélica*. Caribe, Miami 1988, 3ª ed.
Julio de Santa Ana, *Ecumenismo y liberación*. Paulinas, Madrid 1987.

EL SIGLO DE LOS MÁRTIRES

James y Marti Hefley, By Their Blood. *Christian Martyrs of the 20th Century*. Baker Book House, Grand Rapids 1989, 3ª ed.
José Luis Irizar Artiach, *Mártires, testigos que comprometen (1950-2000)*. Edibesa, Madrid 2000.
Irina Osipova, *Si el mundo os odia. Mártires por la fe en el régimen soviético*. Ediciones Encuentro, Madrid 1998.
Andrea Riccardi, *El siglo de los mártires*. Plaza & Janés Editores, Barcelona 2001.
Alfonso Ropero, *Historia general de las persecuciones*. CLIE, Terrassa prox. pub.
Antonio Socci, *Los nuevos perseguidos*. Editorial Encuentro. Madrid 2003.
Richard Wurmbrand, *Torturado por Cristo*. CLE, Santa Fe de Bogotá, Colombia 1967.

ÍNDICE DE NOMBRES Y MATERIAS

A

Abelardo.
    Su nacimiento, 168.
    Su fama, 168.
    Sus infortunios, 169.
    Su Teología, 169.
    Sus obras, 169.
Abisinia.
    La Iglesia en, 104.
Abrams, Minnie F., 433.
Adopcionismo, 124.
África.
    La Iglesia en, 104.
    Las misiones en, 334.
Agustín de Hipona, Padre de la iglesia Latina, 67.
Ailly, heraldo del protestantismo, 181.
Albigenses, los, 148-149.
Albricias, Francisco, 374.
Alcuino,
    Varón sabio, 137.
    La lumbrera más grande de la corte, 137.
Alejandría, la escuela de, 57.
Alejandro, obispo de Alejandría, 64.
Alemania, primeros evangelizadores de, 105.
Alfaro, Eloy, 380.
Alford, el deán, literato anglicano eminente, 303.
Alfredo el Grande, protector del saber, 136 y 145.
Al-Gazel, sabio árabe, 161.
Alianza evangélica, La, 328-329 y 426.
Alves, Rubem, 455.
Amigos de Dios, los, 186-187.
    Sociedad de los, 256.
Andrea, Juan Valentino, 266.
Angelelli, Enrique, 405.
Anscario, el misionero, 138-139.
Antioquía, la escuela de, 57 y 64.
Antropología, 78 y 125.
Apócrifos, de los escritos, 74-76.
Apolinar, el hereje, 66-67.
Apologistas.
    De la Iglesia primitiva, 54-56.
    En contra del deísmo, 263.
Apóstatas, 89.
Apóstoles,
    Escena de los trabajos de los, 33-35.
Aquino, Tomás de, 153, 158, 161, 166 y 318.
Arce, Sergio, 366-367 y 455.
Ariztía, Fernando, 369.
Arminio y el Sínodo de Dort, 270-271.
Arnaldo de Brescia, 145-148 y 169.
Arndt, el místico, 266.
Artes.
    En la Edad Media, las, 135 y 155-157.
    En los templos, 155.
Asamblea de Westminster, 254.
Asia, el cristianismo en, 470.
Asociación de Indígenas Evangélicos del Chimborazo (AIECH), 381.
Assmann, Hugo, 368 y 455.
Atenágoras I, 54 y 400.
Averroes, el filósofo árabe, 161.
Aviñón.
    Lugar de la "Cautividad de Babilonia", 173.
    El papa en, 181, 191 y 225.
Avivamiento.
    Bajo los hermanos Haldane, 312-313.
    Metodista, el, 295, 342 y 432.

B

Bacon, 262.
Báez Camargo, Gonzalo, 386.
Baggio, Sebastiano, 406.
Balmes, Jaime, 264.
Barnardo, Thomas, 338.
Baronio, el cardenal bibliotecario del Vaticano, (f. 1607), 315.
Barrow Isaac, teólogo anglicano, 302.
Barth, Karl, 364, 398 y 444.
Bartolomé I, 409.
Basilea.
    Concilio de, 192.
    Centro importante, del protestantismo, 208.
    Calvino en, 210.

Erasmo en, 223.
Basílides, gnóstico judío, (f. el año 130 de nuestra era), 49 y 51.
Bastian, Jean-Pierre, 370, 378, 380, 386 y 436.
Baxter, Richard, 304-306.
Bea, Cardenal Agustín, 446.
Becket, Tomás, 149-151.
Beda, el Venerable, 107 y 136-137.
Bell, George K.A., 444.
Bellamy, Edward, 364.
Benedictinos, Orden de los, 152.
Benedicto XVI, 412-416 y 458.
Benito de Nursia, 100 y 152.
Bennet, Dennis, 429.
Berdiaev, Nicali, 363-364.
Berg, Daniel, 432.
Bernardo de Clairvaux, fortalece la orden de los benedictinos, 152.
Bertoldo de Ratisbona, 157.
Besson, Pablo, 390.
Betto, Frei, 407.
Beza, Teodoro, 212-213.
Biblia.
  La traduce Lutero, 199.
  Wyclif traduce el Nuevo Testamento, 214.
  Se publica, 217.
  Versiones españolas de la, 479-485. Apéndice 2.
  La versión autorizada inglesa, 253.
  El racionalismo la ataca, 280.
  La revisión de la, 253.
Birmania. Las misiones en, 332.
Bismark y el papa, 320.
Blair, Tony, 404.
Bliss, W.D.P., 364.
Blumhart, J.C., 366.
Bodelschwingh, Friedrich von, 397.
Boff, Leonardo, 404, 407, 412, 458 y 468.
Bohemia.
  La Reforma en, 239.
  Los husitas de, 275-276.
Bolena, Ana, 215-218.
Bolívar, Simón, 379.
Bonhoeffer, Dietrich, 398 y 468.
Borrow, George, 371 y 441.
Bosio, Antonio, 94 y 96.
Bossuet, Jacobo Benigno, 264.
Bourgeois, Patrick, 430.
Bretaña, Gran,
  El cristianismo en la, 105.
  Independencia de la Iglesia de la, 144.
  Conflicto de las razas en la, 143-144.
Bryan, William Jennings, 459.
Buffard, Percy J., 376.
Bula. Lutero quema la bula del papa, 196.
Bulgakov, Sergei, 363-364 y 418.
Bulgaria.
  Los apóstoles de, 139-140.
  Las misiones en, 333-334.
Bultmann, Rudolf, 394
Bunyan, Juan, 307-308.
Bush, George W., 404.
Butler.
  Guillermo, 388.
  El obispo José, famoso autor, 303.

C

Cabrera, Juan Bautista, 347 y 372-373.
Calas, la familia, 286-287.
Calderón, Juan, 371-372.
Calvino, Juan, 209-213, 221, 225-226, 230, 234, 255, 270 y 283.
Cámara, Helder, 400 y 407.
Camisardos, los, 286.
Campanella, 357.
Campus Crusade for Christ, 426.
Canon.
  Del Antiguo Testamento, 72.
  Del Nuevo Testamento, 72 y 73.
  Aceptación general del, 73.
Canstein, famosa edición de la Biblia, 274.
Capelo, la batalla de, 208-209.
Capillas, se multiplican las, 135.
Cardenal, Ernesto, 400 y 405.
Cardona Gregori, José, 374-375.
Caridad en la Iglesia primitiva, 90.
Carlomagno.
  El reinado de, 112-115.
  Ejemplo de, 115.
  Los sucesores de, 115-116.
  Las escuelas de, 122-124.
  Se afana por la música, 134.
  Literatos de la corte de, 137.

Carlos.
- I y la revolución, 253-254.
- I de acuerdo con Laud, 300.
- I obliga a los escoceses a que acepten la liturgia, 254.
- II y su reinado, 259-260.
- V, 154, 180, 196, 215, 222-223, 231-232, 235 y 255.
- IX, 213 y 226.
- Martel, 113.

Carlyle, Tomás. Lo que dice de Lutero, 197, 335 y 345.

Carolingios, los últimos emperadores, 115-117.

Carpócrates, su relación con los despojos del Budismo, 50.

Carranza, Bartolomé de, 235-236.

Carrasco, Antonio, 372-373.

Casaldáliga, Pedro, 407.

Casalis, Georges, 368.

Castro.
- Emilio, 380, 386 y 449.
- Fidel, 366-367 y 454.

Catacumbas.
- La Iglesia en las, 93-98.
- Descubrimiento de las, 94.
- Antonio Bosio y otros descubridores, 94.
- La Biblia en las, 95-96.
- La doctrina cristiana en las, 96.
- Emblemas y sugestiones en las, 96-97.

Catalina de Aragón y Enrique VIII, 215-216 y 218.

Cátaros, los, perseguidos, 149.

Catecismos.
- Mayor y Menor, 199 y 254.
- De Lutero, 240.

Catedrales de la Edad Media, 135.

Catolicismo romano en Inglaterra, 323-324.

Católicos Antiguos, los, 325-327.

"Cautividad de Babilonia", la, 173.

Celibato del clero, ordenado por el papa, 142 y 219.

Celso, enemigo del cristianismo, 52, 54-55 y 91.

Cena del Señor, 44, 79, 89, 125 y 207.
- Opiniones de la Iglesia sobre la, 207.
- Opinión de Zuinglio, 206-207 y 264.

Cerinto, gnóstico judío, 49.

Chafer, Lewis Sperry, 427.

Champeaux, Guillermo de, 168.

Chateaubriand, 365.

Che Guevara, Ernesto, 454.

Chillingworth, Guillermo, 301.

China, misiones en, 174, 250-251, 332, 338 y 433.

Christenson, Larry, 429.

Church, John, 381.

Cipriano, obispo de Cartago, 55, 57, 70, 79, 82, 84 y 89-91.

Cisma
- de Felicísimo, 70.
- de Novaciano, 70.
- Donatista, 70-71.
- Melesiano, 71.
- Entre el Oriente y el Occidente, 141-143.
- En el papado, 173.
- El papado doble, 191-192.
- De Erskine, 311-313.

Civilización griega y romana, 35.

Claver, Pedro, 251.

Clemanges, Nicolás, 182.

Coke, Tomás, 291.

Comisión Evangélica Latinoamericana de Educación Cristiana (CELADEC), 450.

Comité de Cooperación en América Latina (CCLA), 450.

Conferencia Evangélica Latinoamericana (CELA), 449.

Conferencia Internacional sobre Población y Desarrollo, 407.

Confraternidad Evangélica Latinoamericana (CEL), 452.

Concilio.
- De Nicea, 65, 69, 71, 76-77, 80 y 82-83.
- De Sardis, 65.
- De Constantinopla, 65 y 142.
- De Calcedonia, 124.
- De Trento, 73, 204, 231, 235, 247, 327, 399 y 400.
- De Laodicea, 83.
- De Elvira, 88-89.
- De Orleáns, 115.
- De París, 115.
- De Pavía, 132.

Segundo Trullano, 76 y 142.
De Lyón, 143 y 153.
Los Concilios Reformadores, 174 y 191-192.
Del Vaticano, 324, 355, 359, 386, 391, 394, 398-400, 402, 404, 410, 416, 431, 445-446, 449, 453 y 455.
Confesión,
Helvética, 208 y 241.
la segunda Helvética, 213.
Galicana, 225.
de Augsburgo, 201, 204, 213, 239-241 y 267.
de Escandinavia, 348.
Congar, Yves, 412 y 446.
Congreso Latinoamericano de Evangelización (CLADE), 452.
Consejo Episcopal Latinoamericano (CELAM), 456.
Consejo Latinoamericano de Iglesias (CLAI), 453.
Constantino el Grande, 58-61, 65, 71, 81, 83 85, 87, 102, 107, 113, 118 y 319.
Constantinopla.
La nueva Roma, 84.
La toma de, 188.
Constituciones apostólicas, las, 75 y 89.
Controversias.
Sobre la naturaleza divina de nuestro Salvador, 64-66.
Posteriores, 66-69.
De la Edad Media, 124 y 167.
sobre los hábitos, 255.
en Alemania, 265 y 271.
Copeland, Kenneth, 435.
Corán, 120-121, 161 y 469.
Cosmología, 78.
Costumbres de los cristianos, 90-93 y 108.
Couturier, Paul, 445.
Cranmer, Thomas, 216-218, 231, 255 y 301.
Cristianismo.
El paganismo y el, 35-36.
Obstáculos para el, 37-38.
Actitud del judaísmo para con él, 39-41.
Hostilidad de los judíos, 41-42.
últimos esfuerzos por destruir el, 43-44.
Ataque literario de los paganos contra el, 51-54.

Triunfo del, 53-54.
Conversión de Constantino al, 58-59.
Propagación del, 102-106.
Cristología, 77-78.
Crítica bíblica, 298 y 316.
Cromwell y la República, 257-259.
Crucigero, 205.
Cruz Roja, 337 y 340-341.
Cruzadas, las, 111, 143, 153-154, 156-160 y 410-411.
Cullmann, Oscar, 400.
Culto cristiano.
Simplicidad del, 44.
Orden del, 44.
Especiales, 86-87.
El sermón, 133.
Música en el, 133-135.
Himnología en el, 134 y 158.
De María, 317-318.
Público, 85-88, 134 y 157
Cultura.
En la Iglesia primitiva, 56.
Bajo Carlomagno, 122-123.
En los monasterios, 154-155.
Durante la Reforma, 188-191.
En la Iglesia católica romana, 315-317.

D

Dante.
habla de sacerdotes de su tiempo, 171.
Darby, John Nelson, 375 y 427.
Darrow, Clarence, 459.
Darwin, Charles, 421, 459-462 y 464.
De Bonald, 365.
De Lubac, H., 413.
Decretales, las falsas, 117-119.
Deísmo en Inglaterra, el, 261-264.
Deístas, escritores, 262-263.
Deloufeu, Manuel, 389.
Demetrio I, 403 y 409.
Descubrimiento de las catacumbas, 94.
Despotismo religioso en España, 231-232.
Diaconado, era un orden y oficio, el, 48.
Diaconisas, las, 48, 337-338.
Dinamarca.
Se convierte al cristianismo, 138.

ÍNDICE DE NOMBRES Y MATERIAS

La Reforma en, 238-239.
Misiones modernas en, 331.
Disciplina eclesiástica, la, 59, 71, 88 y 130.
Disensiones entre los protestantes, 267.
Dixon, Amzi Clarence, 423.
Doctrinas.
    De la Iglesia primitiva, 35, 48, 50-52, 55, 57-58, 60, 69, 72, 76-80, 83-84, 98 y 103.
    En las catacumbas, 96.
    Divergencia de, 142.
    De la Alianza evangélica, 328.
Dollinger y la infalibilidad, 316 y 326.
Dominicos, los frailes, 183 y 228.
Donato, el cismático, 71.
Dort, el Sínodo de, 270-271.
Dostoyevski, Fiodor, 416.
Dramas religiosos, 170.
Du Plessis, David, 431.
Dunant, Henri, 340-342.
Dupuis, Jacques, 412.

E

Ebeling, Gerhard, 408.
Ebionismo y gnosticismo, 48-51.
Ebionitas, 48-19 y 74.
Eckhart, el Maestro, 183-184.
Edad Media.
    Importancia de la, 111.
    Los tres períodos de la, 111-112.
    La transición literaria en la, 112.
Eduardo.
    III defiende a Wicliff, 214.
    VI, reacción bajo, 218.
Educación de la niñez, 88.
    Bajo los auspicios de la Iglesia, 334.
    Alfredo el Grande la promueve, 136 y 145.
    Influencia de Guillermo de Champeaux en la, 168.
    En la Iglesia ortodoxa de Rusia, 287.
Ejército de salvación, el, 345-346.
Elipando, arzobispo de Toledo, 124-125.
Eloísa y Abelardo, 169.
Emigración de los protestantes, 269 y 272.
Enrique.
    IV y Gregorio, 128-129.
    II de Inglaterra, 149-150.
    VIII, 180, 214-219, 223, 254-255 y 257.
    IV, de Francia, 227.
Ensayos y Revistas, 297.
Episcopado, Esfuerzos por introducirlo en Escocia, 309.
Episcopio, el censurante, 270-271.
Erasmo, 190, 202, 208, 215-217, 223-224, 232, 255 y 298.
Erfurt, la Universidad de, 194.
Escandinavia.
    La Reforma en, 238-239.
    La evangelización de, 105.
Esclavitud, la, 38 y 46.
    Abolición de la, 336 y 364.
Escolasticismo, 111, 165-167, 181, 185-186, 190 y 316.
Escotistas, 166.
Escritores.
    En contra del cristianismo, 52.
    De la Edad Media, 136-137.
    Deístas, 262.
    Apologéticos, 263.
Escritos.
    Apócrifos, 74-75.
    Epistolares, 91.
Escritura.
    Y la tradición, 72-74.
    Copias de la Sagrada Escritura, 90 y 136.
    En las catacumbas, 95-96.
    Circulación de la, 123.
    Propagación de la, 226, 229 y 423.
    La explican los judíos, 164.
    La religión se debe enseñar con la, 56.
    Gerson apela a la, 181-182.
    El Renacimiento aumenta el interés en la, 190.
Escuela.
    De Alejandría, 57.
    De Antioquía, 57 y 64.
    Norteafricana, 57.
    Dominical, 329-330, 390, 423 y 433.
    De Chautauqua, 330.
    Públicas, 122, 296, 330, 422 y 462-463.
    De Alfredo y Carlomagno, 171.
    Las grandes, 172.
    De San Víctor, 185-186.
    De la Iglesia, 168.

Espíritu Santo.
    La doctrina del, 78.
    Procesión del, 124.
    Controversias respecto del, 124.
Estados Unidos de América, la Reforma benefició a los, 241-242.
Estonianos, los, fueron bautizados a la fuerza, 141.
Europa, propagación del cristianismo en, 102-103 y 106-108.
Evangelistas, 47, 91, 222, 346, 392, 426 y 452.
Evangelización de las naciones, la, 102.
Exegetas judíos, 164.

F

Faithfull, Charles, 375
Fárel y Calvino, 209-212.
Fe de Lutero, la, 200-201.
Federico Barbarroja, 147, 159 y 162.
Felicísimo, el cismático, 70.
Félix, obispo de Urgel, 124-125.
Feudal, las cruzadas abolieron el sistema, 160.
Fiestas.
    Semanales, 85-86.
    Anuales, 86.
    Días de fiesta, 132-133.
Filantropía en Inglaterra y Alemania, 336-342.
Filioque, controversia sobre la procesión de, 124.
Filosofía.
    Griega, decaimiento, de la, 36.
    Árabe, 161-162.
    Judaica, 164.
    Escolástica, 165-167.
Finlandia, conquista de, 141.
Fletcher, Juan, colaborador de Wesley, 291.
Fliedner, Federico, 373-374.
Flores, José, 233 y 375.
Forrest, Tomás, 431.
Forster, 205.
Fosdick, Harry Emerson, 424.
Fox, Jorge, 256.
Francescon, Luigi, 432.
Francia.
    Y el papado, 191-192.
    Francisco I de, 225.
    Influencia de Calvino en, 212.
    Fracasan los Reformadores en, 182.
    La Reforma en, 224-227.
    La evangelización de, 103.
Francke, el pietista, 338.
Franco, Francisco, 374.
Fraternidad Teológica Latinoamericana (FTL), 452.
Frente Sandinista de Liberación Nacional (FSLN), 454.
Frenz, Helmut, 369 y 457.
Frings, Joseph, 413.
Fulberto, 166 y 169.
Fuller Theological Seminary, 426.

G

Galvez, Mariano, 379.
García.
    Moreno, Gabriel, 380.
    Navarro, Francisco, 375.
Gaussen, Louis, 340.
Georgia, La Colonia de, 272.
Gerhard, el místico, 266.
Gerson, Juan Charlier, 181.
Gill, Everett, 375.
Ginebra, 211-212.
Gnosticismo, El, 48-50.
Gobierno Eclesiástico, 81-85.
    Bajo la dinastía carloringia, 116.
Goch, Juan de, 187.
Gomaro y Arminio, 270.
Gónzalez-Agapito, Jaime, 449.
Goodwin.
    Juan, 306.
    Tomás, 305.
Gorbachov, Mijail, 395.
Gore, Carlos, teólogo anglicano, 297.
Gospel Missionary Union (GMU), 381.
Graham, Billy, 392, 426 y 452.
Gregorio.
    El Grande, 101-102.
    Y Enrique IV de Alemania, 128-129.
    La Reforma de, 129-131.
    Nacianceno, 69 y 79.
Griegos.
    Civilización de los, 35-36.
    Sistemas filosóficos de los, 36-37.

Groenlandia, El cristianismo en, 139, 277 y 331.
Guardini, Romano, 414.
Guerra.
    En contra de los reformadores, 280.
    De los aldeanos, 199.
    De los treinta años, 267-268.
    De los Pactos, 308-309.
Guillermo, Príncipe de Orange, 261.
Gustavo Adolfo de Suecia, 268.
Gutiérrez, Gustavo, 400, 406-407 y 456.
Guyon, Madame Juana, la quietista francesa, 283.

H

Hagin, Kenneth, 435.
Haldane, Los hermanos, 312-313.
Hamilton Patricio, el reformador escocés, 220.
Häring, Bernhard, 412.
Headlam, Stewart, 362.
Hefele, La Confesión de, 325-326.
Hegel, el filósofo, 281.
Henry, Carl F., 426 y 452.
Herbert, el deísta, 262-263.
Heridos, el cuidado de los, 337.
Hermanos.
    Unidos, 240 y 275-276.
    De la Vida Común, 154, 186 y 222.
Herrnhut, la colonia de los Hermanos Unidos, 240 y 276.
Hickey, Santiago, 389-390.
Hildebrando, 128-130.
Himnos antiguos.
    Escritores de, 280.
    Aumentan en importancia los, 158.
    De Martín Lutero, 199-200, 205 y 222.
Historiadores de la Edad Media, 119, 126 y 170.
Hitler, Adolf, 395-398 y 444-445.
Hodge, Charles, 461-462.
Hohenstaufen, Los, 162-163.
Holanda.
    Carlos V y, 222-224.
    Teatro de las controversias, 64-65.
    Comunidad jansenista de, 284.
    Disputas en la Iglesia de, 348.
Holland, Henry Scott, 362
Homilías, Libro de las, 133.
Hoover, Willis C., 433-434.
Howard, Juan, reformador de las prisiones, 336.
Howe, Juan, teólogo puritano, 306.
Howson, teólogo anglicano, 303.
Hugonotes, Los, 182, 213, 225-227, 242, 253, 269, 284 y 286.
    Sufrimientos de los, 225-226.
Hume, David, deísta inglés, 165 y 263.
Hungría.
    El cristianismo en, 141.
    La Reforma de, 240-241.
Huss, Juan, heraldo de la Reforma y mártir, 180-181, 192, 197, 214, 239-240 y 275-276.
Husitas de Bohemia, 275.
Hutten, Von, amigo de la Reforma, 205.

I

Iglesia.
    Y Sociedad en América Latina (ISAL), 450-451 y 454.
    Visible, 31.
    Organización de la, 32, 70, 201, 311 y 401.
    Doctrinas de la, 297 y 327.
    Gobierno de la, 59, 313 y 405.
    Cambios en el gobierno de la, 81.
    La Iglesia y el Estado acordes, 113.
    De la Edad Media, 315 y 378.
    Táctica de Carlomagno para con la, 113.
    Las falsas decretales y la, 117.
    Decadencia de la moralidad en la, 129.
    Prevalece el vicio en la, 146, 174 y 195.
    Estado de la, 174 y 289.
    Anglosajona, 143-145.
    Británica, l44-145 y 342.
    Galicana, 172, 182, 225 y 285.
    En Francia, 224-227 y 346.
    Griega, 124-126, 142-143, 174 y 188.
    Anglicana, 252-254, 256, 260-261, 287, 292, 294-295, 297, 299-300, 302, 304, 307, 326, 337, 342, 344, 347, 362, 401 y 468.
    De Swedenborg, 277-278.
    De los Católicos antiguos, 325-327.
    Protestante Alemana, 63 y 193-205.
    Ortodoxa en Rusia, 287-289.
    Escocesa, 309-315.
    Presbiteriana Unida, 311, 315 y 334.

Católica romana en Inglaterra, 323.
Imágenes, las, 87-88.
    Los cristianos primitivos las destruían, 91.
    Controversia sobre las, 125-126.
Imperio Romano, El, 37.
Impiedad francesa, 284-285.
Independientes, Los, 219-220.
India, El campo de la, 331.
Indulgencias, Venta de las, 195 y 247.
Infantes Florido, José Antonio, 448.
Inglaterra.
    El Evangelio se instala en, 105-106.
    Favorable a la Reforma, 213-220.
    Durante la restauración, 259-261.
    Condición que guardaba al aparecer el metodismo, 290.
    La filantropía en, 336-342.
Inmaculada concepción de María, 318.
Inquisición, La, 223.
    En Italia, 230.
    En España, 233-235, 237-238, 259, 282 y 369-370.
Institución de la Religión por Juan Calvino, 210 y 234.
Irigoyen, Zoilo, 380 y 389.
Isabel.
    De Inglaterra, 219-221 y 234.
    II de España, 347 y 372.
Isidoro de Sevilla, 117.
Islamismo, El, 111 y 119-121.
Islandia, El cristianismo en, 139 y 239.
Italia.
    Una nueva influencia en, 145-146.
    Los Hohenstaufen en, 162-163.
    El Renacimiento en, 188-191.
    La Reforma de, 227-231.
    El Reino unido de, 319-320.
    La evangelización de, 105.

J

Jaime.
    I, La Iglesia anglicana bajo, 252-254.
    II, asciende al trono. 261.
    VI de Escocia, 221, 252 y 308-309.
Jansenio Cornelio, Obispo de Iperna, 283.
Jansenismo, 283.
Japón, misiones en el, 332-333.
Jaruzelski, General, 406.
Jehudá Leví, gran poeta judío, 164.
Jesuitas, La orden de los, 248-252.
Jonás Justo, amigo de Lutero, 205.
Juan.
    XXIII, 192, 240, 359, 399-400, 431, 444, 446 y 448.
    Pablo I, 402 y 413.
    Pablo II, 401-411.
Judaísmo, actitud del, 39-41.
Judíos.
    Antecedentes, 39.
    Dispersión de los, 40-41.
    Romanos, 41.
    Colonias de, 41.
    Hostilidad de los, 41-42 y 44.
Julián Hernández, "Julianillo", 233-234 y 238.
Juliano, La reacción bajo, 60-62.

K

Kant, Manuel, filósofo, 281.
Keble, Juan, el poeta, 293 y 343.
Kempis, Tomás de, el místico, 154 y 186.
Kennedy, John, 454.
Kettler, Wilhelm Von, 365.
Keyfer, Ralph, 430.
Khadija, esposa de Mahoma, 120.
Khutter, Hermann, 366.
Kingsley, Charles, 296, 339, 344 y 360-361.
Knapp, Guillermo I, 375.
Knox Juan, Reformador escocés, 221-222.
Köhler, Horst, 414-415.
Küng, Hans, 412 y 415-416.

L

Lacordaire, 365.
Laicas, sectas rusas, 289.
Lamennais, Felicité de, 365.
Laud, Guillermo, 300-301, 305, 307 y 310.
Laws, Curtis Lee, 422.
Le Cossec, Clement, 439.
Lecciones uniformes para la escuela dominical, 330.
Lenin, W.I., 358 y 417.
León.

X, 31, 190, 215 y 242.
XIII, 252, 320-321, 365, 370, 394, 409, y 444-445.
Libertad, El deseo de la, 206 y 241.
Libertinos, El partido de los, 211.
Libro de las Homilías, 133.
Liga de los Pordioseros, La, 223.
Ligget, Tomás, 449.
Llidó, Antonio, 369.
Literatos.
    Anteriores a Carlomagno, 136-137.
    De la corte de dicho monarca, 137.
    Anglicanos, 303.
    Puritanos y presbiterianos, 304-308.
Literatura.
    Carlomagno la cultiva, 122.
    Alfredo el Grande hace que circule, 136.
    En los monasterios, 136 y 154-155.
    De los árabes, 161.
    General, 106.
    El Renacimiento de la, 155-156.
    En Italia, 188-191.
    Escéptica, 229 y 240.
    Promovida por la Reforma, 216 y 228.
    Influencia en Inglaterra de la, 343-345.
Locke, el filósofo, 262.
Logos, discusiones acerca del, 78.
Loisy, Alfred, 394
López Trujillo, Alfonso, 406 y 408.
Loreto, la Casa de, 438.
Loyola, Ignacio de, 248.
Ludlow, John, 360-362 y 365.
Luis.
    IX de Francia y las cruzadas, 160.
    XIV y sus dragones, 286.
Lulio, Raimundo, "el doctor iluminado", 166-167.
Lund, Enrique, 375.
Luteranos, controversias entre los, 265.
Lutero Martín, 129, 165, 185, 187, 193-194, 201, 222, 228, 239, 242, 264, 274, 292 y 408.
"Lux Mundi", 297-298 y 362.

M

Macedo, Edir, 435.
Machen, J.G., 424.
Mackay, John A., 334 y 449.
Magdeburgo, Las Centurias de, 315.
Mahoma, 119-121.
Maimónides, 164.
Malacanos, secta de los, 289.
Manes y los maniqueos, 50.
Manfredo, hijo bastardo de Federico, 163.
Manning, Henry, 335 y 365.
Manuel, Víctor, 112, 114 y 319-320.
Marción, 50-51.
María.
    Reverencia a la virgen, 132.
    El culto de, 317-318.
    La inmaculada concepción de, 317-318 y 327.
    Reinado de, 218 y 301.
    De los escoceses, 200-221.
Martínez García, Carlos, 385.
Mártires, día de los, 86-87.
Martirio, monomanía de sufrir el, 71.
Marx, Karl, 357-360, 363-364, 366-369, 385, 395, 406, 413, 417, 437, 449, 453, 455 y 457-458.
Mateo, el Padre, 335.
Matrimonio de los clérigos, 130.
    La Iglesia Griega permite el, 142.
Maurice, F.D., 296 y 360-361.
Meca y Medina, ciudades enemigas, 120-121.
Mediatoria, la Escuela, 282.
Melanchton, Felipe, 198, 201-205, 225, 228, 232, 236, 255 y 267.
Melesiano, el cisma, 71.
Menéndez Pelayo, M., 238.
Mennicke, Carl, 366.
Merkel, Angela, 415.
Metodismo, El, 290-292, 306, 360, 363, 432, 434 y 442.
Metropolitana, La autoridad, 83.
Metzger, Josef, 445.
Míguez Bonino, José, 449 y 455.
Milman, El deán, historiador anglicano, 303.
Milton, Juan, 149, 259, 266 y 423.
Ministerio de nuestro Señor Jesucristo, 31.
Misioneros protestantes, los primeros, 378.
Misiones.
    De la Edad Media, 138-141.
    De los jesuitas, 175 y 249-250.
    Origen de las misiones modernas, 274-275.
    De los moravos, 276-277.

Protestantes, 330-335.
Misticismo.
    En Alemania, 265-267.
    En Francia, 282-284.
    En España, 232-233.
Místicos, 182-183.
Mohler, Juan, el autor de El Simbolismo, 316.
Molina, Santos M., 375.
Monasterios.
    Eran centros de cultura, los, 154-155.
    El arte en los, 155-156.
Monásticas.
    Las órdenes, 151-154.
    En Rusia, 288-289.
Monasticismo, 151-154.
    Oriental, 151-152.
    Occidental, 152.
Monod, Adolfo, 312 y 341.
Monroy, Juan Antonio, 367 y 376.
Monsiváis, Carlos, 386.
Montalembert, 365.
Montanista, Reforma, 62-64.
Moody Bible Institute, 424.
Moralidad, decadencia de la, 129-130.
Moravos, los, 140, 240, 276-277, 290, 331 y 334.
Morillo, Santiago, 448.
Moro, Tomás, 190, 216, 223, 298 y 357.
Morris, Henry M., 459-460 y 462-463.
Mott, John R., 442-443.
Movimiento Estudiantil Cristiano, 366.
Moya, Clemente, 389.
Muerte Negra, la, 154 y 184.
Mujer.
    La degradación de la, 38.
    Dignificación de la, 46.
    Influencia de la, 230.
Müller.
    George, 274, 282, 338 y 375.
    Ludwig, 397.
Mullins, Edgar Young, 329 y 423.
Muratori, fragmento de la, 72, 318 y 381.
Música sagrada, 133-135.
    Lutero era muy afecto a la, 199-200.
Mussolini, Benito, 395-396.
Musulmanes, 120-121, 124, 160, 167, 333, 354, 410, 415, 468 y 470.

N

Napoleón Bonaparte y la Iglesia, 285.
Nazareos, secta de los, 49 y 99.
Néander, el gran historiador, 36, 60, 167, 282 y 446.
Newman, Juan Enrique, el tratadista, 292-294.
Niemöller, Martin, 398.
Nightingale, Florencia, la benefactora, 337.
Nikón, el patriarca, 288.
Niñez, la degradación de la, 38.
Nominalistas y realistas, 165.
Norris, Frank J., 423.
Noruega.
    Se convierte al Cristianismo, 139.
    La Reforma en, 179 y 238-239.
Novaciano, el cisma, 70.
Núñez, Emilio Antonio, 447.

O

Oastler, Richard, 339.
Obispos, 47-48.
    Poder de los, 82-83.
    El de Roma, 84 y 101.
    Independencia de los, 116 y 118-119.
    Modo primitivo de elegir a los, 115-116.
Obstáculos para la organización de la Iglesia, 37-38.
Ockenga, Harold, 426.
Ofitas, adoradores de la serpiente, los, 50.
Oposición a los jesuitas, 249.
Órdenes monásticas, 151-154.
    Florecen de nuevo las, 248.
Organización de la Iglesia, 32, 70, 201, 211 y 311.
Órgano, el primero que menciona la historia, 134.
Orr, James, 423.
Osipova, Irina, 467.
Owen.
    Juan, el príncipe de los puritanos, 305-306.
    Richard, 357.
Oxford, la Universidad de, 137, 213, 216, 231, 290, 292, 296-297, 303, 305 y 316.
Ozanam, Francisco, 365.

P

Pablo.
    El apóstol, 33-35 y 37.

Índice de Nombres y Materias

Trabaja entre los judíos, 41.
El Diácono, 122 y 137.
El ermitaño, 99.
VI, 400-402, 408, 413, 431 y 449.
Pacomio, fundador del monasticismo, 100.
Pactos.
    Guerra de los, 308-309.
Padres.
    Escritos epistolares de los, 91-92.
    Viajes de los, 92-93.
    Abelardo da un golpe tremendo a la supremacía de los, 146, 166 y 168-169.
Paganismo, El, 35-36.
    Ataque literario del, 51-54.
    Relaciones de Constantino al, 59.
    Reacción del paganismo bajo Juliano, 60-62.
Pagura, Federico, 453.
País, Frank Isaac, 367.
Países Bajos, La Reforma en los, 222-224.
Palau, Luis, 392.
Paleario Antonio, gran humanista italiano, 230.
Papado.
    Bajo Gregorio el Grande, el, 101-102.
    Poder temporal del, 114 y 319.
    Inestabilidad del, 126-127.
    Se divide, 172-174.
    Asume proporciones enormes, 175.
    El doble, 191-192.
    Acaba el poder temporal del, 319-320.
Papas.
    León, 31 y 101.
    Y Carlomagno, 113-115.
    Esteban II, 113-114.
    Adrián I, 114.
    Juana la Papisa, 126.
    Tres rivales, 174, 181 y 191.
    Gregorio VII, 111, 128-129, 131, 158 y 175.
    Sincio, 131.
    Juan XIII, 135.
    León IX, 143.
    Adrián IV, 147.
    Gregorio IX, 162.
    Clemente IV, 163.
    Bonifacio VIII, 172 y 191.
    Juan XXIII, 192, 240, 359, 399-400, 431, 444, 446 y 448.

Pablo III, 247 y 249.
Pío IV, 247 y 249.
Pío VII, 249 y 285.
Pío IX, 249, 318-321, 323-324, 327 y 380.
León XIII, 252, 320-321, 365, 370, 394, 409 y 444-445.
Papisa, Juana la, 126.
Paraíso Perdido, El, 259.
Parham, Charles Fox, 427-428.
Parlamento Inglés, El, 308.
    Era la esperanza de Inglaterra, 253.
    La Asamblea de Westminster y el, 254.
Pascal Blas, autor de las Cartas provinciales, 283.
Patriarcado, El, 83-84.
    De Constantinopla, 409.
Patronato en Escocia, El, 311.
Paula Ruet, Francisco de, 373.
Pedro, el apóstol, 33-34, 42 y 48.
    En Roma, 33-34.
    El Grande, 288.
    El Ermitaño, 273.
Peel, Roberto y su famosa propuesta de ley, 293 y 323.
Pelagianismo, 68.
Pelagio, 68, 102 y 166.
Penitencias, Las, 131-132.
Penn Guillermo, 241, 257 y 266.
Pentecostés.
    El día de, 31-34, 45 y 88.
    El himno de, 134.
Penzotti, Francisco, 378, 380 y 389.
Pepieluszko, Jerzy, 405.
Pérez, Juan, 233-235.
Persecuciones, Las, 41-44.
Persona de Jesucristo. Controversias sobre la, 64-66.
Pétersen, Los, 239 y 275.
Petrarca, 112, 171 y 188.
Pietismo, El, 272-275.
Pinochet, Augusto, 369, 405 y 457.
Pío.
    XI, 359, 396 y 445-446.
    XII, 359, 394, 396-397, 399 y 464.
Pixley, Jorge, 455.
Pobres. El cuidado de los, 45-46.
Poetas sagrados, 134 y 291.
Poligamia, el Coran la permite, 121.

Apéndices

Polonia.
　El cristianismo en, 140.
　La Reforma en, 240.
Pott, Percivall, 339.
Powell, Guillermo D., 390.
Pratt, Henry B., 388.
Predestinación.
　Según Agustín, 125.
　Antropología, 125.
Predicación, el día de Pentecostés, 32.
Predicadores.
　Grandes de la Edad Media, 58.
　Ingleses, 342-343.
Presbíteros, 47 y 81-83.
　Confesores, 89.
Price, George McCready, 459.
Primacía romana, 81-85.
Princeton, Seminario Teológico, 388, 423 y 455.
Príncipes y grandes de Alemania y la Reforma, 205.
Prisiones, Reforma del sistema de las, 336-337.
Profetas en el Nuevo Testamento, 47.
Progreso universal, 112.
　Etapas del, 175.
"Progreso del Peregrino" El, 307.
Propagación del cristianismo, 102-106.
　Rápida, 106.
Protestantes y católicos, 247.
　Disensiones entre los, 267.
Puritanos, Los, 220.
　Carlos I y los, 252-254.
　Literatos teólogos, 304-308.
Pusey, Eduardo Bouverie, el tratadista inglés, 293.

Q

Quietistas franceses, Los, 282.

R

Racionalismo en Alemania. El, 278-280.
Ragaz, Leonhard, 366.
Ramsey, Arthur Michael, 401.
Ratzinger, Joseph, 412-416, 458 y 469.
Rauschenbach, Walter, 364.
Reacción.
　Evangélica, 280-282.
　Moral de los laicos, 148.

Reagan, Ronald, 405.
Realistas, 165, 167, 254 y 258.
Reforma.
　Montanista, La, 62-64.
　Gregoriana, 129-131.
　Arnaldo de Brescia procura introducirla, 145-148.
　Los valdenses y los albigenses, 148-149.
　Fue una crisis histórica, 179.
　Los tres concilios y la, 191-192.
　Las universidades de Inglaterra y la, 255.
　De las prisiones, 336-337.
　El germen de la, 129.
　Un agente poderoso de la, 148.
　El Renacimiento apresura la venida de la, 188.
　En Alemania, 193-197.
　En la Suiza alemana, 205-208.
　En la Suiza francesa, 208-213.
　En Inglaterra, 213-220.
　En Escocia, 220-???.
　En los Países Bajos, 222-224.
　En Francia, 224-227.
　En Italia, 227-231.
　En España y Portugal, 231-238.
　En Escandinavia, 238-239.
　En los Países eslavos, 239-241.
　Los resultados de la, 315-320.
Reformadores, Dos clases de, 180-181.
　Parisienses, 181-182 y 225.
　Destierro de los, 211-212.
　Holandeses, 187.
　Los Concilios, 191-192.
　Diferencias entre los, 207-208.
　Influencia de los, 208-213.
　Escoceses, 220 y 309-310.
Reina, Casiodoro de, 234 y 238.
Reliquias, Las, 132.
"Reloj de la Sabiduría," El, 184.
Renacimiento de las letras, El, 188-191 y 279.
　De los clásicos latinos, 189.
　General, 188-191.
Renata, La duquesa, 230.
República Holandesa, La, 241.
Restauración, La Iglesia durante la, 259-261.
Resultados.
　De la Reforma, 315-320.

De la Guerra de los treinta años, 268.
De las misiones modernas, 274-275.
Reuchlin, el gran hebraísta, 190.
Revisión de la Biblia, la, 253.
Revolución Francesa, La, 284-285.
Ricci, Mateo, 250-251.
Ridley, el obispo mártir, 217.
Riley, W. Bell, 423-424.
Rimmer, Harry, 423 y 460.
Roberto de Francia, 134 y 158.
Roberts, Thomas, 431.
Robertson, Federico W., gran predicador anglicano, 296 y 343.
Rodrigo, Juan Luis, 375.
Roma.
    Primer Sínodo Provincial de, 105.
    Viaje de Lutero a, 195.
    Condición moral de, 151-152.
Romero, Oscar, 406 y 468.
Rood, Paul W., 424.
Ruiz García, Samuel, 384.
Rule, Guillermo H., 372.
Rusia.
    Acepta el cristianismo, 140.
    Las sectas en la Iglesia de, 289.
Ruysbroeck, el místico, 183.

S

Saber y cultura en la Iglesia católica romana, 315-316.
Sacramentos.
    Los dos, 44-45.
    Doctrina de los, 79.
Sadler, Michael, 339.
Sajones, Los Cristianos, 175.
Salzburgo, La persecución en, 271-272.
Samaritanos, Los, 40.
San Bartolomé, La noche de, 226-227.
Sánchez Vaquero, José, 448.
Santa Ana, Julio de, 455.
Saturnino, el gnóstico, 50.
Savonarola prepara el terreno, 227-228.
Schleiermacher, Federico, 36, 165 y 281.
Schutz, Roger, 448.
Scofield, C.I., 426-427.
Scopes, John T., 459.

Scott Tomás, teólogo anglicano, 303.
Sectas en la Iglesia Rusa, 289.
Semana de Oración por la Unidad, 445.
Seminarios Teológicos, 122.
Sepelio romano, 94.
Séptimo, El día, 45.
Sermón.
    En los cultos públicos, 133.
    Aumenta su importancia, 157.
Seymour, William, 218 y 428.
Shaftesbury, Lord, 263 y 340.
Shaull, Richard, 437-438 y 454-455.
Shenouda III, 401.
Sherril, John, 430.
Sicilias. Las dos, 162-163.
Sickingen, Von, amigo de la Reforma, 205.
Simeón.
    El ermitaño, 99.
    Y su Escuela, 342-343.
Simonía en la Iglesia, 115 y 130.
Simpson, A.B., 311 y 391.
Sobrino, Jon, 406 y 469.
Söderblom, Nathan, 442-443.
Solzhenitsin, Alexander, 466-467.
Sowell, Sidney, 390.
Spener y el pietismo, 272-275.
"Stabat Mater". Jacoponio fue el autor del, 158.
Stalin, 358, 363, 395 y 418-419.
Stanley, el Dean. teólogo anglicano, 296, 303, 326 y 343.
Stewart, Lyman, 423.
Stirling, White Hocking, 311 y 382-383.
Storey, William, 430.
Strachan, Kenneth, 392.
Straton, John Roach, 423.
Strong, August H., 462.
Suecia.
    El Cristianismo en, 138-139.
    La Reforma en, 238-239.
Suenens, Cardenal, 431.
Suiza.
    La Reforma en, 205-213.
    La vida religiosa en, 347-348.
Superstición en la Iglesia, 107-108.
    Continúa la, 179.
Suso, Enrique, el místico, 183-184 y 265.

Swedenborg y la Iglesia Nueva, 277-278.

T

Taciano, el gnóstico, 50 y 54-55.
Tamayo.
    Juan José, 412 y 455.
    Juan P., 366.
Tamez, Elsa, 455.
Tauler, Juan, el heraldo de la Reforma, 184-185.
Taylor.
    Jeremías, teólogo anglicano, 301-320.
    William, 388-389.
Teatinos, La Regla de los, 248.
Temperancia. Sociedades de, 335-336.
Temple, William, 442-443.
Templos.
    Primera mención de los, 87.
    Las artes en los, 155.
    Las artes plásticas en los, 112 y 156.
Tendencia de las letras humanas, 229.
Tennyson, el gran poeta inglés, 344.
Teología.
    Durante el primer período de la Iglesia, 76-81.
    De la Edad Media, 124-126.
    Del Escolasticismo, 165-167.
    De Abelardo, 169.
    de Felipe Melanchton, 202-205.
    de Goch, 187.
    de Suiza y Alemania, 193-213.
    de Juan Calvino, 209-212 y 221.
    de los Amigos, 257.
    de Swedenborg, 277-278.
    de la Iglesia católica romana, 315-317.
    del Ejército de Salvación, 346.
Teólogos.
    Anglicanos, 300-304.
    Puritanos y Presbiterianos, 304-308.
Tertulianista, La secta, 64.
Tertuliano, el apologista, 55.
Tesis de Lutero, Las, 195-196.
Testamento, El Nuevo, 72-73.
Tikhon, Patriarca, 417-418.
Tillich, Paul, 366.
Tofail, el famoso filósofo árabe, 161.
Tolstoi, León, 363.
Torres, Camilo, 400 y 453-454.
Torrey, Ruben A., 423.
Tours, Berengaro de, 125 y 166.
Tradición, La, 72-74.
Transición literaria de la Edad Media, 112.
Transilvania, La Reforma en, 240-241.
Transubstanciación, El dogma de la, 125 y 322.
Tratadistas, Los, 292-294.
Tregelles, literato inglés, 303.
Trench, Richard C., 370.
Trento. El Concilio de, 73, 204, 231, 235, 247, 327 y 399-400.
Trotsky, León, 358 y 417.
Trumbull, David, 378 y 388.
Tson, Josef, 469.
Túnica de Jesús, la, 114.
Turquía, Las misiones en, 333-334.
Tyndale, el traductor, 217 y 426.
Tyrrell, George, 394.

U

UNICEF, 353.
Unidad.
    de la Divinidad, La, 77.
    Católica, La, 267 y 374.
Unidos, Los Hermanos, descendientes de Juan Huss, 240.
Universidad.
    De Duquesne, 430.
    De Notre Dame, 430-431.
Universidades.
    Origen de las, 171-172.
    De Erfurt, 194.
    Uno de los resultados de la Reforma, 242.
    De Halle, 274.
    Inglesas, 298-299.
Usher, el Arzobispo, 302.
Utrecht, La Convención de, 326.

V

Valdenses y albigenses, Los, 148-149.
Valdés, Juan, 230, 235 y 237-238.
Valdivieso, Héctor, 405.
Valentino, el gnóstico de Alejandría, 49.
Valera, Cipriano de, 234 y 238.
Variaciones del protestantismo, 264.
"Ven Espíritu Santo", 134.

Venecia, La Reforma en, 228.
Verona, La Reforma en, 229.
Versión de la Biblia, La nueva, 253.
Vida.
    Práctica de los cristianos, 32-33.
    Y costumbres, 131-133.
    Futura, 80.
    Doméstica, 91.
    Del clero, 131-133.
    Religiosa en el continente, 346-348.
Vidal Regaliza, Daniel, 448.
Videla, Jorge, 405.
Villers, el historiador, 242.
Vince, el doctor, 330.
Viret Pedro, el colaborador de Calvino, 209 y 212.
Visser't Hooft, W.A., 398 y 443-444.
Voltaire, 262-263, 279, 284 y 287.
    Y las medidas conciliativas, 287.
Von.
    Balthasar, Urs, 413.
    Harnack, Adolf, 415.
    Hutten y Von Sickingen, 205.
    Kettler, 365.

W

Wahlsten, Martín, 376.
Waldenstrom, famoso predicador escandinavo, 348.
Walesa, Lech, 405.
Warburton Guillermo, teólogo anglicano, 303.
Warfield, Benjamin B., 423.
Wartburgo, El castillo de, 197-198 y 203.
Watkins, A.C., 390.
Weiss, Henry L., 391.
Wendas, La conquista de los, 140.
Wesley.
    Carlos, 290-291 y 338.
    Juan, 272, 290-292 y 302-303.
Westfalia, La paz de, 268, 271 y 319.
Westminster, La Asamblea de, 254, 305 y 308-309.
Westrup, Tomás M., 389.
Whitefield Jorge, 272, 290-291 y 299.
Wilberforce, Samuel, 461.
Wilkerson, David, 430.
Willebrands, Johannes, 446.
Wittenberg, Lutero en, 194-195.
Woodward, Miguel, 369.
Wordsworth y su Escuela, 344-345.
Worms, Dieta de, 196-197.
Wurmbrand, Richard, 466.
Wyclif Juan, 213-214, 239, 242 y 254.

Y

YMCA, 341 y 443.

Z

Zelaya, José Santos, 380.
Zinzendorf, el Conde, 276 y 291.
Zuinglio.
    Ulrico, 206-208.
    Jefe de la Reforma, 206.
    Quiebra con Roma, 206-207.
    Muere en la batalla de Capelo, 208.
Zurich, La Reforma en, 206-208.

www.ingramcontent.com/pod-product-compliance
Lightning Source LLC
Chambersburg PA
CBHW080751300426
44114CB00020B/2701